Dictionnaire d'orthographe

Dictionnaire d'orthographe

avec le concours de

ODETTE BLED, ÉDOUARD BLED
lauréats de l'Académie française

HACHETTE

Mes écoles
par Édouard Bled

Roman d'une famille, de l'école, d'une époque.
Ouvrage couronné par l'Académie française.

Prix Fabien 1979

Robert Laffont, collection « Vécu »
Hachette, Livre de Poche

J'avais un an en 1900
par Édouard Bled

avec la collaboration d'Odette Bled.
Fayard, 1986.

LISTE DES ABRÉVIATIONS

abrév.	abréviation
adj.	adjectif
adv.	adverbe
conj.	conjonction
déf.	défini
défect.	défectif
dém	démonstratif
dét	déterminatif
dir.	direct
f.	féminin
indéf.	indéfini
ind.	indirect
interj.	interjection
intr.	intransitif
inv.	invariable
loc.	locution
loc. adj.	locution adjective
loc. adv.	locution adverbiale
loc. conj.	locution conjonctive
loc. exclam.	locution exclamative
loc. lat.	locution latine
loc. prép.	locution prépositive
m.	masculin
n.	nom
n. f.	nom féminin
n. f. pl.	nom féminin pluriel
n. m.	nom masculin
n. m. pl.	nom masculin pluriel
pers.	personnel
pl.	pluriel
poss.	possessif
préf.	préfixe
prép.	préposition
pron.	pronom, pronominal
rel.	relatif
s., sing.	singulier
suff.	suffixe
tr.	transitif
v.	verbe
v. défect.	verbe défectif
v. imp.	verbe impersonnel
v. intr.	verbe intransitif
v. pron.	verbe pronominal
v. tr.	verbe transitif

ISBN 2.01.011570-8

A

à, prép.
a-, an-, préf.
ab absurdo, loc. adv.
abaca, n. m.
abaisse, n. f.
abaisse-langue, n. m.
abaissement, n. m.
abaisser, v. tr., v. pron.
abaisseur, n. m. et adj.
abajoue, n. f.
abandon, n. m.
abandonnataire,n.
abandonnateur, trice, n.
abandonné, ée, adj.
abandonner, v. tr., v. pron.
abaque, n. m.
abasoudir, v. tr.
abasourdissant, ante, adj.
abasourdissement, n. m.
abat, n. m.
abâtardir, v. tr., v. pron.
abâtardissement, n. m.
abat-jour, n. m. inv.
abat-son, n. m. inv.
abattage, n. m.
abattant, n. m.
abattée, n. f.
abattement, n. m.
abattis, n. m. pl.
abattoir, n. m.
abattre, v. tr., v. pron.
abbatial, iale, iaux, adj.
abbatiale, n. f.
abbaye, n. f.
abbé, n. m.
abbesse, n. f.
abbevillien, n. m. et adj.
abc, n. m. inv.
abcéder (s'), v. pron.
abcès, n. m.
abdication, n. f.
abdiquer, v. tr.
abdomen, n. m.
abdominal, ale, aux, adj.
abducteur, adj. et n. m.
abduction, n. f.
abécédaire, n. m.
abée, n. f.
abeillage, n. m.
abeille, n. f.
abélien, ienne, adj.
aber, n. m.
aberrance, n. f.
aberrant, ante, adj.
aberration, n. f.
aberrer, v. intr.
abêtir, v. tr., v. pron.
abêtissant, ante, adj.
abêtissement, n. m.
abhorrer, v. tr.
abiétacées, n. f. pl.
abîme, n. m.
abîmer, v. tr., v. pron.
ab initio, loc. adv.
ab intestat, loc. adv.
abiotique, adj.
ab irato, loc. adv.
abject, ecte, adj.
abjection, n. f.
abjuration, n. f.
abjurer, v. tr.
1. ablatif, n. m.
2. ablatif, ive, adj.
ablation, n. f.
able, n. m.
-able, suff.
ablégat, n. m.
ableret, n. m.
ablette, n. f.
abluer, v. tr.
ablution,n. f.
abnégation, n. f.
aboi, n. m.
aboiement, n. m.
abolir, v. tr.
abolition, n. f.
abolitionnisme, n. m.
abomasum, n. m.
abominable, adj.
abominablement, adv.
abomination, n. f.
abominer, v. tr.
abondamment, adv.
abondance, n. f.
abondant, ante, adj.
abonder, v. intr.
abonné, ée,adj. et n.
abonnement, n. m.
abonner,v. tr., v. pron.
abonnir, v. tr., v. pron.
abord, n. m.
abordable, adj.
abordage, n. m.
aborder, v. tr.
aborigène, adj. et n.
abornement, n. m.
aborner, v. tr.
abortif, ive, adj.
abot, n. m.
aboucher, v. tr., v. pron.
abouler, v. tr., v. pron.
aboulie, n. f.
aboulique,adj. et n.
about, n. m.
aboutement, n. m.
abouter, v. tr.
aboutir, v. tr. ind., v. intr.
aboutissant, n. m.
aboutissement, n. m.
aboyer, v. intr.
aboyeur, euse, n.
abracadabra, n. m.
abracadabrant, ante, adj.
abraser, v. tr.
abrasif, ive, adj.
abrasion, n. f.
abraxas, n. m.
abréaction, n. f.
abréagir, v. tr.
abrégé, n. m.
abrégement, n. m.
abréger, v. tr.
abreuver, v. tr., v. pron.
abreuvoir, n. m.
abréviatif, ive, adj.
abréviation, n. f.
abréviativement, adv.
abri, n. m.
abribus, n. m.
abricot, n. m.
abricotier, n. m.
abri-sous-roche, n. m.
abriter, v. tr., v. pron.
abrogatif, ive, adj.
abrogation, n. f.
abrogatoire, adj.
abrogeable, adj.
abroger, v. tr.
abrupt, te, adj.
abruptement, adv.
abrupto (ex), loc. adv.
abruti, ie, adj.
abrutir, v. tr., v. pron.
abrutissant, ante, adj.
abrutissement, n. m.
abscisse, n. f.
abscons, onse, adj.
absence, n. f.
absent, ente, adj. et n.
absentéisme, n. m.
absenter (s'), v. pron.
absidal, ale, aux, adj.
abside, n. f.
absidial, iale, iaux, adj.
absidiole, n. f.
absinthe, n. f.
absolu, ue, adj.
absoluité, n. f.
absolument, adv.
absolution, n. f.
absolutisme, n. m.
absolutoire, adj.
absorbant, ante, adj.
absorber, v. tr., v. pron.
absorption, n. f.
absoudre, v. tr.
absoute, n. f.
abstème, adj. et n.
abstenir (s'), v. pron.
abstention, n. f.
abstentionnisme, n. m.
abstinence, n. f.
abstinent, ente, adj.
abstracteur, n. m.
abstraction, n. f.
abstraire, v. tr., v. pron.
abstrait, aite, adj.
abstraitement, adv.
abstrus, use, adj.
absurde, adj. et n. m.
absurdement, adv.
absurdité, n. f.
absurdo (ab), loc. adv.
abus, n. m.
abuser, v. tr. ind.
abusif, ive, adj.
abusivement, adv.
abyssal, ale, aux, adj.
abysse, n. m.
abyssin, ine, adj. et n.
Ac, symbole
acabit, n. m.
acacia, n. m.
académicien, ienne, n.
académie, n. f.
académique, adj.
académiquement, adv.
académisme, n. m.
acadien, ienne, adj. et n.
acagnarder (s') v. pron.
acajou, n. m.
acalculie, n. f.
acalèphes, n. m. pl.
acanthacées, n. f. pl.
acanthaires, n. m. pl.
acanthe, n. f.
acanthocéphales, n. m. pl.
acanthocyte, n. m.
acanthocytose, n. f.
acanthoptérygien, n. m.
acanthose, n. f.
a cappella, loc. adv.
acare, n. m.
acariâtre, adj.
acariens, n. m. pl.
acatalepsie, n. f.
acataleptique, adj. et n.
acaule, adj.
accablant, ante, adj.
accablement, n. m.
accabler,w v. tr.
accalmie, n. f.
accaparement, n. m.

accaparer, v. tr.
accapareur, euse, n.
accastillage, n. m.
accastiller, v. tr.
accéder, v. tr. ind.
accelerando, adv.
accélérateur, trice, adj. et n. m.
accélération, n. f.
accélérer, v. tr., v. intr.
accéléromètre, n. m.
accent, n. m.
accenteur, n. m.
accentuation, n. f.
accentué, ée, adj.
accentuer, v. tr., v. pron.
acceptabilité, n. f.
acceptable, adj.
acceptant, ante, adj. et n.
acceptation, n. f.
accepter, v. tr. ind.
accepteur, n. m.
acception, n. f.
accès, n. m.
accessibilité, n. f.
accessible, adj.
accession, n. f.
accessit, n. m.
accessoire, adj. et n. m.
accessoirement, adv.
accessoiriste, n. m.
accident, n. m.
accidenté, ée, adj.
accidentel, elle, adj.
accidentellement, adv.
accipitriformes, n. m. pl.
acclamation, n. f.
acclamer, v. tr.
acclimatation, n. f.
acclimatement, n. m.
acclimater, v. tr., v. pron.
accointance, n. f.
accolade, n. f.
accolé, ée, adj.
accoler, v. tr., v. pron.
accommodant, ante, adj.
accommodat, n. m.
accommodation, n. f.
accommodement, n. m.
accommoder, v. tr., v. pron.
accompagnateur, trice, n.
accompagnement, n. m.
accompagner, v. tr., v. pron.
accompli, ie, adj.
accomplir, v. tr., v. pron.
accomplissement, n. m.
accon ou acon, n. m.
acconage ou aconage, n. m.
acconier ou aconier, n. m.
accord, n. m.
accordailles, n. f. pl.
accordéon, n. m.
accordéoniste, n.
accorder, v. tr., v. pron.
accordeur, n. m.
accordoir, n. m.
1. accore, n. m.
2. accore, adj.
accorer, v. tr.
accort, orte, adj.
accostage, n. m.
accoster, v. tr.
accotement, n. m.
accoter, v. tr., v. pron.
accotoir, n. m.
accouchée, n. f.
accouchement, n. m.
accoucher, v. tr. ind.
accoucheur, euse, n.
accouder (s'), v. pron.
accoudoir, n. m.
accouer, v. tr.
accouplé, ée, adj.
accouplement, n. m.
accoupler, v. tr., v. pron.
accourcir, v. intr.
accourir, v. intr.
accoutrement, n. m.
accoutrer, v. tr., v. pron.
accoutumance, n. f.
accoutumé, ée, adj.
accoutumée (à l'), loc. adv.
accoutumer, v. tr., v. pron.
accouvage, n. m.
accréditer, v. tr., v. pron.
accréditeur, n. m.
accréditif, ive, n. m. et adj.
accrescent, ente, adj.
accrétion, n. f.
accroc, n. m.
accrochage, n. m.
accroche-cœur, n. m.
accrocher, v. tr., v. pron.
accrocheur, euse, adj. et n.
accroire, v. tr.
accroissement, n. m.
accroître, v. tr., v. pron.
accroupir (s'), v. pron.
accroupissement, n. m.
accru, n. m.
accrue, n. f.
accu, n. m.
accueil, n. m.
accueillant, ante, adj.
accueillir, v. tr.
acculement, n. m.
acculer, v. tr.
acculturation, n. f.
accumulateur, n. m.
accumulation, n. f.
accumuler, v. tr., v. pron.
accusateur, trice, adj.
accusatif, n. m.
accusation, n. f.
accusatoire, adj.
accusé, ée, n.
accuser, v. tr., v. pron.
acéphale, adj. et n.
acéracées, n. f. pl.
acerbe, adj.
acéré, ée, adj.
acérer, v. tr.
acescence, n. f.
acescent, ente, adj.
acét(o)-, préf.
acétabulaire, n. f.
acétal, n. m.
acétaldéhyde, n. m.
acétamide, n. m.
acétate, n. m.
acétification, n. f.
acétifier, v. tr.
acétique, adj.
acétobacter, n. m.
acétone, n. f.
acétonémie, n. f.
acétonurie, n. f.
acétylcellulose, n. f.
acétylcholine, n. f.
acétylcoenzyme A, n. f.
acétyle, n. m.
acétylène, n. m.
acétylénique, adj.
acétylsalicylique, adj.
achaine ou achène ou akène, n. m.
achalandage, n. m.
achalandé, ée, adj.
achalander, v. tr.
achar ou achard, n. m.
acharné, ée, adj.
acharnement, n. m.
acharner (s'), v. pron.
achat, n. m.
ache, n. f.
achéen, éenne, adj. et n.
acheminement, n. m.
acheminer, v. tr.
achène ou akène ou achaine, n. m.
acheter, v. tr.
achètes, n. m. pl.
acheteur, euse, n.
acheuléen, n. m. et adj.
achevé, ée, adj.
achèvement, n. m.
achever, v. tr.
achillée, n. f.
achondroplasie, n. f.
achondroplasique, adj. et n.
achoppement, n. m.
achopper, v. intr.
achromatine, n. f.
achromatique, adj.
achromatisme, n. m.
achromatopsie, n. f.
aciculaire, adj.
acicule, n. m.
aciculé, ée, adj.
acide, adj. et n. m.
acidifier, v. tr.
acidimétrie, n. f.
acidité, n. f.
acidocétose, n. f.
acidophile, adj.
acidose, n. f.
acidulé, ée, adj.
acier, n. m.
aciérer, v. tr.
aciérie, n. f.
acinétiens, n. m. pl.
acineux, euse, adj.
acinus, n. m.
aclinique, adj.
acmé, n. m.
acné, n. f.
acœlomates, n. m. pl.
acolytat, n. m.
acolyte, n. m.
acompte, n. m.
acon ou accon, n. m.
aconage ou acconage, n. m.
aconier ou acconier, n. m.
aconit, n. m.
aconitine, n. f.
a contrario, loc. adv.
à contre, loc. adv.
acoquiner (s'), v. pron.
à-côté, n. m.
acotylédone, adj.
acotylédoné, ée, adj.
acouphène, n. m.
à-coup, n. m.
acoustique, adj. et n. f.
acqua-toffana, n. f.
acquéreur, n. m.
acquérir, v. tr., v. pron.
acquêt, n. m.
acquiescement, n. m.
acquiescer, v. tr. ind.
acquis, ise, adj. et n. m.
acquisitif, ive, adj.
acquisition, n. f.
acquit, n. m.
acquit-à-caution, n. m.
acquittement, n. m.
acquitter, v. tr., v. pron.
acre, n. f.
âcre, adj.
âcreté, n. f.

acridiens, n. m. pl.
acrimonie, n. f.
acrimonieux, euse, adj.
acro-, préf.
acrobate, n. m.
acrobatie, n. f.
acrobatique, adj.
acrocéphalie, n. f.
acrocyanose, n. f.
acroléine, n. f.
acromégalie, n. f.
acromion, n. m.
acronyre, n. m.
acropole, n. f.
acrosome, n. m.
acrostiche, n. m.
acrotère, n. m.
acrylique, adj. et n. m.
acrylonitrile, n. m.
actant, n. m.
acte, n. m.
acteur, trice, n.
A.C.T.H., sigle
actif, ive, adj. et n.
acting-out, n. m. inv.
actine, n. f.
actinides, n. m. pl.
actinies, n. f. pl.
actinique, adj.
actinistiens, n. m. pl.
actinium, n. m.
actino-, préf.
actinologie, n. f.
actinomètre, n. m.
actinométrie, n. f.
actinomorphe, adj.
actinomycétales, n. f. pl.
actinomycose, n. f.
actinopodes, n. m. pl.
actinoptérygiens, n. m. pl.
actinote, n. f.
action, n. f.
actionnaire, n.
actionnariat, n. m.
actionner, v. tr.
actionneur, n. m.
action-research, n. f.
activation, n. f.
activement, adv.
activer, v. tr., v, pron.
activisme, n. m.
activiste, n.
activité, n. f.
actuaire, n.
actualisation, n. f.
actualiser, v. tr.
actualité, n. f.
actuariat, n. m.
actuel, elle, adj.
actuellement, adv.
acuité, n. f.
aculéates, n. m. pl.
acuminé, ée, adj.
acuponcteur, trice, ou acu-
puncteur, trice, n.
acuponcture ou acu-
puncture, n f.
acutangle, adj.
acyclique, adj.
adage, n. m.
adagio, adv.
adamantin, ine, adj.
adamique, adj.
adamites, n. m. pl.
adaptabilité, n. f.
adaptable, adj.
adaptateur, trice, n.
adaptatif, ive, adj.
adaptation, n. f.
adapter, v. tr., v. pron.
addax, n. m.
addenda, n. m. pl.
1. additif, ive, adj.
2. additif, n. m.
addition, n. f.
additionnel, elle, adj.
additionner, v. tr.
additionneur, n. m.
adducteur, adj. et n. m.
adduction, n. f.
adén(o)-, préf.
adénine, n. f.
adénite, n. f.
adénoïde, adj.
adénome, n. m.
adénopathie, n. f.
adénosine, n. f.
adénosine-phosphate, n. f.
adénovirus, n. m.
adent, n. m.
adepte, n.
adéquat, ate, adj.
adéquation, n. f.
A.D.H., sigle
adhérence, n. f.
adhérent, ente, adj. et n.
adhérer, v. tr. ind.
1. adhésif, ive, adj.
2. adhésif, n. m.
adhésion, n. f.
ad hoc, loc. adj.
ad hominem, loc. adj.
adiabatique, adj.
adieu, interj. et n. m.
à Dieu vat !, loc. interj.
adipeux, euse, adj.
adipose, n. f.
adiposité, n. f.
adiposo-génital, adj.
adiré, ée, adj.
adjacent, ente, adj.
adjectif, n. m.
adjectival, ale, aux, adj.
adjectivement, adv.
adjectiver, v. tr.
adjoindre, v. tr., v. pron.
adjoint, ointe, adj.
adjonction, n. f.
adjudant, n. m.
adjudant-chef, n. m.
adjudicataire, n.
adjudicateur, trice, n.
adjudication, n. f.
adjuger, v. tr., v. pron.
adjuration, n. f.
adjurer, v. tr.
adjuvant, n. m.
ad libitum, loc. adv.
admettre, v. tr.
administrateur, trice, n.
administratif, ive, adj.
administration, n. f.
administrativement, adv.
administré, ée, n.
administrer, v. tr.
admirable, adj.
admirablement, adv.
admirateur, trice, n.
admiratif, ive, adj.
admiration, n. f.
admirativement, adv.
admirer, v. tr.
admis, ise, adj.
admissibilité, n. f.
admissible, adj.
admission, n. f.
admittance, n. f.
admixtion, n. f.
admonestation, n. f.
admonester, v. tr.
admonition, n. f.
A.D.N., sigle
adné, adj.
adobe, n. m.
adolescence, n. f.
adolescent, ente, n.
1. adonis, n. m.
2. adonis, n. f.
adonner, v. intr., v. pron.
adopter, v. tr.
adoptif, ive, adj.
adoption, n. f.
adorable, adj.
adorablement, adv.
adorateur, trice, n.
adoration, n. f.
adorer, v. tr.
ados, n. m.
adossement, n. m.
adosser, v. tr.
adoubement, n. m.
adouber, v. tr.
adoucir, v. tr., v. pron.
adoucissage, n. m.
adoucissant, ante, adj.
et n. m.
adoucissement, n. m.
adoucisseur, n. m.
A.D.P., sigle
ad patres, loc. adv.
adragant, n. m.
adragante ou
adraganthe, n. f.
adrénaline, n. f.
adressage, n. m.
adresse, n. f.
adresser, v. tr., v. pron.
adret, n. m.
adroit, te, adj.
adroitement, adv.
adsorbant, ante, adj.
adsorber, v. tr.
adsorption, n. f.
adulateur, trice, n.
adulation, n. f.
aduler, v. tr.
adulte, adj., n.
adultération, n. f.
adultère, adj. et n.
adultérer, v. tr.
adultérin, ine, adj.
ad valorem, loc. adv.
advection, n. f.
advenir, v. intr., défectif.
adventice, adj.
adventif, ive, adj.
adventiste, adj. et n.
adverbe, n. m.
adverbial, iale, iaux, adj.
adverbialement, adv.
adversaire, n.
adversatif, ive, adj.
adverse, adj.
adversité, n. f.
ad vitam æternam, loc. adv.
adynamie, n. f.
aède, n. m.
æpyornis ou épyornis, n. m.
aér(o)-, préf.
aérage, n. m.
aérateur, n. m.
aération, n. f.
aéré, ée, adj.
aérer, v. tr., v. pron.
aérien, ienne, adj. et n. m.
aérifère, adj.
aérium, n. m.
aérobic, n. m.
aérobie, adj.
aérobiose, n. f.

aéro-club, n. m.
aérocolie, n. f.
aérocondenseur, n. m.
aérodrome, n. m.
aérodynamique, n. f. et adj.
aérodyne, n. m.
aérofrein, n. m.
aérogare, n. f.
aérogastrie, n. f.
aéroglisseur, n. m.
aérogramme, n. m.
aérographe, n. m.
aérolithe, n. f.
aérologie, n. f.
aéromodélisme, n. m.
aéromoteur, n. m. et adj.
aéronaute, n.
aéronautique, adj. et n. f.
aéronaval, ale, als, adj. et n. f.
aéronef, n. m.
aéronomie, n. f.
aérophagie, n. f.
aéroplane, n. m.
aéroport, n. m.
aéroporté, ée, adj.
aéroportuaire, adj.
aéropostal, ale, aux, adj.
aérosol, n. m.
aérospatial, iale, aux, adj.
aérostat, n. m.
aérostation, n. f.
aérostatique, adj. et n. f.
aérostier, n. f.
aérosynchrone, adj.
aéroterrestre, adj.
aérotherme, n. m.
aérotrain, n. m.
aérotransporté, ée, adj.
æschne, n. f.
aethuse, n. f.
affabilité, n. f.
affable, adj.
affablement, adv.
affabulation, n. f.
affabuler, v. intr.
affacturage, n. m.
affadir, v. tr., v. pron.
affadissement, n. m.
affaiblir, v. tr., v. pron.
affaiblissement, n. m.
affaire, n. f.
affairé, ée, adj.
affairement, n. m.
affairer (s'), v. pron.
affairisme, n. m.
affairiste, n.
affaissement, n. m.
affaisser, v. tr., v. pron.
affaler, v. tr., v. pron.
affamé, ée, adj.
affamer, v. tr.
affameur, euse, n.
affect, n. m.
affectation, n. f.
affecté, ée, adj.
affecter, v. tr., v. pron.
affectif, ive, adj.
affection, n. f.
affectionné, ée, adj.
affectionner, v. tr.
affectivité, n. f.
affectueusement, adv.
affectueux, euse, adj.
afférent, ente, adj.
affermage, n. m.
affermer, v. tr.
affermir, v. tr., v. pron.
affermissement, n. m.
afféterie, n. f.
affichage, n. m.
affiche, n. f.
afficher, v. tr., v. pron.
afficheur, n. m.
affichiste, n.
affidavit, n. m.
affidé, ée, adj. et n. m.
affilage,, n. m.
affilée (d'), loc. adv.
affiler, v. tr.
affiliation, n. f.
affilié, ée, n.
affilier, v. tr., v. pron.
affin, ine, adj.
affinage, n. m.
affinement, n. m.
affiner, v. tr., v. pron.
affinité, n. f.
affiquet, n. m.
affirmatif, ive, adj. et n. f.
affirmation, n. f.
affirmativement, adv.
affirmer, v. tr., v. pron.
affixe, n. m.
affleurement, n. m.
affleurer, v. tr., v. intr.
afflictif, ive, adj.
affliction, n. f.
affligé, ée, adj.
affligeant, ante, adj.
affliger, v. tr.
affluence, n. f.
affluent, n. m.
affluer, v. intr.
afflux, n. m.
affolant, ante, adj.
affolement, n. m.
affoler, v. tr.
affouage, n. m.
affouillement,n. m.
affouiller, v. tr.
affourchage, n. m.
affourche, n. f.
affourcher, v. intr.
affranchi, ie, adj. et n.
affranchir, v. tr., v. pron.
affranchissement, n. m.
affres, n. f. pl.
affrètement, n. m.
affréter, v. tr.
affréteur, n. m.
affreusement, adv.
affreux, euse, adj.
affriander, v. tr.
affriolant, ante, adj.
affrioler, v. tr.
affront, n. m.
affrontement, n. m.
affronter, v. tr., v. pron.
affubler, v. tr., v. pron.
affût, n. m.
affûtage, n. m.
affûter, v. tr.
affûteur, n. m.
affûtiaux, n. m. pl.
afghan, ane, adj. et n.
aficionado, n. m.
afin, loc. prép., loc. conj.
aflatoxine, n. f.
afocal, ale, aux, adj.
a fortiori, loc. adv.
africain, aine, adj. et n.
africaner ou afrikander, n.
africanisation, n. f.
africaniser, v. tr.
africaniste, n. m.
afrikaans, n. m.
afrikander ou africaner, n.
afro-, préf.
afro-asiatique, adj.
Ag, symbole
aga ou agha, n. m.
agaçant, ante, adj.
agace ou agache ou agasse, n. f.
agacement, n. m.
agacer, v. tr.
agaceries, n. f. pl.
agalactie, n. f.
1. agame, adj.
2. agame, n. m.
agami, n. m.
agamidés, n. m. pl.
agamie, n. f.
agape, n. f.
agapè, n. m.
agar-agar, n. m.
agaric, n. m.
agaricales, n. f. pl.
agate, n. f.
agave, n. m.
âge, n. m.
âgé, ée, adj.
agence, n. f.
agencement, n. m.
agencer, v. tr., v. pron.
agenda, n. m.
agénésie, n. f.
agenouillement, n. m.
agenouiller (s'), v. pron
agent, n. m.
aggiornamento, n. m.
agglomérat, n. m.
agglomération, n. f.
aggloméré, n. m.
agglomérer, v. tr., v. pron.
agglutinant, ante, adj.
agglutination, n. f.
agglutiner, v. tr., v. pron.
agglutinine, n. f.
agglutinogène, n. m.
aggravant, ante, adj.
aggravation, n. f.
aggravée, n. f.
aggraver, v. tr., v. pron.
agha ou aga, n. m.
agile, adj.
agilement, adv.
agilité, n. f.
agio, n. m.
agiotage, n. m.
agioter, v. intr.
agioteur, euse, n. m.
agir, v. intr., v. pron. impers.
agissant, ante, adj.
agissements, n. m. pl.
agitateur, trice, n.
agitation, n. f.
agitato, adv.
agité, ée, adj.
agiter, v. tr., v. pron.
agit-prop, n. f.
aglobulie, n. f.
aglosse, n. m. ou f.
aglyphe, adj.
agnat, n. m.
agnathes, n. m. pl.
agnation, n. f.
agneau, n. m.
agnelage, n. m.
agnelée, n. f.
agneler, v. intr.
agnelet, n. m.
agnelin, n. m.
agneline, n. f.
agnelle, n. f.
agnosie, n. f.
agnosique, adj. et n.
agnosticisme, n. m.
agnostique, adj.

agnus Dei, n. m. inv.
agonie, n. f.
agonir, v. tr.
agonisant, ante, adj. et n.
agoniser, v. intr.
agora, n. f.
agoraphobe, adj. et n.
agoraphobie, n. f.
agouti, n. m.
agrafage, n. m.
agrafe, n. f.
agrafer, v. tr.
agrafeuse, n. f.
agraire, adj.
agrammatical, ale, aux, adj.
agrammaticalité, n. f.
agrammatique, adj.
agrammatisme, n. m.
agrandir, v. tr., v. pron.
agrandissement, n. m.
agrandisseur, n. m.
agranulocytose, n. f.
agraphie, n. f.
agrarien, ienne, n. et adj.
agréable, adj.
agréablement, adv.
1. agréé, ée, adj.
2. agréé, n. m.
agréer, v. tr., v. tr. ind.
agrégat, n. m.
agrégatif, ive, n.
agrégation, n. f.
agrégé, ée, n.
agréger, v. tr.
agrément, n. m.
agrémenter, v. tr.
agrès, n. m. pl.
agresser, v. tr.
agresseur, n. m.
agressif, ive, adj.
agression, n. f.
agressivement, adv.
agressivité, n. f.
agreste, adj.
agricole, adj.
agriculteur, trice, n.
agriculture, n. f.
agrion, n. m.
agripper, v. tr., v. pron.
agro-, préf.
agro-alimentaire, adj. et n. m.
agrologie, n. f.
agronome, n. m.
agronomie, n. f.
agronomique, adj.
agrostide ou agrostis, n. f.
agrotide, n. f.
agrotis, n. m.
agroville, n. f.

agrumes, n. m. pl.
aguerrir, v. tr., v. pron.
aguets (aux), loc. adv.
agueusie, n. f.
aguichant, ante, adj.
aguicher, v. tr.
aguicheur, euse, adj.
Ah, abrév.
ah !, interject., n. m. inv.
ahan, n. m.
ahaner, v. intr.
ahuri, ie, adj.
ahurir, v. tr.
ahurissant, ante, adj.
ahurissement, n. m.
aï, n. m.
1. aide, n. f.
2. aide, n. m.
aide-mémoire, n. m. inv.
aider, v. tr. dir., v. pron.
aïe !, interj.
aïeul, eule, n.
1. aigle, n. m.
2. aigle, n. f.
aiglefin ou églefin, n. m.
aiglon, onne, n.
aigre, adj.
aigre-doux, douce, adj.
aigrefin, n. m.
aigrelet, ette, adj.
aigrement, adv.
aigrette, n. f.
aigreur, n. f.
aigri, ie, adj.
aigrir, v. tr., v. pron., v. intr.
aigu, uë, adj. et n. m.
aiguade, n. f.
aiguail, n. m.
aigue-marine, n. f.
aiguière, n. f.
aiguillage, n. m.
aiguillat, n. m.
aiguille, n. f.
aiguillée, n. f.
aiguiller, v. tr.
aiguillette, n. f.
aiguilleur, n. m.
aiguillon, n. m.
aiguillonner, v. tr.
aiguisage, n. m.
aiguiser, v. tr.
aiguisoir, n. m.
aïkido, n. m.
ail, ails ou aulx, n. m.
ailante, n. m.
aile, n. f.
ailé, ée, adj.
aileron, n. m.
ailette, n. f.
ailier, n. m.

aillade, n. f.
-aille, suff.
ailler, v. tr.
-ailler, suff.
ailleurs, adv.
ailloli ou aïoli, n. m.
aimable, adj.
aimablement, adv.
1. aimant, n. m.
2. aimant, ante, adj.
aimantation, n. f.
aimanter, v. tr.
aimer, v. tr., v. pron.
aine, n. f.
aîné, ée, adj. et n.
aînesse, n. f.
ainsi, adv.
aïoli ou ailloli, n. m.
1. air, n. m.
2. airs, n. m. pl.
airain, n. m.
air-air, adj. inv.
aire, n. f.
airedale, n. m.
airelle, n. f.
airer, v. intr.
air-mer, adj. inv.
air-sol, adj. inv.
ais, n. m.
aisance, n. f.
1. aise, n. f.
2. aise, adj.
aisé, ée, adj.
aisément, adv.
aisselle, n. f.
ajointer, v. tr.
ajonc, n. m.
ajour, n. m.
ajouré, ée, adj.
ajourer, v. tr.
ajournement, n. m.
ajourner, v. tr.
ajout, n. m.
ajouter, v. tr., v. tr. ind., v. pron.
ajustage, n. m.
ajustement, n. m.
ajuster, v. tr.
ajusteur, n. m.
ajutage, n. m.
akène ou achène ou achaine, n. m.
akinésie, n. f.
akkadien, ienne, adj. et n.
Al, symbole
alabandine, n. f.
alabastrite, n. f.
alactique, adj.
alacrité, n. f.
alaire, adj.
alaise ou alèse, n. f.

alambic, n. m.
alambiqué, ée, adj.
alandier, n. m.
alanguir, v. tr., v. pron.
alanine, n. f.
alarmant, ante, adj.
alarme, n. f.
alarmer, v. tr., v. pron.
alarmiste, n. et adj.
albanais, aise, adj. et n.
albâtre, n. m.
albatros, n. m.
albédo, n. m.
alberge, n. f.
albigeois, oise, adj. et n.
albinisme, n. m.
albinos, adj. et n.
albite, n. f.
albugine, n. f.
albuginé, ée, adj. et n. f.
albuginite, n. f.
albugo, n. m.
album, n. m.
albumen, n. m.
albumine, n. f.
albuminé, ée, adj.
albuminémie, n. f.
albumineux, euse, adj.
albuminurie, n. f.
albuminurique, adj. et n.
alcade, n. m.
alcaïque, adj.
alcali, n. m.
alcalimètre, n. m.
alcalimétrie, n. f.
alcalin, ine, adj.
alcaliniser, v. tr.
alcalinité, n. f.
alcalino-terreux, euse, adj.
alcaloïde, n. m.
alcalose, n. f.
alcane, n. m.
alcaptone, n. f.
alcaptonurie, n. f.
alcarazas, n. m.
alcazar, n. m.
alchémille ou alchimille ou alchmille, n. f.
alchimie n. f.
alchimille ou alchémille ou alchmille, n. f.
alchimique, adj.
alchimiste, n. m.
alchmille ou alchémille ou alchimille, n. f.
alcidés, n. m. pl.
alciformes, n. m. pl.
alcool, n. m.
alcoolat, n. m.
alcoolature, n. f.

alcoolémie, n. f.
alcoolification, n. f.
alcoolique, adj. et n.
alcoolisation, n. f.
alcooliser, v. tr., v. pron.
alcoolisme, n. m.
alcoolomètre ou alcoomètre, n. m.
alcoolométrie ou alcoométrie, n. f.
alcootest ou alcotest, n. m.
alcôve, n. f.
alcoyl ou alcoyle, n. m.
alcyne, n. m.
alcyon, n. m.
aldactone, n. f.
aldéhyde, n. m.
al dente, loc. adj. inv., loc. adv.
aldin, ine, adj.
aldol, n. m.
aldolase, n. f.
aldolstérone, n. f.
ale, n. f.
aléa, n. m.
aléatoire, adj.
alémanique, adj. et n. m.
alêne, n. f.
alénois, adj. m.
alentour, adv.
alentours, n. m. pl.
aleph, n. m.
alépine, n. f.
alérion, n. m.
1. alerte, adj.
2. alerte, n. f.
alerter, v. tr.
alésage, n. m.
alèse ou alaise, n. f.
aléser, v. tr.
aléseur, n. m.
aléseuse, n. f.
alésoir, n. m.
aleurite, n. f.
alevin, n. m.
alevinage, n. m.
aleviner, v. tr.
alevinier, n. m.
alevinière, n. f.
alexandrin, ine, adj. et n. m.
alexie, n. f.
alezan, ane, adj. et n.
alfa, n. m.
alfange, n. m.
alfatier, ière, adj.
alfénide, n. m.
algarade, n. f.
algazelle, n. f.
algèbre, n. f.
algébrique, adj.
algébriquement, adv.
algébriste, n.
algérien, ienne, adj. et n.
algérois, oise, adj. et n.
algie, n. f.
-algie, suff., préf.
algine, n. f.
algique, adj.
algo-, préf.
algodystrophie, n. f.
algol, n. m.
algologie, n. m.
algonkien ou algonquien, ienne, adj. et n. m.
algorithme, n. m.
algorithmique, adj.
alguazil, n. m.
algue, n. f.
alias, adv.
alibi, n. m.
alidade, n. f.
aliénabilité, n. f.
aliénable, adj.
aliénataire, n.
aliénateur, trice, n.
aliénation, n. f.
aliéné, n. m.
aliéner, v. tr., v. pron.
aliéniste, n. m.
alifère, adj.
aliforme, adj.
alignement, n. m.
aligner, v. tr., v. pron.
aligoté, n. m.
aliment, n. m.
alimentaire, adj.
alimentation, n. f.
alimenter, v. tr.,
alinéa, n. m.
alios, n. m.
aliotique, adj.
aliphatique, adj.
aliquante, adj.
aliquote, adj.
alise, n. f.
alisier, n. m.
alismatacées, n. f. pl.
alite, n. f.
alitement, n. m.
aliter, v. tr., v. pron.
alizari, n. m.
alizarine, n. f.
alizé, adj. et n. m.
alkékenge, n. f.
alkermès, n. m.
alkylation, n. f.
alkyle, adj.
all(o)-, préf.
allache, n. m.
allaitement, n. m.
allaiter, v. tr.
allant, ante, n. et adj.
allantoïde, n. f.
allantoïdien, ienne, adj.
alléchant, ante, adj.
allécher, v. tr.
allée, n. f.
allégation, n. f.
allège, n. f.
allégeance, n. f.
allégement, n. m.
alléger, v. tr.
allégorie, n. f.
allégorique, adj.
allégoriquement, adv.
allègre, adj.
allègrement, adv.
allégresse, n. f.
allegretto, adv. et n. m.
allegro, adv. et n. m.
alléguer, v. tr.
allèle, n. m.
allélique, adj.
allélisme, n. m.
allélomorphe, adj.
alléluia, n. m.
allemand, ande, adj. et n.
allène, n. m.
1. aller, v. intr.
2. aller, n. m.
allergène, n. m.
allergie, n. f.
allergique, adj.
allergographie, n. f.
allergologie, n. f.
allergologue, n.
alleu, eux, n. m.
alliacé, ée, adj.
alliage, n. m.
alliaire, n. f.
alliance, n. f.
allié, ée, adj. et n.
allier, v. tr., v. pron.
alligator, n. m.
alligatoridés, n. m. pl.
allitération, n. f.
allô, interj.
allocataire, n.
allocation, n. f.
allocutaire, n.
allocution, n. f.
allogamie, n. f.
allogène, adj.
allométrie, n. f.
allonge, n. f.
allongé, ée, adj.
allongement, n. m.
allonger, v. tr., v. intr., v. pron.
allopathe, n. m.
allopathie, n. f.
allophtalmie, n. f.
allosome, n. m.
allotropie, n. f.
allotropique, adj.
allouer, v. tr.
allumage, n. m.
allume-feu, n. m. inv.
allumer, v. tr., v. pron.
allumette, n. f.
allumeur, n. m.
allumeuse, n. f.
allure, n. f.
allusif, ive, adj.
allusion, n. f.
alluvial, iale, iaux, adj.
alluvion, n. f.
alluvionnaire, adj.
alluvionnement, n. m.
alluvionner, v. intr.
allyle, adj.
allylique, adj.
alma mater, n. f.
almanach, n. m.
almandin, n. m.
almée, n. f.
aloès, n. m.
aloétique, adj.
aloi, n. m.
alogique, adj.
alopécie, n. f.
alors, adv.
alors que, loc. conj.
alose, n. f.
alouette, n. f.
alourdir, v. tr.
alourdissement, n. m.
aloyau, n. m.
alpaga, n. m.
alpage, n. m.
alpax, n. m.
alpe, n. f.
alpenstock, n. m.
alpestre, adj.
alpha, n. m.
alphabet, n. m.
alphabétique, adj.
alphabétiquement, adv.
alphabétisation, n. f.
alphabétiser, v. tr.
alpha-bloquant, adj. et n. m.
alphanumérique, adj.
alpin, ine, adj.
alpinisme, n. m.
alpiniste, n. m.
alpiste, n. m.
alsacien, ienne, adj. et n.
altérable, adj.
altérant, ante, adj.
altération, n. f.
altercation, n. f.
altéré, ée, adj.

alter ego, n. m.
altérer, v. tr., v. pron.
altérité, n. f.
alternance, n. f.
alternant, ante, adj.
alternat, n. m.
alternateur, n. m.
alternatif, ive, adj.
alternative, n. f.
alternativement, adv.
alterne, adj.
alterné, ée, adj.
alterner, v. intr., v. tr.
altesse, n. f.
althæa, n. f.
altier, ière, adj.
altimètre, n. m.
altimétrie, n. f.
altiport, n. m.
altiste, n. m.
altitude, n. f.
alto, n. m.
altocumulus, n. m.
altostratus, n. m.
altruisme, n. m.
altruiste, adj.
alucite, n. f.
aluminate, n. m.
alumine, n. f.
aluminer, v. tr.
alumineux, euse, adj.
aluminium, n. m.
aluminothermie, n. f.
alun, n. m.
alunage, n. m.
aluner, v. tr.
alunir, v. intr.
alunite, n. f.
alvéolaire, adj.
alvéole, n. m.
alvéolé, ée, adj.
alvéolite, n. f.
alvinage, n. m.
alviner, v. tr.
alymphocytose, n. f.
alyte, n. m.
a. m., abrév.
Am, symbole
amabilité, n. f.
amadou, n. m.
amadouer, v. tr.
amaigrir, v. tr.
amaigrissant, ante, adj.
amaigrissement, n. m.
amalgamation, n. f.
amalgame, n. m.
amalgamer, v. tr.
aman, n. m.
amande, n. f.
amandier, n. m.
amanite, n. f.
amant, ante, n.
amarantacées, n. f. pl.
amarante, n. f. et adj. inv.
amareyeur, n. m.
amaril, ile, adj.
amariner, v. tr.
amarrage, n. m.
amarre, n. f.
amarrer, v. tr.
amaryllidacées, n. f. pl.
amaryllis, n. f.
amas, n. m.
amasser, v. tr., v. pron.
amateur, n. m.
amateurisme, n. m.
amazone, n. f.
amazonien, ienne, adj et n.
ambages, n. f. pl.
ambassade, n. f.
ambassadeur, n. m.
ambassadrice, n. f.
ambe, n. m.
ambi-, préf.
ambiance, n. f.
ambiant, ante, adj.
ambidextre, adj.
ambigu, uë, adj.
ambiguïté, n. f.
ambiophonie, n. f.
ambitieusement, adv.
ambitieux, ieuse, adj.
ambition, n. f.
ambitionner, v. tr.
ambivalence, n. f.
ambivalent, ente, adj.
amble, n. m.
ambler, v. intr.
ambly-, préf.
amblygonite, n. f.
amblyope, adj. et n.
amblyopie, n. f.
amblyrhynque, n. m.
amblystome, n. m.
ambon, n. m.
ambre, n. m.
ambré, ée, adj.
ambrette, n. f.
ambroisie, n. f.
ambrosiaque, adj.
ambrosien, ienne, adj.
ambulacraire, adj.
ambulacre, n. m.
ambulance, n. f.
ambulancier, ière, adj. et n.
ambulant, ante, adj.
ambulatoire, adj.
âme, n. f.
améliorable, adj.
améliorant, ante, adj.
amélioration, n. f.
améliorer, v. tr.
amen, interj.
aménagement, n. m.
aménager, v. tr.
amende, n. f.
amendement, n. m.
amender, v. tr., v. pron.
amène, adj.
amenée, n. f.
amener, v. tr., v. pron.
aménité, n. f.
aménorrhée, n. f.
amentifère, adj.
amentiflores, n. f. pl.
amenuisement, n. m.
amenuiser, v. tr., v. pron.
1. amer, ère, adj.
2. amer, n. m.
amèrement, adv.
américain, aine, adj. et n.
américanisation, n. f.
américaniser, v. tr., v. pron.
américanisme, n. m.
américaniste, n.
américium, n. m.
amérindien, ienne, adj. et n.
amerrir, v. intr.
amerrissage, n. m.
amertume, n. f.
améthyste, n. f.
amétrope, adj.
amétropie, n. f.
ameublement, n. m.
ameublir, v. tr.
ameublissement, n. m.
ameuter, v. tr., v. pron.
amharique, n. m.
ami, ie, n. et adj.
amiable, adj.
amiante, n. m.
amibe, n. f.
amibiase, n. f.
amibien, ienne, adj.
amiboïde, adj.
amical, ale, aux, adj.
amicale, n. f.
amicalement, adv.
amict, n. m.
amide, n. m.
amidon, n. m.
amidonnage, n. m.
amidonner, v. tr.
amidure, n. m.
amincir, v. tr., v. pron.
amincissement, n. m.
amine, n. f.
aminé, ée, adj.
a minima, loc. adv.
aminoplaste, n. m.
aminosides, n. m. pl.
amiral, aux, n. m.
amirale, n. f.
amirauté, n. f.
amitié, n. f.
amitose, n. f.
amixie, n. f.
ammocète, n. f.
1. ammoniac, n. m.
2. ammoniac, aque, adj.
ammoniacal, ale, aux, adj.
ammoniaque, n. f.
ammonite, n. f.
ammonium, n. m.
ammonoïdes, n. m. pl.
amnésie, n. f.
amnésique, adj. et n.
amniocentèse, n. f.
amnios, n. m.
amnioscopie, n. f.
amniotes, n. m. pl.
amniotique, adj.
amnistie, n. f.
amnistier, v. tr.
amocher, v. tr., v. pron.
amodiation, n. f.
amodier, v. tr.
amoindrir, v. tr., v. pron.
amoindrissement, n. m.
amok, n. m.
amollir, v. tr.
amollissement, n. m.
amonceler, v. tr.
amoncellement, n. m.
amont, n. m.
amoral, ale, aux, adj.
amoralisme, n. m.
amoralité, n. f.
amorçage, n. m.
amorce, n. f.
amorcer, v. tr.
amoroso, adv.
amorphe, adj.
amorti, n. m.
amortir, v. tr.
amortissable, adj.
amortissement, n. m.
amortisseur, n. m.
amour, n. m.
amouracher (s'), v. pron.
amourette, n. f.
amourettes, n. f. pl.
amoureusement, adv.
amoureux, euse, adj. et n.
amour-propre, n. m.
amovibilité, n. f.
amovible, adj.
A.M.P., abrév.
ampélidacées, n. f. pl.
ampélographie, n. f.

ampélopsis, n. m.
ampère, n. m.
ampère-étalon, n. m.
ampèreheure, n. m.
ampèremètre, n. m.
ampèretour, n. m.
amphétamine, n. f.
amphi-, préf.
amphibie, adj.
amphibiens, n. m. pl.
amphibole, n. f.
amphibolite, n. f.
amphibologie, n. f.
amphibologique, adj.
amphictyonie, n. f.
amphidromique, adj.
amphigouri, n. m.
amphigourique, adj.
amphimixie, n. f.
amphineures, n. m. pl.
amphioxus, n. m.
amphisbéniens, n. m. pl.
amphithéâtre, n. m.
amphitryon, n. m.
amphogène, adj.
amphophile, adj.
amphore, n. f.
amphotère, adj. et n. m.
ample, adj., loc.
amplectif, ive, adj.
amplement, adv.
ampleur, n. f.
ampliatif, ive, adj.
ampliation, n. f.
1. amplificateur, trice, adj.
2. amplificateur, n. m.
amplification, n. f.
amplifier, v. tr., v. pron.
amplitude, n. f.
ampoule, n. f.
ampoulé, ée, adj.
ampullaire, n. et adj.
amputation, n. f.
amputé, ée, n.
amputer, v. tr.
amuïr (s'), v. pr.
amuïssement, n. m.
amulette, n. f.
amure, n. f.
amurer, v. tr.
amusant, ante, adj.
amuse-gueule, n. m. inv.
amusement, n. m.
amuser, v. tr., v. pron.
amusette, n. f.
amuseur, euse, n.
amygdalaire, adj.
amygdale, n. f.
amygdalectomie, n. f.
amygdalite, n. f.
amygdaloïde, adj.
amyl(o)-, préf.
amylacé, ée, adj.
amylase, n. f.
amylasémie, n. f.
amyle, n. m.
amylique, adj.
amylobacter, n. m.
amyloïde, adj.
amylomyce, n. m.
amylopectine, n. f.
amyloplaste, n. m.
amylose, n. m.
amyotrophie, n. f.
an, n. m.
ana-, préf.
ana, n. m. inv.
anabaptisme, n. m.
anabaptiste, n. m.
anabolisme, n. m.
anacarde, n. m.
anacardier, n. m.
anachorète, n. m.
anachronique, adj.
anachronisme, n. m.
anacoluthe, n. f.
anaconda, n. m.
anacrouse, n. f.
anadipsie, n. f.
anadyomène, adj.
anaérobie, adj.
anaérobiose, n. f.
anagenèse, n. f.
anaglyphe, n. m.
anaglyptique, adj. et n. f.
anagogie, n. f.
anagogique, adj.
anagramme, n. f.
anal, ale, aux, adj.
analectes, n. m. pl.
analepsie, n. f.
analeptique, adj. et n. m.
analgésie, n. f.
analgésique, adj et n. m.
anallergie, n. f.
analogie, n. f.
analogique, adj.
analogue, adj.
analphabète, adj. et n.
analphabétisme, n. m.
analysable, adj.
analyse, n. f.
analyser, v. tr.
analyseur, n. m. et adj.
analyste, n.
analytique, adj.
analytiquement, adv.
anamnèse, n. f.
anamnestique, adj.
anamniotes, n. m. pl.
anamorphose, n. f.
ananas, n. m.
anapeste, n. m.
anaphase, n. f.
anaphore, n. f.
anaphrodisiaque, adj. et n. m.
anaphrodisie, n. f.
anaphylactique, adj.
anaphylactogène, n. m.
anaphylactoïde, adj.
anaphylaxie, n. f.
anaplasie, n. f.
anaplastie, n. f.
anarchie, n. f.
anarchique, adj.
anarchiquement, adv.
anarchisant, ante, adj.
anarchisme, n. m.
anarchiste, adj. et n.
anarcho-syndicalisme, n. m.
anasarque, n. f.
anastigmat, adj.
anastigmatique, adj.
anastomose, n. f.
anastomoser, v. tr., v. pron.
anastrophe, n. f.
anathème, n. m.
anatidés, n. m. pl.
anatife, n. m.
anatocisme, n. m.
anatolien, ienne, adj. et n.
anatomie, n. f.
anatomique, adj.
anatomiquement, adv.
anatomiste, n.
anatoxine, n. f.
anatrope, adj.
ancestral, ale, aux, adj.
ancêtre, n.
anche, n. f.
anchois, n. m.
ancien, ienne, adj.
anciennement, adv.
ancienneté, n. f.
ancillaire, adj.
ancolie, n. f.
ancrage, n. m.
ancre, n. f.
ancrer, v. tr., v. pron.
andain, n. m.
andaineuse, n. f.
andalou, ouse, adj. et n.
andalousite, n. f.
andante, adv., n. m.
andantino, adv., n. m.
andésine, n. f.
andésite, n. f.
andésitique, adj.
andin, ine, adj.
andouille, n. f.
andouiller, n. m.
andouillette, n. f.
andrinople, n. f.
andro-, préf.
androcée, n. m.
androgène, adj.
androgyne, adj. et n.
androgynie, n. f.
androïde, n. m.
andrologie, n. f.
andrologue, n. m.
andropause, n. f.
androstérone, n. f.
âne, n. m.
anéantir, v. tr., v. pron.
anéantissement, n. m.
anecdote, n. f.
anecdotique, adj.
anémie, n. f.
anémier, v. tr., v. pron.
anémique, adj.
anémo-, préf.
anémochore, adj.
anémomètre, n. m.
anémone, n. f.
anémophile, adj.
anémophilie, n. f.
anergie, n. f.
anergique, adj.
anergisant, adj.
ânerie, n. f.
anéroïde, adj.
ânesse, n. f.
anesthésie, n. f.
anesthésier, v. tr.
anesthésiologie, n. f.
anesthésique, adj. et n. m.
anesthésiste, n.
aneth, n. m.
aneurine, n. f.
anévrismal, ale, aux, adj.
anévrismatique, adj.
anévrisme, n. m.
anfractuosité, n. f.
angarie, n. f.
ange, n. m.
angéite, n. f.
1. angélique, adj.
2. angélique, n. f.
angelot, n. m.
angélus, n. m.
angevin, ine, adj. et n.
angi(o)-, préf.
angine, n. f.
angiocholite, n. f.
angiographie, n. f.
angiomateux, euse, adj.
angiomatose, n. f.

angiome, n. m.
angiopathie, n. f.
angioplastie, n. f.
angiospasme, n. m.
angiosperme, adj. et n.
angiospermie, n. f.
angiotensine, n. f.
angiotensinogène, n. m.
anglais, aise, adj. et n.
anglaiser, v. tr.
angle, n. m.
anglet, n. m.
anglican, ane, adj. et n.
anglicanisme, n. m.
angliciser, v. tr., v. pron.
anglicisme, n. m.
angliciste, n.
anglo-, préf.
anglomane, n.
anglomanie, n. f.
anglophile, adj. et n.
anglophilie, n. f.
anglophobe, adj. et n.
anglophobie, n. f.
anglophone, adj. et n.
anglo-saxon, onne, adj. et n.
angoissant, ante, adj.
angoisse, n. f.
angoisser, v. tr.
angon, n. m.
angor, n. m.
angora, adj. inv. et n. m.
angstrœm ou angström, n. m.
anguille, n. f.
anguiller, n. m.
anguillère ou anguillière, n. f.
anguillule, n. f.
anguillulose, n. f.
angulaire, adj.
anguleux, euse, adj.
angusticlave, n. m.
angusture, n. m.
anharmonique, adj.
anhidrose, n. f.
anhidrotique, adj.
anhimiformes, n. m. pl.
anhydrase, n. f.
anhydre, adj.
anhydride, n. m.
anhydrite, n. f.
anhydrobiase, n. f.
anicotinose, n. f.
anicroche, n. f.
ânier, ière, n.
aniline, n. f.
anilisme, n. f.
animadversion, n. f.
1. animal, aux, n. m.
2. animal, ale, aux, adj.
animalcule, n. m.
animalerie, n. f.
animalier, n. m.
animaliser, v. tr.
animalité, n. f.
animateur, trice, n.
animation, n. f.
animato, adv.
animé, ée, adj.
animer, v. tr., v. pron.
animisme, n. m.
animiste, adj. et n.
animosité, n. f.
anion, n. m.
anionique, adj.
anis, n. m.
aniser, v. tr.
anisette, n. f.
aniso-, préf.
anisochromie, n. f.
anisocytose, n. f.
anisogamie, n. f.
anisoménorrhée, n. f.
anisomère, adj.
anisométropie, n. f.
anisotrope, adj.
anisotropie, n. f.
ankylose, n. f.
ankyloser, v. tr., v. pron.
ankylostome, n. m.
ankylostomiase, n. f.
annal, ale, adj.
annales, n. f. pl.
annaliste, n. m.
annamite, adj. et n.
annate, n. f.
anneau, n. m.
année, n. f.
annelé, ée, adj.
anneler, v. tr.
annelet, n. m.
annélides, n. m. pl.
1. annexe, adj.
2. annexe, n. f.
annexer, v. tr., v. pron.
annexion, n. f.
annexionnisme, n. m.
annexite, n. f.
annihilation, n. f.
annihiler, v. tr., v. pron.
anniversaire, adj. et n. m.
annonce, n. f.
annoncer, v. tr., v. pron.
annonceur, n. m.
annonciateur, trice, adj.
annonciation, n. f.
annone, n. f.
annotateur, trice, n.
annotation, n. f.
annoter, v. tr.
annuaire, n. m.
annualité, n. f.
annuel, elle, adj.
annuellement, adv.
annuité, n. f.
annulaire, adj. et n. m.
annulatif, ive, adj.
annulation, n. f.
annuler, v. tr., v. pron.
annulite, n. f.
annuloplastie, n. f.
anoblir, v. tr.
anoblissement, n. m.
anode, n. f.
anodin, ine, adj.
anodique, adj.
anodisation n. f.
anodiser, v. tr.
anodonte, adj. et n. m.
anodontie, n. f.
anomal, ale, aux, adj.
anomalie, n. f.
anomalistique, adj.
anomie, n. f.
ânon, n. m.
anonacées, n. f. pl.
anone, n. f.
ânonnement, n. m.
ânonner, v. intr., v. tr.
anonymat, n. m.
anonyme, adj. et n.
anonymement, adv.
anophèle, n. m.
anoploures, n. m. pl.
anorak, n. m.
anorchidie, n. f.
anorchie, n. f.
anorexie, n. f.
anorexigène, adj. et n. m.
anormal, ale, aux, adj. et n.
anormalement, adv.
anosmie, n. f.
anoure, adj. et n.
anoxémie, n. f.
anoxie, n. f.
anse, n. f.
ansé, ée, adj.
ansériformes, n. m. pl.
anspect, n. m.
ant-, anté-, anti-, préf.
antagonique, adj.
antagonisme, n. m.
antagoniste, adj. et n.
antalgique, adj. et n. m.
antan (d'), loc. adj.
antarctique, adj. et n.
anté-, préf.
antébois, n. m.
antécambrien, ienne, adj., et n.
antécédence, n. f.
antécédent, ente, adj. et n.
antéchrist, n. m.
antédiluvien, ienne, adj.
antéfixe, n. f.
antéhypophyse, n. f.
antéislamique, adj.
antenais, aise, adj.
antennaire, adj.
antennates, n. m. pl.
antenne, n. f.
antépénultième, adj.
antérieur, eure, adj.
antérieurement, adv.
antériorité, n. f.
antérograde, adj.
antéropostérieur, eure, adj.
anthélie, n. f.
anthémis, n. f.
anthère, n. f.
anthéridie, n. f.
anthérozoïde, n. m.
anthèse, n. f.
anthocyanes, n. f. pl.
anthologie, n. f.
anthozoaires, n. m. pl.
anthracène, n. m.
anthracite, n. m. et adj. inv.
anthracnose, n. f.
anthracose, n. f.
anthraquinone, n. f.
anthrax, n. m.
anthrène, n. m.
-anthrope, -anthropie, -anthropique, suff.
anthropo-, préf.
anthropocentrique, adj.
anthropocentrisme, n. m.
anthropogenèse, n. f.
anthropogénie, n. f.
anthropoïde, adj.
anthropoïdes, n. m. pl.
anthropologie, n. f.
anthropologique, adj.
anthropologiste, n. m.
anthropologue, n. m.
anthropométrie, n. f.
anthropométrique, adj.
anthropomorphe, adj.
anthropomorphique, adj.
anthropomorphisme, n. m.
anthroponymie, n. f.
anthropophage, adj. et n.
anthropophagie, n. f.
anthropopithèque, n. m.
anthropozoïque, adj. et n. m.
anti-, préf.

antiaérien, ienne, adj.
antialcoolique, adj.
antiar, n. m.
antiarches, n. m. pl.
antibactérien, ienne, adj. et n.
antibélier, n. m. et adj.
antibiogramme, n. m.
antibiothérapie, n. f.
antibiotique, n. m. et adj.
antibois, n. m.
antibrouillard, adj. inv.
antibruit, adj. inv.
anticancéreux, euse, adj. et n.
anticathode, n. f.
antichambre, n. f.
antichar, adj. inv. et n. m.
antichrèse, n. f.
anticipation, n. f.
anticipé, ée, adj.
anticiper, v. tr., v. tr. ind.
anticlérical, ale, aux, adj. et n.
anticléricalisme, n. m.
1. anticlinal, ale, aux, adj.
2. anticlinal, n. m.
1. anticoagulant, ante, adj.
2. anticoagulant, n. m.
anticodon, n. m.
anticolonialisme, n. m.
anticolonialiste, adj. et n.
anticommutatif, ive, adj.
anticonceptionnel, elle, adj.
anticonformiste, adj. et n.
anticonstitutionnel, elle, adj.
anticonstitutionnellement, adv.
anticorps, n. m.
anticryptogamique, adj.
anticyclone, n. m.
antidater, v. tr.
antidérapant, ante, adj.
antidétonant, ante, adj. et n. m.
antidiphtérique, adj.
antidiurétique, adj. et n. m.
antidote, n. m.
antiélectrostatique, adj.
antiémétique, adj.
antienne, n. f.
antiferment, n. m.
antiferromagnétique, adj.
antiferromagnétisme, n. m.
antifouling, adj. et n. m.
antifriction, n. m. et adj.
anti-g, adj. inv.
antigang, adj. inv. et n. m.
antigel, n. m. et adj. inv.
antigène, n. m.
antigivre, adj. inv. et n. m. inv.
antigrippal, ale, aux, adj.
antihalo, adj. inv. et n. m. inv.
antihistaminique, adj. et n. m.
anti-inflammatoire, adj. et n. m.
antilacet, adj. inv.
antillais, aise, adj. et n.
antilogarithme, n. m.
antilope, n. f.
antimatière, n. f.
antimilitarisme, n. m.
antimoine, n. m.
antimoniate, n. m.
antimonides, n. m. pl.
antimonié, iée, adj.
antimonieux, adj.
antimonique, adj.
antimonite, adj.
antimoniure, n. m.
antineutron, n. m.
antinomie, n. f.
antinomique, adj.
antioxygène, n. m.
antipape, n. m.
antiparallèle, adj.
antiparasitage, n. m.
antiparasite, adj. et n. m.
antiparticule, n. f.
antipathie, n. f.
antipathique, adj.
antiphonaire, n. m.
antiphrase, n. f.
antipodal, ale, aux, adj.
antipode, n. m.
antipodiste, n.
antipollution, adj. inv.
antiproton, n. m.
antipsychiatrie, n. f.
antipyrétique, adj. et n. m.
antiquaille, n. f.
antiquaire, n.
antique, adj. et n.
antiquité, n. f.
antirabique, adj.
antiradar, adj. inv. et n. m. inv.
antireflet, adj. inv.
antiretour, adj. inv.
antirouille, adj. inv.
antisémite, n. et adj.
antisémitisme, n. m.
antisepsie, n. f.
antiseptique, adj. et n. m.
antisocial, ale, aux, adj.
antisolaire, adj.
antispasmodique, adj. et n. m.
antistrophe, n. f.
antisymétrique, adj.
antitabac, adj. inv.
antitétanique, adj.
antithermique, adj.
antithèse, n. f.
antithétique, adj.
antitoxine, n. f.
antitrust, adj.
antituberculeux, euse, adj.
antitussif, ive, adj. et n. m.
antivénérien, ienne, adj.
antivenimeux, euse, adj.
antivitamine, n. f.
antivol, n. m. et adj.
antonomase, n. f.
antonyme, n. m.
antonymie, n. f.
antre, n. m.
antrustion, n. m.
anubis, n. m.
anucléé, éée, adj.
anurie, n. f.
anus, n. m.
anxiété, n. f.
anxieusement, adv.
anxieux, ieuse, adj.
anxiolytique, adj. et n. m.
aoriste, n. m.
aorte, n. f.
aortique, adj.
aortite, n. f.
aortographie, n. f.
août, n. m.
aoûtat, n. m.
aoûtien, ienne, n.
apagogie, n. f.
apaisant, ante, adj.
apaisement, n. m.
apaiser, v. tr., v. pron.
apanage, n. m.
à part, loc. prép.
aparté, n. m., loc. adv.
apartheid, n. f.
apathie, n. f.
apathique, adj. et n.
apatite, n. f.
apatride, n. et adj.
aperception, n. f.
apercevoir, v. tr., v. pron.
aperçu, n. m.
apériodique, adj.
apériteur, n. m.
apéritif, ive, adj. et n.
aperture, n. f.
apesanteur, n. f.
apétale, adj.
apétales, n. f. pl.
1. à peu près ou à-peu-près, n. m. inv.
2. à peu près, loc. adv.
apeurer, v. tr.
apex, n. m.
aphasie, n. f.
aphasique, adj. et n.
aphélie, n. m.
aphérèse, n. f.
aphidiens, n. m. pl.
aphone, adj.
aphonie, n. f.
aphorisme, n. m.
aphrodisiaque, adj. et n. m.
aphrodisie, n. f.
aphte, n. m.
aphteux, euse, adj.
aphylle, adj.
api (d'), loc. adj.
à pic, loc. adv.
à-pic, n. m.
apical, ale, aux, adj.
apicole, adj.
apiculteur, n. m.
apiculture, n. f.
apidés, n. m. pl.
apion, n. m.
apiquer, v. tr.
apitoiement, n. m.
apitoyer, v. tr., v. pron.
apivore, adj.
APL, n. m.
aplacophores, n. m. pl.
aplanétique, adj.
aplanétisme, n. m.
aplanir, v. tr.
aplanissement, n. m.
aplasie, n. f.
aplasique, adj.
aplat, n. m.
aplatir, v. tr., v. pron.
aplatissement, n. m.
aplomb, n. m., loc. adv.
aplysie, n. f.
apnée, n. f.
apo-, préf.
apoastre, n. m.
apocalypse, n. f.
apocalyptique, adj.
a poco, loc. adv.
apocope, n. f.
apocryphe, adj. et n.
apocynacées, n. f. pl.
apode, adj. et n. m. pl.
apodictique, adj.
apodiformes, n. m. pl.
apodose, n. f.
apoenzyme, n. f.
apogamie, n. f.
apogée, n. m.
apolitique, adj.
apollinaire, adj.

apollinien, ienne, adj.
apollon, n. m.
apologétique, adj. et n.
apologie, n. f.
apologiste, n.
apologue, n. m.
apomorphisme, n. f.
aponévrose, n. f.
aponévrotique, adj.
apophonie, n. f.
apophtegme, n. m.
apophysaire, adj.
apophyse, n. f.
apoplectique, adj. et n.
apoplexie, n. f.
aporie, n. f.
aposiopèse, n. f.
apostasie, n. f.
apostasier, v. intr.
apostat, n. m.
aposter, v. tr.
a posteriori, loc. adv. et adj. inv.
apostille, n. f.
apostiller, v. tr.
apostolat, n. m.
apostolicité, n. f.
apostolique, adj.
apostoliquement, adv.
apostrophe, n. f.
apostropher, v. tr., v. pron.
apothécie, n. f.
apothème, n. m.
apothéose, n. f.
apothicaire, n. m.
apôtre, n. m.
appalachien, ienne, adj.
apparaître, v. intr.
apparat, n. m.
apparaux, n. m. pl.
appareil, n. m.
appareillage, n. m.
appareillement, n. m.
appareiller, v. tr., v. intr.
appareilleur, n. m.
apparemment, adv.
apparence, n. f.
apparent, ente, adj.
apparentement, n. m.
apparenter, v. tr.
appariement, n. m.
apparier, v. tr., v. pron.
appariteur, n. m.
apparition, n. f.
apparoir, v. intr.
appartement, n. m.
appartenance, n. f.
appartenir, v. tr. ind., v. pron.
appas, n. m. pl.
appassionato, adv.
appât, n. m.
appâter, v. tr.
appauvrir, v. tr., v. pron.
appauvrissement, n. m.
appeau, n. m.
appel, n. m.
appelant, ante, adj. et n.
appelé, ée, adj. et n. m.
appeler, v. tr., v. tr. ind., v. pron.
appellatif, ive, adj.
appellation, n. f.
appendice, n. m.
appendicectomie, n. f.
appendicite, n. f.
appendiculaire, adj.
appendiculaires, n. m. pl.
apprendre, v. tr.
appentis, n. m.
appesantir, v. tr., v. pron.
appesantissement, n. m.
appétence, n. f.
appétissant, ante, adj.
appétit, n. m.
applaudimètre, n. m.
applaudir, v. intr., v. tr. ind., v. pron.
applaudissement, n. m.
applicabilité, n. f.
applicable, adj.
applicateur, n. m.
application, n. f.
applique, n. f.
appliqué, e, adj.
appliquer, v. tr., v. pron.
appoggiature, n. f.
appoint, n. m.
appointements, n. m. pl.
appointer, v. tr.
appontage, n. m.
appontement, n. m.
apponter, v. intr.
apponteur, n. m.
apport, n. m.
apporter, v. tr.
apporteur, euse, n.
apposer, v. tr.
apposition, n. f.
appréciable, adj.
appréciateur, trice, n.
appréciatif, ive, adj.
appréciation, n. f.
apprécier, v. tr., v. pron.
appréhender, v. tr.
appréhension, n. f.
apprendre, v. tr.
apprenti, ie, n.
apprentissage, n. m.
apprêt, n. m.
apprêtage, n. m.
apprêté, e, adj.
apprêter, v. tr., v. pron.
apprêteur, euse, n.
apprivoisable, adj.
apprivoisement, n. m.
apprivoiser, v. tr., v. pron.
approbateur, trice, adj. et n.
approbatif, ive, adj.
approbation, n. f.
approbativité, n. f.
approchable, adj.
approchant, te, adj.
approche, n. f.
approché, ée, adj.
approcher, v. tr. dir., v. tr. ind., v. intr., v. pron.
approfondi, ie, adj.
approfondir, v. tr., v. pron.
approfondissement, n. m.
appropriation, n. f.
approprié, e, adj.
approprier, v. tr., v. pron.
approuvable, adj.
approuver, v. tr.
approvisionnement, n. m.
approvisionner, v. tr., v. pron.
approvisionneur, euse, n.
approximatif, ive, adj.
approximation, n. f.
approximativement, adv.
appui, n. m.
appuie-nuque, n. m. inv.
appui-nuque, appuis-nuque, n. m.
appuie-tête, n. m. inv.
appui-tête, appuis-tête, n. m.
appuyé, e, adj.
appuyer, v. tr., v. tr. ind., v. pron.
apraxie, n. f.
âpre, adj.
âprement, adv.
après, prép. et adv.
après-demain, adv.
après-guerre, n. m.
après-midi, n. m. inv.
après-rasage, loc. adj. inv. et n. m. inv.
après-ski, n. m. inv.
après-vente, adj. inv.
âpreté, n. f.
a priori, loc. adv., loc. adj. inv., n. m. inv.
apriorisme, n. m.
aprioriste, adj. et n.
à-propos, n. m.
apside, n. f.
apte, adj.
aptère, adj. et n. m. pl.
aptérygotes, n. m. pl.
aptéryx, n. m.
aptitude, n. f.
apurement, n. m.
apurer, v. tr.
apyrexie, n. f.
aquaculture, n. f.
aquafortiste, n.
aquamanile, n. m.
aquaplanage, n. m.
aquaplane, n. m.
aquarelle, n. f.
aquarelliste, n.
aquarium, n. m.
aquastat, n. m.
aquatinte, n. f.
aquatintiste, n.
aquatique, adj.
aqueduc, n. m.
aqueux, euse, adj.
à quia, loc. adv.
aquiculture, n. f.
aquifère, adj.
aquilin, adj. m.
aquilon, n. m.
Ar, symbole
ara, n. m.
arabe, adj. et n.
arabesque, n. f.
arabinose, n. m.
arabique, adj.
arabisant, ante, n. et adj.
arabisation, n. f.
arabiser, v. tr.
arabisme, n. m.
arable, adj.
arabophone, adj. et n.
arac ou arack ou arak, n. m.
aracées, n. f. pl.
arachide, n. f.
arachnéen, éenne, adj.
arachnides, n. m. pl.
arachnoïde, n. f.
arack ou arak ou arac, n. m.
aragonaise, n. f.
aragonite, n. f.
araignée, n. f.
araire, n. m.
arak ou arac ou arack, n. m.
araldite, n. f.
araméen, éenne, adj. et n.
aramon, n. m.
aranéides, n. m. pl.
arasement, n. m.
araser, v. tr.
aratoire, adj.
araucan, ane, adj. et n.
araucaria, n. m.
araucariacées ou araucariales, n. f. pl.
arbalète, n. f.
arbalétrier, n. m.
arbalétrière, n. f.

arbitrage, n. m.
arbitragiste, n. m.
arbitraire, adj. et n. m.
arbitrairement, adv.
arbitral, ale, aux, adj.
arbitre, n. m.
arbitrer, v. tr.
arboré, ée, adj.
arborer, v. tr.
arborescence, n. f.
arborescent, ente, adj.
arboricole, adj.
arboriculteur, trice, n.
arboriculture, n. f.
arborisation, n. f.
arbouse, n. f.
arbousier, n. m.
arbre, n. m.
arbrisseau, n. m.
arbue, n. f.
arbuste, n. m.
arbustif, ive, adj.
arc, n. m.
arcade, n. f.
arcane, n. m.
arcanson, n. m.
arcature, n. f.
arc-boutant, n. m.
arc-bouter, v. tr., v. pron.
arc-doubleau, n. m.
arceau, n. m.
arc-en-ciel, n. m.
archæopteryx ou archéoptéryx, n. m.
archaïque, adj.
archaïsant, ante, adj.
archaïsme, n. m.
archal, n. m.
archange, n. m.
arche, n. f.
1. archéen, éenne, adj.
2. archéen, n. m.
archégone, n. m.
archégoniates, n. f. pl.
archéo-, préf.
archéologie, n. f.
archéologique, adj.
archéologue, n.
archéométrie, n. f.
archéoptéryx ou archæopteryx, n. m.
archéornithes, n. m. pl.
archer, n. m.
archère, n. f.
archet, n. m.
archétype, n. m.
archevêché, n. m.
archevêque, n. m.
archi-, préf.
archiconfrérie, n. f.
archidiaconat, n. m.
archidiaconé, n. m.
archidiacre, n. m.
archidiocésain, aine, adj.
archidiocèse, n. m.
archiduc, n. m.
archiduchesse, n. f.
-archie, suff.
archiépiscopal, ale, aux, adj.
archiépiscopat, n. m.
archière, n. f.
archimandrite, n. m.
archine, n. f.
archipel, n. m.
archipresbytéral, ale, aux, adj.
archipresbytérat, n. m.
archiprêtre, n. m.
architecte, n. m.
architectonique, adj. et n. f.
architectural, ale, aux, adj.
architecture, n. f.
architecturer, v. tr.
architeuthis, n. m.
architrave, n. f.
architravé, ée, adj.
architravée, n. f.
archiver, v. tr.
archives, n. f. pl.
archiviste, n.
archivolte, n. f.
archontat, n. m.
archonte, n. m.
arçon, n. m.
arc-rampant, n. m.
arctique, adj. et n.
arcure, n. f.
-ard, -arde, suff.
ardéidés, n. m. pl.
ardéiformes, n. m. pl.
ardemment, adv.
ardennais, aise, adj. et n.
ardent, ente, adj. et n. m.
ardeur, n. f.
ardillon, n. m.
ardoise, n. f.
ardoisé, ée, adj.
1. ardoisier, n. m.
2. ardoisier, ière, adj.
ardoisière, n. f.
ardu, ue, adj.
are, n. m.
arec, n. m.
aréique, adj.
aréisme, n. m.
arénacé, ée, adj.
arène, n. f.
arénicole, adj. et n.
aréole, n. f.
aréomètre, n. m.
aréométrie, n. f.
aréométrique, adj.
aréopage, n. m.
aréostyle, n. m.
aréquier, n. m.
arête, n. f.
arêtier, n. m.
arêtière, n. f.
argas, n. m.
argent, n. m.
argentage, n. m.
argentan, n. m.
argenté, ée, adj.
argenter, v. tr.
argenterie, n. f.
argenteur, n. m.
argentier, n. m.
argentifère, adj.
argentin, ine, adj. et n.
argenture, n. f.
argien, ienne, adj. et n.
argile, n. f.
argileux, euse, adj.
arginine, n. f.
argiope, n. f.
argon, n. m.
argonaute, n. m.
argot, n. m.
argotique, adj.
argotisme, n. m.
argousier, n. m.
argousin, n. m.
arguer, v. tr. dir., v. tr. ind.
argument, n. m.
argumentaire, n. m.
argumentation, n. f.
argumenter, v. intr.
argus, n. m.
argutie, n. f.
argyraspide, n. m.
argyrisme, n. m.
argyronète, n. f.
argyrose, n. f.
1. aria, n. f.
2. aria, n. m.
arianisme, n. m.
aride, adj.
aridité, n. f.
arien, ienne, adj. et n.
ariette, n. f.
arille, n. m.
arillé, ée, adj.
arion, n. m.
arioso, n. m.
ariser, v. tr.
aristocrate, n.
aristocratie, n. f.
aristocratique, adj.
aristoloche, n. f.
aristotélicien, ienne, adj. et n.
aristotélique, adj.
aristotélisme, n. m.
arithméticien, ienne, n.
arithmétique, n. f. et adj.
arithmologie, n. f.
arithmomancie, n. f.
arkose, n. f.
arlequin, ine, n.
arlequinade, n. f.
arlésien, ienne, adj. et n.
armada, n. f.
armagnac, n. m.
armateur, n. m.
armature, n. f.
arme, n. f.
armé, ée, adj..
armée, n. f.
armement, n. m.
arménien, ienne, adj. et n.
armer, v. tr., v. pron.
armet, n. m.
armillaire, n. f.
arminianisme, n. m.
arminien, n. m.
armistice, n. m.
arm-lock, n. m.
armoire, n. f.
armoiries, n. f. pl.
armoise, n. f.
armon, n. m.
1. armorial, n. m.
2. armorial, iale, iaux, adj.,
armoricain, aine, adj. et n.
armorier, v. tr.
armure, n. f.
armurerie, n. f.
armurier, n. m.
A.R.N., sigle
arnaque, n. f.
arnaquer, v. tr.
arnaqueur, n. m.
arnica, n. f.
aromate, n. m.
aromatique, adj.
aromatiser, v. tr.
arôme, n. m.
aronde, n. f.
aroumain, n. m.
arpège, n. m.
arpéger, v. intr., v. tr.
arpent, n. m.
arpentage, n. m.
arpenter, v. tr.
arpenteur, n. m.
arpenteuse, n. f.
arpète, n.
arpion, n. m.
-arque, suff.

arquebusade, n. m.
arquebuse, n. f.
arquebusier, n. m.
arquer, v. tr., v. intr., v. pron.
arraché, n. m.
arrache-clou, n. m.
arrachement, n. m.
arrache-pied (d'), loc. adv.
arracher, v. tr., v. pron.
arrache-racine(s), n. m.
arracheur, euse, n.
arrachis, n. m.
arraisonnement, n. m.
arraisonner, v. tr.
arrangeable, adj.
arrangeant, ante, adj.
arrangement, n. m.
arranger, v. tr., v. pron.
arrangeur, euse, n.
arrérager, v. intr.
arrérages, n. m. pl.
arrestation, n. f.
arrêt, n. m.
arrêté, n. m.
arrêté, ée, adj.
arrêter, v. tr., v. intr., v. pron.
arrêtiste, n. m.
arrêtoir, n. m.
arrhénotoque, adj.
arrhes, n. f. pl.
arriération, n. f.
1. arrière, adv.
2. arrière, adj et n. m.
arriéré, ée, adj. et n.
arrière-ban, n. m.
arrière-bec, n. m.
arrière-bouche, n. f.
arrière-boutique, n. f.
arrière-cour, n. f.
arrière-garde, n. f.
arrière-gorge, n. f.
arrière-goût, n. m.
arrière-grand-mère, n. f.
arrière-grand-père, n. m.
arrière-main, n. f.
arrière-pays, n. m.
arrière-pensée, n. f.
arrière-petite-fille, n. f.
arrière-petit-fils, n. m.
arrière-petits-enfants, n. m. pl.
arrière-plan, n. m.
arriérer, v. tr., v. pron.
arrière-saison, n. f.
arrière-salle, n. f.
arrière-train, n. m.
arrière-vassal, ale, aux, n. m.
arrière-voussure, n. f.
arrimage, n. m.
arrimer, v. tr.
arrimeur, arrumeur, n. m.
arriser, v. tr.
arrivage, n. m.
arrivant, ante, n.
arrivé, e, adj.
arrivée, n. f.
arriver, v. intr.
arrivisme, n. m.
arriviste, n. et adj.
arroche, n. f.
arrogamment, adv.
arrogance, n. f.
arrogant, ante, adj.
arroger (s'), v. pron.
arroi, n. m.
arrondi, ie, adj.
arrondir, v. tr., v. pron.
arrondissage, n. m.
arrondissement, n. m.
arrosable, adj.
arrosage, n. m.
arroser, v. tr.
arroseur, euse, n.
arrosoir, n. m.
arrow-root, n. m.
arroyo, n. m.
ars, n. m.
arsenal, n. m.
arséniate, n. m.
arsenic, n. m.
arsenical, ale, aux, adj.
arsénicisme, n. m.
arsénié, adj.
arsénieux, adj.
arséniure, n. m.
arsin, adj.
arsine, n. f.
arsouille, n.
art, n. m.
artefact, n. m.
artel, n. m.
artemia, n. f.
artère, n. f.
artériectomie, n. f.
artériel, elle, adj.
artériole, n. f.
artériosclérose, n. f.
artériotomie, n. f.
artérite, n. f.
artésien, adj.
arthralgie, n. f.
arthrite, n. f.
arthritique, adj. et n.
arthritisme, n.
arthroplastie, n. f.
arthropodes, n. m. pl.
arthrose, n. f.
artichaut, n. m.
article, n. m.
articulaire, adj.
articulation, n. f.
articulé, ée, adj.
articuler, v. tr.
articulés, n. m. pl.
artifice, n. m.
artificiel, elle, adj.
artificiellement, adv.
artificier, n. m.
artificieusement, adv.
artificieux, euse, adj.
artillerie, n. f.
artilleur, n. m.
artimon, n. m.
artiodactyles, n. m. pl.
artisan, ane, n.
artisanal, ale, aux, adj.
artisanalement, adv.
artisanat, n. m.
artiste, n.
artistement, adv.
artistique, adj.
artistiquement, adv.
artocarpus, n. m.
arum, n. m.
aruspice, n. m.
aryen, yenne, adj. et n.
aryle, adj.
aryténoïde, n. m. et adj.
arythmie, n. f.
as, n. m.
asbeste, n. m.
asbestose, n. f.
ascaridiase ou
ascaridiose, n. f.
ascaris, n. m.
ascendance, n. f.
1. ascendant, n. m.
2. ascendant, ante, adj.
ascenseur, n. m.
ascension, n. f.
ascensionnel, elle, adj.
ascèse, n. f.
ascète, n. m.
ascétique, adj.
ascétisme, n. m.
ascidie, n. f.
ascite, n. f.
ascomycètes, n. m. pl.
ascorbique, adj.
ascospore, n. m.
asdic, n. m.
-ase, suff.
aselle, n. m.
asémantique, adj.
asepsie, n. f.
aseptique, adj.
aseptisation, n. f.
aseptiser, v. tr.
asexué, ée, adj.
ashkénaz, azim, n. et adj.
ashram, n. m.
asiate, adj. et n.
asiatique, adj. et n.
asile, n. m.
asine, adj. f.
asinien, ienne, adj.
asocial, ale, aux, adj. et n.
asparagine, n. f.
asparagus, n. m.
aspect, n. m.
aspectuel, elle, adj.
asperge, n. f.
asperger, v. tr.
aspergillose, n. f.
aspergillus, n. m.
aspérité, n. f.
asperme, adj.
aspermie, n. f.
aspersion, n. f.
aspersoir, n. m.
aspérule, n. f.
asphaltage, n. m.
asphalte, n. m.
asphalter, v. tr.
asphaltier, n. m.
asphaltique, adj.
asphodèle, n. m.
asphyxie, n. f.
asphyxier, v. tr., v. pron.
aspic, n. m.
aspidistra, n. m.
aspidobranches, n. m. pl.
aspirant, ante, adj. et n.
aspirateur, n. m.
aspiration, n. f.
aspiratoire, adj.
aspirer, v. tr. dir., v. tr. ind.
aspirine, n. f.
asplenium, n. m.
asque, n. m.
assa-fœtida, n. f.
assagir, v. tr., v. pron.
assagissement, n. m.
assai, adj.
assaillant, ante, adj. et n.
assaillir, v. tr.
assainir, v. tr.
assainissement, n. m.
assaisonnement, n. m.
assaisonner, v. tr.
assassin, n. m.
assassinat, n. m.
assassiner, v. tr.
assaut, n. m.
-asse, suff.
asseau, n. m.
assèchement, n. m.
assécher, v. tr., v. intr.
assemblage, n. m.

assemblé, n. m.
assemblée, n. f.
assembler, v. tr., v. pron.
assembleur, euse, n.
assener, v. tr.
assentiment, n. m.
asseoir, v. tr., v. pron.
assermenté, ée, adj.
assermenter, v. tr.
assertif, ive, adj.
assertion, n. f.
assertorique, adj.
asservir, v. tr., v. pron.
asservissement, n. m.
assesseur, n. m.
assette, n. f.
assez, adv.
assidu, ue, adj.
assiduité, n. f.
assidûment, adv.
assiégé, ée, adj. et n.
assiégeant, ante, adj. et n.
assiéger, v. tr.
assiette, n. f.
assiettée, n. f.
assignable, adj.
assignat, n. m.
assignation, n. f.
assigner, v. tr.
assimilable, adj.
assimilateur, trice, adj.
assimilation, n. f.
assimilé, ée, adj. et n. m.
assimiler, v. tr., v. pron.
assis, ise, adj.
assise, n. f.
assises, n. f. pl.
assistanat, n. m.
assistance, n. f.
assistant, ante, n.
assisté, ée, adj. et n.
assister, v. tr. ind., v. tr.
associatif, ive, adj.
association, n. f.
associationnisme, n. m.
assiociationniste, adj. et n.
associativité, n. f.
associé, ée, n.
associer, v. tr., v. pron.
assoiffé, e, adj.
assoiffer, v. tr.
assolement, n. m.
assoler, v. tr.
assombrir, v. tr., v. pron.
assombrissement, n. m.
assommant, ante, adj.
assommer, v. tr., v. pron.
assommeur, n. m.
assommoir, n. m.
assonance, n. f.
assonancé, ée, adj.
assonant, ante, adj.
assorti, ie, adj.
assortiment, n. m.
assortir, v. tr., v. pron.
assoupir, v. tr., v. pron.
assoupissement, n. m.
assouplir, v. tr., v. pron.
assouplissement, n. m.
assourdir, v. tr., v. pron.
assourdissement, n. m.
assouvir, v. tr., v. pron.
assouvissement, n. m.
assuétude, n. f.
assujetti, ie, n.
assujettir, v. tr., v. pron.
assujettissant, ante, adj.
assujettissement, n. m.
assumer, v. tr., v. pron.
assurable, adj.
assurance, n. f.
assuré, ée, adj. et n.
assurément, adv.
assurer, v. tr., v. pron.
assureur, n. m.
assyrien, ienne, adj. et n.
assyriologie, n. f.
assyriologue, n.
astasie, n. f.
astate, n. m.
astatique, adj.
aster, n. m.
astérie, n. f.
astérisque, n. m.
astéroïde, n. m.
asteroidea, n. m. pl.
asthénie, n. f.
asthénique, adj. et n.
asthénosphère, n. f.
asthmatique, adj. et n.
asthme, n. m.
asticot, n. m.
asticoter, v. tr.
astigmate, adj. et n.
astigmatisme, n. m.
astiquage, n. m.
astiquer, v. tr.
astragale, n. m.
astrakan, n. m.
astral, ale, aux, adj.
astre, n. m.
astreindre, v. tr., v. pron.
astreinte, n. f.
astringence, n. f.
1. astringent, ente, adj.
2. astringent, n. m.
astroblème, n. m.
astrographe, n. m.
astrolabe, n. m.
astrolâtrie, n. f.
astrologie, n. f.
astrologique, adj.
astrologue, n.
astromètre, n. m.
astrométrie, n. f.
astronaute, n.
astronautique, n. f.
astronef, n. m.
astronome, n.
astronomie, n. f.
astronomique, adj.
astrophysicien, ienne, n.
astrophysique, n. f.
astuce, n. f.
astucieusement, adv.
astucieux, ieuse, adj.
asymétrie, n. f.
asymétrique, adj.
asymptote, n. et adj.
asymptotique, adj.
asynergie, n. f.
asynchrone, adj.
asyndète, n. f.
asystolie, n. f.
At, symbole
ataraxie, n. f.
atavique, adj.
atavisme, n. m.
ataxie, n. f.
ataxique, adj. et n.
-ate, suff.
atèle, n. m.
atélectasie, n. f.
atelier, n. m.
atellane, n. f.
a tempo, loc. adv.
atemporel, elle, adj.
atérien, n. m.
atermoiement, n. m.
atermoyer, v. tr., v. intr.
athée, adj. et n.
athéisme, n. m.
athénée, n. m.
athénien, ienne, adj. et n.
athèques, n. m. pl.
athermane, adj.
athermique, adj.
athéromateux, euse, adj. et n.
athérome, n. m.
athérosclérose, n. f.
athlète, n.
athlétique, adj.
athlétisme, n. m.
athrepsie, n. f.
athrocyte, n. m.
athymie, n. f.
atlante, n. m.
atlanthrope, n. m.
atlantique, adj.
atlantisme, n. m.
atlas, n. m.
atm, abrév.
atmosphère, n. f.
atmosphérique, adj.
atoll, n. m.
atome, n. m.
atome-gramme, n. m.
atomicité, n. f.
atomique, adj.
atomisé, ée, adj.
atomiser, v. tr.
atomiseur, n. m.
atomisme, n. m.
atomiste, n. et adj.
atomistique, adj. et n. f.
atonal, ale, als, adj.
atonalité, n. f.
atone, adj.
atonie, n. f.
atonique, adj.
atour, n. m.
atout, n. m.
A.T.P., sigle
atrabilaire, adj.
atrabile, n. f.
âtre, n. m.
-âtre, suff.
atrium, n. m.
atroce, adj.
atrocement, adv.
atrocité, n. f.
atrophie, n. f.
atrophier, v. tr., v. pron.
atropine, n. f.
attabler (s'), v. rpon.
attachant, ante, adj.
attache, n. f.
attaché, n. m.
attaché-case, n. m.
attachement, n. m.
attacher, v. tr., v. intr., v. pron.
attaquable, adj.
attaquant, ante, n.
attaque, n. f.
attaquer, v. tr., v. pron.
attardé, e, adj. et n.
attarder (s'), v. pron.
atteindre, v. tr., v. tr. ind.
atteint, einte, adj.
atteinte, n. f.
attelage, n. m.
atteler, v. tr., v. pron.
attelle, n. f.
attenant, ante, adj.
attendre, v. tr., v. pron.
attendrir, v. tr., v. pron.
attendrissant, ante, adj.
attendrissement, n. m.
attendrisseur, n. m.

attendu, ue, adj.
attendu, n. m.
attentat, n. m.
attentatoire, adj.
attente, n. f.
attenter, v. intr.
attentif, ive, adj.
attention, n. f.
attentionné, ée, adj.
attentisme, n. m.
attentiste, n.
attentivement, adv.
atténuant, ante, adj.
atténuation, n. f.
atténuer, v. tr., v. pron.
atterrages, n. m. pl.
atterrer, v. tr.
atterrir, v. intr.
atterrissage, n. m.
atterrissement, n. m.
attestation, n. f.
attester, v. tr.
atticisme, n. m.
attiédir, v. tr., v. pron.
attiédissement, n. m.
attifer, v. tr., v. pron.
attiger, v. intr.
attique, adj. et n.
attirable, adj.
attirail, n. m.
attirance, n. f.
attirant, ante, adj.
attirer, v. tr., v. pron.
attisement, n. m.
attiser, v. tr.
attitré, ée, adj.
attitude, n. f.
attorney, n. m.
attouchement, n. m.
attractif, ive, adj.
attraction, n. f.
attrait, n. m.
attrapade, n. f.
attrapage, n. m.
attrape, n. f.
attrape-mouches, n. m. inv.
attrape-nigaud, n. m.
attraper, v. tr., v. pron.
attrayant, ante, adj.
attribuable, adj.
attribuer, v. tr., v. pron.
attribut, n. m.
attributaire, n.
attributif, ive, adj.
attribution, n. f.
attrister, v. tr., v. pron.
attrition, n. f.
attroupement, n. m.
attrouper, v. tr., v. pron.
atypique, adj.
Au, symbole
au, aux, article
aubade, n. f.
aubain, n. m.
aubaine, n. f.
aube, n. f.
aubépine, n. f.
aubère, adj. et n. m.
auberge, n. f.
aubergine, n. f.
aubergiste, n.
aubette, n. f.
aubier, n. m.
aubin, n. m.
auburn, adj. inv.
aucuba, n. m.
aucun, une, pron., adj.
aucunement, adv.
audace, n. f.
audacieusement, adv.
audacieux, euse, adj. et n.
au-deçà, loc. adv.
au-dedans, loc. adv.
au-dehors, loc. adv.
au-delà, loc. adv., n. m.
au-dessous, loc. adv.
au-dessus, loc. adv.
au-devant, loc. adv., loc. prép.
audibilité, n. f.
audible, adj.
audience, n. f.
audiencier, adj. m. et n. m.
audio-, préf.
audiofréquence, n. f.
audiogramme, n. m.
audiologie, n. f.
audiométrie, n. f.
audionumérique, adj.
audiovisuel, elle, adj.
audit ou audit interne, n. m.
auditeur, trice, n.
auditif, ive, adj.
audit interne ou audit, n. m.
audition, n. f.
auditionner, v. intr., v. tr.
auditoire, n. m.
auditorat, n. m.
auditorium, n. m.
auge, n. f.
augée, n. f.
auget, n. m.
augite, n. f.
augment, n. m.
augmentable, adj.
1. augmentatif, ive, adj.
2. augmentatif, n. m.
augmentation, n. f.
augmenter, v. tr., v. intr., v. pron.
augural, e, aux, adj.
augure, n. m.
augurer, v. tr.
1. auguste, adj.
2. auguste, n. m.
augustin, ine, n.
augustinien, ienne, adj.
augustinisme, n. m.
aujourd'hui, adv. et n. m.
aula, n. f.
aulique, adj.
aulnaie ou aunaie, n. f.
aulne ou aune, n. m.
auloffée, n. f.
aulx, n. m. pl.
aumône, n. f.
aumônerie, n. f.
aumônier, n. m.
aumônière, n. f.
aumusse, n. f.
aunaie ou aulnaie, n. f.
1. aune, n. f.
2. aune ou aulne, n. m.
aunée, n. f.
auparavant, adv.
auprès, adv.
auprès de, loc. prép.
auquel, à laquelle, auxquels, auxquelles, pron. relatif
aura, n. f.
auréole, n. f.
auréoler, v. tr.
auréomycine, n. f.
auriculaire, adj. et n.
auricule, n. f.
auriculo-ventriculaire, adj.
aurifère, adj.
aurification, n. f.
aurifier, v. tr.
aurige, n. m.
1. aurignacien, n. m.
2. aurignacien, ienne, adj.
aurique, adj.
aurochs, n. m.
auroral, ale, aux, adj.
aurore, n. f.
aurothérapie, n. f.
auscultation, n. f.
ausculter, v. tr.
auspice, n. m.
aussi, adv. et conj.
aussière, n. f.
aussitôt, adv., loc. conj.
austénite, n. f.
austère, adj.
austérité, n. f.
1. austral, ale, als ou aux, adj.
2. austral, n. m.
australien, ienne, adj. et n.
australopithèque, n. m.
austro-hongrois, adj. et n.
autan, n. m.
autant, adv.
autarcie, n. f.
autarcique, adj.
autel, n. m.
auteur, n. m.
authenticité, n. f.
authentification, n. f.
authentifier, v. tr.
authentique, adj.
authentiquement, adv.
autisme, n. m.
autiste, adj. et n.
autistique, adj. et n.
1. auto-, préf.
2. auto, n. f.
3. auto, n. m.
auto-accusation, n. f.
auto-allergie, n. f.
auto-allumage, n. m.
autoberge, n. f.
autobiographie, n. f.
autobiographique, adj.
autobus, n. m.
autocar, n. m.
autocatalyse, n. f.
autocensure, n. f.
autocéphale, adj.
autochenille, n. f.
autochrome, adj.
autochtone, adj. et n.
autoclave, adj. et n.
autocollant, ante, adj.
autocollant, n. m.
autocommutateur, n. m.
autoconsommation, n. f.
autocrate, n. m.
autocratie, n. f.
autocratique, adj.
autocritique, n. f.
autocuiseur, n. m.
autodafé, n. m.
autodéfense, n. f.
autodestruction, n. f.
autodétermination, n. f.
autodidacte, adj. et n.
autodirecteur, adj. et n. m.
autodiscipline, n. f.
autodrome, n. m.
auto-école, n. f.
auto-épuration, n. f.
autofécondation, n. f.
autofinancement, n. m.
autofocus, adj.
autogame, adj.
autogamie, n. f.
autogène, adj.
autogestion, n. f.
autogestionnaire, adj. et n.

autogire, n. m.
autographe, adj. et n. m.
autogreffe, n. f.
autoguidage, n. m.
autoguidé, ée, adj.
auto-immun, une, adj.
auto-immunisation, n. f.
auto-immunité, n. f.
auto-induction, n. f.
autolyse, n. f.
automate, n. m.
automaticité, n. f.
automation, n. f.
automatique, adj. et n. m.
automatiquement, adv.
automatisation, n. f.
automatiser, v. tr.
automatisme, n. m.
automédication, n. f.
automédon, n. m.
automitrailleuse, n. f.
automnal, ale, aux, adj.
automne, n. m.
automobile, n. f.
automobilisme, n. m.
automobiliste, n.
automoteur, trice, adj. et n.
autonome, adj.
autonomie, n. f.
autonomisme, n. m.
autonomiste, n. et adj.
autophagie, n. f.
autoplastie, n. f.
autopompe, n. f.
autoportant, ante, adj.
autoporteur, euse, adj.
autoportrait, n. m.
autopropulsé, ée, adj.
autopsie, n. f.
autopsier, v. tr.
autopunition, n. f.
autoradio, n. f. ou m.
autoradiographie, n. f.
autorail, n. m.
autoréglage, n. m.
autorégulation, n. f.
autorisation, n. f.
autorisé, ée, adj.
autoriser, v. tr., v. pron.
autoritaire, adj.
autoritarisme, n. m.
autorité, n. f.
autoroute, n. f.
autoroutier, ière, adj.
autosatisfaction, n. f.
autosensibilisation, n. f.
autosome, n. m.
autostable, adj.
auto-stop, n. m.
auto-stoppeur, euse, n.
autosuffisance, n. f.
autosuffisant, ante, adj.
autosuggestion, n. f.
autotomie, n. f.
autotransformateur, n. m.
autotrophe, adj.
1. autour, adv.
2. autour, n. m.
autourserie, n. f.
autovaccin, n. m.
autre, adj., pron. indéf. et n.
autrefois, adv.
autrement, adv.
autrichien, ienne, adj. et n.
autruche, n. f.
autrui, pron. indéf. inv.
auvent, n. m.
auvergnat, ate, adj. et n.
auxèse ou auxésis, n. f.
auxiliaire, adj. et n.
auxine, n. f.
auxotrophe, adj.
avachir, v. tr., v. pron.
avachissement, n. m.
1. aval, als, n. m.
2. aval, n. m. et adj. inv.
avalanche, n. f.
avaler, v. intr.
avaleur, n. m.
avaliser, v. tr.
avaloir, n. m.
à-valoir, n. m. inv.
avance, n. f.
avancé, ée, adj.
avancée, n. f.
avancement, n. m.
avancer, v. intr., v. tr., v. pron.
avanie, n. f.
1. avant, adv. et prép.
2. avant, n. m.
avantage, n. m.
avantager, v. tr.
avantageusement, adv.
avantageux, euse, adj.
avant-bassin, n. m.
avant-bec, n. m.
avant-bras, n. m.
avant-centre, n. m.
avant-corps, n. m.
avant-coureur, adj.
avant-dernier, ière, adj. et n.
avant-garde, n. f.
avant-gardiste, adj. et n.
avant-goût, n. m.
avant-guerre, n. m. ou f.
avant-hier, adv.
avant-main, n. m.
avant-métré, n. m.
avant-port, n. m.
avant-poste, n. m.
avant-première, n. f.
avant-projet, n. m.
avant-propos, n. m.
avant-scène, n. f.
avant-solier, n. m.
avant-toit, n. m.
avant-train, n. m.
avant-veille, n. f.
avare, adj. et n.
avarice, n. f.
avaricieux, euse, adj.
avarie, n. f.
avarié, ée, adj.
avarier, v. tr., v. pron.
avatar, n. m.
à vau-l'eau, loc. adv.
Avé ou Avé Maria, n. m. inv.
avec, prép.
aveline, n. f.
avelinier, n. m.
Avé Maria ou Avé, n. m. inv.
aven, n. m.
1. avenant, ante, adj.
2. avenant, n. m.
avenant (à l'), loc. adv.
avènement, n. m.
1. avenir, n. m.
2. avenir ou à-venir, n. m.
aventure, n. f.
aventurer, v. tr.
aventureusement, adv.
aventureux, euse, adj.
aventurier, ière, n.
aventurine, n. f.
avenu, ue, adj.
avenue, n. f.
avéré, ée, adj.
avérer, v. tr., v. pron.
avers, n. m.
averse, n. f.
aversion, n. f.
averti, adj.
avertir, v. tr.
avertissement, n. m.
1. avertisseur, n. m.
2. avertisseur, euse, adj.
aveu, n. m.
aveuglant, ante, adj.
aveugle, adj. et n.
aveuglement, n. m.
aveuglément, adv.
aveugler, v. tr.
aveuglette (à l'), loc. adv.
aveulir, v. tr.
aveulissement, n. m.
aviaire, adj.
aviateur, trice, n.
aviation, n. f.
avicole, adj.
aviculaire, adj.
aviculteur, trice, n.
aviculture, n. f.
avide, adj.
avidement, adv.
avidité, n. f.
avilir, v. tr., v. pron.
avilissant, ante, adj.
avilissement, n. m.
aviné, adj.
aviner, v. tr.
avion, n. m.
avion-cargo, n. m.
avion-citerne, n. m.
avionique, n. f.
avionneur, n. m.
avion-taxi, n. m.
avipelviens, n. m. pl.
aviron, n. m.
avis, n. m.
avisé, adj.
1. aviser, v. tr.
2. aviser, v. tr. ind., v. pron.
aviso, n. m.
avitailler, v. tr.
avitailleur, n. m.
avitaminose, n. f.
avivage, n. m.
avivement, n. m.
aviver, v. tr.
avocaillon, n. m.
avocasserie, n. f.
avocassier, ière, adj.
1. avocat, ate, n.
2. avocat, n. m.
avocatier, n. m.
avocette, n. f.
avoine, n. f.
1. avoir, v. tr.
2. avoir, n. m.
avoisiner, v. tr.
avortement, n. m.
avorter, v. intr.
avorteur, euse, n.
avorton, n. m.
avouable, adj.
avoué, n. m.
avouer, v. tr., v. pron.
avril, n. m.
avulsion, n. f.
avunculaire, adj.
axe, n. m.
axénique, adj.
axer, v. tr.
axial, ale, aux, adj.
axile, adj.
axillaire, adj.
axiologie, n. f.
axiologique, adj.
axiomatique, adj.
axiomatiser, v. tr.

axiome, n. m.
axis, n. m.
axolotl, n. m.
axone, n. m.
axonge, n. f.
axonométrie, n. f.
axonométrique, adj.
ayant cause, n. m.
ayant droit, n. m.
ayatollah, n. m.
aye-aye, n. m.
azalée, n. f.
azéotrope, adj. et n. m.
azéotropique, adj.
azilien, ienne, adj. et n.
azimut, n. m.
azimutal, ale, aux, adj.
azimuté,, adj.
1. azoïque, adj.
2. azoïque, adj. et n. m.
azonal, ale, aux, adj.
azoospermie, n. f.
azote, n. m.
azoté, ée, adj.
azotémie, n. f.
azotobacter, n. m.
azotobactériales, n. f. pl.
azoturie, n. f.
aztèque, adj. et n.
azulejo, n. m.
azur, n. m.
azurage, n. m.
azuré, ée, adj.
azurer, v. tr.
azurite, n. f.
azygos, adj. et n.
azyme, adj. et n.

B

b, n. m.
Ba, symbole
B.A., n. f., abrév.
1. baba, adj. inv.
2. baba, n. m.
baba-cool, n.
babeurre, n. m.
babil, n. m.
babillage, n. m.
babillard, arde, adj.
babillarde, n. f.
babiller, v. intr.
babines, n. f. pl.
babiole, n. f.
babiroussa, n. m.
babisme, n. m.
bâbord, n. m.
babouche, n. f.
babouin, n. m.
babouvisme, n. m.
baby-foot, n. m.
baby-sitter, n.
baby-sitting, n. m.
baby-test, n. m.
bac, n. m.
bacantes ou bacchantes, n. f. pl.
baccalauréat, n. m.
baccara, n. m.
baccarat, n. m.
bacchanale, n. f.
bacchante, n. f.
bacchantes ou bacantes, n. f. pl.
bâchage, n. m.
bâche, n. f.
bachelier, ière, n.
bâcher, v. tr.
bachi-bouzouk, n. m.
bachique, adj.
bachot, n. m.
bachotage, n. m.
bachoter, v. intr.
bacillaire, adj. et n.
bacille, n. m.
bacilliforme, adj.
bacillose, n. f.
backcross, n. m.
backgammon, n. m.
bâclage, n. m.
bâcle, n. f.
bâcler, v. tr.
bacon, n. m.
bactéricide, adj.
bactérie, n. f.
bactérien, ienne, adj.
bactériologie, n. f.
bactériologique, adj.
bactériologiste, n. m.
bactériophage, n. m.
bactériostatique, adj. et n. m.
bactrien, ienne, adj. et n.
bacula, n. m.
badaud, aude, n. et adj.
badauder, v. intr.
badauderie, n. f.
badegouline, adj. et n. m.
baderne, n. f.
badge, n. m.
badiane, n. f.
badigeon, n. m.
badigeonnage, n. m.
badigeonner, v. tr.
badigeonneur, n. m.
badigoinces, n. f. pl.
1. badin, ine, adj.
2. badin, n. m.
badinage, n. m.
badine, n. f.
badiner, v. intr.
badinerie, n. f.
bad-lands, n. f. pl.
badminton, n. m.
baffe, n. f.
baffle, n. m.
bafouer, v. tr.
bafouillage, n. m.
bafouille, n. f.
bafouiller, v. intr., v. tr.
bafouilleur, euse, n.
bâfrer, v. intr.
bâfreur, euse, n.
bagad, n. m.
bagage, n. m.
bagagiste, n. m.
bagarre, n. f.
bagarrer (se), v. intr., v. pron.
bagarreur, euse, adj. et n.
bagasse, n. f.
bagatelle, n. f.
bagnard, n. m.
bagne, n. m.
bagnole, n. f.
bagou ou bagout, n. m.
baguage, n. m.
bague, n. f.
baguenaude, n. f.
baguenauder, v. intr., v. pron.
baguenaudier, n. m.
baguer, v. tr.
baguette, n. f.
baguier, n. m.
bah !, interj.
bahāisme ou bahaïsme, n. m.
bahut, n. m.
bai, baie, adj.
baie, n. f.
baignade, n. f.
baigner, v. tr., v. intr., v. pron.
baigneur, euse, n.
baignoire, n. f.
bail, baux, n. m.
baille, n. f.
bâillement, n. m.
bailler, v. tr.
bâiller, v. intr.
bailleur, bailleresse, n.
bailli, n. m.
bailliage, n. m.
bâillon, n. m.
bâillonnement, n. m.
bâillonner, v. tr.
bain, n. m.
bain-marie, n. m.
baïonnette, n. f.
baisemain, n. m.
baisement, n. m.
1. baiser, v. tr.
2. baiser, n. m.
baisoter, v. tr.
baisse, n. f.
baissé, ée, adj.
baisser, v. tr., v. intr., v. pron.
baissier, n. m.
baissière, n. f.
bajocien, ienne, adj. et n. m.
bajoue, n. f.
bajoyer, n. m.
bakchich, n. m.
bakélite, n. f.
baklava, n. m.
bal, n. m.
balade, n. f.
balader, v. tr., v. pron.
baladeur, euse, n. et adj.
baladin, n. m.
balafon, n. m.
balafre, n. f.
balafré, ée, adj.
balafrer, v. tr.
balai, n. m.
balai-brosse, n. m.
balais, adj. m.
balaise ou balèze, adj. et n.
balalaïka, n. f.
balance, n. f.
balancé, ée, adj.
balancelle, n. f.
balancement, n. m.
balancer, v. tr., v. intr., v. pron.
balancier, n. m.
balancine, n. f.
balançoire, n. f.
balane, n. f.
balanin, n. m.
balanite, n. f.
balanoglosse, n. m.
balata, n. m.
balayage, n. m.
balayer, v. tr.
balayette, n. f.
balayeur, euse, n.
balayures, n. f. pl.
balbutiant, ante, adj.
balbutiement, n. m.
balbutier, v. intr., v. tr.
balbuzard, n. m.
balcon, n. m.
balconnet, n. m.
baldaquin, n. m.
baleine, n. f.
baleiné, ée, adj.
baleineau, n. m.
1. baleinier, ière, adj.
2. baleinier, n. m.
baleinière, n. f.
balénoptère, n. m.
balèvre, n. f.
balèze ou balaise, adj. et n.
balisage, n. m.
balise, n. f.
baliser, v. tr.
baliseur, n. m.
balisier, n. m.
1. baliste, n. f.
2. baliste, n. m.
balistique, adj. et n. f.
balivage, n. m.
baliveau, n. m.
baliverne, n. f.
balkanique, adj.
ballade, n. f.
1. ballant, ante, adj.
2. ballant, n. m.
ballast, n. m.
ballastière, n. f.
balle, n. f.
ballerine, n. f.
ballet, n. m.
ballon, n. m.
ballonné, ée, adj.
ballonnement, n. m.
ballonner, v. tr.
ballonnet, n. m.
ballot, n. m.
ballote, n. f.
ballotine ou ballottine, n. f.
ballottage, n. m.
ballottement, n. m.
ballotter, v. intr., v. tr.
ballottine ou ballotine, n. f.
ball-trap, n. m.

balluchon ou baluchon, n. m.
balnéaire, adj.
balnéothérapie, n. f.
1. balourd, n. m.
2. balourd, ourde, n. et adj.
balourdise, n. f.
balsa, n. m.
balsamier, n. m.
balsamine, n. f.
balsamique, adj. et n.
balte, adj. et n.
baluchon ou balluchon, n. m.
balustrade, n. f.
balustre, n. m.
balzan, adj. m.
balzane, n. f.
bambin, ine, n.
bambochade, n. f.
bamboche, n. f.
bambocher, v. intr.
bambocheur, euse, n.
bambou, n. m.
bamboula, n. f.
ban, n. m.
1. banal, ale, aux, adj.
2. banal, ale, als, adj.
banalement, adv.
banalisation, n. f.
banalisé, ée, adj.
banaliser, v. tr.
banalité, n. f.
banane, n. f.
bananeraie, n. f.
bananier, n. m.
banat, n. m.
banc, n. m.
bancable ou banquable, adj.
bancaire, adj.
1. bancal, ale, als, adj.
2. bancal, n. m.
banche, n. f.
banché, ée, adj.
bancher, v. tr.
banco, n. m.
bancroche, adj. et n.
banc-titre, n. m.
bandage, n. m.
bandagiste, n.
bande, n. f.
bande-annonce, n. f.
bandé, ée, adj.
bandeau, n. m.
bandelette, n. f.
bander, v. tr., v. intr.
banderille, n. f.
banderillero, n. m.
banderole, n. f.
bandicoot, n. m.
bandit, n. m.
banditisme, n. m.
bandonéon, n. m.
bandothèque, n. f.
bandoulière, n. f.
bang, n. m.
banian, n. m.
banjo, n. m.
banlieue, n. f.
banlieusard, arde, n.
banne, n. f.
banneret, n. m.
bannette, n. f.
banni, ie, adj. et n.
bannière, n. f.
bannir, v. tr.
bannissement, n. m.
banquable ou bancable, adj.
banque, n. f.
banquer, v. intr.
banqueroute, n. f.
banquet, n. m.
banqueter, v. intr.
banquette, n. f.
banquier, n. m.
banquise, n. f.
banquiste, n.
banteng, n. m.
bantou, n. m. et adj.
baobab, n. m.
baptême, n. m.
baptiser, v. tr.
baptismal, ale, aux, adj.
baptistaire, adj.
baptiste, n. et adj.
baptistère, n. m.
baquet, n. m.
bar, n. m.
baragouin, n. m.
baragouinage, n. m.
baragouiner, v. tr., v. intr.
baragouineur, euse, n.
baraka, n. f.
baraque, n. f.
baraqué, ée, adj.
baraquement, n. m.
baraquer, v. intr.
baraterie, n. f.
baratin, n. m.
baratiner, v. intr., v. tr.
baratineur, euse, adj. et n.
barattage, n. m.
baratte, n. f.
baratter, v. tr.
barbacane, n. f.
barbant, ante, adj.
barbaque, n. f.
barbare, adj. et n.
barbaresque, adj. et n.
barbarie, n. f.
barbarisme, n. m.
1. barbe, n. f.
2. barbe, n. m. et adj.
barbeau, n. m.
barbecue, n. m.
barbe-de-capucin, n. f.
1. barbelé, ée, adj.
2. barbelé, n. m.
barber, v. tr., v. pron.
barbet, n. m. et adj. inv.
barbette, n. f.
barbiche, n. f.
barbier, n. m.
barbifier, v. tr.
barbille, n. f.
barbillon, n. m.
barbiturique, adj. et n. m.
barbiturisme, n. m.
barbon, n. m.
barbotage, n. m.
barbote ou barbotte, n. f.
barboter, v. intr., v. tr.
barboteuse, n. f.
barbotin, n. m.
barbotine, n. f.
barbotte ou barbote, n. f.
barbouillage, n. m.
barbouiller, v. tr.
barbouilleur, euse, n.
barbouillis, n. f.
barbouze, n. f.
barbu, ue, adj. et n.
barbue, n. f.
barbule, n. f.
barcarolle, n. f.
barcasse, n. f.
barcelonnette, n. f.
bard, n. m.
barda, n. m.
bardane, n. f.
1. barde, n. m.
2. barde, n. f.
bardé, ée, adj.
bardeau, n. m.
1. barder, v. intr. impers.
2. barder, v. tr.
bardis ou bardit, n. m.
bardit, n. m.
bardot, n. m.
barème, n. m.
barge, n. f.
barguigner, v. intr.
barigoule, n. f.
baril, n. m.
barillet, n. m.
bariolage, n. m.
bariolé, ée, adj.
barioler, v. tr.
barkhane, n. f.
barlong, longue, adj.
barlotière, n. f.
barmaid, n. f.
barman, n. m.
bar-mitsva, n. f.
barn, n. m.
barnabite, n. m.
baro-, préf.
barocentrique, adj.
barographe, n. m.
baromètre, n. m.
barométrique, adj.
baron, n. m.
baronne, n. f.
baronnet, n. m.
baronnie, n. f.
baroque, adj. et n. m.
barorécepteur, n. m.
baroscope, n. m.
barotraumatique, adj.
barotraumatisme, n. m.
baroud, n. m.
barouder, v. intr.
baroudeur, n. m.
barouf, n. m.
barque, n. f.
barquette, n. f.
barracuda, n. m.
barrage, n. m.
barre, n. f.
barré, ée, adj.
barreau, n. m.
barrer, v. tr., v. pron.
barrette, n. f.
barreur, euse, n.
barricade, n. f.
barricader, v. tr., v. pron.
barrière, n. f.
barrique, n. f.
barrir, v. intr.
barrissement, n. m.
barrit, n. m.
barrot, n. m.
bars, n. m.
bartavelle, n. f.
bary-, préf.
barycentre, n. m.
barycentrique, adj.
barye, n. f.
baryon, n. m.
barysphère, n. f.
baryte, n. f.
baryté, ée, adj.
barytine, n. f.
baryton, n. m.
barytose, n. f.
baryum, n. m.
barzoï, n. m.
1. bas, basse, adj.

2. bas, n. m.
3. bas, adv.
basal, ale, aux, adj.
basalte, n. m.
basaltique, adj.
basane, n. f.
basané, ée, adj.
basaner, v. tr.
bas-bleu, n. m.
bas-côté, n. m.
bascule, n. f.
basculer, v. intr., v. tr.
basculeur, n. m.
bas-de-casse, n. m.
base, n. f.
base-ball, n. m.
baselle, n. f.
baser, v. tr., v. pron.
bas-fond, n. m.
basic, n. m.
basicité, n. f.
baside, n. f.
basidiomycètes, n. m. pl.
basileus, n. m.
basilic, n. m.
basilical, ale, aux, adj.
basilique, n. f.
basin, n. m.
basique, adj.
bas-jointé, adj.
1. basket, n. m. ou n. f.
2. basket ou basket-ball, n. m.
basketteur, euse, n.
basoche, n. f.
basochien, ienne, adj. et n. m.
basommatophores, n. m. pl.
basophile, adj.
basophilie, n. f.
basquais, aise, adj.
basquaise, n. f.
basque, adj. et n.
basques, n. f. pl.
basquine, n. f.
bas-relief, n. m.
basse, n. f.
basse-cour, n. f.
basse-fosse, n. f.
bassement, adv.
bassesse, n. f.
basset, n. m.
basse-taille, n. f.
bassin, n. m.
bassinage, n. m.
bassine, n. f.
bassiner, v. tr.
bassinet, n. m.
bassinoire, n. f.
bassiste, n. m.
basson, n. m.
basta !, interj.
bastaing ou basting, n. m.
bastaque, n. f.
baste !, interj.
bastide, n. f.
bastidon, n. m.
bastille, n. f.
basting ou bastaing, n. m.
bastingage, n. m.
bastion, n. m.
bastonnade, n. f.
bastringue, n. m.
bas-ventre, n. m.
bât, n. m.
bataclan, n. m.
bataille, n. f.
batailler, v. intr.
batailleur, euse, adj. et n.
bataillon, n. m.
bâtard, arde, adj. et n.
batardeau, n. m.
bâtardise, n. f.
batave, adj. et n.
batavia, n. f.
batavique, adj.
batayole, n. f.
bat'd'Af, n. m. inv.
bateau, n. m.
batée, n. f.
batelage, n. m.
bateler, v. intr.
bateleur, euse, n.
batelier, ière, n.
batellerie, n. f.
bâter, v. tr.
bat-flanc, n. m. inv.
bath, adj. inv.
batholite, n. m.
bathonien, n. m.
bathy-, préf.
bathyal, ale, aux, adj.
bathymètre, n. m.
bathymétrie, n. f.
bathyphone, n. m.
bathyscaphe, n. m.
bathysphère, n. f.
1. bâti, ie, adj.
2. bâti, n. m.
batifolage, n. m.
batifoler, v. intr.
batifoleur, euse, n.
batik, n. m.
bâtiment, n. m.
bâtir, v. tr., v. pron.
bâtisse, n. f.
bâtisseur, n.
batiste, n. f.
bâton, n. m.
bâtonnat, n. m.
bâtonner, v. tr.
bâtonnet, n. m.
bâtonnier, n. m.
batraciens, n. m. pl.
battage, n. m.
1. battant, ante, adj. et n.
2. battant, n. m.
batte, n. f.
battement, n. m.
batterie, n. f.
batteur, n. m.
batteuse, n. f.
battiture, n. f.
battle-dress, n. m. inv.
battoir, n. m.
battre, v. tr., v. intr., v. tr. ind., v. pron.
battu, ue, adj.
battue, n. f.
bau, baux, n. m.
baud, n. m.
baudet, n. m.
baudrier, n. m.
baudroie, n. f.
baudruche, n. f.
bauge, n. f.
baume, n. m.
bauquière, n. f.
baux, n. m. pl.
bauxite, n. f.
bavard, arde, adj. et n.
bavardage, n. m.
bavarder, v. intr.
1. bavarois, oise, adj. et n.
2. bavarois, n. m.
bavaroise, n. f.
bave, n. f.
baver, v. intr.
bavette, n. f.
baveux, euse, adj.
bavocher, v. intr.
bavoir, n. m.
bavolet, n. m.
bavure, n. f.
bayadère, n. f.
bayer, v. intr.
bayou, n. m.
bazar, n. m.
bazarder, v. tr.
bazooka, n. m.
B.C.G., sigle
B.D., abrév., n. f.
Be, symbole
beagle, n. m.
béance, n. f.
béant, ante, adj.
béarnais, aise, adj. et n.
béat, ate, adj.
béatement, adv.
béatification, n. f.
béatifier, v. tr.
béatifique, adj.
béatitude, n. f.
beatnik, n.
1. beau ou bel, beaux, belle, adj.
2. beau, beaux, belle, n.
beaucoup, adv.
beau-fils, n. m.
beaufort, n. m.
beau-frère, n. m.
beaujolais, n. m.
beau-père, n. m.
beaupré, n. m.
beauté, n. f.
beaux-arts, n. m. pl.
beaux-parents, n. m. pl.
bébé, n. m.
bébé-éprouvette, n. m.
bébête, adj.
be-bop ou bop, n. m.
bec, n. m.
bécane, n. f.
bécard ou beccard, n. m.
bécarre, n. m.
bécasse, n. f.
bécasseau, n. m.
bécassine, n. f.
beccard ou bécard, n. m.
bec-croisé, n. m.
bec-d'âne ou bédane, n. m.
bec-de-cane, n. m.
bec-de-corbeau, n. m.
bec-de-corbin, n. m.
bec-de-lièvre, n. m.
bec-de-perroquet, n. m.
becfigue, n. m.
bec-fin, n. m.
bêchage, n. m.
béchamel, n. f.
bêche, n. f.
bêcher, v. tr., v. intr.
becher, n. m.
bêcheur, euse, n.
bécot, n. m.
bécoter, v. tr., v. pron.
becquée ou béquée, n. f.
becquerel, n. m.
becquet ou béquet, n. m.
becquetance ou béquetance, n. f.
becqueter ou béqueter, v. tr., v. intr.
bedaine, n. f.
bédane ou bec-d'âne, n. m.
bedeau, n. m.
bédégar, n. m.
bedon, n. m.
bedonnant, ante, adj.
bedonner, v. intr.

bédouin, ine, n. et adj.
bée, adj. f.
beefsteak ou **bifteck,** n. m.
béer, v. intr.
beffroi, n. m.
bégaiement, n. m.
bégayant, ante, adj.
bégayer, v. intr., v. tr.
bégayeur, euse, n. et adj.
bégonia, n. m.
bégu, uë, adj.
bègue, adj. et n.
béguètement, n. m.
bégueter, v. intr.
bégueule, n. f. et adj.
bégeulerie, n. f.
béguin, n. m.
béguinage, n. m.
béguine, n. f.
bégum, n. f.
béhaviorisme ou **béhaviourisme,** n. m.
beige, adj. et n. m.
beigne, n. f.
beignet, n. m.
béjaune, n. m.
béké, n.
1. bel, n. m.
2. bel ou **beau, belle,** adj. et n.
3. bel, adv.
bêlant, ante, adj.
bel canto, n. m.
bêlement, n. m.
bélemnite, n. f.
bêler, v. intr.
belette, n. f.
belge, adj. et n.
belgicisme, n. m.
bélier, n. m.
bélière, n. f.
bélinographe, n. m.
bélître, n. m.
belladone, n. f.
bellâtre, n. m.
belle, adj. f. et n. f.
belle-dame, n. f.
belle-de-jour, n. f.
belle-de-nuit, n. f.
belle-fille, n. f.
bellement, adv.
belle-mère, n. f.
belles-lettres, n. f. pl.
belle-sœur, n. f.
bellicisme, n. m.
belliciste, n. et adj.
belligérance, n. f.
belligérant, ante, adj. et n.
belliqueux, euse, adj.
bellot, otte, adj.
belluaire, n. m.
belon, n. f.
belote, n. f.
bélouga ou **béluga,** n. m.
belvédère, n. m.
bémol, n. m. et adj.
bémoliser, v. tr.
bénarde, n. f.
bénédicité, n. m.
bénédictin, ine, n. et adj.
bénédiction, n. f.
bénéfice, n. m.
bénéficiaire, n. et adj.
1. bénéficier, n. m. et adj. m.
2. bénéficier, v. tr. ind.
bénéfique, adj.
benêt, adj. et n. m.
bénévole, adj. et n.
bénévolement, adv.
bengali, n. et adj.
bénignement, adv.
bénignité, n. f.
bénin, igne, adj.
béni-oui-oui, n. m. inv.
bénir, v. tr.
bénit, ite, adj.
bénitier, n. m.
benjamin, ine, n.
benjoin, n. m.
benne, n. f.
benoît, oîte, adj.
benoîte, n. f.
benoîtement, adv.
benthique, adj.
benthos, n. m.
bentonite, n. f.
benzène, n. m.
benzénique, adj.
benzénisme ou **benzolisme,** n. m.
benzine, n. f.
benzoate, n. m.
benzoïque, adj.
benzol, n. m.
benzolisme ou **benzénisme,** n. m.
benzylcellulose, n. f.
benzyle, n. m.
benzylique, adj.
béotien, ienne, adj. et n.
B.E.P.C., abrév.
béquée ou **becquée,** n. f.
béquet ou **becquet,** n. m.
béquetance ou **becquetance,** n. f.
béqueter ou **becqueter,** v. tr.
béquille, n. f.
béquiller, v. intr., v. tr.
ber, n. m.
berbère, adj. et n.
berbéridacées, n. f. pl.
bercail, n. m. sing.
berce, n. f.
berceau, n. m.
bercelonnette, n. f.
bercement, n. m.
bercer, v. tr., v. pron.
berceur, euse, adj.
berceuse, n. f.
béret, n. m.
bergamasque, n. f.
bergamote, n. f.
bergamotier, n. m.
berge, n. f.
berger, ère, n.
bergère, n. f.
bergerie, n. f.
bergeronnette, n. f.
béribéri, n. m.
berkélium, n. m.
berline, n. f.
berlingot, n. m.
berlinois, oise, adj. et n.
berlue, n. f.
berme, n. f.
bermuda, n. m.
bernache ou **bernacle,** n. f.
bernardin, ine, n.
bernard-l'ermite ou **bernard-l'hermite,** n. m. inv.
berne, n. f.
berner, v. tr.
bernicle ou **bernique,** n. f.
bernique !, interj.
berquinade, n. f.
bersaglier, ers ou **eri,** n. m.
berthe, n. f.
béryl, n. m.
béryllium, n. m.
bes-, préf.
besace, n. f.
besaiguë ou **bisaiguë,** n. f.
besant ou **bezant,** n. m.
bésef ou **bézef,** adv.
besicles, n. f. pl.
bésigue, n. m.
besogne, n. f.
besogner, v. intr., v. tr.
besogneux, euse, adj. et n.
besoin, n. m.
besson, onne, n.
bestiaire, n. m.
bestial, ale, aux, adj.
bestialement, adv.
bestialité, n. f.
bestiaux, n. m. pl.
bestiole, n. f.
best-seller, n. m.
bêta, asse, n. et adj.
bêta-bloquant, ante, adj. et n. m.
bétail, n. m.
bétaillère, n. f.
bétaïne, n. f.
bêtatron, n. m.
bête, adj et n. f.
bétel, n. m.
bêtement, adv.
bêtifier, v. intr.
bêtise, n. f.
bétoine, n. f.
bétoire, n. f.
béton, n. m.
bétonnage, n. m.
bétonner, v. tr.
bétonnière, n. f.
bétoure, n. f.
bette ou **blette,** n. f.
betterave, n. f.
betteravier, ière, adj. et n.
betting, n. m.
bétulacées, n. f. pl.
bétyle, n. m.
beuglant, n. m.
beuglante, n. f.
beuglement, n. m.
beugler, v. intr., v. tr.
beur, n. et adj.
beurre, n. m.
beurré, n. m.
beurrée, n. f.
beurrer, v. tr.
beurrerie, n. f.
beurrier, n. m.
beuverie, n. f.
bévatron, n. m.
bévue, n. f.
bey, n. m.
beylical, ale, aux, adj.
beylicat, n. m.
beylisme, n. m.
bezant ou **besant,** n. m.
bézef ou **bésef,** adv.
B.F., sigle
Bi, symbole
bi-, bis-, préf.
biafrais, aise, adj. et n.
1. biais, aise, adj.
2. biais, n. m.
biaiser, v. intr.
biathlon, n. m.
bibelot, n. m.
bibeloteur, euse, n.
biberon, n. m.
biberonner, v. intr.
1. bibi, n. m.
2. bibi, pron.
bibine, n. f.
bible, n. f.
biblio-, préf.

bibliobus, n. m.
bibliographe, n.
bibliographie, n. f.
bibliographique, adj.
bibliomanie, n. f.
bibliophile, n.
bibliophilie, n. f.
bibliothécaire, n.
bibliothèque, n. f.
biblique, adj.
bicaméralisme, n. m.
bicamérisme, n. m.
bicarbonate, n. m.
bicarbonaté, adj.
bicéphale, adj.
biceps, n. m.
biche, n. f.
bicher, v. intr.
bichette, n. f.
bichon, onne, n.
bichonner, v. tr., v. pron.
bichromate, n. m.
bicipital, ale, aux, adj.
bicolore, adj.
biconcave, adj.
biconvexe, adj.
bicoque, n. f.
bicorne, n. m. et adj.
1. bicot, n. m.
2. bicot, ote, n. et adj.
biculturalisme, n. m.
biculturel, elle, adj.
bicuspide, adj.
bicuspidie, n. f.
bicycle, n. m.
bicyclette, n. f.
bidasse, n. m.
bide, n. m.
bidet, n. m.
bidimensionnel, elle, adj.
bidirectionnel, elle, adj.
bidoche, n. f.
bidon, n. m. et adj.
bidonner, v. intr., v. pron.
bidonville, n. m.
bidule, n. m.
bief, n. m.
bielle, n. f.
biellette, n. f.
1. bien, adv. et adj. inv.
2. bien, n. m.
bien-aimé, ée, adj. et n.
bien-dire, n. m.
bien-être, n. m.
bienfaisance, n. f.
bienfaisant, ante, adj.
bienfait, n. m.
bienfaiteur, trice, n.
bien-fondé, n. m.
bien-fonds, n. m.
bienheureux, euse, adj. et n.
bien-jugé, n. m.
biennal, ale, aux, adj. et n. f.
bien-pensant, ante, adj. et n.
bienséance, n. f.
bienséant, ante, adj.
bientôt, adv.
bienveillance, n. f.
bienveillant, ante, adj.
bienvenir, v. intr.
bienvenu, ue, adj. et n.
bienvenue, n. f.
bière, n. f.
biergol, n. m.
biface, n. m.
bifacial, adj.
biffage, n. m.
biffe, n. f.
biffer, v. tr.
biffin, n. m.
biffure, n. f.
bifide, adj.
bifilaire, adj.
biflèche, adj.
bifocal, ale, aux, adj.
bifteck ou beefsteack, n. m.
bifurcation, n. f.
bifurquer, v. intr.
bigame, adj. et n.
bigamie, n. f.
bigarade, n. f.
bigaradier, n. m.
bigarré, ée, adj.
bigarreau, n. m.
bigarrer, v. tr.
bigarrure, n. f.
big-bang, n. m.
bige, n. m.
bigle, adj. et n.
bigler, v. intr., v. tr.
bigleux, euse, adj. et n.
bignonia, n. m.
bignoniacées, n. f. pl.
bigophone, n. m.
bigorne, n. f.
bigorneau, n. m.
bigorner, v. tr., v. pron.
bigot, ote, n. et adj.
bigoterie, n. f.
bigotisme, n. m.
1. bigouden, n. m.
2. bigouden, n. f.
bigoudi, n. m.
bigre, interj.
bigrement, adv.
bigrille, adj.
bigue, n. f.
biguine, n. f.
bihebdomadaire, adj.
bihoreau, n. m.
bijectif, ive, adj.
bijection, n. f.
bijou, oux, n. m.
bijouterie, n. f.
bijoutier, ière, n.
bikini, n. m.
bilabiale, adj. f. et n. f.
bilabié, ée, adj.
bilame, n. f.
bilan, n. m.
bilatéral, ale, aux, adj.
bilatéralement, adv.
bilbergia, n. f.
bilboquet, n. m.
bile, n. f.
biler (se), v. pron.
bileux, euse, adj.
bilharzie, n. f.
bilharziose, n. f.
biliaire, adj.
bilieux, euse, adj.
biligenèse, n. f.
bilingue, adj.
bilinguisme, n. m.
bilirubine, n. f.
bilirubinémie, n. f.
biliverdine, n. f.
bill, n. m.
billard, n. m.
bille, n. f.
billebaude (à la), loc. adv.
billet, n. m.
billette, n. f.
billetterie, n. f.
billevesée, n. f.
billion, n. m.
billon, n. m.
billonnage, n. m.
billot, n. m.
biloculaire, adj.
biloquer, v. tr.
bimane, adj. et n.
bimbeloterie, n. f.
bimbelotier, ière, n.
bimensuel, elle, adj. et n. m.
bimestriel, elle, adj.
bimétallique, adj.
bimétallisme, n. m.
bimétalliste, adj. et n.
bimillénaire, adj. et n. m.
bimoteur, adj. et n. m.
binage, n. m.
binaire, adj.
binard ou binart, n. m.
binder, n. m.
biner, v. tr., v. intr.
binette, n. f.
bineuse, n. f.
bingo, n. m.
biniou, n. m.
binocle, n. m.
binoculaire, adj. et n. f.
binôme, n. m.
binomial, ale, aux, adj.
bio-, préf.
biocatalyse, n. f.
biocatalyseur, n. m.
biocénologie, n. f.
biocénose ou biocœnose, n. f.
biocénotique, n. f.
biochimie, n. f.
biochimique, adj.
biochimiste, n.
bioclimatologie, n. f.
biocœnose ou biocénose, n. f.
biodégradable, adj.
biodégradation, n. f.
bioélectricité, n. f.
bioélectrique, adj.
bioénergétique, adj. et n. f.
bioéthique, n. f.
biogenèse, n. f.
biogénétique, adj.
biogéographe, n.
biogéographie, n. f.
biogéographique, adj.
biographe, n. m.
biographie, n. f.
biographique, adj.
biologie, n. f.
biologique, adj.
biologiste, n.
bioluminescence, n. f.
biomasse, n. f.
biome, n. m.
biométéorologie, n. f.
biométrie, n. f.
bionique, n. f.
biophysicien, ienne, n.
biophysique, n. f.
biopsie, n. f.
biorythme, n. m.
biosphère, n. f.
biostasie, n. f.
biosynthèse, n. f.
biotechnologie, n. f.
biotique, adj.
biotite, n. f.
biotope, n. m.
biotraitement, n. m.
biotraiteur, n. m.
biotypologie, n. f.
bioxyde, n. m.
bipale, adj.
biparti, ie ou bipartite, adj.
bipartisme, n. m.
bipartition, n. f.

bipasse ou by-pass, n. m.
bipasser ou by-passer, v. tr.
bipède, adj. et n. m.
bipenne, adj. et n.
bipenné, ée, adj. et n.
biplace, adj. et n. m.
biplan, n. m. et adj.
bipolaire, adj.
bipolarisation, n. f.
bipolarité, n. f.
bipoutre, adj.
bique, n. f.
biquet, ette, n.
biquotidien, ienne, adj.
birbe, n. m.
biréacteur, adj. et n. m.
biréfringence, n. f.
biréfringent, ente, adj.
birème, n. f.
biribi, n. m.
birman, ane, adj. et n.
biroute, n. f.
1. bis, bise, adj.
2. bis, adv.
3. bis-, préf.
bisaïeul, eule, n.
bisaiguë ou besaiguë, n. f.
bisannuel, elle, adj.
bisbille, n. f.
1. biscaïen, n. m.
2. biscaïen, ienne, ou biscayen,·yenne, adj. et n.
biscornu, ue, adj.
biscotin, n. m.
biscotte, n. f.
biscuit, n. m.
biscuiter, v. tr.
biscuiterie, n. f.
bise, n. f.
biseau, n. m.
biseautage, n. m.
biseauter, v. tr.
biser, v. tr., v. intr.
biset, n. m.
bisexualité, n. f.
bisexué ou bissexué, ée adj.
bisexuel ou bissexuel, elle, adj. et n.
bismuth, n. m.
bison, n. m.
bisontin, ine, adj. et n.
bisque, n. f.
bisquer, v. intr.
bissac, n. m.
bissecteur, trice, adj. et n. f.
bissection, n. f.
bissel, n. m.
bisser, v. tr.
bissexte, n. m.
bissextile, adj. f.
bissexué ou bisexué, ée, adj.
bissexuel ou bisexuel, elle, adj. et n.
bistorte, n. f.
bistouille, n. f.
bistouri, n. m.
bistournage, n. m.
bistourner, v. tr.
bistre, n. m. et adj.
bistrer, v. tr.
bistro ou bistrot, n. m.
bisulfate, n. m.
bisulfite, n. m.
bisulfure, n. m.
bit, n. m.
biterrois, oise, adj. et n.
bitord, n. m.
1. bitte, n. f.
2. bitte ou bite, n. f.
bitter, n. m.
bitture ou biture, n. f.
bit(t)urer (se), v. pron.
bitumage, n. m.
bitume, n. m.
bitumer, v. tr.
bitumineux, euse, adj.
biture ou bitture, n. f.
biunivoque, adj.
bivalence, n. f.
bivalent, ente, adj.
bivalve, adj. et n. m.
biveau, n. m.
bivitellin, ine, adj.
bivouac, n. m.
bivouaquer, v. intr.
biwa, n. f.
bizarre, adj. et n. m.
bizarrement, adv.
bizarrerie, n. f.
bizut ou bizuth, n. m.
bizutage, n. m.
bizuter, v. tr.
bizuth ou bizut, n. m.
Bk, symbole
blablabla, n. m.
black-bass, n. m.
blackboulage, n. m.
blackbouler, v. tr.
black-jack, n. m.
black-out, n. m.
black-rot, n. m.
blafard, arde, adj.
blague, n. f.
blaguer, v. intr., v. tr.
blagueur, euse, n. et adj.
blair, n. m.
blaireau, n. m.
blairer, v. tr.
blaisois, adj. et n.
blâmable, adj.
blâme, n. m.
blâmer, v. tr.
1. blanc, blanche, adj. et n.
2. blanc, n. m.
blanc-bec, n. m.
blanc-estoc ou blanc-étoc, n. m.
blanchaille, n. f.
blanchâtre, adj.
blanche, n. f.
blanchet, n. m.
blancheur, n. f.
blanchiment, n. m.
blanchir, v. tr., v. intr., v. pron.
blanchissage, n. m.
blanchissement, n. m.
blanchisserie, n. f.
blanchisseur, euse, n.
blanc-manger, n. m.
blanc-seing, n. m.
blandices, n. f. pl.
blanquette, n. f.
blaps, n. m.
blasé, ée, adj.
blaser, v. tr., v. pron.
blason, n. m.
blasonner, v. tr.
blasphémateur, trice, n.
blasphématoire, adj.
blasphème, n. m.
blasphémer, v. tr., v. intr.
-blaste, suff.
blasto-, préf.
blastocœle, n. m.
blastoderme, n. m.
blastogenèse, n. f.
blastoïdes, n. m. pl.
blastomère, n. m.
blastomycètes, n. m. pl.
blastomycose, n. f.
blastula, n. f.
blatérer, v. intr.
blatte, n. f.
blazer, n. m.
blé, n. m.
bled, n. m.
blême, adj.
blêmir, v. intr.
blêmissement, n. m.
blende, n. f.
blennie, n. f.
blennorragie ou blennorrhagie, n. f.
blennorragique ou blennorrhagique, adj.
blépharite, n. f.
blèsement, n. m.
bléser, v. intr.
blésité, n. f.
blésois, oise, adj. et n.
blessant, ante, adj.
blessé, ée, adj. et n.
blesser, v. tr.
blessure, n. f.
blet, blette, adj.
blette ou bette, n. f.
blettir, v. intr.
blettissement, n. m.
1. bleu, eue, eus, adj.
2. bleu, n. m.
bleuâtre, adj.
bleuet ou bluet, n. m.
bleuir, v. tr., v. intr.
bleuissement, n. m.
bleusaille, n. f.
bleuté, ée, adj.
bleuter, v. tr.
bliaud ou bliaut, n. m.
blindage, n. m.
blindé, ée, adj. et n.
blinder, v. tr.
blini, n. m.
blister, n. m.
blizzard, n. m.
bloc, n. m.
blocage, n. m.
blocaux, n. m. pl.
blockhaus, n. m.
blockpnée, n. f.
block-système, n. m.
bloc-notes, n. m.
blocus, n. m.
blond, onde, adj. et n.
blondasse, adj.
blondeur, n. f.
1. blondin, n. m.
2. blondin, ine, n.
blondinet, ette, n.
blondir, v. intr.
blongios, n. m.
bloom, n. m.
blooming, n. m.
bloquer, v. tr.
blottir (se), v. pron.
blouse, n. f.
blouser, v. tr., v. intr.
blouson, n. m.
blue-jean, n. m.
blues, n. m.
bluet ou bleuet, n. m.
bluette, n. f.
bluff, n. m.
bluffer, v. tr., v. intr.
bluffeur, euse, n. et adj.
blutage, n. m.
bluter, v. tr.
bluterie, n. f.
blutoir, n. m.
boa, n. m.

bobard, n. m.
bobèche, n. f.
bobeur, euse n.
bobinage, n. m.
bobine, n. f.
bobiner, v. tr.
bobinette, n. f.
bobineur, euse, n.
bobineuse, n. f.
bobinoir, n. m.
bobo, n. m.
bobsleigh, n. m.
bocage, n. m.
bocager, ère, adj.
bocal, aux, n. m.
bocard, n. m.
bocardage, n. m.
bocarder, v. tr.
boche, n. m. et adj.
bock, n. m.
bodhisattva, n. m.
bodoni, n. m.
boësse, n. f.
boëte ou boëtte ou
boitte, n. f.
bœuf, bœufs, n. m.
bogey, n. m.
boggie ou bogie, n. m.
boghead, n. m.
boghei ou boguet ou
buggy, n. m.
bogue, n. f.
bohème, n. et adj.
bohémien, ienne, n. et adj.
boïdés, n. m. pl.
1. boire, v. tr.
2. boire, n. m.
bois, n. m.
boisage, n. m.
boisé, ée, adj.
boisement, n. m.
boiser, v. tr.
boiserie, n. f.
boiseur, n. m.
boisseau, n. m.
boissellerie, n. f.
boisson, n. f.
boîte, n. f.
boitement, n. m.
boiter, v. intr.
boiterie, n. f.
boiteux, euse, adj. et n.
boîtier, n. m.
boitillement, n. m.
boitiller, v. intr.
boitte ou boëte ou
boëtte, n. f.
bol, n. m.
bolbène ou boulbène, n. f.
bolchevik, n. m.
bolchevique, adj.
bolchevisme, n. m.
boldo, n. m.
bolduc, n. m.
bolée, n. f.
boléro, n. m.
bolet, n. m.
bolide, n. m.
bolier ou boulier, n. m.
bolivar, n. m.
bolivien, ienne, adj. et n.
bollard, n. m.
bolomètre, n. m.
bolus, n. m.
bombacacées, n. f. pl.
bombage, n. m.
bombagiste, n. m.
bombance, n. f.
bombarde, n. f.
bombardement, n. m.
bombarder, v. tr.
bombardier, n. m.
bombardon, n. m.
bombe, n. f.
bombé, ée, adj.
bombement, n. m.
bomber, v. tr., v. intr.
bombyx, n. m.
bôme, n. f.
bômé, ée, adj.
1. bon, bonne, adj. et n.
2. bon, adv. et interj.
bonace, n. f.
bonapartisme, n. m.
bonapartiste, adj. et n.
bonasse, adj.
bonbon, n. m.
bonbonne, n. f.
bonbonnière, n. f.
bon-chrétien, n. m.
bond, n. m.
bonde, n. f.
bondé, ée, adj.
bondérisation, n. f.
bondériser, v. tr.
bondieuserie, n. f.
bondir, v. intr.
bondissement, n. m.
bondon, n. m.
bondrée, n. f.
bonellie, n. f.
bongo, n. m.
bonheur, n. m.
bonheur-du-jour, n. m.
bonhomie, n. f.
1. bonhomme, adj. inv.°
2. bonhomme, bons-
hommes, n. m.
boni, n. m.
boniche ou bonniche, n. f.
bonichon, n. m.
bonification, n. f.
bonifier, v. tr.
boniment, n. m.
bonimenter, v. intr.
bonimenteur, euse, n.
bonite, n. f.
bonjour, n. m.
bonne, n. f.
bonne-maman, n. f.
bonnement, adv.
bonnet, n. m.
bonneteau, n. m.
bonneterie, n. f.
bonneteur, n. m.
bonnetier, ière, n.
bonnetière, n. f.
bonnette, n. f.
bonniche ou boniche, n. f.
bon-papa, n. m.
bonsaï ou bonzaï, n. m.
bon sens, n. m.
bonsoir, n. m.
bonté, n. f.
bonus, n. m.
bonzaï ou bonsaï, n. m.
bonze, n. m.
bonzerie, n. f.
bonzesse, n. f.
boogie-woogie, n. m.
bookmaker, n. m.
booléen, éenne, adj.
boom, n. m.
boomer, n. m.
boomerang, n. m.
booster, n. m.
bootlegger, n. m.
bop ou be-bop, n. m.
boqueteau, n. m.
bora, n. f.
boracite, n. f.
borane, n. m.
borate, n. m.
boraté, ée, adj.
borax, n. m.
borazon, n. m.
borborygme, n. m.
bord, n. m.
bordage, n. m.
bordé, n. m.
bordeaux, n. m. et adj. inv.
bordée, n. f.
bordel, n. m.
bordelais, aise, adj. et n.
bordelaise, n. f.
bordélique, adj.
border, v. tr.
bordereau, n. m.
borderie, n. f.
bordier, ière, adj.
bordigue, n. f.
bordure, n. f.
bore, n. m.
boréal, ale, aux, adj.
borgne, adj. et n.
borie, n. f.
borique, adj.
boriqué, ée, adj.
bornage, n. m.
borne, n. f.
borné, ée, adj.
borne-fontaine, n. f.
borner, v. tr., v. pron.
bornoyer, v. intr., v. tr.
borraginacées, n. f. pl.
bort, n. m.
bortsch, n. m.
borure, n. m.
bosco, n. m.
boson, n. m.
bosquet, n. m.
bossage, n. m.
bossa-nova, n. f.
bosse, n. f.
bosselage, n. m.
bosseler, v. tr.
bossellement, n. m.
bosselure, n. f.
bosser, v. tr., v. intr.
bossette, n. f.
bosseur, euse, n.
bosseyer, v. tr.
bossoir, n. m.
bossu, ue, adj. et n.
bossuer, v. tr.
boston, n. m.
bostonner, v. intr.
bostryche, n. m.
bot, bote, adj.
botanique, n. f. et adj.
botaniste, n. m.
bothriocéphale, n. m.
botrytis, n. m.
botte, n. f.
bottelage, n. m.
botteler, v. tr.
botteleur, euse, n.
botteleuse, n. f.
botter, v. tr.
botteur, n. m.
bottier, n. m.
bottillon, n. m.
bottine, n. f.
botulique, adj.
botulisme, n. m.
boubou, n. m.
boubouler, v. intr.
bouc, n. m.
boucan, n. m.
boucanage, n. m.

boucaner, v. tr., v. intr.
boucanier, n. m.
boucau, n. m.
boucaut, n. m.
bouchage, n. m.
bouchain, n. m.
boucharde, n. f.
boucharder, v. tr.
bouche, n. f.
bouché, ée, adj.
bouche-à-bouche, n. m.
bouchée, n. f.
1. boucher, v. tr., v. pron.
2. boucher, ère, n.
boucherie, n. f.
bouche-trou, n. m.
bouchon, n. m.
bouchonnement, n. m.
bouchonner, v. tr.
bouchonnier, n. m.
bouchot, n. m.
bouchoteur ou bouchotteur, n. m.
bouclage, n. m.
boucle, n. f.
boucler, v. tr., v. intr.
bouclette, n. f.
bouclier, n. m.
bouddha, n. m.
bouddhique, adj.
bouddhisme, n. m.
bouddhiste, n.
bouder, v. tr., v. intr., v. pron.
bouderie, n. f.
boudeur, euse, adj.
boudeuse, n. f.
boudin, n. m.
boudinage, n. m.
boudiné, ée, adj.
boudiner, v. tr.
boudineuse, n. f.
boudoir, n. m.
boue, n. f.
bouée, n. f.
boueur ou boueux, n. m.
boueux, euse, adj.
bouffant, ante, adj.
bouffarde, n. f.
1. bouffe, adj.
2. bouffe, n. f.
bouffée, n. f.
bouffer, v. intr., v. tr.
bouffette, n. f.
bouffi, ie, adj.
bouffir, v. tr., v. intr.
bouffissure, n. f.
1. bouffon, onne, adj.
2. bouffon, n. m.
bouffonner, v. intr.
bouffonnerie, n. f.
bougainvillée, n. f.
bougainvillier, n. m.
bouge, n. m.
bougeoir, n. m.
bougeotte, n. f.
bouger, v. intr., v. tr., v. pron.
bougie, n. f.
bougna ou bougnat, n. m.
bougon, onne, adj. et n.
bougonnement, n. m.
bougonner, v. intr., v. tr.
bougre, esse, n.
bougrement, adv.
boui-boui, n. m.
bouif, n. m.
bouillabaisse, n. f.
bouille, n. f.
bouilleur, n. m.
bouillie, n. f.
bouillir, v. intr.
bouilloire, n. f.
bouillon, n. m.
bouillon-blanc, n. m.
bouillonnant, ante, adj.
1. bouillonné, ée, adj.
2. bouillonné, n. m.
bouillonnement, n. m.
bouillonner, v. intr., v. tr.
bouillotte, n. f.
bouillotter, v. intr.
boulaie, n. f.
boulange, n. f.
1. boulanger, ère, n.
2. boulanger, v. tr., v. intr.
boulangerie, n. f.
boulangisme, n. m.
boulangiste, adj. et n.
boulbène ou bolbène, n. f.
boule, n. f.
boulê, n. f.
bouleau, n. m.
bouledogue, n. m.
bouler, v. intr., v. tr.
boulet, n. m.
bouleté, ée, adj.
boulette, n. f.
bouleute, n. m.
boulevard, n. m.
1. boulevardier, ière, adj.
2. boulevardier, n. m.
bouleversant, ante, adj.
bouleversement, n. m.
bouleverser, v. tr.
boulier ou bolier, n. m.
boulimie, n. f.
boulimique, adj. et n.
boulin, n. m.
bouline, n. f.
boulingrin, n. m.
bouliste, adj. et n.
boulodrome, n. m.
boulon, n. m.
boulonnage, n. m.
boulonner, v. tr., v. intr.
boulonnerie, n. f.
1. boulot, otte, adj.
2. boulot, n. m.
boulotter, v. intr.
boum !, interj. et n.
boumer, v. intr. impers.
bouquet, n. m.
bouquetière, n. f.
bouquetin, n. m.
bouquin, n. m.
bouquiner, v. intr.
bouquinerie, n. f.
bouquineur, euse, n.
bouquiniste, n.
bourbe, n. f.
bourbeux, euse, adj.
bourbier, n. m.
bourbillon, n. m.
bourbon, n. m.
bourbonien, ienne, adj.
bourcet (à), loc. adj.
bourdaine, n. f.
bourde, n. f.
bourdon, n. m.
bourdonnant, ante, adj.
bourdonnement, n. m.
bourdonner, v. intr.
bourg, n. m.
bourgade, n. f.
bourgeois, oise, n. et adj.
bourgeoisement, adv.
bourgeoisie, n. f.
bourgeon, n. m.
bourgeonnement, n. m.
bourgeonner, v. intr.
bourgeron, n. m.
bourgmestre, n. m.
bourgogne, n. m.
bourguignon, onne, adj. et n.
bourlinguer, v. intr.
bourlingueur, euse, n.
bourrache, n. f.
bourrade, n. f.
bourrage, n. m.
bourrasque, n. f.
bourratif, ive, adj.
1. bourre, n. f.
2. bourre, n. m.
bourreau, n. m.
bourrée, n. f.
bourrèlement, n. m.
bourreler, v. tr.
bourrelet, n. m.
bourrelier, n. m.
bourrellerie, n. f.
bourrer, v. tr., v. pron., v. intr.
bourrette, n. f.
bourriche, n. f.
bourrichon, n. m.
bourricot ou bourriquot, n. m.
bourride, n. f.
bourrin, n. m.
bourrique, n. f.
bourriquet, n. m.
bourriquot ou bourricot, n. m.
bourru, ue, adj.
bourse, n. f.
bourse-à-pasteur, n. f.
boursicotage, n. m.
boursicoter, v. intr.
boursicoteur, euse, adj. et n.
boursicotier, ière, adj. et n.
boursier, ière, n. et adj.
boursouflage, n. m.
boursouflé, ée, adj.
boursouflement, n. m.
boursoufler, v. tr.
boursouflure, n. f.
bousculade, n. f.
bousculer, v. tr., v. pron.
bouse, n. f.
bouseux, n. m.
bousier, n. m.
bousillage, n. m.
bousiller, v. intr., v. tr.
bousilleur, euse, n.
bousin, n. m.
boussole, n. f.
boustifaille, n. f.
boustrophédon, n. m.
bout, n. m.
boutade, n. f.
bout-dehors ou boute-hors, n. m.
boute-en-train, n. m. inv.
boutefeu, n. m.
boute-hors ou bout-dehors, n. m.
bouteille, n. f.
bouteiller ou boutillier, n. m.
bouteillon, n. m.
bouter, v. tr.
bouterolle, n. f.
bouteroue, n. m.
boute-selle, n. m. inv.
bouteur, n. m.
bout-filtre, n. m.
boutillier ou bouteiller, n. m.
boutique, n. f.
boutiquier, ière, n. et adj.
boutisse, n. f.
boutoir, n. m.
bouton, n. m.

bouton-d'argent, n. m.
bouton-d'or, n. m.
boutonnage, n. m.
boutonner, v. intr., v. tr.
boutonneux, euse, adj.
boutonnière, n. f.
boutre, n. m.
bouts-rimés, n. m. pl.
bouturage, n. m.
bouture, n. f.
bouturer, v. tr., v. intr.
bouverie, n. f.
bouvet, n. m.
bouveter, v. tr.
bouveteuse, n. f.
1. bouvier, ière, n.
2. bouvier, n. m.
bouvière, n. f.
bouvillon, n. m.
bouvreuil, n. m.
bouvril, n. m.
bovarysme, n. m.
bovidés, n. m. pl.
bovin, ine, adj. et n.
bovinés, n. m. pl.
bowling, n. m.
bow-string, n. m.
bow-window, n. m.
box, boxes, n. m.
box-calf, n. m.
boxe, n. f.
boxer, n. m.
boxer, v. intr., v. tr.
boxeur, n. m.
box-office, n. m.
boy, n. m.
boyard, n. m.
boyau, n. m.
boyauderie, n. f.
boyaudier, ière, n.
boycott, n. m.
boycottage, n. m.
boycotter, v. tr.
boycotteur, euse, n.
boy-scout, n. m.
bpi, n. m.
bq, symbole
Br, symbole
brabant, n. m.
bracelet, n. m.
bracelet-montre, n. m.
brachial, iale, iaux, adj.
brachiation, n. f.
brachiopodes, n. m. pl.
brachy-, préf.
brachycéphale, adj. et n.
brachycères, n. m. pl.
brachyoures, n. m. pl.
braconnage, n. m.
braconner, v. intr.
braconnier, n. m.
bractéal, ale, aux, adj.
bractée, n. f.
bradel, n. m.
brader, v. tr.
braderie, n. f.
bradycardie, n. f.
bradype, n. m.
braguette, n. f.
brahman, n. m.
brahmane, n. m.
brahmanique, adj.
brahmanisme, n. m.
brai, n. m.
braies, n. f. pl.
braillard, arde, n. et adj.
braille, n. m.
braillement, n. m.
brailler, v. intr., v. tr.
brailleur, euse, n. et adj.
braiment, n. m.
brainstorming, n. m.
brain-trust, n. m.
braire, v. intr. déf.
braise, n. f.
braiser, v. tr.
braisière, n. f.
brame ou bramement, n. m.
bramer, v. intr.
bran, n. m.
brancard, n. m.
brancardier, ière, n.
branchage, n. m.
branche, n. f.
branchement, n. m.
brancher, v. tr., v. intr., v. pron.
branchette, n. f.
branchie, n. f.
branchiopodes, n. m. pl.
branchu, ue, adj.
brandade, n. f.
brande, n. f.
brandebourg, n. m.
brandebourgeois, oise, adj. et n.
brandevin, n. m.
brandiller, v. tr., v. intr.
brandir, v. tr.
brandisite, n. f.
brandon, n. m.
brandy, n. m.
branlant, ante, adj.
branle, n. m.
branle-bas, n. m. inv.
branlement, n. m.
branler, v. tr., v. intr., v. pron.
braquage, n. m.
1. braque, n. m.
2. braque, n. et adj.
braquemart, n. m.
braquer, v. tr., v. intr., v. pron.
braquet, n. m.
bras, n. m.
brasage, n. m.
braser, v. tr.
brasero, n. m.
brasier, n. m.
brasiller, v. intr.
brassage, n. m.
brassard, n. m.
brasse, n. f.
brassée, n. f.
brasser, v. tr.
brasserie, n. f.
brasseur, euse, n.
brassière, n. f.
brasure, n. f.
bravache, adj. et n.
bravade, n. f.
brave, adj. et n.
bravement, adv.
braver, v. tr.
bravissimo, interj.
1. bravo, interj. et n. m.
2. bravo, bravi, n. m.
bravoure, n. f.
1. brayer, v. tr.
2. brayer, n. m.
break, n. m.
breakfast, n. m.
brebis, n. m.
brèche, n. f.
brèche-dent, n. et adj.
bréchet, n. m.
bredindin, n. m.
bredouillage, n. m.
bredouille, adj.
bredouillement, n. m.
bredouiller, v. intr., v. tr.
bredouilleur, euse, n. et adj.
breeder, n. m.
1. bref, brève, adj. et adv.
2. bref, n. m.
bregma, n. m.
bréhaigne, adj. f.
breitschwanz, n. m.
brêlage, n. m.
brelan, n. m.
brêler, v. tr.
breloque, n. f.
brème, n. f.
brésil, n. m.
brésilien, ienne, adj. et n.
brésiller, v. tr., v. pron.
bretèche ou bretesse, n. f.
bretelle, n. f.
bretesse ou bretèche, n. f.
breton, onne, adj. et n.
bretonnant, ante, adj.
brette, n. f.
brettelé, ée, adj.
bretteler, v. tr.
brettelure, n. f.
bretteur, n. m.
bretzel, n. m.
breuvage, n. m.
brève, n. f.
brevet, n. m.
brevetable, adj.
breveté, ée, adj. et n.
breveter, v. tr.
bréviaire, n. m.
bréviligne, adj.
brévité, n. f.
1. briard, arde, adj. et n.
2. briard, n. m.
bribe, n. f.
bric-à-brac, n. m. inv.
bric et de broc (de), loc. adv.
brick, n. m.
bricolage, n. m.
bricole, n. f.
bricoler, v. intr., v. tr.
bricoleur, euse, n.
bride, n. f.
bridé, ée, adj.
brider, v. tr.
bridge, n. m.
bridger, v. intr.
bridgeur, euse, n.
brie, n. m.
briefing, n. m.
brièvement, adv.
brièveté, n. f.
brifer, v. tr.
brigade, n. f.
brigadier, n. m.
brigand, n. m.
brigandage, n. m.
brigantin, n. m.
brigantine, n. f.
brigue, n. f.
briguer, v. tr.
brillamment, adv.
brillance, n. f.
1. brillant, ante, adj.
2. brillant, n. m.
brillantage, n. m.
1. brillanté, ée, adj.
2. brillanté, n. m.
brillanter, v. tr.
brillantine, n. f.
brillantiner, v. tr.
briller, v. intr.
brimade, n. f.
brimbalement, n. m.
brimbaler, v. tr., v. intr.
brimborion, n. m.
brimer, v. tr.
brin, n. m.

brindezingue, adj.
brindille, n. f.
bringé, adj.
bringeure, n. f.
bringue, n. f.
bringuebaler ou
brinquebaler, v. tr., v. intr.
brio, n. m.
brioche, n. f.
brioché, ée, adj.
brion, n. m.
brique, n. f.
briquer, v. tr.
briquet, n. m.
briquetage, n. m.
briqueter, v. tr.
briqueterie, n. f.
briquetier, n. m.
briquette, n. f.
bris, n. m.
1. brisant, ante, adj.
2. brisant, n. m.
briscard ou brisquard, n. m.
brise, n. f.
brisé, ée, adj.
brise-béton, n. m. inv.
brisées, n. f. pl.
brise-fer, n. m. inv.
brise-glace ou
brise-glaces, n. m. inv.
brise-jet, n. m. inv.
brise-lames, n. m. inv.
brisement, n. m.
brise-mottes, n. m. inv.
briser, v. tr., v. intr., v. pron.
brise-tout, n. m. inv.
briseur, euse, n.
brise-vent, n. m. inv.
brisis, n. m.
briska, n. f.
brisquard ou briscard, n. m.
brisque, n. f.
bristol, n. m.
brisure, n. f.
britannique, adj. et n.
brittonique, adj. et n.
broc, n. m.
brocante, n. f.
brocanter, v. intr.
brocanteur, euse, n.
brocard, n. m.
brocarder, v. tr.
brocart, n. m.
brocatelle, n. f.
brochage, n. m.
broche, n. f.
brocher, v. tr.
brochet, n. m.
brochette, n. f.
brocheur, euse, n. et adj.
brochure, n. f.
brocoli, n. m.
brodequin, n. m.
broder, v. tr., v. intr.
broderie, n. f.
brodeur, euse, n.
brodeuse, n. f.
bromate, n. m.
1. brome, n. f.
2. brome, n. m.
bromé, ée, adj.
broméliacées, n. f. pl.
bromer, v. tr.
bromhydrique, adj.
bromique, adj.
bromisme, n. m.
bromoforme, n. m.
bromure, n. m.
bromuré, ée, adj.
bronch(o)-, préf.
bronche, n. f.
broncher, v. intr.
bronchiole, n. f.
bronchique, adj.
bronchite, n. f.
bronchitique, adj. et n.
broncho-dilatateur, trice, adj,
bronchogène, adj.
bronchographie, n. f.
broncho-pneumonie, n. f.
bronchoscopie, n. f.
bronchospasme, n. m.
brontosaure, n. m.
bronzage, n. m.
bronze, n. m.
bronzer, v. tr., v. intr., v. pron.
bronzeur, n. m.
bronzier, n. m.
bronzite, n. f.
brook, n. m.
broquette, n. f.
brossage, n. m.
brosse, n. f.
brosser, v. tr., v. pron.
brosserie, n. f.
brossier, ière, n.
brou, n. m.
brouet, n. m.
brouette, n. f.
brouettée, n. f.
brouetter, v. tr.
brouhaha, n. m.
brouillage, n. m.
brouillamini, n. m.
brouillard, n. m.
brouillasse, n. f.
brouillasser, v. impers.
brouille, n. f.
brouiller, v. tr., v. pron.
brouillerie, n. f.
brouilleur, n. m.
1. brouillon, onne, adj. et n.
2. brouillon, n. m.
broussaille, n. f.
broussailleux, euse, adj.
broussard, n. m.
brousse, n. f.
broussin, n. m.
brout, n. m.
broutard, n. m.
broutement, n. m.
brouter, v. tr., v. intr.
broutille, n. f.
brownien, ienne, adj.
browning, n. m.
broyage, n. m.
broyer, v. tr.
broyeur, euse, n. et adj.
brrr !, interj.
bru, n. f.
bruant, n. m.
brucelles, n. f. pl.
brucellose, n. f.
bruche, n. f.
brucine, n. f.
brugnon, n. m.
brugnonier, n. m.
bruine, n. f.
bruiner, v. impers. intr.
bruire, v. intr. défect.
bruissement, n. m.
bruit, n. m.
bruitage, n. m.
bruiteur, euse, n.
brûlage, n. m.
brûlant, ante, adj.
brûlé, ée, adj. et n.
brûle-gueule, n. m. inv.
brûle-parfum, n. m.
brûle-pourpoint (à), loc. adv.
brûler, v. tr., v. intr., v. pron.
brûlerie, n. f.
brûleur, n. m.
brûlis, n. m.
brûloir, n. m.
brûlot, n. m.
brûlure, n. f.
brumaire, n. m.
brumasse, n. f.
brumasser, v. impers.
brume, n. f.
brumer, v. impers. intr.
brumeux, euse, adj.
brun, brune, adj. et n.
brunâtre, adj.
brune, n. f.
brunet, ette, n.
bruni, n. m.
brunir, v. tr., v. intr.
brunissage, n. m.
brunissement, n. m.
brunisseur, euse, n.
brunissoir, n. m.
brunissure, n. f.
brushing, n. m.
brusque, adj.
brusquement, adv.
brusquer, v. tr.
brusquerie, n. f.
1. brut, brute, adj.
2. brut, adv.
brutal, ale, aux, adj. et n.
brutalement, adv.
brutaliser, v. tr.
brutalisme, n. m.
brutalité, n. f.
brute, n. f.
bruxellois, oise, adj. et n.
bruyamment, adv.
bruyant, ante, adj.
bruyère, n. f.
bryo-, préf.
bryologie, n. f.
bryone, n. f.
bryophytes, n. f. pl.
bryozoaires, n. m. pl.
B.T., abrév.
buanderie, n. f.
buandier, ière, n.
bubale, n. m.
bubon, n. m.
bubonique, adj.
buccal, ale, aux, adj.
buccin, n. m.
buccinateur, n. m. et adj.
bucentaure, n. m.
bûche, n. f.
1. bûcher, n. m.
2. bûcher, v. tr.
bûcheron, onne, n.
bûchette, n. f.
bûcheur, euse, adj. et n.
bucolique, n. f. et adj.
bucrane, n. m.
buddleia, n. m.
budget, n. m.
budgétaire, adj.
budgétisation, n. f.
budgétiser, v. tr.
budgétivore, adj. et n.
buée, n. f.
buffet, n. m.
buffetier, ière, n.
buffle, n. m.
bufflesse ou bufflonne, n. f.
buffleterie, n. f.
bufflonne ou bufflesse, n. f.
bufonidés, n. m. pl.
buggy ou boghei ou

boguet, n. m.
1. bugle, n. m.
2. bugle, n. f.
buglosse, n. f.
building, n. m.
buire ou bure, n. f.
buis, n. m.
buisson, n. m.
buisson-ardent, n. m.
buissonnant, ante, adj.
buissonneux, euse, adj.
buissonnier, ière, adj.
bulbaire, adj.
bulbe, n. m.
bulbeux, euse, adj.
bulbille, n. f.
bulgare, adj. et n.
bullaire, n. m.
bull-dog, n. m.
bulldozer, n. m.
1. bulle, n. f.
2. bulle, n. m et adj. inv.
bulletin, n. m.
bulleux, euse, adj.
bull-finch, n. m.
bull-terrier, n. m.
buna, n. m.
bungalow, n. m.
bunker, n. m.
bunodonte, adj.
bunraku, n. m.
bupreste, n. m.
buprestidés, n. m. pl.
buraliste, n.
1. bure, n. m.
2. bure, n. f.
3. bure ou buire, n. f.
bureau, n. m.
bureaucrate, n.
bureaucratie, n. f.
bureaucratique, adj.
bureautique, n. f.
burelé, ée, adj.
burette, n. f.
burgau, n. m.
burgaudine, n. f.
burgrave, n. m.
burin, n. m.
burinage, n. m.
buriner, v. tr.
burineur, n. m.
burlesque, adj. et n. m.
burlesquement, adv.
burnous, n. m.
buron, n. m.
bus, n. m.
busard, n. m.
busc, n. m.
buse, n. f.
bushi, n. m.
bushidô, n. m.
business, n. m.
busqué, ée, adj.
busquer, v. tr.
busserole, n. f.
buste, n. m.
bustier, n. m.
but, n. m.
butadiène, n. m.
butane, n. m.
butanier, n. m.
buté, ée, adj.
butée, n. f.
butène, n. m.
1. buter, v. intr., v. tr., v. pron.
2. buter ou butter, v. tr.
buteur, n. m.
butin, n. m.
butiner, v. intr., v. tr.
butineur, euse, adj. et n.
butoir, n. m.
butomacées, n. f. pl.
butome, n. m.
butor, n. m.
buttage, n. m.
butte, n. f.
1. butter, v. tr.
2. butter ou buter, v. tr.
buttoir, n. m.
butyl, n. m.
butylène, n. m.
butyr(o)-, préf.
butyrate, n. m.
butyreux, euse, adj.
butyrine, n. f.
butyrique, adj.
butyromètre, n. m.
buvable, adj.
buvard, n. m.
buvée, n. f.
buvetier, ière, n.
buvette, n. f.
buveur, euse, n.
buxacées, n. f. pl.
by-pass ou bipasse, n. m.
by-passer ou bipasser, v. tr.
byronien, ienne, adj.
byssinose, n. f.
byssus, n. m.
byzantin, ine, adj. et n.
byzantinisme, n. m.

C

c, n. m.
C, symbole
Ca, symbole
1. ça, pron. dém. fam.
2. ça, n. m.
çà, adv. de lieu
cab, n. m.
cabale ou kabbale, n. f.
cabaliste, n. m.
cabalistique, adj.
caban, n. m.
cabane, n. f.
cabanon, n. m.
cabaret, n. m.
cabaretier, ière, n.
cabas, n. m.
cabêche, n. f.
cabernet, n. m.
cabestan, n. m.
cabiai, n. m.
cabillaud, n. m.
cabillot, n. m.
cabine, n. f.
cabinet, n. m.
câblage, n. m.
câble, n. m.
câblé, n. m. et adj.
câbleau ou câblot, n. m.
câbler, v. tr.
câbleur, euse, n.
câblier, n. m.
câbliste, n. m.
câblogramme, n. m.
câblot ou câbleau, n. m.
cabochard, arde, adj. et n.
caboche, n. f.
cabochon, n. m.
cabomba, n. m.
cabosse, n. f.
cabosser, v. tr.
1. cabot, n. m.
2. cabot, n. m. et adj. m.
cabotage, n. m.
caboter, v. intr.
caboteur, n. m.
cabotin, ine, n. et adj.
cabotinage, n. m.
cabotiner, v. intr.
caboulot, n. m.
cabrer, v. tr., v. pron., v. intr.
cabri, n. m.
cabriole, n. f.
cabrioler, v. intr.
cabriolet, n. m.
cabus, adj. m.
caca, n. m.
cacaber, v. intr.
cacahouète ou cacahouette ou cacahuète, n. f.
cacao, n. m.
cacaoté, ée, adj.
cacaotier, n. m.
cacaotière, n. f.
cacaoyer, n. m.
cacaoyère, n. f.
cacarder, v. intr.
cacatoès ou kakatoès, n. m.
cacatois, n. m.
cachalot, n. m.
cache, n. m. ou f.
cache-, préf.
cache-cache, n. m. inv.
cache-col, n. m. inv.
cache-cou, n. m. inv.
cachectique, adj. et n.
cache-entrée, n. m. inv.
cache-flammes, n. m. inv.
cachemire, n. m.
cache-misère, n. m. inv.
cache-nez, n. m. inv.
cache-pot, n. m. inv.
cache-poussière, n. m. inv.
cacher, v. tr., v. pron.
cacher, cascher, casher, cawcher, kasher, kascher ou kausher, ère, adj.
cache-radiateur, n. m. inv.
cache-sexe, n. m. inv.
cachet, n. m.
cachetage, n. m.
cache-tampon, n. m. inv.
cacheter, v. tr.
cachette, n. f.
cachexie, n. f.
cachot, n. m.
cachotterie, n. f.
cachottier, ière, adj. et n.
cachou, n. m.
cachucha, n. f.
cacique, n. m.
cacochyme, adj.
cacodylate, n. m.
cacodyle, n. m.
cacodylique, adj.
cacolet, n. m.
cacophonie, n. f.
cacophonique, adj.
cactacées, n. f. pl.
cactées, n. f. pl.
cactus, n. m.
c.-à-d., abrév.
cadastral, ale, aux, adj.
cadastre, n. m.
cadastrer, v. tr.
cadavéreux, euse, adj.
cadavérine, n. f.
cadavérique, adj.
cadavre, n. m.
caddie, n. m.
cade, n. m.
cadeau, n. m.
cadenas. n. m.
cadenasser, v. tr.
cadence, n. f.
cadencé, ée, adj.
cadencer, v. tr.
cadène, n. f.
cadenette, n. f.
cadet, ette, n.
cadi, n. m.
cadmiage, n. m.
cadmie, n. f.
cadmié, ée, adj.
cadmium, n. m.
cadogan ou catogan, n. m.
cadrage, n. m.
cadran, n. m.
cadrat, n. m.
cadratin n. m.
cadrature, n. f.
cadre, n. m.
cadrer, v. intr., v. tr.
cadreur, n. m.
caduc, uque, adj.
caducée, n. m.
caducité, n. f.
cæcal, ale, aux, adj.
cæcum, n. m.
cælostat, n. m.
cæsium ou césium, n. m.
caf, adj. inv. ou adv.
1. cafard, arde, n. et adj.
2. cafard, n. m.
cafardage, n. m.
cafarder, v. intr.
cafardeux, euse, adj.
café, n. m.
café-concert, n. m.
caféier, n. m.
caféière, n. f.
caféine, n. f.
cafetan ou caftan, n. m.
cafeteria ou cafétéria, n. f.
café-théâtre, n. m.
cafetier, ière, n.
cafetière, n. f.
cafouillage, n. m.
cafouiller, v. intr.
cafouilleux, euse, adj.
cafouillis, n. m.
caftan ou cafetan, n. m.
cafter, v. intr., v. tr.
cage, n. f.
cageot, n. m.
caget ou cajet, n. m.
cagibi, n. m.
cagna, n. f.
cagnard, n. m.
cagne ou khâgne, n. f.
1. cagneux, euse ou khâgneux, euse, n. ou adj.
2. cagneux, euse, adj.
cagnotte, n. f.
cagot, ote, n. et adj.
cagoterie, n. f.
cagoulard, n. m.
cagoule, n. f.
cahier, n. m.
cahin-caha, adv.
cahot, n. m.
cahotant, ante, adj.
cahotement, n. m.
cahoter, v. tr., v. intr.
cahoteux, euse, adj.
cahute, n. f.
caïc ou caïque, n. m.
caïd, n. m.
caïeu, n. m.
caillasse, n. f.
caille, n. f.
caillé, n. m.
caillebotis, n. m.
caillebotte, n. f.
caillebotté, ée, adj.
caille-lait, n. m. inv.
cailler, v. intr., v. tr., v. pron.
caillette, n. f.
caillot, n. m.
caillou, oux, n. m.
cailloutage, n. m.
caillouté, ée, adj.
caillouté, n. m.
caillouter, v. tr.
caillouteux, euse, adj.
cailloutis, n. m.
caïman, n. m.
caïque ou caïc, n. m.
cairn, n. m.
cairote, adj. et n.
caisse, n. f.
caisserie, n. f.
caissette, n. f.
caissier, ière, n.
caisson, n. m.
cajeput, n. m.
cajet ou caget, n. m.
cajoler, v. tr., v. intr.
cajolerie, n. f.
cajoleur, euse, adj. et n.
cajou ou caju, n. m.
cajun, n. et adj.
cake, n. m.
cake-walk, n. m.
cakile, n. m.

1. **cal**, symbole
2. **cal**, n. m.
calabrais, aise, adj. et n.
caladium, n. m.
calage, n. m.
calaison, n. f.
calamar ou **calmar**, n. m.
calame, n. m.
calamine, n. f.
calaminé, ée, adj.
calamistrer, v. tr.
calamite, n. f.
calamité, n. f.
calamiteux, euse, adj.
calandrage, n. m.
calandre, n. f.
calandrer, v. tr.
calanque, n. f.
calao, n. m.
calc(i)-, calc(o)-, préf.
calcaire, adj. et n.
calcanéen, éenne, adj.
calcanéite, n. f.
calcanéum, n. m.
calcédoine, n. f.
calcémie, n. f.
calcéolaire, n. f.
calcicole, adj.
calcicordés, n. m. pl.
calciférol, n. m.
calcification, n. f.
calcifié, ée, adj.
calcifuge, adj.
calcin, n. m.
calcination, n. f.
calciner, v. tr.
calcinose, n. f.
calcique, adj.
calcite, n. f.
calcitonine, n. f.
calcium, n. m.
calcul, n. m.
calculable, adj.
calculateur, trice, n. et adj.
calculateur, n. et adj..
calculatrice, n. f.
calculer, v. tr.
calculeux, euse, adj.
caldarium, n. m.
caldeira, n. f.
cale, n. f.
calé, ée, adj.
calebasse, n. f.
calebassier, n. m.
calèche, n. f.
caleçon, n. m.
calédonien, ienne, adj. et n.
cale-étalon, n. f.
caléfaction, n. f.
calembour, n. m.
calembredaine, n. f.
calendaire, adj.
calendes, n. f. pl.
calendrier, n. m.
calendula, n. f.
cale-pied, n. m. inv.
calepin, n. m.
calepiner, v. tr.
caler, v. tr., v. intr.
caleter ou **calter**, v. intr., v. pron.
calfat, n. m.
calfatage, n. m.
calfater, v. tr.
calfeutrage, n. m.
calfeutrement, n. m.
calfeutrer, v. tr., v. pron.
calibrage, n. m.
calibre, n. m.
calibrer, v. tr.
calice, n. m.
caliche, n. m.
calicot, n. m.
calicule, n. m.
califat ou **khalifat**, n. m.
calife ou **khalife**, n. m.
californium, n. m.
califourchon (à), loc. adv.
câlin, ine, adj. et n.
caline, n. f.
câliner, v. tr.
câlinerie, n. f.
caliorne, n. f.
calisson, n. m.
calleux, euse, adj.
call-girl, n. f.
calli-, préf.
calligramme, n. m.
calligraphe, n.
calligraphie, n. f.
calligraphier, v. tr.
calligraphique, adj.
callipyge, adj.
callose, n. f.
callosité, n. f.
calmant, ante, adj. et n. m.
calmar ou **calamar**, n. m.
1. **calme**, n. m.
2. **calme**, adj.
calmement, adv.
calmer, v. tr., v. pron.
calmir, v. intr.
calo, n. m.
caloduc, n. m.
calomel, n. m.
calomniateur, trice, n. et adj.
calomnie, n. f.
calomnier, v. tr.
calomnieusement, adv.
calomnieux, euse, adj.
caloporteur, adj. m.
calori-, préf.
calorie, n. f.
calorifère, n. m. et adj.
calorification, n. f.
calorifique, adj.
calorifuge, adj. et n. m.
calorifugeage, n. m.
calorifuger, v. tr.
calorimètre, n. m.
calorimétrie, n. f.
calorimétrique, adj.
caloriporteur, adj. m.
calorisation, n. f.
calot, n. m.
calotin, ine, n. et adj.
calotte, n. f.
calotter, v. tr.
calotype, n. m.
caloyer, ère, n.
calquage, n. m.
calque, n. m.
calquer, v. tr.
calter ou **caleter**, v. intr., v. pron.
calumet, n. m.
calutron, n. m.
calvados, n. m.
calvaire, n. m.
calville, n. f.
calvinisme, n. m.
calviniste, adj. et n.
calvitie, n. f.
calypso, n. m.
calyptoblastiques, n. m. pl.
camaïeu, n. m.
camail, n. m.
camarade, n.
camaraderie, n. f.
camard, arde, adj. et n.
camarguais, aise, adj. et n.
camarilla, n. f.
cambial, iale, iaux, adj.
cambiste, n. m.
cambium, n. m.
cambodgien, ienne, adj., n.
cambouis, n. m.
cambrage, n. m.
cambré, ée, adj.
cambrement, n. m.
cambrer, v. tr., v. pron.
cambrien, ienne, n. m. et adj.
cambriolage, n. m.
cambriole, n. f.
cambrioler, v. tr.
cambrioleur, euse, n.
cambrouse ou **cambrousse**, n. f.
cambrure, n. f.
cambuse, n. f.
cambusier, n. m.
came, n. f.
camé, ée, adj. et n.
camée, n. m.
caméléon, n. m.
camélia, n. m.
camélidés, n. m. pl.
caméline, n. f.
camelle, n. f.
camelot, n. m.
camelote, n. f.
camembert, n. m.
caméra, n. f.
cameraman, n. m.
camérier, n. m.
camérisier, n. m.
camériste, n. f.
camerlingue, n. m.
camerounais, aise, adj. et n.
camion, n. m.
camionnage, n. m.
camionner, v. tr.
camionnette, n. f.
camionneur, n. m.
camisard, arde, n. m. et adj.
camisole, n. f.
camomille, n. f.
camouflage, n. m.
camoufler, v. tr., v. pron.
camouflet, n. m.
camp, n. m.
campagnard, arde, adj. et n.
campagne, n. f.
campagnol, n. m.
campane, n. f.
campaniforme, adj.
campanile, n. m.
campanulacées, n. f. pl.
campanule, n. f.
campé, ée, adj.
campêche, n. m.
campement, n. m.
camper, v. intr., v. tr., v. pron.
campeur, euse, n.
camphre, n. m.
camphré, ée, adj.
camphrier, n. m.
campignien, ienne, adj. et n. m.
campimètre, n. m.
camping, n. m.
camping-car, n. m.
campos, n. m.
campus, n. m.
campyl(o)-, préf.
campylotrope, adj.
camus, use, adj.
canada, n. f. inv.
canadianisme, n. m.
canadien, ienne, adj. et n.

canadienne, n. f.
canaille, n. f. et adj.
canaillerie, n. f.
canal, aux, n. m.
canaliculaire, adj.
canalicule, n. m.
canaliculite, n. f.
canalifère, adj.
canalisation, n. f.
canaliser, v. tr.
cananéen ou chananéen, éenne, adj. et n.
canapé, n. m.
canard, n. m.
canardeau, n. m.
canarder, v. tr., v. intr.
canardière, n. f.
canari, n. m.
canasson, n. m.
canasta, n. f.
cancale, n. f.
cancan, n. m.
cancaner, v. intr.
cancanier, ière, adj. et n.
cancel, n. m.
cancer, n. m.
cancéreux, euse, adj. et n.
cancérigène, adj.
cancérisation, n. f.
cancérogène, adj.
cancérologie, n. f.
cancérologue, n.
canche, n. f.
cancoillote, n. f.
cancre, n. m.
cancrelat, n. m.
cancroïde, n. m.
candela, n. f.
candélabre, n. m.
candeur, n. f.
candi, adj. m. et n. m.
candida, n. m.
candidat, ate, n.
candidature, n. f.
candide, adj.
candidement, adv.
candidose, n. f.
candir (se), v. pron.
candomblé, n. m.
cane, n. f.
canéficier, n. m.
canepetière, n. f.
canéphore, n. f.
1. caner, v. intr.
2. caner ou canner, v. intr.
caneton, n. m.
1. canette, n. f.
2. canette ou cannelle ou cannette, n. f.
canevas, n. m.
cange, n. m.
cangue, n. f.
caniche, n. m.
caniculaire, adj.
canicule, n. f.
canidés, n. m. pl.
canif, n. m.
canin, ine, adj.
canine, n. f.
canisse ou cannisse n. f.
canitie, n. f.
caniveau, n. m.
canna, n. m.
cannabinacées, n. f. pl.
cannabis, n. m.
cannabisme, n. m.
cannage, n. m.
cannaie, n. f.
canne, n. f.
canné, ée, adj.
canneberge, n. f.
cannelé, ée, adj.
canneler, v. tr.
1. cannelle, n. f.
2. cannelle ou canette ou cannette, n. f.
cannelloni, n. m. pl.
cannelure, n. f.
1. canner, v. tr.
2. canner ou caner, v. intr.
cannetille, n. f.
cannette ou canette, n. f.
canneur, euse, n.
cannibale, adj. et n.
cannibalisme, n. m.
cannier, ière, n.
cannisse ou canisse, n. f.
canoë, n. m.
canoéiste, n.
1. canon, n. m.
2. canon, n. m. et adj. m.
cañon ou canyon, n. m.
canonial, ale, aux, adj.
canonicat, n. m.
canonicité, n. f.
canonique, adj.
canoniquement, adv.
canonisable, adj.
canonisation, n. f.
canoniser, v. tr.
canoniste, n. m.
canonnade, n. f.
canonnage, n. m.
canonner, v. tr.
canonnier, n. m.
canonnière, n. f.
canope, n. m.
canot, n. m.
canotage, n. m.
canoter, v. intr.
canoteur, euse, n.
canotier, n. m.
canqueter, v. intr.
canson, n. m.
cantabile, n. m. et adv.
cantal, n. m.
cantaloup, n. m.
cantate, n. f.
cantatrice, n. f.
canter, n. m.
canthare, n. m.
cantharide, n. f.
cantharididés, n. m. pl.
cantharidine, n. f.
cantilène, n. f.
cantilever, adj. et n. m.
cantine, n. f.
cantinier, ière, n.
cantique, n. m.
canton, n. m.
cantonade, n. f.
cantonais, aise, adj. et n.
cantonal, ale, aux, adj. et n.
cantonnement, n. m.
cantonner, v. tr., v. pron.
cantonnier, n. m.
cantonnière, n. f.
canulant, ante, adj.
canular ou canulard, n. m.
canule, n. f.
canuler, v. tr.
canut, use, n.
canyon ou cañon, n. m.
canzone, n. f.
caodaïsme, n. m.
caoua, n. m.
caouane ou caouanne, n. f.
caoutchouc, n. m.
caoutchouté, ée, adj.
caoutchouter, v. tr.
caoutchouteux, euse, adj.
cap, n. m.
C.A.P., abrév. et n. m.
capable, adj.
capacimètre, n. m.
capacitaire, n. et adj.
capacitance, n. f.
capacité, n. f.
caparaçon, n. m.
caparaçonner, v. tr.
cape, n. f.
capéer ou capeyer, v. intr.
capelage, n. m.
capelan, n. m.
capeler, v. tr.
capelet, n. m.
capeline, n. f.
C.A.P.E.S., abrév. et n. m.
capésien, ienne, n. et adj.
capétien, ienne, adj. et n.
capeyer ou capéer, v. intr.
capharnaüm, n. m.
cap-hornier, n. m.
1. capillaire, adj. et n. m.
2. capillaire, n. m.
capillarite, n. f.
capillarité, n. f.
capilotade, n. f.
capiston, n. m.
capitaine, n. m.
capitainerie, n. f.
1. capital, ale, aux, adj.
2. capital, aux, n. m.
capitalisable, adj.
capitalisation, n. f.
capitaliser, v. intr., v. tr.
capitalisme, n. m.
capitaliste, adj. et n.
capitan, n. m.
capitation, n. f.
capité, ée, adj.
capiteux, euse, adj.
capitolin, line, adj.
capiton, n. m.
capitonnage, n. m.
capitonner, v. tr.
capitoul, n. m.
capitulaire, adj. et n. m.
capitulairement, adv.
capitulard, arde, adj. et n.
capitulation, n. f.
capitule, n. m.
capituler, v. intr.
capoc ou kapoc, n. m.
capodastre, n. m.
capon, onne, adj. et n.
caponnière, n. f.
caporal, aux, n. m.
caporaliser, v. tr.
caporalisme, n. m.
1. capot, n. m.
2. capot, adj. inv.
capotage, n. m.
capote, n. f.
1. capoter, v. tr.
2. capoter, v. intr.
capparidacées, n. f. pl.
cappella (a), loc. adv.
câpre, n. f.
capricant, ante, adj.
capriccio, n. m.
caprice, n. m.
capricieusement, adv.
capricieux, ieuse, adj. et n.
capricorne, n. m.
câprier, n. m.
caprification, n. f.
caprifoliacées, n. f. pl.
caprimulgiformes, n. m. pl.
caprin, ine, adj.
caprinés ou caprins, n. m. pl.

capselle, n. f.
capside, n. f.
capsien, enne, n. m. et adj.
capsomère, n. m.
capsulage, n. m.
capsulaire, adj.
capsule, n. f.
capsuler, v. tr.
captage, n. m.
captal, n. m.
captateur, trice, n.
captation, n. f.
captatoire, adj.
capter, v. tr.
capteur, n. m.
captieusement, adv.
captieux, ieuse, adj.
captif, ive, adj. et n.
captivant, ante, adj.
captiver, v. tr.
captivité, n. f.
captorhinomorphes, n. m. pl.
capture, n. f.
capturer, v. tr.
capuce, n. m.
capuche, n. f.
capuchon, n. m.
capuchonner, v. tr.
capucin, ine, n.
capucinade, n. f.
capucine, n. f.
capulet, n. m.
caque, n. f.
caquelon, n. m.
caquer, v. tr.
caquet, n. m.
caquetage, n. m.
caqueter, v. intr.
1. car, conj.
2. car, n. m.
carabe, n. m.
carabin, n. m.
carabine, n. f.
carabiné, ée, adj.
carabinier, n. m.
caracal, n. m.
caraco, n. m.
caracole, n. f.
caracoler, v. intr.
caractère, n. m.
caractériel, ielle, adj. et n.
caractérisation, n. f.
caractérisé, ée, adj.
caractériser, v. tr.
caractéristique, adj. et n. f.
caractérologie, n. f.
caracul ou karakul, n. m.
carafe, n. f.
carafon, n. m.
caraïte, n. m.
carambolage, n. m.
caramboler, v. intr., v. tr.
carambouillage, n. m.
carambouille, n. f.
carambouilleur, n. m.
caramel, n. m.
caramélé, ée, adj.
caramélisation, n. f.
caraméliser, v. tr.
carapace, n. f.
carapater (se), v. pron.
caraque, n. f.
carassin, n. m.
carat, n. m.
caravagisme, n. m.
caravane, n. f.
caravanier, ière, n. et adj.
caravaning, n. m.
caravansérail, n. m.
caravelle, n. f.
carb(o)-, préf.
carbamate, n. m.
carbet, n. m.
carbochimie, n. f.
carbogène, n. m.
carbonade ou carbonnade, n. f.
carbonado, n. m.
carbonarisme, n. m.
carbonaro, n. m.
carbonatation, n. f.
carbonate, n. m.
carbonater, v. tr.
carbone, n. m.
carbonifère, n. et adj.
carbonique, adj.
carbonisation, n. f.
carboniser, v. tr.
carbonitruration, n. f.
carbonnade ou carbonade,n. f.
carbonyle, n. m. et adj.
carborundum, n. m.
carboxyhémoglobine, n. f.
carboxylase, n. f.
carboxyle, n. m.
carboxylique, adj.
carboxypeptidase, n. f.
carburant, adj. m. et n. m.
carburateur, trice, adj. et n. m.
carburation, n. f.
carbure, n. m.
carburé, ée, adj.
carburéacteur, n. m.
carburer, v. tr., v. intr.
carcailler, v. intr.
carcajou, n. m.
carcan, n. m.
carcasse, n. f.
carcel, n. m.
carcéral, ale, aux, adj.
carcinogène, adj.
carcinoïde, adj.
carcinologie, n. f.
carcinomateux, euse, adj.
carcinome, n. m.
carcinose, n. f.
cardage, n. m.
cardamine, n. f.
cardamome, n. f.
cardan, n. m.
-carde, suff.
carde, n. f.
cardé, ée, adj.
carder, v. tr.
cardère, n. f.
cardeur, euse, n.
-cardie, suff.
cardi(o)-, préf.
cardia, n. m.
cardiaque, adj. et n.
cardigan, n. m.
1. cardinal, ale, aux, adj.
2. cardinal, aux, n. m.
cardinalat, n. m.
cardinalice, adj.
cardiogramme, n. m.
cardiographe, n. m.
cardiographie, n. f.
1. cardioïde, adj.
2. cardioïde, n. f.
cardiolipide, n. m.
cardiologie, n. f.
cardiologue, n.
cardiomégalie, n. f.
cardiomyopathie, n. f.
cardiopathie, n. f.
cardiothyréose, n. f.
cardiotomie, n. f.
cardiotonique, adj. et n. m.
cardio-vasculaire, adj.
cardite, n. f.
cardium, n. m.
cardon, n. m.
carême, n. m.
carême-prenant, n. m.
carénage, n. m.
carence, n. f.
carencé, ée, adj.
carène, n. f.
caréner, v. tr.
carentiel, ielle, adj.
caressant, ante, adj.
caresse, n. f.
caresser, v. tr.
caret, n. m.
carex, n. m.
car-ferry, n. m.
cargaison, n. f.
cargneule, n. f.
cargo, n. m.
cargue, n. f.
carguer, v. tr.
cari, cary ou curry, n. m.
cariacou, n. m.
cariatide ou caryatide, n. f.
caribou, n. m.
caricatural, ale, aux, adj.
caricature, n. f.
caricaturer, v. tr.
caricaturiste, n.
carie, n. f.
carié, ée, adj.
carier, v. tr., v. pron.
carillon, n. m.
carillonné, ée, adj.
carillonner, v. intr., v. tr.
carillonneur, n. m.
carinates, n. m. pl.
cariste, n. m.
caritatif, ive, adj.
carlin, n. m.
carline, n. f.
carlingue, n. f.
carlisme, n. m.
carmagnole, n. f.
carme, n. m.
carmélite, n. f.
carmin, n. m. et adj. inv.
carminatif, ive, adj.
carminé, ée, adj.
carnage, n. m.
carnallite, n. f.
carnassier, ière, adj. et n.
carnassière, n. f.
carnation, n. f.
carnau ou carneau, n. m.
carnauba, n. m.
carnaval, n. m.
carnavalesque, adj.
carne, n. f.
carné, ée, adj.
carneau ou carnau, n. m.
carnet, n. m.
carnier, n. m.
carnivore, adj. et n.
carnivores, n. m. pl.
carolin, ine, adj.
carolingien, ienne, adj. et n.
carolus, n. m.
caronade, n. f.
caroncule, n. f.
carotène, n. m.
carotide, n. f.
carotidien, ienne, adj.
carottage, n. m.
carotte, n. f.
carotter, v. tr.
carotteur, euse, adj. et n.

carottier, n. m.
carottier, ière, adj. et n.
caroube ou carouge, n. f.
caroubier, n. m.
carouge ou caroube, n. f.
carpatique, adj.
1. carpe, n. f.
2. carpe, n. m.
-carpe, suff.
carpeau, n. m.
carpelle, n. m.
carpette, n. f.
carphologie, n. f.
carpien, ienne, adj.
carpillon, n. m.
carpo-, préf.
carpocapse, n. f.
carpophore, n. m.
carquois, n. m.
carrare, n. m.
carre, n. f.
carré, n. m. et adj.
carreau, n. m.
carrée, n. f.
carrefour, n. m.
carrelage, n. m.
carreler, v. tr.
carrelet, n. m.
carrelette, n. f.
carreleur, n. m.
carrément, adv.
carrer, v. tr., v. pron.
carrick, n. m.
carrier, n. m.
carrière, n. f.
carriérisme, n. m.
carriériste, n.
carriole, n. f.
carrossable, adj.
carrossage, n. m.
carrosse, n. m.
carrosser, v. tr.
carrosserie, n. f.
carrossier, n. m.
carrousel, n. m.
carroyage, n. m.
carroyer, v. tr.
carrure, n. f.
cartable, n. m.
carte, n. f.
cartel, n. m.
carte-lettre, n. f.
cartellisation, n. f.
carter, n. m.
cartésianisme, n. m.
cartésien, ienne, adj. et n.
cathaginois, oise, adj. et n.
carthame, n. m.
cartier, n. m.
cartilage, n. m.
cartilagineux, euse, adj.
cartisane, n. f.
cartographe, n.
cartographie, n. f.
cartographique, adj.
cartomancie, n. f.
cartomancien, ienne, n.
carton, n. m.
cartonnage, n. m.
cartonner, v. tr.
cartonnerie, n. f.
cartonneux, euse, adj.
cartonnier, ière, n.
cartoon, n. m.
cartophile, n.
carthotèque, n. f.
1. cartouche, n. m.
2. cartouche, n. f.
cartoucherie, n. f.
cartouchière, n. f.
cartulaire, n. m.
carvi, n. m.
cary, curry ou cari, n. m.
caryatide ou cariatide, n. f.
caryo- ou karyo-, préf.
caryocinèse ou kariokinèse, n. f.
caryogamie, n. f.
caryogramme, n. m.
caryolydique, adj. et n. m.
caryolyse, n. f.
caryophyllacées, n. f. pl.
caryophyllé, ée, adj. et n. f.
caryopse, n. m.
caryotype, n. m.
cas, n. m.
casanier, ière, adj. et n.
casaque, n. f.
casbah ou kasba, n. f.
cascade, n. f.
cascader, v. intr.
cascadeur, euse, n. et adj.
cascara sagrada, n. f.
cascatelle, n. f.
cascher, casher, cacher, cawcher, kascher, kasher ou kausher, ère, adj.
case, n. f.
caséeux, euse, adj.
caséification, n. f.
caséifier, (se), v. pron.
caséine, n. f.
casemate, n. f.
caser, v. tr., v. pron.
caserne, n. f.
casernement, n. m.
caserner, v. tr.
casernier, n. m.
cash, adv.
casher, cacher, cascher, cawcher, kascher, kasher ou kausher, ère, adj.
cash-flow, n. m.
casier, n. m.
casimir, n. m.
casino, n. m.
casoar, n. m.
casque, n. m.
casqué, ée, adj.
casquer, v. intr., v. tr.
casquette, n. f.
casquettier, ière, n.
cassable, adj.
cassage, n. m.
cassant, ante, adj.
cassate, n. f.
cassation, n. f.
cassave, n. f.
1. casse, n. f.
2. casse, n. m.
1. cassé, n. m.
2. cassé, ée, adj.
casseau, n. m.
casse-cou, n. m. inv.
casse-croûte, n. m. inv.
casse-gueule, n. m. inv.
cassement, n. m.
casse-noisette ou casse-noisettes, n. m. inv.
casse-noix, n. m. inv.
casse-pattes, n. m. inv.
casse-pieds, adj. et n. inv.
casse-pierre ou casse-pierres, n. m.
casse-pipe ou casse-pipes, n. m.
casser, v. tr., v. intr., v. pron.
casserole, n. f.
casserolée, n. f.
casse-tête, n. m. inv.
cassetin, n. m.
cassette, n. f.
casseur, euse, n. et adj.
cassier, n. m.
cassine, n. f.
cassis, n. m.
cassitérite, n. f.
cassolette, n. f.
casson, n. m.
cassonade, n. f.
cassoulet, n. m.
cassure, n. f.
castagne, n. f.
castagnettes, n. f. pl.
caste, n. f.
castel, n. m.
castillan, ane, adj. et n.
castine, n. f.
castor, n. m.
castoréum, n. m.
castramétation, n. f.
castrat, n. m.
castration, n. f.
castrer, v. tr.
castrisme, n. m.
castriste, n.
casuel, elle, adj.
casuel, n. m.
casuiste, n. m.
casuistique, n. f.
casus belli, n. m. inv.
cata-, préf.
catabolique, adj.
catabolisme, n. m.
catachrèse, n. f.
cataclysme, n. m.
catacombes, n. f. pl.
catadioptre, n. m.
catadioptrique, adj.
catafalque, n. m.
cataire ou chataire, n. f.
catalan, ane, adj. et n.
catalectique, adj.
catalepsie, n. f.
cataleptique, adj. et n.
catalogue, n. m.
cataloguer, v. tr.
catalpa, n. m.
catalyse, n. f.
catalyser, v. tr.
catalyseur, n. m. et adj. m.
catalytique, adj.
catamaran, n. m.
cataménial, iale, adj.
cataphote, n. m.
cataplasme, n. m.
cataplectique, adj. et n.
cataplexie, n. f.
catapultage, n. m.
catapulte, n. f.
catapulter, v. tr.
cataracte, n. f.
catarhiniens ou catarrhiniens, n. m. pl.
catarrhe, n. m.
catarrheux, euse, adj. et n.
catastrophe, n. f.
catastrophé, ée, adj.
catastrophique, adj.
catastrophisme, n. m.
catatonie, n. f.
catatonique, adj. et n.
catch, n. m.
catcher, v. intr.
catcheur, euse, n.
catéchèse, n. f.
catéchète, n.
catéchétique, adj.
catéchine, n. f.

catéchique, adj.
catéchiser, v. tr.
catéchisme, n. m.
catéchiste, n.
catéchistique, adj.
catécholamine, n. f.
catéchuménat, n. m.
catéchumène, n.
catégorie, n. f.
catégoriel, ielle, adj.
catégorique, adj.
catégoriquement, adv.
catégorisation, n. f.
catégoriser, v. tr.
caténaire, adj. et n. f.
catgut, n. m.
cathare, n. et adj.
catharsis, n. f.
cathartique, adj. et n. m.
cathédral, ale, aux, adj.
cathédrale, n. f.
cathepsine, n. f.
catherinette, n. f.
cathéter, n. m.
cathétérisme, n. m.
cathétomètre, n. m.
cathode, n. f.
cathodique, adj.
catholicisme, n. m.
catholicité, n. f.
catholique, adj. et n.
cati, n. m.
catimini (en), loc. adv.
catin, n. f.
cation, n. m.
catir, v. tr.
catoblépas, n. m.
catogan ou cadogan, n. m.
cattleya, n. m.
caucasien, ienne, adj. et n.
caucasique, adj. et n.
cauchemar, n. m.
cauchemarder, v. intr.
cauchemardesque, adj.
cauchemardeux, euse, adj.
caucher, ère, adj.
caudal, ale, aux, adj.
caudataire, n. m.
caudillo, n. m.
caudrette, n. f.
caulescent, ente, adj.
caulinaire, adj.
caulocaline, n. f.
cauri, cauris ou coris, n. m.
causal, ale, aux, adj. et n. f.
causalgie, n. f.
causaliser, v. intr.
causalisme, n. m.
causalité, n. f.
causant, ante, adj.
causatif, ive, adj.
cause, n. f.
causer, v. tr., v. intr.
causerie, n. f.
causette, n. f.
causeur, euse, n.
causeuse, n. f.
causse, n. m.
causticité, n. f.
caustification, n. f.
1. caustique, adj. et n. m.
2. caustique, n. f.
cautèle, n. f.
cauteleusement, adv.
cauteleux, euse, adj.
cautère, n. m.
cautérisation, n. f.
cautériser, v. tr.
caution, n. f.
cautionnement, n. m.
cautionner, v. tr.
cavage, n. m.
cavaillon, n. m.
cavalcade, n. f.
cavalcader, v. intr.
cavalcadour, n. m.
cavale, n. f.
cavaler, v. intr. et pron.
cavalerie, n. f.
cavaleur, euse, adj. et n.
1. cavalier, ière, n. et adj.
2. cavalier, n. m.
cavalièrement, adv.
cavatine, n. f.
1. cave, n. f.
2. cave, adj.
3. cave, adj et n. m.
caveau, n. m.
caveçon, n. m.
cavée, n. f.
caver, v. tr., v. intr.
caverne, n. f.
caverneux, euse, adj.
cavernicole, adj.
cavet, n. m.
caviar, n. m.
caviarder, v. tr.
cavicornes, n. m. pl.
caviste, n. m.
cavitaire, adj.
cavitation, n. f.
cavité, n. f.
cawcher, cacher, casher, cascher, kasher, kascher ou kausher, ère, adj.
C.B., abrév., n. f.
cc, abrév.
cd, symbole
Cd, symbole
1. ce, cet, cette, ces, adj. dém.
2. ce, pron. dém. neutre
Ce, symbole
céans, adv.
cébidés, n. m. pl.
ceci, pron. dém. neutre
cécidie, n. f.
cécilie, n. f.
cécité, n. f.
cédant, ante, n. et adj.
céder, v. tr., v. tr. ind.
cedex, abrév., n. m.
cédille, n. f.
cédrat, n. m.
cédratier, n. m.
cèdre, n. m.
cédulaire, adj.
cédule, n. f.
C.É.E., sigle
cégétiste, adj. et n.
ceindre, v. tr., v. pron.
ceinturage, n. m.
ceinture, n. f.
ceinturer, v. tr.
ceinturon, n. m.
cela, pron. dém. neutre
céladon, n. m.
célastracées, n. f. pl.
célastrales, n. f. pl.
-cèle, suff.
célébrant, n. m.
célébration, n. f.
célèbre, adj.
célébrer, v. tr.
celebret, n. m.
célébrité, n. f.
celer, v. tr.
céleri, n. m.
célérifère, n. m.
célérité, n. f.
célesta, n. m.
céleste, adj.
célestin, n. m.
céliaque ou cœliaque, adj.
célibat, n. m.
célibataire, adj. et n.
cella, n. f.
celle, pron. dém. f.
celle-ci, pron. dém. f.
celle-là, pron. dém. f.
cellérier, ière, n.
cellier, n. m.
cellophane, n. f.
cellulaire, adj.
cellular, n. m.
cellulase, n. f.
cellule, n. f.
cellulite, n. f.
cellulo, n. m.
celluloïd, n. m.
cellulose, n. f.
cellulosique, adj.
celte ou celtique, adj. et n.
celui, pron. dém. m.
celui-ci, pron. dém. m.
celui-là, pron. dém. m.
cembro, n. m.
cément, n. m.
cémentation, n. f.
cémenter, v. tr.
cémentite, n. f.
cénacle, n. m.
cendre, n. f.
cendré, ée, adj.
cendrée, n. f.
cendrer, v. tr.
cendreux, euse, adj.
cendrier, n. m.
cène, n. f.
-cène, suff.
cénesthésie, n. f.
cénesthésique, adj.
cénobite, n. m.
cénobitique, adj.
cénobitisme, n. m.
cénotaphe, n. m.
cens, n. m.
censé, ée, adj.
censément, adv.
censeur, n. m.
censier, ière, adj. et n.
censitaire, adj. et n. m.
censorat, n. m.
censure, n. f.
censurer, v. tr.
1. cent, adj. num. cardinal et n. m.
2. cent, n. m.
centaine, n. f. collectif
centaure, n. m.
centaurée, n. f.
centenaire, adj. et n.
centennal, ale, aux, adj.
centésimal, ale, aux, adj.
centétidés, n. m. pl.
centi-, préf.
centiare, n. m.
centième, adj. et n.
centigrade, adj. et n. m.
centigramme, n. m.
centile, n. m.
centilitre, n. m.
centime, n. m.
centimètre, n. m.
centimétrique, adj.
centon, n. m.
centrafricain, aine, adj. et n.
centrage, n. m.
central, ale, aux, adj.
central, aux, n. m.

centrale, n. f.
centralien, ienne, n.
centralisateur, trice, adj. et n.
centralisation, n. f.
centraliser, v. tr.
centralisme, n. m.
centranthe, n. m.
centration, n. m.
centre, n. m.
centré, ée, adj.
centrer, v. tr.
centreur, n. m.
centrifugation, n. f.
centrifuge, adj.
centrifuger, v. tr.
centrifugeur, n. m.
centrifugeuse, n. f.
centriole, n. m.
centripète, adj.
centriscus, n. m.
centrisme, n. m.
centriste, adj. et n.
centro-, préf.
centromère, n. m.
centrosome, n. m.
centrospermales, n. f. pl.
centumvir, n. m.
centuple, adj. et n. m.
centupler, v. tr., v. intr.
centurie, n. f.
centurion, n. m.
cénure ou cœnure, n. m.
cep, n. m.
cépage, n. m.
cèpe, n. m.
cépée, n. f.
cependant, mot. inv., adv. et conj.
céphalalgie, n. f.
céphalaspides, n. m. pl.
-céphale, -céphalie, suff.
céphalée, n. f.
céphalique, adj.
céphalo-, préf.
céphalocordés, n. m. pl.
céphalopodes, n. m. pl.
céphalo-rachidien, ienne, adj.
céphalothorax, n. m.
céphéïde, n. f.
cérambycidés, n. m. pl.
cérame, n. m. et adj.
céramique, n. f. et adj.
céramiste, n.
céraste, n. m.
cérat, n. m.
cératias, n. m.
ceratodus, n. m.
ceratopsiens, n. m. pl.
cerbère, n. m.
cercaire, n. f.
cerce, n. f.
cerceau, n. m.
cerclage, n. m.
cercle, n. m.
cercler, v. tr.
cercopithèque, n. m.
cercueil, n. m.
céréale, n. f.
céréalier, ière, adj. et n.
cérébelleux, euse, adj.
cérébellite, n. f.
cérébral, ale, aux, adj.
cérébroside, n. m.
cérébro-spinal, ale, aux, adj.
cérémonial, iale, ials, adj. et n. m.
cérémonie, n. f.
cérémoniel, elle, adj.
cérémonieusement, adv.
cérémonieux, euse, adj.
céreux, euse, adj.
cerf, n. m.
cerfeuil, n. m.
cerf-volant, n. m.
céride, n. m.
cérifère, adj.
cérificateur, n. m.
cérique, adj.
cerisaie, n. f.
cerise, n. f. et adj. inv.
cerisier, n. m.
cérite ou céritite, n. f.
cérithe, n. m.
cérium, n. m.
cermet, n. m.
cerne, n. m.
cerné, ée, adj.
cerneau, n. m.
cerner, v. tr.
céroplastique, n. f.
cerque, n. m.
cers, n. m.
certain, aine, adj. et pron.
certainement, adv.
certes, adv.
certificat, n. m.
certificateur, n. m.
certification, n. f.
certifié, ée, n. et adj.
certifier, v. tr.
certitude, n. f.
céruléen, enne, adj.
cérumen, n. m.
cérumineux, euse, adj.
céruse, n. f.
cérusite, n. f.
cerveau, n. m.
cervelas, n. m.
cervelet, n. m.
cervelle, n. f.
cervical, ale, aux, adj.
cervicalgie, n. f.
cervicarthrose, n. f.
cervicite, n. f.
cervico-brachial, iale, iaux, adj.
cervidés, n. m. pl.
cervier, adj. m.
cervoise, n. f.
C.E.S., abrév., n. m.
ces, adj. dém. pl.
césalpiniacées, n. f. pl.
césar, n. m.
césarien, ienne, adj.
césarienne, n. f.
césarisme, n. m.
césine, n. f.
césium ou cæsium, n. m.
cessant, ante, adj.
cessation, n. f.
cesse, n. f.
cesser, v. intr., v. tr. indir., v. tr. dir.
cessez-le-feu, n. m. inv.
cessibilité, n. f.
cessible, adj.
cession, n. f.
cessionnaire, n.
c'est-à-dire, loc. conj.
ceste, n. m.
cestodes, n. m. pl.
césure, n. f.
C.E.T., abrév., n. m.
cétacé, n. m.
cétane, n. m.
cétène, n. m.
cétoine, n. f.
cétol, n. m.
cétone, n. f.
cétonémie, n. f.
cétonique, adj.
cétonurie, n. f.
cétose, n. m.
cétostéroïdes, n. m. pl.
cetraria, n. m.
ceux, pron. dém. m. plur.
ceux-ci, pron. dém. m. plur.
ceux-là, pron. dém. m. plur.
cévenol, ole, adj. et n.
cf., abrév.
Cf, symbole
C.F.A. (franc), abrév., n. m.
cg., abrév.
C.G.S., abrév.
ch., abrév.
chabichou, n. m.
chabler, v. tr.
chablis, n. m.
chabot, n. m.
chabraque, n. f.
chabrol ou chabrot, n. m.
chacal, als, n. m.
cha-cha-cha, n. m.
chacone, ou chaconne, n. f.
chacun, une, pron. indéf.
chadburn, n. m.
chadouf, n. m.
chafouin, ine, n. et adj.
1. chagrin, ine, adj.
2. chagrin, n. m.
chagrinant, ante, adj.
chagriner, v. tr.
chahut, n. m.
chahuter, v. intr., v. tr.
chahuteur, euse, adj. et n.
chai ou chais, n. m.
chaille, n. f.
chaînage, n. m.
chaîne, n. f.
chaîner, v. tr.
chaînette, n. f.
chaîneur, n. m.
chaînier, n. m.
chaîniste, n. m.
chaînon, n. m.
chair, n. f.
chaire, n. f.
chais ou chai, n. m.
chaise, n. f.
chaisière, n. f.
1. chaland, n. m.
2. chaland, ande, n.
chalaze, n. f.
chalazion, n. m.
chalcididés, n. m. pl.
chalcographie, n. f.
chalcolithique, adj. et n. m.
chalcopyrite, n. f.
chalcosine, n. f.
chaldéen, éenne, adj. et n.
châle, n. m.
chalet, n. m.
chaleur, n. f.
chaleureusement, adv.
chaleureux, euse, adj.
châlit, n. m.
challenge, n. m.
challenger, n. m.
chaloir, v. impers.
chaloupe, n. f.
chaloupé, ée, adj.
chalouper, v. intr.
chalumeau, n. m.
chalut, n. m.
chalutage, n. m.
chaluter, v. intr.
chalutier, n. m.

chamade, n. f.
chamæphyte, n. m.
chamærops ou chamérops, n. m.
chamailler (se), v. pron.
chamaillerie, n. f.
chamailleur, euse, adj. et n.
chaman, n. m.
chamanisme, n. m.
chamaniste, adj. et n.
chamarrer, v. tr.
chamarrure, n. f.
chambard, n. m.
chambardement, n. m.
chambarder, v. tr.
chambellan, n. m.
chambouler, v. tr.
chambranle, n. m.
chambre, n. f.
chambrée, n. f.
chambrer, v. tr.
chambrette, n. f.
chambrière, n. m.
chame, n. m.
chameau, n. m.
chamelier, n. m.
chamelle, n. f.
chamérops ou chamærops, n. m.
chamito-sémitique, adj.
chamois, n. m.
chamoisage, n. m.
chamoiser, v. tr.
chamotte, n. f.
champ, n. m.
1. champagne, n. f.
2. champagne, n. m.
champagnisation, n. f.
champagniser, v. tr.
champart, n. m.
champenois, oise, adj. et n.
champêtre, adj.
champi ou champis, isse, n. et adj.
champignon, n. m.
champignonnière, n. f.
champion, ionne, n.
championnat, n. m.
champis ou champi, isse, n. et adj.
champlever, v. tr.
chamsin ou khamsin, n. m.
chananéen ou cananéen, éenne, adj. et n.
chançard, arde, adj. et n.
chance, n. f.
chancel, n. m.
chancelant, ante, adj.
chanceler, v. intr.
chancelier, n. m.
chancelière, n. f.
chancellerie, n. f.
chanceux, euse, adj.
chanci, n. m.
chancir, v. intr., v. pron.
chancre, n. m.
chancrelle, n. f.
chandail, n. m.
chandeleur, n. f.
chandelier, n. m.
chandelle, n. f.
chanfrein, n. m.
chanfreiner, v. tr.
change, n. m.
changeable, adj.
changeant, ante, adj.
changement, n. m.
changer, v. tr., v. tr. indir., v. intr., v. pron.
changeur, n. m.
chanlatte, n. f.
chanoine, n. m.
chanoinesse, n. f.
chanson, n. f.
chansonner, v. tr.
chansonnette, n. f.
chansonnier, n. m.
chant, n. m.
chantage, n. m.
chantant, ante, adj.
chanteau, n. m.
chantefable, n. f.
chantepleure, n. f.
chanter, v. intr., v. tr.
chanterelle, n. f.
chanteur, euse, n. et adj.
chantier, n. m.
chantignole, n. f.
chantonnement, n. m.
chantonner, v. intr., v. tr.
chantoung ou shantung, n. m.
chantournage, n. m.
chantourner, v. tr.
chantre, n. m.
chanvre, n. m.
chanvrier, ière, n. et adj.
chaos, n. m.
chaotique, adj.
chapardage, n. m.
chaparder, v. tr.
chapardeur, euse, adj. et n.
chape, n. f.
chapeau, n. m.
chapeauter, v. tr.
chapelain, n. m.
chapelet, n. m.
chapelier, ière, n. et adj.
chapelle, n. f.
chapellenie, n. f.
chapellerie, n. f.
chapelure, n. f.
chaperon, n. m.
chaperonner, v. tr.
chapiteau, n. m.
chapitre, n. m.
chapitrer, v. tr.
chapon, n. m.
chaponner, v. tr.
chapska ou schapska, n. m.
chaptalisation, n. f.
chaptaliser, v. tr.
chaque, adj. indéf.
char, n. m.
charabia, n. m.
characées, n. f. pl.
charade, n. f.
charadriiformes, n. m. pl.
charançon, n. m.
charançonné, ée, adj.
charbon, n. m.
charbonnage, n. m.
charbonnement, n. m.
charbonner, v. intr., v. tr.
charbonnerie, n. f.
charbonnette, n. f.
charbonneux, euse, adj.
charbonnier, ière, n. et adj.
charcuter, v. tr.
charcuterie, n. f.
charcutier, ière, n.
chardon, n. m.
chardonneret, n. m.
charentais, aise, adj. et n.
charge, n. f.
chargé, ée, adj.
chargé, n. m.
chargement, n. m.
charger, v. tr., v. pron.
chargeur, n. m.
chargeuse, n. f.
chari'a ou chari'ah ou shari'ah, n. f.
chariot, n. m.
chariotage, n. m.
charismatique, adj.
charisme, n. m.
charitable, adj.
charitablement, adv.
charité, n. f.
charivari, n. m.
charlatan, n. m.
charlatanerie, n. f.
charlatanesque, adj.
charlatanisme, n. m.
charlemagne, n. m.
charleston, n. m.
charlot, n. m.
charlotte, n. f.
charmant, ante, adj.
charme, n. m.
charmer, v. tr.
charmeur, euse, n. et adj.
charmille, n. f.
charnel, elle, adj.
charnellement, adv.
charnier, n. m.
charnière, n. f.
charnu, ue, adj.
charognard,, n. m.
charogne, n. f.
charolais, aise, adj. et n.
charophycées, n. f. pl.
charpentage, n. m.
charpente, n. f.
charpenter, v. tr.
charpenterie, n. f.
charpentier, n. m.
charpie, n. f.
charrée, n. f.
charretée, n. f.
charretier, ière, n. et adj.
charette, n. f.
charriage, n. m.
charrier, v. tr., v. intr.
charroi, n. m.
charron, n. m.
charronnage, n. m.
charronnerie, n. f.
charroyer, v. tr.
charruage, n. m.
charrue, n. f.
charte, n. f.
charte-partie, n. f.
charter, n. m.
chartisme, n. m.
chartiste, adj. et n.
chartreuse, n. f.
chartreux, euse, n.
chartrier, n. m.
Charybde en Scylla (tomber de), loc.
chas, n. m.
châsse, n. f.
chasse, n. f.
chassé, n. m.
chasse-clou, n. m.
chassé-croisé, n. m.
chasse-goupille, n. m.
chasselas, n. m.
chasse-marée, n. m. inv.
chasse-mouches, n. m. inv.
chasse-neige, n. m. inv.
chasse-pierres, n. m. inv.
chassepot, n. m.
chasser, v. tr., v. intr.
chasseresse, n. f. et adj. f.
chasse-roue, n. m.
chasseur, euse, n.
chassie, n. f.

chassieux, euse, adj.
châssis, n. m.
chaste, adj.
chastement, adv.
chasteté, n. f.
chasuble, n. f.
chat, chatte, n.
châtaigne. n. f.
châtaigneraie, n. f.
châtaignier, n. m.
châtain, aine, adj. et n.
chataire ou cataire, n. f.
château, n. m.
chateaubriand ou châteaubriant, n. m.
châtelain, aine, n.
châtelaine, n. f.
châtelet, n. m.
châtellenie, n. f.
chat-huant, n. m.
châtier, v. tr.
chatière, n. f.
châtiment, n. m.
chatoiement, n. m.
chaton, n. m.
chatonner, v. intr.
chatouille, n. f.
chatouillement, n. m.
chatouiller, v. tr.
chatouilleux, euse, adj.
chatoyant, ante, adj.
chatoyer, v. intr.
châtrer, v. tr.
chatte, n. f. et adj.
chattemite, n. f.
chatterie, n. f.
chatterton, n. m.
chaud, chaude, adj. et n.
chaude, n. f.
chaudement, adv.
chaude-pisse, n. f.
chaud-froid, n. m.
chaudière, n. f.
chaudron, n. m.
chaudronnée, n. f.
chaudronnerie, n. f.
chaudronnier, ière, n.
chauffage, n. m.
chauffant, ante, adj.
chauffard, n. m.
chauffe, n. f.
chauffe-bain, n. m.
chauffe-eau, n. m. inv.
chauffe-plat ou chauffe-plats, n. m. inv.
chauffer, v. tr., v. intr., v. pron.
chaufferette, n. f.
chaufferie, n. f.
chauffeur, n. m.
chauffeuse, n. f.
chaufour, n. m.
chaufournier, n. m.
chaulage, n. m.
chauler, v. tr.
chauleuse, n. f.
chaumage, n. m.
chaume, n. m.
chaumer, v. tr. et intr.
chaumière, n. f.
chaumine, n. f.
chaussant, ante, adj.
chausse, n. f.
chaussée, n. f.
chausse-pied, n. m.
chausser, v. tr., v. pron., v. intr.
chausses, n. f. pl.
chausse-trappe, n. f.
chaussette, n. f.
chausseur, n. m.
chausson, n. m.
chaussure, n. f.
chaut, du v. imp. et défect. chaloir
chauve, adj. et n.
chauve-souris, n. f.
chauvin, ine, adj. et n.
chauvinisme, n. m.
chaux, n. f.
chavirage, n. m.
chavirement, n. m.
chavirer, v. intr., v. tr.
chebec, n. m.
chèche, n. m.
chéchia, n. f.
check-list, n. f.
check-up, n. m.
cheddar, n. m.
cheddite, n. f.
chef, n. m.
chef-d'œuvre, n. m.
chefferie, n. f.
chef-lieu, n. m.
cheftaine, n. f.
cheik, cheikh ou scheikh, n. m.
chéilite, n. f.
cheire, n. f.
chéiroptères ou chiroptères, n. m. pl.
chélate, n. m.
chélater, v. tr.
chélateur, adj. et n.
chélation, n. f.
chelem ou schelem, n. m.
chélicérates, n. m. pl.
chélicère, n. f.
chélidoine, n. f.
chelinguer, v. intr.
chelléen, éenne, adj. et n. m.
chéloïde, n. f.
chéloniens, n. m. pl.
chemin, n. m.
chemin de fer, n. m.
chemineau, n. m.
cheminée, n. f.
cheminement, n. m.
cheminer, v. intr.
cheminot, n. m.
chemisage, n. m.
chemise, n. f.
chemiser, v. tr.
chemiserie, n. f.
chemisette, n. f.
1. chemisier, n. m.
2. chemisier, ière, n.
chémo-récepteur, adj.
chémo-sensibilité, n. f.
chémosis, n. m.
chémotique, adj.
chênaie, n. f.
chenal, aux, n. m.
chenapan, n. m.
chêne, n. m.
chêne-liège, n. m.
chêneau, n. m.
chéneau, n. m.
chenêt, n. m.
chènevière, n. f.
chènevis, n. m.
chenil, n. m.
chenille, n. f.
chenillé, ée, adj.
chenillette, n. f.
chénopode, n. m.
chénopodiacées, n. f. pl.
chenopodium, n. m.
chenu, ue, adj.
cheptel, n. m.
chèque, n. m.
chéquier, n. m.
cher, ère, adj. et adv.
chercher, v. tr., v. pron.
chercheur, euse, n. et adj.
chère, n. f.
chèrement, adv.
chergui, n. m.
chéri, ie, adj. et n.
chérif, n. m.
chérifat, n. m.
chérifien, ienne, adj.
chérir, v. tr.
chermes ou chermès, n. m.
chernoziom, chernozem ou tchernoziom, n. m.
chérot, adj. m.
cherrer, v. intr.
cherry, n. m.
cherté, n. f.
chérubin, n. m.
chervi ou chervis, n. m.
chester, n. m.
chétif, ive, adj.
chétivement, adv.
chétodonte, n. m.
chétognathes, n. m. pl.
chevaine ou chevenne ou chevesne, n. m.
cheval, aux, n. m.
chevalement, n. m.
chevaler, v. tr.
chevaleresque, adj.
chevalerie, n. f.
chevalet, n. m.
chevalier, n. m.
chevalière, n. f.
chevalin, ine, adj.
cheval-vapeur, n. m.
chevauchant, ante, adj.
chevauchée, n. f.
chevauchement, n. m.
chevaucher, v. tr., v. pron., v. intr.
chevêche, n. f.
chevelu, ue, adj. et n.
chevelure, n. f.
chevenne ou chevaine ou chevesne, n. m.
chevet, n. m.
chevêtre, n. m.
cheveu, n. m.
chevillage, n. m.
chevillard, n. m.
cheville, n. f.
cheviller, v. tr.
chevillette, n. f.
chevillier, n. m.
cheviot, n. m.
cheviotte, n. f.
chèvre, n. m.
chevreau, n. m.
chèvrefeuille, n. m.
chèvre-pied, adj. et n. m.
chevreter ou chevretter, v. intr.
chevrette, n. f.
chevreuil, n. m.
chevrier, ière, n.
chevron, n. m.
chevronnage, n. m.
chevronné, ée, adj.
chevronner, v. tr.
chevrotain ou chevrotin, n. m.
chevrotant, ante, adj.
chevrotement, n. m.
chevroter, v. intr.
chevrotin ou chevrotain, n. m.
chevrotine, n. f.
chewing-gum, n. m.
chez, prép.

chez-moi, n. m. inv.
chez-soi, n. m. inv.
chiadé, ée, adj.
chiader, v. intr., v. tr.
chialer, v. intr.
chiant, ante, adj.
chianti, n. m.
chiasma ou chiasme, n. m.
chiasse, n. f.
chibouk ou chibouque, n. m.
chic, n. m. et adj. inv.
chicane, n. f.
chicaner, v. intr., v. tr., v. pron.
chicanerie, n. f.
chicaneur, euse, n. et adj.
chicanier, ière, n. et adj.
1. chiche, adj.
2. chiche, interj.
chichement, adv.
chichi, n. m.
chichiteux, euse, adj.
chiclé, n. m.
chicon, n. m.
chicorée, n. f.
chicot, n. m.
chicotin, n. m.
chiée, n. f.
chie-en-lit ou chienlit, n. m.
chien, enne, n.
chien-assis, n. m.
chiendent, n. m.
chienlit, n. f.
chien-loup, n. m.
chienne, n. f.
chiennerie, n. f.
chier, v. intr.
chierie, n. f.
chiffe, n. f.
chiffon, n. m.
chiffonnade, n. f.
chiffonnage, n. m.
chiffonné, ée, adj.
chiffonnement, n. m.
chiffonner, v. tr., v. intr.
chiffonnier, ière, n.
chiffrable, adj.
chiffrage, n. m.
chiffre, n. m.
chiffrement, n. m.
chiffrer, v. tr., v. intr.
chiffrier, n. m.
chigner, v. intr.
chignole, n. f.
chignon, n. m.
chihuahua, n. m.
chiisme ou chi'isme, n. m.
chiite ou chi'ite, adj. et n.
chilien, ienne, adj. et n.
chilopodes, n. m. pl.
chimère, n. f.
chimérique, adj.
chimie, n. f.
chimio-, préf.
chimioluminescence, n. f.
chimioprophylaxie, n. f.
chimiosynthèse, n. f.
chimiotactisme, n. m.
chimiothérapie, n. f.
chimiotrophie, n. f.
chimiotropisme, n. m.
chimique, adj.
chimiquement, adv.
chimisme, n. m.
chimiste, n.
chimpanzé, n. m.
china-clay, n. m.
chinage, n. m.
chinchilla, n. m.
1. chine, n. m.
2. chine, n. f.
chiné, ée, adj. et n. m.
chiner, v. tr., v. intr.
chinetoque, n.
chineur, euse, n.
chinois, oise, adj. et n.
chinoiser, v. intr.
chinoiserie, n. f.
chinook, n. m.
chintz, n. m.
chiot, n. m.
chiottes, n. f. pl.
chiourme, n. f.
chiper, v. tr.
chipette, n. f.
chipeur, euse, adj. et n.
chipie, n. f.
chipolata, n. f.
chipotage, n. m.
chipoter, v. intr., v. tr., v. pron.
chipoterie, n. f.
chipoteur, euse, adj. et n.
chipotier, ière, adj. et n.
chips, n. f. ou m. pl. et adj.
chique, n. f.
chiqué, n. m.
chiquenaude, n. f.
chiquer, v. tr. et intr.
chiqueur, euse, n.
chir(o)-, préf.
chiralité, n. f.
chirographaire, adj.
chiromancie, n. f.
chiromancien, ienne, n.
chiropracteur, n. m.
chiropractie ou chiropraxie, n. f.
chiroptères ou chéiroptères, n. m. pl.
chirurgical, ale, aux, adj.
chirurgie, n. f.
chirurgien, n. m.
chistéra, n. f. ou m.
chitine, n. f.
chitineux, euse, adj.
chiton, n. m.
chiure, n. f.
chlamyde, n. f.
chlamydia, n. f.
chleuh, n. et adj.
chloasma, n. m.
chlor(o)-, préf.
chloracétate, n. m.
chloracétique, adj.
chlorage, n. m.
chloral, n. m.
chlorate, n. m.
chloraté, ée, adj.
chloration, n. f.
chlore, n. m.
chloré, ée, adj.
chlorelle, n. f.
chlorémie, n. f.
chlorer, v. tr.
chloreux, adj. m.
chlorhydrate, n. m.
chlorhydrique, adj.
chlorique, adj.
chlorite, n. m.
chlorobenzène, n. m.
chloroforme, n. m.
chloroformer, v. tr.
chlorome, n. m.
chlorométrie, n. f.
chlorométrique, adj.
chlorophycées, n. f. pl.
chlorophylle, n. f.
chlorophyllien, ienne, adj.
chloroplaste, n. m.
chloroprène, n. m.
chlorose, n. f.
chlorotique, adj.
chlorpromazine, n. f.
chloruration, n. f.
chlorure, n. m.
chloruré, ée, adj.
chlorurer, v. tr.
chlorurie, n. f.
choane, n. f.
choanocytes, n. f. pl.
choc, n. m. et adj. inv.
chocard, n. m.
chochotte, n. f.
chocolat, n. m.
chocolaté, ée, adj.
chocolaterie, n. f.
chocolatier, ière, n.
chocolatière, n. f.
choéphore, n.
chœur, n. m.
choir, v. intr.
choisi, ie, adj.
choisir, v. tr.
choix, n. m.
choke-bore, n. m.
chol(é)-, préf.
cholagogue, adj. et n. m.
cholécyste, n. m.
cholécystectomie, n. f.
cholécystite, n. f.
cholécystographie, n. f.
cholédoque, adj. et n. m.
cholémie, n. f.
choléra, n. m.
cholériforme, adj.
cholérine, n. f.
cholérique, adj. et n.
cholestérol, n. m.
cholestérolémie, n. f.
choliambe, n. m.
choline, n. f.
cholinergie, n. f.
cholinergique, adj.
cholinestérase, n. f.
chômable, adj.
chômage, n. m.
chômer, v. intr., v. tr.
chômeur, euse, n.
chondr(o)-, préf.
chondrichthyens, n. m. pl.
chondriome, n. m.
chondriosome, n. m.
chondrite, n. f.
chondroblaste, n. m.
chondroblastome, n. m.
chondrodysplasie, n. f.
chondrogenèse, n. f.
chondromatose, n. f.
chondrome, n. m.
chondrosarcome, n. m.
chondrostéens, n. m. pl.
chope, n. f.
choper, v. tr.
chopin, n. m.
chopine, n. f.
chopper, v. intr.
choquant, ante, adj.
choquer, v. tr., v. pron.
1. choral, ale, als ou aux, adj.
2. choral, als, n. m.
chorale, n. f.
chorde ou corde, n. f.
chordés ou cordés, n. m. pl.
1. chorée, n. f.
2. chorée, n. m.
chorège, n. m.
chorégraphe, n.
chorégraphie, n. f.
chorégraphique, adj.

choréique, adj. et n.
choreute, n. m.
chorial, ale, adj.
choriambe, n. m.
chorion n. m.
choriste, n.
chorizo, n. m.
choroïde, n. f. et adj.
choroïdien, ienne, adj.
chorologie, n. f.
chorus, n. m.
1. chose, n. f.
2. chose, n. m.
3. chose, adj. inv.
chott, n. m.
chou, choux, n. m. et adj. inv.
chouan, n. m.
chouannerie, n. f.
choucas, n. m.
chouchou, oute, n.
chouchouter, v. tr.
choucroute, n. f.
1. chouette, n. f.
2. chouette, adj. et interj.
chou-fleur, n. m.
chouia, adv.
chou-navet, n. m.
chou-palmiste, n. m.
chou-rave, n. m.
chouraver, v. tr.
chourin, n. m.
chouriner, v. tr.
chourineur, n. m.
chow-chow, n. m.
choyer, v. tr.
chrême, n. m.
-chrèse, suff.
chrestomathie, n. f.
chrétien, ienne, adj. et n.
chrétiennement, adv.
chrétienté, n. f.
chriscraft ou chris-craft, n. m.
chrisme, n. m.
christ, n. m.
christiania, n. m.
christianisation, n. f.
christianiser, v. tr.
christianisme, n. m.
christique, adj.
christologie, n. f.
chroma-, préf.
chromage, n. m.
chromatage, n. m.
chromate, n. m.
chromatide, n. f.
chromatine, n. f.
chromatique, adj.
chromatisme, n. m.
chromato-, préf.
chromatographie, n. f.
-chrome, suff.
chrome, n. m.
chromé, ée, adj.
chromer, v. tr.
chromeux, euse, adj.
-chromie, suff.
chromique, adj.
chromisation, n. f.
chromiste, n. m.
chromo-, préf.
chromo, n. m.
chromolithographie, n. f.
chromosome, n. m.
chromosomique, adj.
chromosphère, n. f.
chronaxie, n. f.
chron(o)-, préf.
-chrone, suff.
chronicité, n. f.
1. chronique, n. f.
2. chronique, adj.
chroniquement, adv.
chroniquer, v. intr.
chroniqueur, n. m.
chrono, n. m.
chronobiologie, n. f.
chronographe, n. m.
chronologie, n. f.
chronologique, adj.
chronologiquement, adv.
chronométrage, n. m.
chronomètre, n. m.
chronométrer, v. tr.
chronométreur, n. m.
chronométrie, n. f.
chronométrique, adj.
chronophotographie, n. f.
chrys(o)-, préf.
chrysalide, n. f.
chrysanthème, n. m.
chryséléphantin, ine, adj.
chrysobéryl, n. m.
chrysocale ou chrysochalque, n. m.
chrysocolle, n. f.
chrysolite ou chrysolithe, n. f.
chrysomèle, n. f.
chrysomélidés, n. m. pl.
chrysoprase, n. f.
ch'timi, adj. et n.
chtonien, ienne, adj.
C.H.U., abrév.
chuchotement, n. m.
chuchoter, v. intr., v. tr.
chuchoterie, n. f.
chuchoteur, euse, n.
chuchotis, n. m.
chuintant, ante, adj.
chuintante, n. f.
chuintement, n. m.
chuinter, v. intr.
chut !, interj. et n. m. inv.
chute, n. f.
chuter, v. intr.
chyle, n. m.
chylifère, adj.
chyme, n. m.
chypriote ou cypriote, adj. et n.
1. ci, adv.
2. ci, pron. dém.
Ci, symbole
ciao !, interj.
ci-après, loc. adv.
cibiste, n.
cible, n. f.
ciboire, n. m.
ciborium, n. m.
ciboule, n. f.
ciboulette, n. f.
ciboulot, n. m.
cicadaires, n. m. pl.
cicadelle, n. f.
cicadidés, n. m. pl.
cicatrice, n. f.
cicatriciel, ielle, adj.
cicatricule, n. f.
cicatrisant, ante, adj. et n. m.
cicatrisation, n. f.
cicatriser, v. tr., v. pron.
cicendèle ou cicindèle, n. f.
cicéro, n. m.
cicérone ou cicerone, n. m.
cicindèle ou cicendèle, n. f.
ciconiiformes, n. m. pl.
ci-contre, loc. adv.
cicutine, n. f.
-cide, suff.
ci-dessous, loc. adv.
ci-dessus, loc. adv.
ci-devant, loc. adv.
cidre, n. m.
cidrerie, n. f.
Cie, abrév.
1. ciel, ciels ou cieux, n. m.
2. ciel, cieux, n. m.
cierge, n. m.
cigale, n. f.
cigare, n. m.
cigarette, n. f.
cigarière, n. f.
cigarillo, n. m.
ci-gît, adv.
cigogne, n. f.
cigogneau, n. m.
ciguë, n. f.
1. ci-inclus, loc. adv.
2. ci-inclus, ci-incluse, loc. adj.
1. ci-joint, loc. adv.
2. ci-joint, ci-jointe, loc. adj.
cil, n. m.
ciliaire, adj.
cilice, n. m.
cilié, ée, adj.
ciliés, n. m. pl.
cillement, n. m.
ciller, v. tr.
cimaise ou cymaise, n. f.
cime, n. f.
ciment, n. m.
cimentage, n. m.
cimentation, n. f.
cimenter, v. tr.
cimenterie, n. f.
cimentier, n. m.
cimeterre, n. m.
cimetière, n. m.
cimier, n. m.
cinabre, n. m.
cinchonine, n. f.
cincle, n. m.
ciné, n. m.
cinéaste, n.
ciné-club, n. m.
cinéma, n. m.
cinémathèque, n. f.
cinématique, adj. et n. f.
cinématographe, n. m.
cinématographie, n. f.
cinématographique, adj.
cinémitrailleuse, n. f.
cinémomètre, n. m.
cinéphile, n.
1. cinéraire, adj.
2. cinéraire, n. f.
cinérite, n. f.
ciné-roman, n. m.
cinéscope, n. m.
cinèse, n. f.
cinétique, adj. et n. f.
cingalais, aise ou cinghalais, aise, adj. et n.
cinglant, ante, adj.
cinglé, ée, adj. et n.
cingler, v. intr., v. tr.
cinoche, n. m.
cinq, adj. et n. inv.
cinquantaine, n. f.
cinquante, adj. et n. inv.
cinquantenaire, adj. et n. m.
cinquantième, adj. et n.
cinquième, adj. et n.
cinquièmement, adv.
cintrage, n. m.
cintre, n. m.
cintré, ée, adj.
cintrer, v. tr.

cipaye, n. m.
cipolin, n. m.
cippe, n. m.
cirage, n. m.
circadien, ienne, adj.
circaète, n. m.
circom-, circon-, préf.
circomméridien, ienne, adj.
circompolaire, adj.
circoncire, v. tr.
circoncision, n. f.
circonférence, n. f.
circonflexe, adj.
circonlocution, n. f.
circonscription, n. f.
circonscrire, v. tr., v. pron.
circonspect, ecte, adj.
circonspection, n. f.
circonstance, n. f.
circonstancié, ée, adj.
circonstanciel, ielle, adj.
circonvallation, n. f.
circonvenir, v. tr.
circonvoisin, ine, adj.
circonvolution, n. f.
circuit, n. m.
circulaire, adj. et n. f.
circulairement, adv.
circulation, n. f.
circulatoire, adj.
circuler, v. intr.
circum-, préf.
circumduction, n. f.
circumméridien, ienne, adj.
circumnavigation, n. f.
circumpolaire, adj.
cire, n. f.
ciré, ée, adj.
ciré, n. m.
cirer, v. tr.
cireur, euse, n.
cireux, euse, adj.
cirier, ière, n.
ciron, n. m.
cirque, n. m.
cirre ou cirrhe, n. m.
cirrhose, n. f.
cirripèdes, n. m. pl.
cirrocumulus, n. m. inv.
cirrostratus, n. m. inv.
cirrus, n. m.
cirse, n. m.
cis-, préf.
cisaille, n. f.
cisaillement, n. m.
cisailler, v. tr.
cisalpin, ine, adj.
ciseau, n. m.
ciseler, v. tr.
ciselet, n. m.
ciseleur, n. m.
ciselure, n. f.
cisjuran, ane, adj.
cisoires, n. f. pl.
cispadane, adj. f.
cissoïde, n. f.
1. ciste, n. m.
2. ciste, n. f.
cistercien, ienne, adj. et n.
cistre, n. m.
cistron, n. m.
cistude, n. f.
citadelle, n. f.
citadin, ine, n. et adj.
citateur, trice, n.
citation, n. f.
cité, n. f.
citer, v. tr.
citérieur, e, adj.
citerne, n. f.
citerneau, n. m.
cithare, n. f.
citizen band, n. f.
citoyen, enne, n.
citoyenneté, n. f.
citrate, n. m.
citrin, ine, adj.
citrine, n. f.
citrique, adj.
citron, n. m.
citronnade, n. f.
citronné, ée, adj.
citronnelle, n. f.
citronnier, n. m.
citrouille, n. f.
cive, n. f.
civelle, n. f.
civet, n. m.
civette, n. f.
civière, n. f.
civil, ile, adj. et n.
civilement, adv.
civilisateur, trice, adj. et n.
civilisation, n. f.
civilisé, ée, adj. et n.
civiliser, v. tr., v. pron.
civiliste, n.
civilité, n. f.
civique, adj.
civisme, n. m.
Cl, symbole
cl., abrév.
clabaud, n. m.
clabaudage, n. m.
clabauder, v. tr.
clabauderie, n. f.
clabaudeur, euse, n.
clabot ou crabot, n. m.
claboter, v. intr.
clabotage ou crabotage, n. m.
clac !, interj.
clade, n. m.
cladisme, n. m.
cladistique, n. f.
clafoutis, n. m.
claie, n. f.
1. clair, claire, adj.
2. clair, n. m. et adv.
clairance, n. f.
claire, n. f.
clairement, adv.
clairet, ette, adj.
clairette, n. f.
claire-voie, n. f.
clairière, n. f.
clair-obscur, n. m.
clairon, n. m.
claironnant, ante, adj.
claironner, v. intr., v. tr.
clairsemé, ée, adj.
clairvoyance, n. f.
clairvoyant, ante, adj.
clam, n. m.
clameaux, n. m. pl.
clamecer ou clamser, v. intr.
clamer, v. tr.
clameur, n. f.
clamp, n. m.
clamser ou clamecer, v. intr.
clan, n. m.
clandestin, ine, adj. et n.
clandestinement, adv.
clandestinité, n. f.
clanique, adj.
clapet, n. m.
clapier, n. m.
clapot, n. m.
clapotage, n. m.
clapotement, n. m.
clapoter, v. intr.
clapoteux, euse, adj.
clapotis, n. m.
clappement, n. m.
clapper, v. intr.
claquage, n. m.
claquant, ante, adj.
1. claque, n. f.
2. claque, adj. et n. m.
3. claque, n. m.
claquement, n. m.
claquemurer, v. tr., v. pron.
claquer, v. intr., v. tr., v. pron.
claqueter, v. intr.
claquette, n. f.
clarain, n. m.
clarifiant, iante, adj. et n. m.
clairification, n. f.
clarifier, v. tr.
clarine, n. f.
clarinette, n. f.
clarinettiste, n.
clarisse, n. f.
clarté, n. f.
clash, n. m.
classe, n. f.
classement, n. m.
classer, v. tr., v. pron.
classeur, n. m.
classicisme, n. m.
classificateur, trice, n. et adj.
classification, n. f.
classifier, v. tr.
classique, adj. et n. m.
classiquement, adv.
clastique, adj.
claudicant, ante, adj.
claudication, n. f.
claudiquer, v. intr.
clause, n. f.
claustral, ale, aux, adj.
claustration, n. f.
claustre, n. m.
claustrer, v. tr., v. pron.
claustrophobe, adj. et n.
claustrophobie, n. f.
clausule, n. f.
clavaire, n. f.
claveau, n. m.
clavecin, n. m.
claveciniste, n.
clavelée, n. f.
clavetage, n. m.
claveter ou clavetter, v. tr.
clavette, n. f.
clavetter ou claveter, v. tr.
clavicorde, n. m.
claviculaire, adj.
clavicule, n. f.
clavier, n. m.
claviste, n.
clayère, n. f.
claymore, n. f.
clayon, n. m.
clayonnage, n. m.
clayonner, v. tr.
clé ou clef, n. f.
clearance, n. f.
clearing, n. m.
clébard, n. m.
clebs ou klebs, n. m.
clef ou clé, n. f.
clématite, n. f.
clémence, n. f.
clément, ente, adj.

clémentine, n. f.
clenche, n. f.
clenchette, n. f.
clephte ou klephte, n. m.
clepsydre, n. f.
cleptomane ou kleptomane, n.
cleptomanie ou kleptomanie, n. f.
clerc, n. m.
clergé, n. m.
clergie, n. f.
clergyman, n. m.
clérical, ale, aux, adj.
cléricalisme, n. m.
cléricature, n. f.
clérouchie ou clérouquie, n. f.
1. clic !, onomat.
2. clic, n. m.
clichage, n. m.
cliché, n. m.
clicher, v. tr.
clicherie, n. f.
clicheur, n. m.
click, n. m.
client, ente, n.
clientèle, n. f.
clignement, n. m.
cligner, v. tr., v. tr. ind.
clignotant, ante, adj.
clignotant, n. m.
clignotement, n. m.
clignoter, v. intr.
climat, n. m.
climatérique, adj. et n. f.
climatique, adj.
climatisation, n. f.
climatisé, ée, adj.
climatiser, v. tr.
climatiseur, n. m.
climatisme, n. m.
climatologie, n. f.
climatologique, adj.
climax, n. m.
clin (à), loc. adv.
clin d'œil, n. m.
clinfoc, n. m.
clinicat, n. m.
clinicien, ienne, adj. et n.
clinique, adj. et n. f.
clinker, n. m.
clino-, préf.
clinomètre, n. m.
clinquant, ante, n. et adj
clip, n. m.
clipper, n. m.
clique, n. f.
cliques, n. f. pl.
cliquet, n. m.
cliqueter, v. intr.
cliquetis, n. m.
clissage, n. m.
clisse, n. f.
clisser, v. tr.
clitocybe, n. m.
clitoridectomie, n. f.
clitoridien, ienne, adj.
clitoris, n. m.
clivable, adj.
clivage, n. m.
cliver, v. tr., v. pron.
cloaque, n. m.
clochard, arde, n.
clochardisation, n. f.
cloche, n. f.
cloche-pied (à), loc. adv.
1. clocher, n. m.
2. clocher, v. intr.
clocheton, n. m.
clochette, n. f.
clodo, n.
clofibrate, n. m.
cloison, n. f.
cloisonnage, n. m.
cloisonné, ée, adj. et n. m.
cloisonnement, n. m.
cloisonner, v. tr.
cloître, n. m.
cloîtré, ée, adj.
cloîtrer, v. tr., v. pron.
clone, n. m.
clonique, adj.
clope, n. m. ou f.
clopin-clopant, loc. adv.
clopiner, v. intr.
clopinettes, n. f. pl.
cloporte, n. m.
cloque, n. f.
cloqué, ée, adj.
cloquer, v. intr., v. tr.
clore, v. tr.
1. clos, n. m.
2. clos, ose, adj.
close-combat, n. m.
closerie, n. f.
clôture, n. f.
clôturer, v. tr.
clou, n. m.
clouage, n. m.
clouer, v. tr.
cloutage, n. m.
clouté, ée, adj.
clouter, v. tr.
clouterie, n. f.
cloutier, n. m.
clovisse, n. f.
clown, n. m.
clownerie, n. f.
clownesque, adj.
cloyère, n. f.
club, n. m.
clubiste, n. m.
clubman, n. m.
clunisien, ienne, adj.
clupéiformes, n. m. pl.
cluse, n. f.
clystère, n. m.
Cm, symbole
cm, cm², cm³, abrév.
cnémide, n. f.
cnidaires, n. m. pl.
cnidoblaste, n. m.
cnidosporidies, n. m. pl.
co-, préf.
Co, symbole
C°, abrév.
coaccusation, n. f.
coaccusé, ée, n.
coach, n. m.
coacquéreur, euse, n.
coadjuteur, n. m.
coadjutrice, n. f.
coadjuvant, n. m.
coagulable, adj.
coagulant, ante, adj. et n. m.
coagulation, n. f.
coaguler, v. tr., v. intr. et pron.
coagulum, n. m.
coalescence, n. f.
coalisé, ée, adj. et n.
coaliser, v. tr., v. pron.
coalition, n. f.
coaltar, n. m.
coassement, n. m.
coasser, v. intr.
coassocié, ée, n.
coassurance, n. f.
coati, n. m.
coauteur, n. m.
coaxial, iale, iaux, adj.
cobalt, n. m.
cobaltage, n. m.
cobalteux, euse, adj.
cobaltique, adj.
cobaltothérapie, n. f.
cobaye, n. m.
cobelligérant, ante, adj. et n.
cobol, n. m.
cobra, n. m.
coca, n. m. ou f.
cocagne, n. f.
cocaïne, n. f.
cocaïnisation, n. f.
cocaïnisme, n. m.
cocaïnomane, n.
cocaïnomanie, n. f.
cocarde, n. f.
cocardier, ière, adj.
cocasse, adj.
cocasserie, n. f.
cocci, n. m. pl.
coccidie, n. f.
coccidiose, n. f.
coccinelle, n. f.
coccolithe, n. m.
coccygien, ienne, adj.
coccyx, n. m.
1. coche, n. m.
2. coche, n. f.
coche d'eau, n. m.
cochenille, n. f.
1. cocher, n. m.
2. cocher, v. tr.
côcher, v. tr.
cochère, adj. f.
cochet, n. m.
cochevis, n. m.
1. cochléaire, adj.
2. cochléaire, n. f.
cochléaria, n. m.
cochlée, n. f.
1. cochon, n. m.
2. cochon, onne, n. et adj.
cochonnaille, n. f.
cochonnée, n. f.
cochonner, v. intr., v. tr.
cochonnerie, n. f.
cochonnet, n. m.
cochylis ou conchylis, n. m.
cocker, n. m.
cockney, n. inv. et adj.
cockpit, n. m.
cocktail, n. m.
1. coco, n. m.
2. coco, n. et adj.
3. coco, n. f.
cocon, n. m.
cocontractant, ante, n.
cocorico, interj. et n. m.
cocoteraie, n. f.
cocotier, n. m.
cocotte, n. f.
cocu, ue, adj. et n.
cocuage, n. m.
cocufier, v. tr.
coda, n. f.
codage, n. m.
code, n. m.
codé, ée, adj.
codébiteur, trice, n.
codéine, n. f.
codemandeur, deresse, n.
coder, v. tr.
codétenteur, trice, n.
codétenu, ue, n.
codex, n. m.
codicillaire, adj.
codicille, n. m.

codificateur, trice, adj. et n.
codification, n. f.
codifier, v. tr.
codirecteur, trice, n. et adj.
codirection, n. f.
codon, n. m.
coefficient, n. m.
cœlacanthe, n. m.
cœlentérés, n. m. pl.
cœliaque ou céliaque, adj.
cœlomate, n. m.
cœlome, n. m.
cœnure ou cénure, n. m.
coenzyme, n. f.
coéquipier, ière, n.
coercibilité, n. f.
coercible, adj.
coercitif, ive, adj.
coercition, n. f.
cœur, n. m.
coexistence, n. f.
coexister, v. intr.
cofacteur, n. m.
coffin, n. m.
coffrage, n. m.
coffre, n. m.
coffre-fort, n. m.
coffrer, v. tr.
coffret, n. m.
cogérance, n. f.
cogérant, ante, n.
cogestion, n. f.
cogitation, n. f.
cogiter, v. intr.
cogito, n. m.
cognac, n. m.
cognassier, n. m.
cognat, n. m.
cognation, n. f.
1. cogne, n. f.
2. cogne, n. m.
cognée, n. f.
cognement, n. m.
cogner, v. tr., v. intr., v. pron.
cogneur, n. m.
cognitif, ive, adj.
cognition, n. f.
cohabitation, n. f.
cohabiter, v. intr.
cohérence, n. f.
cohérent, ente, adj.
cohéreur, n. m.
cohériter, v. intr.
cohéritier, ière, n. et adj.
cohésif, ive, adj.
cohésion, n. f.
cohorte, n. f.
cohue, n. f.
coi, coite, adj.
coiffe, n. f.
coiffer, v. tr. et pron.
coiffeur, euse, n.
coiffeuse, n. f.
coiffure, n. f.
coin, n. m.
coinçage, n. m.
coincement, n. m.
coincer, v. tr., v. pron.
coincher, v. intr.
coïncidence, n. f.
coïncident, ente, adj.
coïncider, v. intr.
coïnculpé, ée, n. et adj.
coing, n. m.
coït, n. m.
coite, adj. f.
coïter, v. intr.
1. coke, n. m.
2. coke, n. f.
cokéfaction, n. f.
cokéfiant, iante, adj.
cokéfier, v. tr.
cokerie, n. f.
col, n. m.
col-, préf.
cola ou kola, n. m.
colature, n. f.
colback, n. m.
col-blanc, n. m.
col-bleu, n. m.
colchicine, n. f.
colchique, n. m.
colcrete, n. m.
col-de-cygne, n. m.
-cole, suff.
colée, n. f.
colégataire, n.
coléoptères, n. m. pl.
coléoptile, n. m.
coléorhize, n. m.
colère, n. f. et adj.
coléreux, euse, adj. et n.
colérique, adj.
colibacille, n. m.
colibacillose, n. f.
colibri, n. m.
colicitant, ante, n. et adj.
colifichet, n. m.
coliiformes, n. m. pl.
colimaçon, n. m.
colin, n. m.
colineau ou colinot, n. m.
colinéaire, adj.
colin-maillard, n. m.
colinot ou colineau, n. m.
colin-tampon, n. m.
coliou, n. m.
colique, n. f.
colis, n. m.
colistier, ière, n.
colite, n. f.
colitigant, ante, adj.
collaborateur, trice, n.
collaboration, n. f.
collaborer, v. intr.
collage, n. m.
collagène, adj. et n. m.
collagénose, n. f.
collant, ante, adj.
collant, n. m.
collapsar, n. m.
collapsus, n. m.
collatéral, ale, aux, adj.
collatéralement, adv.
collateur, n. m.
collation, n. f.
collationnement, n. m.
collationner, v. tr., v. intr.
colle, n. f.
collectage, n. m.
collecte, n. f.
collecter, v. tr., v. pron.
collecteur, trice, n. et adj.
1. collectif, ive, adj.
2. collectif, n. m.
collection, n. f.
collectionner, v. tr.
collectionneur, euse, n.
collectivement, adv.
collectivisation, n. f.
collectiviser, v. tr.
collectivisme, n. m.
collectiviste, adj. et n.
collectivité, n. f.
collège, n. m.
collégial, ale, aux, adj.
collégiale, n. f.
collégialité, n. f.
collégien, ienne, n.
collègue, n.
collemboles, n. m. pl.
collenchyme, n. m.
coller, v. tr., v. intr. ou tr. indir.
collerette, n. f.
collet, n. m.
colleter, v. tr., v. pron.
colletin, n. m.
colleur, euse, n.
colley, n. m.
collier, n. m.
colliger, v. tr.
collimateur, n. m.
collimation, n. f.
colline, n. f.
collision, n. f.
collocation, n. f.
collodion, n. m.
colloïdal, ale, aux, adj.
colloïde, n. m. et adj.
colloque, n. m.
colloquer, v. tr.
collure, n. f.
collusion, n. f.
collusoire, adj.
collutoire, n. m.
colluvion, n. f.
collybie, n. f.
collyre, n. m.
colmatage, n. m.
colmater, v. tr.
colocase, n. f.
colocataire, n.
cologarithme, n. m.
colombage, n. m.
colombe, n. f.
colombien, ienne, adj. et n.
colombier, n. m.
1. colombin, ine, n. et adj.
2. colombin, n. m.
colombine, n. f.
colombophile, n. et adj.
colombophilie, n. f.
colon, n. m.
colón, n. m.
côlon ou colon, n. m.
colonat, n. m.
colonel, n. m.
colonelle, n. f. et adj.
colonial, iale, iaux, adj. et n.
colonialisme, n. m.
colonialiste, adj. et n.
colonie, n. f.
colonisateur, trice, adj. et n.
colonisation, n. f.
colonisé, ée, adj. et n.
coloniser, v. tr.
colonnade, n. f.
colonne, n. f.
colonnette, n. f.
colophane, n. f.
coloquinte, n. f.
colorage, n. m.
colorant, ante, adj. et n. m.
coloration, n. f.
coloratur, adj. et n. f.
coloré, ée, adj.
colorer, v. tr., v. pron.
coloriage, n. m.
colorier, v. tr.
colorimètre, n. m.
colorimétrie, n. f.
colorimétrique, adj.
coloris, n. m.
colorisation, n. f.
coloriste, n.
colossal, ale, aux, adj.
colossalement, adv.
colosse, n. m.
colostomie, n. f.
colostrum, n. m.

colportage, n. m.
colporter, v. tr.
colporteur, euse, n.
colt, n. m.
coltiner, v. tr., v. pron.
colubridés, n. m. pl.
columbarium, n. m.
columbiformes, n. m. pl.
columelle, n. f.
col-vert ou colvert, n. m.
colymbidés, n. m. pl.
colza, n. m.
com-, préf.
1. coma, n. m.
2. coma, n. m. ou f.
comateux, euse, adj. et n.
comatule, n. f.
combat, n. m.
combatif, ive, adj.
combativité, n. f.
combattant, ante, n. et adj.
combattre, v. tr., v. tr. indir. et intr.
combe, n. f.
combien, adv. et conj.
combientième, adj.
combinaison, n. f.
combinard, arde, adj. et n.
combinat, n. m.
combinateur, n. m.
combinatoire, adj. et n. f.
combine, n. f.
1. combiné, ée, adj.
2. combiné, n. m.
combiner, v. tr.
comblanchien, n. m.
1. comble, n. m.
2. comble, adj.
comblement, n. m.
combler, v. tr.
comburant, ante, n. m. et adj.
combustibilité, n. f.
combustible, adj. et n. m.
combustion, n. f.
come-back, n. m. inv.
comédie, n. f.
comédien, ienne, n. et adj.
comédon, n. m.
comestible, adj. et n. m. pl.
cométaire, adj.
comète, n. f.
comices, n. m. pl.
comics, n. m. pl.
comique, adj. et n.
comiquement, adv.
comitat, n. m.
comité, n. m.
comitial, iale, iaux, adj.
comma, n. m.
commandant, ante, n.
commande, n. f.
commandement, n. m.
commander, v. tr. dir., v. pron., v. tr. ind., v. intr.
commanderie, n. f.
commandeur, n. m.
commanditaire, n. m.
commandite, n. f.
commanditer, v. tr.
commando, n. m.
comme, adv. et conj.
commedia dell'arte, n. f. inv.
commémoraison, n. f.
commémoratif, ive, adj.
commémoration, n. f.
commémorer, v. tr.
commençant, ante, n. et adj.
commencement, n. m.
commencer, v. intr., v. tr.
commendataire, adj. et n.
commende, n. f.
commensal, ale, aux, n. et adj.
commensalisme, n. m.
commensurable, adj.
comment, adv., n. m. inv. et conj.
commentaire, n. m.
commentateur, trice, n.
commenter, v. tr.
commérage, n. m.
commerçant, ante, adj. et n.
commerce, n. m.
commercer, v. intr.
commercial, iale, iaux, adj. et n.
commercialement, adv.
commercialisation, n. f.
commercialiser, v. tr.
commère, n. f.
commérer, v. intr.
commettage, n. m.
commettant, n. m.
commettre, v. tr., v. pron.
comminatoire, adj.
comminutif, ive, adj.
commis, n. m.
commisération, n. f.
commissaire, n. m.
commissaire-priseur, n. m.
commissariat, n. m.
commission, n. f.
commissionnaire, n.
commissionner, v. tr.
commissoire, adj.
commissure, n. f.
commissurotomie, n. f.
1. commode, adj.
2. commode, n. f.
commodément, adv.
commodité, n. f.
commodore, n. m.
commotion, n. f.
commotionner, v. tr.
commuable ou commutable, adj.
commuer, v. tr.
commun, une, adj. et n. m.
communal, ale, aux, adj. et n.
communalisation, n. f.
communaliser, v. tr.
communard, arde, n. et adj.
communautaire, adj.
communauté, n. f.
communaux, n. m. pl.
commune, n. f.
communément, adv.
communiant, ante, n.
communicable, adj.
communicant, ante, adj.
communicateur, trice, adj.
communicatif, ive, adj.
communication, n. f.
communier, v. intr., v. tr.
communion, n. f.
communiqué, n. m.
communiquer, v. tr., v. pron., v. intr.
communisant, ante, adj. et n.
communisme, n. m.
communiste, adj. et n.
communs, n. m. pl.
commutable ou commuable, adj.
commutateur, n. m.
commutatif, ive, adj.
commutation, n. f.
commutativité, n. f.
commutatrice, n. f.
commuter, v. tr.
comorien, ienne, adj. et n.
comourants, n. m. pl.
compacité, n. f.
compact, e, adj.
compactage, n. m.
compacter, v. tr.
compacteur, n. m.
compagne, n. f.
compagnie, n. f.
compagnon, n. m.
compagnonnage, n. m.
comparable, adj.
comparaison, n. f.
comparaître, v. intr.
comparant, ante, adj. et n.
comparateur, trice, adj. et n. m.
comparatif, ive, adj.
comparatif, n. m.
comparatiste, n.
comparativement, adv.
comparé, ée, adj.
comparer, v. tr., v. pron.
comparoir, v. intr.
comparse, n.
compartiment, n. m.
compartimentage, n. m.
compartimenter, v. tr.
comparution, n. f.
compas, n. m.
compassé, ée, adj.
compasser, v. tr.
compassier, n. m.
compassion, n. f.
compatibilité, n. f.
compatible, adj.
compatir, v. tr. indir.
compatissant, ante, adj.
compatriote, n.
compendieusement, adv.
compendieux, euse, adj.
compendium, n. m.
compensable, adj.
compensateur, trice, adj. et n. m.
compensatif, ive, adj.
compensation, n. f.
compensatoire, adj.
compensé, ée, adj.
compenser, v. tr., v. pron.
compérage, n. m.
compère, n. m.
compère-loriot, n. m.
compétence, n. f.
compétent, ente, adj.
compétiteur, trice, n.
compétitif, ive, adj.
compétition, n. f.
compétitivité, n. f.
compilateur, trice, n.
compilation, n. f.
compiler, v. tr.
complainte, n. f.
complaire, v. tr. ind., v. pron.
complaisamment, adv.
complaisance, n. f.
complaisant, ante, adj.
complément, n. m.
complémentaire, adj. et n. m.
complémentarité, n. f.
1. complet, ète, adj.
2. complet, n. m.
1. complètement, n. m.
2. complètement, adv.
compléter, v. tr., v. pron.

complétif, ive, adj.
complétive, n. f.
complétion, n. f.
complétude, n. f.
complexe, adj. et n. m.
complexé, ée, adj. et n.
complexer, v. tr.
complexion, n. f.
complexité, n. f.
complication, n. f.
complice, adj. et n.
complicité, n. f.
complies, n. f. pl.
compliment, n. m.
complimenter, v. tr.
complimenteur, euse, adj. et n.
compliqué, ée, adj.
compliquer, v. tr., v. pron.
complot, n. m.
comploter, v. tr., v. intr.
comploteur, euse, n.
componction, n. f.
componentiel, elle, adj.
comporte, n. f.
comportement, n. m.
comportemental, ale, aux, adj.
comportementalisme, n. m.
comporter, v. tr., v. pron.
composacées ou composées, n. f. pl.
composant, ante, adj. et n.
1. composé, ée, adj. et n.
2. composé, n. m.
composées ou composacées, n. f. pl.
composer, v. tr., v. intr., v. pron.
composeuse, n. f.
composite, adj. et n. m.
compositeur, trice, n.
composition, n. f.
compost, n. m.
compostage, n. m.
composter, v. tr.
composteur, n. m.
compote, n. f.
compotier, n. m.
compound, adj. inv. et n.
compréhensibilité, n. f.
compréhensible, adj.
compréhensif, ive, adj.
compréhension, n. f.
comprendre, v. tr., v. pron.
comprenette, n. f.
compresse, n. f.
compresser, v. tr.
compresseur, adj. et n. m.
compressibilité, n. f.
compressible, adj.
compressif, ive, adj.
compression, n. f.
comprimable, adj.
1. comprimé, ée, adj.
2. comprimé, n. m.
comprimer, v. tr.
compris, ise, adj.
compromettant, ante, adj.
compromettre, v. intr., v. tr., v. pron.
compromis, n. m.
compromission, n. f.
compromissoire, adj.
comptabiliser, v. tr.
comptabilité, n. f.
comptable, adj. et n.
comptage, n. m.
comptant, adj. m., n. m. et adv.
compte, n. m.
compte-chèques, n. m.
compte-fils, n. m. inv.
compte-gouttes, n. m. inv.
compte-minutes, n. m. inv.
compter, v. tr., v. intr., v. pron.
compte rendu, n. m.
compte-tours, n. m. inv.
compteur, n. m. et adj.
comptine, n. f.
comptoir, n. m.
compulser, v. tr.
compulsif, ive, adj.
compulsion, n. f.
comput, n. m.
computation, n. f.
comtadin ou contadin, ine, n. et adj.
comtat, n. m.
comte, n. m.
comté, n. m.
comtesse, n. f.
con-, préf.
1. con, prép. ital.
2. con, conne, n. et adj.
conard, arde ou connard, arde, adj. et n.
conasse ou connasse, n. f.
conatif, ive, adj.
concassage, n. m.
concasser, v. tr.
concasseur, n. m.
concaténation, n. f.
concave, adj.
concavité, n. f.
concéder, v. tr.
concélébration, n. f.
concélébrer, v. tr.
concentration, n. f.
concentrationnaire, adj.
1. concentré, ée, adj.
2. concentré, n. m.
concentrer, v. tr., v. pron.
concentrique, adj.
concentriquement, adv.
concentrisme, n. m.
concept, n. m.
conceptacle, n. m.
concepteur, trice, n.
conception, n. f.
conceptisme, n. m.
conceptivité, n. f.
conceptualisation, n. f.
conceptualiser, v. tr.
conceptualisme, n. m.
conceptuel, elle, adj.
concerner, v. tr.
concert, n. m.
concertant, ante, adj.
concertation, n. f.
concerter, v. tr., v. intr., v. pron.
concertino, n. m.
concertiste, n. m.
concerto, n. m.
concesseur, n. m.
concessif, ive, adj.
concession, n. f.
concessionnaire, n.
concetti, n. m. pl.
concevable, adj.
concevoir, v. tr.
conchoïdal, ale, aux, adj.
conchoïde, adj. et n. f.
conchyliculture, n. f.
conchylien, ienne, adj.
conchyliologie, n. f.
conchylis ou cochylis, n. m.
concierge, n.
conciergerie, n. f.
concile, n. m.
conciliable, adj.
conciliabule, n. m.
conciliaire, adj.
conciliant, ante, adj.
conciliateur, trice, adj. et n.
conciliation, n. f.
conciliatoire, adj.
concilier, v. tr., v. pron.
concis, ise, adj.
concision, n. f.
concitoyen, yenne, n.
concitoyenneté, n. f.
conclave, n. m.
conclaviste, n. m.
concluant, ante, adj.
conclure, v. tr., v. tr. indir.
conclusion, n. f.
concocter, v. tr.
concombre, n. m.
concomitance, n. f.
concomitant, ante, adj.
concordance, n. f.
concordant, ante, adj.
concordat, n. m.
concordataire, adj.
concorde, n. f.
concorder, v. intr.
concourant, ante, adj.
concourir, v. tr., v. intr.
concours, n. m.
concret, ète, adj. et n. m.
concrètement, adv.
concréter, v. tr., v. pron.
concrétion, n. f.
concrétisation, n. f.
concrétiser, v. tr., v. pron.
concubin, ine, n.
concubinage, n. m.
concupiscence, n. f.
concupiscent, ente, adj.
concurremment, adv.
concurrence, n. f.
concurrencer, v. tr.
concurrent, ente, adj. et n.
concurrentiel, ielle, adj.
concussion, n. f.
concussionnaire, adj. et n.
condamnable, adj.
condamnateur, trice, adj. et n.
condamnation, n. f.
condamnatoire, adj.
condamné, ée, adj. et n.
condamner, v. tr.
condé, n. m.
condensable, adj.
condensat, n. m.
condensateur, n. m.
condensation, n. f.
condensé, ée, adj. et n. m.
condenser, v. tr., v. pron.
condenseur, n. m.
condescendance, n. f.
condescendant, ante, adj.
condescendre, v. intr.
condiment, n. m.
condisciple, n.
condition, n. f.
conditionné, ée, adj.
conditionnel, elle, adj.
conditionnellement, adv.
conditionnement, n. m.
conditionner, v. tr.
conditionneur, euse, n.
condoléances, n. f. pl.
condom, n. m.
condominium, n. m.
condor, n. m.
condottiere, n. m.
conductance, n. f.
conducteur, trice, n. et adj.

conductibilité, n. f.
conductible, adj.
conduction, n. f.
conductivité, n. f.
conduire, v. tr., v. pron.
conduit, n. m.
conduite, n. f.
condylarthres, n. m. pl.
condyle, n. m.
condylien, ienne, adj.
condylome, n. m.
cône, n. m.
confection, n. f.
confectionner, v. tr.
confectionneur, euse, n.
confédéral, ale, aux, adj.
confédération, n. f.
confédéré, ée, adj. et n.
Confédérés, n. m. pl.
confédérer, v. tr.
confer, mot inv.
conférence, n. f.
conférencier, ière, n.
conférer, v. tr., v. intr.
confesse, n. f.
confesser, v. tr., v. pron.
confesseur, n. m.
confession, n. f.
confessionnal, aux, n. m.
confessionnel, elle, adj.
confetti, n. m.
confiance, n. f.
confiant, ante, adj.
confidence, n. f.
confident, ente, n.
confidentiel, ielle, adj.
confidentiellement, adv.
confier, v. tr., v. pron.
configuration, n. f.
confiné, ée, adj.
confinement, n. m.
confiner, v. tr., v. tr. indir., v. pron.
confins, n. m. pl.
confire, v. tr.
confirmand, ande, n.
confirmatif, ive, adj.
confirmation, n. f.
confirmer, v. tr., v. pron.
confiscable, adj.
confiscation, n. f.
confiserie, n. f.
confiseur, euse, n.
confisquer, v. tr.
1. confit, ite, adj.
2. confit, n. m.
confiteor, n. m. inv.
confiture, n. f.
confiturerie, n. f.
confiturier, ière, n. et adj.
conflagration, n. f.
conflictuel, elle, adj.
conflit, n. m.
confluence, n. f.
confluent, n. m.
confluer, v. intr.
confondant, ante, adj.
confondre, v. tr., v. pron.
conformateur, n. m.
conformation, n. f.
conformationnel, elle, adj.
conforme, adj.
conformé, ée, adj.
conformément, adv.
conformer, v. tr., v. pron.
conformisme, n. m.
conformiste, n. et adj.
conformité, n. f.
confort, n. m.
confortable, adj.
confortablement, adv.
conforter, v. tr.
confraternel, elle, adj.
confraternité, n. f.
confrère, n. m.
confrérie, n. f.
confrontation, n. f.
confronter, v. tr.
confucianisme, n. m.
confus, use, adj.
confusément, adv.
confusion, n. f.
confusionnisme, n. m.
conga, n. f.
congé, n. m.
congédiement, n. m.
congédier, v. tr.
congélateur, n. m.
congélation, n. f.
congelé, ée, adj.
congeler, v. tr.
congénère, adj. et n.
congénital, ale, aux, adj.
congénitalement, adv.
congère, n. f.
congestif, ive, adj.
congestion, n. f.
congestionner, v. tr.
conglomérat, n. m.
conglomération, n. f.
conglomérer, v. tr.
conglutination, n. f.
conglutiner, v. tr.
1. congolais, aise, adj. et n.
2. congolais, n. m.
congratulation, n. f.
congratuler, v. tr., v. pron.
congre, n. m.
congréer, v. tr.
congréganiste, adj. et n.
congrégation, n. f.
congrégationalisme, n. m.
congrès, n. m.
congressiste, n.
congru, ue, adj.
congruence, n. f.
conicine, n. f.
conicité, n. f.
conidie, n. f.
conidiospore, n. f.
conifère, n. m.
conique, adj. et n. f.
conirostre, adj. et n.
conisation, n. f.
conjectural, ale, aux, adj.
conjecturalement, adv.
conjecture, n. f.
conjecturer, v. tr.
conjoint, ointe, n. et adj.
conjointement, adv.
conjoncteur, n. m.
conjonctif, ive, adj.
conjonction, n. f.
conjonctival, ale, aux, adj.
conjonctive, n. f.
conjonctivite, n. f.
conjoncture, n. f.
conjoncturel, elle, adj.
conjugable, adj.
conjugaison, n. f.
conjugal, ale, aux, adj.
conjugalement, adv.
conjugué, ée, adj.
conjuguées, n. f. pl.
conjuguer, v. tr., v. pron.
conjungo, n. m.
conjurateur, trice, n.
conjuration, n. f.
conjuré, ée, n.
conjurer, v. tr., v. pron.
connaissable, adj. et n. m.
connaissance, n. f.
connaissement, n. f.
connaisseur, euse, n. et adj.
connaître, v. tr., v. pron.
connard, arde ou conard, arde, adj. et n.
connasse ou conasse, n. f.
conné, ée, adj.
connecté, ée, adj.
connecter, v. tr.
connecteur, n. m.
connectif, ive, adj. et n. m.
connectivite, n. f.
connerie, n. f.
connétable, n. m.
connexe, adj.
connexion, n. f.
connexité, n. f.
connivence, n. f.
connivent, ente, adj.
connotation, n. f.
connoter, v. tr.
connu, ue, adj. et n. m.
conoïde, adj. et n. m.
conque, n. f.
conquérant, ante, n. et adj.
conquérir, v. tr., v. pron.
conquêt, n. m.
conquête, n. f.
conquis, ise, adj.
conquistador, n. m.
consacrant, adj. m. et n. m.
consacré, ée, adj.
consacrer, v. tr., v. pron.
consanguin, ine, adj.
consanguinité, n. f.
consciemment, adv.
conscience, n. f.
consciencieusement, adv.
consciencieux, ieuse, adj.
conscient, iente, adj. et n. m.
conscription, n. f.
conscrit, n. m. et adj.
consécration, n. f.
consécutif, ive, adj.
consécutivement, adv.
conseil, n. m.
conseiller, v. tr.
conseiller, ère, n.
conseilleur, euse, n.
consensuel, elle, adj.
consensus, n. m.
consentant, ante, adj.
consentement, n. m.
consentir, v. tr. indir., v. tr. dir.
conséquemment, adv.
conséquence, n. f.
conséquent, ente, adj.
conservateur, trice, n. et adj.
conservation, n. f.
conservatisme, n. m.
conservatoire, adj. et n. m.
conserve, n. f.
conservé, ée, adj.
conserver, v. tr., v. pron.
conserverie, n. f.
considérable, adj.
considérablement, adv.
considérant, n. m.
considération, n. f.
considérer, v. tr., v. pron.
consignataire, n. m.
consignation, n. f.
consigne, n. f.
consigner, v. tr.
consistance, n. f.
consistant, ante, adj.
consister, v. intr.
consistoire, n. m.

consistorial, iale, iaux, adj. et n. m.
consœur, n. f.
consolable, adj.
consolant, ante, adj.
consolateur, trice, adj. et n.
consolation, n. f.
console, n. f.
consoler, v. tr., v. pron.
consolidation, n. f.
consolidé, ée, adj. et n.
consolider, v. tr., v. pron.
consommable, adj.
consommateur, trice, n.
consommation, n. f.
1. consommé, ée, adj.
2. consommé, n. m.
consommer, v. tr., v. intr.
consomptible, adj.
consomptif, ive, adj.
consomption, n. f.
consonance, n. f.
consonant, ante, adj.
consonantique, adj.
consonantisme, n. m.
consonne, n. f.
consort, adj. m. et n. m.
consortium, n. m.
consoude, n. f.
conspirateur, trice, n. et adj.
conspiration, n. f.
conspirer, v. intr., v. tr., v. tr. indir.
conspuer, v. tr.
constable, n. m.
constamment, adv.
constance, n. f.
constant, ante, adj. et n.
constantan, n. m.
constat, n. m.
constatation, n. f.
constater, v. tr.
constellation, n. f.
constellé, ée, adj.
consteller, v. tr.
consternant, ante, adj.
consternation, n. f.
consterner, v. tr.
constipation, n. f.
constipé, ée, adj. et n.
constiper, v. tr.
constituant, ante, adj.
constituant, n. m.
Constituante, n. f.
constitué, ée, adj.
constituer, v. tr., v. pron.
constitutif, ive, adj.
constitution, n. f.
constitutionnaliser, v. tr.
constitutionnalité, n. f.
constitutionnel, elle, adj.
constitutionnellement, adv.
constricteur, adj. m.
constrictif, ive, adj.
constriction, n. f.
constringence, n. f.
constructeur, trice, n. et adj.
constructif, ive, adj.
construction, n. f.
constructivisme, n. m.
constructiviste, n. et adj.
construire, v. tr.
consubstantialité, n. f.
consubstantiation, n. f.
consubstantiel, elle, adj.
consul, n. m.
consulaire, adj.
consulat, n. m.
consultable, adj.
consultant, ante, adj. et n.
consultatif, ive, adj.
consultation, n. f.
consulte, n. f.
consulter, v. tr., v. pron., v. intr.
consulteur, n. m.
consumer, v. tr., v. pron.
consumérisme, n. m.
contact, n. m.
contacter, v. tr.
contacteur, n. m.
contactologie, n. f.
contadin ou comtadin, n. et adj.
contage, n. m.
contagieux, euse, adj. et n.
contagion, n. f.
contagionner, v. tr.
contagiosité, n. f.
container, n. m.
contamination, n. f.
contaminer, v. tr.
conté, n. m.
conte, n. m.
contemplateur, trice, adj. et n.
contemplatif, ive, adj. et n.
contemplation, n. f.
contemplativement, adv.
contempler, v. tr., v. pron.
contemporain, aine, adj. et n.
contemporanéité, n. f.
contempteur, trice, n.
contenance, n. f.
contenant, n. m.
conteneur, n. m.
conteneuriser, v. tr.
contenir, v. tr., v. pron.
content, ente, adj. et n. m.
contentement, n. m.
contenter, v. tr., v. pron.
contentieux, euse, adj. et n. m.
contentif, ive, adj.
contention, n. f.
contenu, ue, adj. et n. m.
conter, v. tr.
contestable, adj.
contestataire, n.
contestation, n. f.
conteste (sans), loc. adv.
contester, v. tr.
conteur, euse, n.
contexte, n. m.
contextuel, elle, adj.
contexture, n. f.
contigu, uë, adj.
contiguïté, n. f.
continence, n. f.
1. continent, ente, adj.
2. continent, n. m.
continental, ale, aux, adj.
contingence, n. f.
1. contingent, ente, adj.
2. contingent, n. m.
contingentement, n. m.
contingenter, v. tr.
continu, ue, adj. et n. m.
continuateur, trice, n.
continuation, n. f.
continuel, elle, adj.
continuellement, adv.
continuer, v. tr., v. tr. indir., v. intr., v. pron.
continuité, n. f.
continûment, adv.
continuo, n. m.
continuum, n. m.
contondant, ante, adj.
contorsion, n. f.
contorsionner (se), v. pron.
contorsionniste, n.
contour, n. m.
contourné, ée, adj.
contourner, v. tr.
contra-, préf.
contraceptif, ive, adj. et n. m.
contraception, n. f.
contractant, ante, adj. et n.
contracte, adj.
contracter, v. tr., v. pron.
contractile, adj.
contractilité, n. f.
contraction, n. f.
contractuel, elle, adj. et n.
contracture, n. f.
contracturer, v. tr.
contradicteur, trice, n.
contradiction, n. f.
contradictoire, adj.
contradictoirement, adv.
contraignant, ante, adj.
contraindre, v. tr., v. pron.
contraint, ainte, adj.
contrainte, n. f.
contraire, adj. et n. m.
contrairement, adv.
contra-latéral, ale, aux, adj.
contralto, n. m.
contrapontiste ou contrapuntiste ou contrepointiste, n.
contrapuntique, adj.
contrariant, ante, adj.
contrarié, ée, adj.
contrarier, v. tr.
contrariété, n. f.
contrarotatif, ive, adj.
contrastant, ante, adj.
contraste, n. m.
contrasté, ée, adj.
contraster, v. intr., v. tr.
contrat, n. m.
contravention, n. f.
1. contre, prép. et adv.
2. contre, n. m.
3. contre-, préf.
contre-alizé, n. m.
contre-allée, n. f.
contre-amiral, aux, n. m.
contre-appel, n. m.
contre-assurance, n. f.
contre-attaque, n. f.
contre-attaquer, v. tr.
contrebalancer, v. tr., v. pron.
contrebande, n. f.
contrebandier, ière, n. et adj.
contrebas (en), loc. adv.
contrebasse, n. f.
contrebassiste, n.
contrebasson, n. m.
contrebatterie, n. f.
contreboutant, n. m.
contrebouter ou contrebuter, v. tr.
contre-braquer, v. intr.
contrebuter ou contrebouter, v. tr.
contrecarrer, v. tr.
contrechamp, n. m.
contre-chant, n. m.
1. contrecœur, n. m.
2. contrecœur (à), loc. adv.
contrecollage, n. m.
contrecoller, v. tr.
contrecoup, n. m.
contre-courant, n. m.
contre-courbe, n. f.
contre-coussinet, n. m.

contre-culture, n. f.
contredanse, n. f.
contredire, v. tr., v. pron.
contredit, n. m.
contrée, n. f.
contre-écrou, n. m.
contre-électromotrice, adj. f.
contre-enquête, n. f.
contre-épreuve, n. f.
contre-espionnage, n. m.
contre-exemple, n. m.
contre-expertise, n. f.
contrefaçon, n. f.
contrefacteur, n. m.
contrefaire, v. tr.
contrefait, aite, adj.
contre-fenêtre, n. f.
contre-fer, n. m.
contre-feu, n. m.
contre-fiche, n. f.
contreficher (se), v. pron.
contre-fil, n. m.
contre-filet, n. m.
contrefort, n. m.
contrefoutre (se), v. pron.
contre-fugue, n. f.
contre-haut (en), loc. adv.
contre-indication, n. f.
contre-indiquer, v. tr.
contre-interrogatoire, n. m.
contre-jour, n. m.
contre-lettre, n. f.
contremaître, esse, n.
contre-manifestation, n. f.
contremarche, n. f.
contremarque, n. f.
contre-mesure, n. f.
contre-mine, n. f.
contre-miner, v. tr.
contre-mur, n. m.
contre-offensive, n. f.
contre-ordre ou contrordre, n. m.
contrepartie, n. f.
contre-passation, n. f.
contre-passer, v. tr.
contre-pente ou contrepente, n. f.
contre-performance, n. f.
contrepet, n. f.
contrepèterie, n. f.
contre-pied, n. m.
contre-placage, n. m.
contre-plaqué, n. m.
contre-plaquer, v. tr.
contre-plongée, n. f.
contrepoids, n. m.
contre-poil (à), loc. adv.
contrepoint, n. m.
contre-pointe, n. f.
contrepointiste ou contrapontiste ou contrapuntiste, n.
contrepoison, n. m.
contre-porte, n. f.
contre-projet ou contreprojet, n. m.
contre-propagande, n. f.
contre-proposition, n. f.
contre-publicité, n. f.
contrer, v. intr., v. tr.
contre-révolution, n. f.
contre-révolutionnaire, n. et adj.
contrescarpe, n. f.
contreseing, n. m.
contresens, n. m.
contresignataire, adj. et n.
contresigner, v. tr.
contre-taille, n. f.
contretemps, n. m.
contre-timbre, n. m.
contre-tirage, n. m.
contre-tirer, v. tr.
contre-torpilleur, n. m.
contre-transfert, n. m.
contretype, n. m.
contretyper, v. tr.
contre-vair, n. m.
contre-valeur, n. f.
contrevallation, n. f.
contrevenant, ante, n.
contrevenir, v. tr. indir.
contrevent, n. m.
contreventement, n. m.
contreventer, v. tr.
contrevérité ou contre-vérité, n. f.
contre-voie (à), loc. adv.
contribuable, n.
contribuer, v. tr. indir.
contributif, ive, adj.
contribution, n. f.
contrister, v. tr.
contrit, ite, adj.
contrition, n. f.
contrôlable, adj.
controlatéral, ale, aux, adj.
contrôle, n. m.
contrôler, v. tr., v. pron.
contrôleur, euse, n.
contrordre ou contre-ordre, n. m.
controuvé, ée, adj.
controversable, adj.
controverse, n. f.
controversé, ée, adj.
controverser, v. tr.
controversiste, n.
contumace, n. f. et adj.
contumax, adj. et n.
contus, use, adj.
contusion, n. f.
contusionner, v. tr.
conurbation, n. f.
convaincant, ante, adj.
convaincre, v. tr.
convaincu, ue, adj.
convalescence, n. f.
convalescent, ente, adj.
convecteur, n. m.
convection, n. f.
convenable, adj.
convenablement, adv.
convenance, n. f.
convenir, v. tr. indir., v. pron.
convent, n. m.
convention, n. f.
conventionné, ée, adj.
conventionnel, elle, adj.
conventionnel, n. m.
conventionnellement, adv.
conventualité, n. f.
conventuel, elle, adj.
convenu, ue, adj.
convergence, n. f.
convergent, ente, adj.
converger, v. intr.
convers, erse, adj. et n.
conversation, n. f.
conversationnel, elle, adj.
converser, v. intr.
conversion, n. f.
converti, ie, adj. et n.
convertibilité, n. f.
convertible, adj. et n. m.
convertir, v. tr., v. pron.
convertissable, adj.
convertissage, n. m.
convertissement, n. m.
convertisseur, n. m.
convexe, adj.
convexité, n. f.
convict, n. m.
conviction, n. f.
convier, v. tr.
convive, n.
convivial, ale, aux, adj.
convivialité, n. f.
convocable, adj.
convocation, n. f.
convoi, n. m.
convoiement, n. m.
convoiter, v. tr.
convoitise, n. f.
convoler, v. intr.
convoluté, ée, adj.
convolvulacées, n. f. pl.
convolvulus, n. m.
convoquer, v. tr.
convoyage, n. m.
convoyer, v. tr.
convoyeur, n. m.
convulsé, ée, adj.
convulser, v. tr., v. pron.
convulsif, ive, adj.
convulsion, n. f.
convulsionnaire, n.
convulsionner, v. tr.
convulsivement, adv.
coobligation, n. f.
coobligé, ée, n.
cooccupant, ante, adj. et n.
cool, adj. inv.
coolie, n. m.
coopérant, ante, n.
coopérateur, trice, n.
coopératif, ive, adj.
coopération, n. f.
coopératisme, n. m.
coopérative, n. f.
coopérer, v. intr., v. tr. indir.
cooptation, n. f.
coopter, v. tr.
coordinat, n. m.
coordinateur, trice, adj. et n.
coordination, n. f.
coordinence, n. f.
coordonnateur, trice, adj. et n.
coordonné, ée, adj.
coordonnées, n. f. pl.
coordonner, v. tr.
copahu, n. m.
copain ou copin, copine, n.
copal, n. m.
copartage, n. m.
copartageant, ante, adj. et n.
copartager, v. tr.
coparticipant, ante, adj. et n.
coparticipation, n. f.
coparticiper, v. tr. indir.
copayer, n. m.
copeau, n. m.
copépodes, n. m. pl.
copermuter, v. tr.
copernicien, ienne, adj.
copiage, n. m.
copie, n. f.
copier, v. tr.
copieur, ieuse, n.
copieusement, adv.
copieux, ieuse, adj.
copilote, n.
copin ou copain, copine, n.

copinage, n. m.
copiner, v. intr.
copiste, n.
coplanaire, adj.
copolymère, n. m.
coposséder, v. tr.
copossesseur, n.
copossession, n. f.
copra ou coprah, n. m.
coprin, n. m.
coprince, n. m.
copro-, préf.
coproculture, n. f.
coproduction, n. f.
coprolalie, n. f.
coprolithe, n. m.
coprologie, n. f.
coprophage, adj. et n.
coprophagie, n. f.
copropriétaire, n.
copropriété, n. f.
copte, adj. et n.
copula, n. f.
copulateur, trice, adj.
copulatif, ive, adj.
copulation, n. f.
copule, n. f.
copuler, v. intr.
copyright, n. m.
coq, n. m.
coq-à-l'âne, n. m. inv.
coquard ou coquart, n. m.
coque, n. f.
coquecigrue, n. f.
coquelet, n. m.
coquelicot, n. m.
coqueluche, n. f.
coquelucheux, euse, adj. et n.
coquemar, n. m.
coquet, ette, adj. et n.
coquetier, n. m.
coquetière, n. f.
coquettement, adv.
coquetterie, n. f.
coquillage, n. m.
coquillard, n. m.
coquillart, n. m.
coquille, n. f.
coquiller, v. intr.
coquillette, n. f.
coquillier, ière, adj. et n. m.
coquin, ine, n. et adj.
coquinerie, n. f.
cor, n. m.
coraciadiformes, n. m. pl.
coracoïde, adj.
corail, aux, n. m.
coraillé, ée, adj.
corailleur, euse, n. et adj.
coralliaires, n. m. pl.
corallien, ienne, adj.
corallifère, adj.
coralliforme, adj.
coralligène, adj.
corallin, ine, adj.
coralline, n. f.
Coran, n. m.
coranique, adj.
corbeau, n. m.
corbeille, n. f.
corbillard, n. m.
corbillon, n. m.
corbin, n. m.
corbleu !, interj.
cordage, n. m.
corde, n. f.
corde ou chorde, n. f.
cordé, ée, adj.
cordeau, n. m.
cordée, n. f.
cordeler, v. tr.
cordelette, n. f.
cordelier, ière, n.
cordelière, n. f.
cordelle, n. f.
corder, v. tr., v. pron.
corderie, n. f.
cordés ou chordés, n. m. pl.
cordi-, préf.
cordial, iale, iaux, adj.
cordial, n. m.
cordialement, adv.
cordialité, n. f.
cordier, ière, n.
cordiforme, adj.
cordillère, n. f.
cordite, n. f.
córdoba, n. m.
cordon, n. m.
cordonal, ale, aux, adj.
cordon-bleu, n. m.
cordonner, v. tr.
cordonnerie, n. f.
cordonnet, n. m.
cordonnier, ière, n.
cordouan, ane, adj. et n.
coré ou koré, n. f.
corectopie, n. f.
coréen, enne, adj. et n.
corégone, n. m.
coreligionnaire, n.
coréopsis, n. m.
coriace, adj.
coriacité, n. f.
coriandre, n. f.
coricide ou corricide, adj. et n.
corindon, n. m.
corinthien, ienne, n. et adj.
coris ou cauri ou cauris, n. m.
corme, n. f.
cormier, n. m.
cormophytes, n. m. pl.
cormoran, n. m.
cormus, n. m.
cornac, n. m.
cornacées, n. f. pl.
cornage, n. m.
cornaline, n. f.
cornard, adj. et n. m.
corne, n. f.
corné, ée, adj.
corned-beef, n. m.
cornée, n. f.
cornéen, éenne, adj.
cornéenne, n. f.
corneille, n. f.
cornélien, ienne, adj.
cornement, n. m.
cornemuse, n. f.
cornemuseur, n. m.
cornemuseux, n. m.
1. corner, v. intr., v. tr.
2. corner, n. m.
cornet, n. m.
1. cornette, n. f.
2. cornette, n. m.
cornettiste, n.
corn flakes, n. m. pl.
corniaud ou corniot, n. m.
corniche, n. f.
cornichon, n. m.
cornier, ière, adj.
cornière, n. f.
cornillon, n. m.
corniot ou corniaud, n. m.
cornique, adj. et n.
corniste, n. m.
cornouille, n. f.
cornouiller, n. m.
cornu, ue, adj.
cornue, n. f.
corollaire, n. f. ou m.
corolle, n. f.
coron, n. m.
coronaire, adj.
coronal, ale, aux, adj.
coronarien, ienne, adj.
coronarite, n. f.
coronelle, n. f.
coroner, n. m.
coronille, n. f.
coronographe, n. m.
coronoïde, adj.
coronoïdien, ienne, adj.
corozo, n. m.
corporal, aux, n. m.
corporatif, ive, adj.
corporation, n. f.
corporatisme, n. m.
corporatiste, adj. et n.
corporel, elle, adj.
corporellement, adv.
corps, n. m.
corps-mort, n. m.
corpulence, n. f.
corpulent, ente, adj.
corpus, n. m.
corpusculaire, adj.
corpuscule, n. m.
corral, n. m.
corrasion, n. f.
correct, ecte, adj.
correctement, adv.
correcteur, trice, n. et adj.
correctif, ive, adj. et n. m.
correction, n. f.
correctionnalisation, n. f.
correctionnaliser, v. tr.
correctionnel, elle, adj.
correctionnelle, n. f.
corrégidor, n. m.
corrélatif, ive, adj. et n.
corrélation, n. f.
corréler, v. tr.
correspondance, n. f.
correspondancier, ière, n.
correspondant, ante, adj. et n.
correspondre, v. intr. ou tr. ind.
corricide ou coricide, adj. et n.
corrida, n. f.
corridor, n. m.
corrigé, ée, adj.
corrigé, n. m.
corriger, v. tr., v. pron.
corroborant, ante, adj.
corroboration, n. f.
corroborer, v. tr.
corrodant, ante, adj.
corroder, v. tr.
corroi, n. m.
corroierie, n. f.
corrompre, v. tr.
corrompu, ue, adj.
corrosif, ive, adj. et n. m.
corrosion, n. f.
corroyage, n. m.
corroyer, v. tr.
corroyeur, n. m.
corrupteur, trice, adj. et n.
corruptibilité, n. f.
corruptible, adj.
corruption, n. f.
cors, n. m. pl.
corsage, n. m.
corsaire, n. m.
corse, adj. et n.
corsé, ée, adj.

corselet, n. m.
corser, v. tr., v. pron.
corset, n. m.
corseter, v. tr.
corso, n. m.
cortège, n. m.
cortex, n. m.
cortical, ale, aux, adj.
corticoïde, n. m.
corticostéroïde, n. m.
corticostérone, n. f.
corticostimuline, n. f.
corticosurrénal, ale, aux, adj. et n. f.
corticothérapie, n. f.
corticotrope, adj.
cortinaire, n. m.
cortine, n. f.
cortisol, n. m.
cortisone, n. f.
corton, n. m.
coruscant, ante, adj.
corvéable, adj.
corvée, n. f.
corvette, n. f.
corvidés, n. m. pl.
corybante, n. m.
corymbe, n. m.
coryphée, n. m.
coryza, n. m.
cos, abrév.
cosaque, adj. et n. m.
cosécante, n. f.
cosignataire, n. et adj.
cosinus, n. m.
-cosme, suff.
cosmétique, n. m. et adj.
cosmétologie, n. f.
cosmique, adj.
cosmo-, préf.
cosmodrome, n. m.
cosmogonie, n. f.
cosmogonique, adj.
cosmographie, n. f.
cosmographique, adj.
cosmologie, n. f.
cosmologique, adj.
cosmonaute, n.
cosmophysique, n. f.
cosmopolite, n. m. et adj.
cosmopolitisme, n. m.
cosmos, n. m.
cosmotron, n. m.
cossard, arde, adj. et n.
cosse, n. f.
cossidés, n. m. pl.
cossu, ue, adj.
cossus, n. m.
costal, ale, aux, adj.
costard, n. m.
costaud, aude, adj. et n. m.
costière, n. f.
costume, n. m.
costumé, ée, adj.
costumer, v. tr., v. pron.
costumier, ière, n.
cosy ou cosy-corner, n. m.
cotangente, n. f.
cotation, n. f.
cote, n. f.
côte, n. f.
côté, n. m.
coté, ée, adj.
coteau, n. m.
côtelé, ée, adj.
côtelette, n. f.
coter, v. tr.
coterie, n. f.
cotg, abrév.
cothurne, n. m.
cotidal, ale, aux, adj.
côtier, ière, adj.
cotignac, n. m.
cotillon, n. m.
cotinga, n. m.
cotisant, ante, n. et adj.
cotisation, n. f.
cotiser, v. intr., v. pron.
côtoiement, n. m.
coton, n. m. et adj. inv.
cotonéaster, n. m.
cotonnade, n. f.
cotonner (se), v. pron.
cotonnerie, n. f.
cotonneux, euse, adj.
cotonnier, ière, n. et adj.
coton-poudre, n. m.
coton-tige, n. m.
côtoyer, v. tr.
cotre, n. m.
cottage, n. m.
cotte, n. f.
cotutelle, n. f.
cotuteur, trice, n.
cotyle, n. m. et f.
cotylédon, n. m.
cotylédoné, ée, adj.
cotyloïde, adj.
cou, n. m.
couac, n. m.
couagga, n. m.
couard, arde, adj. et n.
couardise, n. f.
couchage, n. m.
1. couchant, ante, adj.
2. couchant, n. m.
couche, n. f.
couché, ée, adj.
1. coucher, v. tr., v. intr., v. pron.
2. coucher, n. m.
coucherie, n. f.
couchette, n. f.
coucheur, euse, n.
couchis, n. m.
couchitique, n. m. et adj.
couci-couça, loc. adv.
coucou, n. m.
coucoumelle, n. f.
coude, n. m.
coudée, n. f.
cou-de-pied, n. m.
couder, v. tr.
coudoiement, n. m.
coudoyer, v. tr.
coudraie, n. f.
coudre, v. tr.
coudrier, n. m.
couenne, n. f.
couenneux, euse, adj.
couette, n. f.
couffe, n. f.
couffin, n. m.
coufique, adj. et n. m.
couguar ou cougouar, n. m.
couic !, interj.
couille, n. f.
couillon, n. m. et adj.
couillonnade, n. f.
couillonner, v. tr.
couinement, n. m.
couiner, v. intr.
coulabilité, n. f.
coulage, n. m.
1. coulant, n. m.
2. coulant, ante, adj.
1. coule, n. f.
2. coule (à la), loc. adv.
coulé, n. m.
coulée, n. f.
coulemelle, n. f.
couler, v. intr., v. tr., v. pron.
couleur, n. f.
couleuvre, n. f.
couleuvreau, n. m.
couleuvrine, n. f.
coulis, adj. et n. m.
coulissant, ante, adj.
coulisse, n. f.
coulisseau, n. m.
coulissement, n. m.
coulisser, v. tr., v. intr.
coulissier, n. m.
couloir, n. m.
coulomb, n. m.
coulombmètre ou coulomètre, n. m.
coulométrie, n. f.
coulommiers, n. m.
coulpe, n. f.
coulure, n. f.
coumarine, n. f.
country, adj. inv., n. m. ou f. inv.
coup, n. m.
coupable, adj. et n.
coupage, n. m.
coupant, ante, adj.
coup-de-poing, n. m.
coupe, n. f.
1. coupé, n. m.
2. coupé, ée, adj.
coupe-choux, n. m. inv.
coupe-cigare(s), n. m. inv.
coupe-circuit, n. m. inv.
coupe-coupe, n. m. inv.
coupée, n. f.
coupe-faim, n. m. inv.
coupe-feu, n. m. inv.
coupe-file, n. m. inv.
coupe-gorge, n. m. inv.
coupe-jarret, n. m.
coupellation, n. f.
coupelle, n. f.
coupe-ongles, n. m. inv.
coupe-papier, n. m. inv.
couper, v. tr., v. intr., v. tr. indir., v. pron.
couperet, n. m.
couperose, n. f.
couperosé, ée, adj.
coupeur, euse, n.
coupe-vent, n. m. inv.
couplage, n. m.
1. couple, n. f.
2. couple, n. m.
couplé, ée, adj.
coupler, v. tr.
couplet, n. m.
coupleur, n. m.
coupoir, n. m.
coupole, n. f.
coupon, n. m.
coupure, n. f.
couque, n. f.
cour, n. f.
courage, n. m.
courageusement, adv.
courageux, euse, adj.
courailler, v. intr.
couramment, adv.
1. courant, ante, adj.
2. courant, n. m.
courante, n. f.
courbage, n. m.
courbaril, n. m.
courbatu, ue, adj.
courbature, n. f.
courbaturé, ée, adj.
courbaturer, v. tr.
courbe, adj. et n. f.

courbé, ée, adj.
courbement, n. m.
courber, v. tr., v. intr., v. pron.
courbette, n. f.
courbure, n. f.
courcailler, v. intr.
courcaillet, n. m.
courçon, courçonne ou courson, coursonne,n.
courette, n. f.
coureur, euse, n.
courge, n. f.
courgette, n. f.
courir, v. intr., v. tr.
courlis, n. m.
couronne, n. f.
couronné, ée, adj.
couronnement, n. m.
couronner, v. tr.
couros ou kouros ou koros, n. m.
courre, v. tr. défect.
courrier, n. m.
courriériste, n.
courroie, n. f.
courroucer, v. tr.
courroux, n. m.
cours, n. m.
course, n. f.
course-croisière, n. f.
1. coursier, ière, n.
2. coursier, n. m.
coursive, n. f.
courson, coursonne ou courçon, courçonne,n. f.
1. court, courte, adj. et adv.
2. court, n. m.
courtage, n. m.
courtaud, aude, n. et adj.
court-bouillon, n. m.
court-circuit, n. m.
court-circuiter, v. tr.
courte-pointe ou courtepointe, n. f.
courtier, ière, n.
courtilière, n. f.
courtine, n. f.
courtisan, n. m.
courtisane, n. f.
courtisanerie, n. f.
courtiser, v. tr.
court-jointé, ée, adj.
court-jus, n. m.
courtois, oise, adj.
courtoisement, adv.
courtoisie, n. f.
court-vêtu, ue, adj.
couru, ue, adj.
couscous, n. m.
cousette, n. f.
couseur, euse, n.
1. cousin, n. m.
2. cousin, ine, n.
cousinage, n. m.
cousiner, v. intr.
coussin, n. m.
coussinet, n. m.
cousu, ue, adj.
coût, n. m.
coûtant, adj. m.
couteau, n. m.
couteau-scie, n. m.
coutelas, n. m.
coutelier, ière, n.
coutellerie, n. f.
coûter, v. intr., v. tr. indir., v. tr.
coûteusement, adv.
coûteux, euse, adj.
coutil, n. m.
coutre, n. m.
coutume, n. f.
coutumier, ière, adj. et n. m.
coutumièrement, adv.
couture, n. f.
couturé, ée, adj.
couturier, n. m.
couturière, n. f.
couvage, n. m.
couvain, n. m.
couvaison, n. f.
couvée, n. f.
couvent, n. m.
couventine, n. f.
couver, v. tr., v. intr.
couvercle, n. m.
1. couvert, erte, adj.
2. couvert, n. m.
couverte, n. f.
couverture, n. f.
couveuse, n. f. et adj. f.
couvi, adj. m.
couvoir, n. m.
couvre-chef, n. m.
couvre-feu, n. m.
couvre-lit, n. m.
couvre-nuque, n. m.
couvre-objet, n. m.
couvre-pied ou couvre-pieds, n. m.
couvre-plat, n. m.
couvreur, n. m.
couvrir, v. tr., v. pron.
covalence, n. f.
covalent, ente, adj.
covariance, n. f.
covariant, iante, n. m. et adj.
covendeur, n. m.
cover-girl, n. f.
cow-boy, n. m.
cowper, n. m.
cow-pox, n. m.
coxal, ale, aux, adj.
coxalgie, n. f.
coxalgique, adj. et n.
coxaplana, n. f.
coxarthrie, n. f.
coxarthrose, n. f.
coxo-fémoral, ale, aux, adj.
coyau, n. m.
coyote, n. m.
c.q.f.d., abrév.
Cr, symbole.
crabe, n. m.
crabier, n. m.
crabot ou clabot, n. m.
crabotage ou clabotage, n. m.
craboter, v. tr.
crabs ou kraps ou kreps, n. m.
crac !, interj.
crachat, n. m.
craché, ée, adj.
crachement, n. m.
cracher, v. tr., v. intr.
cracheur, euse, n.
crachin, n. m.
crachiner, v. impers. intr.
crachoir, n. m.
crachotement, n. m.
crachoter, v. intr.
crack, n. m.
crackeur, n. m.
cracking, n. m.
craie, n. f.
crailler, v. intr.
craindre, v. tr.
crainte, n. f.
craintif, ive, adj.
craintivement, adv.
crambe, n. m.
cramer, v. tr., v. intr.
cramoisi, ie, adj.
crampe, n. f.
crampon, n. m.
cramponner, v. tr., v. pron.
cramponnet, n. m.
cran, n. m.
1. crâne, n. m.
2. crâne, adj.
crânement, adv.
crâner, v. intr.
crânerie, n. f.
crâneur, euse, n. et adj.
crani(o)-, préf.
craniectomie, n. f.
crânien, ienne, adj.
craniologie, n. f.
crantage, n. m.
cranter, v. tr.
crapahuter, v. intr.
crapaud, n. m.
crapaudine, n. f.
crapouillot, n. m.
crapule, n. f.
crapulerie, n. f.
crapuleusement, adv.
crapuleux, euse, adj.
craquage, n. m.
craquant, ante, adj.
craque, n. f.
craquelage, n. m.
craquelé, ée, adj.
craqueler, v. tr., v. pron.
craquelin, n. m.
craquelure, n. f.
craquement, n. m.
craquer, v. intr., v. tr.
craquètement ou craquettement, n. m.
craqueter, v. intr.
craqueur, n. m.
crase, n. f. et adj.
crash, n. m.
crassane, n. f.
crasse, n. f. et adj. f.
crasseux, euse, adj.
crassier, n. m.
crassulacées, n. f. pl.
crassule, n. f.
cratère, n. m.
craterelle, n. f.
cratériforme, adj.
cravache, n. f.
cravacher, v. tr., v. intr.
cravate, n. f.
cravater, v. tr.
crave, n. m.
crawl, n. m.
crawler, v. intr.
crayeux, euse, adj.
crayon, n. m.
crayonnage, n. m.
crayonner, v. tr.
créance, n. f.
créancier, ière, n.
créateur, trice, n. et adj.
créatif, ive, adj.
créatine, n. f.
créatinémie, n. f.
créatinine, n. f.
création, n. f.
créativité, n. f.
créature, n. f.
crécelle, n. f.
crécerelle, n. f.
crèche, n. f.
crécher, v. intr.
crédence, n. f.

crédibilité, n. f.
crédible, adj.
crédirentier, ière, n. et adj.
crédit, n. m.
crédit-bail, n. m.
créditer, v. tr.
créditeur, trice, n. et adj.
credo, n. m.
crédule, adj.
crédulement, adv.
crédulité, n. f.
créer, v. tr.
crémaillère, n. f.
crémant, n. m. et adj.
crémaster, n. m.
crémation, n. f.
crématoire, adj. et n. m.
crème, n. f. et adj. inv.
crémer, v. intr., v. tr.
crémerie, n. f.
crémeux, euse, adj.
crémier, ière, n.
crémone, n. f.
créneau, n. m.
crénelage, n. m.
crénelé, ée, adj.
créneler, v. tr.
crénelure, n. f.
crénothérapie, n. f.
créodontes, n. m. pl.
créole, n. et adj.
créosote, n. f.
créosoter, v. tr.
crêpage, n. m.
1. crêpe, n. f.
2. crêpe, n. m.
crêpelé, ée, adj.
crêpelu, ue, adj.
crêpelure, n. f.
crêper, v. tr.
crêperie, n. f.
crépi, n. m.
crêpier, ière, n.
crépine, n. f.
crépinette, n. f.
crépins, n. m. pl.
crépir, v. tr.
crépissage, n. m.
crépissure, n. f.
crépitation, n. f.
crépitement, n. m.
crépiter, v. intr.
crépitule, n. f.
crépon, n. m.
crépu, ue, adj.
crépure, n. f.
crépusculaire, adj.
crépuscule, n. m.
crescendo, adv. et n. m. inv.
crésol, n. m.
cresson, n. m.
cressonnette, n. f.
cressonnière, n. f.
crésus, n. m.
crésyl, n. m.
crêt, n. m.
crétacé, ée, adj. et n. m.
crête, n. f.
crêté, ée, adj.
crête-de-coq, n. f.
crételle, n. f.
crétin, ine, n. et adj.
crétinerie, n. f.
crétinisation, n. f.
crétiniser, v. tr.
crétinisme, n. m.
crétinoïde, adj.
crétois, oise, adj. et n.
cretonne, n. f.
creusage, n. m.
creusement, n. m.
creuser, v. tr., v. pron.
creuset, n. m.
1. creux, euse, adj. et adv.
2. creux, n. m.
crevaison, n. f.
crevant, ante, adj.
crevard, arde, adj. et n.
crevasse, n. f.
crevasser, v. tr., v. pron.
crève, n. f.
crevé, ée, adj. et n.
crevé, n. m.
crève-cœur, n. m. inv.
crève-la-faim, n. m. inv.
crever, v. intr., v. tr., v. pron.
crevette, n. f.
crevettier, n. m.
cri, n. m.
criaillement, n. m.
criailler, v. intr.
criaillerie, n. f.
criailleur, euse, n. et adj. m.
criant, ante, adj.
criard, arde, adj.
criblage, n. m.
crible, n. m.
cribler, v. tr.
cribleur, euse, n.
criblure, n. f.
cric, n. m.
cric-crac ! interj.
cricket, n. m.
cricoïde, n. m. et adj.
cri-cri, n. m. inv.
criée, n. f.
crier, v. intr., v. tr.
crieur, euse, n.
crime, n. m.
criméen, éenne, adj. et n.
criminalisation, n. f.
criminaliser, v. tr.
criminaliste, n.
criminalistique, adj. et n. f.
criminalité, n. f.
criminel, elle, n. et adj.
criminellement, adv.
criminologie, n. f.
criminologiste ou criminologue, n.
crin, n. m.
crincrin, n. m.
crinier, n. m.
crinière, n. f.
crinoïdes, n. m. pl.
crinoline, n. f.
criocère, n. m.
crique, n. f.
criquer, v. intr.
criquet, n. m.
crise, n. f.
crispant, ante, adj.
crispation, n. f.
crisper, v. tr., v. pron.
crispin, n. m.
crissement, n. m.
crisser, v. intr.
crissure, n. f.
cristal, aux, n. m.
cristallerie, n. f.
cristallier, n. m.
cristallifère, adj.
1. cristallin, ine, adj.
2. cristallin, n. m.
cristallinien, ienne, adj.
cristallisable, adj.
cristallisant, ante, adj.
cristallisation, n. f.
cristalliser, v. tr., v. intr. ou pron.
cristallisoir, n. m.
cristallo-, préf.
cristallochimie, n. f.
cristallochimique, adj.
cristallo-électrique, adj.
cristallogénie, n. f.
cristallographe, n.
cristallographie, n. f.
cristallographique, adj.
cristalloïde, adj. et n. f.
cristallophyllien, ienne, adj.
criste-marine, n. f.
cristi !, interj.
critère, n. m.
critérium, n. m.
crithme ou crithmum, n. m.
criticisme, n. m.
criticiste, adj. et n.
criticité, n. f.
critiquable, adj.
critique, adj. et n.
critiquer, v. tr.
critiqueur, euse, n.
croassement, n. m.
croasser, v. intr.
croate, adj. et n.
croc, n. m.
croc-en-jambe, n. m.
croche, adj. et n. f.
croche-pied, n. m.
crocher, v. tr.
crochet, n. m.
crochetable, adj.
crochetage, n. m.
crocheter, v. tr.
crocheteur, n. m.
crochu, ue, adj.
crocodile, n. m.
crocodiliens, n. m. pl.
crocus, n. m.
croire, v. tr., v. tr. indir., v. intr.
croisade, n. f.
1. croisé, n. m.
2. croisé, ée, adj.
croisée, n. f.
croisement, n. m.
croiser, v. tr., v. intr., v. pron.
croiserie, n. f.
croisette, n. f.
croiseur, n. m.
croisière, n. f.
croisillon, n. m.
croissance, n. f.
1. croissant, n. m.
2. croissant, ante, adj.
croît, n. m.
croître, v. intr.
croix, n. f.
cromlech, n. m.
cromorne, n. m.
crooner, n. m.
croquant, n. m.
croquant, ante, adj.
croque au sel (à la), loc. adv.
croque-madame, n. m. inv.
croquembouche, n. f.
croquemitaine ou croque-mitaine, n. m.
croque-monsieur, n. m. inv.
croque-mort, n. m.
croqueneau ou croquenot, n. m.
croquer, v. intr.
croquet, n. m.
croquette, n. f.
croquignole, n. f.
croquignolet, ette, adj.
croquis, n. m.
croskill, n. m.
crosne, n. m.

cross, n. m.
cross-country, n. m.
crosse, n. f.
crossé, ée, adj.
crosser, v. tr.
crossette, n. f.
crossing-over, n. m.
crossoptérygiens, n. m. pl.
crotale, n. m.
croton, n. m.
crotte, n. f. et interj.
crotté, ée, adj.
crotter, v. tr., v. intr., v. pron.
crottin, n. m.
croulant, ante, adj. et n.
croule, n. f.
crouler, v. intr.
croup, n. m.
croupade, n. f.
croupe, n. f.
croupetons (à), loc. adv.
croupi, ie, adj.
croupier, n. m.
croupière, n. f.
croupion, n. m.
croupir, v. intr.
croupissant, ante, adj.
croupissement, n. m.
croupon, n. m.
croustade, n. f.
croustillant, ante, adj.
croustiller, v. intr.
croustilleux, euse, adj.
croûte, n. f.
croûter, v. intr.
croûteux, euse, adj.
croûton, n. m.
crown-glass, n. m.
croyable, adj.
croyance, n. f.
croyant, ante, adj. et n.
C.R.S., abrév., n. m.
1. cru, ue, adj.
2. cru, n. m.
crû, ue, participe passé du v. croire
cruauté, n. f.
cruche, n. f.
cruchon, n. m.
crucial, ale, aux, adj.
cruciféracées, n. f. pl.
crucifère, adj. et n. f.
crucifié, ée, adj. et n. m.
crucifiement, n. m.
crucifier, v. tr.
crucifix, n. m.
crucifixion, n. f.
cruciforme, adj.
cruciverbiste, n.
crudité, n. f.
crue, n. f.
cruel, elle, adj.
cruellement, adv.
cruenté, ée, adj.
cruiser, n. m.
crûment, adv.
cruor, n. m.
crural, ale, aux, adj.
crusher, n. m.
crustacé, ée, adj. et n. m.
cruzeiro, n. m.
cry(o)-, préf.
cryanesthésie, n. f.
cryoclastie, n. f.
cryoconducteur, trice, adj. et n.
cryodessication, n. f.
cryoélectronique, adj. et n. f.
cryogène, adj. et n. m.
cryogénie, n. f.
cryogénique, adj.
cryoglobuline, n. f.
cryoglobulinémie, n. f.
cryolite ou cryolithe, n. f.
cryologie, n. f.
cryomètre, n. m.
cryométrie, n. f.
cryoscopie, n. f.
cryostat, n. m.
cryothérapie, n. f.
cryoturbation, n. f.
crypte, n. f.
cryptique, adj.
crypto-, préf.
cryptocalvinisme, n. m.
cryptocalviniste, adj. et n.
cryptogame, adj. et n. m.
cryptogamie, n. f.
cryptogamique, adj.
cryptogénétique, adj.
cryptogramme, n. m.
cryptographie, n. f.
cryptographique, adj.
cryptophyte, n. f.
cryptorchidie, n. f.
Cs, symbole.
csar, czar, tsar ou tzar, n. m.
csardas ou czardas, n. f.
cténaires, n. m. pl.
cténophores, n. m. pl.
Cu, symbole.
cubage, n. m.
cubain, aine, adj. et n.
cubature, n. f.
cube, n. m.
cuber, v. tr., v. intr.
cubilot, n. m.
cubique, adj. et n. f.
cubisme, n. m.
cubiste, adj. et n.
cubitainer, n. m.
cubital, ale, aux, adj.
cubitus, n. m.
cucu ou cucul, adj. inv.
cuculidés, n. m. pl.
cuculiformes, n. m. pl.
cucurbitacées, n. f. pl.
cucurbite, n. f.
cue-bid, n. m.
cueillaison, n. f.
cueillette, n. f.
cueilleur, euse, n.
cueillir, v. tr.
cueilloir, n. m.
cuesta, n. f.
cui-cui, n. m. inv.
cuiller ou cuillère, n. f.
cuillerée, n. f.
cuilleron, n. m.
cuir, n. m.
cuirasse, n. f.
1. cuirassé, ée, adj.
2. cuirassé, n. m.
cuirassement, n. m.
cuirasser, v. tr., v. pron.
cuirassier, n. m.
cuire, v. tr., v. intr.
cuisant, ante, adj.
cuisine, n. f.
cuisiner, v. intr., v. tr.
cuisinette, n. f.
cuisinier, ière, n.
cuisinière, n. f.
cuissage, n. m.
cuissard, n. m.
cuissardes, n. f. pl.
cuisse, n. f.
cuisseau, n. m.
cuisse-madame, n. f.
cuisson, n. f.
cuissot, n. m.
cuistance, n. f.
cuistot, n. m.
cuistre, n. m. et adj.
cuistrerie, n. f.
cuit, cuite, adj. et n.
cuite, n. f.
cuiter (se), v. pron.
cuivrage, n. m.
cuivre, n. m.
cuivré, ée, adj.
cuivrer, v. tr.
cuivreux, euse, adj.
cuivrique, adj.
cul, n. m.
culasse, n. f.
cul-blanc, n. m.
culbutage, n. m.
culbute, n. f.
culbuter, v. intr., v. tr.
culbuteur, n. m.
cul-de-basse-fosse, n. m.
cul-de-four, n. m.
cul-de-jatte, n. et adj.
cul-de-lampe, n. m.
cul-de-porc, n. m.
cul-de-poule, n. m.
cul-de-sac, n. m.
culée, n. f.
culer, v. intr.
culeron, n. m.
culicidés, n. m. pl.
culière, n. f.
culinaire, adj.
culminant, ante, adj.
culmination, n. f.
culminer, v. intr.
culot, n. m.
culottage, n. m.
culotte, n. f.
culotté, ée, adj.
culotter, v. tr., v. pron.
culottier, ière, n.
culpabiliser, v. tr., v. pron.
culpabilité, n. f.
culte, n. m.
cultéranisme, n. m.
cul-terreux, n. m.
-culteur, suff.
cultisme, n. m.
cultivable, adj.
cultivar, n. m.
cultivateur, trice, n. et adj.
cultivé, ée, adj.
cultiver, v. tr., v. pron.
cultuel, elle, adj.
cultural, ale, aux, adj.
culturalisme, n. m.
culture, n. f.
-culture, suff.
culturel, elle, adj.
culturisme, n. m.
culturiste, n.
cumin, n. m.
cumul, n. m.
cumulard, n. m.
cumulatif, ive, adj.
cumuler, v. tr.
cumulonimbus, n. m. inv.
cumulostratus, n. m.
cumulus, n. m. inv.
cunéiforme, adj. et n. m.
cuniculiculture, n. f.
cunnilingus, n. m.
cupide, adj.
cupidement, adv.
cupidité, n. f.
cupressales, n. f. pl.
cupri-, préf.
cuprifère, adj.
cuprique, adj.

cuprisme, n. m.
cupro-, préf.
cupro-alliage, n. m.
cupro-aluminium, n. m.
cupro-ammoniacal, ale, aux, adj.
cupronickel, n. m.
cuproplomb, n. m.
cupropotassique, adj.
cupule, n. f.
cupulifères, n. f.pl.
curabilité, n. f.
curable, adj.
curaçao, n. m.
curage, n. m.
curare, n. m.
curarisation, n. f.
curariser, v. tr.
curatelle, n. f.
curateur, trice, n.
curatif, ive, adj. et n. m.
curculionidés, n. m. pl.
curcuma, n. m.
cure, n. f.
curé, n. m.
cure-dents, n. m. inv.
curée, n. f.
cure-ongles, n. m. inv.
cure-oreille, n. m.
cure-pipe, n. m.
curer, v. tr., v. pron.
curetage, n. m.
cureter, v. tr.
curette, n. f.
curial, ale, aux, adj.
curiate, adj.
curide, n. m.
1. curie, n. f.
2. curie, n. m.
curietest, n. m.
curiethérapie, n. f.
curieusement, adv.
curieux, euse, adj. et n.
curiosité, n. f.
curiste, n.
curium, n. m.
curling, n. m.
curopalate, n. m.
curriculum vitæ, n. m. inv.
curry, cary ou cari, n. m.
curseur, n. m.
cursif, ive, adj. et n. f.
cursivement, adv.
cursus, n. m.
curule, adj.
curv(i)-, préf.
curviligne, adj.
curvimètre, n. m.
cuscutacées, n. f. pl.
cuscute, n. f.
cuspide, n. f.
custode, n. f.
cutané, ée, adj.
cuticule, n. f.
cutine, n. f.
cuti-réaction ou cutiréaction, n. f.
cutter, n. m.
cuvage, n. m.
cuvaison, n. f.
cuve, n. f.
cuveau, n. m.
cuvée, n. f.
cuvelage, n. m.
cuveler, v. tr.
cuvellement, n. m.
cuver, v. intr., v. tr.
cuvette, n. f.
cuvier, n. m.
cyan, n. m. et adj.
cyan-, préf.
cyanamide, n. f.
cyanhydrique, adj.
cyani- ou cyano-, préf.
cyanocobalamine, n. f.
cyanogène, n. m. et adj.
cyanophycées, n. f. pl.
cyanose, n. f.
cyanuration, n. f.
cyanure, n. m.
cyanurer, v. tr.
cybernéticien, ienne, n.
cybernétique, n. f.
cycas, n. m.
cyclable, adj.
cyclamen, n. m.
cyclane, n. m.
cycle, n. m.
cyclique, adj.
cyclisation, n. f.
cyclisme, n. m.
cycliste, n. et adj.
cyclo-, préf.
cyclo-cross, n. m.
cyclohexane, n. m.
cyclohexanol, n. m.
cycloïdal, ale, aux, adj.
1. cycloïde, n. f.
2. cycloïde, adj. et n.
cycloïdie, n. f.
cyclomoteur, n. m.
cyclomotoriste, n.
cyclonal, ale, aux, adj.
cyclone, n. m.
cyclonique, adj.
cyclope, n. m.
cyclopéen, éenne, adj.
cyclopentane, n. m.
cyclopropane, n. m.
cyclostome, n. m.
cyclothymie, n. f.
cyclothymique, adj. et n.
cyclotourisme, n. m.
cyclotron, n. m.
cygne, n. m.
cylindrage, n. m.
cylindraxe, n. m.
cylindre, n. m.
cylindrée, n. f.
cylindrer, v. tr.
cylindrique, adj.
cylindroïde, adj.
cymaise ou cimaise, n. f.
cymbalaire, n. f.
cymbale, n. f.
cymbalier ou cymbaliste, n.
cymbalum ou czimbalum, n. m.
cyme, n. f.
cymrique ou kymrique, n. m.
cynégétique, adj. et n. f.
cynips, n. m.
cynique, adj. et n.
cyniquement, adv.
cynisme, n. m.
cyno-, préf.
cynocéphale, n. m.
cynodrome, n. m.
cynoglosse, n. f.
cynomys, n. m.
cynophile, adj. et n.
cynorhodon, n. m.
cypéracées, n. f. pl.
cyphoscoliose, n. f.
cyphose, n. f.
cyprès, n. m.
cyprière, n. f.
cyprin, n. m.
cyprinidés, n. m. pl.
cypriote ou chypriote, n. et adj.
cyrénaïque, n. et adj.
cyrillique, adj.
cyst(i)- ou cyst(o)-, préf.
-cyste, suff.
cystectomie, n. f.
cystéine, n. f.
cysticercose, n. f.
cysticerque, n. m.
cystidés, n. m. pl.
cystine, n. f.
cystique, adj. et n. m.
cystite, n. f.
cystographie, n. f.
cystoïdes, n. m. pl.
cystoscope, n. m.
cystoscopie, n. f.
cystostomie, n. f.
cystotomie, n. f.
-cyte, suff.
cytise, n. m.
cyto-, préf.
cytobactériologique, adj.
cytochrome, n. m.
cytodiagnostic, n. m.
cytogénétique, n. f.
cytologie, n. f.
cytologique, adj.
cytolyse, n. f.
cytolytique, adj.
cytopathologie, n. f.
cytoplasme, n. m.
cytoplasmique, adj.
cytosine, n. f.
cytostatique, adj.
cytotoxine, n. f.
cytotropisme, n. m.
czar, csar, tsar ou tzar, n. m.
czardas ou csardas, n. f.
czimbalum ou cymbalum, n. m.

D

d, n. m.
D, symbole
1. da, interj.
2. da, abrév.
d'abord, loc. adv.
da capo, loc. adv.
d'accord, loc. adv.
dace, adj. et n.
dactyle, n. m.
-dactyle, suff.
dactylique, adj.
dactylo-, préf.
dactylo, n.
dactylographe, n.
dactylographie, n. f.
dactylographier, v. tr.
dactylographique, adj.
dactyloscopie, n. f.
dactyphone, n. m.
1. dada, n. m.
2. dada, n. m. et adj. inv.
dadais, n. m.
dadaïsme, n. m.
dadaïste, adj. et n.
dague, n. f.
daguerréotype, n. m.
daguerréotypie, n. f.
daguet, n. m.
dahabieh, n. f.
dahir, n. m.
dahlia, n. m.
dahoméen, éenne, adj. et n.
daigner, v. tr.
d'ailleurs, loc. adv.
daim, n. m.
daïmio ou daïmyo, n. m.
daine, n. f.
dais, n. m.
dalaï-lama, n. m.
dallage, n. m.
dalle, n. f.
daller, v. tr.
dalmate, adj. et n.
dalmatien, n. m.
dalmatique, n. f.
dalot, n. m.
daltonien, ienne, adj. et n.
daltonisme, n. m.
dam, n. m.
damage, n. m.
daman, n. m.
damas, n. m.
damasquinage, n. m.
damasquiner, v. tr.
damasquinerie, n. f.
damasquineur, n. m.
damassé, ée, adj. et n. m.
damasser, v. tr.
damassure, n. f.
1. dame, n. f.
2. dame !, interj.
dame-d'onze-heures, n. f.
dame-jeanne, n. f.
damer, v. tr.
damier, n. m.
damnable, adj.
damnation, n. f.
damné, ée, adj. et n.
damner, v. tr.
damoiseau, n. m.
damoiselle, n. f.
dan, n. m.
danaïde, n. f.
dancing, n. m.
dandinant, ante, adj.
dandinement, n. m.
dandiner, v. tr., v. intr. ou pron.
dandy, n. m.
dandysme, n. m.
danger, n. m.
dangereusement, adv.
dangereux, euse, adj.
1. danois, oise, adj. et n.
2. danois, n. m.
dans, prép.
dansable, adj.
dansant, ante, adv.
danse, n. f.
danser, v. intr., v. tr.
danseur, euse, n.
dantesque, adj.
danubien, ienne, adj. et n.
daphné, n. m.
daphnie, n. f.
d'après, loc. prép.
daraise, n. f.
darbouka ou derbouka, n. m.
darce ou darse, n. f.
dard, n. m.
darder, v. tr.
dardillon, n. m.
dare-dare, loc. adv.
darne, n. f.
darse ou darce, n. f.
darsonvalisation, n. f.
dartre, n. f.
dartreux, euse, adj.
darwinien, ienne, adj. et n.
darwinisme, n. m.
darwiniste, adj. et n.
dasycladales, n. f. pl.
dasypodidés, n. m. pl.
dasyure, n. m.
datable, adj.
datage, n. m.
dataire, n. m.
datation, n. f.
datcha, n. f.
date, n. f.
dater, v. tr., v. intr.
daterie, n. f.
dateur, euse, n. m. et adj.
1. datif, n. m.
2. datif, ive, adj.
dation, n. f.
datte, n. f.
dattier, n. m.
datura, n. m.
daube, n. f.
dauber, v. tr., v. intr.
daubière, n. f.
1. dauphin, n. m.
2. dauphin, ine, n.
dauphinelle, n. f.
dauphinois, oise, adj. et n.
daurade ou dorade, n. f.
davantage, adv.
davier, n. m.
dazibao, n. m.
dB, symbole
D.C.A., abrév., n. f.
d.d.p., abrév.
D.D.T., abrév., n. m.
de, prép.
du, de la, des, articles partitifs
dé, n. m.
de-, dé-, des-, dés-, préf.
dead-heat, n. m.
dealer, n. m.
déambulation, n. f.
déambulatoire, adj. et n. m.
déambuler, v. intr.
débâcle, n. f.
débâcler, v. tr., v. intr.
débagouler, v. intr., v. tr.
déballage, n. m.
déballastage, n. m.
déballer, v. tr.
déballeur, euse, n.
débalourder, v. tr.
débandade, n. f.
débander, v. tr., v. intr., v. pron.
débaptiser, v. tr.
débarbouillage, n. m.
débarbouiller, v. tr., v. pron.
débarcadère, n. m.
débardage, n. m.
débarder, v. tr.
débardeur, n. m.
débarquement, n. m.
débarquer, v. tr., v. intr.
débarras, n. m.
débarrasser, v. tr., v. pron.
débat, n. m.
débâter, v. tr.
débattement, n. m.
débattre, v. tr., v. tr. indir., v. pron.
débauchage, n. m.
débauche, n. f.
débauché, ée, n. et adj.
débaucher, v. tr., v. pron.
débaucheur, euse, n.
débecter, v. tr.
débenzoler, v. tr.
débet, n. m.
débile, adj. et n.
débilement, adv.
débilitant, ante, adj.
débilité, n. f.
débiliter, v. tr.
débinage, n. m.
débine, n. f.
débiner, v. tr., v. pron.
débineur, euse, n.
débirentier, ière, n.
débit, n. m.
débitable, adj.
débitage, n. m.
débitant, ante, n.
débiter, v. tr.
débiteur, trice, n. et adj.
déblai, n. m.
déblaiement, n. m.
déblatérer, v. intr., v. tr.
déblayage, n. m.
déblayer, v. tr.
déblocage, n. m.
débloquer, v. tr., v. intr.
débobiner, v. tr.
déboire, n. m.
déboisement, n. m.
déboiser, v. tr., v. pron.
déboîtement, n. m.
déboîter, v. tr., v. intr.
débonder, v. tr.
débonnaire, adj.
débonnairement, adv.
débonnaireté, n. f.
débordant, ante, adj.
débordé, ée, adj.
débordement, n. m.
déborder, v. intr., v. tr.
débosseler, v. tr.
débotté ou débotter, n. m.
débotter, v. tr., v. pron.
débouchage, n. m.
débouché, n. m.
débouchement, n. m.
déboucher, v. tr., v. intr.
débouchoir, n. m.
déboucler, v. tr.
déboulé, n. m.

débouler, v. intr.
déboulonnage, n. m.
déboulonnement, n. m.
déboulonner, v. tr.
débouquer, v. intr.
débourbage, n. m.
débourber, v. tr.
débourbeur, n. m.
débourrage, n. m.
débourrement, n. m.
débourrer, v. tr., v. intr.
débours, n. m.
débourser, v. tr.
déboussoler, v. tr.
debout, adv., interj., et adj. inv.
débouté, n. m.
déboutement, n. m.
débouter, v. tr.
déboutonner, v. tr., v. pron.
débraillé, ée, adj. et n. m.
débrailler (se), v. pron.
débranchement, n. m.
débrancher, v. tr.
débrayage, n. m.
débrayer, v. tr., v. intr.
débrayeur, n. m.
débridé, ée, adj.
débridement, n. m.
débrider, v. tr.
débris, n. m.
débrochage, n. m.
débrocher, v. tr.
débrouillage, n. m.
débrouillard, arde, adj. et n.
débrouillardise, n. f.
débrouille, n. f.
débrouillement, n. m.
débrouiller, v. tr., v. pron.
débrouilleur, euse, n.
débroussaillement, n. m.
débroussailler, v. tr.
débuché ou débucher, n. m.
débucher, v. intr., v. tr.
débudgétiser, v. tr.
débusquement, n. m.
débusquer, v. tr., v. intr.
début, n. m.
débutanisation, n. f.
débutant, ante, n. et adj.
débuter, v. intr., v. tr.
debye, n. m.
déca-, préf.
deçà, prép. et adv.
décabristes, n. m. pl.
décachetage, n. m.
décacheter, v. tr.
décadaire, adj.
décade, n. f.
décadenasser, v. tr.
décadence, n. f.
décadent, ente, adj. et n.
décadi, n. m.
décaèdre, adj. et n. m.
décaféiné, ée, adj. et n. m.
décaféiner, v. tr.
décagonal, ale, aux, adj.
décagone, n. m.
décagramme, n. m.
décaissement, n. m.
décaisser, v. tr.
décalage, n. m.
décalaminage, n. m.
décalaminer, v. tr.
décalcification, n. f.
décalcifier, v. tr., v. pron.
décalcomanie, n. f.
décaler, v. tr.
décalitre, n. m.
décalogue, n. m.
décalotter, v. tr.
décalquage, n. m.
décalque, n. m.
décalquer, v. tr.
décalvation, n. f.
décamètre, n. m.
décamétrique, adj.
décamper, v. intr.
décan, n. m.
décanat, n. m.
décaniller, v. intr.
décantage, n. m.
décantation, n. f.
décanter, v. tr., v. pron.
décanteur, n. m.
décapage, n. m.
décapant, n. m.
décapeler, v. tr., v. intr.
décapement, n. m.
décaper, v. tr.
décapeuse, n. f.
décapitation, n. f.
décapiter, v. tr.
décapodes, n. m. pl.
décapotable, adj. et n. f.
décapoter, v. tr.
décapsuler, v. tr.
décapsuleur, n. m.
décarbonatation, n. f.
décarbonater, v. tr.
décarboxylase, n. f .
décarboxylation, n. f.
décarburant, n. m.
décarburation, n. f.
décarburer, v. tr.
décarcasser (se), v. pron.
décasyllabe, adj. et n. m.
décasyllabique, adj.
décathlon, n. m.
décathlonien, enne, n.
décati, ie, adj.
décatir, v. tr., v. pron.
décatissage, n. m.
decauville, n. m.
décaver, v. tr., v. pron.
décéder, v. intr.
décelable, adj.
décèlement, n. m.
déceler, v. tr.
décélération, n. f.
décélérer, v. intr.
décéléromètre, n. m.
décembre, n. m.
décembristes, n. m. pl.
décemment, adv.
décemvir, n. m.
décemvirat, n. m.
décence, n. f.
décennal, ale, aux, adj.
décennie, n. f.
décent, ente, adj.
décentrage, n. m.
décentralisateur, trice, adj.
décentralisation, n. f.
décentraliser, v. tr.
décentration, n. f.
décentrement, n. m.
décentrer, v. tr.
déception, n. f.
décérébrer, v. tr.
décerner, v. tr.
décerveler, v. tr.
décès, n. m.
décevant, ante, adj.
décevoir, v. tr.
déchaîné, ée, adj.
déchaînement, n. m.
déchaîner, v. tr.
déchant, n. m.
déchanter, v. intr.
décharge, n. f.
déchargement, n. m.
déchargeoir, n. m.
décharger, v. tr., v. pron.
déchargeur, n. m.
décharné, ée, adj.
décharner, v. tr.
déchaumage, n. m.
déchaumer, v. tr.
déchaumeuse, n. f.
déchaussage, n. m.
déchaussé, ée, adj.
déchaussement, n. m.
déchausser, v. tr., v. pron., v. intr.
déchausseuse, n. f.
déchaussoir, n. m.
déchaux, adj. m.
dèche, n. f.
déchéance, n. f.
déchet, n. m.
déchiffrable, adj.
déchiffrage, n. m.
déchiffrement, n. m.
déchiffrer, v. tr.
déchiffreur, euse, n.
déchiquetage, n. m.
déchiqueter, v. tr.
déchiqueteur, n. m.
déchiqueture, n. f.
déchirant, ante, adj.
déchirement, n. m.
déchirer, v. tr., v. pron.
déchirure, n. f.
déchlorurer, v. tr.
déchoir, v. intr.
déchristianisation, n. f.
déchristianiser, v. tr., v. pron.
déchu, ue, adj. et n. m. pl.
déci-, préf.
décibel, n. m.
décidé, ée, adj.
décidément, adv.
décider, v. tr. dir., v. tr. indir., v. pron.
décigrade, n. m.
décigramme, n. m.
décile, n. m.
décilitre, n. m.
décimal, ale, aux, adj.
décimale, n. f.
décimalisation, n. f.
décimaliser, v. tr.
décimalité, n. f.
décimateur, n. m.
décimation, n. f.
décime, n. m.
décimer, v. tr.
décimètre, n. m.
décimétrique, adj.
décintrage, n. m.
décintrement, n. m.
décintrer, v. tr.
décisif, ive, adj.
décision, n. f.
décisionnel, elle, adj.
décisoire, adj.
déclamateur, trice, n. m. et adj.
déclamation, n. f.
déclamatoire, adj.
déclamer, v. tr., v. intr.
déclaratif., adj.
déclaration, n. f.
déclaratoire, adj.
déclaré, ée, adj.
déclarer, v. tr., v. pron.
déclassé, ée, adj. et n.
déclassement, n. m.
déclasser, v. tr., v. pron.

déclaveter, v. tr.
déclenche, n. f.
déclenchement, n. m.
déclencher, v. tr., v. pron.
déclencheur, n. m. et adj. m.
déclic, n. m.
déclin, n. m.
déclinable, adj.
déclinaison, n. f.
déclinant, ante, adj.
1. déclinatoire, adj. et n. m.
2. déclinatoire, n. m.
décliner, v. intr., v. tr.
décliquetage, n. m.
décliqueter, v. tr.
déclive, adj. et n. f.
déclivité, n. f.
décloisonnement, n. m.
décloisonner, v. tr.
déclore, v. tr.
déclouer, v. tr.
décocher, v. tr.
décocté, n. m.
décoction, n. f.
décodage, n. m.
décoder, v. tr.
décodeur, n. m.
décoffrage, n. m.
décoffrer, v. tr.
décoiffage, n. m.
décoiffement, n. m.
décoiffer, v. tr.
décoinçage, n. m.
décoincement, n. m.
décoincer, v. tr.
décolérer, v. intr.
décollage, n. m.
décollation, n. f.
décollement, n. m.
décoller, v. tr., v. intr.
décolletage, n. m.
décolleté, ée, adj. et n. m.
décolleter, v. tr.
décolleteur, euse, n.
décolleteuse, n. f.
décolonisation, n. f.
décoloniser, v. tr.
décolorant, ante, adj. et n. m.
décoloration, n. f.
décoloré, ée, adj.
décolorer, v. tr., v. pron.
décombres, n. m. pl.
décommander, v. tr., v. pron.
de commodo et incommodo, loc.
décompensation, n. f.
décompensé, ée, adj.
décomplexer, v. tr.
décomposable, adj.
décomposer, v. tr., v. pron.
décomposition, n. f.
décompresseur, n. m.
décompression, n. f.
décomprimer, v. tr.
décompte, n. m.
décompter, v. tr., v. intr.
déconcentration, n. f.
déconcentrer, v. tr., v. pron.
déconcertant, ante, adj.
déconcerter, v. tr., v. pron.
déconditionner, v. tr.
déconfit, ite, adj.
déconfiture, n. f.
décongélation, n. f.
décongeler, v. tr.
décongestion, n. f.
décongestionner, v. tr.
déconnecter, v. tr.
déconner, v. intr.
déconnexion, n. f.
déconseiller, v. tr.
déconsidération, n. f.
déconsidérer, v. tr., v. pron.
déconsigner, v. tr.
décontamination, n. f.
décontaminer, v. tr.
décontenancer, v. tr., v. pron.
décontracté, ée, adj.
décontracter, v. tr., v. pron.
décontraction, n. f.
déconvenue, n. f.
décor, n. m.
décorateur, trice, n.
décoratif, ive, adj.
décoration, n. f.
décorder, v. tr.
décorer, v. tr.
décorner, v. tr.
décorticage, n. m.
décortication, n. f.
décortiquer, v. tr.
décorum, n. m. sing.
décote, n. f.
découcher, v. intr.
découdre, v. tr., v. intr., v. pron.
découler, v. intr.
découpage, n. m.
découpe, n. f.
découpé, ée, adj.
découper, v. tr., v. pron.
découpeur, euse, n.
découplage, n. m.
découplé, ée, adj.
découpler, v. tr.
découpoir, n. m.
découpure, n. f.
décourageant, ante, adj.
découragement, n. m.
décourager, v. tr., v. pron.
découronnement, n. m.
découronner, v. tr.
décours, n. m.
décousu, ue, adj. et n. m.
décousure, n. f.
découvert, n. m.
découvert, erte, adj.
découverte, n. f.
découvreur, n. m.
découvrir, v. tr., v. pron.
décrassage, n. m.
décrassement, n. m.
décrasser, v. tr., v. pron.
décrément, n. m.
décrémenter, v. tr.
décrêper, v. tr.
décrépir, v. tr., v. pron.
décrépissage, n. m.
décrépit, ite, adj.
décrépitude, n. f.
decrescendo, adv. et n. m. inv.
décret, n. m.
décrétale, n. f.
décréter, v. tr.
décret-loi, n. m.
décreusage, n. m.
décreuser, v. tr.
décri, n. m.
décrier, v. tr.
décrire, v. tr., v. pron.
décrochage, n. m.
décrochement, n. m.
décrocher, v. tr., v. intr.
décrochez-moi-ça, n. m. inv.
décroiser, v. tr.
décroissance, n. f.
décroissant, ante, adj.
décroissement, n. m.
décroît, n. m.
décroître, v. intr.
décrottage, n. m.
décrotter, v. tr.
décrotteur, n. m.
décrottoir, n. m.
décruage, n. m.
décrue, n. f.
décruer, v. tr.
décrusage, n. m.
décruser, v. tr.
décryptage, n. m.
décrypter, v. tr.
déçu, ue, adj.
décubitus, n. m.
de cujus, n. m.
déculasser, v. tr.
déculottée, n. f.
déculotter, v. tr., v. pron.
déculpabiliser, v. tr.
décuple, adj. et n.
décuplement, n. m.
décupler, v. tr., v. intr.
décurie, n. f.
décurion, n. m.
décurrent, ente, adj.
décussé, ée, adj.
décuvage, n. m.
décuvaison, n. f.
décuver, v. tr.
dédaignable, adj.
dédaigner, v. tr., v. tr. indir.
dédaigneusement, adv.
dédaigneux, euse, adj. et n.
dédain, n. m.
dédale, n. m.
dédaléen, éenne, adj.
dedans, adv., prép. et n. m.
dédicace, n. f.
dédicacer, v. tr.
dédicataire, n.
dédicatoire, adj.
dédier, v. tr.
dédire, v. tr., v. pron.
dédit, n. m.
dédommagement, n. m.
dédommager, v. tr., v. pron.
dédorer, v. tr., v. pron.
dédouanage, n. m.
dédouanement, n. m.
dédouaner, v. tr., v. pron.
dédoublage, n. m.
dédoublement, n. m.
dédoubler, v. tr., v. pron.
dédramatiser, v. tr.
déductible, adj.
déductif, ive, adj.
déduction, n. f.
déduire, v. tr.
déduit, n. m.
déesse, n. f.
de facto, loc. adv.
défaillance, n. f.
défaillant, ante, adj.
défaillir, v. intr.
défaire, v. tr., v. pron.
défait, aite, adj.
défaite, n. f.
défaitisme, n. m.
défaitiste, adj. et n.
défalcation, n. f.
défalquer, v. tr.
défatiguer, v. tr.
défaufiler, v. tr.
défausse, n. f.
défausser, v. tr., v. pron.
défaut, n. m.
défaveur, n. f.
défavorable, adj.
défavorablement, adv.
défavoriser, v. tr.
défécation, n. f.

défectif, ive, adj.
défection, n. f.
défectueusement, adv.
défectueux, euse, adj.
défectuosité, n. f.
défendable, adj.
défendeur, deresse, n.
défendre, v. tr., v. pron.
défends ou défens, n. m.
défendu, ue, adj.
défenestration, n. f.
défens ou défends, n. m.
défense, n. f.
défenseur, n. m.
défensif, ive, adj.
défensive, n. f.
déféquer, v. tr., v. intr.
déférence, n. f.
déférent, adj. m.
déférent, ente, adj.
déférer, v. tr., v. tr. indir.
déferlage, n. m.
déferlant, ante, adj. et n. f.
déferlement, n. m.
déferler, v. tr., v. intr.
déferrage, n. m.
déferrement, n. m.
déferrer, v. tr., v. pron.
déferrure, n. f.
défeuillaison, n. f.
défeuiller, v. tr., v. pron.
défeutrage, n. m.
défeutrer, v. tr.
défi, n. m.
défiance, n. f.
défiant, ante, adj.
défibrage, n. m.
défibrer, v. tr.
défibreur, euse, n.
déficeler, v. tr.
déficience, n. f.
déficient, iente, adj.
déficit, n. m.
déficitaire, adj.
défier, v. tr., v. pron.
défiguration, n. f.
défigurement, n. m.
défigurer, v. tr.
défilage, n. m.
défilé, n. m.
défilement, n. m.
défiler, v. tr., v. intr., v. pron.
défileuse, n. f.
défini, ie, adj. et n. m.
définir, v. tr.
définissable, adj.
définitif, ive, adj. et n. m.
définition, n. f.
définitivement, adv.
déflagrant, ante, adj.
déflagrateur, n. m.
déflagration, n. f.
déflagrer, v. intr.
déflation, n. f.
déflationniste, adj.
défléchir, v. tr.
déflecteur, trice, adj. et n.
défleuraison, n. f.
défleurir, v. tr., v. intr.
déflexion, n. f.
défloraison, n. f.
défloration, n. f.
déflorer, v. tr.
défluent, n. m.
défoliant, ante, n. et adj.
défoliation, n. f.
défolier, v. tr.
défonçage, n. m.
défoncé, ée, adj. et n.
défoncement, n. m.
défoncer, v. tr., v. pron.
défonceuse, n. f.
déformable, adj.
déformateur, trice, adj.
déformation, n. f.
déformer, v. tr., v. pron.
défoulement, n. m.
défouler (se), v. pron.
défournage, n. m.
défournement, n. m.
défourner, v. tr.
défraîchi, ie, adj.
défraîchir, v. tr., v. pron.
défraiement, n. m.
défrayer, v. tr.
défrichable, adj.
défrichage, n. m.
défrichement, n. m.
défricher, v. tr.
défripement, n. m.
défriper, v. tr.
défrisement, n. m.
défriser, v. tr.
défroisser, v. tr.
défroncer, v. tr.
défroque, n. f.
défroqué, ée, adj. et n.
défroquer, v. tr., v. pron. ou intr.
défunt, unte, adj. et n.
dégagé, ée, adj.
dégagement, n. m.
dégager, v. tr., v. intr., v. pron.
dégaine, n. f.
dégainer, v. tr.
déganter, v. tr., v. pron.
dégarnir, v. tr., v. pron.
dégât, n. m.
dégauchir, v. tr.
dégauchissage, n. m.
dégauchissement, n. m.
dégauchisseuse, n. f.
dégazage, n. m.
dégazer, v. tr.
dégazolinage, n. m.
dégazoliner, v. tr.
dégel, n. m.
dégelée, n. f.
dégeler, v. tr., v. pron., v. intr.
dégénéré, ée, adj. et n.
dégénérer, v. intr.
dégénérescence, n. f.
dégermer, v. tr.
dégingandé, ée, adj.
dégivrage, n. m.
dégivrer, v. tr.
dégivreur, n. m.
déglaçage, n. m.
déglacement, n. m.
déglacer, v. tr.
déglinguer, v. tr.
dégluer, v. tr.
déglutination, n. f.
déglutir, v. tr.
déglutition, n. f.
dégobiller, v. tr. et intr.
dégoiser, v. intr.
dégommage, n. m.
dégommer, v. tr.
dégonflage, n. m.
dégonflé, ée, adj. et n.
dégonflement, n. m.
dégonfler, v. tr., v. pron.
dégorgement, n. m.
dégorgeoir, n. m.
dégorger, v. tr., v. intr., v. pron.
dégoter ou dégotter, v. tr., v. intr.
dégoudronner, v. tr.
dégoulinade, n. f.
dégouliner, v. intr.
dégoupiller, v. tr.
dégourdi, ie, adj. et n.
dégourdir, v. tr., v. pron.
dégoût, n. m.
dégoûtamment, adv.
dégoûtant, ante, adj. et n.
dégoûté, ée, adj. et n.
dégoûter, v. tr., v. pron.
dégoutter, v. intr.
dégradant, ante, adj.
dégradation, n. f.
dégradé, n. m.
dégrader, v. tr., v. pron.
dégrafer, v. tr., v. pron.
dégraissage, n. m.
dégraisser, v. tr.
dégraisseur, euse, n.
dégras, n. m.
dégravoiement, n. m.
dégravoyer, v. tr.
degré, n. m.
dégréer, v. tr.
dégressif, ive, adj.
dégrèvement, n. m.
dégrever, v. tr.
dégriffé, ée, adj. et n.
dégringolade, n. f.
dégringoler, v. tr., v. intr.
dégrisement, n. m.
dégriser, v. tr., v. pron.
dégrossir, v. tr.
dégrossissage, n. m.
dégrossisseur, n. m.
dégrouiller (se), v. pron.
dégroupage, n. m.
dégrouper, v. tr.
déguenillé, ée, adj.
déguerpir, v. tr., v. intr.
déguerpissement, n. m.
dégueulasse, adj. et n.
dégueulasserie, n. f.
dégueuler, v. tr. et intr.
dégueulis, n. m.
déguisé, ée, adj.
déguisement, n. m.
déguiser, v. tr., v. pron.
dégurgiter, v. tr.
dégustateur, n. m.
dégustation, n. f.
déguster, v. tr.
déhalage, n. m.
déhaler, v. tr., v. pron.
déhanchement, n. m.
déhancher (se), v. pron.
déharnacher, v. tr.
déhiscence, n. f.
déhiscent, ente, adj.
dehors, adv. de lieu.
déhouiller, v. tr.
déicide, n. et adj.
déictique, adj.
déification, n. f.
déifier, v. tr.
déisme, n. m.
déiste, adj. et n.
déité, n. f.
déjà, adv. de temps.
déjanter, v. tr.
déjauger, v. intr.
déjection, n. f.
déjeté, ée, adj.
1. déjeuner, v. intr.
2. déjeuner, n. m.
déjouer, v. tr.
déjucher, v. intr., v. tr.
déjuger (se), v. pron.
de jure, loc. adv. et adj.
delà, adv. et prép.
délabré, ée, adj.
délabrement, n. m.

délabrer, v. tr., v. pron.
délacer, v. tr., v. pron.
délai, n. m.
délainage, n. m.
délainer, v. tr.
délaissé, ée, adj.
délaissement, n. m.
délaisser, v. tr.
délaiter, v. tr.
délaiteuse, n. f.
délarder, v. tr.
délassement, n. m.
délasser, v. tr., v. pron.
délateur, trice, n.
délation, n. f.
délavage, n. m.
délavé, ée, adj.
délaver, v. tr.
délayage, n. m.
délayer, v. tr.
delco, n. m.
deleatur, n. m. inv.
délébile, adj.
délectable, adj.
délectation, n. f.
délecter, v. tr., v. pron.
délégant, ante, n.
délégataire, n.
délégation, n. f.
délégué, ée, n. et adj.
déléguer, v. tr.
délestage, n. m.
délester, v. tr.
délétère, adj.
délétion, n. f.
délibérant, ante, adj.
délibératif, ive, adj.
délibération, n. f.
délibéré, ée, adj. et n. m.
délibérément, adv.
délibérer, v. intr., v. tr. indir.
délicat, ate, adj. et n.
délicatement, adv.
délicatesse, n. f.
délice, n. m. sing.
délices, n. f. pl.
délicieusement, adv.
délicieux, euse, adj.
délictueux, euse, adj.
délié, ée, adj. et n. m.
délier, v. tr.
délimitation, n. f.
délimiter, v. tr.
délinéateur, n. m.
délinquance, n. f.
délinquant, ante, n. et adj.
déliquescence, n. f.
déliquescent, ente, adj.
délirant, ante, adj. et n.
délire, n. m.
délirer, v. intr.
delirium tremens, n. m. inv.
délit, n. m.
délitage, n. m.
délitement, n. m.
déliter, v. tr., v. pron.
délitescence, n. f.
délitescent, ente, adj.
délivrance, n. f.
délivre, n. m.
délivrer, v. tr., v. pron.
délocalisé, adj.
déloger, v. intr., v. tr.
déloyal, ale, aux, adj.
déloyalement, adv.
déloyauté, n. f.
delphinaptère, n. m.
delphinelle, n. f.
delphinidés, n. m. pl.
delphinium, n. m.
delta, n. m.
deltaïque, adj.
deltaplane, n. m.
deltoïde, n. m.
déluge, n. m.
déluré, ée, adj.
délurer, v. tr., v. pron.
délustrer, v. tr.
délutage, n. m.
déluter, v. tr.
démagnétisation, n. f.
démagnétiser, v. tr.
démagogie, n. f.
démagogique, adj.
démagogue, n. et adj.
démaigrir, v. tr.
démaillage, n. m.
démailler, v. tr., v. pron.
démailloter, v. tr.
demain, adv. et n. m.
démanchement, n. m.
démancher, v. tr., v. pron.
demande, n. f.
demander, v. tr., v. pron.
demandeur, deresse, n.
démangeaison, n. f.
démanger, v. intr.
démantèlement, n. m.
démanteler, v. tr.
démantibuler, v. tr.
démaquillant, ante, adj. et n. m.
démaquiller, v. tr., v. pron.
démarcage ou **démarquage**, n. m.
démarcatif, ive, adj.
démarcation, n. f.
démarchage, n. m.
démarche, n. f.
démarcheur, euse, n.
démarquage ou **démarcage**, n. m.
démarque, n. f.
démarquer, v. tr.
démarqueur, euse, n.
démarrage, n. m.
démarrer, v. tr., v. intr.
démarreur, n. m.
démascler, v. tr.
démasquer, v. tr.
démâtage, n. m.
démâter, v. tr., v. intr.
dématérialisation, n. f.
dématérialiser (se), v. pron.
d'emblée, loc. adv.
dème, n. m.
démêlage, n. m.
démêlé, n. m.
démêlement, n. m.
démêler, v. tr.
démêloir, n. m.
démembrement, n. m.
démembrer, v. tr.
déménagement, n. m.
déménager, v. tr., v. intr.
déménageur, n. m.
démence, n. f.
démener (se), v. pron.
dément, ente, adj. et n.
démenti, n. m.
démentiel, ielle, adj.
démentir, v. tr., v. pron.
démerdard, arde, adj. et n.
démerder (se), v. pron.
démerdeur, euse, adj. et n.
démérite, n. m.
démériter, v. intr.
démesure, n. f.
démesuré, ée, adj.
démesurément, adv.
démettre, v. tr., v. pron.
démeubler, v. tr.
demeurant (au), loc. adv.
demeure, n. f.
demeuré, ée, adj. et n.
demeurer, v. intr.
demi-, préf.
1. demi, ie, adj.
2. demi, adv.
3. demi, n. m.
4. demie, n. f.
demi-atténuation, n. f.
demi-botte, n. f.
demi-bouteille, n. f.
demi-brigade, n. f.
demi-cercle, n. m.
demi-circulaire, adj.
demi-clef, n. f.
demi-colonne, n. f.
demi-deuil, n. m.
demi-dieu, n. m.
demi-douzaine, n. f.
demi-droite, n. f.
démieller, v. tr.
demi-fin, fine, adj. et n. m.
demi-finale, n. f.
demi-fond, n. m.
demi-frère, n. m.
demi-gros, n. m. inv.
demi-heure, n. f.
demi-jour, n. m.
demi-journée, n. f.
démilitarisation, n. f.
démilitariser, v. tr.
demi-litre, n. m.
demi-longueur, n. f.
demi-lune, n .f.
demi-mal, n. m.
demi-mesure, n. f.
demi-mondaine, n. f.
demi-monde, n. m.
demi-mort, morte, adj.
demi-mot (à), loc. adv.
déminage, n. m.
déminer, v. tr.
déminéralisation, n. f.
déminéraliser, v. tr., v. pron.
démineur, n. m.
demi-pause, n. f.
demi-pension, n. f.
demi-pensionnaire, n.
demi-place, n. f.
demi-plan, n. m.
demi-pointe, n. f.
demi-portion, n. f.
demi-quart, n. m.
demi-queue, adj. inv. et n. m. inv.
demi-reliure, n. f.
demi-rond, n. m.
demi-ronde, n. f. et adj.
démis, ise, adj.
demi-saison, n. f.
demi-sang, n. m. inv.
demi-sel, n. m. inv.
demi-sœur, n. f.
1. demi-solde, n. f.
2. demi-solde, n. m. inv.
demi-sommeil, n. m.
demi-soupir, n. m.
démission, n. f.
démissionnaire, adj. et n.
démissionner, v. intr., v. tr.
demi-tarif, n. m. et adj. inv.
demi-teinte, n. f.
demi-tige, n. f.
demi-ton, n. m.
demi-tour, n. m.
démiurge, n. m.
demi-vie, n. f.

demi-vierge, n. f.
demi-volée, n. f.
démixtion, n. f.
démobilisateur, trice, adj.
démobilisation, n. f.
démobiliser, v. tr.
démocrate, n. et adj.
démocrate-chrétien, ienne, n. et adj.
démocratie, n. f.
démocratique, adj.
démocratiquement, adv.
démocratisation, n. f.
démocratiser, v. tr., v. pron.
démodé, ée, adj.
démoder, v. tr., v. pron.
démodex, n. m.
démodulateur, n. m.
démodulation, n. f.
démoduler, v. tr.
démographe, n.
démographie, n. f.
démographique, adj.
demoiselle, n. f.
démolir, v. tr.
démolissage, n. m.
démolisseur, euse, n.
démolition, n. f.
démon, n. m.
démonétisation, n. f.
démonétiser, v. tr.
démoniaque, adj. et n.
démonisme, n. m.
démonologie, n. f.
démonstrateur, trice, n.
démonstratif, ive, adj. et n. m.
démonstration, n. f.
démonstrativement, adv.
démontable, adj.
démontage, n. m.
démonté, ée, adj.
démonte-pneu, n. m.
démonter, v. tr., v. pron.
démontrable, adj.
démontrer, v. tr.
démoralisant, ante, adj.
démoralisateur, trice, adj. et n.
démoralisation, n. f.
démoraliser, v. tr., v. pron.
démordre, v. tr. ind.
démotique, n. m. et adj.
démoucheter, v. tr.
démoulage, n. m.
démouler, v. tr.
démoustiquer, v. tr.
démultiplexeur, n. m.
démultiplicateur, trice, n. et adj.
démultiplication, n. f.
démultiplié, ée, adj. et n. f.
démultiplier, v. tr.
démunir, v. tr., v. pron.
démuseler, v. tr.
démutiser, v. tr.
démystification, n. f.
démystifier, v. tr.
démythification, n. f.
démythifier, v. tr.
dénasalisation, n. f.
dénasaliser, v. tr.
dénatalité, n. f.
dénationalisation, n. f.
dénationaliser, v. tr.
dénaturalisation, n. f.
dénaturaliser, v. tr.
dénaturant, ante, adj. et n. m.
dénaturation, n. f.
dénaturé, ée, adj.
dénaturer, v. tr.
dénazification, n. f.
dénazifier, v. tr.
dendr(o)-, préf.
dendrite, n. f.
dendrochronologie, n. f.
dendroclimatologie, n. f.
dendrologie, n. f.
dendrologique, adj.
-dendron, suff.
dénébulateur, n. m.
dénébulation, n. f.
dénébuler, v. tr.
dénégation, n. f.
dénégatoire, adj.
déneigement, n. m.
déneiger, v. tr.
dengue, n. f.
déni, n. m.
déniaiser, v. tr.
dénicher, v. tr., v. intr.
dénicheur, euse, n.
dénicotiniser, v. tr.
denier, n. m.
dénier, v. tr.
dénigrement, n. m.
dénigrer, v. tr.
dénigreur, euse, n.
dénitrifiant, ante, adj.
dénitrification, n. f.
dénitrifier, v. tr.
dénivelée, n. f.
déniveler, v. tr.
dénivellation, n. f.
dénivellement, n. m.
dénombrable, adj.
dénombrement, n. m.
dénombrer, v. tr.
dénominateur, n. m.
dénominatif, ive, adj. et n.
dénomination, n. f.
dénommé, ée, n.
dénommer, v. tr.
dénoncer, v. tr., v. pron.
dénonciateur, trice, n. et adj.
dénonciation, n. f.
dénotatif, ive, adj.
dénotation, n. f.
dénoter, v. tr.
dénouement ou dénoûment, n. m.
dénouer, v. tr., v. pron.
dénoûment ou dénouement, n. m.
dénoyautage, n. m.
dénoyauter, v. tr.
denrée, n. f.
dense, adj.
densification, n. f.
densifier, v. tr.
densimètre, n. m.
densimétrie, n. f.
densité, n. f.
densitomètre, n. m.
dent, n. f.
1. dentaire, adj.
2. dentaire, n. f.
dental, ale, aux, adj. et n. f.
dentale, n. m.
dent-de-lion, n. f.
denté, ée, adj.
dentée, n. f.
dentelé, ée, adj. et n. m.
denteler, v. tr.
dentelle, n. f.
dentellerie, n. f.
dentellier, ière, adj.
dentellière, n. f.
dentelure, n. f.
denticule, n. m.
denticulé, ée, adj.
dentier, n. m.
dentifrice, n. m. et adj.
dentine, n. f.
dentirostres, n. m. pl.
dentiste, n.
dentisterie, n. f.
dentition, n. f.
denture, n. f.
dénucléarisation, n. f.
dénudation, n. f.
dénudé, ée, adj.
dénuder, v. tr., v. pron.
dénué, ée, adj.
dénuement, n. m.
dénuer, v. pron.
dénutrition, n. f.
déodorant, n. m.
déontologie, n. f.
déontologique, adj.
dépaillage, n. m.
dépailler, v. tr.
dépalisser, v. tr.
dépannage, n. m.
dépanner, v. tr.
dépanneur, n. m.
dépanneuse, n. f.
dépaquetage, n. m.
dépaqueter, v. tr.
dépareillé, ée, adj.
dépareiller, v. tr.
déparer, v. tr.
déparier, v. tr.
départ, n. m.
départager, v. tr.
département, n. m.
départemental, ale, aux, adj. et n. f.
départir, v. tr., v. pron.
dépassant, n. m.
dépassement, n. m.
dépasser, v. tr., v. pron.
dépassionner, v. tr.
dépatouiller (se), v. pron.,
dépavage, n. m.
dépaver, v. tr.
dépaysement, n. m.
dépayser, v. tr.
dépeçage, n. m.
dépècement, n. m.
dépecer, v. tr.
dépeceur, euse, n.
dépêche, n. f.
dépêcher, v. tr., v. pron.
dépeigner, v. tr.
dépeindre, v. tr., v. pron.
dépenaillé, ée, adj.
dépendance, n. f.
dépendant, ante, adj.
dépendeur, n. m.
dépendre, v. tr., v. tr. indir., v. imp.
dépens, n. m. pl.
dépense, n. f.
dépenser, v. tr., v. pron.
dépensier, ière, adj. et n.
déperdition, n. f.
dépérir, v. intr.
dépérissement, n. m.
dépersonnalisation, n. f.
dépersonnaliser, v. tr.
dépêtrer, v. tr. et pron.
dépeuplement, n. m.
dépeupler, v. tr., v. pron.
déphasage, n. m.
déphasé, ée, adj.
déphosphoration, n. f.
déphosphorer, v. tr.

dépiauter, v. tr.
dépicage ou **dépiquage**, n. m.
dépilage, n. m.
dépilation, n. f.
dépilatoire, adj. et n. m.
dépiler, v. tr.
dépiquage ou **dépicage**, n. m.
dépiquer, v. tr.
dépistage, n. m.
dépister, v. tr.
dépit, n. m.
dépité, ée, adj.
dépiter, v. tr.
déplacé, ée, adj.
déplacement, n. m.
déplacer, v. tr., v. pron.
déplafonnement, n. m.
déplafonner, v. tr.
déplaire, v. tr. indir., v. pron.
déplaisant, ante, adj.
déplaisir, n. m.
déplanter, v. tr.
déplâtrage, n. m.
déplâtrer, v. tr.
déplétif, ive, adj.
déplétion, n. f.
dépliage, n. m.
dépliant, ante, adj. et n. m.
dépliement, n. m.
déplier, v. tr., v. pron.
déplisser, v. tr., v. pron.
déploiement, n. m.
déplomber, v. tr.
déplorable, adj.
déplorablement, adv.
déplorer, v. tr.
déployé, ée, adj.
déployer, v. tr., v. pron.
déplumer, v. tr., v. pron.
dépoétiser, v. tr.
dépoitraillé, ée, adj.
dépolarisant, ante, adj.
dépolarisation, n. f.
dépolariser, v. tr., v. intr.
dépoli, ie, adj.
dépolir, v. tr.
dépolissage, n. m.
dépolitisation, n. f.
dépolitiser, v. tr.
dépolluer, v. tr.
dépollueur, adj. et n. m.
dépollution, n. f.
dépolymérisation, n. f.
dépolymériser, v. tr.
déponent, ente, adj. et n. m.
dépopulation, n. f.
déport, n. m.
déportation, n. f.
déporté, ée, n. et adj.
déportement, n. m.
déporter, v. tr., v. pron.
déposant, ante, n.
dépose, n. f.
déposer, v. tr., v. intr., v. pron.
dépositaire, n.
déposition, n. f.
déposséder, v. tr.
dépossession, n. f.
dépôt, n. m.
dépotage, n. m.
dépotement, n. m.
dépoter, v. tr.
dépotoir, n. m.
dépouille, n. f.
dépouillé, ée, adj.
dépouillement, n. m.
dépouiller, v. tr., v. pron.
dépourvu, ue, adj.
dépoussiérage, n. m.
dépoussiérant, n. m.
dépoussiérer, v. tr.
dépoussiéreur, n. m.
dépravation, n. f.
dépravé, ée, adj. et n.
dépraver, v. tr.
déprécation, n. f.
dépréciateur, trice, n.
dépréciatif, ive, adj.
dépréciation, n. f.
déprécier, v. tr., v. pron.
déprédateur, trice, adj. et n.
déprédation, n. f.
déprendre (se), v. pron.
dépressif, ive, adj. et n.
dépression, n. f.
dépressionnaire, adj.
dépressurisation, n. f.
dépressuriser, v. tr.
déprimant, ante, adj.
déprime, n. f.
déprimé, ée, adj. et n.
déprimer, v. tr.
dépriser, v. tr.
de profundis, n. m.
déprogrammer, v. tr.
déprogrammateur, trice, n.
dépucelage, n. m.
dépuceler, v. tr.
depuis, prép. et adv.
dépulper, v. tr.
dépuratif, ive, adj. et n. m.
dépuration, n. f.
dépurer, v. tr.
députation, n. f.
député, n. m.
députer, v. tr.
déqualification, n. f.
der, n. m. ou f. inv.
déraciné, ée, adj. et n.
déracinement, n. m.
déraciner, v. tr.
dérader, v. intr.
dérager, v. intr.
déraillement, n. m.
dérailler, v. intr.
dérailleur, n. m.
déraison, n. f.
déraisonnable, adj.
déraisonnablement, adv.
déraisonner, v. intr.
dérangement, n. m.
déranger, v. tr., v. pron.
dérapage, n. m.
déraper, v. intr., v. tr.
dérasé, ée, adj.
dérasement, n. m.
déraser, v. tr.
dératé, ée, n.
dératisation, n. f.
dératiser, v. tr.
dérayer, v. tr.
dérayure, n. f.
derbouka ou **darbouka**, n. m.
derby, n. m.
derechef, adv.
déréglé, ée, adj.
dérèglement, n. m.
dérégler, v. tr.
déréliction, n. f.
dérépresseur, n. m. et adj.
dérépression, n. f.
dérider, v. tr., v. pron.
dérision, n. f.
dérisoire, adj.
dérisoirement, adv.
dérivatif, ive, adj. et n. m.
dérivation, n. f.
dérive, n. f.
1. dérivé, n. m.
2. dérivé, ée, adj. et n. f.
dériver, v. tr., v. intr., v. tr. indir.
dériveter, v. tr.
dériveur, n. m.
derm(o)-, préf.
dermatite, n. f.
dermato-, préf.
dermatologie, n. f.
dermatologique, adj.
dermatologiste ou **dermatologue**, n.
dermatose, n. f.
derme, n. m.
-derme, suff.
dermeste, n. m.
dermique, adj.
dermite, n. f.
dermoptères, n. m. pl.
dernier, ière, adj. et n.
dernièrement, adv.
dernier-né, dernière-née, n.
dérobade, n. f.
dérobé, ée, adj.
dérobée (à la), loc. adv.
dérober, v. tr., v. pron.
dérochage, n. m.
dérochement, n. m.
dérocher, v. tr., v. intr.
déroder, v. tr.
dérogation, n. f.
dérogatoire, adj.
dérogeance, n. f.
déroger, v. tr. indir.
dérouillée, n. f.
dérouiller, v. tr., v. intr.
déroulage, n. m.
déroulement, n. m.
dérouler, v. tr., v. pron.
dérouleur, n. m.
dérouleuse, n. f.
déroutant, ante, adj.
déroute, n. f.
déroutement, n. m.
dérouter, v. tr.
derrick, n. m.
1. derrière, prép. et adv.
2. derrière, n. m.
derviche, n. m.
dés- ou **des-**, préf.
dès, prép.
des, art. déf. pl. et art. indéf. pl.
désabonnement, n. m.
désabonner, v. tr., v. pron.
désabusé, ée, adj. et n.
désabusement, n. m.
désabuser, v. tr.
désaccord, n. m.
désaccorder, v. tr., v. pron.
désaccoupler, v. tr.
désaccoutumance, n. f.
désaccoutumant, n. m.
désaccoutumer, v. tr., v. pron.
désacralisation, n. f.
désacraliser, v. tr.
désactivation, n. f.
désactiver, v. tr.
désadaptation, n. f.
désadapté, ée, adj. et n.
désadapter, v. tr., v. pron.
désaffectation, n. f.
désaffecté, ée, adj.
désaffecter, v. tr.
désaffection, n. f.
désaffectionner (se), v. pron.

désagréable, adj.
désagréablement, adv.
désagrégation, n. f.
désagréger, v. tr., v. pron.
désagrément, n. m.
désaimantation, n. f.
désaimanter, v. tr.
désaltérant, ante, adj.
désaltérer, v. tr., v. pron.
désamidonnage, n. m.
désamidonner, v. tr.
désaminase, n. f.
désamination, n. f.
désarmorçage, n. m.
désamorcer, v. tr.
désannexer, v. tr.
désapparier, v. tr.
désappointement, n. m.
désappointer, v. tr.
désapprendre, v. tr.
désapprobateur, trice, adj.
désapprobation, n. f.
désapprouver, v. tr.
désapprovisionnement, n. m.
désapprovisionner, v. tr.
désarçonner, v. tr.
désargenté, ée, adj.
désargenter, v. tr., v. pron.
désarmant, ante, adj.
désarmement, n. m.
désarmer, v. tr., v. intr.
désarrimage, n. m.
désarrimer, v. tr.
désarroi, n. m.
désarticulation, n. f.
désarticuler, v. tr., v. pron.
désassemblage, n. m.
désassembler, v. tr., v. pron.
désassimilation, n. f.
désassimiler, v. tr.
désassortiment, n. m.
désassortir, v. tr.
désastre, n. m.
désastreusement, adv.
désastreux, euse, adj.
désatellisation, n. f.
désatelliser, v. tr.
désavantage, n. m.
désavantager, v. tr.
désavantageusement, adv.
désavantageux, euse, adj.
désaveu, n. m.
désavouer, v. tr.
désaxé, ée, adj. et n.
désaxer, v. tr.
descamisados, n. m. pl.
descellement, n. m.
desceller, v. tr.
descendance, n. f.
descendant, ante, n. et adj.
descenderie, n. f.
descendeur, euse, n.
descendre, v. tr., v. intr.
descenseur, n. m.
descente, n. f.
déscolarisation, n. f.
descripteur, n. m.
descriptible, adj.
descriptif, ive, adj. et n. m.
description, n. f.
déséchouer, v. tr.
déségrégation, n. f.
désembourber, v. tr.
désembouteiller, v. tr.
désemparé, ée, adj.
désemparer, v. tr., v. intr.
désemplir, v. tr., v. intr.
désenchaîner, v. tr.
désenchanté, ée, adj. et n.
désenchantement, n. m.
désenchanter, v. tr.
désenclaver, v. tr.
désencombrer, v. tr.
désencrasser, v. tr.
désenfler, v. intr.
désengagement, n. m.
désengager, v. tr., v. pron.
désengorger, v. tr.
désengrener, v. tr.
désenivrer, v. tr., v. intr.
désennuyer, v. tr., v. pron.
désenrayer, v. tr.
désensabler, v. tr.
désensacheuse, n. f.
désensibilisateur, n. m.
désensibilisation, n. f.
désensibiliser, v. tr.
désensorceler, v. tr.
désentoilage, n. m.
désentoiler, v. tr.
désentortiller, v. tr.
désentraver, v. tr.
désenvaser, v. tr.
désépaissir, v. tr.
déséquilibre, n. m.
déséquilibré, ée, adj. et n.
déséquilibrer, v. tr.
déséquiper, v. tr., v. pron.
1. désert, erte, adj.
2. désert, n. m.
déserter, v. tr.
déserteur, n. m.
désertification, n. f.
désertion, n. f.
désertique, adj.
désescalade, n. f.
désespérance, n. f.
désespérant, ante, adj.
désespéré, ée, adj. et n.
désespérément, adv.
désespérer, v. tr., v. intr., v. tr. ind.
désespoir, n. m.
désétatiser, v. tr.
déshabillage, n. m.
déshabillé, n. m.
déshabiller, v. tr., v. pron.
déshabituer, v. tr., v. pron.
déshalogénase, n. f.
désherbage, n. m.
désherbant, n. m.
désherber, v. tr.
déshérence, n. f.
déshérité, ée, adj. et n.
déshériter, v. tr.
déshonnête, adj.
déshonnêtement, adv.
déshonnêteté, n. f.
déshonneur, n. m.
déshonorant, ante, adj.
déshonorer, v. tr., v. pron.
déshuiler, v. tr.
déshumidificateur, n. m.
déshumanisation, n. f.
déshumaniser, v. tr.
déshydratation, n. f.
déshydraté, ée, adj.
déshydrater, v. tr., v. pron.
déshydrogénase, n. f.
déshydrogénation, n. f.
déshydrogéner, v. tr.
desiderata, n. m. pl.
design, n. m. inv.
désignatif, ive, adj.
désignation, n. f.
designer, n. m.
désigner, v. tr., v. pron.
désillusion, n. f.
désillusionner, v. tr.
désincarné, ée, adj.
désincrustant, ante, n. et adj.
désincrustation, n. f.
désincruster, v. tr.
désinence, n. f.
désinfectant, ante, adj. et n. m.
désinfecter, v. tr.
désinfecteur, adj. et n. m.
désinfection, n. f.
désinflation, n. f.
désinformation, n. f.
désintégration, n. f.
désintégrer, v. tr., v. pron.
désintéressé, ée, adj.
désintéressement, n. m.
désintéresser, v. tr., v. pron.
désintérêt, n. m.
désintoxication, n. f.
désintoxiquer, v. tr.
désinvestissement, n. m.
désinvolte, adj.
désinvolture, n. f.
désir, n. m.
désirable, adj.
désirer, v. tr.
désireux, euse, adj.
désistement, n. m.
désister (se), v. pron.
desman, n. m.
desmolase, n. f.
désobéir, v. tr. indir.
désobéissance, n. f.
désobéissant, ante, adj.
désobligeance, n. f.
désobligeant, ante, adj.
désobliger, v. tr.
désobstruction, n. f.
désobstruer, v. tr.
désodé, ée, adj.
désodorisant, ante, adj. et n. m.
désodoriser, v. tr.
désœuvré, ée, adj. et n.
désœuvrement, n. m.
désolation, n. f.
désoler, v. tr., v. pron.
désolidariser, v. tr., v. pron.
désoperculer, v. tr.
désopilant, ante, adj.
désopiler, v. tr., v. pron.
désordonné, ée, adj.
désordre, n. m.
désorganisateur, trice, adj. et n.
désorganisation, n. f.
désorganiser, v. tr., v. pron.
désorientation, n. f.
désorienter, v. tr.
désormais, adv.
désorption, n. f.
désossé, ée, adj. et n. m.
désossement, n. m.
désosser, v. tr., v. pron.
désoxydant, ante, adj. et n. m.
désoxydation, n. f.
désoxyder, v. tr.
désoxyribonucléique, adj.
desperado, n. m.
despotat, n. m.
despote, n. m.
despotique, adj.
despotiquement, adv.
despotisme, n. m.
desquamation, n. f.
desquamer, v. tr., v. pron.
desquels, desquelles, pron. relat.

dessablement, n. m.
dessabler, v. tr.
dessaisir, v. tr., v. pron.
dessaisissement, n. m.
dessalage, n. m.
dessalaison, n. f.
dessalement, n. m.
dessaler, v. tr., v. intr., v. pron.
dessangler, v. tr.
dessaouler ou dessoûler, v. tr., v. intr.
dessèchement, n. m.
dessécher, v. tr., v. pron.
dessein, n. m.
desseller, v. tr.
desserrage, n. m.
desserrement, n. m.
desserrer, v. tr.
dessert, n. m.
desserte, n. f.
dessertir, v. tr.
dessertissage, n. m.
desservant, n. m.
desservir, v. tr.
dessiccateur, n. m.
dessicatif, ive, adj. et n. m.
dessiccation, n. f.
dessiller, v. tr.
dessin, n. m.
dessinateur, trice, n.
dessiner, v. tr., v. pron.
dessolement, n. m.
dessoler, v. tr.
dessouder, v. tr., v. pron.
dessoûler ou dessaouler, v. tr., v. intr.
1. dessous, prép. et adv.
2. dessous, n. m.
dessous-de-bras, n. m. inv.
dessous-de-plat, n. m. inv.
dessous-de-table, n. m. inv.
dessuinter, v. tr.
1. dessus, prép. et adv.
2. dessus, n. m.
dessus-de-lit, n. m. inv.
dessus-de-porte, n. m. inv.
déstabilisation, n. f.
déstabiliser, v. tr.
déstalinisation, n. f.
déstaliniser, v. tr.
destin, n. m.
destinataire, n.
destinateur, n. m.
destination, n. f.
destinée, n. f.
destiner, v. tr., v. pron.
destituer, v. tr.
destitution, n. f.
destrier, n. m.
destroyer, n. m.
destructeur, trice, adj. et n.
destructible, adj.
destructif, ive, adj.
destruction, n. f.
déstructuration, n. f.
déstructurer, v. tr.
désuet, ète, adj.
désuétude, n. f.
désulfiter, v. tr.
désulfuration, n. f.
désulfurer, v. tr.
désuni, e, adj.
désunion, n. f.
désunir, v. tr.
désynchronisation, n. f.
désynchroniser, v. tr.
détachable, adj.
détachage, n. m.
détachant, n. m.
détaché, ée, adj.
détachement, n. m.
détacher, v. tr., v. pron.
détail, n. m.
détaillant, ante, n.
détailler, v. tr.
détaler, v. intr.
détartrage, n. m.
détartrant, ante adj. et n. m.
détartrer, v. tr.
détaxation, n. f.
détaxe, n. f.
détaxer, v. tr.
détecter, v. tr.
détecteur, n. m.
détection, n. f.
détective, n. m.
déteindre, v. tr., v. intr.
dételage, n. m.
dételer, v. tr., v. intr.
détendeur, n. m.
détendre, v. tr., v. pron.
détendu, e, adj.
détenir, v. tr.
détente, n. f.
détenteur, trice, n.
détention, n. f.
détenu, ue, n. et adj.
détergent, ente, adj. et n. m.
déterger, v. tr.
détérioration, n. f.
détériorer, v. tr., v. pron.
déterminable, adj.
déterminant, ante, adj. et n. m.
déterminatif, ive, adj. et n. m.
détermination, n. f.
déterminé, ée, adj.
déterminer, v. tr., v. pron.
déterminisme, n. m.
déterministe, adj. et n.
déterrage, n. m.
déterré, ée, n.
déterrement, n. m.
déterrer, v. tr.
détersif, ive, adj. et n. m.
détersion, n. f.
détestable, adj.
détestablement, adv.
détester, v. tr.
détirer, v. tr.
détonant, ante, adj. et n. m.
détonateur, n. m.
détonation, n. f.
détoner, v. intr.
détonner, v. intr.
détordre, v. tr., v. pron.
détortiller, v. tr.
détour, n. m.
détourage, n. m.
détourer, v. tr.
détourné, ée, adj.
détournement, n. m.
détourner, v. tr., v. pron.
détoxication, n. f.
détracteur, trice, n.
détraqué, ée, adj. et n.
détraquement, n. m.
détraquer, v. tr., v. pron.
détrempe, n. f.
détremper, v. tr.
détresse, n. f.
détriment, n. m.
détritique, adj.
détritus, n. m.
détroit, n. m.
détromper, v. tr., v. pron.
détrôner, v. tr.
détrousser, v. tr.
détrousseur, n. m.
détruire, v. tr., v. pron.
dette, n. f.
détumescence, n. f.
D.E.U.G., abrév. et n. m.
deuil, n. m.
deus ex machina, n. m.
deut-, deuter-, deutéro-, préf.
deutérium, n. m.
deutérocanonique, adj.
deutéromycètes, n. m. pl.
deutéron ou deuton, n. m.
deux, n. m. et adj.
deux-deux (à), loc. adj.
deuxième, adj. et n.
deuxièmement, adv.
deux-mâts, n. m. inv.
deux-pièces, n. m. inv.
deux-points, n. m. inv.
deux-ponts, n. m. inv.
deux-quatre (à), loc. adj.
deux-roues, n. m. inv.
deux-seize, loc. adj.
deux-temps, n. m. inv.
dévaler, v. intr., v. tr.
dévaliser, v. tr.
dévalorisation, n. f.
dévaloriser, v. tr., v. pron.
dévaluation, n. f.
dévaluer, v. tr.
dévanâgari, n. m. et adj.
devancement, n. m.
devancer, v. tr.
devancier, ière, n.
1. devant, prép. et adv.
2. devant, n. m.
devanture, n. f.
dévasement, n. m.
dévaser, v. tr.
dévastateur, trice, adj. et n.
dévastation, n. f.
dévaster, v. tr.
déveine, n. f.
développable, adj.
développante, n. f.
développé, n. m.
développée, n. f.
développement, n. m.
développer, v. tr., v. pron.
1. devenir, v. intr.
2. devenir, n. m.
déventer, v. tr.
déverbal, ale, aux, adj et n. m.
dévergondage, n. m.
dévergondé, ée, adj. et n.
dévergonder (se), v. pron.
déverguer, v. tr.
dévernir, v. tr.
déverrouillage, n. m.
déverrouiller, v. tr.
devers, prép.
dévers, erse, adj. et n.
déversement, n. m.
déverser, v. tr., v. pron.
déversoir, n. m.
dévêtir, v. tr., v. pron.
dévî, n. f.
déviance, n. f.
déviant, ante, adj. et n.
déviateur, trice, adj. et n. m.
déviation, n. f.
déviationnisme, n. m.
déviationniste, adj. et n.
dévidage, n. m.
dévider, v. tr.
dévideur, euse, n.
dévidoir, n. m.
dévier, v. intr., v. tr.
devin, devineresse, n.

devinable, adj.
deviner, v. tr.
devinette, n. f.
dévirer, v. tr.
devis, n. m.
dévisager, v. tr.
devise, n. f.
deviser, v. intr.
dévissage, n. m.
dévisser, v. tr., v. intr.
de visu, loc. adv.
dévitalisation, n. f.
dévitaliser, v. tr.
dévitaminé, ée, adj.
dévitrification, n. f.
dévitrifier, v. tr.
dévoiement, n. m.
dévoilement, n. m.
dévoiler, v. tr., v. pron.
1. devoir, v. tr., v. pron.
2. devoir, n. m.
dévoltage, n. m.
dévolter, v. tr.
dévolteur, n. m.
dévolu, ue, adj. et n. m.
dévolutif, ive, adj.
dévolution, n. f.
devon, n. m.
dévonien, enne, adj. et n. m.
dévorant, ante, adj.
dévorateur, trice, adj.
dévorer, v. tr.
dévoreur, euse, n.
dévot, ote, adj. et n.
dévotement, adv.
dévotion, n. f.
dévoué, ée, adj.
dévouement, n. m.
dévouer, v. tr., v. pron.
dévoyé, ée, adj. et n.
dévoyer, v. tr., v. pron.
déwatté, ée, adj.
dextérité, n. f.
dextralité, n. f.
dextran, n. m.
dextre, n. f.
dextrine, n. f.
dextro-, préf.
dextrocardie, n. f.
dextrogyre, adj.
dextrose, n. f.
dey, n. m.
dg, symbole
dharma, n. m.
di-, préf.
dia-, préf.
dia !, interj.
diabète, n. m.
diabétique, adj. et n.
1. diable !, interj.
2. diable, n. m.
diablement, adv.
diablerie, n. f .
diablesse, n. f.
diablotin, n. m.
diabolique, adj.
diaboliquement, adv.
diabolo, n. m.
diachronie, n. f.
diachronique, adj.
diacide, n. m. et adj.
diaclase, n. f.
diaconal, ale, aux, adj.
diaconat, n. m.
diaconesse, n. f.
diacoustique, n. f.
diacre, n. m.
diacritique, adj.
diadème, n. m.
diadoque, n. m.
diagenèse, n. f.
diagnostic, n. m.
diagnostique, adj.
diagnostiquer, v. tr.
diagonal, ale, aux, adj.
diagonale, n. f.
diagonalement, adv.
diagonaliser, v. tr.
diagramme, n. m.
diagraphe, n. m.
diagraphie, n. f.
dial, n. m.
dialcool, n. m.
dialdéhyde, n. m.
dialectal, ale, aux, adj.
dialecte, n. m.
dialecticien, ienne, n.
dialectique, n. f.
dialectiquement, adv.
dialectologie, n. f.
dialectologue, n.
diallèle, n. m.
dialogique, adj.
dialogue, n. m.
dialoguer, v. intr., v. tr.
dialoguiste, n.
dialypétales, n. f. pl.
dialyse, n. f.
dialysépale, adj.
dialyser, v. tr.
dialyseur, n. m.
diamagnétique, adj.
diamagnétisme, n. m.
diamant, n. m.
diamantaire, adj. et n.
diamanté, ée, adj.
diamanter, v. tr.
diamantifère, adj.
diamantin, ine, adj.
diamantine, n. f.
diamétral, ale, aux, adj.
diamétralement, adv.
diamètre, n. m.
diamide, n. m.
diamine, n. f.
diane, n. f.
diantre !, interj.
diapason, n. m.
diapause, n. f.
diapédèse, n. f.
diaphane, adj.
diaphanéité, n. f.
diaphonie, n. f.
diaphorèse, n. f.
diaphorétique, adj. et n. m.
diaphragmatique, adj.
diaphragme, n. m.
diaphragmer, v. tr., v. intr.
diaphyse, n. f.
diapir, n. m.
diapositive, n. f.
diapré, ée, adj.
diaprer, v. tr.
diaprure, n. f.
diarrhée, n. f.
diarrhéique, adj.
diarthrose, n. f.
diaspora, n. f.
diastase, n. f.
diastole, n. f.
diastolique, adj.
diathermane, adj.
diathermie, n. f.
diathèse, n. f.
diatomées, n. f. pl.
diatomique, adj.
diatomite, n. f.
diatonique, adj.
diatoniquement, adv.
diatribe, n. f.
diaule, n. f.
diazo-, préf.
diazoïque, adj. et n. m.
dibranchiaux, n. m. pl.
dicaryon, n. m.
dicastère, n. f.
dichotome, adj.
dichotomie, n. f.
dichotomique, adj.
dichroïque, adj.
dichroïsme, n. m.
dichromatique, adj.
dicline, adj.
dicotylédones, n. f. pl.
dicrote, adj.
dicrotisme, n. m.
dictame, n. m.
dictateur, n. m.
dictatorial, iale, iaux, adj.
dictature, n. f.
dictée, n. f.
dicter, v. tr.
diction, n. f.
dictionnaire, n. m.
dicton, n. m.
dictyosome, n. m.
didactique, adj. et n. f.
didactisme, n. m.
didactyle, adj.
didascalie, n. f.
didelphe, adj.
didelphidés, n. m. pl.
dièdre, n. m.
diélectrique, adj. et n. m.
diencéphale, n. m.
diène, n. m.
diérèse, n. f.
dièse, n. m. et adj.
diesel, n. m.
diéser, v. tr.
dies irae, n. m. inv.
diète, n. f.
diététicien, ienne, n.
diététique, n. f. et adj.
diéthylamine, n. f.
dieu, n. m.
diffa, n. f.
diffamant, ante, adj.
diffamateur, trice, n. et adj.
diffamation, n. f.
diffamatoire, adj.
diffamer, v. tr.
différé, ée, adj. et n. m.
différemment, adv.
différence, n. f.
différenciateur, trice, adj.
différenciation, n. f.
différencier, v. tr., v. pron.
différend, n. m.
différent, ente, adj.
différentiation, n. f.
1. différentiel, ielle, adj.
2. différentiel, n. m.
différentielle, n. f.
différentier, v. tr.
différer, v. tr., v. intr.
difficile, adj.
difficilement, adv.
difficulté, n. f.
difficultueux, euse, adj.
diffluence, n. f.
diffluent, ente, adj.
diffluer, v. intr.
difforme, adj.
difformité, n. f.
diffracter, v. tr.
diffraction, n. f.
diffus, use, adj.
diffusément, adv.
diffuser, v. tr.

diffuseur, n. m.
diffusible, adj.
diffusion, n. f.
digamma, n. m.
digérer, v. tr.
digest, n. m.
1. digeste, adj.
2. digeste, n. m.
digesteur, n. m.
digestibilité, n. f.
digestible, adj.
digestif, ive, adj. et n.
digestion, n. f.
digital, ale, aux, adj.
digitale, n. f.
digitaline, n. f.
digitalisation, n. f.
digité, ée, adj.
digitigrade, adj.
digne, adj.
dignement, adv.
dignitaire, n. m.
dignité, n. f.
digon, n. m.
digression, n. f.
digue, n. f.
diktat, n. m.
dilacération, n. f.
dilacérer, v. tr.
dilapidateur, trice, adj. et n.
dilapidation, n. f.
dilapider, v. tr.
dilatabilité, n.f.
dilatable, adj.
dilatateur, trice, adj. et n. m.
dilatation, n. f.
dilater, v. tr., v. pron.
dilatoire, adj.
dilatomètre, n. m.
dilection, n. f.
dilemme, n. m.
dilettante, n.
dilettantisme, n. m.
diligemment, adv.
diligence, n. f.
diligent, ente, adj.
diluer, v. tr.
dilution, n. f.
diluvial, ale, aux, adj.
diluvien, ienne, adj.
diluvium, n. m.
dimanche, n. m.
dîme, n. f.
dimension, n. f.
dimensionnel, elle, adj.
dimère, n. m.
diminué, ée, adj.
diminuendo, adv. et n. m.
diminuer, v. tr., v. pron., v. intr.
diminutif, ive, adj. et n. m.
diminution, n. f.
dimorphe, adj.
dimorphisme, n. m.
dinanderie, n. f.
dinandier, n. m.
dinar, n. m.
dînatoire, adj.
dinde, n. f.
dindon, n. m.
dindonneau, n. m.
dindonner, v. tr.
dine, n. f.
1. dîner, v. intr.
2. dîner, n. m.
dînette, n. f.
dîneur, euse, n.
dinghy, n. m.
1. dingo, n. m.
2. dingo, adj. et n. m.
dingue, adj. et n.
dinguer, v. intr.
dinornis, n. m.
dinosaure ou
dinosaurien, n. m.
dinothérium, n. m.
diocésain, aine, adj. et n.
diocèse, n. m.
diode, n. f.
dioïque, adj.
dionée, n. f.
dionysiaque, adj. et n. f. pl.
dioptre, n. m.
dioptrie, n. f.
dioptrique, adj. et n. f.
diorama, n. m.
diorite, n. f.
dioscoréacées, n. f. pl.
dioxine, n. f.
dioxyde, n. m.
dipétale, adj.
diphasé, ée, adj.
diphénol, n. m.
diphtérie, n. f.
diphtérique, adj. et n.
diphtongaison, n. f.
diphtongue, n. f.
diphtonguer, v. tr., v. pron.
dipl(o)-, préf.
diploblastique, adj.
diplocoque, n. m.
diplodocus, n. m.
diploé, n. m.
diploïde, adj. et n. m.
diplomate, n. m.
diplomatie, n. f.
1. diplomatique, adj.
2. diplomatique, n. f.
diplomatiquement, adv.
diplôme, n. m.
diplômé, ée, n. et adj.
diplômer, v. tr.
diplopie, n. f.
dipneustes, n. m. pl.
dipolaire, adj.
dipôle, n. m.
dipsacacées ou dipsacées, n. f. pl.
dipsomane ou dipsomaniaque, adj. et n.
dipsomanie, n. f.
diptère, adj.
diptères, n. m. pl.
diptérocarpacées, n. f. pl.
diptyque, n. m.
1. dire, v. tr.
2. dire, n. m.
1. direct, ecte, adj.
2. direct, n. m.
directement, adv.
directeur, trice, n.
directif, ive, adj.
directive, n. f.
direction, n. f.
directionnel, elle, adj.
directivité, n. f.
directoire, n. m.
directorial, iale, iaux, adj.
dirham, n. m.
dirigé, ée, adj.
1. dirigeable, adj.
2. dirigeable, n. m.
dirigeant, ante, adj. et n.
diriger, v. tr., v. pron.
dirigisme, n. m.
dirimant, ante, adj.
dis-, préf.
disamare, n. f.
discal, ale, aux, adj.
discale, n. f.
discernable, adj.
discernement, n. m.
discerner, v. tr.
disciple, n. m.
disciplinable, adj.
disciplinaire, adj.
disciplinairement, adv.
discipline, n. f.
discipliné, ée, adj.
disc-jockey, n.
discipliner, v. tr., v. pron.
disco, n. m.
discobole, n. m.
discographie, n. f.
discoïde, adj.
discomycètes, n. m. pl.
discontinu, ue, adj.
discontinuation, n. f.
discontinuer, v. tr., v. intr.
discontinuité, n. f.
disconvenance, n. f.
disconvenir, v. tr. indir.
discophile, n. et adj.
discordance, n. f.
discordant, ante, adj.
discorde, n. f.
discorder, v. intr.
discothèque, n. f.
discount, n. m.
discoureur, euse, n.
discourir, v. intr.
discours, n. m.
discourtois, oise, adj.
discourtoisement, adv.
discourtoisie, n. f.
discrédit, n. m.
discréditer, v. tr., v. pron.
discret, ète, adj.
discrètement, adv.
discrétion, n. f.
discrétionnaire, adj.
discrétionnairement, adv.
discrétoire, n. m.
discriminant, ante, adj. et n. m.
discrimination, n. f.
discriminatoire, adj.
discriminer, v. tr.
disculpation, n. f.
disculper, v. tr., v. pron.
discursif, ive, adj.
discussion, n. f.
discutable, adj.
discutailler, v. intr.
discuté, ée, adj.
discuter, v. tr., v. intr.
discuteur, euse, adj. et n.
disert, erte, adj.
disette, n. f.
diseur, euse, n.
disgrâce, n. f.
disgracié, ée, adj.
disgracier, v. tr.
disgracieusement, adv.
disgracieux, euse, adj.
disidrose, n. f.
disjoindre, v. tr., v. pron.
disjoint, ointe, adj.
disjoncteur, n. m.
disjonctif, ive, adj. et n. m.
disjonction, n. f.
dislocation, n. f.
disloquer, v. tr., v. pron.
dismutation, n. f.
disparaître, v. intr.
1. disparate, adj.
2. disparate, n. f.
disparité, n. f.
disparition, n. f.
disparu, ue, adj. et n.
dispatcher, n. m.

dispatching, n. m.
dispendieusement, adv.
dispendieux, ieuse, adj.
dispensaire, n. m.
dispensateur, trice, adj. et n.
dispense, n. f.
dispenser, v. tr., v. pron.
dispersement, n. m.
disperser, v. tr., v. pron.
dispersif, ive, adj.
dispersion, n. f.
disponibilité, n. f.
disponible, adj.
dispos, ose, adj.
disposant, ante, n.
disposé, ée, adj.
disposer, v. tr., v. pron., v. tr. indir., v. intr.
dispositif, n. m.
disposition, n. f.
disproportion, n. f.
disproportionné, ée, adj.
disputailler, v. intr.
dispute, n. f.
disputé, ée, adj.
disputer, v. tr., v. pron.
disquaire, n.
disqualification, n. f.
disqualifier, v. tr., v. pron.
disque, n. m.
disquette, n. f.
disruptif, ive, adj.
dissection, n. f.
dissemblable, adj.
dissemblance, n. f.
dissémination, n. f.
disséminer, v. tr.
dissension, n. f.
dissentiment, n. m.
disséquer, v. tr.
dissertation, n. f.
disserter, v. intr.
dissidence, n. f.
dissident, ente, adj. et n.
dissimilation, n. f.
dissimilitude, n. f.
dissimulateur, trice, n. et adj.
dissimulation, n. f.
dissimulé, ée, adj.
dissimuler, v. tr., v. pron.
dissipateur, trice, n.
dissipation, n. f.
dissipé, ée, adj.
dissiper, v. tr., v. pron.
dissociable, adj.
dissociation, n. f.
dissocier, v. tr.
dissolu, ue, adj.
dissolubilité, n. f.
dissoluble, adj.
dissolutif, ive, adj.
dissolution, n. f.
dissolvant, ante, adj. et n. m.
dissonance, n. f.
dissonant, ante, adj.
dissoner, v. intr.
dissoudre, v. tr., v. pron.
dissuader, v. tr.
dissuasif, ive, adj.
dissuasion, n. f.
dissyllabe, adj. et n. m.
dissyllabique, adj.
dissymétrie, n. f.
dissymétrique, adj.
distance, n. f.
distancer, v. tr.
distanciation, n. f.
distant, ante, adj.
distendre, v. tr., v. pron.
distension, n. f.
disthène, n. m.
distillat, n. m.
distillateur, n. m.
distillation, n. f.
distiller, v. tr., v. intr.
distillerie, n. f.
distinct, incte, adj.
distinctement, adv.
distinctif, ive, adj.
distinction, n. f.
distinguable, adj.
distingué, ée, adj.
distinguer, v. tr., v. pron.
distinguo, n. m.
distique, n. m.
distomatose, n. f.
distordre, v. tr., v. pron.
distorsion, n. f.
distraction, n. f.
distraire, v. tr., v. pron.
distrait, aite, adj. et n.
distraitement, adv.
distrayant, ante, adj.
distribuer, v. tr.
distributaire, adj. et n.
distributeur, trice, n.
distributif, ive, adj.
distribution, n. f.
distributionnel, elle, adj.
distributivement, adv.
distributivité, n. f.
district, n. m.
distyle, adj.
1. dit, n. m.
2. dit, dite, adj.
dithyrambe, n. m.
dithyrambique, adj.
dito, mot inv.
diurèse, n. f.
diurétique, adj. et n. m.
diurnal, aux, n. m.
diurne, adj.
diva, n. f.
divagation, n. f.
divaguer, v. intr.
divan, n. m.
dive, adj. f.
divergence, n. f.
divergent, ente, adj.
diverger, v. intr.
divers, erse, adj.
diversement, adv.
diversifiable, adj.
diversification, n. f.
diversifier, v. tr., v. pron.
diversiforme, adj.
diversion, n. f.
diversité, n. f.
diverticule, n. m.
divertir, v. tr., v. pron.
divertissant, ante, adj.
divertissement, n. m.
divette, n. f.
dividende, n. m.
divin, ine, adj.
divinateur, trice, n. et adj.
divination, n. f.
divinatoire, adj.
divinement, adv.
divinisation, n. f.
diviniser, v. tr.
divinité, n. f.
divis, ise, adj. et n. m.
diviser, v. tr., v. pron.
diviseur, n. m.
divisibilité, n. f.
divisible, adj.
division, n. f.
divisionnaire, adj. et n. m.
divisionnisme, n. m.
divisionniste, n. et adj.
divorce, n. m.
divorcé, ée, adj. et n.
divorcer, v. intr.
divulgateur, trice, n.
divulgation, n. f.
divulguer, v. tr.
divulsion, n. f.
diwan, n. m.
dix, adj. et n. m.
dix-huit, adj. et n. m.
dix-huitième, adj. et n.
dix-huitièmement, adv.
1. dixième, adj.
2. dixième, n. f.
3. dixième, n. m.
dixièmement, adv.
dix-neuf, adj. et n. m.
dix-neuvième, adj. et n.
dix-sept, adj. et n. m.
dix-septième, adj. et n.
dizain, n. m.
dizaine, n. f.
dizygote, adj.
djaïn ou jaïn, n. et adj.
djaïnisme ou jaïnisme, n. m.
djebel, n . m.
djellaba, n. f.
djemă'a, n. f.
djihâd, n. m.
djinn, n. m.
dl, abrév.
dm, abrév.
D.N.A. ou DNA, sigle
do, n. m. inv.
doberman, n. m.
docile, adj.
docilement, adv.
docilité, n. f.
docimasie, n. f.
docimologie, n. f.
dock, n. m.
docker, n. m.
docte, adj.
doctement, adv.
docteur, n. m.
doctoral, ale, aux, adj.
doctoralement, adv.
doctorat, n. m.
doctoresse, n. f.
doctrinaire, n. et adj.
doctrinal, ale, aux, adj.
doctrine, n. f.
document, n. m.
documentaire, adj. et n. m.
documentaliste, n. et adj.
documentariste, n.
documentation, n. f.
documenter, v. tr., v. pron.
dodéca-, préf.
dodécaèdre, n. m.
dodécagonal, ale, aux, adj.
dodécagone, n. m.
dodécaphonique, adj.
dodécaphonisme, n. m.
dodécasyllabe, n. m. et adj.
dodelinement, n. m.
dodeliner, v. intr. et tr.
dodo, n. m.
dodu, ue, adj.
dog-cart, n. m.
doge, n. m.
dogmatique, adj. et n. f.
dogmatiquement, adv.
dogmatiser, v. intr.
dogmatisme, n. m.
dogme, n. m.
dogue, n. m.
doigt, n. m.

doigté, n. m.
doigter, v. intr., v. tr.
doigtier, n. m.
doit, n. m.
dojo, n. m.
dol, n. m.
dolce, adv.
dolcissimo, adv.
doléance, n. f.
dolent, ente, adj.
doler, v. tr.
dolic ou dolique, n. m.
dolicho-, préf.
dolichocéphale, adj. et n.
doline, n. f.
dolique ou dolic, n. m.
dollar, n. m.
dolman, n. m.
dolmen, n. m.
doloire, n. f.
dolomie, n. f.
dolomite, n. f.
dolomitique, adj.
dolomitisation, n. f.
dolosif, ive, adj.
dom, n. m.
D.O.M., sigle
domaine, n. m.
domanial, iale, iaux, adj.
domanialiser, v. tr.
domanialité, n. f.
dôme, n. m.
domestication, n. f.
domesticité, n. f.
domestique, adj. et n.
domestiquer, v. tr.
domicile, n. m.
domiciliaire, adj.
domiciliataire, n. m.
domiciliation, n. f.
domicilié, ée, adj.
domicilier, v. tr.
dominance, n. f.
dominant, ante, adj.
dominante, n. f.
dominateur, trice, adj. et n.
domination, n. f.
dominer, v. tr. et intr., v. pron.
dominicain, aine, adj. et n.
dominical, ale, aux, adj.
dominion, n. m.
domino, n. m.
dominoterie, n. f.
dominotier, n. m.
dommage, n. m.
dommageable, adj.
domptable, adj.
domptage, n. m.
dompter, v. tr.
dompteur, euse, n.
'dompte-venin, n. m. inv.
don, n. m.
don, doña, n.
donacie, n. f.
donataire, n.
donateur, trice, n.
donation, n. f.
donatisme, n. m.
donatiste, n.
donax, n. m.
donc, conj.
dondon, n. f.
dong, n. m.
donjon, n. m.
don Juan, n. m.
don-juanesque ou donjuanesque, adj.
don-juanisme ou donjuanisme, n. m.
donnant, ante, adj.
donne, n. f.
donné, ée, adj. et n. m.
donnée, n. f.
donner, v. tr., v. pron., v. intr.
donneur, euse, n. et adj.
don Quichotte, n. m.
don-quichottisme ou donquichottisme, n. m.
dont, pron. relatif inv.
donzelle, n. f.
dop, n. m.
dopadécarboxylase, n. f.
dopage, n. m.
dopamine, n. f.
dopant, n. m.
dope, n. m.
doper, v. tr.
dorade, n. m.
dorade ou daurade, n. f.
dorage, n. m.
doré, ée, adj.
dorénavant, adv.
dorer, v. tr.
doreur, euse, n.
dorien, ienne, adj. et n.
dorique, adj. et n. m.
1. doris, n. f.
2. doris, n. m.
dorisme, n. m.
dorlotement, n. m.
dorloter, v. tr., v. pron.
dormance, n. f.
dormant, ante, adj. et n. m.
dormeur, euse, n. et adj.
dormir, v. intr., v. tr.
dormitif, ive, adj.
dormition, n. f.
dorsal, ale, aux, adj.
dorsale, n. f.
dorsalgie, n. f.
dortoir, n. m.
dorure, n. f.
doryphore, n. m.
dos, n. m.
dosable, adj.
dosage, n. m.
dos-d'âne, n. m. inv.
dose, n. f.
doser, v. tr.
doseur, n. m.
dosimètre, n. m.
dossard, n. m.
dosse, n. f.
dosseret, n. m.
dossier, n. m.
dossière, n. f.
dot, n. f.
dotal, ale, aux. adj.
dotation, n. f.
doter, v. tr.
douaire, n. m.
douairière, n. f.
douane, n. f.
douanier, n. m.
douanier, ière, adj.
douar, n. m.
doublage, n. m.
double, adj. et n. m.
doublé, ée, adj. et n. m.
doubleau, n. et adj.
1. doublement, adv.
2. doublement, n. m.
doubler, v. tr., v. pron., v. intr.
doublet, n. m.
doublon, n. m.
doublure, n. f.
douce-amère, n. f.
douceâtre, adj.
doucement, adv.
doucereusement, adv.
doucereux, euse, adj.
doucette, n. f.
doucettement, adv.
douceur, n. f.
douche, n. f.
doucher, v. tr., v. pron.
doucine, n. f.
doucir, v. tr.
doucissage, n. m.
doudou, n. f.
doudoune, n. f.
doué, ée, adj.
douelle, n. f.
douer, v. tr.
douille, n. f.
douillet, ette, adj.
douillette, n. f.
douillettement, adv.
douleur, n. f.
douloureusement, adv.
douloureux, euse, adj. et n. f.
doum, n. m.
douma, n. f.
dourine, n. f.
douro, n. m.
doute, n. m.
douter, v. tr. indir et dir., v. pron.
douteux, euse, adj.
douve, n. f.
douvelle, n. f.
doux, douce, adj., adv. et n.
douzain, n. m.
douzaine, n. f.
douze, adj. et n. m. inv.
douzième, adj. et n.
douzièmement, adv.
doxologie, n. f.
doyen, yenne, n.
1. doyenné, n. m.
2. doyenné, n. f.
doyenneté, n. f.
D.P.L.G., sigle
Dr, abrév.
drachme, n. f.
draconien, ienne, adj.
drag, n. m.
dragage, n. m.
dragée, n. f.
drageoir, n. m.
drageon, n. m.
drageonnage ou drageonnement, n. m.
drageonner, v. intr.
dragon, n. m.
dragonnade, n. f.
dragonne, n. f.
dragonnier, n. m.
dragster, n. m.
drague, n. f.
draguer, v. tr., v. intr.
dragueur, euse, n.
draille, n. f.
drain, n. m.
drainage, n. m.
drainer, v. tr.
draisienne, n. f.
draisine, n. f.
drakkar, n. m.
dramatique, adj. et n. f.
dramatiquement, adv.
dramatisation, n. f.
dramatiser, v. tr.
dramaturge, n.
dramaturgie, n. f.
drame, n. m.
drap, n. m.
drapé, n. m.
drapeau, n. m.
draper, v. tr., v. pron.
draperie, n. f.

drapier, ière, n.
drastique, adj. et n. m.
dravidien, ienne, adj. et n. m.
drawback, n. m.
drayer, v. tr.
drayoire, n. f.
dreadnought, n. m.
drêche, n. f.
drège, n. f.
drelin, interj. et n. m.
dressage, n. m.
dresser, v. tr., v. pron.
dresseur, euse, n.
dressoir, n. m.
dreyfusard, arde, n. et adj.
dribble, n. m.
dribbler, v. intr., v. tr.
dribbleur, n. m.
drift, n. m.
drill, n. m.
1. drille, n. f.
2. drille, n. m.
drisse, n. f.
drive, n. m.
drive-in, n. m. inv.
1. driver, v. intr., v. tr.
2. driver, n. m.
drogman, n. m.
drogue, n. f.
drogué, ée, n.
droguer, v. tr., v. pron.
droguerie, n. f.
droguet, n. m.
droguiste, n.
1. droit, n. m.
2. droit, droite, adj., n. et adv.
droite, n. f.
droitement, adv.
droitier, ière, adj. et n.
droiture, n. f.
drolatique, adj.
drôle, n. m. et adj.
drôlement, adv.
drôlerie, n. f.
drôlesse, n. f.
dromadaire, n. m.
-drome, -dromie, suff.
dronte, n. m.
drop-goal, n. m.
droséra, n. m.
drosophile, n. f.
drosse, n. f.
drosser, v. tr.
dru, ue, adj. et adv.
drugstore, n. m.
druide, n. m.
druidique, adj.
druidisme, n. m.
drumlin, n. m.
drupe, n. f.
dry, adj. et n. m. inv.
dryade, n. f.
dry-farming, n. m.
du, art. m. sing.
dû, due, adj. et n. m.
1. dual, n. m.
2. dual, ale, aux, adj.
dualisme, n. m.
dualiste, adj. et n.
dualité, n. f.
dubitatif, ive, adj.
dubitativement, adv.
1. duc, n. m.
2. duc, duchesse, n.
ducal, ale, aux, adj.
ducasse, n. f.
ducat, n. m.
duce, n. m.
duché, n. m.
duchesse, n. f.
ducroire, n. m.
ductile, adj.
ductilité, n. f.
duègne, n. f.
duel, n. m.
duelliste, n. m.
duettiste, n.
duetto, n. m.
duffel-coat, n. m.
dugon ou dugong, n. m.
duit, n. m.
duite, n. f.
dulçaquicole, adj.
dulcification, n. f.
dulcifier, v. tr.
dulcinée, n. f.
dulie, n. f.
dum-dum, n. f. inv.
dûment, adv.
dumping, n. m.
dundee, n. m.
dune, n. f.
dunette, n. f.
duo, n. m.
duodécimal, ale, aux, adj.
duodénal, ale, aux, adj.
duodénite, n. f.
duodénum, n. m.
duodi, n. m.
duopole, n. m.
dupe, n. f.
duper, v. tr.
duperie, n. f.
dupeur, euse, n.
duplex, n. m.
duplicata, n. m. inv.
duplicateur, n. m.
duplication, n. f.
duplicité, n. f.
duquel, pron. relat.
dur, dure, adj. et n.
durabilité, n. f.
durable, adj.
durablement, adv.
duralumin, n. m.
duramen, n. m.
durant, prép.
durcir, v. tr., v. pron. ou intr.
durcissement, n. m.
durcisseur, n. m.
durée, n. f.
durement, adv.
dure-mère, n. f.
durer, v. intr.
dureté, n. f.
durham, n. et adj.
durillon, n. m.
durit, n. f.
duse, n. f.
duumvir, n. m.
duumvirat, n. m.
duvet, n. m.
duveté, ée, adj.
duveteux, euse, adj.
Dy, symbole
dyade, n. f.
dyarchie, n. f.
dyke, n. m.
dynam-, dynamo-, préf.
-dynamie, suff.
1. dynamique, adj.
2. dynamique, n. f.
dynamiquement, adv.
dynamiser, v. tr.
dynamisme, n. m.
dynamiste, adj. et n.
dynamitage, n. m.
dynamite, n. f.
dynamiter, v. tr.
dynamiteur, euse, n. f.
dynamo, n. f.
dynamo-électrique, adj.
dynamographe, n. m.
dynamométamorphisme, n. m.
dynamomètre, n. m.
dynamométrique, adj.
dynaste, n. m.
dynastie, n. f.
dynastique, adj.
dyne, n. f.
-dyne, suff.
dyn (o)-, préf.
dynode, n. f.
dys-, préf.
dysarthrie, n. f.
dyscalculie, n. f.
dyschondroplasie, n. f.
dyschromatopsie, n. f.
dyschromie, n. f.
dyscinésie ou dyskynésie, n. f.
dyscrasie, n. f.
dyscrasique, adj.
dysenterie, n. f.
dysentérique, adj.
dysfonctionnement, n. m.
dysglobulinémie, n. f.
dysgraphie, n. f.
dysharmonie, n. f.
dyshidrose ou dysidrose, n. f.
dyskinésie ou dyscinésie, n. f.
dyslexie, n. f.
dyslexique, adj. et n.
dysménorrhée, n. f.
dysmorphie, n. f.
dysorthographie, n. f.
dyspareunie, n. f.
dyspepsie, n. f.
dyspepsique ou dyspeptique, adj. et n.
dysplasie, n. f.
dyspnée, n. f.
dyspraxie, n. f.
dysprosium, n. m.
dystonie, n. f.
dystrophie, n. f.
dysurie, n. f.
dytique, n. m.

e, n. m., abrév. et symbole
E, abrév. et symbole
é, ef-, es- ou ex-, préf.
eau, n. f.
eau-de-vie, n. f.
eau-forte, n. f.
eaux-vannes, n. f. pl.
ébahi, ie, adj.
ébahir, v. tr., v. pron.
ébahissement, n. m.
ébarbage ou ébarbement, n. m.
ébarber, v. tr.
ébarbeuse, n. f.
ébarboir, n. m.
ébarbure, n. f.
ébats, n. m. pl.
ébattre (s'), v. pron.
ébaubi, ie, adj.
ébaubir, v. tr.
ébauchage, n. m.
ébauche, n. f.
ébaucher, v. tr., v. pron.
ébaucheur, n. m.
ébauchoir, n. m.
ébaudir, v. tr., v. pron.
ébénacées, n. f. pl.
ébénales, n. f. pl.
ébène, n. m.
ébénier, n. m.
ébéniste, n. m.
ébénisterie, n. f.
éberlué, ée, adj.
éberluer, v. tr.
éblouir, v. tr.
éblouissant, ante, adj.
éblouissement, n. m.
ébonite, n. f.
éborgnage, n. m.
éborgnement, n. m.
éborgner, v. tr., v. pron.
éboueur, n. m.
ébouillantage, n. m.
ébouillanter, v. tr., v. pron.
éboulement, n. m.
ébouler, v. tr., v. intr., v. pron.
éboulis, n. m.
ébourgeonnage ou ébourgeonnement, n. m.
ébourgeonner, v. tr.
ébouriffant, ante, adj.
ébouriffé, ée, adj.
ébouriffer, v. tr.
ébourrer, v. tr.
ébouter, v. tr.
ébranchage ou ébranchement, n. m.
ébrancher, v. tr.
ébranchoir, n. m.
ébranlement, n. m.
ébranler, v. tr., v. pron.
ébrasement, n. m.
ébraser, v. tr.
ébrasure, n. f.
ébrèchement, n. m.
ébrécher, v. tr., v. pron.
ébréchure, n. f.
ébriété, n. f.
ébrouement, n. m.
ébrouer (s'), v. pron.
ébruitement, n. m.
ébruiter, v. tr., v. pron.
ébulliomètre, n. m.
ébulliométrie, n. f.
ébullioscope, n. m.
ébullioscopie, n. f.
ébullition, n. f.
éburné, ée ou éburnéen,
éenne, adj.
écaillage, n. m.
écaille, n. f.
1. écailler, v. tr., v. pron.
2. écailler, ère, n.
écailleux, euse, adj.
écaillure, n. f.
écale, n. f.
écaler, v. tr.
écalure, n. f.
écang, n. m.
écanguer, v. tr.
écarlate, n. f. et adj.
écarquiller, v. tr.
écart, n. m.
écarté, n. m.
écartelé, adj. m.
écartèlement, n. m.
écarteler, v. tr.
écartement, n. m.
écarter, v. tr., v. pron.
écarteur, n. m.
ecballium, n. m.
ecce homo, n. m. inv.
ecchymose, n. f.
ecclésial, ale, aux, adj.
ecclésiastique, adj. et n. m.
ecclésiologie, n. f.
ecdysone, n. f.
écervelé, ée, adj. et n.
échafaud, n. m.
échafaudage, n. m.
échafauder, v. intr., v. tr.
échalas, n. m.
échalasser, v. tr.
échalier, n. m.
échalis, n. m.
échalote, n. f.
échancrer, v. tr.
échancrure, n. f.
échange, n. m.
échangeable, adj.
échanger, v. tr., v. pron.
échangeur, n. m.
échangisme, n. m.
échangiste, n.
échanson, n. m.
échantillon, n. m.
échantillonnage, n. m.
échantillonner, v. tr.
échantillonneur, euse, n.
échappatoire, n. f.
échappé, ée, adj. et n.
échappée, n. f.
échappement, n. m.
échapper, v. intr., v. tr., v. pron.
écharde, n. f.
échardonner, v. tr.
écharnage, n. m.
écharner, v. tr.
écharpe, n. f.
écharper, v. tr.
échasse, n. f.
échassiers, n. m. pl.
échauboulure, n. f.
échaudage, n. m.
échaudé, ée, adj.
échauder, v. tr.
échaudoir, n. m.
échauffement, n. m.
échauffer, v. tr., v. pron.
échauffourée, n. f.
échauguette, n. f.
èche ou esche, n. f.
échéance, n. f.
échéancier, n. m.
échéant, ante, adj.
échec, n. m.
échecs, n. m. pl.
échelette, n. f.
échelier, n. m.
échelle, n. f.
échelon, n. m.
échelonnement, n. m.
échelonner, v. tr., v. pron.
échenillage, n. m.
écheniller, v. tr.
échenilloir, n. m.
écheveau, n. m.
échevelé, ée, adj.
écheveler, v. tr.
échevette, n. f.
échevin, n. m.
échevinage, n. m.
échidné, n. m.
échiffe ou échiffre, n. m. ou f.
échin(o)-, préf.
échine, n. f.
échiner, v. tr., v. pron.
échinidés, n. m. pl.
échinococcose, n. f.
échinocoque, n. m.
échinodermes, n. m. pl.
échinorynque, n. m.
échiquier, n. m.
échiuriens, n. m. pl.
écho, n. m.
échographie, n. f.
échoir, v. intr. et défect.
écholalie, n. f.
écholocalisation ou écholocation, n. f.
échoppe, n. f.
échopper, v. tr.
échosondeur, n. m.
échotier, n. m.
échouage, n. m.
échouement, n. m.
échouer, v. intr., v. tr., v. pron.
écidie, n. f.
écidiospore, n. f.
écimage, n. m.
écimer, v. tr.
éclaboussement, n. m.
éclabousser, v. tr., v. pron.
éclaboussure, n. f.
éclair, n. m.
éclairage, n. m.
éclairagisme, n. m.
éclairagiste, n.
éclairant, ante, adj.
éclaircie, n. f.
éclaircir, v. tr., v. pron.
éclaircissage, n. m.
éclaircissement, n. m.
éclaire, n. f.
éclairé, ée, adj.
éclairement, n. m.
éclairer, v. tr., v. pron., v. intr.
éclaireur, euse, n.
éclampsie, n. f.
éclamptique, adj. et n. f.
éclat, n. m.
éclatage, n. m.
éclatant, ante, adj.
éclaté, n. m.
éclatement, n. m.
éclater, v. intr., v. tr., v. pron.
éclateur, n. m.
éclectique, adj. et n.
éclectisme, n. m.
éclimètre, n. m.
éclipse, n. f.
éclipser, v. tr., v. pron.
écliptique, adj. et n. m.

éclissage, n. m.
éclisse, n. f.
éclisser, v. tr.
éclopé, ée, adj. et n.
éclore, v. intr.
éclosion, n. f.
éclusage, n. m.
écluse, n. f.
éclusée, n. f.
écluser, v. tr.
éclusier, ière, n.
écobuage, n. m.
écobuer, v. tr.
écœurant, ante, adj.
écœurement, n. m.
écœurer, v. tr.
écoinçon, n. m.
écolâtre, n. m.
école, n. f.
écolier, ière, n.
écologie, n. f.
écologique, adj.
écologiste, n.
écomusée, n. m.
éconduire, v. tr.
économat, n. m.
économe, n. et adj.
économétrie, n. f.
économie, n. f.
économique, adj. et n.
économiquement, adv.
économiser, v. tr., v. intr.
économiseur, n. m.
économiste, n.
écope, n. f.
écoper, v. tr.
écorçage, n. m.
écorce, n. f.
écorcer, v. tr., v. pron.
écorché, n. m.
écorchement, n. m.
écorcher, v. tr., v. pron.
écorcherie, n. f.
écorcheur, n. m.
écorchure, n. f.
écorner, v. tr.
écornifler, v. tr.
écornifleur, euse, n.
écornure, n. f.
écossais, aise, adj. et n.
écosser, v. tr.
écosseuse, n. f.
écosystème, n. m.
écot, n. m.
écotype, n. m.
écoulement, n. m.
écouler, v. tr., v. pron.
écoumène ou œcoumène, n. m.
écourgeon ou escourgeon, n. m.
écourter, v. tr.
écoute, n. f.
écouter, v. tr., v. pron.
écouteur, euse, n.
écoutille, n. f.
écouvillon, n. m.
écouvillonnage, n. m.
écouvillonner, v. tr.
écrabouillage ou écrabouillement, n. m.
écrabouiller, v. tr., v. pron.
écran, n. m.
écrasant, ante, adj.
écrasement, n. m.
écraser, v. tr., v. pron., v. intr. ou pron.
écraseur, euse, n.
écrémage, n. m.
écrémer, v. tr.
écrémeuse, n. f.
écrêtement, n. m.
écrêter, v. tr.
écrevisse, n. f.
écrier (s'), v. pron.
écrin, n. m.
écrire, v. tr., v. pron.
écrit, ite, adj. et n. m.
écriteau, n. m.
écritoire, n. f.
écriture, n. f.
écrivailler, v. intr.
écrivailleur, euse, n.
écrivaillon, n. m.
écrivain, n. m.
écrivasser, v. intr.
écrivassier, ière, n.
écrou, n. m.
écrouelles, n. f. pl.
écrouer, v. tr.
écrouir, v. tr.
écrouissage, n. m.
écroulement, n. m.
écrouler (s'), v. pron.
écroûter, v. tr.
écroûteuse, n. f.
écru, ue, adj.
ectasie, n. f.
-ectasie, suff.
ecthyma, n. m.
ectinite, n. f.
ecto-, préf.
ectoblaste, n. m.
ectocardie, n. f.
ectoderme, n. m.
ectodermique, adj.
-ectomie, suff.
ectoparasite, n. m. et adj.
ectopie, n. f.
ectopique, adj.
ectoplasme, n. m.
ectoproctes, n. m. pl.
ectropion, n. m.
écu, n. m.
écubier, n. m.
écueil, n. m.
écuelle, n. f.
écuellée, n. f.
écuisser, v. tr.
éculé, ée, adj.
éculer, v. tr.
écumage, n. m.
écumant, ante, adj.
écume, n. f.
écumer, v. intr., v. tr.
écumeur, euse, n.
écumeux, euse, adj.
écumoire, n. f.
écurer, v. tr.
écureuil, n. m.
écurie, n. f.
écusson, n. m.
écussonnage, n. m.
écussonner, v. tr.
écuyer, ère, n.
eczéma, n. m.
eczémateux, euse, adj. et n.
édam, n. m.
édaphique, adj.
edelweiss, n. m. inv.
éden, n. m.
édenté, ée, adj.
édenter, v. tr.
édentés, n. m. pl.
édicter, v. tr.
édicule, n. m.
édifiant, ante, adj.
édification, n. f.
édifice, n. m.
édifier, v. tr.
édile, n. m.
édilité, n. f.
édit, n. m.
éditer, v. tr.
éditeur, trice, n.
édition, n. f.
éditorial, ale, aux, adj. et n. m.
éditorialiste, n.
édredon, n. m.
éducable, adj.
éducateur, trice, n. et adj.
éducatif, ive, adj.
éducation, n. f.
édulcorant, ante, adj. et n. m.
édulcorer, v. tr.
éduquer, v. tr.
É.E.G., sigle
éfaufiler, v. tr.
effaçable, adj.
effacé, ée, adj.
effacement, n. m.
effacer, v. tr., v. pron.
effaceur, n. m.
effaçure, n. f.
effaner, v. tr.
effarant, ante, adj.
effaré, ée, adj.
effarement, n. m.
effarer, v. tr., v. pron.
effarouchement, n. m.
effaroucher, v. tr., v. pron.
effarvatte, n. f.
effecteur, trice, n. m. et adj.
1. effectif, ive, adj.
2. effectif, n. m.
effectivement, adv.
effectuer, v. tr., v. pron.
efféminé, ée, adj.
efféminer, v. tr.
effendi, n. m.
efférent, ente, adj.
effervescence, n. f.
effervescent, ente, adj.
effet, n. m.
effeuillage, n. m.
effeuillaison, n. f.
effeuillement, n. m.
effeuiller, v. tr., v. pron.
effeuilleuse, n. f.
1. efficace, n. f.
2. efficace, adj.
efficacement, adv.
efficacité, n. f.
efficience, n. f.
efficient, ente, adj.
effigie, n. f.
effilage, n. m.
effilé, ée, adj.
effilement, n. m.
effiler, v. tr., v. pron.
effilochage, n. m.
effiloché, n. m.
effilocher, v. tr., v. pron.
effiloches ou effiloques, n. f. pl.
effilocheur, euse, n.
effiloques ou effiloches, n. f. pl.
efflanqué, ée, adj.
effleurage, n. m.
effleurement, n. m.
effleurer, v. tr.
effleurir, v. intr.
effloraison, n. f.
efflorescence, n. f.
efflorescent, ente, adj.
effluent, ente, adj. et n.
effluve, n. m.
effondrement, n. m.

effondrer, v. tr., v. pron.
efforcer (s'), v. pron.
effort, n. m.
effraction, n. f.
effraie, n. f.
effranger, v. tr., v. pron.
effrayant, ante, adj.
effrayer, v. tr., v. pron.
effréné, ée, adj.
effritement, n. m.
effriter, v. tr., v. pron.
effroi, n. m.
effronté, ée, adj. et n.
effrontément, adv.
effronterie, n. f.
effroyable, adj.
effroyablement, adv.
effusion, n. f.
égaiement ou égayement, n. m.
égailler (s'), v. pron.
égal, ale, aux, adj. et n.
égalable, adj.
également, adv.
égaler, v. tr.
égalisateur, trice, adj.
égalisation, n. f.
égaliser, v. tr., v. intr.
égalitaire, adj.
égalitarisme, n. m.
égalitariste, n. m.
égalité, n. f.
égard, n. m.
égaré, ée, adj.
égarement, n. m.
égarer, v. tr., v. pron.
égayement ou égaiement, n. m.
égayer, v. tr., v. pron.
égéen, éenne, adj.
égérie, n. f.
égide, n. f.
églantier, n. m.
églantine, n. f.
églefin ou aiglefin, n. m.
église, n. f.
églogue, n. f.
ego, n. m. inv.
égocentrique, adj. et n.
égocentrisme, n. m.
égoïne, n. f.
égoïsme, n. m.
égoïste, adj. et n.
égoïstement, adv.
égorgement, n. m.
égorger, v. tr.
égorgeur, euse, n.
égosiller (s'), v. pron.
égotisme, n. m.
égotiste, n. et adj.
égout, n. m.
égoutier, n. m.
égouttage ou égouttement, n. m.
égoutter, v. tr., v. pron.
égouttoir, n. m.
égoutture, n. f.
égrappage, n. m.
égrapper, v. tr.
égrappoir, n. m.
égratigner, v. tr., v. pron.
égratignure, n. f.
égrenage ou égrènement, n. m.
égrener, v. tr., v. pron.
égreneuse, n. f.
égrillard, arde, adj. et n.
égrisage, n. m.
égrisée, n. f.
égriser, v. tr.
égrotant, ante, adj.
égrugeage, n. m.
égruger, v. tr.
égueuler, v. tr.
égyptien, ienne, adj. et n.
égyptologie, n. f.
égyptologue, n.
eh !, interj.
éhonté, ée, adj.
eider, n. m.
eidétique, adj.
einsteinium, n. m.
éjaculation, n. f.
éjaculer, v. tr.
éjectable, adj.
éjecter, v. tr.
éjecteur, n. m.
éjection, n. f.
éjointer, v. tr.
élaboration, n. f.
élaborer, v. tr., v. pron.
elæagnus ou éléagnus, n. m.
elæis ou éléis, n. m.
élagage, n. m.
élaguer, v. tr.
élagueur, n. m.
élan, n. m.
élancé, ée, adj.
élancement, n. m.
élancer, v. pron., v. tr., v. intr.
éland, n. m.
élapidés, n. m. pl.
élaps, n. m.
élargir, v. tr., v. pron., v. intr.
élargissement, n. m.
élasmobranches, n. m. pl.
élasticimétrie, n. f.
élasticité, n. f.
élastique, adj. et n.
élastofibre, n. f.
élastomère, n. m.
élatéridés, n. m. pl.
élavé, ée, adj.
eldorado, n. m.
éléagnus ou elæagnus, n. m.
éléate ou éléatique, adj. et n.
électeur, trice, n.
électif, ive, adj.
élection, n. f.
électivité, n. f.
électoral, ale, aux, adj.
électoralisme, n. m.
électorat, n. m.
électret, n. m.
électricien, ienne, n.
électricité, n. f.
électrification, n. f.
électrifier, v. tr.
électrique, adj.
électriquement, adv.
électrisable, adj.
électrisant, ante, adj.
électrisation, n. f.
électriser, v. tr.
électro-, préf.
électroacoustique ou électro-acoustique, n. f. et adj.
électroaimant ou électro-aimant, n. m.
électrobiologie, n. f.
électrocardiogramme, n. m.
électrocardiographe, n. m.
électrocardiographie, n. f.
électrocautère, n. m.
électrochimie, n. f.
électrochimique, adj.
électrochoc, n. m.
électrocinétique, n. f.
électrocoagulation, n. f.
électrocuter, v. tr.
électrocution, n. f.
électrode, n. f.
électrodiagnostic, n. m.
électrodialyse, n. f.
électrodynamique, n. f. et adj.
électrodynamomètre, n. m.
électroencéphalogramme, n. m.
électroencéphalographie, n. f.
électroérosion, n. f.
électroformage, n. m.
électrogène, adj.
électroluminescence, n. f.
électroluminescent, ente, adj.
électrolysable, adj.
électrolyse, n. f.
électrolyser, v. tr.
électrolyseur, n. m.
électrolyte, n. m.
électrolytique, adj.
électrolytiquement, adv.
électromagnétique, adj.
électromagnétisme, n. m.
électromécanicien, ienne, n.
électromécanique, n. f. et adj.
électroménager, adj. m. et n.m.
électrométallurgie, n. f.
électromètre, n. m.
électrométrie, n. f.
électromoteur, trice, adj. et n. m.
électron, n. m.
électronégatif, ive, adj.
électronégativité, n. f.
électronicien, ienne, n.
électronique, adj. et n. f.
électronucléaire, adj. et n. m.
électronvolt, n. m.
électro-optique, n. f.
électro-osmose, n. f.
électrophone, n. m.
électrophorèse, n. f.
électropositif, ive, adj.
électroradiologie, n. f.
électroscope, n. m.
électrostatique, n. f. et adj.
électrostriction, n. f.
électrotechnicien, ienne, n.
électrotechnique, n. f. et adj.
électrothérapie, n. f.
électrothermie, n. f.
électrovalence, n. f.
électrovalve, n. f.
électrovanne, n. f.
électrum, n. m.
électuaire, n. m.
élédone, n. f.
élégamment, adv.
élégance, n. f.
élégant, ante, adj. et n.
élégiaque, adj. et n. m. pl.
élégie, n. f.
éléis ou elæis, n. m.
élément, n. m.
élémentaire, adj.
éléotrague, n. m.
éléphant, n. m.
éléphante, n. f.
éléphanteau, n. m.
éléphantesque, adj.
éléphantiasique, adj. et n.
éléphantiasis, n. m.
éléphantin, ine, adj.

élevage, n. m.
1. élévateur, trice, adj.
2. élévateur, n. m.
élévation, n. f.
élévatoire, adj.
élève, n.
élevé, ée, adj.
élever, v. tr., v. pron.
éleveur, euse, n.
elfe, n. m.
élider, v. tr., v. pron.
éligibilité, n. f.
éligible, adj.
élimer, v. tr.
éliminable, adj.
éliminateur, trice, adj.
élimination, n. f.
éliminatoire, adj. et n. f.
éliminer, v. tr.
élingue, n. f.
élinguer, v. tr.
élinvar, n. m.
élire, v. tr.
élisabéthain ou élizabéthain, aine, adj.
élision, n. f.
élitaire, adj.
élite, n. f.
élitisme, n. m.
élixir, n. m.
élizabéthain ou élisabéthain, aine, adj.
elle, elles, pron. pers. f.
ellébore ou hellébore, n. m.
ellipse, n. f.
ellipsoïdal, ale, aux, adj.
ellipsoïde, n. m. et adj.
elliptique, adj.
elliptiquement, adv.
élocution, n. f.
élodée ou hélodée, n. f.
éloge, n. m.
élogieusement, adv.
élogieux, euse, adj.
éloigné, ée, adj.
éloignement, n. m.
éloigner, v. tr., v. pron.
élongation, n. f.
élonger, v. tr.
éloquemment, adv.
éloquence, n. f.
éloquent, ente, adj.
élu, ue, n. et adj.
élucidation, n. f.
élucider, v. tr.
élucubration, n. f.
élucubrer, v. tr.
éluder, v. tr.
élusif, ive, adj.
élution, n. f.
éluvial, ale, aux, adj.
éluviation, n. f.
éluvion, n. f.
élyséen, éenne, adj.
élytre, n. m.
élytrocèle, n. f.
élytroplastie, n. f.
elzévir, n. m.
em-, préf.
émaciation, n. f.
émacié, ée, adj.
émacier, v. tr., v. pron.
émail, aux, n. m.
émaillage, n. m.
émailler, v. tr.
émaillerie, n. f.
émailleur, euse, n.
émaillure, n. f.
émanation, n. f.
émancipateur, trice, adj. et n.
émancipation, n. f.
émanciper, v. tr., v. pron.
émaner, v. intr.
émargement, n. m.
émarger, v. tr.
émasculation, n. f.
émasculer, v. tr.
embâcle, n. m.
emballage, n. m.
emballement, n. m.
emballer, v. tr., v. pron.
emballeur, euse, n.
embarbouiller, v. tr., v. pron.
embarcadère, n. m.
embarcation, n. f.
embardée, n. f.
embargo, n. m.
embarquement, n. m.
embarquer, v. tr., v. intr., v. pron.
embarras, n. m.
embarrassant, ante, adj.
embarrassé, ée, adj.
embarrasser, v. tr., v. pron.
embarrer, v. intr., v. pron.
embase, n. f.
embasement, n. m.
embastiller, v. tr.
embatre ou embattre, v. tr.
embattage, n. m.
embattre ou embatre, v. tr.
embauchage, n. m.
embauche, n. f.
embaucher, v. tr.
embaucheur, euse, n.
embauchoir, n. m.
embaumement, n. m.
embaumer, v. tr.
embaumeur, n. m.
embecquer, v. tr.
embéguiner, v. tr., v. pron.
embellie, n. f.
embellir, v. tr., v. intr.
embellissement, n. m.
emberlificoter, v. tr., v. pron.
emberlificoteur, euse, n.
embêtant, ante, adj.
embêtement, n. m.
embêter, v. tr., v. pron.
embiellage, n. m.
emblavage, n. m.
emblave, n. f.
emblaver, v. tr.
emblavure, n. f.
emblée (d'), loc. adv.
emblématique, adj.
emblème, n. m.
embobeliner, v. tr., v. pron.
embobiner, v. tr.
emboîtage, n. m.
emboîtement, n. m.
emboîter, v. tr., v. pron.
emboîture, n. f.
embolie, n. f.
embolisme, n. m.
embolismique, adj.
embonpoint, n. m.
embossage, n. m.
embosser, v. tr., v. pron.
embouche, n. f.
embouché, ée, adj.
emboucher, v. tr.
embouchoir, n. m.
embouchure, n. f.
embouquer, v. tr.
embourber, v. tr., v. pron.
embourgeoisement, n. m.
embourgeoiser, v. tr., v. pron.
embourrer, v. tr.
embourrure, n. f.
embout, n. m.
embouteillage, n. m.
embouteiller, v. tr.
emboutir, v. tr.
emboutissage, n. m.
emboutisseur, n. m.
emboutisseuse, n. f.
embranchement, n. m.
embrancher, v. tr., v. pron.
embrasement, n. m.
embraser, v. tr., v. pron.
embrassade, n. f.
embrasse, n. f.
embrassé, ée, adj. et n. m.
embrassement, n. m.
embrasser, v. tr., v. pron.
embrasure, n. f.
embrayage, n. m.
embrayer, v. tr., v. intr.
embrèvement, n. m.
embrever, v. tr.
embrigadement, n. m.
embrigader, v. tr., v. pron.
embringuer, v. tr., v. pron.
embrocation, n. f.
embrochement, n. m.
embrocher, v. tr., v. pron.
embronchement, n. m.
embroncher, v. tr.
embrouillage, n. m.
embrouillamini, n. m.
embrouille, n. f.
embrouillé, ée, adj.
embrouillement, n. m.
embrouiller, v. tr., v. pron.
embroussaillé, ée, adj.
embruiné, ée, adj.
embrumer, v. tr., v. pron.
embrun, n. m.
embryo-, préf.
embryogenèse ou embryogénie, n. f.
embryogénique, adj.
embryologie, n. f.
embryologique, adj.
embryologiste, n.
embryon, n. m.
embryonnaire, adj.
embryopathie, n. f.
embryotome, n. m.
embryotomie, n. f.
embu, ue, adj. et n. m.
embûche, n. f.
embuer, v. tr., v. pron.
embuscade, n. f.
embusquer, v. tr., v. pron.
éméché, ée, adj.
émeraude, n. f.
émergé, ée, adj.
émergence, n. f.
émergent, ente, adj.
émerger, v. intr.
émeri, n. m.
émerillon, n. m.
émerillonné, ée, adj.
émeriser, v. tr.
émérite, adj.
émersion, n. f.
émerveillement, n. m.
émerveiller, v. tr., v. pron.
émétique, adj. et n. m.
émetteur, trice, adj. et n. m.
émettre, v. tr.
émeu, n. m.
émeute, n. f.
émeutier, ière, n.
-émie, suff.
émiettement, n. m.
émietter, v. tr.

émigrant, ante, n.
émigration, n. f.
émigré, ée, adj. et n.
émigrer, v. intr.
émincé, n. m.
émincer, v. tr.
éminemment, adv.
éminence, n. f.
éminent, ente, adj.
éminentissime, adj.
émir, n. m.
émirat, n. m.
1. émissaire, n. m. et f.
2. émissaire, adj.
émissif, ive, adj.
émission, n. f.
émissole, n. f.
émittance, n. f.
emmagasinage, n. m.
emmagasiner, v. tr.
emmaillotement, n. m.
emmailloter, v. tr., v. pron.
emmancher, v. tr., v. pron.
emmanchure, n. f.
emmêlement, n. m.
emmêler, v. tr., v. pron.
emménagement, n. m.
emménager, v. intr., v. tr.
emménagogue, adj. et n. m.
emmener, v. tr.
emmenthal, n. m.
emmerdant, ante, adj.
emmerdement, n. m.
emmerder, v. tr., v. pron.
emmerdeur, euse, n.
emmétrope, adj. et n.
emmétropie, n. f.
emmieller, v. tr.
emmitoufler, v. tr., v. pron.
emmurement, n. m.
emmurer, v. tr., v. pron.
émoi, n. m.
émollient, ente, adj. et n. m.
émolument, n. m.
émonction, n. f.
émonctoire, n. m.
émondage ou émondement, n. m.
émonder, v. tr.
émondes, n. f. pl.
émondeur, euse, n.
émondoir, n. m.
émorfilage, n. m.
émorfiler, v. tr.
émotif, ive, adj. et n.
émotion, n. f.
émotionnel, elle, adj.
émotionner, v. tr., v. pron.
émotivité, n. f.
émottage ou émottement, n. m.
émotter, v. tr.
émotteur, n. m.
émotteuse, n. f.
émouchet, n. m.
émoudre, v. tr.
émoulage, n. m.
émouleur, n. m.
émoulu, ue, adj.
émoussement, n. m.
émousser, v. tr., v. pron.
émoustillant, ante, adj.
émoustiller, v. tr.
émouvant, ante, adj.
émouvoir, v. tr., v. pron.
empaillage, n. m.
empaillement, n. m.
empailler, v. tr.
empailleur, euse, n.
empalement, n. m.
empaler, v. tr., v. pron.
empan, n. m.
empanacher, v. tr., v. pron.
empanner, v. tr., v. intr.
empaquetage, n. m.
empaqueter, v. tr.
emparer (s'), v. pron.
empâtement, n. m.
empâter, v. tr., v. pron.
empathie, n. f.
empattement, n. m.
empatter, v. tr.
empaumer, v. tr.
empaumure, n. f.
empêché, ée, adj.
empêchement, n. m.
empêcher, v. tr., v. pron.
empêcheur, euse, n.
empeigne, n. f.
empennage, n. m.
empenne, n. f.
empenneler, v. intr.
empenner, v. tr.
empereur, n. m.
emperler, v. tr., v. pron.
empesé, ée, adj.
empeser, v. tr.
empester, v. tr.
empêtrer, v. tr., v. pron.
emphase, n. f.
emphatique, adj.
emphatiquement, adv.
emphysémateux, euse, adj. et n.
emphysème, n. m.
emphytéose, n. f.
emphytéote, n.
emphytéotique, adj.
empiècement, n. m.
empierrement, n. m.
empierrer, v. tr.
empiétement, n. m.
empiéter, v. intr.
empiffrer (s'), v. pron.
empilage, n. m.
empile, n. f.
empilement, n. m.
empiler, v. tr., v. pron.
empileur, euse, n.
empire, n. m.
empirer, v. intr., v. tr.
empiriocriticisme, n. m.
empirique, adj. et n.
empiriquement, adv.
empirisme, n. m.
empiriste, n. et adj.
emplacement, n. m.
emplanture, n. f.
emplâtre, n. m.
emplette, n. f.
emplir, v. tr., v. pron.
emplissage, n. m.
emploi, n. m.
employable, adj.
employé, ée, n.
employer, v. tr., v. pron.
employeur, euse, n.
emplumé, ée, adj.
empocher, v. tr.
empoignade, n. f.
empoigne, n. f.
empoigner, v. tr., v. pron.
empois, n. m.
empoisonnant, ante, adj.
empoisonnement, n. m.
empoisonner, v. tr., v. pron.
empoisonneur, euse, n.
empoisser, v. tr.
empoissonner, v. tr.
emporium, n. m.
emportement, n. m.
emporte-pièce, n. m. inv.
emporter, v. tr., v. pron.
empoté, ée, adj. et n.
empoter, v. tr.
empourprer, v. tr., v. pron.
empoussiérer, v. tr.
empreindre, v. tr., v. pron.
empreinte, n. f.
empressé, ée, adj.
empressement, n. m.
empresser (s'), v. pron.
emprésurer, v. tr.
emprise, n. f.
emprisonnement, n. m.
emprisonner, v. tr.
emprunt, n. m.
emprunté, ée, adj.
emprunter, v. tr.
emprunteur, euse, n.
empuantir, v. tr.
empuse, n. f.
empyème, n. m.
empyrée, n. m.
empyreumatique, adj.
empyreume, n. m.
ému, ue, adj.
émulation, n. f.
émule, n.
émulseur, n. m..
émulsif, ive, adj. et n. m.
émulsifiant, iante, adj. et n. m.
émulsion, n. f.
émulsionner, v. tr.
1. en, prép.
2. en, pron. adverbial
en-, préf.
E.N.A., sigle
enamourer ou énamourer (s'), v. pron.
énanthème, n. m.
énantiomère, n. m.
énantiomérie, n. f.
énantiomorphe, adj.
énantiose, n. f.
énarque, n.
énarthrose, n. f.
en-avant, n. m. inv.
en-but, n. m. inv.
encabaner, v. tr.
encablure, n. f.
encadrement, n. m.
encadrer, v. tr.
encadreur, n. m.
encagement, n. m.
encager, v. tr.
encaissable, adj.
encaissage, n. m.
encaisse, n. f.
encaissé, ée, adj.
encaissement, n. m.
encaisser, v. tr., v. pron.
encaisseur, n. m.
encalminé, ée, adj.
encan (à l'), loc. adv.
encanaillement, n. m.
encanailler (s'), v. pron.
encapuchonner, v. tr., v. pron.
encaquer, v. tr., v. pron.
encart, n. m.
encartage, n. m.
encarter, v. tr.
encarteuse, n. f.
en-cas ou encas, n. m. inv.
encaserner, v. tr.
encasteler (s'), v. pron.
encastelure, n. f.
encastrement, n. m.

encastrer, v. tr., v. pron.
encaustique, n. f.
encaustiquer, v. tr.
encavement, n. m.
encaver, v. tr.
enceindre, v. tr.
1. enceinte, n. f.
2. enceinte, adj. f.
encens, n. m.
encensement, n. m.
encenser, v. tr.
encenseur, euse, n.
encensoir, n. m.
encépagement, n. m.
encéphalalgie, n. f.
encéphale, n. m.
encéphalique, adj.
encéphalite, n. f.
encéphalocèle, n. f.
encéphalographie, n. f.
encéphaloïde, adj.
encéphalomyélite, n. f.
encéphalopathe, n. et adj.
encéphalopathie, n. f.
encerclement, n. m.
encercler, v. tr.
enchaînement, n. m.
enchaîner, v. tr., v. pron.
enchanté, ée, adj.
enchantement, n. m.
enchanter, v. tr., v. pron.
enchanteur, teresse, n. et adj.
enchâssement, n. m.
enchâsser, v. tr., v. pron.
enchâssure, n. f.
enchausser, v. tr.
enchemisage, n. m.
enchemiser, v. tr.
enchère, n. f.
enchérir, v. intr.
enchérissement, n. m.
enchérisseur, euse, n.
enchevaucher, v. tr.
enchevêtrement, n. m.
enchevêtrer, v. tr., v. pron.
enchevêtrure, n. f.
enchifrené, ée, adj.
enclave, n. f.
enclavement, n. m.
enclaver, v. tr.
enclenche, n. f.
enclenchement, n. m.
enclencher, v. tr.
enclin, ine, adj.
encliquetage, n. m.
encliqueter, v. tr.
enclitique, n. m.
enclore, v. tr.
enclos, n. m.
enclosure, n. f.
enclouage, n. m.
enclouer, v. tr.
enclouure, n. f.
enclume, n. f.
encochage, n. m.
encoche, n. f.
encochement, n. m.
encocher, v. tr.
encoder, v. tr.
encoignure, n. f.
encollage, n. m.
encoller, v. tr.
encolleur, euse, n.
encolure, n. f.
encombrant, ante, adj.
encombre (sans), loc. adv.
encombré, ée, adj.
encombrement, n. m.
encombrer, v. tr., v. pron.
encontre (à l'), loc. prép. et adv.
encor ou encore, adv.
encorbellement, n. m.
encorder (s'), v. pron.
encore ou encor, adv.
encorné, ée, adj.
encorner, v. tr.
encornet, n. m.
encornure, n. f.
encourageant, ante, adj.
encouragement, n. m.
encourager, v. tr.
encourir, v. tr.
encrage, n. m.
encrassement, n. m.
encrasser, v. tr., v. pron.
encratisme, n. m.
encre, n. f.
encrer, v. tr.
encreur, adj. m.
encrier, n. m.
encrine, n. m.
encroué, ée, adj.
encroûtement, n. m.
encroûter, v. tr., v. pron.
enculage, n. m.
enculé, ée, n.
enculer, v. tr.
enculeur, n. m.
encuvage ou encuvement, n. m.
encuver, v. tr.
encyclique, n. f.
encyclopédie, n. f.
encyclopédique, adj.
encyclopédiste, n.
endémie, n. f.
endémique, adj.
endémisme, n. m.
endenté, ée, adj.
endenter, v. tr.
endettement, n. m.
endetter, v. tr., v. pron.
endeuiller, v. tr.
endêver, v. intr.
endiablé, ée, adj.
endiamanté, ée, adj.
endiguement, n. m.
endiguer, v. tr.
endimancher (s'), v. pron.
endive, n. f.
endo-, préf.
endocarde, n. m.
endocardite, n. f.
endocarpe, n. m.
endocrine, adj.
endocrinien, ienne, adj.
endocrinologie, n. f.
endoctrinement, n. m.
endoctriner, v. tr.
endoderme, n. m.
endogamie, n. f.
endogène, adj.
endolorir, v. tr.
endolorissement, n. m.
endomètre, n. m.
endométrite, n. f.
endommagement, n. m.
endommager, v. tr.
endomorphisme, n. m.
endoparasite, n. m.
endoproctes, n. m. pl.
endoréique, adj.
endoréisme, n. m.
endormeur, euse, n. et adj.
endormi, ie, adj. et n.
endormir, v. tr., v. pron.
endormissement, n. m.
endorphine, n. f.
endos, n. m.
endoscope, n. m.
endoscopie, n. f.
endosmomètre, n. m.
endosmose, n. f.
endossataire, n.
endossement, n. m.
endosser, v. tr.
endosseur, n. m.
endossure, n. f.
endothélial, ale, aux, adj.
endothélium, n. m.
endothermique, adj.
endotoxine, n. f.
endroit, n. m.
enduction, n. f.
enduire, v. tr., v. pron.
enduit, n. m.
endurable, adj.
endurance, n. f.
endurant, ante, adj.
endurci, ie, adj.
endurcir, v. tr., v. pron.
endurcissement, n. m.
endurer, v. tr.
enduro, n. m.
endymion, n. m.
-ène, suff.
énéolithique, n. m. et adj.
énergétique, adj. et n.
énergie, n. f.
énergique, adj.
énergiquement, adv.
énergisant, ante, adj. et n. m.
énergumène, n.
énervant, ante, adj.
énervation, n. f.
énervé, ée, adj. et n.
énervement, n. m.
énerver, v. tr., v. pron.
enfaîteau, n. m.
enfaîtement, n. m.
enfaîter, v. tr.
enfance, n. f.
enfant, n.
enfantement, n. m.
enfanter, v. tr.
enfantillage, n. m.
enfantin, ine, adj.
enfariner, v. tr., v. pron.
enfer, n. m.
enfermer, v. tr., v. pron.
enferrer, v. tr., v. pron.
enfeu, n. m.
enfieller, v. tr.
enfièvrement, n. m.
enfiévrer, v. tr., v. pron.
enfilade, n. f.
enfilage ou enfilement, n. m.
enfiler, v. tr., v. pron.
enfileur, euse, n.
enfin, adv.
enflammer, v. tr., v. pron.
enflé, ée, adj. et n.
enfléchure, n. f.
enfler, v. tr., v. pron., v. intr.
enfleurage, n. m.
enfleurer, v. tr.
enflure, n. f.
enfoiré, ée, n.
enfoncé, ée, adj.
enfoncement, n. m.
enfoncer, v. tr., v. intr., v. pron.
enfonceur, n. m.
enfonçure, n. f.
enfouir, v. tr., v. pron.
enfouissement, n. m.
enfouisseur, n. m.
enfourchement, n. m.
enfourcher, v. tr.
enfourchure, n. f.

enfournage ou enfournement, n. m.
enfourner, v. tr.
enfourneur, n. m.
enfreindre, v. tr.
enfuir (s'), v. pron.
enfumage, n. m.
enfumer, v. tr.
enfumoir, n. m.
enfûtage, n. m.
enfutailler, v. tr.
enfûter, v. tr.
engagé, ée, adj. et n. m.
engageant, ante, adj.
engagement, n. m.
engager, v. tr., v. pron.
engainant, ante, adj.
engainer, v. tr.
engamer, v. intr.
engazonnement, n. m.
engazonner, v. tr.
engeance, n. f.
engelure, n. f.
engendrement, n. m.
engendrer, v. tr.
engerbage, n. m.
engerber, v. tr.
engin, n. m.
engineering, n. m.
englober, v. tr.
engloutir, v. tr.
engloutissement, n. m.
engluage ou engluement, n. m.
engluer, v. tr., v. pron.
engobage, n. m.
engobe, n. m.
engober, v. tr.
engommage, n. m.
engommer, v. tr.
engoncement, n. m.
engoncer, v. tr.
engorgement, n. m.
engorger, v. tr., v. pron.
engouement, n. m.
engouer (s'), v. pron.
engouffrement, n. m.
engouffrer, v. tr., v. pron.
engoulevent, n. m.
engourdir, v. tr., v. pron.
engourdissement, n. m.
engrain, n. m.
engrais, n. m.
engraissage, n. m.
engraissement, n. m.
engraisser, v. tr., v. pron., v. intr.
engraisseur, n. m.
engramme, n. m.
engrangement, n. m.
engranger, v. tr.
engraver, v. tr., v. intr., ou pron.
engravure, n. f.
engrenage, n. m.
engrènement, n. m.
engrener, v. tr., v. pron.
engreneur, n. m.
engreneuse, n. f.
engrenure, n. f.
engrosser, v. tr.
engrumeler, v. tr., v. pron.
engueulade, n. f.
engueuler, v. tr., v. pron.
enguichure, n. f.
enguirlander, v. tr.
enhardir, v. tr., v. pron.
enharmonie, n. f.
enharmonique, adj.
enharnacher, v. tr.
enherber, v. tr.
énième, adj. num. ord.
énigmatique, adj.
énigmatiquement, adv.
énigme, n. f.
enivrant, ante, adj.
enivrement, n. m.
enivrer, v. tr., v. pron.
enjambée, n. f.
enjambement, n. m.
enjamber, v. tr., v. intr.
enjaveler, v. tr.
enjeu, n. m.
enjoindre, v. tr.
enjôler, v. tr.
enjôleur, euse, n. et adj.
enjolivement, n. m.
enjoliver, v. tr.
enjoliveur, euse, n.
enjolivure, n. f.
enjoué, ée, adj.
enjouement, n. m.
enképhaline, n. f.
enkysté, ée, adj.
enkystement, n. m.
enkyster (s'), v. pron.
enlacement, n. m.
enlacer, v. tr., v. pron.
enlaçure, n. f.
enlaidir, v. tr., v. intr., v. pron.
enlaidissement, n. m.
enlevage, n. m.
enlèvement, n. m.
enlever, v. tr., v. pron.
enlevure, n. f.
enliasser, v. tr.
enlier, v. tr.
enlisement, n. m.
enliser, v. tr., v. pron.
enluminer, v. tr.
enlumineur, euse, n.
enluminure, n. f.
ennéa-, préf.
ennéade, n. f.
ennéagonal, ale, aux, adj.
ennéagone, n. m. et adj.
ennéasyllabe, n. m. et adj.
enneigé, ée, adj.
enneigement, n. m.
ennemi, ie, n. et adj.
ennoblir, v. tr.
ennoblissement, n. m.
ennoiement, n. m.
ennoyage, n. m.
ennuager, v. tr., v. pron.
ennui, n. m.
ennuyant, ante, adj.
ennuyé, ée, adj.
ennuyer, v. tr., v. pron.
ennuyeusement, adv.
ennuyeux, euse, adj.
énoncé, n. m.
énoncer, v. tr., v. pron.
énonciatif, ive, adj.
énonciation, n. f.
enorgueillir, v. tr., v. pron.
énorme, adj.
énormément, adv.
énormité, n. f.
enosis, n. f.
énouer, v. tr.
enquérir (s'), v. pron.
enquerre (à), loc. adj.
enquête, n. f.
enquêter, v. intr.
enquêteur, euse, n. et adj.
enquiquinant, ante, adj.
enquiquiner, v. tr.
enquiquineur, euse, n.
enracinement, n. m.
enraciner, v. tr., v. pron.
enragé, ée, adj. et n.
enrageant, ante, adj.
enrager, v. intr.
enraiement ou enrayement, n. m.
enrayage, n. m.
enrayement ou enraiement, n. m.
enrayer, v. tr., v. intr., v. pron.
enrégimenter, v. tr.
enregistrable, adj.
enregistrement, n. m.
enregistrer, v. tr.
enregistreur, euse, adj. et n. m.
enrêner, v. tr.
enrhumé, ée, adj.
enrhumer, v. tr., v. pron.
enrichi, ie, adj.
enrichir, v. tr., v. pron.
enrichissement, n. m.
enrobage, n. m.
enrobé, n. m.
enrobement, n. m.
enrober, v. tr.
enrochement, n. m.
enrocher, v. tr.
enrôlement, n. m.
enrôler, v. tr., v. pron.
enrouement, n. m.
enrouer, v. tr., v. pron.
enroulement, n. m.
enrouler, v. tr., v. pron.
enrouleur, euse, adj. et n. m.
enrubanner, v. tr., v. pron.
ensablement, n. m.
ensabler, v. tr., v. pron.
ensachage, n. m.
ensacher, v. tr.
ensacheur, euse, n.
ensanglanter, v. tr.
enseignant, ante, adj. et n.
1. enseigne, n. f.
2. enseigne, n. m.
enseignement, n. m.
enseigner, v. tr.
ensellé, ée, adj.
ensellement, n. m.
ensellure, n. f.
ensemble, adv. et n. m.
ensemblier, ière, n.
ensemencement, n. m.
ensemencer, v. tr.
enserrer, v. tr.
enseuillement, n. m.
ensevelir, v. tr., v. pron.
ensevelissement, n. m.
ensilage, n. m.
ensiler, v. tr.
en-soi, n. m. inv.
ensoleillement, n. m.
ensoleiller, v. tr.
ensommeillé, ée, adj.
ensorcelant, ante, adj.
ensorceler, v. tr.
ensorceleur, euse, n. et adj.
ensorcellement, n. m.
ensoufrer, v. tr.
ensouple, n. f.
ensoutaner, v. tr., v. pron.
ensuite, adv.
ensuivre (s'), v. pron.
entablement, n. m.
entabler, v. tr.
entablure, n. f.
entacher, v. tr.
entaillage, n. m.
entaille, n. f.
entailler, v. tr., v. pron.
entame, n. f.

entamer, v. tr.
entartrage, n. m.
entartrement, n. m.
entartrer, v. tr.
entassement, n. m.
entasser, v. tr., v. pron.
ente, n. f.
enté, ée, adj.
entéléchie, n. f.
entelle, n. m.
entendement, n. m.
entendeur, n. m.
entendre, v. tr., v. pron.
entendu, ue, adj.
enténébrer, v. tr.
entente, n. f.
enter, v. tr.
-entère, suff.
entéralgie, n. f.
entérinement, n. m.
entériner, v. tr.
entérique, adj.
entérite, n. f.
entér(o), préf.
entérocolite, n. f.
entérocoque, n. m.
entérokinase, n. f.
entéropathie, n. f.
entéropneustes, n. m. pl.
entérorénal, ale, aux, adj.
entérostomie, n. f.
entérovaccin, n. m.
enterrement, n. m.
enterrer, v. tr., v. pron.
entêtant, ante, adj.
en-tête, n. m.
entêté, ée, adj. et n.
entêtement, n. m.
entêter, v. tr., v. pron.
enthalpie, n. f.
enthousiasme, n. m.
enthousiasmer, v. tr., v. pron.
enthousiaste, adj. et n.
enthymème, n. m.
entichement, n. m.
enticher, v. tr., v. pron.
entier, ière, adj. et n. m.
entièrement, adv.
entité, n. f.
entoilage, n. m.
entoiler, v. tr.
entôlage, n. m.
entôler, v. tr.
entolome, n. m.
entomo-, préf.
entomologie, n. f.
entomologique, adj.
entomologiste, n.
entomophage, adj.
entomophile, adj.
entomostracés, n. m. pl.
entonnage, n. m.
entonnaison, n. f.
entonnement, n. m.
entonner, v. tr.
entonnoir, n. m.
entorse, n. f.
entortillage, n. m.
entortillement, n. m.
entortiller, v. tr., v. pron.
entour, n. m.
entourage, n. m.
entouré, ée, adj.
entourer, v. tr., v. pron.
entourloupette, n. f.
entournure, n. f.
entr(e)-, préf.
entracte, n. m.
entraide, n. f.
entraider (s'), v. pron.
entrailles, n. f. pl.
entrain, n. m.
entraînant, ante, adj.
entraînement, n. m.
entraîner, v. tr., v. pron.
entraîneur, n. m.
entraîneuse, n. f.
entrait, n. m.
entrant, ante, adj. et n.
entr'apercevoir, v. tr.
entrave, n. f.
entravé, ée, adj.
entraver, v. tr.
entraxe, n. f.
entre, prép.
entre-, préf.
entrebâillement, n. m.
entrebâiller, v. tr., v. pron.
entre-bande, n. f.
entrechat, n. m.
entrechoquement, n. m.
entrechoquer, v. tr., v. pron.
entrecolonne ou **entre-colonnement**, n. m.
entrecôte, n. f.
entrecouper, v. tr., v. pron.
entrecroisement, n. m.
entrecroiser, v. tr., v. pron.
entrecuisse, n. m.
entre-déchirer (s'), v. pron.
entre-deux, n. m. inv.
entre-deux-guerres, n. m. inv.
entre-dévorer (s'), v. pron.
entrée, n. f.
entrefaite, n. f.
entrefer, n. m.
entrefilet, n. m.
entregent, n. m.
entr'égorger (s'), v. pron.
entrejambes, n. m. inv.
entrelacement, n. m.
entrelacer, v. tr., v. pron.
entrelacs, n. m.
entrelarder, v. tr.
entremêlement, n. m.
entremêler, v. tr., v. pron.
entremets, n. m.
entremetteur, euse, n.
entremettre (s'), v. pron.
entremise, n. f.
entre-nœud, n. m.
entrepont, n. m.
entreposage, n. m.
entreposer, v. tr.
entreposeur, n. m.
entrepositaire, n. et adj.
entrepôt, n. m.
entreprenant, ante, adj.
entreprendre, v. tr., v. intr.
entrepreneur, euse, n.
entreprise, n. f.
entrer, v. intr., v. tr.
entresol, n. m.
1. entre-temps, loc. adv.
2. entretemps, n. m.
entretenir, v. tr., v. pron.
entretenu, ue, adj.
entretien, n. m.
entretoise, n. f.
entretoisement, n. m.
entretoiser, v. tr.
entre-tuer (s'), v. pron.
entrevoie, n. f.
entrevoir, v. tr.
entrevous, n. m.
entrevoûter, v. tr.
entrevue, n. f.
entrisme, n. m.
entriste, adj. et n.
entropie, n. f.
entropion, n. m.
entroque, n. m.
entrouvrir, v. tr., v. pron.
entuber, v. tr.
enture, n. f.
énucléation, n. f.
énucléer, v. tr.
énumératif, ive, adj.
énumération, n. f.
énumérer, v. tr.
énurésie, n. f.
énurétique, adj. et n.
envahir, v. tr.
envahissant, ante, adj.
envahissement, n. m.
envahisseur, n.
envasement, n. m.
envaser, v. tr., v. pron.
enveloppant, ante, adj.
enveloppe, n. f.
enveloppé, n. m.
enveloppement, n. m.
envelopper, v. tr., v. pron.
envenimement, n. m.
envenimer, v. tr., v. pron.
enverguer, v. tr.
envergure, n. f.
1. envers, prép.
2. envers, n. m.
envi (à l'), loc. adv.
enviable, adj.
envie, n. f.
envié, ée, adj.
envier, v. tr.
envieusement, adv.
envieux, euse, adj. et n.
environ, adv. et prép.
environnant, ante, adj.
environnement, n. m.
environner, v. tr.
environs, n. m. pl.
envisager, v. tr.
envoi, n. m.
envoiler (s'), v. pron.
envol, n. m.
envolée, n. f.
envoler (s'), v. pron.
envoûtant, ante, adj.
envoûtement, n. m.
envoûter, v. tr.
envoûteur, euse, n.
envoyé, ée, n.
envoyer, v. tr., v. pron.
envoyeur, euse, n.
enzootie, n. f.
enzymatique, adj.
enzyme, n. f.
éocène, adj. et n. m.
éogène, n. m. et adj.
éohippus, n. m.
1. éolien, ienne, adj.
2. éolien, ienne, adj. et n.
3. éolienne, n. f.
éolipile ou **éolipyle**, n. m.
éolithe, n. m.
éon, n. m.
éosine, n. f.
éosinophile, adj. et n. m.
épacte, n. f.
épagneul, eule, n. et adj.
épair, n. m.
épais, aisse, adj. et adv.
épaisseur, n. f.
épaissir, v. tr., v. intr. et pron.
épaississement, n. m.
épaississeur, n. m.
épamprer, v. tr.
épanchement, n. m.
épancher, v. tr., v. pron.

épandage, n. m.
épandeur, n. m.
épandeuse, n. f.
épandre, v. tr., v. pron.
épanneler, v. tr.
épanouir, v. tr., v. pron.
épanouissement, n. m.
épar ou épart, n. m.
éparchie, n. f.
épargnant, ante, n. et adj.
épargne, n. f.
épargner, v. tr.
éparpillement, n. m.
éparpiller, v. tr., v. pron.
éparque, n. m.
épars, arse, adj.
épart ou épar, n. m.
éparvin ou épervin, n. m.
épatamment, adv.
épatant, ante, adj.
épate, n. f.
épaté, ée, adj.
épatement, n. m.
épater, v. tr., v. pron.
épaufrer, v. tr., v. pron.
épaufrure, n. f.
épaulard, n. m.
épaule, n. f.
épaulé, n. m.
épaulement, n. m.
épauler, v. tr., v. pron.
épaulette, n. f.
épave, n. f.
épeautre, n. m.
épée, n. f.
épeiche, n. f.
épeichette, n. m. ou f.
épeire, n. f.
épeirogénique ou épirogénique, adj.
épéiste, n. m.
épeler, v. tr.
épendyme, n. m.
épenthèse, n. f.
épenthétique, adj.
épépiner, v. tr.
éperdu, ue, adj.
éperdument, adv.
éperlan, n. m.
éperon, n. m.
éperonner, v. tr.
épervier, n. m.
épervière, n. f.
épervin ou éparvin, n. m.
épeurer, v. tr.
éphèbe, n. m.
éphébie, n. f.
éphédra, n. m.
éphélide, n. f.
éphémère, adj. et n. m.
éphéméride, n. f.
éphéméroptères, n. m. pl.
éphésien, ienne, adj. et n.
éphippigère, n. m.
éphod, n. m.
éphorat, n. m.
éphore, n. m.
éphorie, n. f.
épi-, préf.
épi, n. m.
épiage, n. m.
épiaire, n. m.
épiaison, n. f.
épicanthis, n. f.
épicanthus, n. m.
épicarde, n. m.
épicarpe, n. m.
épice, n. f.
épicéa, n. m.
épicène, adj.
épicentre, n. m.
épicer, v. tr.
épicerie, n. f.
épicier, ière, n.
épicondyle, n. m.
épicrâne, n. m.
épicrânien, ienne, adj.
épicurien, ienne, adj. et n.
épicurisme, n. m.
épicycle, n. m.
épicycloïdal, ale, aux, adj.
épicycloïde, n. f.
épidémicité, n. f.
épidémie, n. f.
épidémiologie, n. f.
épidémique, adj.
épiderme, n. m.
épidermique, adj.
épididyme, n. m.
épidote, n. m.
épidural, ale, aux, adj.
épier, v. tr., v. intr.
épierrage ou épierrement, n. m.
épierrer, v. tr.
épierreuse, n. f.
épieu, n. m.
épigastre, n. m.
épigastrique, adj.
épigé, ée, adj.
épigénique, adj.
épiglotte, n. f.
épiglottique, adj.
épigone, n. m.
épigramme, n. f.
épigraphe, n. f.
épigraphie, n. f.
épigraphique, adj.
épigraphiste, n.
épigyne, adj.
épilation, n. f.
épilatoire, adj.
épilepsie, n. f.
épileptiforme, adj.
épileptique, adj. et n.
épiler, v. tr.
épillet, n. m.
épilobe, n. m.
épilogue, n. m.
épiloguer, v. tr., v. intr.
épinard, n. m.
épincer ou épinceter, v. tr.
épine, n. f.
épiner, v. tr.
épinette, n. f.
épineux, euse, adj. et n. m.
épine-vinette, n. f.
épinglage, n. m.
épingle, n. f.
épinglé, ée, adj.
épingler, v. tr.
épinglerie, n. f.
épinglette, n. f.
épinglier, ière, n.
épinier, n. m.
épinière, adj. f.
épinoche, n. f.
épinochette, n. f.
épipaléolithique, n. m. et adj.
épiphanie, n. f.
épiphénomène, n. m.
épiphénoménisme, n. m.
épiphénoméniste, adj. et n.
épiphyse, n. f.
épiphyte, adj. et n. m.
épiphytie, n. f.
épiploon, n. m.
épique, adj.
épirogénique ou épeirogénique, adj.
épirote, adj. et n.
épiscopal, ale, aux, adj.
épiscopat, n. m.
épisiotomie, n. f.
épisode, n. m.
épisodique, adj.
épisodiquement, adv.
épisome, n. m.
épisser, v. tr.
épissoir, n. m.
épissure, n. f.
épistasie, n. f.
épistaxis, n. f.
épistémologie, n. f.
épistémologique, adj.
épistolaire, adj.
épistolier, ière, n.
épistyle, n. m.
épitaphe, n. f.
épitaxie, n. f.
épite, n. f.
épithalame, n. m.
épithélial, ale, aux, adj.
épithélioma ou épithéliome, n. m.
épithélium, n. m.
épithète, n. f. et adj.
épitoge, n. f.
épitomé, n. m.
épître, n. f.
épizootie, n. f.
épizootique, adj.
éploré, ée, adj. et n.
éployé, ée, adj.
éployer, v. tr.
épluchage, n. m.
éplucher, v. tr.
éplucheur, euse, n. et adj.
épluchure, n. f.
épode, n. f.
épointage, n. m.
épointement, n. m.
épointer, v. tr., v. pron.
éponge, n. f.
épongeage, n. m.
éponger, v. tr., v. pron.
éponte, n. f.
épontille, n. f.
épontiller, v. tr.
éponyme, adj. et n. m.
éponymie, n. f.
épopée, n. f.
époque, n. f.
épouillage, n. m.
épouiller, v. tr., v. pron.
époumoner (s'), v. pron.
épousailles, n. f. pl.
épouse, n. f.
épousée, n. f.
épouser, v. tr., v. pron.
épouseur, n. m.
époussetage, n. m.
épousseter, v. tr.
époustouflant, ante, adj.
époustoufler, v. tr.
épouvantable, adj.
épouvantablement, adv.
épouvantail, n. m.
épouvante, n. f.
épouvanter, v. tr.
époux, épouse n.
époxy, adj.
époxyde, n. m.
époxydique, adj.
épreindre, v. tr.
épreintes, n. f. pl.
éprendre (s'), v. pron.
épreuve, n. f.
épris, ise, adj.
éprouvant, ante, adj.

éprouvé, ée, adj.
éprouver, v. tr.
éprouvette, n. f.
epsilon, n. m.
epsomite, n. f.
épucer, v. tr.
épuisable, adj.
épuisant, ante, adj.
épuisé, ée, adj.
épuisement, n. m.
épuiser, v. tr., v. pron.
épuisette, n. f.
épulon, n. m.
épulpeur, n. m.
épurateur, n. m.
épuratif, ive, adj.
épuration, n. f.
épuratoire, adj.
épure, n. f.
épurement, n. m.
épurer, v. tr., v. pron.
épurge, n. f.
équanimité, n. f.
équarrir, v. tr.
équarrissage, n. m.
équarrisseur, n. m.
équarrissoir, n. m.
équateur, n. m.
équation, n. f.
équatorial, iale, iaux, adj. et n. m.
équatorien, ienne, adj. et n.
équerrage, n. m.
équerre, n. f.
équerrer, v. tr.
équestre, adj.
équeuter, v. tr.
équi-, préf.
équiangle, adj.
équidés, n. m. pl.
équidistance, n. f.
équidistant, ante, adj.
équilatéral, ale, aux, adj.
équilatère, adj.
équilibrage, n. m.
équilibrant, ante, adj.
équilibration, n. f.
équilibre, n. m.
équilibré, ée, adj.
équilibrer, v. tr., v. pron.
équilibreur, euse, adj. et n. m.
équilibriste, n.
équille, n. f.
équimoléculaire, adj.
équimultiple, n. m. et adj.
équin, ine, adj.
équinoxe, n. m.
équinoxial, iale, iaux, adj.
équipage, n. m.
équipe, n. f.
équipée, n. f.
équipement, n. m.
équiper, v. tr., v. pron.
équipier, ière, n.
équipollence, n. f.
équipollent, ente, adj.
équipotent, adj. m.
équipotentiel, elle, adj.
équisétales, n. f. pl.
équitable, adj.
équitablement, adv.
équitation, n. f.
équité, n. f.
équivalence, n. f.
1. équivalent, ente, adj.
2. équivalent, n. m.
équivaloir, v. tr. indir.
équivoque, adj. et n. f.
Er, symbole
érable, n. m.
éradication, n. f.
éradiquer, v. tr.
éraflement, n. m.
érafler, v. tr.
éraflure, n. f.
éraillement, n. m.
érailler, v. tr., v. pron.
éraillure, n. f.
erbium, n. m.
erbue ou herbue, n. f.
ère, n. f.
érecteur, trice, adj. et n. m.
érectile, adj.
érection, n. f.
éreintage, n. m.
éreintant, ante, adj.
éreintement, n. m.
éreinter, v. tr., v. pron.
éreinteur, euse, n. et adj.
érémitique, adj.
érésipélateux, euse ou érysipélateux, euse, adj. et n.
érésipèle ou érysipèle, n. m.
éréthisme, n. m.
erg, n. m.
ergastoplasme, n. m.
ergastule, n. m.
-ergie, suff.
ergo-, préf.
ergographe, n. m.
ergol, n. m.
ergonomie, n. f.
ergonomiste, n.
ergostérol, n. m.
ergot, n. m.
ergotage, n. m.
ergotamine, n. f.
ergoté, ée, adj.
ergoter, v. intr.
ergoterie, n. f.
ergoteur, euse, n. et adj.
ergothérapie, n. f.
ergotine, n. f.
ergotisme, n. m.
éricacées, n. f. pl.
ériger, v. tr., v. pron.
érigéron, n. m.
érigne ou érine, n. f.
éristale, n. m.
éristique, adj. et n.
érlenmeyer, n. m.
erminette ou herminette, n. f.
ermitage ou hermitage, n. m.
ermite, n. m.
éroder, v. tr.
érogène, adj.
éros, n. m.
érosif, ive, adj.
érosion, n. f.
érotique, adj. et n. f.
érotiquement, adv.
érotisme, n. m.
érotomane, n. et adj.
érotomanie, n. f.
erpétologie ou herpétologie, n. f.
erpétologique ou herpétologique, adj.
erpétologiste ou herpétologiste, n.
errance, n. f.
errant, ante, adj.
errata, n. m. inv.
erratique, adj.
erratum, n. m. sing.
erre, n. f.
errements, n. m. pl.
errer, v. intr.
erreur, n. f.
erroné, ée, adj.
ers, n. m.
ersatz, n. m. inv.
1. erse, n. f.
2. erse, adj. et n. m.
érubescence, n. f.
érubescent, ente, adj.
éruciforme, adj.
éructation, n. f.
éructer, v. intr., v. tr.
érudit, ite, adj. et n.
érudition, n. f.
érugineux, euse, adj.
éruptif, ive, adj.
éruption, n. f.
érysipélateux, euse ou érésipélateux, euse, adj. et n.
érysipèle ou érésipèle, n. m.
érythémateux, euse, adj.
érythème, n. m.
érythrine, n. f.
érythro-, préf.
érythroblaste, n. m.
érythroblastose, n. f.
érythrocyte, n. m.
ès, prép.
Es, symbole
esbigner (s'), v. pron.
esbroufe, n. f.
esbroufer, v. tr.
esbroufeur, euse, n.
escabeau, n. m.
escadre, n. f.
escadrille, n. f.
escadron, n. m.
escalade, n. f.
escalader, v. tr.
escalator, n. m.
escale, n. f.
escalier, n. m.
escalope, n. f.
escamotable, adj.
escamotage, n. m.
escamoter, v. tr.
escamoteur, euse, n.
escampette, n. f.
escapade, n. f.
escape, n. f.
escarbille, n. f.
escarbot, n. m.
escarboucle, n. f.
escarcelle, n. f.
escargot, n. m.
escarmouche, n. f.
escarole ou scarole, n. f.
1. escarpe, n. f.
2. escarpe, n. m.
escarpé, ée, adj.
escarpement, n. m.
escarpin, n. m.
escarpolette, n. f.
1. escarre, n. f.
2. escarre ou esquarre, n. f.
escarrifier, v. tr.
eschatologie, n. f.
eschatologique, adj.
esche ou èche, n. f.
escient, n. m.
esclaffer (s'), v. pron.
esclandre, n. m.
esclavage, n. m.
esclavagisme, n. m.
esclavagiste, adj. et n.
esclave, adj. et n.
esclavon, onne, adj. et n.
escogriffe, n. m.
escomptable, adj.
escompte, n. m.

escompter, v. tr.
escompteur, n. m. et adj.
escopette, n. f.
escorte, n. f.
escorter, v. tr.
escorteur, n. m.
escouade, n. f.
escourgeon ou écourgeon, n. m.
escrime, n. f.
escrimer (s'), v. pron.
escrimeur, euse, n.
escroc, n. m.
escroquer, v. tr.
escroquerie, n. f.
escudo, n. m.
esgourde, n. f.
ésotérique, adj.
ésotérisme, n. m.
1. espace, n. m.
2. espace, n. f.
espacement, n. m.
espacer, v. tr., v. pron.
espadon, n. m.
espadrille, n. f.
espagnol, ole, adj. et n.
espagnolette, n. f.
espalier, n. m.
espar, n. m.
espèce, n. f.
espérance, n. f.
espérantiste, adj. et n.
espéranto, n. m.
espérer, v. tr., v. intr.
espiègle, adj. et n.
espièglerie, n. f.
espingole, n. f.
espion, onne, n.
espionite ou espionnite, n. f.
espionnage, n. m.
espionner, v. tr.
espionnite ou espionite, n. f.
esplanade, n. f.
espoir, n. m.
esponton, n. m.
espressivo, adj. et adv.
esprit, n. m.
esquarre, ou escarre, n. f.
-esque, suff.
esquiche, n. f.
esquicher, v. intr.
esquif, n. m.
esquille, n. f.
1. esquimau, aude, adj. et n.
2. esquimau, n. m.
esquimautage, n. m.
esquinter, v. tr., v. pron.
esquire, n. m.
esquisse, n. f.
esquisser, v. tr.
esquive, n. f.
esquiver, v. tr., v. pron.
essai, n. m.
essaim, n. m.
essaimage, n. m.
essaimer, v. intr., v. tr.
essanger, v. tr.
essart, n. m.
essartage ou essartement, n. m.
essarter, v. tr.
essayage, n. m.
essayer, v. tr., v. pron., v. intr.
essayeur, euse, n.
essayiste, n. m.
esse, n. f.
E.S.S.E.C., sigle
essence, n. f.
essénien, ienne, adj. et n.
essentialisme, n. m.
essentiel, ielle, adj.
essentiellement, adv.
esseulé, ée, adj.
essieu, n. m.
essor, n. m.
essorage, n. m.
essorer, v. tr., v. pron.
essoreuse, n. f.
essorillement, n. m.
essoriller, v. tr.
essouchement, n. m.
essoucher, v. tr.
essoufflement, n. m.
essouffler, v. tr., v. pron.
essuie-glace, n. m. inv.
essuie-main(s), n. m.
essuie-pieds, n. m. inv.
essuyage, n. m.
essuyer, v. tr., v. pron.
est, n. m.
establishment, n. m.
estacade, n. f.
estafette, n. f.
estafier, n. m.
estafilade, n. f.
estagnon, n. m.
est-allemand, ande, adj. et n.
estaminet, n. m.
estampage, n. m.
estampe, n. f.
estamper, v. tr.
estampeur, n. m.
estampillage, n. m.
estampille, n. f.
estampiller, v. tr.
este, adj. et n.
1. ester, v. intr.
2. ester, n. m.
estérase, n. f.
estérification, n. f.
estérifier, v. tr.
esterlin, n. m.
-esthésie, suff.
esthète, n. et adj.
esthéticien, ienne, n.
esthétique, adj. et n. f.
esthétiquement, adv.
esthétisme, n. m.
estimable, adj.
estimatif, ive, adj.
estimation, n. f.
estimatoire, adj.
estime, n. f.
estimer, v. tr., v. pron.
estivage, n. m.
estival, ale, aux, adj.
estivant, ante, n.
estivation, n. f.
estive, n. f.
estiver, v. tr., v. intr.
estoc, n. m.
estocade, n. f.
estomac, n. m.
estomaquer, v. tr.
estompe, n. f.
estomper, v. tr., v. pron.
estonien, ienne, adj. et n.
estoquer, v. tr.
estouffade, n. f.
estourbir, v. tr.
estrade, n. f.
estradiot ou stradiot ou stradiote, n. m.
estragon, n. m.
estramaçon, n. m.
estran, n. m.
estrapade, n. f.
estropier, v. tr., v. pron.
estuaire, n. m.
estudiantin, ine, adj.
esturgeon, n. m.
et, conj.
êta, n. m.
étable, n. f.
1. établi, n. m.
2. établi, ie, adj.
établir, v. tr., v. pron.
établissement, n. m.
étage, n. m.
étager, v. tr., v. pron.
étagère, n. f.
étai, n. m.
étaiement ou étayement, n. m.
étain, n. m.
étal, als, n. m.
étalage, n. m.
étalagiste, n.
étale, adj. et n. m. ou f.
étalement, n. m.
étaler, v. tr., v. pron.
étaleuse, n. f.
étalier, n. m.
étalinguer, v. tr.
étalingure, n. f.
étalon, n. m.
étalonnage, n. m.
étalonner, v. tr.
étamage, n. m.
étambot, n. m.
étambrai, n. m.
étamer, v. tr.
étameur, n. m.
étamine, n. f.
étampe, n. f.
étamper, v. tr.
étampure, n. f.
étamure, n. f.
étanche, adj.
étanchéité, n. f.
étanchement, n. m.
étancher, v. tr.
étançon, n. m.
étançonnement, n. m.
étançonner, v. tr.
étang, n. m.
étape, n. f.
étarquer, v. tr.
1. état, n. m.
2. État, n. m.
étatique, adj.
étatisation, n. f.
étatiser, v. tr.
étatisme, n. m.
état-major, n. m.
étau, n. m.
étau-limeur, n. m.
étayage, n. m.
étayement ou étaiement, n. m.
étayer, v. tr.
et cætera ou et cetera, loc. adv.
été, n. m.
éteignoir, n. m.
éteindre, v. tr., v. pron.
éteint, einte, adj.
étendage, n. m.
étendard, n. m.
étendoir, n. m.
étendre, v. tr., v. pron.
étendu, ue, adj.
étendue, n. f.
éternel, elle, adj. et n. m.
Éternel, n. m.
éternellement, adv.
éterniser, v. tr., v. pron.
éternité, n. f.
éternuement, n. m.
éternuer, v. intr.

étésien, adj. m.
étêtage ou étêtement, n. m.
étêter, v. tr.
éteule, n. f.
éthane, n. m.
éthanol, n. m.
éther, n. m.
éthéré, ée, adj.
éthérifier, v. tr.
éthérisation, n. f.
éthériser, v. tr.
éthéromane, n. et adj.
éthéromanie, n. f.
éthiopien, ienne, adj. et n.
éthique, n. f. et adj.
ethmoïdal, ale, aux, adj.
ethmoïde, n. m. et adj.
ethnarchie, n. f.
ethnarque, n. m.
ethnie, n. f.
ethnique, adj.
ethno-, préf.
ethnobiologie, n. f.
ethnocentrisme, n. m.
ethnocide, n. m.
ethnographe, n.
ethnographique, n. f.
ethnolinguistique, n. f. et adj.
ethnologie, n. f.
ethnologique, adj.
ethnologue, n.
ethnomusicologie, n. f.
ethnomusicologue, n.
ethnopsychologie, n. f.
éthologie, n. f.
éthologique, adj.
éthyle, n. m.
éthylène, n. m.
éthylénique, adj.
éthylique, adj. et n.
éthylisme, n. m.
étiage, n. m.
étier, n. m.
étincelant, ante, adj.
étinceler, v. intr.
étincelle, n. f.
étincellement, n. m.
étiolement, n. m.
étioler, v. tr., v. pron.
étiologie, n. f.
étique, adj.
étiquetage, n. m.
étiqueter, v. tr.
étiqueteur, euse, n.
étiquette, n. f.
étirable, adj.
étirage, n. m.
étirement, n. m.
étirer, v. tr., v. pron.
étireur, euse, n.
étireuse, n. f.
étisie ou hectisie, n. f.
étoffe, n. f.
étoffé, ée, adj.
étoffer, v. tr., v. pron.
étoile, n. f.
étoilé, ée, adj.
étoilement, n. m.
étoiler, v. tr., v. pron.
étole, n. f.
étonnamment, adv.
étonnant, ante, adj.
étonné, ée, adj.
étonnement, n. m.
étonner, v. tr., v. pron.
étouffage, n. m.
étouffant, ante, adj.
étouffé, ée, adj.
étouffe-chrétien, n. m. inv.
étouffée (à l'), loc. adv.
étouffement, n. m.
étouffer, v. tr., v. intr., v. pron.
étouffeur, n. m.
étouffoir, n. m.
étoupe, n. f.
étouper, v. tr.
étoupille, n. f.
étoupiller, v. tr.
étourderie, n. f.
étourdi, ie, adj. et n.
étourdiment, adv.
étourdir, v. tr., v. pron.
étourdissant, ante, adj.
étourdissement, n. m.
étourneau, n. m.
étrange, adj. et n. m.
étrangement, adv.
étranger, ère, adj. et n.
étrangeté, n. f.
étranglement, n. m.
étrangler, v. tr., v. pron.
étrangleur, euse, n.
étrave, n. f.
1. être, v. intr.
2. être, n. m.
étreindre, v. tr., v. pron.
étreinte, n. f.
étrenne, n. f.
étrenner, v. tr., v. intr.
êtres, n. m. pl.
étrésillon, n. m.
étrésillonnement, n. m.
étrésillonner, v. tr.
étrier, n. m.
étrille, n. f.
étriller, v. tr.
étripage, n. m.
étriper, v. tr., v. pron.
étriqué, ée, adj.
étriquer, v. tr.
étrive, n. f.
étrivière, n. f.
étroit, oite, adj.
étroitement, adv.
étroitesse, n. f.
étron, n. m.
étronçonner, v. tr.
étrusque, adj. et n.
étude, n. f.
étudiant, ante, n.
étudié, ée, adj.
étudier, v. intr., v. tr., v. pron.
étui, n. m.
étuvage, n. m.
étuve, n. f.
étuvée, n. f.
étuvement, n. m.
étuver, v. tr.
étuveur, n. m.
étuveuse, n. f.
étymologie, n. f.
étymologique, adj.
étymologiquement, adv.
étymologiste, n.
étymon, n. m.
eu-, préf.
Eu, symbole
eu, eue, p.p. du v. avoir.
eucalyptus, n. m.
eucarides, n. m. pl.
eucaryote, adj.
eucharistie, n. f.
eucharistique, adj.
euclidien, ienne, adj.
eudémis, n. m.
eudémonisme, n. m.
eudiomètre, n. m.
eudiométrie, n. f.
eudiste, n. m.
eufraise ou euphraise, n. f.
eugénique, adj. et n. f.
eugénisme, n. m.
eugéniste, n.
euglène, n. f.
euh !, interj.
eumycètes, n. m. pl.
eunecte, n. m.
eunuque, n. m.
eupatoire, n. f.
euphémique, adj.
euphémisme, n. m.
euphonie, n. f.
euphonique, adj.
euphorbe, n. f.
euphorbiacées, n. f. pl.
euphorie, n. f.
euphorique, adj.
euphorisant, ante, adj. et n. m.
euphraise ou eufraise, n. f.
euphuisme, n. m.
euploïde, adj.
euploïdie, n. f.
eurasiatique, adj.
eurasien, ienne, n. et adj.
eurêka !, interj.
euristique ou heuristique, adj. et n. f.
euro-, préf.
eurocommunisme, n. m.
euromissile, n. m.
européanisation, n. f.
européaniser, v. tr., v. pron.
européen, éenne, adj. et n.
europium, n. m.
Eurovision, n. f.
euryhalin, ine, adj. et n. m.
eurythmie, n. f.
eurythmique, adj.
euscarien ou euskarien, ienne, adj. et n.
eustache, n. m.
eustatique, adj.
eustatisme, n. m.
eutectique, adj. et n. m.
eutectoïde, adj.
eutexie, n. f.
euthanasie, n. f.
euthanasique, adj.
euthériens, n. m. pl.
eutocique, adj.
eutrophe, adj.
eutrophiser (s'), v. pron.
eux, pron. pers. 3e pers. m. pl.
euxinisme, n. m.
E.V., abrév.
évacuateur, trice, adj. et n.
évacuation, n. f.
évacuer, v. tr.
évader (s'), v. pron.
évagination, n. f.
évaluable, adj.
évaluation, n. f.
évaluer, v. tr.
évanescence, n. f.
évanescent, ente, adj.
évangéliaire, n. m.
évangélique, adj.
évangéliquement, adv.
évangélisateur, trice, adj. et n.
évangélisation, n. f.
évangéliser, v. tr.
évangélisme, n. m.
évangéliste, n. m.
évangile, n. m.
évanouir (s'), v. pron.
évanouissement, n. m.
évaporable, adj.
évaporateur, n. m.

évaporation, n. f.
évaporatoire, adj.
évaporé, ée, adj. et n.
évaporer, v. tr., v. pron.
évapotranspiration, n. f.
évasement, n. m.
évaser, v. tr., v. pron.
évasif, ive, adj.
évasion, n. f.
évasivement, adv.
évasure, n. f.
évêché, n. m.
évection, n. f.
éveil, n. m.
éveillé, ée, adj.
éveiller, v. tr., v. pron.
éveilleur, n. m.
éveinage, n. m.
événement, n. m.
événementiel, ielle, adj.
évent, n. m.
éventail, n. m.
éventaire, n. m.
éventer, v. tr., v. pron.
éventration, n. f.
éventrer, v. tr.
éventreur, n. m.
éventualité, n. f.
éventuel, elle, adj.
éventuellement, adv.
évêque, n. m.
évertuer (s'), v. pron.
éviction, n. f.
évidage ou évidement, n. m.
évidemment, adv.
évidence, n. f.
évident, ente, adj.
évider, v. tr.
évier, n. m.
évincer, v. tr.
éviscérer, v. tr.
évitable, adj.
évitage, n. m.
évitement, n. m.
éviter, v. tr. dir., ind., v. intr., v. pron.
évocable, adj.
évocateur, trice, adj.
évocation, n. f.
évocatoire, adj.
évoé ! ou évohé !, interj.
évolué, ée, adj.
évoluer, v. intr.
évolutif, ive, adj.
évolution, n. f.
évolutionnisme, n. m.
évolutionniste, adj. et n.
évoquer, v. tr.
evzone, n. m.
ex-, préf.
ex, particule
ex abrupto, loc. adv.
exacerbation, n. f.
exacerber, v. tr.
exact, acte, adj.
exactement, adv.
exacteur, n. m.
exaction, n. f.
exactitude, n. f.
ex æquo, loc. adv. et n. inv.
exagération, n. f.
exagéré, ée, adj.
exagérément, adv.
exagérer, v. tr., v. pron.
exaltant, ante, adj.
exaltation, n. f.
exalter, v. tr., v. pron.
examen, n. m.
examinateur, trice, n.
examiner, v. tr.
exanthémateux, euse, adj.
exanthème, n. m.
exarchat, n. m.
exarque, n. m.
exaspération, n. f.
exaspérer, v. tr., v. pron.
exaucement, n. m.
exaucer, v. tr.
ex cathedra, loc. adv.
excavateur, n. m.
excavation, n. f.
excavatrice, n. f.
excaver, v. tr.
excédent, n. m.
excédentaire, adj.
excéder, v. tr.
excellemment, adv.
excellence, n. f.
excellent, ente, adj.
exceller, v. intr.
excentration, n. f.
excentrer, v. tr.
excentricité, n. f.
excentrique, adj. et n.
excentriquement, adv.
1. excepté, prép. inv.
2. excepté, ée, adj.
excepter, v. tr.
exception, n. f.
exceptionnel, elle, adj.
exceptionnellement, adv.
excès, n. m.
excessif, ive, adj. et n.
excessivement, adv.
exciper, v. intr.
excipient, n. m.
exciser, v. tr.
excision, n. f.
excitabilité, n. f.
excitable, adj.
excitance, n. f.
excitant, ante, adj. et n. m.
excitateur, trice, n.
excitation, n. f.
excité, ée, adj. et n.
exciter, v. tr., v. pron.
exciton, n. m.
exclamatif, ive, adj.
exclamation, n. f.
exclamer (s'), v. pron.
exclure, v. tr., v. pron.
exclusif, ive, adj.
exclusion, n. f.
exclusive, n. f.
exclusivement, adv.
exclusivisme, n. m.
exclusivité, n. f.
excommunication, n. f.
excommunier, v. tr.
excoriation, n. f.
excorier, v. tr.
excrément, n. m.
excrémenteux, euse, adj.
excrémentiel, elle, adj.
excréter, v. tr.
excréteur, trice, adj.
excrétion, n. f.
excrétoire, adj.
excroissance, n. f.
excursion, n. f.
excursionner, v. intr.
excursionniste, n.
excusable, adj.
excuse, n. f.
excuser, v. tr., v. pron.
exeat, n. m. inv.
exécrable, adj.
exécrablement, adv.
exécration, n. f.
exécrer, v. tr., v. pron.
exécutable, adj.
exécutant, ante, n.
exécuter, v. tr., v. pron.
exécuteur, trice, n.
1. exécutif, ive, adj.
2. éxécutif, n. m.
exécution, n. f.
exécutoire, adj.
exèdre, n. f.
exégèse, n. f.
exégète, n.
exégétique, adj.
1. exemplaire, n. m.
2. exemplaire, adj.
exemplairement, adv.
exemplarité, n. f.
exemple, n. m.
exemplification, n. f.
exemplifier, v. tr.
1. exempt, empte, adj.
2. exempt, n. m.
exempter, v. tr., v. pron.
exemption, n. f.
exequatur, n. m. inv.
exercer, v. tr., v. pron.
exercice, n. m.
exerciseur, n. m.
exérèse, n. f.
exergue, n. m.
exfoliation, n. f.
exfolier, v. tr., v. pron.
exhalaison, n. f.
exhalation, n. f.
exhaler, v. tr., v. pron.
exhaure, n. f.
exhaussement, n. m.
exhausser, v. tr.
exhausteur, n. m.
exhaustif, ive, adj.
exhaustivement, adv.
exhérédation, n. f.
exhéréder, v. tr.
exhiber, v. tr., v. pron.
exhibition, n. f.
exhibitionnisme, n. m.
exhibitionniste, n. et adj.
exhortation, n. f.
exhorter, v. tr.
exhumation, n. f.
exhumer, v. tr.
exigeant, ante, adj.
exigence, n. f.
exiger, v. tr.
exigibilité, n. f.
exigible, adj.
exigu, uë, adj.
exiguïté, n. f.
exil, n. m.
exilé, ée, adj. et n.
exiler, v. tr., v. pron.
exinscrit, ite, adj.
existence, n. f.
existentialisme, n. m.
existentialiste, adj. et n.
existentiel, elle, adj.
exister, v. intr., v. impers.
exit, v. et n. m. inv.
ex-libris, n. m. inv.
ex nihilo, loc. adv.
exo-, préf.
exobiologie, n. f.
exocet, n. m.
exocrine, adj.
exode, n. m.
exogamie, n. f.
exogène, adj.
exonération, n. f.
exonérer, v. tr.
exophtalmie, n. f.
exophtalmique, adj.

exorbitant, ante, adj.
exorbité, ée, adj.
exorcisation, n. f.
exorciser, v. tr.
exorcisme, n. m.
exorciste, n. m.
exorde, n. m.
exoréique, adj.
exoréisme, n. m.
exosmose, n. f.
exosphère, n. f.
exosquelette, n. m.
exostose, n. f.
exotérique, adj.
exothermique, adj.
exotique, adj. et n.
exotisme, n. m.
exotoxine, n. f.
expansé, ée, adj.
expansibilité, n. f.
expansible, adj.
expansif, ive, adj.
expansion, n. f.
expansionnisme, n. m.
expansionniste, n. et adj.
expansivité, n. f.
expatriation, n. f.
expatrier, v. tr., v. pron.
expectant, ante, adj.
expectative, n. f.
expectorant, ante, adj. et n. m.
expectoration, n. f.
expectorer, v. tr.
1. expédient, ente, adj.
2. expédient, n. m.
expédier, v. tr.
expéditeur, trice, adj. et n.
expéditif, ive, adj.
expédition, n. f.
expéditionnaire, adj. et n.
expéditivement, adv.
expérience, n. f.
expérimental, ale, aux, adj.
expérimentalement, adv.
expérimentateur, trice, n.
expérimentation, n. f.
expérimenté, ée, adj.
expérimenter, v. tr.
1. expert, erte, adj.
2. expert, n. m.
expertement, adv.
expertise, n. f.
expertiser, v. tr.
expiable, adj.
expiateur, trice, adj.
expiation, n. f.
expiatoire, adj.
expier, v. tr., v. pron.
expirateur, n. m. et adj.
expiration, n. f.
expirer, v. tr., v. intr.
explant, n. m.
explétif, ive, adj. et n. m.
explicable, adj.
explicatif, ive, adj.
explication, n. f.
explicitation, n. f.
explicite, adj.
explicitement, adv.
expliciter, v. tr.
expliquer, v. tr., v. pron.
exploit, n. m.
exploitable, adj.
exploitant, ante, adj. et n.
exploitation, n. f.
exploiter, v. tr., v. intr.
exploiteur, euse, n.
explorateur, trice, n. et adj.
exploration, n. f.
exploratoire, adj.
explorer, v. tr.
exploser, v. intr.
exploseur, n. m.
explosible, adj.
1. explosif, ive, adj.
2. explosif, n. m.
explosion, n. f.
exponentiation, n. f.
exponentiel, ielle, adj. et n. f.
exportable, adj.
exportateur, trice, adj. et n.
exportation, n. f.
exporter, v. tr.
1. exposant, ante, n. m. et f.
2. exposant, n. m.
exposé, n. m.
exposer, v. tr., v. pron.
exposition, n. f.
1. exprès, esse, adj. et n. m.
2. exprès, adv.
express, n. m. inv. et adj. inv.
expressément, adv.
expressif, ive, adj.
expression, n. f.
expressionnisme, n. m.
expressionniste, adj. et n.
expressivement, adv.
expressivité, n. f.
exprimable, adj.
exprimer, v. tr., v. pron.
ex professo, loc. adv.
expromission, n. f.
expropriation, n. f.
exproprier, v. tr.
expugnable, adj.
expulser, v. tr.
expulsion, n. f.
expurgation, n. f.
expurgatoire, adj.
expurger, v. tr.
exquis, ise, adj. et n.
exquisément, adv.
exsangue, adj.
exsanguino-transfusion, n. f.
exsudat, n. m.
exsudation, n. f.
exsuder, v. intr., v. tr.
extase, n. f.
extasier (s'), v. pron.
extatique, adj. et n.
extemporané, ée, adj.
extenseur, adj. m., n. m.
extensibilité, n. f.
extensible, adj.
extensif, ive, adj.
extension, n. f.
extenso (in), loc. adv.
extensomètre, n. m.
exténuation, n. f.
exténuer, v. tr., v. pron.
extérieur, eure, adj. et n. m.
extérieurement, adv.
extériorisation, n. f.
extérioriser, v. tr., v. pron.
extériorité, n. f.
exterminateur, trice, adj. et n.
extermination, n. f.
exterminer, v. tr., v. pron.
externat, n. m.
externe, adj. et n.
exterritorialité, n. f.
extincteur, trice, adj. et n. m.
extinction, n. f.
extinguible, adj.
extirpable, adj.
extirpateur, n. m.
extirpation, n. f.
extirper, v. tr., v. pron.
extorquer, v. tr.
extorqueur, euse, n.
extorsion, n. f.
1. extra-, préf.
2. extra, n. m. inv. et adj. inv.
extra-corporel, elle, adj.
extra-courant, n. m.
extracteur, n. m.
extractible, adj.
extractif, ive, adj.
extraction, n. f.
extrader, v. tr.
extradition, n. f.
extrados, n. m.
extra-dry, adj.
extra-fin, fine, adj.
extra-fort, forte, adj. et n. m.
extragalactique, adj.
extraire, v. tr.
extrait, n. m.
extrajudiciaire, adj.
extra-légal, ale, aux, adj.
extra-lucide, adj. et n. f.
extra-muros, adv. et adj. inv.
extranéité, n. f.
extraordinaire, adj. et n.
extraordinairement, adv.
extra-parlementaire, adj.
extrapolation, n. f.
extrapoler, v. intr.
extra-pyramidal, ale, aux, adj.
extra-sensible, adj.
extra-systole, n. f.
extra-terrestre, adj. et n.
extra-territorialité, n. f.
extra-utérin, ine, adj.
extravagance, n. f.
extravagant, ante, adj. et n.
extravaguer, v. intr.
extravasation, n. f.
extravaser (s'), v. pron.
extraversion, n. f.
extraverti, ie, adj. et n.
extrémal, ale, aux, adj.
extrême, adj. et n. m.
extrêmement, adv.
extrême-onction, n. f.
extrême-oriental, ale, aux, adj. et n.
extrémisme, n. m.
extrémiste, adj. et n.
extrémité, n. f.
extremum, n. m.
extrinsèque, adj.
extrorse, adj.
extruder, v. tr., v. intr.
extrusion, n. f.
exubérance, n. f.
exubérant, ante, adj.
exulcérer, v. tr.
exultation, n. f.
exulter, v. intr.
exutoire, n. m.
exuviation, n. f.
exuvie, n. f.
ex-voto, n. m. inv.
eye-liner, n. m.
eyra, n. m.

F

f, n. m. et f.
fa, n. m. inv.
fable, n. f.
fabliau, n. m.
fablier, n. m.
fabricant, ante, n.
fabricateur, trice, n.
fabrication, n. f.
fabricien, n. m.
fabrique, n. f.
fabriquer, v. tr.
fabulateur, trice, adj. et n.
fabulation, n. f.
fabuler, v. intr.
fabuleusement, adv.
fabuleux, euse, adj.
fabuliste, n. m.
façade, n. f.
face, n. f.
face à face ou face-à-face, n. m.
face-à-main, n. m.
facétie, n. f.
facétieux, ieuse, adj. et n.
facette, n. f.
facetter, v. tr.
fâché, ée, adj.
fâcher, v. tr., v. pron.
fâcherie, n. f.
fâcheusement, adv.
fâcheux, euse, adj. et n.
facial, ale, als, aux, adj.
facies ou faciès, n. m.
facile, adj.
facilement, adv.
facilité, n. f.
faciliter, v. tr.
façon, n. f.
faconde, n. f.
façonnage, n. m.
façonnement, n. m.
façonner, v. tr.
façonnier, ière, n. et adj.
fac-similé, n. m.
factage, n. m.
facteur, n. m.
factice, adj. et n.
facticité, n. f.
factieux, euse, adj. et n.
faction, n. f.
factionnaire, n. m.
factitif, ive, adj.
factorerie, n. f.
factoriel, ielle, adj. et n. f.
factoring, n. m.
factorisation, n. f.
factoriser, v. tr.
factotum, n. m.
factuel, elle, adj.
factum, n. m.
facturation, n. f.
facture, n. f.
facturer, v. tr.
facturier, ière, n. et adj.
facule, n. f.
facultatif, ive, adj.
facultativement, adv.
faculté, n. f.
fada, adj. et n. m.
fadaise, n. f.
fadasse, adj.
fade, adj.
fadeur, n. f.
fading, n. m.
fado, n. m.
fafiot, n. m.
fagacées, n. f. pl.
fagales, n. f. pl.
fagne, n. f.
fagot, n. m.
fagotage, n. m.
fagoter, v. tr., v. pron.
Fahrenheit, n. m. et adj. inv.
faiblard, arde, adj.
faible, adj. et n.
faiblement, adv.
faiblesse, n. f.
faiblir, v. intr.
faïence, n. f.
faïencé, ée, adj.
faïencerie, n. f.
faïencier, ière, n. et adj.
faignant ou feignant, ante, adj. et n.
faille, n. f.
faillé, ée, adj.
failli, ie, adj. et n.
faillible, adj.
faillir, v. intr.
faillite, n. f.
faim, n. f.
faine ou faîne, n. f.
fainéant, ante, adj. et n.
fainéanter, v. intr.
fainéantise, n. f.
1. faire, v. tr., v. impers., v. pron.
2. faire, n. m.
faire-part, n. m. inv.
faire-valoir, n. m. inv.
fair-play, n. m. et adj. inv.
faisabilité, n. f.
faisable, adj.
faisan, n. m.
faisandage, n. m.
faisandé, ée, adj.
faisandeau, n. m.
faisander, v. tr.
faisanderie, n. f.
faisane, n. f. et adj.
faisceau, n. m.
faiseur, euse, n.
faisselle, n. f.
1. fait, n. m.
2. fait, faite, adj.
faîtage, n. m.
faîte, n. m.
faîteau, n. m.
faîtière, adj. et n. f.
faitout ou fait-tout, n. m.
faix, n. m.
fakir, n. m.
falaise, n. f.
falarique, n. f.
falbala, n. m.
falciforme, adj.
falconidés, n. m. pl.
falconiformes, n. m. pl.
falerne, n. m.
fallacieusement, adv.
fallacieux, euse, adj.
falloir, v. impers. et défect.
1. falot, n. m.
2. falot, ote, adj.
falsificateur, trice, n.
falsification, n. f.
falsifier, v. tr.
faluche, n. f.
falun, n. m.
falzar, n. m.
famé, ée, adj.
famélique, adj.
fameusement, adv.
fameux, euse, adj.
familial, ale, aux, adj.
familiariser, v. tr., v. pron.
familiarité, n. f.
familier, ière, adj. et n.
familièrement, adv.
familistère, n. m.
famille, n. f.
famine, n. f.
fan, n. m.
fana, adj. et n.
fanage, n. m.
fanal, aux, n. m.
fanatique, adj. et n.
fanatiquement, adv.
fanatiser, v. tr.
fanatisme, n. m.
fanchon, n. f.
fandango, n. m.
fane, n. f.
fané, ée, adj.
faner, v. tr., v. pron.
faneur, euse, n.
fanfare, n. f.
fanfaron, onne, adj. et n.
fanfaronnade, n. f.
fanfaronner, v. intr.
fanfreluche, n. f.
fange, n. f.
fangeux, euse, adj.
fangothérapie, n. f.
fanion, n. m.
fanon, n. m.
fantaisie, n. f.
fantaisiste, adj. et n.
fantasia, n. f.
fantasmagorie, n. f.
fantasmagorique, adj.
fantasmatique, adj.
fantasme ou phantasme, n. m.
fantasmer, v. intr.
fantasque, adj. et n.
fantassin, n. m.
fantastique, adj. et n.
fantastiquement, adv.
fantoche, n. m.
fantomatique, adj.
fantôme, n. m.
fanzine, n. m.
faon, n. m.
faquin, n. m.
far, n. m.
farad, n. m.
faraday, n. m.
faradisation, n. f.
faramineux, euse, adj.
farandole, n. f.
faraud, aude, adj. et n.
1. farce, n. f.
2. farce, n. f. et adj. inv.
farceur, euse, n. et adj.
farci, ie, adj.
farcin, n. m.
farcir, v. tr., v. pron.
fard, n. m.
fardage, n. m.
fardeau, n. m.
farder, v. tr., v. pron., v. intr.
fardier, n. m.
farfadet, n. m.
farfelu, ue, adj. et n.
farfouiller, v. intr.
fargues, n. f. pl.
faribole, n. f.
farigoule, n. f.
farinacé, ée, adj.
farine, n. f.
fariner, v. tr.
farineux, euse, adj. et n. m.
farlouse, n. f.

farniente, n. m.
faro, n. m.
farouch ou farouche, n. m.
farouche, adj.
farouchement, adv.
fart, n. m.
fartage, n. m.
farter, v. tr.
fasce, n. f.
fascia, n. m.
fasciation, n. f.
fasciculaire, n. m.
fascicule, n. m.
fasciculé, ée, adj.
fascié, ée, adj.
fascinant, ante, adj.
fascinateur, trice, adj. et n.
fascination, n. f.
fascine, n. f.
fasciner, v. tr.
fascisant, ante, adj.
fascisme, n. m.
fasciste, n. et adj.
faseiller ou faséyer, v. intr.
1. faste, n. m.
2. faste, adj.
fastes, n. m. pl.
fast food, n. m.
fastidieusement, adv.
fastidieux, euse, adj.
fastigié, ée, adj.
fastueusement, adv.
fastueux, euse, adj.
fat, adj. m. et n. m.
fatal, ale, als, adj.
fatalement, adv.
fatalisme, n. m.
fataliste, adj. et n.
fatalité, n. f.
fatidique, adj.
fatigabilité, n. f.
fatigant, ante, adj.
fatigue, n. f.
fatigué, ée, adj.
fatiguer, v. tr., v. intr., v. pron.
fatras, n. m.
fatrasie, n. f.
fatuité, n. f.
fatum, n. m.
fauber ou faubert, n. m.
faubourg, n. m.
faubourien, ienne, adj. et n.
faucard, n. m.
faucardage, n. m.
faucarder, v. tr.
fauchage, n. m.
fauchaison, n. f.
fauchard, n. m.
fauche, n. f.
fauché, ée, adj. et n.
faucher, v. tr., v. intr.
faucheur ou faucheux, n. m.
faucheur, euse, n.
faucheuse, n. f.
faucheux ou faucheur, n. m.
faucille, n. f.
faucillon, n. m.
faucon, n. m.
fauconneau, n. m.
fauconnerie, n. f.
fauconnier, n. m.
faucre, faulcre ou fautre, n. m.
faufil, n. m.
faufiler, v. tr., v. pron.
faulcre, faucre ou fautre, n. m.
1. faune, n. m.
2. faune, n. f.
faunesque, adj.
faunesse, n. f.
faunique, adj.
faunistique, n. f.
faussaire, n.
faussart, n. m.
fausse-couche, n. f.
faussement, adv.
fausser, v. tr.
fausset, n. m.
fausseté, n. f.
faute, n. f.
fauter, v. intr.
fauteuil, n. m.
fauteur, trice, n.
fautif, ive, adj. et n.
fautivement, adv.
fautre, faucre ou faulcre, n. m.
fauve, adj. et n.
fauverie, n. f.
fauvette, n. f.
fauvisme, n. m.
1. faux, fausse, adj.
2. faux, n. m.
3. faux, n. f.
faux-bourdon, n. m.
faux-filet, n. m.
faux-fuyant, n. m.
faux-monnayeur, n. m.
faux-semblant, n. m.
favela, n. f.
faverole ou féverole, n. f.
faveur, n. f.
favorable, adj.
favorablement, adv.
favori, ite, adj. et n.
favoris, n. m. pl.
favoriser, v. tr.
favoritisme, n. m.
favus, n. m.
fayard, n. m.
fayot, n. m.
fayoter ou fayotter, v. intr.
fazenda, n. f.
f.c.é.m., abrév.
Fe, symbole
féal, ale, aux, adj. et n.
fébrifuge, adj. et n. m.
fébrile, adj.
fébrilement, adv.
fébrilité, n. f..
fécal, ale, aux, adj.
fèces, n. m. pl.
fécond, onde, adj.
fécondable, adj.
fécondant, ante, adj.
fécondateur, trice, adj. et n.
fécondation, n. f.
féconder, v. tr.
fécondité, n. f.
fécule, n. f.
féculence, n. f.
féculent, ente, adj. et n. m.
féculer, v. tr.
féculerie, n. f.
fedayin ou feddayin, n. m.
fédéral, ale, aux, adj. et n.
fédéraliser, v. tr., v. pron.
fédéralisme, n. m.
fédéraliste, adj. et n.
fédératif, ive, adj.
fédération, n. f.
fédéraux, n. m. pl.
fédéré, ée, adj. et n. m.
fédérés, n. m. pl.
fédérer, v. tr., v. pron.
fée, n. f.
feed-back, n. m. inv.
feeder, n. m.
féerie, n. f.
féerique, adj.
feignant ou faignant, ante, adj. et n.
feindre, v. tr.
feinte, n. f.
feinter, v. intr., v. tr.
feld-maréchal, aux, n. m.
feldspath, n. m.
feldwebel, n. m.
fêle ou felle, n. f.
fêlé, ée, adj.
fêler, v. tr., v. pron.
félibre, n. m.
félibrige, n. m.
félicitation, n. f.
félicité, n. f.
féliciter, v. tr., v. pron.
félidés, n. m. pl.
félin, ine, adj. et n. m.
fellag(h)a, n. m.
fellah, n. m.
fellation, n. m.
felle ou fêle, n. f.
félon, onne, adj. et n.
félonie, n. f.
felouque, n. f.
fêlure, n. f.
f.é.m., abrév.
femelle, n. f. et adj.
féminin, ine, adj. et n. m.
féminisant, ante, adj.
féminisation, n. f.
féminiser, v. tr., v. pron.
féminisme, n. m.
féministe, adj. et n.
féminité, n. f.
femme, n. f.
femmelette, n. f.
fémoral, ale, aux, adj.
fémur, n. m.
fenaison, n. f.
fendage, n. m.
fendant, n. m.
fendeur, euse, n.
fendillement, n. m.
fendiller, v. tr., v. pron.
fendre, v. tr., v. pron.
fendu, ue, adj.
fenestration, n. f.
fenêtrage ou fenestrage, n. m.
fenêtre, n. f.
fenêtré ou fenestré, ée, adj.
fenêtrer, v. tr.
fenian, n. m.
fenil, n. m.
fennec, n. m.
fenouil, n. m.
fenouillet, n. m. ou fenouillette, n. f.
fente, n. f.
fenugrec, n. m.
féodal, ale, aux, adj. et n. m.
féodalisme, n. m.
féodalité, n. f.
fer, n. m.
féra, n. f. ou férat ou ferrat, n. m.
fer-blanc, n. m.
ferblanterie, n. f.
ferblantier, n. m.
-fère, suff.
férie, n. f.
férié, ée, adj.
férir, v. tr.
ferlage, n. m.
ferler, v. tr.
fermage, n. m.
fermail, aux, n. m.
1. ferme, adj. et adv.

2. ferme, n. f.
fermé, ée, adj.
fermement, adv.
ferment, n. m.
fermentable, adj.
fermentation, n. f.
fermenter, v. intr.
fermentescible, adj.
fermer, v. tr., v. pron., v, intr.
fermeté, n. f.
fermette, n. f.
fermeture, n. f.
fermier, ière, n. et adj.
fermion, n. m.
fermium, n. m.
fermoir, n. m.
féroce, adj.
férocement, adv.
férocité, n. f.
ferrade, n. f.
ferrage, n. m.
ferraillage, n. m.
ferraille, n. f.
ferraillement, n. m.
ferrailler, v. intr., v. tr.
ferrailleur, n. m.
ferrat ou férat, n. m. ou féra, n. f.
ferrate, n. m.
ferré, ée, adj.
ferrement, n. m.
ferrer, v. tr.
ferret, n. m.
ferreur, n. m.
ferreux, adj. m.
ferri-, préf.
ferricyanure, n. m.
ferrimagnétique, adj.
ferrimagnétisme, n. m.
ferrique, adj.
1. ferrite, n. m.
2. ferrite, n. f.
ferritine, n. f.
1. ferro-, préf.
2. ferro, n. m.
ferrocérium, n. m.
ferrocyanure, n. m.
ferromagnétique, adj.
ferromagnétisme, n. m.
ferronnerie, n. f.
ferronnier, n. m.
ferronnière, n. f.
ferroporphyrine, n. f.
ferroutage, n. m.
ferrouter, v. tr.
ferroutier, ière, adj.
ferroviaire, adj.
ferrugineux, euse, adj.
ferrure, n. f.
ferry-boat, n. m.
ferté, n. f.
fertile, adj.
fertilisable, adj.
fertilisant, ante, adj. et n. m.
fertilisation, n. f.
fertiliser, v. tr.
fertilité, n. f.
féru, ue, adj.
férule, n. f.
fervent, ente, adj. et n.
ferveur, n. f.
fesse, n. f.
fessée, n. f.
fesse-mathieu, n. m.
fesser, v. tr.
fessier, n. m.
fessier, ière, adj.
fessu, ue, adj.
festin, n. m.
festival, n. m.
festivalier, ère, adj. et n.
festivité, n. f.
fest-noz, n. m.
festoiement, n. m.
feston, n. m.
festonner, v. tr.
festoyer, v. tr., v. intr.
fêtard, arde, n.
fête, n. f.
Fête-Dieu, n. f.
fêter, v. tr.
fétiche, n. m.
féticheur, n. m.
fétichisme, n. m.
fétichiste, adj. et n.
fétide, adj.
fétidité, n. f.
fétu, n. m.
fétuque, n. f.
1. feu, feue, adj.
2. feu, n. m.
feudataire, n.
feudiste, n. m.
feuillage, n. m.
feuillaison, n. f.
feuillant, feuillantine, n.
feuillard, n. m.
feuille, n. f.
feuillée, n. f.
feuille-morte, adj. inv.
feuiller, v. intr., v. tr.
feuillet, n. m.
feuilletage, n. m.
feuilleté, ée, adj. et n. m.
feuilleter, v. tr.
feuilletis, n. m.
feuilleton, n. m.
feuilletoniste, n.
feuillette, n. f.
feuillu, ue, adj. et n. m.
feuillure, n. f.
feulement, n. m.
feuler, v. intr.
feutrage, n. m.
feutre, n. m.
feutré, ée, adj.
feutrer, v. tr., v. pron. et intr.
feutrine, n. f.
fève, n. f.
féverole ou faverole, n. f.
févier, n. m.
février, n. m.
fez, n. m.
fg, symbole
fi !, interj.
fiabilité, n. f.
fiable, adj.
fiacre, n. m.
fiançailles, n. f. pl.
fiancé, ée, n.
fiancer, v. tr., v. pron.
fiasco, n. m.
fiasque, n. f.
fibranne, n. f.
fibre, n. f.
fibreux, euse, adj.
fibrillation, n. f.
fibrille, n. f.
fibrine, n. f.
fibrineux, euse, adj.
fibrinogène, n. m.
fibrinolyse, n. f.
fibroblaste, n. m.
fibrociment, n. m.
fibrokystique, adj.
fibrome, n. m.
fibrose, n. f.
fibule, n. f.
fic, n. m.
ficaire, n. f.
ficelage, n. m.
ficelé, ée, adj.
ficeler, v. tr.
ficelle, n. f. et adj.
fichant, ante, adj.
fiche, n. f.
ficher, v. tr., v. pron.
fichier, n. m.
fichiste, n.
fichoir, n. m.
fichtre !, interj.
fichtrement, adv.
1. fichu, ue, adj.
2. fichu, n. m.
fictif, ive, adj.
fiction, n. f.
fictivement, adv.
ficus, n. m.
fidéicommis, n. m.
fidéicommissaire, n. m.
fidéisme, n. m.
fidéiste, adj. et n.
fidéjusseur, n. m.
fidèle, adj. et n.
fidèlement, adv.
fidélité, n. f.
fiduciaire, adj. et n. m.
fief, n. m.
fieffé, ée, adj.
fiel, n. m.
fielleux, euse, adj.
fiente, n. f.
fienter, v. intr.
-fier, suff. verbal
fier (se), v. pron.
fier, ière, adj. et n.
fier-à-bras, n. m.
fièrement, adv.
fiérot, ote, adj. et n.
fierté, n. f.
fiesta, n. f.
fièvre, n. f.
fiévreusement, adv.
fiévreux, euse, adj. et n.
fifre, n. m.
fifrelin, n. m.
fifty-fifty, n. m. et loc. adv.
figaro, n. m.
figement, n. m.
figer, v. tr., v. pron.
fignolage, n. m.
fignoler, v. tr.
figue, n. f.
figuier, n. m.
figurant, ante, n.
figuratif, ive, adj. et n. m.
figuration, n. f.
figure, n. f.
figuré, ée, adj. et n. m.
figurer, v. tr., v. intr., v. pron.
figurine, n. f.
fil, n. m.
filable, adj.
fil-à-fil, n. m. inv.
filage, n. m.
filaire, n. f.
filament, n. m.
filamenteux, euse, adj.
filandière, n. f.
filandre, n. f.
filandreux, euse, adj.
filant, ante, adj.
filanzane, n. m.
filariose, n. f.
filasse, n. f.
filateur, n.
filature, n. f.
file, n. f.
filé, n. m.
filer, v. tr., v. intr.

filet, n. m.
filetage, n. m.
fileté, n. m.
fileter, v. tr.
fileur, euse, n.
filial, iale, iaux, adj.
filiale, n. f.
filialement, adv.
filiation, n. f.
filicales, n. f. pl.
filicinées, n. f. pl.
filière, n. f.
filiforme, adj.
filigrane, n. m.
filigraner, v. tr.
filin, n. m.
filipendule, adj. et n.
fille, n. f.
fillette, n. f.
filleul, eule, n.
film, n. m.
filmage, n. m.
filmer, v. tr.
filmographie, n. f.
filocher, v. intr.
filon, n. m.
filoselle, n. f.
filou, n. m.
filouter, v. tr., v. intr.
filouterie, n. f.
fils, n. m.
filtrage, n. m.
fitrant, ante, adj.
filtrat, n. m.
filtration, n. f.
filtre, n. m.
filtre-presse, n. m.
filtrer, v. tr., v. intr.
1. fin, n. f.
2. fin, fine, adj., n. et adj.
finage, n. m.
final, ale, als ou aux, adj.
1. finale, n. m.
2. finale, n. f.
finalement, adv.
finalisé, ée, adj.
finalisme, n. m.
finaliste, n. m.
finalité, n. f.
finance, n. f.
financement, n. m.
financer, v. tr., v. intr.
financier, ière, adj. et n. m.
financière, n. f.
financièrement, adv.
finasser, v. intr.
finasserie, n. f.
finasseur, euse, n.
finassier, ière, n.
finaud, aude, adj. et n.
finauderie, n. f.
fine, n. f.
fine-de-claire, n. f.
finement, adv.
fines, n. f. pl.
finesse, n. f.
finette, n. f.
fini, n. m.
fini, ie, adj.
finir, v. tr., v. intr.
finish, n. m.
finissage, n. m.
finisseur, euse, n.
finition, n. f.
finlandais, aise, adj. et n.
finnois, oise, n. et adj.
finno-ougrien, ienne, adj.
fiole, n. f.
fion, n. m.
fiord ou fjord, n. m.
fioriture, n. f.
firmament, n. m.
firman, n. m.
firme, n. f.
firth, n. m.
fisc, n. m.
fiscal, ale, aux, adj.
fiscalement, adv.
fiscaliser, v. tr.
fiscaliste, n. m.
fiscalité, n. f.
fish-eye, n. m.
fissibilité, n. f.
fissible, adj.
fissile, adj.
fission, n. f.
fissipèdes, n. m. pl.
fissuration, n. f.
fissure, n. f.
fissurer, v. tr., v. pron.
fiston, n. m.
fistulaire, adj.
fistule, n. f.
fistuleux, euse, adj.
fistuline, n. f.
fixage, n. m.
fixateur, trice, adj. et n. m.
fixatif, n. m.
fixation, n. f.
1. fixe, adj.
2. fixe, n. m.
fixe-chaussette, n. m.
fixement, adv.
fixer, v. tr., v. pron.
fixisme, n. m.
fixité, n. f.
fjeld, n. m.
fjord ou fiord, n. m.
flabellum, n. m.
flac !, interj.
flaccidité, n. f.
flache, n. f.
flacherie, n. f.
flacon, n. m.
flaconnage, n. m.
flaconnier, n. m.
fla-fla, n. m.
flagada, adj. inv.
flagellant, n. m.
flagellation, n. f.
flagelle, n. m.
flageller, v. tr., v. pron.
flagellés, n. m. pl.
flageoler, v. intr.
flageolet, n. m.
flagorner, v. tr.
flagornerie, n. f.
flagorneur, euse, n. et adj.
flagrant, ante, adj.
flair, n. m.
flairer, v. tr.
flamand, ande, adj. et n.
flamant, n. m.
flambage, n. m.
flambant, ante, adj.
flambard ou flambart, n. m.
flambé, ée, adj.
flambeau, n. m.
flambée, n. f.
flamber, v. intr., v. tr.
flamberge, n. f.
flambeur, euse, n.
flamboiement, n. m.
flamboyant, ante, adj. et n. m.
flamboyer, v. intr.
flamenco, n. m. et adj. inv.
flamiche ou flamique, n. f.
flamine, n. m.
flamingant, ante, adj. et n.
flamique ou flamiche, n. f.
flamme, n. f.
flammé, ée, adj.
flammèche, n. f.
flan, n. m.
flanc, n. m.
flanc-garde, n. f.
flancher, v. intr.
flanchet, n. m.
flandrien, ienne, adj. et n. m.
flandrin, n. m.
flanelle, n. f.
flâner, v. intr.
flânerie, n. f.
flâneur, euse, n. et adj.
flanquement, n. m.
flanquer, v. tr., v. pron.
flapi, ie, adj.
flaque, n. f.
flash, n. m.
flash-back, n. m.
1. flasque, adj.
2. flasque, n. f.
3. flasque, n. m.
flatter, v. tr., v. pron.
flatterie, n. f.
flatteur, euse, n. et adj.
flatteusement, adv.
flatulence, n. f.
flatulent, ente, adj.
flavescent, ente, adj.
flavine, n. f.
flavoprotéine, n. f.
fléau, n. m.
fléchage, n. m.
flèche, n. f.
flécher, v. tr.
fléchette, n. f.
fléchir, v. tr., v. intr.
fléchissement, n. m.
fléchisseur, n. m. et adj.
flegmatique, adj. et n.
flegmatiquement, adv.
flegme, n. m.
flein, n. m.
flemmard, arde, adj. et n.
flemmarder, v. intr.
flemme, n. f.
fléole ou phléole, n. f.
flet, n. m.
flétan, n. m.
flétri, ie, adj.
flétrir, v. tr., v. pron.
flétrissement, n. m.
flétrissure, n. f.
fleur, n. f.
fleuraison, n. f.
fleurdelisé, ée, adj.
fleurer, v. tr. et intr.
fleuret, n. m.
fleurette, n. f.
fleurettiste, n.
fleuri, ie, adj.
fleurir, v. intr., v. tr.
fleuriste, n. et adj.
fleuron, n. m.
fleuronné, ée, adj.
fleuve, n. m.
flexibilité, n. f.
flexible, adj. et n. m.
flexion, n. f.
flexionnel, elle, adj.
flexographie, n. f.
flexueux, euse, adj.
flexuosité, n. f.
flexure, n. f.
flibuste, n. f.
flibustier, n. m.
flic, n. m.
flic flac, interj.

flingot ou flingue, n. m.
flinguer, v. tr., v. pron.
flint ou flint-glass, n. m.
flipot, n. m.
1. flipper, n. m.
2. flipper, v. intr.
flirt, n. m.
flirter, v. intr.
floc !, interj. et n.
flocage ou flockage, n. m.
1. floche, adj.
2. floche, n. f.
flockage ou flocage, n. m.
flock-book, n. m.
flocon, n. m.
floconner, v. intr.
floconneux, euse, adj.
floculation, n. f.
floculer, v. intr.
flonflon, n. m.
flood, adj. et n. inv.
flopée, n. f.
floraison, n. f.
floral, ale, aux, adj.
floralies, n. f. pl.
flore, n. f.
floréal, n. m.
florentin, ine, adj. et n.
florès (faire), loc. verb.
floricole, adj.
floriculture, n. f.
floridées, n. f. pl.
florifère, adj.
florilège, n. m.
florin, n. m.
florissant, ante, adj.
floristique, adj. et n. f.
flot, n. m.
flottabilité, n. f.
flottable, adj.
flottage, n. m.
flottaison, n. f.
flottant, ante, adj.
flottation, n. f.
flotte, n. f.
flottement, n. m.
flotter, v. intr., v. tr., v. impers.
flotteur, n. m.
flottille, n. f.
flou, oue, adj. et n. m.
flouer, v. tr.
flouse ou flouze, n. m.
flouve, n. f.
flouze ou flouse, n. m.
floz, abrév.
fluage, n. m.
fluatation, n. f.
fluate, n. m.
fluctuant, ante, adj.
fluctuation, n. f.
fluctuer, v. intr.
fluent, ente, adj.
fluer, v. intr.
fluet, ette, adj.
fluide, adj. et n. m.
fluidifier, v. tr.
fluidique, adj. et n. f.
fluidisation, n. f.
fluidité, n. f.
fluo-, fluor-, fluori-, fluoro-, préf.
fluor, n. m.
fluorescéine, n. f.
fluorescence, n. f.
fluorescent, ente, adj.
fluorhydrique, adj.
fluorine, n. f.
fluorisation, n. f.
fluoruration, n. f.
fluorure, n. m.
fluotournage, n. m.
flush, n. m.
flûte, n. f.
flûté, ée, adj.
flûteau ou flutiau, n. m.
flûtiste, n.
flutter, n. m.
fluvial, iale, iaux, adj.
fluviatile, adj.
fluvio-glaciaire, adj.
fluviographe, n. m.
fluviomètre, n. m.
flux, n. m.
fluxion, n. f.
fluxmètre, n. m.
flysch, n. m.
Fm, symbole.
1. F.M., abrév.
2. F.M., abrév., n. f.
F.O.B. ou fob, abrév., adj. inv.
foc, n. m.
focal, ale, aux, adj. et n. f.
focaliser, v. tr.
foehn ou föhn, n. m.
foëne ou foène ou fouëne ou foine, n. f.
fœtal, ale, aux, adj.
fœtus, n. m.
fofolle, adj. et n. f.
foggara, n. m.
föhn ou foehn, n. m.
foi, n. f.
foie, n. m.
foie-de-bœuf, n. m.
1. foin, n. m.
2. foin !, interj.
foine ou foëne ou foène ou fouëne, n. f.
foirade, n. f.
foirail, n. m.
foire, n. f.
foirer, v. intr.
foireux, euse, adj. et n.
fois, n. f.
foison, n. f.
foisonnant, ante, adj.
foisonnement, n. m.
foisonner, v. intr.
fol ou fou, folle, adj. et n.
folâtre, adj.
folâtrer, v. intr.
folâtrerie, n. f.
foliacé, ée, adj.
foliaire, adj.
foliation, n. f.
folichon, onne, adj.
folie, n. f.
folié, ée, adj.
folio, n. m.
foliole, n. f.
foliotage, n. m.
folioter, v. tr.
folique, adj.
folk, n. m. et adj.
folklore, n. m.
folklorique, adj.
folkloriste, n.
folksong, n. m.
1. folle, adj. f. et n. f.
2. folle, n. f.
folle-avoine, n. f.
follement, adv.
follet, ette, adj.
1. folliculaire, n. m.
2. folliculaire, adj.
follicule, n. m.
folliculine, n. f.
folliculite, n. f.
folliculostimuline, n. f.
fomentateur, trice, n.
fomentation, n. f.
fomenter, v. tr.
fonçage, n. m.
foncé, ée, adj. et n. m.
foncer, v. intr., v. tr.
fonceur, euse, n. et adj.
foncier, ière, adj. et n. m.
foncièrement, adv.
foncteur, n. m.
fonction, n. f.
fonctionnaire, n.
fonctionnalisme, n. m.
fonctionnarisation, n. f.
fonctionnariser, v. tr.
fonctionnel, elle, adj.
fonctionnellement, adv.
fonctionnement, n. m.
fonctionner, v. intr.
fond, n. m.
fondamental, ale, aux, adj.
fondamentalement, adv.
fondamentaliste, n. et adj.
fondant, ante, adj. et n. m.
fondateur, trice, n. et adj.
fondation, n. f.
fondé, ée, adj.
fondé de pouvoir, n. m.
fondement, n. m.
fonder, v. tr., v. pron.
fonderie, n. f.
fondeur, n. m.
fondeur, euse, n.
fondeuse, n. f.
fondis ou fontis, n. m.
fondoir, n. m.
fondouk, n. m.
fondre, v. tr., v. intr., v. pron.
fondrière, n. f.
fonds, n. m.
fondu, ue, adj. et n.
fongible, adj.
fongicide, n. m. et adj.
fongiforme, adj.
fongique, adj.
fongosité, n. f.
fongueux, euse, adj.
fongus, n. m.
fontaine, n. f.
fontainier, n. m.
fontanelle, n. f.
fonte, n. f.
fontis ou fondis, n. m.
fonts, n. m. pl.
football, n. m.
footballeur, euse, n.
footing, n. m.
for, n. m.
for-, préf.
forage, n. m.
forain, aine, adj. et n.
foraminifères, n. m. pl.
forban, n. m.
forçage, n. m.
forçat, n. m.
1. force, n. f.
2. force, adv.
forcé, ée, adj.
forcement, n. m.
forcément, adv.
forcené, ée, adj. et n.
forceps, n. m.
forcer, v. tr., v. intr., v. pron.
forcerie, n. f.
forces, n. f. pl.
forcing, n. m.
forcir, v. intr.
forclore, v. tr. et défect.
forclos, ose, adj.
forclusion, n. f.
forer, v. tr.

forestier, ière, adj. et n. m.
forêt, n. f.
foret, n. m.
foreur, n. m.
foreuse, n. f.
forfaire, v. intr., v. tr.
forfait, n. m.
forfaitaire, adj.
forfaiture, n. f.
forfanterie, n. f.
forficule, n. f.
forge, n. f.
forgeage, n. m.
forger, v. tr.
forgeron, n. m.
forgeur, n. m.
forint, n. m.
forjeter, v. intr., v. tr.
formage, n. m.
formaldéhyde, n. m.
formalisation, n. f.
formaliser, v. tr., v. pron.
formalisme, n. m.
formaliste, adj. et n.
formalité, n. f.
formant, n. m.
formariage, n. m.
format, n. m.
formatage, n. m.
formater, v. tr.
formateur, trice, adj. et n.
formatif, ive, adj.
formation, n. f.
forme, n. f.
formé, ée, adj.
formel, elle, adj.
formellement, adv.
former, v. tr., v. pron.
formeret, n. m.
formiate, n. m.
formidable, adj.
formidablement, adv.
formique, adj.
formol, n. m.
formoler, v. tr.
formulable, adj.
formulaire, n. m.
formulation, n. f.
formule, n. f.
formuler, v. tr., v. pron.
fornicateur, trice, n.
fornication, n. f.
forniquer, v. intr.
fors, prép.
forsythia, n. m.
1. fort, forte, adj. et n.
2. fort, adv.
3. fort, n. m.
forte, adv. et n. m. inv.
fortement, adv.
forte-piano, adv. et n. m. inv.
forteresse, n. f.
fortiche, adj.
fortifiant, ante, adj. et n. m.
fortification, n. f.
fortifier, v. tr., v. pron.
fortin, n. m.
fortiori (a), loc. adv.
fortissimo, adv. et n. m. inv.
fortran, n. m.
fortuit, uite, adj.
fortuitement, adv.
fortune, n. f.
fortuné, ée, adj.
forum, n. m.
forure, n. f.
fosse, n. f.
fossé, n. m.
fossette, n. f.
fossile, adj. et n. m.
fossilifère, adj.
fossilisation, n. f.
fossiliser, v. tr., v. pron.
fossoyeur, euse, n. m.
1. fou ou fol, folle, adj. et n.
2. fou, n. m.
fouace ou fougasse, n. f.
fouage, n. m.
fouailler, v. tr.
foucade, n. f.
fouchtra !, interj.
1. foudre, n. f.
2. foudre, n. m.
foudroiement, n. m.
foudroyant, ante, adj.
foudroyer, v. tr.
fouëne ou foine ou foëne ou foène, n. f.
fouet, n. m.
fouettard, adj. m.
1. fouetté, ée, adj.
2. fouetté, n. m.
fouettement, n. m.
fouetter, v. tr., v. intr.
foufou, adj. et n. m.
fougasse ou fouace, n. f.
fougère, n. f.
fougue, n. f.
fougueusement, adv.
fougueux, euse, adj.
fouille, n. f.
fouiller, v. tr., v. intr., v. pron.
fouilleur, euse, n.
fouillis, n. m.
fouinard, arde, adj. et n.
fouine, n. f.
fouiner, v. intr.
fouineur, euse, adj. et n.
fouir, v. tr.
fouisseur, euse, adj. et n.
foulage, n. m.
foulant, ante, adj.
foulard, n. m.
foule, n. f.
foulée, n. f.
fouler, v. tr., v. pron.
fouloir, n. m.
foulon, n. m.
foulque, n. f.
foulure, n. f.
four, n. m.
fourbe, adj. et n.
fourberie, n. f.
fourbi, n. m.
fourbir, v. tr.
fourbissage, n. m.
fourbu, ue, adj.
fourbure, n. f.
fourche, n. f.
fourcher, v. intr., v. tr.
fourchet, n. m.
fourchette, n. f.
fourchu, ue, adj.
fourgon, n. m.
fourgonner, v. intr., v. tr.
fourgonnette, n. f.
fourguer, v. tr.
fouriérisme, n. m.
fouriériste, adj. et n.
fourme, n. f.
fourmi, n. f.
fourmilier, n. m.
fourmilière, n. f.
fourmi-lion ou fourmilion, n. m.
fourmillement, n. m.
fourmiller, v. intr.
fournaise, n. f.
fourneau, n. m.
fournée, n. f.
fourni, ie, adj.
fournil, n. m.
fourniment, n. m.
fournir, v. tr., v. pron., v. intr., v. intr. ind.
fournisseur, euse, n.
fourniture, n. f.
fourrage, n. m.
1. fourrager, ère, adj. et n.
2. fourrager, v. intr., v. tr.
fourragère, n. f.
1. fourré, n. m.
2. fourré, ée, adj.
fourreau, n. m.
fourrer, v. tr., v. pron.
fourre-tout, n. m. inv.
fourreur, n. m.
fourrier, n. m.
fourrière, n. f.
fourrure, n. f.
fourvoiement, n. m.
fourvoyer, v. tr., v. pron.
foutaise, n. f.
foutoir, n. m.
1. foutre, v. tr., v. pron.
2. foutre !, interj.
3. foutre, n. m.
foutrement, adv.
foutriquet, n. m.
foutu, ue, adj.
fovéa, n. f.
fox ou fox-terrier, n. m.
fox-hound, n. m.
fox-terrier ou fox, n. m.
fox-trot, n. m. inv.
foyer, n. m.
Fr, symbole
frac, n. m.
fracas, n. m.
fracassant, ante, adj.
fracasser, v. tr., v. pron.
fractal, ale, als, adj.
fraction, n. f.
fractionnaire, adj.
fractionnel, elle, adj.
fractionnement, n. m.
fractionner, v. tr., v. pron.
fractionnisme, n. m.
fractionniste, adj. et n.
fracture, n. f.
fracturer, v. tr.
fragile, adj.
fragilement, adv.
fragilité, n. f.
fragment, n. m.
fragmentaire, adj.
fragmentairement, adv.
fragmentation, n. f.
fragmenter, v. tr.
fragon, n. m.
fragrance, n. f.
fragrant, ante, adj.
frai, n. m.
fraîche, adj. et n. f.
fraîchement, adv.
fraîcheur, n. f.
fraîchir, v. intr., v. impers.
frairie, n. f.
1. frais, fraîche, adj. et n. m.
2. frais, n. m. pl.
fraisage, n. m.
fraise, n. f.
fraiser, v. tr.
fraiseur, n. m.
fraiseuse, n. f .
fraisier, n. m.
fraisure, n. f.
framboise, n. f.
framboiser, v. tr.
framboisier, n. m.

framée, n. f.
1. franc, n. m.
2. franc, franche, adj.
3. franc, franque, n. et adj.
français, aise, adj. et n.
franc-alleu, n. m.
franc-bord, n. m.
franc-bourgeois, n. m.
franc-comtois, oise, adj. et n.
franc-fief, n. m.
franchement, adv.
franchir, v. tr.
franchisage, n. m.
franchise, n. f.
franchising, n. m.
franchissable, adj.
franchissement, n. m.
francien, n. m.
francique, n. m. et adj.
francisation, n. f.
franciscain, aine, n. et adj.
franciser, v. tr.
francisque, n. f.
francium, n. m.
franc-jeu, n. m. et adj.
franc-maçon, onne, n. et adj.
franc-maçonnerie, n. f.
franc-maçonnique, adj.
franco, adv.
franco-, préf.
francophile, adj. et n.
francophilie, n. f.
francophobe, adj.
francophobie, n. f.
francophone, adj. et n.
francophonie, n. f.
franc-parler, n. m.
franc-tireur, n. m.
frange, n. f.
frangeant, adj. m.
franger, v. tr.
frangin, ine, n.
frangipane, n. f.
frangipanier, n. m.
franglais, n. m.
franquette (à la bonne), loc. adv.
franquisme, n. m.
franquiste, n. et adj.
frappage, n. m.
frappant, ante, adj.
frappe, n. f.
frappement, n. m.
frapper, v. tr., v. intr., v. pron.
frappeur, euse, adj. et n.
frasque, n. f.
fraternel, elle, adj.
fraternellement, adv.
fraternisation, n. f.
fraterniser, v. intr.
fraternité, n. f.
1. fratricide, n. m.
2. fratricide, n. et adj.
fratrie, n. f.
fraude, n. f.
frauder, v. tr., v. intr.
fraudeur, euse, n.
frauduleusement, adv.
frauduleux, euse, adj.
fraxinelle, n. f.
frayement, n. m.
frayer, v. tr., v. intr.
frayère, n. f.
frayeur, n. f.
fredaine, n. f.
fredonnement, n. m.
fredonner, v. tr. et intr.
free-jazz, n. m.
free-lance, adj. inv. et n.
free-martin, n. m.
freezer, n. m.
frégate, n. f.
frein, n. m.
freinage, n. m.
freiner, v. intr., v. tr., v. pron.
freinte, n. f.
frelatage, n. m.
frelater, v. tr.
frêle, adj.
frelon, n. m.
freluquet, n. m.
frémir, v. intr.
frémissant, ante, adj.
frémissement, n. m.
frênaie, n. f.
frêne, n. m.
frénésie, n. f.
frénétique, adj. et n.
frénétiquement, adv.
fréon, n. m.
fréquemment, adv.
fréquence, n. f.
fréquencemètre, n. m.
fréquent, ente, adj.
fréquentable, adj.
fréquentatif, ive, adj. et n. m.
fréquentation, n. f.
fréquenté, ée, adj.
fréquenter, v. tr., v. intr.
frère, n. m.
frérot, n. m.
fresque, n. f.
fresquiste, n.
fressure, n. f.
fret, n. m.
fréter, v. tr.
fréteur, n. m.
frétillement, n. m.
frétiller, v. intr.
fretin, n. m.
frettage, n. m.
frette, n. f.
fretter, v. tr.
freudien, ienne, adj. et n.
freudisme, n. m.
freux, n. m. et adj.
friabilité, n. f.
friable, adj.
1. friand, ande, adj.
2. friand, n. m.
friandise, n. f.
fric, n. m.
fricandeau, n. m.
fricassée, n. f.
fricasser, v. tr.
fricatif, ive, adj. et n. f.
fric-frac, n. m.
friche, n. f.
frichti, n. m.
fricot, n. m.
fricotage, n. m.
fricoter, v. tr., v. intr.
fricoteur, euse, n.
friction, n. f.
frictionnel, elle, adj.
frictionner, v. tr., v. pron.
frigide, adj.
frigidité, n. f.
frigo, n. m.
frigorie, n. f.
frigorifier, v. tr.
frigorifique, adj. et n. m.
frigoriste, adj. et n.
frileusement, adv.
frileux, euse, adj.
frimaire, n. m.
frimas, n. m.
frime, n. f.
frimer, v. intr.
frimeur, euse, n.
frimousse, n. f.
fringale, n. f.
fringant, ante, adj.
fringillidés, n. m. pl.
fringuer, v. tr., v. intr., v. pron.
fringues, n. f. pl.
fripe, n. f.
friper, v. tr.
friperie, n. f.
fripier, ière, n.
fripon, onne, n. et adj.
friponnerie, n. f.
fripouille, n. f.
friquet, n. m.
frire, v. tr., v. intr.
frisant, ante, adj.
frisbee, n. m.
frise, n. f.
1. frisé, ée, adj.
2. frisé, n. m.
frisée, n. f.
friselée, n. f.
friselis, n. m.
friser, v. tr., v. intr.
frisette, n. f.
frisolée, n. f.
frison, n. m.
frison, onne, adj. et n.
frisotter, v. tr. et intr.
frisquet, ette, adj.
frisson, n. m.
frissonnement, n. m.
frissonner, v. intr.
frisure, n. f.
frit, frite, adj.
frite, n. f.
friterie, n. f.
friteuse, n. f.
fritillaire, n. f.
frittage, n. m.
fritte, n. f.
fritter, v. tr.
friture, n. f.
fritz, n. m. inv.
frivole, adj.
frivolement, adv.
frivolité, n. f.
froc, n. m.
froid, froide, adj. et n. m.
froidement, adv.
froideur, n. f.
froidure, n. f.
froissable, adj.
froissement, n. m.
froisser, v. tr., v. pron.
froissure, n. f.
frôlement, n. m.
frôler, v. tr., v. pron.
frôleur, euse, n.
fromage, n. m.
1. fromager, ère, n. et adj.
2. fromager, n. m.
fromagerie, n. f.
froment, n. m. et adj.
fromental, n. m.
frometon, n. m.
fronce, n. f.
froncement, n. m.
froncer, v. tr., v. pron.
froncis, n. m.
frondaison, n. f.
fronde, n. f.
fronder, v. intr., v. tr.
frondeur, euse, n. et adj.
front, n. m.
frontal, ale, aux, adj. et n.
frontalier, ière, adj. et n.
frontalité, n. f.

frontière, n. f.
frontispice, n. m.
fronton, n. m.
frottée, n. f.
frottement, n. m.
frotter, v. tr., v. intr., v. pron.
frotteur, euse, n.
frottis, n. m.
frottoir, n. m.
frou-frou ou froufrou, n. m.
froufrouter, v. intr.
froussard, arde, adj. et n.
frousse, n. f.
fructidor, n. m.
fructifère, adj.
fructification, n. f.
fructifier, v. intr.
fructose, n. m.
fructueusement, adv.
fructueux, euse, adj.
frugal, ale, aux, adj.
frugalement, adv.
frugalité, n. f.
frugivore, adj. et n.
fruit, n. m.
fruité, ée, adj.
fruiterie, n. f.
fruitier, ière, adj. et n. m.
fruitière, n. f.
frumentaire, adj.
frusques, n. f. pl.
fruste, adj.
frustration, n. f.
frustratoire, adj.
frustrer, v. tr.
frustule, n. m.
frutescent, ente, adj.
fruticuleux, euse, adj.
F.S.H., sigle.
fucacées, n. f. pl.
fucales, n. f. pl.
fuchsia, n. m.
fuchsine, n. f.
fucus, n. m.
fuégien, ienne, adj. et n.
fuel ou fuel-oil, n. m.
fuero, n. m.
fugace, adj.
fugacité, n. f.
-fuge, suff.
fugitif, ive, adj. et n.
fugitivement, adv.
fugue, n. f.
fugué, ée, adj.
fuguer, v. intr.
fugueur, euse, adj. et n.
führer, n. m.
fuir, v. intr., v. tr., v. pron.
fuite, n. f.
fulgurant, ante, adj.
fulguration, n. f.
fulgurer, v. intr.
fuligineux, euse, adj.
fuligule, n. m.
full, n. m.
fulmicoton, n. m.
fulminant, ante, adj.
fulminate, n. m.
fulmination, n. f.
fulminer, v. intr., v. tr.
fulminique, adj.
fumage, n. m.
fumagine, n. f.
fumant, ante, adj.
fumariacées, n. f. pl.
fumarique, adj.
fumé, ée, adj. et n. m.
fume-cigare, n. m. inv.
fume-cigarette, n. m. inv.
fumée, n. f.
fumer, v. intr., v. tr.
fumerie, n. f.
fumerolle, n. f.
fumeron, n. m.
fumet, n. m.
fumeterre, n. f.
fumeur, euse, n.
fumeux, euse, adj.
fumier, n. m.
fumigateur, n. m.
fumigation, n. f.
fumigatoire, adj.
fumigène, adj. et n. m.
fumiger, v. tr.
fumiste, n. et adj.
fumisterie, n. f.
fumivore, adj. et n. m.
fumoir, n. m.
fumure, n. f.
funambule, n. m.
funambulesque, adj.
fundus, n. m.
funèbre, adj.
funérailles, n. f. pl.
funéraire, adj.
funeste, adj.
funiculaire, n. et adj.
funicule, n. m.
fur, n. m.
furane ou furanne, n. m.
furax, adj. inv.
furet, n. m.
furetage, n. m.
fureter, v. intr.
fureteur, euse, adj. et n.
fureur, n. f.
furfuracé, ée, adj.
furfural, n. m.
furia, n. f.
furibard, arde, adj.
furibond, onde, adj.
furie, n. f.
furieusement, adv.
furieux, ieuse, adj.
furioso, adj.
furoncle, n. m.
furonculeux, euse, adj.
furonculose, n. f.
furtif, ive, adj.
furtivement, adv.
fusain, n. m.
fusant, ante, adj. et n. m.
fuseau, n. m.
fusée, n. f.
fuselage, n. m.
fuselé, ée, adj.
fuseler, v. tr.
fuser, v. intr.
fusette, n. f.
fusibilité, n. f.
1. fusible, adj.
2. fusible, n. m.
fusiforme, adj.
fusil, n. m.
fusilier, n. m.
fusillade, n. f.
fusiller, v. tr.
fusil-mitrailleur, n. m.
fusion, n. f.
fusionnement, n. m.
fusionner, v. tr., v. intr.
fustanelle, n. f.
fustet, n. m.
fustibale, n. m.
fustigation, n. f.
fustiger, v. tr.
fût, n. m.
futaie, n. f.
futaille, n. f.
futaine, n. f.
futé, ée, adj. et n.
futée, n. f.
futile, adj.
futilement, adv.
futilité, n. f.
futur, ure, adj. et n. m.
futurisme, n. m.
futuriste, adj. et n.
futurologie, n. f.
futurologue, n.
fuyant, ante, adj. et n. m.
fuyard, arde, adj. et n.

G

g, n. m.
Ga, symbole
gabardine, n. f.
gabare, n. f.
gabariage, n. m.
gabarier, v. tr.
gabarit, n. m.
gabbro, n. m.
gabegie, n. f.
gabelle, n. f.
gabelou, n. m.
gabier, n. m.
gabion, n. m.
gabionnage, n. m.
gable ou gâble, n. m.
gabonais, aise, adj. et n.
gâchage, n. m.
gâche, n. f.
gâcher, v. tr.
gâchette, n. f.
gâcheur, euse, n.
gâchis, n. m.
gade, n. m.
gadget, n. m.
gadidés, n. m. pl.
gadiformes, n. m. pl.
gadin, n. m.
gadolinium, n. m.
gadoue, n. f.
gaélique, adj. et n.
gaffe, n. f.
gaffer, v. tr., v. intr.
gaffeur, euse, n.
gag, n. m.
gaga, adj. et n.
gage, n. m.
gager, v. tr.
gageure, n. f.
gagiste, n. m.
gagman, n. m.
gagnage, n. m.
gagnant, ante, adj. et n.
gagne-pain, n. m. inv.
gagne-petit, n. m. inv.
gagner, v. tr., v. intr.
gagneur, euse, n.
gai, gaie, adj.
gaïac ou gayac, n. m.
gaïacol ou gayacol, n. m.
gaiement ou gaîment, adv.
gaieté ou gaîté, n. f.
1. gaillard, arde, adj. et n.
2. gaillard, n. m.
gaillardement, adv.
gaillardie ou gaillarde, n. f.
gaillardise, n. f.
gaillet, n. m.
gaillette, n. f.
gaîment ou gaiement, adv.
gain, n. m.
gainage, n. m.
gaine, n. f.
gainer, v. tr.
gainier, n. m.
gaîté ou gaieté, n. f.
gaize, n. f.
gal, n. m.
gala, n. m.
gala-, galact-, galacto-, préf.
galactique, adj.
galactogène, adj. et n. m.
galactomètre, n. m.
galactophore, adj.
galactopoïèse, n. f.
galactose, n. m.
galalithe, n. f.
galamment, adv.
galandage, n. m.
galant, ante, adj. et n.
galanterie, n. f.
galantine, n. f.
galapiat, n. m.
galatée ou galathée, n. f.
galaxie, n. f.
galbanum, n. m.
galbe, n. m.
galbé, ée, adj.
galber, v. tr.
gale, n. f.
galéace ou galéasse, n. f.
galéjade, n. f.
galéjer, v. intr.
galène, n. f.
galénique, adj.
galénisme, n. m.
galéopithèque, n. m.
galère, n. f.
galerie, n. f.
galérien, n. m.
galet, n. m.
galetas, n. m.
galette, n. f.
galeux, euse, adj. et n.
galgal, n. m.
galhauban, n. m.
galibot, n. m.
galicien, ienne, adj. et n.
galiléen, éenne, adj. et n.
galimatias, n. m.
galion, n. m.
galiote, n. f.
galipette, n. f.
galipot, n. m.
galle, n. f.
gallérie, n. f.
gallican, ane, adj. et n.
gallicanisme, n. m.
gallicisme, n. m.
gallicole, adj.
galliformes, n. m. pl.
gallinacé, cée, adj. et n. m. pl.
gallique, n.
gallium, n. m.
1. gallo, n. m.
2. gallo-, préf.
gallois, oise, adj. et n.
gallon, n. m.
gallo-romain, aine, adj. et n.
galoche, n. f.
galon, n. m.
galonner, v. tr.
galop, n. m.
galopade, n. f.
galopant, ante, adj.
galoper, v. intr.
galopeur, euse, n.
galopin, n. m.
galoubet, n. m.
galuchat, n. m.
galure ou galurin, n. m.
galvanique, adj.
galvanisation, n. f.
galvaniser, v. tr.
galvanisme, n. m.
galvano-, préf.
galvanocautère, n. m.
galvanomagnétique, adj.
galvanomètre, n. m.
galvanoplastie, n. f.
galvanoplastique, adj.
galvanotype, n. m.
galvanotypie, n. f.
galvauder, v. tr., v. intr.
galvaudeur, euse, n.
galvaudeux, euse, n.
gamay ou gamet, n. m.
gamba, n. f.
gambade, n. f.
gambader, v. intr.
gambe, n. f.
gamberge, n. f.
gamberger, v. intr., v. tr.
1. gambette, n. f.
2. gambette, n. m.
gambiller, v. intr.
gambit, n. m.
gambusie, n. f.
-game, -gamie, suff.
gamelan, n. m.
gamelle, n. f.
gamet ou gamay, n. m.
gamète, n. m.
gamétocyte, n. m.
gamétophyte, n. m.
gamin, ine, n. et adj.
gaminer, v. intr.
gaminerie, n. f.
gamma, n. m.
gammaglobuline, n. f.
gammagraphie, n. f.
gammare, n. m.
gammathérapie, n. f.
gamme, n. f.
gammée, adj. f.
gamo-, préf.
gamone, n. f.
gamopétale, adj. et n. f. pl.
gamosépale, adj.
ganache, n. f.
ganaderia, n. f.
gandin, n. m.
gandoura, n. f.
gang, n. m.
ganga, n. m.
gangétique, adj.
ganglion, n. m.
ganglionnaire, adj.
gangrène, n. f.
gangrener, v. tr., v. pron.
gangreneux, euse, adj.
gangster, n. m.
gangstérisme, n. m.
gangue, n. f.
ganoïde, adj. et n. m. pl.
ganse, n. f.
ganser, v. tr.
gant, n. m.
ganté, ée, adj.
gantelet, n. m.
ganter, v. tr., v. pron., v. intr.
ganterie, n. f.
gantier, ière, adj. et n.
gantois, oise, adj. et n.
gap, n. m.
garage, n. m.
garagiste, n.
garamond, n. m.
garance, n. f. et adj. inv.
garancière, n. f.
garant, ante, n. et adj.
garantie, n. f.
garantir, v. tr., v. pron.
garbure, n. f.
garce, n. f.
garcette, n. f.
garçon, n. m.
garçonne, n. f.
garçonnet, n. m.
garçonnier, ière, adj.
garçonnière, n. f.
1. garde, n. f.
2. garde, n. m.
3. garde-, préf.

garde-à-vous, loc. et n. m. inv.
garde-barrière, n.
garde-bœuf, n. m.
garde-boue, n. m. inv.
garde champêtre, n. m.
garde-chasse, n. m.
garde-chiourme, n. m.
garde-corps, n. m. inv.
garde-côte, n. m. et adj.
garde-feu, n. m. inv.
garde-fou, n. m.
garde-française, n. m.
garde-frein, n. m.
garde-frontière, n. m.
garde-magasin, n. m.
garde-malade, n.
garde-manger, n. m. inv.
garde-meuble, n. m.
gardénal, n. m.
gardénia, n. m.
garden-party, n. f.
garde-pêche, n. m.
garde-port, n. m.
garder, v. tr., v. pron.
garde-rats, n. m. inv.
garderie, n. f.
garde-rivière, n. m.
garde-robe, n. f.
garde-temps, n. m. inv.
gardeur, euse, n.
garde-voie, n. m.
gardian, n. m.
gardien, ienne, n.
gardiennage, n. m.
gardon, n. m.
1. gare, n. f.
2. gare !, interj.
garenne, n. f.
garer, v. tr., v. pron.
gargantuesque, adj.
gargariser (se), v. pron.
gargarisme, n. m.
gargote, n. f.
gargotier, ière, n.
gargouille, n. f.
gargouillement, n. m.
gargouiller, v. intr.
gargouillis, n. m.
gargoulette, n. f.
gargousse, n. f.
garibaldien, ienne, adj. et n.
garnement, n. m.
garni, ie, adj. et n. m.
garniérite, n. f.
garnir, v. tr.
garnison, n. f.
garnissage, n. m.
garniture, n. f.
garou, n. m.
garrigue, n. f.
garrot, n. m.
garrottage, n. m.
garrotter, v. tr.
gars, n. m.
gascon, onne, adj. et n.
gasconnade, n. f.
gasconner, v. tr.
gas-oil, gasoil ou gazole, n. m.
gasoline ou gazoline, n. f.
gaspacho, n. m.
gaspillage, n. m.
gaspiller, v. tr.
gaspilleur, euse, adj. et n.
gastéro-, préf.
gastéromycètes ou gastromycètes, n. m. pl.
gastéropodes ou gastropodes, n. m. pl.
gastr(o)-, préf.
gastralgie, n. f.
gastralgique, adj.
-gastre, suff.
gastréales, n. f. pl.
gastrectomie, n. f.
gastrique, adj.
gastrite, n. f.
gastro-entérite, n. f.
gastro-entérologie, n. f.
gastro-entérologue, n.
gastro-intestinal, ale, aux, adj.
gastromycètes ou gastéromycètes, n. m. pl.
gastronome, n. m.
gastronomie, n. f.
gastronomique, adj.
gastropodes ou gastéropodes, n. m. pl.
gastroscope, n. m.
gastroscopie, n. f.
gastrotomie, n. f.
gastrula, n. f.
1. gâteau, n. m.
2. gâteau, adj. inv.
gâte-bois, n. m. inv.
gâter, v. tr., v. pron.
gâterie, n. f.
gâte-sauce, n. m. inv.
gâteux, euse, adj. et n.
gâtine, n. f.
gâtisme, n. m.
gatte, n. f.
gattilier, n. m.
gauche, adj. et n.
gauchement, adv.
gaucher, ère, adj. et n.
gaucherie, n. f.
gauchir, v. intr., v. tr.
gauchisant, ante, adj.
gauchisme, n. m.
gauchissement, n. m.
gauchiste, n. et adj.
gaucho, n. m.
gaude, n. f.
gaudriole, n. f.
gaufrage, n. m.
gaufre, n. f.
gaufrer, v. tr.
gaufrette, n. f.
gaufrier, n. m.
gaufrure, n. f.
gaulage, n. m.
gaule, n. f.
gauleiter, n. m.
gauler, v. tr.
gaulis, n. m.
gaullien, ienne, adj.
gaullisme, n. m.
gaulliste, n. et adj.
gaulois, oise, adj. et n.
gauloise, n. f.
gauloisement, adv.
gauloiserie, n. f.
gaultheria ou gaulthérie, n. f.
gaupe, n. f.
gaur, n. m.
gauss, n. m.
gausser (se), v. pron.
gavage, n. m.
gave, n. m.
gaver, v. tr., v. pron.
gavial, n. m.
gavotte, n. f.
gavroche, n. m. et adj.
gay, n. et adj.
gayac ou gaïac, n. m.
gayacol ou gaïacol, n. m.
gayal, n. m.
gaz, n. m. inv.
gazage, n. m.
gaze, n. f.
gazé, ée, adj. et n.
gazéification, n. f.
gazéifier, v. tr.
gazelle, n. f.
gazer, v. tr., v. intr.
gazetier, n. m.
gazette, n. f.
gazeux, euse, adj.
gazier, ière, adj. et n. m.
gazoduc, n. m.
gazogène, n. m.
gazole ou gas-oil ou gasoil, n. m.
gazoline ou gasoline, n. f.
gazomètre, n. m.
gazométrie, n. f.
gazon, n. m.
gazonnant, ante, adj.
gazonner, v. tr., v. intr.
gazouillement, n. m.
gazouiller, v. intr.
gazouillis, n. m.
Gb, symbole
Gd, symbole
Ge, symbole
geai, n. m.
géant, ante, n. et adj.
géaster, n. m.
gecko, n. m.
géhenne, n. f.
geignard, arde, adj. et n.
geignement, n. m.
geindre, v. intr.
geisha, n. f.
gel, n. m.
gélatine, n. f.
gélatiné, ée, adj.
gélatineux, euse, adj.
gélatinobromure, n. m.
gelée, n. f.
geler, v. tr., v. intr., v. imp.
gélif, ive, adj.
gélifier, v. tr., v. pron.
gélinotte, n. f.
gélivure, n. f.
gélose, n. f.
gélule, n. f.
gelure, n. f.
gémeaux, n. m. pl.
gémellaire, adj.
gémellipare, adj.
gémination, n. f.
géminé, ée, adj.
gémir, v. intr.
gémissement, n. m.
gemmail, aux, n. m.
gemmation, n. f.
gemme, n. f. et adj.
gemmer, v. tr.
gemmifère, adj.
gemmiparité, n. f.
gemmule, n. f.
gémonies, n. f. pl.
gênant, ante, adj.
gencive, n. f.
gendarme, n. m.
gendarmer (se), v. pron.
gendarmerie, n. f.
gendre, n. m.
gêne, n. f.
gène, n. m.
-gène, suff.
généalogie, n. f.
généalogique, adj.
généalogiste, n.
genépi ou génépi, n. m.
gêner, v. tr., v. pron.

1. général, ale, aux, adj.
2. général, ale, aux, n.
généralat, n. m.
généralement, adv.
généralisateur, trice, adj.
généralisation, n. f.
généraliser, v. tr., v. pron.
généralissime, n. m.
généraliste, n.
généralité, n. f.
générateur, trice, adj. et n. m.
génératif, ive, adj.
génération, n. f.
générer, v. tr.
généreusement, adv.
généreux, euse, adj. et n.
1. générique, adj.
2. générique, n. m.
générosité, n. f.
genèse, n. f.
-génèse, -genèse, -génésie, suff.
génésiaque, adj.
génésique, adj.
genet, n. m.
genêt, n. m.
généthliaque, adj.
généticien, ienne, n.
génétique, adj. et n. f.
genette, n. f.
gêneur, euse, n.
genevois, oise, adj. et n.
genévrier, n. m.
génial, iale, aux, adj.
génialement, adv.
géniculé, ée, adj.
-génie, suff.
génie, n. m.
genièvre, n. m.
génique, adj.
génisse, n. f.
génital, ale, aux, adj.
géniteur, trice, n.
génitif, n. m.
génito-, préf.
génito-urinaire, adj.
génocide, n. m.
génois, oise, adj. et n.
génoise, n. f.
génome, n. m.
génotype, n. m.
genou, n. m.
genouillé, ée, adj.
genouillère, n. f.
génovéfain, n. m.
génovéfine, n. f.
genre, n. m.
1. gens, n. m. pl.
2. gens, n. f.
1. gent, n. f.
2. gent, gente, adj.
gentiane, n. f.
1. gentil, n. m.
2. gentil, ille, adj.
gentilhomme, n. m.
gentilhommière, n. f.
gentilité, n. f.
gentillesse, n. f.
gentillet, ette, adj.
gentiment, adv.
gentleman, n. m.
gentleman-farmer, n. m.
gentleman-rider, n. m.
gentleman's agreement, n. m.
gentry, n. f.
génuflexion, n. f.
géo-, préf.
géobotanique, n. f. et adj.
géocentrique, adj.
géocentrisme, n. m.
géochimie, n. f.
géode, n. f.
géodésie, n. f.
géodésique, adj. et n. f.
géodynamique, n. f.
géographe, n.
géographie, n. f.
géographique, adj.
géographiquement, adv.
géoïde, n. m.
geôle, n. f.
geôlier, ière, n.
géologie, n. f.
géologique, adj.
géologiquement, adv.
géologue, n.
géomagnétique, adj.
géomagnétisme, n. m.
géomancie, n. f.
géométral, ale, aux, adj.
géomètre, n. m.
géométridés, n. m. pl.
géométrie, n. f.
géométrique, adj.
géométriquement, adv.
géomorphologie, n. f.
géophagie, n. f.
géophile, n. m.
géophysicien, ienne, n.
géophysique, n. f.
géophyte, n. m.
géopolitique, n. f.
géorgien, ienne, adj. et n.
géorgique, adj.
géoséismique ou géosismique, adj.
géostationnaire, adj.
géostratégie, n. f.
géosynchrone, adj.
géosynclinal, aux, n. m.
géotechnique, adj et n. f.
géothermie, n. f.
géothermique, adj.
géotropisme, n. m.
géotrupe, n. m.
gérance, n. f.
géraniacées ou géraniées, n. f. pl.
géranium, n. m.
gérant, ante, n.
gerbage, n. m.
gerbe, n. f.
gerbée, n. f.
gerber, v. tr., v. intr.
gerbeur, euse, n.
gerbier, n. m.
gerbière, n. f.
gerbille, n. f.
gerboise, n. f.
gerce, n. f.
gercer, v. tr., v. intr. et pron.
gerçure, n. f.
gérer, v. tr.
gerfaut, n. m.
gériatre, n.
gériatrie, n. f.
1. germain, aine, adj.
2. germain, aine, adj. et n.
germandrée, n. f.
germanique, adj. et n.
germanisant, ante, adj. et n.
germaniser, v. tr.
germanisme, n. m.
germaniste, n.
germanium, n. m.
germano-, préf.
germanophile, adj. et n.
germanophobe, adj. et n.
germanophone, adj. et n.
germe, n. m.
germen, n. m.
germer, v. intr.
germicide, adj.
1. germinal, ale, aux, adj.
2. germinal, n. m.
germinatif, ive, adj.
germination, n. f.
germoir, n. m.
germon, n. m.
géromé, n. m.
gérondif, n. m.
géronte, n. m.
géronto-, préf.
gérontocratie, n. f.
gérontologie, n. f.
gérontologue, n.
gérontoxon, n. m.
gerris, n. m.
gésier, n. m.
gésine, n. f.
gésir, v. intr. défect.
gesse, n. f.
gestalt, n. f.
gestaltisme, n. m.
gestaltiste, adj. et n.
Gestapo, n. f.
gestation, n. f.
1. geste, n. m.
2. geste, n. f.
gesticulation, n. f.
gesticuler, v. intr.
gestion, n. f.
gestionnaire, adj. et n.
gestuel, elle, adj. et n. f.
getter, n. m.
geyser, n. m.
ghanéen, éenne, adj. et n.
ghetto, n. m.
ghilde, gilde ou guilde, n. f.
G.I., sigle et n. m.
giaour, n. m.
gibberella, n. f.
gibbérellines, n. f. pl.
gibbeux, euse, adj.
gibbon, n. m.
gibbosité, n. f.
gibecière, n. f.
gibelin, ine, n. et adj.
gibelotte, n. f.
giberne, n. f.
gibet, n. m.
gibier, n. m.
giboulée, n. f.
giboyeux, euse, adj.
gibus, n. m.
giclée, n. f.
giclement, n. m.
gicler, v. intr.
gicleur, n. m.
gifle, n. f.
gifler, v. tr.
giga-, gigan-, préf.
gigantesque, adj.
gigantesquement, adv.
gigantisme, n. m.
gigantomachie, n. f.
gigantostracés, n. m. pl.
gigogne, adj.
gigolo, n. m.
gigot, n. m.
gigoter, v. intr.
1. gigue, n. f.
2. gigue, n. f.
gilbert, n. m.
gilde, n. f.
gilet, n. m.
giletier, ière, n.
gimblette, n. f.

gin, n. m.
gin-fizz, n. m. inv.
gingembre, n. m.
gingival, ale, aux, adj.
gingivite, n. f.
ginguet, ette, adj. et n. m.
ginkgo, n. m.
ginseng, n. m.
giorno (a), loc. adv. et adj.
girafe, n. f.
girafeau ou girafon, n. m.
girandole, n. f.
girasol, n. m.
giration, n. f.
giratoire, adj.
giravion, n. m.
girelle, n. f.
girie, n. f.
girl, n. f.
girofle, n. m.
giroflée, n. f.
giroflier, n. m.
girolle, n. f.
giron, n. m.
girond, onde, adj.
girondin, ine, adj. et n.
gironné, ée, adj. et n. m.
girouette, n. f.
gisant, ante, adj. et n. m.
giselle, n. f.
gisement, n. m.
gît, 3e pers. du prés. de l'indic. de gésir
gitan, ane, n. et adj.
1. gîte, n. m.
2. gîte, n. f.
gîter, v. intr., v. tr.
giton, n. m.
givrage, n. m.
givrant, ante, adj.
givre, n. m.
givré, ée, adj.
givrer, v. tr., v. intr.
givreux, euse, adj.
givrure, n. f.
glabelle, n. f.
glabre, adj.
glaçage, n. m.
glaçant, ante, adj.
glace, n. f.
glacé, ée, adj.
glacer, v. tr.
glacerie, n. f.
glaceuse, n. f.
glaceux, euse, adj.
glaciaire, adj.
glacial, iale, ials ou iaux, adj.
glaciation, n. f.
glacier, n. m.
glacière, n. f.
glaciologie, n. f.
glaciologue, n.
glacis, n. m.
glaçon, n. m.
glaçure, n. f.
gladiateur, n. m.
glagolitique, adj.
glaïeul, n. m.
glaire, n. f.
glairer, v. tr.
glaireux, euse, adj.
glaise, n. f. et adj. f.
glaiser, v. tr.
glaiseux, euse, adj.
glaisière, n. f.
glaive, n. m.
glanage, n. m.
gland, n. m.
glande, n. f.
glandée, n. f.
glander, v. intr.
glandeur, euse, n.
glandulaire, adj.
glandule, n. f.
glanduleux, euse, adj.
glane, n. f.
glaner, v. tr.
glaneur, euse, n.
glanure, n. f.
glapir, v. intr.
glapissant, ante, adj.
glapissement, n. m.
glaréole, n. f.
glas, n. m.
glatir, v. intr.
glaucome, n. m.
glauque, adj.
glaviot, n. m.
glèbe, n. f.
glécome ou gléchome, n. m.
glène, n. f.
glénoïdal, ale, aux, adj.
glénoïde, adj.
glial, e, aux, adj.
gliome, n. m.
glissade, n. f.
glissage, n. m.
glissando, n. m.
glissant, ante, adj.
glisse, n. f.
glissement, n. m.
glisser, v. intr., v. tr., v. pron.
glissière, n. f.
glissoire, n. f.
global, ale, aux, adj.
globalement, adv.
globe, n. m.
globe-trotter, n. m.
globicéphale, n. m.
globigérine, n. f.
globine, n. f.
globulaire, adj. et n. f.
globule, n. m.
glubuleux, euse, adj.
globulin, n. m.
globuline, n. f.
globulinémie, n. f.
glockenspiel, n. m.
gloire, n. f.
glome, n. m.
gloméris, n. m.
glomérule, n. m.
gloria, n. m.
gloriette, n. f.
glorieusement, adv.
glorieux, euse, adj. et n. f. pl.
glorificateur, trice, adj. et n.
glorification, n. f.
glorifier, v. tr., v. pron.
gloriole, n. f.
glose, n. f.
gloser, v. tr., v. intr.
glossaire, n. m.
glossateur, n. m.
-glosse, suff.
glossématique, n. f.
glossème, n. m.
glossine, n. f.
glossite, n. f.
gloss(o)-, préf.
glossolalie, n. f.
glosso-pharyngien, ienne, adj. et n. m.
glossotomie, n. f.
glottal, ale, aux, adj.
glotte, n. f.
glottique, adj.
glouglou, n. m.
glouglouter, v. intr.
gloussement, n. m.
glousser, v. intr.
glouton, onne, adj. et n.
gloutonnement, adv.
gloutonnerie, n. f.
glu, n. f.
gluant, ante, adj.
gluau, n. m.
glucide, n. m.
glucinium, n. m.
gluco-, glycé-, glyci-, glyco-, préf.
glucomètre, n. m.
glucose, n. m.
glucosé, ée, adj.
glucoside, n. m.
gluer, v. tr.
glume, n. f.
glumelle, n. f.
glutamate, n. m.
glutamique, adj.
gluten, n. m.
glutineux, euse, adj.
glycé-, préf.
glycémie, n. f.
glycéride, n. m.
glycérie, n. f.
glycérine, n. f.
glycériner, v. tr.
glycérique, adj.
glycérol, n. m.
glycérophosphate, n. m.
glycérophosphorique, adj.
glycérophtalique, adj.
glyci-, préf.
glycine, n. f.
glyco-, préf.
glycocolle, n. m.
glycogène, n. m.
glycogenèse ou glycogénie, n. f.
glycogénique, adj.
glycol, n. m.
glycolyse, n. f.
glycoprotéines, n. f. pl.
glycosurie, n. f.
glyphe, n. m.
glyptique, n. f.
glypto-, préf.
glyptodon ou glyptodonte, n. m.
glyptographie, n. f.
glyptothèque, n. f.
G.M.T., abrév.
gnaf ou gniaf, n. m.
gnangnan ou gnan-gnan, adj. inv. et n.
-gnathe, suff.
gnatho-, préf.
gnaule ou gnôle ou gniole, ou niôle, n. f.
gneiss, n. m.
gniaf ou gnaf, n. m.
gniole ou gnôle ou gnaule, ou niôle, n. f.
gnocchi, n. m.
gnognote ou gnognotte, n. f.
gnôle, gniole, gnaule ou niôle, n. f.
gnome, n. m.
gnomique, adj.
gnomon, n. m.
gnomonique, adj. et n. f.
gnon, n. m.
gnose, n. f.
-gnose, -gnosie, -gnostique, suff.
gnoséologie, n. f.
gnosticisme, n. m.
gnostique, n. et adj.

gnou, n. m.
go, n. m.
go (tout de), loc. adv.
goal, n. m.
goal-average, n. m.
gobelet, n. m.
gobeleterie, n. f.
gobeletier, n. m.
gobe-mouche(s), n. m.
gober, v. tr., v. pron.
goberger (se), v. pron.
gobeur, euse, n.
gobie, n. m.
godailler, v. intr.
godasse, n. f.
godelureau, n. m.
godemiché, n. m.
goder, v. intr.
godet, n. m.
godiche, adj. et n.
godichon, onne, adj. et n.
godille, n. f.
godiller, v. intr.
godillot, n. m.
godiveau, n. m.
godron, n. m.
godronner, v. tr.
goéland, n. m.
goélette, n. f.
goémon, n. m.
1. gogo (à), loc. adv.
2. gogo, n. m.
goguenard, arde, adj.
goguenardise, n. f.
goguenot, n. m.
gogues, n. f. pl.
goguette, n. f.
goï ou goy, goïm, n. m.
goinfre, n. et adj.
goinfrer, v. intr., v. pron.
goinfrerie, n. f.
goitre, n. m.
goitreux, euse, adj. et n.
golden, n. f.
gold point, n. m.
golem, n. m.
golf, n. m.
golfe, n. m.
golfeur, euse, n.
golmote, n. f.
gombo, n. m.
goménol, n. m.
goménolé, ée, adj.
gommage, n. m.
gomme, n. f.
gomme-gutte, n. f.
gomme-laque, n. f.
gommer, v. tr.
gomme-résine, n. f.
gommeux, euse, adj. et n. m.
gommier, n. m.
gonade, n. f.
gonadostimuline, n. f.
gond, n. m.
gondolage, n. m.
gondolant, ante, adj.
gondole, n. f.
gondolement, n. m.
gondoler, v. intr., v. pron.
gondolier, ière, n.
gonelle ou gonnelle, n. f.
gonfalon ou gonfanon, n. m.
gonfalonier ou gonfanonier, n. m.
gonflage, n. m.
gonflé, ée, adj.
gonflement, n. m.
gonfler, v. tr., v. intr., v. pron.
gonfleur, n. m.
gong, n. m.
gongorisme, n. m.
gonio-, préf.
goniomètre, n. m.
goniométrie, n. f.
gonnelle ou gonelle, n. f.
gonochorisme, n. m.
gonococcie, n. f.
gonocoque, n. m.
gonocyte, n. m.
gonorrhée, n. f.
gonze ou gonzesse, n.
gordien, adj. et n.
goret, n. m.
gorfou, n. m.
gorge, n. f.
gorge-de-pigeon, adj. inv.
gorgée, n. f.
gorger, v. tr., v. pron.
gorgerette, n. f.
gorgerin, n. m.
gorget, n. m.
gorgonaires, n. m. pl.
gorgone, n. f.
gorgonzola, n. m.
gorille, n. m.
gosier, n. m.
gospel, n. m.
gosse, n.
1. gothique, adj. et n. m.
2. gothique, n. f.
gotique, n. m.
goton, n. f.
gouache, n. f.
gouacher, v. tr.
gouaille, n. f.
gouailler, v. tr., v. intr.
gouaillerie, n. f.
gouailleur, euse, adj. et n.
goualante, n. f.
goualeuse, n. f.
gouape, n. f.
gouda, n. m.
goudron, n. m.
goudronnage, n. m.
goudronner, v. tr.
goudronneur, n. m.
goudronneux, euse, adj. et n. f.
gouet, n. m.
gouffre, n. m.
gouge, n. f.
gouine, adj. et n. f.
goujat, n. m.
goujaterie, n. f.
goujon, n. m.
goujonner, v. tr.
goujonnière, adj. et n. f.
goulache ou goulasch, n. m. ou f.
goulag, n. m.
goulasch ou goulache, n. m. ou f.
goule, n. f.
goulée, n. f.
goulet, n. m.
gouleyant, ante, adj.
goulot, n. m.
goulotte, n. f.
goulu, ue, adj. et n.
goulûment, adv.
goum, n. m.
goumier, n. m.
goupil, n. m.
goupille, n. f.
goupiller, v. tr.
goupillon, n. m.
gour, n. m.
goura, n. m.
gourami, n. m.
gourance, n. f.
gourbi, n. m.
gourd, gourde, adj.
gourde, n. f. et adj. f.
gourdin, n. m.
gourer (se), v. pron.
gourgandine, n. f.
gourmand, ande, adj. et n.
gourmander, v. tr.
gourmandise, n. f.
gourme, n. f.
gourmé, ée, adj.
gourmet, n. m.
gourmette, n. f.
gourou ou guru, n. m.
gousse, n. f.
gousset, n. m.
goût, n. m.
1. goûter, v. tr., v. tr. indir., v. intr.
2. goûter, n. m.
goutte, n. f.
goutte-à-goutte, n. m. inv.
gouttelette, n. f.
goutter, v. intr.
gouttereau, adj. m.
goutteux, euse, adj. et n.
gouttière, n. f.
gouvernable, adj.
gouvernail, n. m.
gouvernant, ante, adj. et n.
gouvernante, n. f.
gouverne, n. f.
gouvernement, n. m.
gouvernemental, ale, aux, adj.
gouverner, v. tr., v. pron.
gouverneur, n. m.
gouvernorat, n. m.
goy ou goï, goïm, n. m.
goyave, n. m.
goyavier, n. m.
gr, abrév.
grabat, n. m.
grabataire, adj. et n.
graben, n. m.
grabuge, n. m.
1. grâce, n. f.
2. grâce !, interj.
gracier, v. tr.
gracieusement, adv.
gracieuseté, n. f.
gracieux, ieuse, adj.
gracile, adj.
gracilité, n. f.
gracioso, adv.
gradation, n. f.
grade, n. m.
gradé, adj. et n. m.
grader, n. m.
gradient, n. m.
gradin, n. m.
graduation, n. f.
gradué, ée, adj.
1. graduel, n. m.
2. graduel, elle, adj.
graduellement, adv.
graduer, v. tr.
graffiti, n. m. pl.
graille, n. f.
graillement, n. m.
grailler, v. tr., v. intr.
graillon, n. m.
graillonner, v. intr.
grain, n. m.
grainage ou grenage, n. m.
graine, n. f.
grainer ou grener, v. intr., v. tr.
graineterie, n. f.
grainetier, ière, n. et adj.
grainier, ière, n.

graissage, n. m.
graisse, n. f.
graisser, v. tr., v. intr.
graisseur, euse, adj. et n. m.
graisseux, euse, adj.
gram, n. m. inv.
graminacées ou graminées, n. f. pl.
grammaire, n. f.
grammairien, ienne, n.
grammatical, ale, aux, adj.
grammaticalement, adv.
grammaticalisation, n. f.
grammaticaliser, v. tr., v. pron.
grammaticalité, n. f.
-gramme, suff.
gramme, n. m.
gramophone, n. m.
grand, grande, adj. et n.
grand-angle ou grand-angulaire, n. m.
grand-chose, n. inv.
grand-croix, n. f. inv. et n. m.
1. grand-duc, n. m.
2. grand-duc, grande-duchesse, n.
grand-ducal, ale, aux, adj.
grand-duché, n. m.
grande-duchesse, n. f.
grandelet, ette, adj.
grandement, adv.
grandesse, n. f.
grandeur, n. f.
grand-guinolesque, adj.
grandiloquence, n. f.
grandiloquent, ente, adj.
grandiose, adj.
grandir, v. intr., v. tr., v. pron.
grandissement, n. m.
grandissime, adj.
grand-livre, n. m.
grand-maman, n. f.
grand-mère, n. f.
grand-messe, n. f.
grand-oncle, n. m.
grand-papa, n. m.
grand-peine (à), loc. adv.
grand-père, n. m.
grands-parents, n. m. pl.
grand-tante, n. f.
grand-voile, n. f.
grange, n.
granit ou granite, n. m.
granité, ée, adj. et n.
graniter, v. tr.
granitique, adj.
granitoïde, adj.
granivore, adj. et n. m. pl.
granny-smith, n. f. inv.
granulaire, adj.
granulat, n. m.
granulation, n. f.
granule, n. m.
granulé, ée, adj. et n. m.
granuler, v. tr.
granuleux, euse, adj.
granulie, n. f.
granulite, n. f.
granulocytaire, adj.
granulocyte, n. m.
granulome, n. m.
granulométrie, n. f.
grape-fruit ou grapefruit, n. m.
graphe, n. m.
-graphe, -graphie, -graphique, suff.
graphème, n. m.
graphie, n. f.
graphique, adj. et n.
graphiquement, adv.
graphisme, n. m.
graphiste, n.
graphite, n. m.
graphiter, v. tr.
graphiteux, euse, adj.
graphitique, adj.
grapho-, préf.
graphologie, n. f.
graphologique, adj.
graphologue, n.
graphomètre, n. m.
grappa, n. f.
grappe, n. f.
grappillage, n. m.
grappiller, v. intr., v. tr.
grappillon, n. m.
grappin, n. m.
graptolit(h)es, n. m. pl.
gras, grasse, adj. et n. m.
gras-double, n. m.
grassement, adv.
grasset, n. m.
grasseyement, n. m.
grasseyer, v. intr.
grassouillet, ette, adj. et n.
grateron ou grattoron, n. m.
graticuler, v. tr.
gratification, n. f.
gratifier, v. tr.
gratin, n. m.
gratiné, ée, adj. et n. f.
gratiner, v. intr., v. tr.
gratiole, n. f.
gratis, adv. et adj. inv.
gratitude, n. f.
grattage, n. m.
gratte, n. f.
gratte-ciel, n. m. inv.
gratte-cul, n. m.
gratte-dos, n. m. inv.
grattement, n. m.
gratte-papier, n. m. inv.
gratter, v. tr., v. intr., v. pron.
gratteron ou grateron, n. m.
grattoir, n. m.
grattons, n. m. pl.
gratture, n. f.
gratuit, uite, adj.
gratuité, n. f.
gratuitement, adv.
grau, n. m.
gravats, n. m. pl.
grave, adj. et n. m.
graveleux, euse, adj.
gravelle, n. f.
gravelure, n. f.
gravement, adv.
graver, v. tr.
1. graves, n. f. pl.
2. graves, n. m.
gravettien, enne, adj. et n. m.
graveur, euse, n.
gravicélération, n. f.
gravide, adj.
gravidéviation, n. f.
gravidique, adj.
gravier, n. m.
gravière, n. f.
gravillon, n. m.
gravillonnage, n. m.
gravillonner, v. tr.
gravimètre, n. m.
gravimétrie, n. f.
gravir, v. tr.
gravitation, n. f.
gravité, n. f.
graviter, v. intr.
gravitique, adj.
graviton, n. m.
gravois, n. m. pl.
gravure, n. f.
gray, n. m.
gré, n. m.
grèbe, n. m.
grébiche ou grébige ou gribiche, n. f.
grec, grecque, adj. et n.
gréciser, v. tr.
grécité, n. f.
gréco-, préf.
gréco-bouddhique, adj.
gréco-latin, ine, adj.
gréco-romain, aine, adj.
grecque, n. f.
grecquer, v. tr.
gredin, ine, n.
gredinerie, n. f.
gréement, n. m.
green, n. m.
gréer, v. tr.
greffage, n. m.
1. greffe, n. m.
2. greffe, n. f.
greffer, v. tr., v. pron.
greffier, n. m.
greffoir, n. m.
greffon, n. m.
grégaire, adj.
grégarisme, n. m.
1. grège, adj. f.
2. grège, adj. et n. m.
grégeois, adj.
grégorien, ienne, adj.
grègues, n. f. pl.
1. grêle, adj.
2. grêle, n. f.
grêlé, ée, adj.
grêler, v. imp.
grelin, n. m.
grêlon, n. m.
grelot, n. m.
grelottement, n. m.
grelotter, v. intr.
greluchon, n. m.
grémil, n. m.
grémille, n. f.
grenache, n. m.
grenade, n. f.
grenadeur, n. m.
grenadier, n. m.
grenadière, n. f.
grenadille, n. f.
grenadin, n. m.
grenadine, n. f.
grenage ou grainage, n. m.
grenaillage, n. m.
grenaille, n. f.
grenailler, v. tr.
grenaison, n. f.
grenat, n. m. et adj. inv.
grené, ée, adj. et n. m.
greneler, v. tr.
grener ou grainer, v. intr., v. tr.
grènetis, n. m.
grenier, n. m.
grenouillage, n. m.
grenouille, n. f.
grenouiller, v. intr.
grenouillère, n. f.
grenouillette, n. f.
grenu, ue, adj. et n. m.
grenure, n. f.
grès, n. m.
gréseux, euse, adj.
grésil, n. m.
grésillement, n. m.
grésiller, v. imp., v. tr., v. intr.

gressin, n. m.
grève, n. f.
grever, v. tr.
gréviste, n. et adj.
gribiche ou grébiche ou grébige, n. f.
gribouillage, n. m.
gribouiller, v. intr., v. tr.
gribouilleur, euse, n.
gribouillis, n. m.
grièche, adj.
grief, n. m.
grièvement, adv.
griffe, n. f.
griffer, v. tr.
griffon, n. m.
griffonnage, n. m.
griffonnement, n. m.
griffonner, v. tr.
griffu, ue, adj.
griffure, n. f.
grigne, n. f.
grigner, v. intr.
grignotement, n. m.
grignoter, v. intr.
grignoteur, euse, adj.
grigou, n. m.
gri-gri ou gris-gris, n. m.
gril, n. m.
grillade, n. f.
grillage, n. m.
grillager, v. tr.
grille, n. f.
grille-pain, n. m. inv.
griller, v. tr., v. intr.
grillon, n. m.
grill-room, n. m.
grimace, n. f.
grimacer, v. intr., v. tr.
grimacier, ière, adj. et n.
grimage, n. m.
grimaud, n. m.
grimer, v. tr.
grimoire, n. m.
grimpant, ante, adj. et n. m.
1. grimper, v. intr., v. tr.
2. grimper, n. m.
grimpereau, n. m.
grimpette, n. f.
grimpeur, euse, adj. et n.
grincement, n. m.
grincer, v. intr.
grincher, v. intr.
grincheux, euse, adj.
gringalet, n. m.
gringue, n. m.
griot, n. m.
griotte, n. f.
griottier, n. m.
grippage, n. m.
grippal, ale, aux, adj.
grippe, n. f.
gripper, v. tr., v. intr., v. pron.
grippe-sou, n. m.
gris, grise, adj. et n. m.
grisaille, n. f.
grisailler, v. tr., v. intr.
grisant, ante, adj.
grisard, n. m.
grisâtre, adj.
grisbi, n. m.
grisé, n. m.
griser, v. tr., v. pron.
griserie, n. f.
griset, n. m.
grisette, n. f.
gris-gris ou gri-gri, n. m.
grisoller, v. intr.
grison, onne, adj. et n.
grisonner, v. intr.
grisou, n. m.
grisoumètre, n. m.
grisouteux, euse, adj.
grive, n. f.
grivelé, ée, adj.
grivèlerie, n. f.
griveton, n. m.
grivois, oise, adj. et n.
grivoiserie, n. f.
grizzli ou grizzly, n. m.
grœnendael, n. m.
groenlandais, aise, adj. et n.
grog, n. m.
groggy, adj.
grognard, arde, adj. et n. m.
grognasse, n. f.
grogne, n. f.
grognement, n. m.
grogner, v. intr.
grognerie, n. f.
grogneur, euse, adj. et n.
grognon, onne, adj. et n.
grognonner, v. intr.
groin, n. m.
grole ou grolle, n. f.
grommeler, v. intr., v. tr.
grommellement, n. m.
gronder, v. intr., v. tr.
gronderie, n. f.
grondeur, euse, adj.
grondin, n. m.
groom, n. m.
gros, grosse, adj. adv. et n.
gros-bec, n. m.
groschen, n. m.
groseille, n. f.
groseillier, n. m.
gros-grain, n. m.
Gros-Jean, n. m.
gros-plant, n. m.
grosse, n. f.
grossesse, n. f.
grosseur, n. f.
grossier, ière, adj.
grossièrement, adv.
grossièreté, n. f.
grossir, v. intr., v. tr.
grossissant, ante, adj.
grossissement, n. m.
grossiste, n.
grosso modo, loc. adv.
1. grotesque, adj. et n.
2. grotesque, n. f.
grotesquement, adv.
grotte, n. f.
grouillement, n. m.
grouiller, v. intr. v. pron.
grouillot, n. m.
group, n. m.
groupage, n. m.
groupe, n. m.
groupement, n. m.
grouper, v. tr., v. pron.
groupie, n. f.
groupuscule, n. m.
grouse, n. f.
gruau, n. m.
grue, n. f.
gruger, v. tr.
grume, n. f.
grumeau, n. m.
grumeler (se), v. pron.
grumeleux, euse, adj.
gruppetto, n. m.
grutier, n. m.
gruyère, n. m.
gryphée, n. f.
Gs, symbole
guadeloupéen, éenne, adj. et n.
guai ou guais, adj. m.
guanaco, n. m.
guanine, n. f.
guano, n. m.
guanosine, n. f.
guarani, n. m.
guatémaltèque, adj. et n.
1. gué, n. m.
2. gué !, interj.
guéable, adj.
guèbre, n. et adj.
guède, n. f.
guéer, v. tr.
guelfe, n. m.
guelte, n. f.
guenille, n. f.
guenon, n. f.
guépard, n. m.
guêpe, n. f.
Guépéou, n. f.
guêpier, n. m.
guêpière, n. f.
guère, adv.
guéret, n. m.
guéridon, n. m.
guérilla, n. f.
guerillero ou guérillero ou guérilléro, n. m.
guérir, v. tr., v. intr. v. pron.
guérison, n. f.
guérissable, adj.
guérisseur, euse, n.
guérite, n. f.
guerre, n. f.
guerrier, ière, n. et adj.
guerroyer, v. intr.
guet, n. m.
guet-apens, n. m.
guêtre, n. f.
guêtrer, v. tr.
guetter, v. tr.
guetteur, n. m.
gueulante, n. f.
1. gueulard, n. m.
2. gueulard, arde, adj. et n.
gueule, n. f.
gueule-de-loup, n. f.
gueulement, n. m.
gueuler, v. tr.
gueules, n. m. pl.
gueuleton, n. m.
gueuletonner, v. intr.
gueuse ou gueuze, n. f.
gueuserie, n. f.
gueux, gueuse, n.
gueuze ou gueuse, n. f.
guèze, n. m.
gugusse, n. m.
gui, n. m.
guibole ou guibolle, n. f.
guibre, n. f.
guiche, n. f.
guichet, n. m.
guichetier, ière, n.
guidage, n. m.
guide, n. m. et f.
guide-âne, n. m.
guideau, n. m.
guider, v. tr., v. pron.
guiderope, n. m.
guidon, n. m.
guignard, n. m.
guigne, n. f.
guigner, v. tr.
guignier, n. m.
guignol, n. m.
guignolet, n. m.
guignon, n. m.
guilde ou gildeou ghilde, n. f.
guillaume, n. m.

guilledou, n. m. inv.
guillemet, n. m.
guillemeter, v. tr.
guillemot, n. m.
guilleret, ette, adj.
guillochage, n. m.
guilloche, n. f.
guillocher, v. tr.
guillocheur, n. m.
guillochis, n. m.
guillochure, n. f.
guillotine, n. f.
guillotiner, v. tr.
guimauve, n. f.
guimbarde, n. f.
guimpe, n. f.
guincher, v. intr.
guindage, n. m.
guindant, n. m.
guindé, ée, adj.
guindeau, n. m.
guinder, v. tr., v. pron.
guinée, n. f.
guinéen, éenne, adj. et n.
guingois (de), loc. adv.
guinguette, n. f.
guipage, n. m.
guiper, v. tr.
guipoir, n. m.
guipure, n. f.
guirlande, n. f.
guisarme, n. f.
guise, n. f.
guitare, n. f.
guitariste, n.
guitoune, n. f.
gummifère, adj.
gunite, n. f.
guppy, n. m.
guru ou gourou, n. m.
gus, n. m.
gustatif, ive, adj.
gustation, n. f.
gutta-percha, n. f.
guttural, ale, aux, adj.
guyanais, aise, adj. et n.
guyot, n. f.
guzla, n. f.
gymkhana, n. m.
gymn(o)-, préf.
gymnase, n. m.
gymnaste, n.
gymnastique, adj. et n. f.
gymnique, adj. et n. f.
gymnosophiste, n. m.
gymnosperme, adj. et n. f. pl.
gymnote, n. m.
gynandrie, n. f.
-gyne, suff.
gynécée, n. m.
gyn(é)-, gynéco-, préf.
gynécologie, n. f.
gynécologique, adj.
gynécologiste ou gynécologue, n.
gynérium, n. m.
gynogamone, n. f.
gypaète, n. m.
gypse, n. m.
gypseux, euse, adj.
gypsophile, n. f.
-gyre, suff.
gyr(o)-, gir(o)-, préf.
gyrin, n. m.
gyrocompas, n. m.
gyromagnétique, adj.
gyromètre, n. m.
gyrophare, n. m.
gyroscope, n. m.
gyroscopique, adj.
gyrostat, n. m.
gyrovague, adj. et n. m.

H

h, n. m. ou f.
H, symbole.
ha, symbole.
ha !, interj.
habanera, n. f.
habeas corpus, n. m. inv.
habile, adj.
habilement, adv.
habileté, n. f.
habilitation, n. f.
habilité, n. f.
habiliter, v. tr.
habillage, n. m.
habillé, ée, adj.
habillement, n. m.
habiller, v. tr., v. pron.
habilleur, euse, n.
habit, n. m.
habitabilité, n. f.
habitable, adj.
habitacle, n. m.
habitant, ante, n.
habitat, n. m.
habitation, n. f.
habité, ée, adj.
habiter, v. tr., v. intr.
habituation, n. f.
habitude, n. f.
habitué, ée, n. et adj.
habituel, elle, adj.
habituellement, adv.
habituer, v. tr., v. pron.
habitus, n. m.
hâbler, v. intr.
hâblerie, n. f.
hâbleur, euse, n. et adj.
hachage, n. m.
hache, n. f.
haché, ée, adj. et n. m.
hache-légumes, n. m. inv.
hachement, n. m.
hache-paille, n. m. inv.
hacher, v. tr.
hachereau, n. m.
hachette, n. f.
hache-viande, n. m. inv.
hachich ou haschisch ou hasch ou haschich, n. m.
hachichin ou hachischin ou haschischin, n. m.
hachis, n. m.
hachoir, n. m.
hachure, n. f.
hachurer, v. tr.
hacienda, n. f.
hacquebute ou haquebute, n. f.
haddock, n. m.
hadith, n. m.
hadj ou hadji, n. m.
hadron, n. m.
hafnium, n. m.
hagard, arde, adj.
haggadah, n. f.
haggis, n. m.
hagiographe, adj. et n.
hagiographie, n. f.
hagiographique, adj.
hahnium, n. m.
haïdouk, n. m.
haie, n. f.
haïk, n. m.
haïkaï ou haïku, n. m.
haillon, n. m.
haillonneux, euse, adj.
haine, n. f.
haineusement, adv.
haineux, euse, adj.
hainuyer, ère ou hennuyer, ère, adj. et n.
haïr, v. tr.
haire, n. f.
haïssable, adj.
halage, n. m.
halbran, n. m.
hâle, n. m.
halecret, n. m.
haleine, n. f.
halener, v. tr.
haler, v. tr.
hâler, v. tr.
haletant, ante, adj.
halètement, n. m.
haleter, v. intr.
haleur, euse, n.
half-track, n. m.
halicte, n. m.
halieutique, adj. et n. f.
haliotide, n. f.
haliple, n. m.
hall, n. m.
hallali, n. m.
halle, n. f.
hallebarde, n. f.
hallebardier, n. m.
hallier, n. m.
hallstattien, ienne, adj. et n. m.
hallucinant, ante, adj.
hallucination, n. f.
hallucinatoire, adj.
halluciné, ée, adj. et n.
halluciner, v. tr.
hallucinogène, n. m. et adj.
halo-, préf.
halo, n. m.
halobios, n. m.
halogénation, n. f.
halogène, n. m. et adj.
halogéné, ée, adj.
halographie, n. f.
hâloir, n. m.
halon, n. m.
halophile, adj.
halophyte, n. f.
halte, n. et interj.
halte-garderie, n. f.
haltère, n. m.
haltérophile, n. m.
haltérophilie, n. f.
halva, n. m.
hamac, n. m.
hamada, n. f.
hamadryade, n. m.
hamadryas, n. m.
hamamélis, n. m.
hamburger, n. m.
hameau, n. m.
hameçon, n. m.
hameçonner, v. tr.
hammam, n. m.
hammerless, n. m.
hampe, n. f.
hamster, n. m.
han !, interj.
hanafite ou hanéfite ou hanifite, adj.
hanap, n. m.
hanbalite, adj.
hanche, n. f.
hanché, ée, adj.
hanchement, n. m.
hancher, v. intr., v. tr.
handball, n. m.
handicap, n. m.
handicapé, ée, adj. et n.
handicaper, v. tr.
hanéfite ou hanafite ou hanifite, adj.
hangar, n. m.
hanifite ou hanéfite ou hanafite, adj.
hanneton, n. m.
hannetonnage, n. m.
hannetonner, v. intr., v. tr.
hanse, n. f.
hanséatique, adj.
hanter, v. tr.
hantise, n. f.
hapax, n. m.
haplo-, préf.
haploïde, adj. et n. m.
haplologie, n. f.
haplomes, n. m. pl.
haplonte, n. m.
haplophase, n. f.
happe, n. f.
happement, n. m.
happening, n. m.
happer, v. tr.
happy end, n. m.
haquebute ou hacquebute , n. f.
haquenée, n. f.
haquet, n. m.
hara-kiri, n. m.
harangue, n. f.
haranguet ou harenguet, n. m.
haras, n. m.
harasse, n. f.
harassement, n. m.
harasser, v. tr.
harcèlement, n. m.
harceler, v. tr.
harde, n. f.
hardes, n. f. pl.
hardi, ie, adj. et interj.
hardiesse, n. f.
hardiment, adv.
hard-top, n. m.
hardware, n. m.
harem, n. m.
hareng, n. m.
harengaison, n. f.
harengère, n. f.
harenguet ou haranguet, n. m.
haret, adj. m. et n. m.
harfang, n. m.
hargne, n. f.
hargneux, euse, adj.
haricot, n. m.
haridelle, n. f.
harissa, n. m.
harki, n. m.
harle, n. m.
harmattan, n. m.
harmonica, n. m.
harmoniciste, n.
harmonie, n. f.
harmonieusement, adv.
harmonieux, euse, adj.
1. harmonique, adj.
2. harmonique, n. m. ou f.
harmonisation, n. f.
harmoniser, v. tr., v. pron.
harmoniste, n.
harmonium, n. m.
harnachement, n. m.
harnacher, v. tr., v. pron.
harnais ou harnois, n. m.
haro, n. m.

harpagon, n. m.
harpail, n. m. ou harpaille, n. f.
harpe, n. f.
harpie, n. f.
harpiste, n.
harpon, n. m.
harponnage, n. m.
harponnement, n. m.
harponner, v. tr.
harponneur, n. m.
hart, n. f.
haruspice, n. m.
hasard, n. m.
hasarder, v. tr., v. intr., v. pron.
hasardeux, euse, adj.
hasch ou hachich ou haschich ou haschisch, n. m.
haschichin ou hachichin ou haschischin, n. m.
hase, n. f.
hashi, n. m.
hassidim, n. m. pl.
hassidique, adj.
hassidisme, n. m.
hast ou haste, n. f.
haste ou hâte, n. f.
hasté, ée, adj.
1. hâte, n. f.
2. hâte ou haste, n. f.
hâtelet, n. m.
hâtelette, n. f.
hâtelle, n. f.
hâter, v. tr., v. pron.
hâtier, n. m.
hâtif, ive, adj.
hâtiveau, n. m.
hâtivement, adv.
hatteria, n. m.
hauban, n. m.
haubanage, n. m.
haubaner, v. tr.
haubert, n. m.
hausse, n. f.
hausse-col, n. m.
haussement, n. m.
hausser, v. tr., v. intr., v. pron.
haussier, n. m.
haussière, n. f.
haussmanite ou haussmannite, n. f.
haut, haute, adj., n. et adv.
1. hautain ou hautin, n. m.
2. hautain, aine, adj.
hautbois, n. m.
hautboïste, n.
haut-commissaire, n. m.
haut-de-chausse ou haut-de-chausses, n. m.
haut-de-forme, n. m.
haute-contre, n. et adj.
haute-fidélité, n. f.
hautesse, n. f.
haute-tige, n. f.
hauteur, n. f.
haut-fond, n. m.
haut fourneau, n. m.
hautin ou hautain, n. m.
haut-le-cœur, n. m. inv.
haut-le-corps, n. m. inv.
haut-parleur, n. m.
haut-relief, n. m.
hauturier, ière, adj.
havage, n. m.
havane, n. m. et adj. inv.
hâve, adj.
haveneau ou havenet, n. m.
haver, v. tr.
haveur, n. m.
haveuse, n. f.
havre, n. m.
havresac, n. m.
hawaiien, enne, adj. et n.
hayon, n. m.
hazan, n. m.
He, symbole
hé !, interj.
heaume, n. m.
heaumier, n. m.
hebdomadaire, adj. et n. m.
hebdomadairement, adv.
hébéphrénie, n. f.
héberge, n. f.
hébergement, n. m.
héberger, v. tr.
hébétement, n. m.
hébéter, v. tr.
hébétude, n. f.
hébraïque, adj.
hébraïsant, ante, n.
hébraïser, v. intr., v. tr.
hébraïsme, n. m.
hébraïste, n.
hébreu, n. et adj. m.
H.E.C., sigle
hécatombe, n. f.
hect(o)-, préf.
hectare, n. m.
hectique, adj.
hectisie ou étisie, n. f.
hecto, abrév. et n. m.
hectogramme, n. m.
hectolitre, n. m.
hectomètre, n. m.
hectométrique, adj.
hectowatt, n. m.
héder, n. m.
hédonisme, n. m.
hédoniste, n. et adj.
hédonistique, adj.
hégélianisme, n. m.
hégélien, ienne, adj. et n.
hégémonie, n. f.
hégire, n. f.
heimatlos, adj. inv. et n. inv.
hein !, interj.
hélas !, interj.
hélépole, n. f.
héler, v. tr.
hélianthe, n. m.
hélianthème, n. m.
hélianthine, n. f.
héliaque, adj.
héliaste, n. m.
hélice, n. f.
héliciculture, n. f.
hélicidés, n. m. pl.
hélicoïdal, ale, aux, adj.
hélicoïde, adj. et n.
hélicon, n. m.
hélicoptère, n. m.
-hélie, suff.
héliée, n. f.
héligare, n. f.
hélio-, préf.
hélio, abrév., n. f.
héliocentrique, adj.
héliocentrisme, n. m.
héliodore, n. m.
héliographe, n. m.
héliographie, n. f.
héliograveur, n. m.
héliogravure, n. f.
héliomarin, ine, adj.
héliomètre, n. m.
hélion, n. m.
héliophysique, n. f.
héliophyte, n. f.
héliostat, n. m.
héliosynchrone, adj.
héliothérapie, n. f.
héliothermie, n. f.
héliotrope, n. m.
héliotropine, n. f.
héliotropique, adj.
héliotropisme, n. m.
héliport, n. m.
héliportage, n. m.
héliporté, ée, adj.
hélium, n. m.
hélix, n. m.
helladique, adj.
hellébore ou ellébore, n. m.
hellène, n. et adj.
hellénique, adj.
hellénisant, ante, n. et adj.
hellénisation, n. f.
helléniser, v. tr.
hellénisme, n. m.
helléniste, n.
hellénistique, adj.
helminthe, n. m.
helminthiase, n. f.
helminthique, adj.
helminthologie, n. f.
hélobiales ou hélobiées, n. f. pl.
hélodée ou élodée, n. f.
héloderme, n. m.
hélophyte, n. f.
helvelle, n. f.
helvète, adj. et n.
helvétique, adj.
helvétisme, n. m.
hem !, interj.
héma-, préf.
hémarthrose, n. f.
hémat(o)-, préf.
hématémèse, n. f.
hématie, n. f.
hématine, n. f.
hématite, n. f.
hématoblaste, n. m.
hématocrite, n. m.
hématogène, adj.
hématologie, n. f.
hématologique, adj.
hématologiste ou hématologue, n.
hématome, n. m.
hématopoïèse, n. f.
hématopoïétique, adj.
hématose, n. f.
hématozoaire, n. m.
hématurie, n. f.
hème, n. m.
héméralopie, n. f.
hémérocalle, n. f.
hémi-, préf.
hémianopsie, n. f.
hémiascomycètes, n. m. pl.
hémicordés, n. m. pl.
hémicryptophyte, n. f.
hémicycle, n. m.
hémicylindrique, adj.
hémièdre, adj.
hémiédrie, n. f.
hémiédrique, adj.
hémine, n. f.
hémione, n. f.
hémiparasite, n. m. et adj.
hémiplégie, n. f.
hémiplégique, adj. et n.
hémiptères, n. m. pl.
hémiptéroïdes, n. m. pl.
hémisphère, n. m.
hémisphérique, adj.
hémistiche, n. m.
hémitropie, n. f.
hémo-, préf.

hémoculture, n. f.
hémocyanine, n. f.
hémocytoblaste, n. m.
hémodialyse, n. f.
hémogénie, n. f.
hémoglobine, n. f.
hémogramme, n. m.
hémolyse, n. f.
hémolysine, n. f.
hémolytique, adj.
hémopathie, n. f.
hémophile, adj. et n.
hémophilie, n. f.
hémoptysie, n. f.
hémoptysique, adj. et n.
hémorragie, n. f.
hémorragique, adj.
hémorroïdaire, adj. et n.
hémorroïdal, ale, aux, adj.
hémorroïde, n. f.
hémostase, n. f.
hémostatique, adj. et n. m.
hémothorax, n. m.
hendéca-, préf.
hendécagone, n. m. et adj.
hendécasyllabe, n. m. et adj.
hendiadyin ou hendiadys, n. m.
henné, n. m.
hennin, n. m.
hennir, v. intr.
hennissement, n. m.
hennuyer ou hainuyer, ère, adj. et n.
henry, n. m.
hep !, interj.
héparine, n. f.
hépatique, adj. et n.
hépatiques, n. f. pl.
hépatisme, n. m.
hépatite, n. f.
hépato-, préf.
hépatologie, n. f.
hépatomégalie, n. f.
hepta-, préf.
heptacorde, adj. et n.
heptaèdre, n. m.
heptagone, n. m.
heptamètre, n. m. et adj.
heptane, n. m.
heptathlon, n. m.
héraldique, adj. et n.
héraldiste, n. m.
héraut, n. m.
herbacé, ée, adj.
herbage, n. m.
1. herbager, ère, n.
2. herbager, v. tr.
herbe, n. f.
herberie, n. f.
herbette, n. f.
herbeux, euse, adj.
herbicide, adj. et n. m.
herbier, n. m.
herbivore, adj. et n. m.
herborisation, n. f.
herboriser, v. intr.
herboriste, n.
herboristerie, n. f.
herbu, ue, adj.
herbue ou erbue, n. f.
herchage ou herschage, n. m.
hercher ou hersher, v. intr.
hercheur, euse ou herscheur, euse, n.
hercule, n. m.
herculéen, éenne, adj.
hercynien, ienne, adj.
herd-book, n. m.
hère, n. m.
héréditaire, adj.
hérédité, n. f.
hérédo ou hérédosyphilis, n. f.
hérésiarque, n. m.
hérésie, n. f.
hérétique, adj. et n.
hérisser, v. tr., v. pron.
hérisson, n. m.
hérissonne, n. f.
héritage, n. m.
hériter, v. intr., v. tr., v. tr. indir.
héritier, ière, n.
hermaphrodisme ou hermaphroditisme, n. m.
hermaphrodite, n. m. et adj.
hermaphroditisme ou hermaphrodisme, n. m.
herméneutique, adj. et n. f.
hermès, n. m.
herméticité, n. f.
hermétique, adj. et n. f.
hermétisme, n. m.
hermine, n. f.
herminette ou erminette, n. f.
hermitage ou ermitage, n. m.
hermitien, ienne, adj.
herniaire, adj.
hernie, n. f.
hernié, ée, adj.
hernieux, ieuse, adj. et n.
héroï-comique, adj.
héroïne, n. f.
héroïnomane, n.
héroïnomanie, n. f.
héroïque, adj.
héroïsme, n. m.
héron, n. m.
héronneau, n. m.
héronnière, n. f.
héros, n. m.
herpès, n. m.
herpétique, adj.
herpétologie ou erpétologie, n. f.
herpétologique ou erpétologique, adj.
herpétologiste ou erpétologue, n.
hersage, n. m.
herschage ou herchage, n. m.
herscher ou hercher, v. intr.
herscheur, euse ou hercheur, euse, n.
herse, n. f.
herser, v. tr.
hertz, n. m.
hertzien, ienne, adj.
hésitation, n. f.
hésiter, v. intr.
hésychasme, n. m.
hétaïre, n. f.
hétairie ou hétérie, n. f.
hétér(o)-, préf.
hétérie ou hétairie, n. f.
hétérocerque, adj.
hétérochromosome, n. m.
hétéroclite, adj.
hétérocyclique, adj.
hétérodontie, n. f.
hétérodoxe, adj. et n.
hétérodoxie, n. f.
hétérodyne, n. f.
hétérogamétique, adj.
hétérogamie, n. f.
hétérogène, adj.
hétérogénéité, n. f.
hétérogenèse, n. f.
hétérogénie, n. f.
hétérogreffe, n. f.
hétérologue, adj.
hétérométabole, adj.
hétéromorphe, adj.
hétéromorphie, n. f.
hétéromorphisme, n. m.
hétéronome, adj.
hétéronomie, n. f.
hétéroprotéine, n. f.
hétéroptères, n. m. pl.
hétérosexualité, n. f.
hétérosexuel, elle, adj. et n.
hétéroside, n. m.
hétérothallie ou hétérothallisme, n. m.
hétérotrophe, adj.
hétéroxène, n. m.
hétérozygote, adj. et n. m.
hetman, n. m.
hêtraie, n. f.
hêtre, n. m.
heu !, interj.
heur, n. m.
heure, n. f.
heureusement, adv.
heureux, euse, adj.
heuristique ou euristique, adj. et n.
heurt, n. m.
heurté, ée, adj.
heurter, v. tr., v. intr., v. pron.
heurtoir, n. m.
hévéa, n. m.
hex(a)-, préf.
hexachlorophène, n. m.
hexacoralliaires, n. m. pl.
hexacorde, n. m.
hexadécimal, ale, aux, adj.
hexaèdre, adj. et n. m.
hexaédrique, adj.
hexafluorure, n. m.
hexagonal, ale, aux, adj.
hexagone, n. m. et adj.
hexamètre, n. m. et adj.
hexapode, adj. et n. m.
hexose, n. m.
H.F., abrév.
Hf, symbole
Hg, symbole
hg, abrév.
hi !, interj.
hiatal, ale, aux, adj.
hiatus, n. m.
hibernal, ale, aux, adj.
hibernation, n. f.
hiberner, v. intr.
hibiscus ou ibiscus, n. m.
hibou, oux, n. m.
hic, n. m. inv.
hic et nunc, loc. adv.
hickory, n. m.
hidalgo, n. m.
hideur, n. f.
hideusement, adv.
hideux, euse, adj.
hidro(s)-, préf.
hidrosadénite, n. f.
hie, n. f.
hièble ou yèble, n. f.
hiémal, ale, aux, adj.
hier, adv. et n. m.
hiér(o)-, préf.
hiérarchie, n. f.
hiérarchique, adj.
hiérarchisation, n. f.
hiérarchiser, v. tr.
hiérarque, n. m.
hiératique, adj.

hiératisme, n. m.
hiérogamie, n. f.
hiéroglyphe, n. m.
hiéroglyphique, adj.
hiéronymite, n. m.
hiérophante, n. m.
hi-fi, abrév., n. f. inv.
highlander, n. m.
higoumène, n. m.
hi-han, onomat et n. m.
hilaire, adj.
hilarant, ante, adj.
hilare, adj.
hilarité, n. f.
hile, n. m.
hiloire, n. f.
himalayen, yenne, adj. et n.
hindi, n. m.
hindou, oue, adj. et n.
hindouisme, n. m.
hindouiste, adj. et n.
hinterland, n. m.
hipp(o)-, préf.
hipparchie, n. f.
hipparion, n. m.
hipparque, n. m.
hippiatre, n. m.
hippiatrie, n.
hippiatrique, n. f. et adj.
hippie ou **hippy, ies**, n. et adj. inv.
hippique, adj.
hippisme, n. m.
hippocampe, n. m.
hippocastanacées, n. f. pl.
hippocratique, adj.
hippodrome, n. m.
hippogriffe, n. m.
hippologie, n. f.
hippomobile, adj.
hippophaé, n. m.
hippophagique, adj.
hippopotame, n. m.
hippurique, adj.
hippy ou **hippie, ies**, n. et adj. inv.
hircin, ine, adj.
hirondeau, n. m.
hirondelle, n. f.
hirsute, adj.
hirsutisme, n. m.
hirudinées, n. f. pl.
hispan(o)-, préf.
hispanique, adj.
hispanisant, ante, n.
hispanisme, n. m.
hispaniste, n.
hispano-américain, aine, adj. et n.
hispano-arabe, adj.
hispano-moresque, adj.
hispide, adj.
hisse ! (oh !), interj.
hisser, v. tr., v. pron.
hista-, histio-, histo-, préf.
histamine, n. f.
histaminique, adj.
histidine, n. f.
histocompatibilité, n. f.
histogenèse, n. f.
histogramme, n. m.
histoire, n. f.
histologie, n. f.
histologique, adj.
histolyse, n. f.
histone, n. f.
historicité, n. f.
historicisme, n. m.
historié, ée, adj.
historien, ienne, n.
historier, v. tr.
historiette, n. f.
historiographe, n. m.
historiographie, n. f.
historique, adj. et n. m.
histrion, n. m.
hitlérien, ienne, adj. et n.
hitlérisme, n. m.
hit-parade, n. m.
hittite, adj. et n. m.
hiver, n. m.
hivernage, n. m.
hivernal, ale, aux, adj. et n. f.
hivernant, ante, adj. et n.
hiverner, v. intr., v. tr.
hl, abrév.
HL-A., abrév., n. f.
H.L.M., sigle, n. m. ou f.
hm, abrév.
Ho, symbole
ho !, interj.
hoazin, n. m.
hobby, ies, n. m.
hobereau, n. m.
hocco, n. m.
hochement, n. m.
hochepot, n. m.
hoche-queue ou **hochequeue**, n. m.
hocher, v. tr.
hochet, n. m.
hockey, n. m.
hockeyeur, euse, n.
hodographe, n. et adj.
hodomètre, n. m.
hoir, n. m.
hoirie, n. f.
holà !, interj.
holding, n. m.
hold-up, n. m. inv.
hollandais, aise, adj. et n.
hollandaise, adj. f. et n. f.
1. **hollande**, n. f.
2. **hollande**, n. m.
hollywoodien, ienne, adj.
holmium, n. m.
holo-, préf.
holocauste, n. m.
holocène, n. m.
holocéphales, n. f. pl.
holocrine, adj.
holocristallin, ine, adj.
holoenzyme, n. f.
hologramme, n. m.
holographie, n. f.
holométabole, adj. et n. m.
holomorphe, adj.
holoparasite, adj.
holophrastique, adj.
holoprotéine, n. f.
holoside, n. m.
holothurie, n. f.
holotriches, n. m. pl.
homard, n. m.
homarderie, n. f.
hombre, n. m.
home, n. m.
homélie, n. f.
homéo- ou **homœo-**, préf.
homéomorphisme, n. m.
homéopathe, n. et adj.
homéopathie, n. f.
homéopathique, adj.
homéostasie, n. f.
homéostat, n. m.
homéostatique, adj.
homéotherme, adj. et n.
homérique, adj.
homespun, n. m.
1. **homicide**, n. et adj.
2. **homicide**, n. m.
hominidés, n. m. pl.
hominiens, n. m. pl.
hominisation, n. f.
hommage, n. m.
hommasse, adj. f.
homme, n. m.
homme-grenouille, n. m.
homme-orchestre, n. m.
homme-sandwich, n. m.
homo-, préf.
homocentre, n. m.
homocerque, adj.
homochromie, n. f.
homocinétique, adj.
homœo- ou **homéo-**, préf.
homogène, adj.
homogénéifier, v. tr.
homogénéisation, n. f.
homogénéiser, v. tr.
homogénéité, n. f.
homographe, adj.
homographie, n. f.
homogreffe, n. f.
homologation, n. f.
homologie, n. f.
homologue, adj. et n.
homologuer, v. tr.
homomorphie, n. f.
homoncule ou **homuncule**, n. m.
homonyme, adj. et n.
homonymie, n. f.
homophone, adj. et n.
homophonie, n. f.
homoptères, n. m. pl.
homosexualité, n. f.
homosexuel, elle, adj. et n.
homosphère, n. f.
homothétie, n. f.
homothétique, adj.
homozygote, adj. et n.
homuncule ou **homoncule**, n. m.
hongre, adj. ou n. m.
hongrer, v. tr.
hongrois, oise, adj. et n.
hongroyage, n. m.
honnête, adj.
honnêtement, adv.
honnêteté, n. f.
honneur, n. m.
honnir, v. tr.
honorabilité, n. f.
honorable, adj.
honoraire, adj.
honoraires, n. m. pl.
honorariat, n. m.
honoré, ée, adj.
honorée, n. f.
honorer, v. tr., v. pron.
honorifique, adj.
honoris causa, loc. adj.
honte, n. f.
honteusement, adv.
honteux, euse, adj.
hop !, interj.
hôpital, n. m.
hoplite, n. m.
hoquet, n. m.
hoqueter, v. intr.
hoqueton, n. m.
horaire, adj. et n. m.
horde, n. f.
hordéacé, ée, adj.
horion, n. m.
horizon, n. m.
horizontal, ale, aux, adj. et n. f.
horizontalité, n. f.

horloge, n. f.
horloger, ère, n. et adj.
horlogerie, n. f.
hormis, prép.
hormonal, ale, aux, adj.
hormone, n. f.
hormonothérapie, n. f.
hornblende, n. f.
horo-, préf.
horodateur, n. m.
horokilométrique, adj.
horoptère, n. m.
horoscope, n. m.
horreur, n. f.
horrible, adj.
horrifier, v. tr.
horrifique, adj.
horripilant, ante, adj.
horripilateur, adj. m.
horripiler, v. tr.
hors, prép.
horsain ou horsin, n. m.
hors-bord, n. m. inv.
hors-concours, n. m. inv.
hors-d'œuvre, n. m. inv.
horse-guard, n. m.
horse-power, n. m. inv.
horsin ou horsain, n. m.
hors-jeu, n. m. inv.
hors-la-loi, n. m. inv.
horst, n. m.
hors-texte, n. m. inv.
hortensia, n. m.
horticole, adj.
horticulteur, n. m.
horticulture, n. f.
hortillonnage, n. m.
hosanna, n. m.
hosannière, adj. f.
hospice, n. m.
hospitalier, ière, adj. et n. m.
hospitalisation, n. f.
hospitaliser, v. tr.
hospitalisme, n. m.
hospitalité, n. f.
hospitalo-universitaire, adj.
hospodar, n. m.
hosteau ou hosto, n. m.
hostellerie, n. f.
hostie, n. f.
hostile, adj.
hostilement, adv.
hostilité, n. f.
hosto ou hosteau, n. m.
hot, adj. et n. m.
hot dog, n. m.
hôte, hôtesse, n.
hôtel, n. m.
hôtelier, ière, adj. et n.
hôtellerie, n. f.
hôtesse, n. f.
hotte, n. f.
hottée, n. f.
hottentot, ote, adj. et n.
hotu, n. m.
hou !, interj.
houblon, n. m.
houblonnage, n. m.
houblonner, v. tr.
houblonnier, ière, adj. et n.
houe, n. f.
houille, n. f.
houiller, ère, adj. et n.
houle, n. f.
houlette, n.f.
houleux, euse, adj.
houlque ou houque, n. f.
houppe, n. f.
houppelande, n. f.
houppette, n.f .
houppier, n. m.
houque ou houlque, n. f.
hourd, n. m.
hourdage, n. m.
hourder, v. tr.
hourdis, n. m.
houri, n. f.
hourra ou hurrah, interj. et n. m.
hourvari, n. m.
housard, n. m.
houseau, n. m.
houspiller, v. tr.
houssaie, n. f.
housse, n. f.
housser, v. tr.
houssine, n. f.
houx, n. m.
hovercraft, n. m.
hoyau, n. m.
H.P., abrév.
hublot, n. m.
huche, n. f.
huchier, n. m.
hue !, interj.
huée, n. f.
huer, v. tr., v. intr.
huerta, n. f.
huguenot, ote, n. et adj.
huilage, n. m.
huile, n. f.
huiler, v. tr.
huilerie, n. f.
huileux, euse, adj.
1. huilier, n. m.
2. huilier, ière, adj.
huis, n. m.
huisserie, n. f.
huissier, n. m.
huit, adj. et n. m. inv.
huitain, n. m.
huitaine, n. f.
huitante, adj.
huitième, adj. et n.
huitièmement, adv.
huître, n. f.
huit-reflets, n. m. inv.
1. huîtrier, n. m.
2. huîtrier, ière, adj. et n. f.
hulotte, n. f.
hululement ou ululement, n. m.
hululer ou ululer, v. intr.
hum !, interj.
humage, n. m.
humain, aine, adj. et n.
humainement, adv.
humanisation, n. f.
humaniser, v. tr., v. pron.
humanisme, n. m.
humaniste, adj. et n.
humanitaire, adj.
humanitarisme, n. m.
humanité, n. f.
humanoïde, adj. et n.
humble, adj. et n.
humblement, adv.
humectage, n. m.
humecter, v. tr., v. pron.
humecteur, n. m.
humer, v. tr.
huméral, ale, aux, adj.
humérus, n. m.
humeur, n. f.
humide, adj. et n. m.
humidificateur, n. m.
humidification, n. f.
humidifier, v. tr.
humidifuge, adj.
humidité, n. f.
humification, n. f.
humiliation, n. f.
humilier, v. tr., v. pron.
humilité, n. f.
humique, adj.
humoral, ale, aux, adj.
humoriste, adj. et n.
humoristique, adj.
humour, n. m.
humus, n. m.
hune, n. f.
hunier, n. m.
huppe, n. f.
huppé, ée, adj.
hure, n. f.
hurlement, n. m.
hurler, v. intr., v. tr.
hurleur, euse, adj. et n. m.
hurluberlu, n. m.
huron, onne, n. et adj.
huronien, ienne, adj.
hurrah ou hourra, interj. et n. m.
hussard, n. m.
hussarde, n. f.
hussite, n. m.
hutte, n. f.
hyacinthe, n. f.
hyalin, ine, adj.
hyalite, n. f.
hyaloïde, adj.
hyaloplasme, n. m.
hyaluronique, adj.
hybridation, n. f.
hybride, n. m. et adj.
hybrider, v. tr.
hybridisme, n. m.
hybridité, n. f.
hydarthrose, n. f.
hydatide, n. f.
hydatique, adj.
hydne, n. m.
hydr(o)-, préf.
hydracide, n. m.
hydraires, n. m. pl.
hydrargyre, n. m.
hydrargyrisme, n. m.
hydratant, ante, adj. et n. m.
hydratation, n. f.
hydrate, n. m.
hydrater, v. tr., v. pron.
hydraulicien, n. m.
hydraulicité, n. f.
hydraulique, adj. et n. f.
hydravion, n. m.
hydrazine, n. f.
hydre, n. f.
-hydre, suff.
hydrémie, n. f.
-hydrique, suff.
hydrique, adj.
hydrobase, n. f.
hydrocarbonate, n. m.
hydrocarbure, n. m.
hydrocèle, n. f.
hydrocéphale, adj. et n.
hydrocéphalie, n. f.
hydrocharis, n. m.
hydroclasseur, n. m.
hydrocoralliaires, n. m. pl.
hydrocortisone, n. f.
hydrocracking ou hydrocraquage, n. m.
hydrocution, n. f.
hydrodynamique, n. f. et adj.
hydroélectricité, n. f.
hydroélectrique, adj.
hydrofoil, n. m.
hydrofuge, adj. et n. m.

hydrofuger, v. tr.
hydrogel, n. m.
hydrogénation, n. f.
hydrogène, n. m.
hydrogéné, ée, adj.
hydrogéner, v. tr.
hydrogéologie, n. f.
hydroglisseur, n. m.
hydrographe, n. et adj.
hydrographie, n. f.
hydrolase, n. f.
hydrolat, n. m.
hydrolithe, n. f.
hydrologie, n. f.
hydrologiste ou hydrologue, n.
hydrolysable, adj.
hydrolyse, n. f.
hydrolyser, v. tr.
hydromécanique, adj.
hydromel, n. m.
1. hydromètre, n. m.
2. hydromètre, n. f.
hydrométrie, n. f.
hydrominéral, ale, aux, adj.
hydronéphrose, n. f.
hydronium, n. m.
1. hydrophile, adj.
2. hydrophile, n. m.
hydrophobe, adj. et n.
hydrophobie, n. f.
hydrophone, n. m.
hydrophyte, n. f.
hydropique, adj.
hydropisie, n. f.
hydropneumatique, adj.
hydroponique, adj.
hydroptère, n. m.
hydroquinone, n. f.
hydroraffinage, n. m.
hydrosilicate, n. m.
hydrosol, n. m.
hydrosoluble, adj.
hydrosphère, n. f.
hydrostatique, n. f. et adj.
hydrosulfite, n. m.
hydrothérapie, n. f.
hydrothérapique, adj.
hydrotimètre, n. m.
hydrotimétrie, n. f.
hydrotimétrique, adj.
hydroxy-, préf.
hydroxyde, n. m.
hydroxylamine, n. f.
hydroxylase, n. f.
hydroxylation, n. f.
hydroxyle, n. m.
hydrozoaires, n. m. pl.
hydrure, n. m.
hyène, n. f.
hygiène, n. f.
hygiénique, adj.
hygiéniquement, adv.
hygiéniste, n.
hygro-, préf.
hygroma, n. m.
hygromètre, n. m.
hygrométricité, n. f.
hygrométrie, n. f.
hygrométrique, adj.
hygrophile, adj.
hygrophobe, adj.
hygrophore, n. m.
hygroscope, n. m.
hygroscopie, n. f.
hygroscopique, adj.
hygrostat, n. m.
hymen, n. m.
hymén(o)-, préf.
hyménée, n. m.
hyménium, n. m.
hyménomycètes, n. m. pl.
hyménoptères, n. m. pl.
hymne, n. m.
hyoïde, adj. et n. m.
hyoïdien, ienne, adj.
hyp(o)-, préf.
hypallage, n. f.
hyper-, préf.
hyperacidité, n. f.
hyperacousie, n. f.
hyperalgie, n. f.
hyperbare, adj.
hyperbate, n. f.
hyperbole, n. f.
hyperbolique, adj.
hyperboloïde, n. m.
hyperboréen, éenne, adj.
hypercapnie, n. f.
hyperchlorhydrie, n. f.
hypercritique, n. et adj.
hyperdulie, n. f.
hyperémie ou hyperhémie, n. f.
hyperémotivité, n. f.
hyperespace, n. m.
hyperesthésie, n. f.
hyperfocal, ale, aux, adj.
hyperfréquence, n. f.
hyperglycémiant, iante, adj.
hyperglycémie, n. f.
hypergol, n. m.
hypergonar, n. m.
hyperhémie ou hyperémie, n. f.
hypéricacées, n. f. pl.
hyperleucocytose, n. f.
hypermarché, n. m.
hypermètre, adj.
hypermétrope, adj. et n.
hypermétropie, n. f.
hypermnésie, n. f.
hypernerveux, euse, adj. et n.
hypéron, n. m.
hyperostose, n. f.
hyperplan, n. m.
hyperplasie, n. f.
hyperréalisme, n. m.
hypersécrétion, n. f.
hypersensibilité, n. f.
hypersensible, adj. et n.
hypersomnie, n. f.
hypersonique, adj.
hyperstatique, adj.
hypersustentateur, adj. et n. m.
hypersustentation, n. f.
hypertélie, n. f.
hypertendu, ue, adj. et n.
hypertension, n. f.
hyperthermie, n. f.
hyperthyroïdie, n. f.
hypertonie, n. f.
hypertrophie, n. f.
hypertrophier, v. pron., v. tr.
hypertrophique, adj.
hypervitaminose, n. f.
hyphe, n. m. ou f.
hypholome, n. m.
hypn(o)-, préf.
hypnagogique, adj.
hypne, n. f.
hypnologie, n. f.
hypnose, n. f.
hypnotique, adj. et n. m.
hypnotiser, v. tr., v. pron.
hypnotiseur, n. m.
hypnotisme, n. m.
hypoacousie, n. f.
hypocalorique, adj.
hypocapnie, n. f.
hypocauste, n. m.
hypocentre, n. m.
hypochloreux, adj. m.
hypochlorhydrie, n. f.
hypochlorite, n. m.
hypocondre, n. m.
hypocondriaque, adj. et n.
hypocondrie, n. f.
hypocoristique, adj. et n. m.
hypocotyle, n. m.
hypocras, n. m.
hypocrisie, n. f.
hypocrite, adj. et n.
hypocycloïde, n. f.
hypoderme, n. m.
hypodermose, n. f.
hypogastre, n. m.
hypogé, ée, adj.
hypogée, n. m.
hypoglosse, adj.
hypoglycémiant, ante, adj. et n.
hypoglycémie, n. f.
hypogyne, adj.
hypoïde, adj.
hypophosphate, n. m.
hypophosphite, n. m.
hypophosphoreux, adj. m.
hypophosphorique, adj. m.
hypophysaire, adj.
hypophyse, n. f.
hyposécrétion, n. f.
hyposodé, ée, adj.
hypospadias, n. m.
hypostase, n. f.
hypostatique, adj.
hypostyle, adj.
hyposulfate, n. m.
hyposulfite, n. m.
hyposulfureux, adj. m.
hyposulfurique, adj.
hypotendu, ue, adj. et n.
hypotenseur, adj. m. et n. m.
hypotension, n. f.
hypoténuse, n. f.
hypothalamique, adj.
hypothalamus, n. m.
hypothécable, adj.
hypothécaire, adj.
hypothécairement, adv.
hypothénar, adj. inv. et n. m.
hypothèque, n. f.
hypothéquer, v. tr.
hypothermie, n. f.
hypothèse, n. f.
hypothético-déductif, ive, adj.
hypothétique, adj.
hypothyroïdie, n. f.
hypotonie, n. f.
hypotonique, adj. et n.
hypotrophie, n. f.
hypovitaminose, n. f.
hypsomètre, n. m.
hypsométrie, n. f.
hypsométrique, adj.
hyracoïdes, n. m. pl.
hysope, n. f.
hystér(o)-, préf.
hystérectomie, n. f.
hystérèse ou hystérésis, n. f.
hystérie, n. f.
hystériforme, adj.
hystérique, adj. et n.
hystérographie, n. f.
hystérotomie, n. f.
hystricoïdes, n. m. pl.
Hz, symbole

I

i, n. m.
I, symbole
iambe, n. m.
iambique, adj.
iatr-, préf.
-iatre, **-iatrie**, suff.
iatrogène, adj.
ibère, adj. et n.
ibéride ou **ibéris**, n. f.
ibérique, adj.
ibéris ou **ibéride**, n. f.
ibérisme, n. m.
ibidem, adv.
ibis, n. m.
ibiscus ou **hibiscus**, n. m.
-ible, suff.
ibn, mot arabe
iceberg, n. m.
ice-boat, n. m.
ice-cream, n. m.
icefield, n. m.
icelui, **icelle**, **iceux**, **icelles**, pron. et adj. dem.
ichneumon, n. m.
ichthy-, **ichthyo-**, **ichty-**, **ichtyo-**, préf.
ichtyocolle, n. f.
ichtyologie, n. f.
ichtyologique, adj.
ichtyologiste, n.
ichtyophage, adj. et n.
ichtyornis, n. m.
ichtyosaure, n. m.
ichtyose, n. f.
ici, adv.
icon-,**icono-**, préf.
icône, n. f.
iconique, adj.
iconoclasme, n. m.
iconoclaste, n. m. et adj.
iconoclastie, n. f.
iconographe, n.
iconographie, n. f.
iconographique, adj.
iconolâtre, n.
iconolâtrie, n. f.
iconologie, n. f.
iconologiste ou **iconologue**, n.
iconostase, n. f.
iconothèque, n. f.
icosaèdre, n. m.
ictère, n. m.
ictérique, adj. et n.
ictus, n. m.
id, abrév.
-ide, suff.
ide, n. m.
idéal, **ale**, **als** ou **aux**, adj. et n.
idéalement, adv.
idéalisateur, **trice**, adj. et n.
idéalisation, n. f.
idéaliser, v. tr.
idéalisme, n. m.
idéaliste, adj. et n.
idéalité, n. f.
idéation, n. f.
idée, n. f.
idéel, **elle**, adj.
idem, adv.
idempotent, **ente**, adj.
identifiable, adj.
identificateur, n. m.
identification, n. f.
identifier, v. tr., v. pron.
identique, adj.
identiquement, adv.
identité, n. f.
idéo-, préf.
idéogramme, n. m.
idéographie, n. f
idéographique, adj.
idéologie, n. f.
idéologique, adj.
idéologue, n. m.
idéo-moteur, **trice**, adj.
ides, n. f. pl.
-idés, suf.
I.D.H.E.C., sigle
idio-, préf.
idiolecte, n. m.
idiomatique, adj.
idiome, n. m.
idiopathie, n. f.
idiopathique, adj.
idiosyncrasie, n. f.
idiote, **idiote**, adj. et n.
idiotement, adv.
idiotie, n. f.
idiotisme, n. m.
idoine, adj.
idolâtre, adj. et n.
idolâtrer, v. tr.
idolâtrie, n. f.
idolâtrique, adj.
idole, n. f.
idylle, n. f.
idyllique, adj.
if, n. m.
I.F.O.P., sigle
igloo, n. m.
ign(i)-, préf.
igname, n. f.
ignare, adj. et n.
igné,ée, adj.
ignifugation, n. f.
ignifuge, adj. et n. m.
ignifuger, v. tr.
ignition, n. f.
ignitron, n. m.
ignoble, adj.
ignoblement, adv.
ignominie, n. f.
ignominieusement, adv.
ignominieux, **euse**, adj.
ignorance, n. f.
ignorant, **ante**, adj. et n.
ignorantin, n. m. et adj.
ignoré, **ée**, adj.
ignorer, v. tr., v. pron.
iguane, n. m.
iguanodon, n. m.
igue, n. f.
I.H.S., sigle
ikebana, n. m.
il-, préf.
il, **ils**, pron. pers. m.
ilang-ilang ou **ylang-ylang**, n. m.
île, n. f.
iléo-cæcal, **ale**, **aux**, adj.
iléon ou **ileum**, n. m.
îlet, n. m.
îlette, n. f.
ileum ou **iléon**, n. m.
iléus, n. m.
iliaque, adj.
ilicacées, n. f. pl.
îlien, **ienne**, n. et adj.
ilion, n. m.
ilium, n. m.
ill, **iller**, n. m.
illégal, **ale**, **aux**, adj.
illégalement, adv.
illégalité, n. f.
illégitime, adj.
illégitimement, adv.
illégitimité, n. f.
illettré, **ée**, adj. et n.
illicite, adj.
illicitement, adv.
illico, adv.
illimité, **ée**, adj.
illisibilité, n. f.
illisible, adj.
illisiblement, adv.
illite, n. f.
illogique, adj.
illogiquement, adv.
illogisme, n. m.
illumination, n. f.
illuminé, **ée**, adj. et n.
illuminer, v. tr., v. pron.
illuminisme, n. m.
illusion, n. f.
illusionner, v. tr., v. pron.
illusionnisme, n. m.
illusionniste, n.
illusoire, adj.
illustrateur, **trice**, n.
illustration, n. f.
illustre, adj.
illustré, **ée**, adj. et n. m.
illustrer, v. tr., v. pron.
illustrissime, adj.
illuvial, **iale**, **iaux**, adj.
illuviation, n. f.
illuvion ou **illuvium**, n. m.
illyrien, **ienne**, adj. et n.
illyrisme, n. m.
ilménite, n. f.
îlot, n. m.
îlotage, n. m.
ilote, n. m.
îlotier, n. m.
ilotisme, n. m.
im-, préf.
image, n. f.
imagé, **ée**, adj.
image-orthicon, n. m.
imagerie, n. f.
imagier, **ière**, n. et adj.
imaginable, adj.
imaginaire, adj. et n.
imaginatif, **ive**, adj. et n.
imagination, n. f.
imaginer, v. tr., v. pron.
1. **imago**, n. f.
2. **imago**, n. m.
imam ou **iman**, n. m.
imamat ou **imanat**, n. m.
iman ou **imam**, n. m.
imanat ou **imamat**, n. m.
imbattable, adj.
imbécile, adj. et n.
imbécilement, adv.
imbécilité, n. f.
imberbe, adj.
imbiber, v. tr., v. pron.
imbibition, n. f.
imbrication, n. f.
imbriqué, **ée**, adj.
imbriquer, v. tr., v. pron.
imbroglio, n. m.
imbrûlés, n. m. pl.
imbu, **ue**, adj.
imbuvable, adj.
imide, n. m.
imine, n. f.
imitable, adj.
imitateur, **trice**, adj. et n.
imitatif, **ive**, adj.
imitation, n. f.

imiter, v. tr.
immaculé, ée, adj.
immanence, n. f.
immanent, ente, adj.
immanentisme, n. m.
immangeable, adj.
immanquable, adj.
immanquablement, adv.
immarcescible, adj.
immariable, adj.
immatérialisme, n. m.
immatérialiste, n. m.
immatérialité, n. f.
immatériel, ielle, adj.
immatriculation, n. f.
immatriculer, v. tr.
immature, adj.
immaturité, n. f.
immédiat, ate, adj. et n. m.
immédiatement, adv.
immédiateté, n. f.
immémorial, iale, iaux, adj.
immense, adj.
immensément, adv.
immensité, n. f.
immensurable, adj.
immergé, ée, adj.
immerger, v. tr.
immérité, ée, adj.
immersion, n. f.
immettable, adj.
immeuble, adj. et n. m.
immigrant,ante, adj. et n.
immigration, n. f.
immigré, ée, adj. et n.
immigrer, v. intr.
imminence, n. f.
imminent, ente, adj.
immiscer (s'), v. pron.
immixtion, n. f.
immobile, adj.
immobilier, ière, adj. et n. m.
immobilisation, n. f.
immobiliser, v. tr., v. pron.
immobilisme, n. m.
immobiliste, adj. et n.
immobilité, n. f.
immodération, n. f.
immodéré, ée, adj.
immodérément, adv.
immodeste, adj.
immodestement, adv.
immodestie, n. f.
immolateur, n. m.
immolation, n. f.
immoler, v. tr., v. pron.
immonde, adj.
immondice, n. f.
immoral, ale, aux, adj.
immoralement, adv.
immoralisme, n. m.
immoraliste, adj. et n.
immoralité, n. f.
immortaliser, v. tr., v. pron.
immortalité, n. f.
1. immortel, elle, adj. et n.
2. immortel, n. m.
immortelle, n. f.
immotivé, ée, adj.
immuabilité, n. f.
immuable, adj.
immuablement, adv.
immun, une, adj. et n.
immunisant, ante, adj.
immunisation, n. f.
immuniser, v. tr.
immunitaire, adj
immunité, n. f.
immuno-, préf.
immunodépresseur, adj. et n.
immunodépressif, ive, adj.
immunoéléctrophorèse, n. f.
immunoglobuline, n. f.
immunologie, n. f.
immunothérapie, n. f.
immutabilité, n. f.
impact, n. m.
impaction, n. f.
1. impair, aire, adj.
2. impair, n. m.
impala, n. m.
impalpable, adj.
impaludation, n. f.
impanation, n. f.
imparable, adj.
impardonnable, adj.
1. imparfait, aite, adj.
2. imparfait, n. m.
imparfaitement, adv.
imparipenné, ée, adj.
imparisyllabique, adj. et n. m.
imparité, n. f.
impartageable, adj.
impartial, iale, iaux, adj.
impartialement, adv.
impartialité, n. f.
impartir, v. tr.
impasse, n. f.
impassibilité, n. f.
impassible, adj.
impassiblement, adv.
impatiemment, adv.
impatience, n. f.
impatient, iente, adj. et n.
impatiente, n. f.
impatienter, v. tr., v. pron.
impatronisation, n. f.
impatroniser (s'), v. pron.
impavide, adj.
impayable, adj.
impayé, ée, adj. et n. m.
impeachment, n. m.
impeccabilité, n. f.
impeccable, adj.
impeccablement, adv.
impécunieux, ieuse, adj.
impécuniosité, n. f.
impédance, n. f.
impedimenta, n. m. pl.
impénétrabilité, n. f.
impénétrable, adj.
impénitence, n. f.
impénitent, ente, adj.
impensable, adj.
impenses, n. f. pl.
imper, n. m.
impératif, ive, n. m. et adj.
impérativement, adv.
impératrice, n. f.
imperceptibilité, n. f.
imperceptible, adj.
imperceptiblement, adv.
imperdable, adj.
imperfectible, adj.
imperfectif, ive, adj. et n. m.
imperfection, n. f.
imperforation, n. f.
imperforé, ée, adj.
impérial, iale, iaux, adj. et n.
impériale, n. f.
impérialement, adv.
impérialisme, n. m.
impérialiste, n. et adj.
impérieusement, adv.
impérieux, ieuse, adj.
impérissable, adj.
impéritie, n. f.
imperméabilisation, n. f.
imperméabiliser, v. tr.
imperméabilité, n. f.
imperméable, adj. et n. m.
impersonnalité, n. f.
impersonnel, elle, adj.
impersonnellement, adv.
impertinemment, adv.
impertinence, n. f.
impertinent, ente, adj. et n.
imperturbabilité, n. f.
impertubable, adj.
imperturbablement, adv.
impétigo, n. m.
impétrant, ante, n.
impétrer, v. tr.
impétueusement, adv.
impétueux, euse, adj.
impétuosité, n. f.
impie, adj. et n.
impiété, n. f.
impitoyable, adj.
impitoyablement, adv.
implacabilité, n. f.
implacable, adj.
implacablement, adv.
implant, n. m.
implantation, n. f.
implanter, v. tr., v. pron.
implémentation, n. f.
implication, n. f.
implicite, adj.
implicitement, adv.
impliquer, v. tr., v. pron.
implorant, ante, adj.
imploration, n. f.
implorer, v. tr.
imploser, v. intr.
implosif, ive, adj. et n. f.
implosion, n. f.
impluvium, n. m.
impoli, ie, adj. et n.
impoliment, adv.
impolitesse, n. f.
impondérabilité, n. f.
impondérable, adj. et n. m.
impopulaire, adj.
impopularité, n. f.
importable, adj.
importance, n. f.
important, ante, adj. et n. m.
importateur, trice, n. et adj.
importation, n. f.
importer, v. tr., v. impers.
import-export, n. m. inv.
importun, une, adj. et n.
importunément, adv.
importuner, v. tr.
importunité, n. f.
imposable, adj.
imposant, ante, adj.
imposé, ée, adj. et n.
imposer, v. tr., v. tr. ind., v. pron.
imposeur, n. m.
imposition, n. f.
impossibilité, n. f.
impossible, adj. et n. m.
imposte, n. f.
imposteur, n. m.
imposture, n. f.
impôt, n. m.
impotence, n. f.
impotent, ente, adj. et n.
impraticabilité, n. f.
impraticable, adj.
imprécation, n. f.
imprécatoire, adj.
imprécis, ise, adj.
imprécision, n. f.
imprégnation, n. f.
imprégner, v. tr.

imprenable, adj.
impréparation, n. f.
imprésario ou impresario, n. m.
imprescriptibilité, n. f.
imprescriptible, adj.
impression, n. f.
impressionnabilité, n. f.
impressionnable, adj.
impressionnant, ante, adj.
impressionner, v. tr.
impressionnisme, n. m.
impressionniste, n. et adj.
imprévisibilité, n. f.
imprévisible, adj.
imprévision, n. f.
imprévoyance, n. f.
imprévoyant, ante, adj.
imprévu, ue, adj. et n. m.
imprimable, adj.
imprimante, n. f.
imprimatur, n. m. inv.
imprimé, n. m.
imprimer, v. tr.
imprimerie, n. f.
imprimeur, n. m.
improbabilité, n. f.
improbable, adj.
improbité, n. f.
improductif, ive, adj. et n. m.
improductivité, n. f.
impromptu, ue, adj., n. m. et adv.
imprononçable, adj.
impropre, adj.
improprement, adv.
impropriété, n. f.
improuvable, adj.
improvisateur, trice, n.
improvisation, n. f.
improviser, v. tr., v. pron.
improviste (à l'), loc. adv.
imprudemment, adv.
imprudence, n. f.
imprudent, ente, adj. et n.
impubère, adj. et n.
impubliable, adj.
impudemment, adv.
impudence, n. f.
impudent, ente, adj. et n.
impudeur, n. f.
impudicité, n. f.
impudique, adj. et n.
impudiquement, adv.
impuissance, n. f.
impuissant, ante, adj.
impulser, v. tr.
impulsif, ive, adj. et n.
impulsion, n. f.
impulsivement, adv.
impulsivité, n. f.
impunément, adv.
impuni, ie, adj.
impunité, n. f.
impur, ure, adj.
impureté, n. f.
imputabilité, n. f.
imputable, adj.
imputation, n. f.
imputer, v. tr.
imputrescibilité, n. f.
imputrescible, adj.
in, adj. inv.
in-, préf.
In, symbole
inabordable, adj.
in abstracto, loc. adv.
inaccentué, ée, adj.
inacceptable, adj.
inaccessibilité, n. f.
inaccessible, adj.
inaccompli, ie, adj.
inaccomplissement, n. m.
inaccoutumé, ée, adj.
inachevé, ée, adj.
inachèvement, n. m.
inactif, ive, adj. et n.
inactinique, adj.
inaction, n. f.
inactivation, n. f.
inactiver, v. tr.
inactivité, n. f.
inactuel, elle, adj.
inadaptation, n. f.
inadapté, ée, adj. et n.
inadéquat, ate, adj.
inadéquation, n. f.
inadmissibilité, n. f.
inadmissible, adj.
inadvertance, n. f.
inaliénabilité, n. f.
inaliénable, adj.
inaliénation, n. f.
inalliable, adj.
inaltérabilité, n. f.
inaltérable, adj.
inaltéré, ée, adj.
inamical, ale, aux, adj.
inadmissible, adj.
inamovibilité, n. f.
inamovible, adj.
inanimé, ée, adj.
inanité, n. f.
inanition, n. f.
inapaisable, adj.
inaperçu, ue, adj.
inappétance, n. f.
inapplicable, adj.
inapplication, n. f.
inappréciable, adj.
inapte, adj. et n. m.
inaptitude, n. f.
inarticulé, ée, adj.
inassimilable, adj.
inassouvi, ie, adj.
inassouvissement, n. m.
inattaquable, adj.
inattendu, ue, adj.
inattentif, ive, adj.
inattention, n. f.
inaudible, adj.
inaugural, ale, aux, adj.
inauguration, n. f.
inaugurer, v. tr.
inauthenticité, n. f.
inauthentique, adj.
inavouable, adj.
inavoué, ée, adj.
inca, adj. inv. et n. m.
incalculable, adj.
incandescence, n. f.
incandescent, ente, adj.
incantation, n. f.
incantatoire, adj.
incapable, adj. et n.
incapacitant, ante, adj.
incapacité, n. f.
incarcération, n. f.
incarcérer, v. tr.
incarnadin, ine, adj.
incarnat, ate, adj. et n. m.
incarnation, n. f.
incarné, ée, adj.
incarner, v. tr., v. pron.
incartade, n. f.
incassable, adj.
incendiaire, adj. et n.
incendie, n. m.
incendier, v. tr.
incération, n. f.
incertain, aine, adj. et n.
incertitude, n. f.
incessamment, adv.
incessant, ante, adj.
incessibilité, n. f.
incessible, adj.
inceste, n. m.
incestueux, euse, adj. et n.
inchangé, ée, adj.
inchavirable, adj.
inchoatif, ive, adj. et n. m.
incidemment, adv.
incidence, n. f.
1. incident, n. m.
2. incident, ente, adj. et n. f.
incinérateur, n. m.
incinération, n. f.
incinérer, v. tr.
incipit, n. m. inv.
incirconcis, ise, adj. et n.
incise, adj. f. et n. f.
inciser, v. tr.
incisif, ive, adj.
incision, n. f.
incisive, n. f.
incitateur, trice, n.
incitation, n. f.
inciter, v. tr.
incivil, ile, adj.
incivilité, n. f.
incivique, adj.
incivisme, n. m.
inclassable, adj.
inclémence, n. f.
inclément, ente, adj.
inclinaison, n. f
inclination, n. f.
incliné, ée, adj.
incliner, v. tr, v. intr., v. pron.
inclinomètre, n. m.
inclure, v. tr.
inclus, use, adj.
inclusif, ive, adj.
inclusion, n. f.
inclusivement, adv.
incoercibilité, n. f.
incoercible, adj.
incognito, adv. et n. m.
incohérence, n. f.
incohérent, ente, adj.
incollable, adj.
incolore, adj.
incomber, v. tr. indir.
incombustibilité, n. f.
incombustible, adj.
incommensurabilité, n. f.
incommensurable, adj.
incommensurablement, adv.
incommode, adj.
incommoder, v. tr.
incommodité, n. f.
incommunicabilité, n. f.
incommunicable, adj.
incommutabilité, n. f.
incommutable, adj.
incomparable, adj.
incomparablement, adv.
incompatibilité, n. f.
incompatible, adj.
incompétence, n. f.
incompétent, ente, adj. et n.
incomplet, ète, adj.
incomplètement, adv.
incomplétude, n. f.
incompréhensibilité, n. f.
incompréhensible, adj.
incompréhensif, ive, adj.
incompréhension, n. f.
incompressibilité, n. f.
incompressible, adj.

incompris, ise, adj. et n.
inconcevable, adj.
inconciliable, adj.
inconditionné, ée, adj.
inconditionnel, elle, adj. et n.
inconditionnellement, adv.
inconduite, n. f.
inconfort, n. m.
inconfortable, adj.
incongelable, adj.
incongru, ue, adj.
incongruité, n. f.
incongrûment, adv.
inconnaissable, adj. et n. m.
inconnu, ue, adj. et n.
inconnue, n. f.
inconsciemment, adv.
inconscience, n. f.
1. inconscient, iente, adj. et n.
2. inconscient, n. m.
inconséquence, n. f.
inconséquent, ente, adj.
inconsidéré, ée, adj.
inconsidérément, adv.
inconsistance, n. f.
inconsistant, ante, adj.
inconsolable, adj.
inconsommable, adj.
inconstance, n. f.
inconstant, ante, adj. et n.
inconstitutionnalité, n. f.
inconstitutionnel, elle, adj.
inconstitutionnellement, adv.
inconstructible, adj.
incontestabilité, n. f.
incontestable, adj.
incontestablement, adv.
incontesté, ée, adj.
incontinence, n. f.
1. incontinent, adv.
2. incontinent, ente, adj.
incontournable, adj.
incontrôlable, adj.
incontrôlé, ée, adj.
inconvenance, n. f.
inconvenant, ante, adj.
inconvénient, n. m.
inconvertible, adj.
incoordination, n. f.
incorporable, adj.
incorporabilité, n. f.
incorporation, n. f.
incorporéité, n. f.
incorporel, elle, adj.
incorporer, v. tr., v. pron.
incorrect, ecte, adj.
incorrectement, adv.
incorrection, n. f.
incorrigible, adj.
incorrigiblement, adv.
incorruptibilité, n. f.
incorruptible, adj. et n.
incorruptiblement, adv.
incrédibilité, n. f.
incrédule, adj. et n.
incrédulité, n. f.
incréé, éée, adj.
incrément, n. m.
increvable, adj.
incriminable, adj.
incrimination, n. f.
incriminer, v. tr.
incrochetable, adj.
incroyable, adj. et n. m.
incroyablement, adv.
incroyance, n. f.
incroyant, ante, n. et adj.
incrustant, ante, adj.
incrustation, n. f.
incruster, v. tr, v. pron.
incubateur, trice, adj. et n. m.
incubation, n. f.
incube, n. m.
incuber, v. tr.
inculcation, n. f.
inculpation, n. f.
inculpé, ée, n. et adj.
inculper, v. tr.
inculquer, v. tr.
inculte, adj.
incultivable, adj.
incultivé, ée, adj.
inculture, n. f.
incunable, adj. et n. m.
incurabilité, n. f.
incurable, adj. et n.
incurablement, adv.
incurie, n. f.
incurieux, euse, adj.
incuriosité, n. f.
incursion, n. f.
incurvation, n. f.
incurver, v. tr., v. pron.
incuse, adj. f. et n. f.
inde, n. m.
indécemment, adv.
indécence, n. f.
indécent, ente, adj.
indéchiffrable, adj.
indéchirable, adj.
indécis, ise, adj. et n.
indécision, n. f.
indéclinable, adj.
indécollable, adj.
indécomposable, adj.
indécrottable, adj.
indéfectibilité, n. f.
indéfectible, adj.
indéfectiblement, adv.
indéfendable, adj.
indéfini, ie, adj.
indéfiniment, adv.
indéfinissable, adj.
indéformable, adj.
indéfrichable, adj.
indéfrisable, adj. et n. f.
indéhiscence, n. f.
indéhiscent, ente, adj.
indélébile, adj.
indélébilité, n. f.
indélibéré, adj.
indélicat, ate, adj.
indélicatement, adv.
indélicatesse, n. f.
indémaillable, adj. et n. m.
indemne, adj.
indemnisable, adj.
indemnisation, n. f.
indemniser, v. tr.
indemnitaire, n. et adj.
indemnité, n. f.
indémontrable, adj.
indène, n. m.
indéniable, adj.
indéniablement, adv.
indentation, n. f.
indépendamment, adv.
indépendance, n. f.
indépendant, ante, adj.
indépendantiste, adj. et n.
indéracinable, adj.
indéréglable, adj.
indescriptible, adj.
indésirable, adj. et n.
indestructibilité, n. f.
indestructible, adj.
indestructiblement, adv.
indéterminable, adj.
indétermination, n. f.
indéterminé, ée, adj.
index, n. m.
indexation, n. f.
indexer, v. tr.
indianisme, n. m.
indianiste, n.
indic, n. m.
indican, n. m.
indicateur, trice, n. et adj.
1. indicatif, ive, adj. et n. m.
2. indicatif, n. m.
indication, n. f.
indice, n. m.
indiciaire, adj.
indicible, adj.
indiciblement, adv.
indiction, n. f.
indien, ienne, adj. et n.
indienne, n. f.
indifféremment, adv.
indifférence, n. f.
indifférenciation, n. f.
indifférencié, ée, adj.
indifférent, ente, adj.
indifférer, v. tr.
indigénat, n. m.
indigence, n. f.
indigène, adj. et n.
indigent, ente, adj. et n.
indigeste, adj.
indigestion, n. f.
indignation, n. f.
indigne, adj.
indignement, adv.
indigner, v. tr., v. pron.
indignité, n. f.
indigo, n. m.
indigotier, n. m.
indigotine, n. f.
indiqué, ée, adj.
indiquer, v. tr.
indirect, ecte, adj.
indirectement, adv.
indiscernable, adj.
indisciplinable, adj.
indiscipline, n. f.
indiscipliné, ée, adj.
indiscret, ète, adj. et n.
indiscrètement, adv.
indiscrétion, n. f.
indiscutable, adj.
indiscutablement, adv.
indispensable, adj. et n. m.
indisponibilité, n. f.
indisponible, adj.
indisposé, ée, adj.
indisposer, v. tr.
indisposition, n. f.
indissociable, adj.
indissolubilité, n. f.
indissoluble, adj.
indissolublement, adv.
indistinct, incte, adj.
indistinctement, adv.
indium, n. m.
individu, n. m.
individualisation, n. f.
individualiser, v. tr.
individualisme, n. m.
individualiste, adj. et n.
individualité, n. f.
individuation, n. f.
individuel, elle, adj.
individuellement, adv.
indivis, ise, adj.
indivisaire, n.
indivisément, adv.

indivisibilité, n. f.
indivisible, adj.
indivision, n. f.
indo-, préf.
indochinois, oise, adj. et n.
indocile, adj.
indocilité, n. f.
indo-européen, éenne, n. et adj.
indole, n. m.
indolemment, adv.
indolence, n. f.
indolent, ente, adj. et n.
indolore, adj.
indomptable, adj.
indonésien, ienne, adj. et n.
indophénol, n. m.
in-douze, adj. inv. et n. m. inv.
indri, n. m. inv.
indu, ue, adj. et n. m.
indubitable, adj.
indubitablement, adv.
inductance, n. f.
inducteur, trice, adj. et n. m.
inductif, ive, adj.
induction, n. f.
induire, v. tr.
induit, uite, adj. et n. m.
indulgence, n. f.
indulgencier, v.tr.
indulgent, ente, adj. et n.
induline, n. f.
indult, n. m.
indûment, adv.
induration, n. f.
indurer, v. tr., v. pron.
indusie, n. f.
industrialisation, n. f.
industrialiser, v. tr., v. pron.
industrialisme, n. m.
industrie, n. f.
industriel, elle, adj. et n.
industriellement, adv.
industrieux, euse, adj.
induvie, n. f.
-ine, suff.
inébranlable, adj.
inébranlablement, adv.
inéchangeable, adj.
inédit, ite, adj. et n. m.
inéducable, adj.
ineffable, adj.
ineffablement, adv.
ineffaçable, adj.
ineffaçablement, adv.
inefficace, adj.
inefficacement, adv.
inefficacité, n. f.
inégal, ale, aux, adj.
inégalable, adj.
inégalé, ée, adj.
inégalement, adv.
inégalité, n. f.
inélégamment, adv.
inélégance, n. f.
inélégant, ante, adj.
inéligibilité, n. f.
inéligible, adj.
inéluctable, adj.
inéluctablement, adv.
inemployable, adj.
inemployé, ée, adj.
inénarrable, adj.
inentamé, ée, adj.
inéprouvé, ée, adj.
inepte, adj.
ineptie, n. f.
inépuisable, adj.
inépuisablement, adv.
inéquation, n. f.
inéquitable, adj.
inerme, adj.
inerte, adj.
inertie, n. f.
inertiel, ielle, adj.
inespéré, ée, adj.
inesthétique, adj.
inestimable, adj.
inétendu, ue, adj.
inévitable, adj.
inévitablement, adv.
inexact, acte, adj.
inexactement, adv.
inexactitude, n. f.
inexaucé, ée, adj.
inexcitabilité, n. f.
inexcitable, adj.
inexcusable, adj.
inexcusablement, adv.
inexécutable, adj.
inexécution, n. f.
inexercé, ée, adj.
inexigibilité, n. f.
inexigible, adj.
inexistant, ante, adj.
inexistence, n. f.
inexorable, adj.
inexorablement, adv.
inexpérience, n. f.
inexpérimenté, ée, adj.
inexpert, erte, adj.
inexpiable, adj.
inexplicable, adj.
inexplicablement, adv.
inexpliqué, ée, adj.
inexploitable, adj.
inexploité, ée, adj.
inexplorable, adj.
inexploré, ée, adj.
inexplosible, adj.
inexpressif, ive, adj.
inexprimable, adj.
inexprimé, ée, adj.
inexpugnable, adj.
inextensibilité, n. f.
inextensible, adj.
in extenso, loc. adv. et adj.
inextinguible, adj.
inextirpable, adj.
in extremis, loc. adv. et adj.
inextricable, adj.
inextricablement, adv.
infaillibilité, n.f.
infaillible, adj.
infailliblement, adv.
infaisable, adj.
infalsifiable, adj.
infamant, ante, adj.
infâme, adj.
infamie, n. f.
infant, ante, n.
infanterie, n. f.
1.infanticide, adj. et n.
2.infanticide, n. m.
infantile, adj.
infantilisme, n. m.
infarctus, n. m.
infatigable, adj.
infatigablement, adv.
infatuation, n. f.
infatuer (s'), v. pron.
infécond, onde, adj.
infécondité, n. f.
infect, ecte, adj.
infecter, v. tr., v. pron.
infectieux, ieuse, adj.
infection, n. f.
inféodation, n. f.
inféoder, v. tr., v. pron.
infère, adj.
inférence, n. f.
inférer, v. tr.
inférieur, eure, adj. et n.
inférieurement, adv.
inférioriser, v. tr.
infériorité, n. f.
infermentescible, adj.
infernal, ale, aux, adj.
inférovarié, ée, adj.
infertile, adj.
infertilité, n. f.
infestation, n. f.
infester, v. tr.
infeutrable, adj.
infibulation, n. f.
infibuler, v. tr.
infidèle, adj. et n.
infidèlement, adv.
infidélité, n. f.
infiltration, n. f.
infiltrer (s'), v. pron.
infime, adj.
in fine, loc. adv.
infini, ie, adj. et n. m.
infiniment, adv.
infinité, n. f.
infinitésimal, ale, aux, adj.
infinitif, ive, adj. et n. m.
infinitude, n. f.
infirmatif, ive, adj.
infirmation, n. f.
infirme, adj. et n.
infirmer, v. tr.
infirmerie, n. f.
infirmier, ière, n.
infirmité, n. f.
infixe, n. m.
inflammabilité, n. f.
inflammable, adj.
inflammation, n. f.
inflammatoire, adj.
inflation, n. f.
inflationniste, adj. et n.
infléchi, ie, adj.
infléchir, v. tr., v. pron.
inflexibilité, n. f.
inflexible, adj.
inflexiblement, adv.
inflexion, n. f.
infliger, v. tr.
inflorescence, n. f.
influençable, adj.
influence, n. f.
influencer, v. tr.
influent, ente, adj.
influenza, n. f.
influer, v. tr., v. intr.
influx, n. m.
in-folio, adj. inv. et n. m.
informateur, trice, n.
informaticien, ienne, n.
information, n. f.
informatique, n. f. et adj.
informatisation, n. f.
informatiser, v. tr.
informe, adj.
informé, ée, adj. et n. m.
informel, elle, adj. et n. m.
informer, v. tr., v. intr., v. pron.
informulé, ée, adj.
infortune, n. f.
infortuné, ée, adj. et n.
infra, adv.
infra-, préf.
infraction, n. f.
infralittoral, ale, aux, adj.
infranchissable, adj.
infrangible, adj.
infrarouge, adj. et n. m.
infrason, n. m.

infrasonore, adj.
infrastructure, n. f.
infréquentable, adj.
infroissable, adj.
infructueux, euse, adj.
infumable, adj.
infundibuliforme, adj.
infundibulum, n. m.
infus, use, adj.
infuser, v. tr., v. intr.
infusibilité, n. f.
infusible, adj.
infusion, n. f.
infusoires, n. m. pl.
ingagnable, adj.
ingambe, adj.
ingénier (s'), v. pron.
ingénierie, n. f.
ingénieur, n. m.
ingénieusement, adv.
ingénieux, ieuse, adj.
ingéniosité, n. f.
ingénu, ue, adj. et n.
ingénuité, n. f.
ingénument, adv.
ingérence, n. f.
ingérer, v. tr., v. pron.
ingestion, n. f.
in globo, loc. adv.
ingouvernable, adj.
ingrat, ate, adj. et n.
ingratitude, n. f.
ingrédient, n. m.
ingression, n. f.
inguérissable, adj.
inguinal, ale, aux, adj.
ingurgitation, n. f.
ingurgiter, v. tr.
I.N.H., sigle
inhabile, adj.
inhabilement, adv.
inhabileté, n. f.
inhabilité, n. f.
inhabitable, adj.
inhabité, ée, adj.
inhabituel, elle, adj.
inhalateur, trice, adj. et n. m.
inhalation, n. f.
inhaler, v. tr.
inharmonieux, ieuse, adj.
inhérence, n. f.
inhérent, ente, adj.
inhiber, v. tr.
inhibiteur, trice, adj. et n. m.
inhibition, n. f.
inhospitalier, ière, adj.
inhumain, aine, adj.
inhumainement, adv.
inhumanité, n. f.
inhumation, n. f.
inhumer, v. tr.
inimaginable, adj.
inimitable, adj.
inimitié, n. f.
ininflammabilité, n. f.
ininflammable, adj.
inintelligemment, adv.
inintelligence, n. f.
inintelligent, ente, adj.
inintelligibilité, n. f.
inintelligible, adj.
inintelligiblement, adv.
inintéressant, ante, adj.
ininterrompu, ue, adj.
inique, adj.
iniquement, adv.
iniquité, n. f.
initial, iale, iaux, adj. et n. f.
initialement, adv.
initialiser, v. tr.
initiateur, trice, n. et adj.
initiation, n. f.
initiative, n. f.
initié, ée, adj. et n.
initier, v. tr.
injectable, adj.
injecter, v. tr., v. pron.
injecteur, trice, n. m. et adj.
injectif, ive, adj
injection, n. f.
injonctif, ive, adj. et n.
injonction, n. f.
injouable, adj.
injure, n. f.
injurier, v. tr.
injurieusement, adv.
injurieux, ieuse, adj.
injuste, adj. et n. m.
injustement, adv.
injustice, n. f.
injustifiable, adj.
injustifié, ée, adj.
inlandsis, n. m.
inlassable, adj.
inlassablement, adv.
inlay, n. m.
in memoriam, loc. lat.
inné, ée, adj. et n. m.
innéisme, n. m.
innéité, n. f.
innervation, n. f.
innerver, v. tr.
innocemment, adv.
innocence, n. f.
innocent, ente, adj. et n.
innocenter, v. tr.
innocuité, n. f.
innombrable, adj.
innomé ou innommé, ée, adj.
innominé, ée, adj.
innommable, adj.
innommé ou innomé, ée, adj.
innovateur, trice, n. et adj.
innovation, n. f.
innover, v. tr., v. intr.
inobservable, adj.
inobservance, n. f.
inobservation, n. f.
inobservé, ée, adj.
inoccupation, n. f.
inoccupé, ée, adj.
in-octavo, adj. inv. et n. m.
inoculable, adj.
inoculation, n. f.
inoculer, v. tr., v. pron.
inocybe, n. m.
inodore, adj.
inoffensif, ive, adj.
inondable, adj.
inondation, n. f.
inonder, v. tr.
inopérable, adj.
inopérant, ante, adj.
inopiné, ée, adj.
inopinément, adv.
inopportun, une, adj.
inopportunément, adv.
inopportunité, n. f.
inopposabilité, n. f.
inopposable, adj.
inorganique, adj.
inorganisé, ée, adj. et n.
inosilicate, n. m.
inosine, n. f.
inoubliable, adj.
inouï, ïe, adj.
inoxydable, adj.
in pace ou in-pace, n. m. inv.
in partibus, loc. adj.
in petto, loc. adv.
in-plano, adj. inv. et n. m. inv.
input, n. m.
inqualifiable, adj.
inquart, n. m.
inquartation, n. f.
in-quarto, adj. inv. et n. m. inv.
inquiet, ète, adj. et n.
inquiéter, v. tr., v. pron.
inquiétude, n. f.
1. inquisiteur, trice, adj.
2. inquisiteur, n. m.
inquisition, n. f.
inquisitorial, iale, iaux, adj.
inracontable, adj.
I.N.R.I., abrév.
inrô, n. m.
insaisissabilité, n. f.
insaisissable, adj.
insalivation, n. f.
insalubre, adj.
insalubrité, n. f.
insane, adj.
insanité, n. f.
insatiabilité, n. f.
insatiable, adj.
insatiablement, adv.
insatisfaction, n. f.
insatisfait, aite, adj. et n.
insaturé, ée, adj.
inscriptible, adj.
inscription, n. f.
inscrire, v. tr., v. pron.
inscrit, ite, adj. et n. m.
inscrivant, ante, n.
insculper, v. tr.
insécable, adj.
insectarium, n. m.
insecte, n. m.
insecticide, adj. et n. m.
insectivore, adj. et n. m. pl.
insécurité, n. f.
in-seize, adj. inv. et n. m. inv.
inselberg, n. m.
inséminateur, trice, adj. et n.
insémination, n. f.
inséminer, v. tr.
insensé, ée, adj.
insensibilisation, n. f.
insensibiliser, v. tr.
insensibilité, n. f.
insensible, adj.
insensiblement, adv.
inséparable, adj. et n.
inséparablement, adv.
insérable, adj.
insérer, v. tr., v. pron.
insermenté, adj. m.
insert, n. m.
insertion, n. f.
insidieusement, adv.
insidieux, euse, adj.
1. insigne, adj.
2. insigne, n. m.
insignifiance, n. f.
insignifiant, ante, adj.
insincère, adj.
insincérité, n. f.
insinuant, ante, adj.
insinuation, n. f.
insinuer, v. tr., v. pron.
insipide, adj.
insipidité, n. f.
insistance, n. f.
insistant, ante, adj.
insister, v. intr.
in situ, loc. adv.
insociabilité, n. f.
insociable, adj.

insolateur, n. m.
insolation, n. f.
insolemment, adv.
insolence, n. f.
insolent, ente, adj. et n.
insoler, v. tr.
insolite, adj. et n. m.
insolubiliser, v. tr.
insolubilité, n. f.
insoluble, adj.
insolvabilité, n. f.
insolvable, adj.
insomniaque, adj. et n.
insomnie, n. f.
insondable, adj.
insonore, adj.
insonorisation, n. f.
insonoriser, v. tr.
insonorité, n. f.
insouciance, n. f.
insouciant, ante, adj. et n.
insoucieux, euse, adj.
insoumis, ise, adj. et n. m.
insoumission, n. f.
insoupçonnable, adj.
insoupçonné, ée, adj.
insoutenable, adj.
inspecter, v. tr.
inspecteur, trice, n.
inspection, n. f.
inspectorat, n. m.
inspirateur, trice, adj. et n.
inspiration, n. f.
inspiré, ée, adj. et n.
inspirer, v. tr. et intr., v. pron.
instabilité, n. f.
instable, adj. et n.
installateur, n. m.
installation, n. f.
installer, v. tr., v. pron.
instamment, adv.
instance, n. f.
1. instant, ante, adj.
2. instant, n. m.
instantané, ée, adj. et n. m.
instantanéité, n. f.
instantanément, adv.
instar (à l'), loc. prép.
instaurateur, trice, n.
instauration, n. f.
instaurer, v. tr.
instigateur, trice, n.
instigation, n. f.
instiguer, v. tr.
instillation, n. f.
instiller, v. tr.
instinct, n. m.
instinctif, ive, adj.
instinctivement, adv.
instinctuel, elle, adj.
instituer, v. tr., v. pron.
institut, n. m.
institutes, n. f. pl.
instituteur, trice, n.
institution, n. f.
institutionnalisation, n. f.
institutionnaliser, v. tr.
institutionnel, elle, adj.
instructeur, n. et adj.
instructif, ive, adj.
instruction, n. f.
instruire, v. tr., v. pron.
instruit, ite, adj.
instrument, n. m.
instrumentaire, adj.
instrumental, ale, aux, adj. et n. m.
instrumentaliste, n. m.
instrumentation, n. f.
instrumenter, v. intr.
instrumentiste, n.
insu (à l'), loc. prép.
insubmersibilité, n. f.
insubmersible, adj.
insubordination, n. f.
insubordonné, ée, adj.
insuccès, n. m.
insuffisamment, adv.
insuffisance, n. f.
insuffisant, ante, adj.
insufflateur, n. m.
insufflation, n. f.
insuffler, v. tr.
insulaire, adj. et n.
insularité, n. f.
insuline, n. f.
insultant, ante, adj.
insulte, n. f.
insulter, v. tr., v. tr. indir.
insulteur, euse, adj. et n.
insupportable, adj.
insupportablement, adv.
insurgé, ée, adj. et n.
insurger (s'), v. pron.
insurmontable, adj.
insurpassable, adj.
insurrection, n. f.
insurrectionnel, elle, adj.
intact, acte, adj.
intaille, n. f.
intangibilité, n. f.
intangible, adj.
intarissable, adj.
intarissablement, adv.
intégrable, adj.
intégral, ale, aux, adj.
intégrale, n. f.
intégralement, adv.
intégralité, n. f.
intégrant, ante, adj.
intégrateur, adj. et n. m.
intégration, n. f.
intégrationniste, adj. et n.
intègre, adj.
intégré, ée, adj.
intégrer, v. tr., v. pron., v. intr.
intégrisme, n. m.
intégriste, adj. et n.
intégrité, n. f.
intellect, n. m.
intellection, n. f.
intellectualisation, n. f.
intellectualiser, v. tr.
intellectualisme, n. m.
intellectualiste, adj. et n.
intellectualité, n. f.
intellectuel, elle, adj. et n.
intellectuellement, adv.
intelligemment, adv.
intelligence, n. f.
intelligent, ente, adj.
intelligentsia, n. f.
intelligibilité, n. f.
intelligible, adj.
intelligiblement, adv.
intempérance, n. f.
intempérant, ante, adj.
intempérie, n. f.
intempestif, ive, adj.
intempestivement, adv.
intemporalité, n. f.
intemporel, elle, adj.
intenable, adj.
intendance, n. f.
intendant, ante, n.
intense, adj.
intensément, adv.
intensif, ive, adj.
intensification, n. f.
intensifier, v. tr., v. pron.
intensité, n. f.
intensivement, adv.
intenter, v. tr.
intention, n. f.
intentionnalité, n. f.
intentionné, ée, adj.
intentionnel, elle, adj.
intentionnellement, adv.
inter-, préf.
1. inter, symbole
2. inter, n. m.
3. inter ou interurbain, n. m.
interaction, n. f.
interallié, ée, adj.
interarmées, adj. inv.
interarmes, adj. inv.
intercalaire, adj. et n.
intercalation, n. f.
intercaler, v. tr., v. pron.
intercéder, v. intr.
intercellulaire, adj.
intercepter, v. tr.
intercepteur, n. m.
interception, n. f.
intercesseur, n. m.
intercession, n. f.
interchangeabilité, n. f.
interchangeable, adj.
interclasse, n. m.
interclassement, n. m.
interclasser, v. tr.
interclasseuse, n. f.
interclubs, adj. inv.
intercommunal, ale, aux, adj.
intercommunion, n. f.
interconfessionnel, elle, adj.
interconnecter, v. tr.
interconnexion, n. f.
intercontinental, ale, aux, adj.
intercostal, ale, aux, adj.
intercotidal, ale, aux, adj.
intercourse, n. f.
intercurrent, ente, adj.
interdépartemental, ale, aux, adj.
interdépendance, n. f.
interdépendant, ante, adj.
interdiction, n. f.
interdigital, ale, aux, adj.
interdire, v. tr.
interdisciplinaire, adj.
interdisciplinarité, n. f.
interdit, ite, adj. et n. m.
intéressant, ante, adj. et n.
intéressé, ée, adj. et n.
intéressement, n. m.
intéresser, v. tr., v. pron.
intérêt, n. m.
interface, n. f.
interfécondité, n. f.
interférence, n. f.
interférent, ente, adj.
interférentiel, ielle, adj.
interférer, v. intr.
interféromètre, n. m.
interféron, n. m.
interfluve, n. m.
intergalactique, adj.
interglaciaire, adj.
intergroupe, adj. et n. m.
intérieur, eure, adj. et n. m.
intérieurement, adv.
intérim, n. m.
intérimaire, adj. et n.
interindividuel, elle, adj.
intériorisation, n. f.

intérioriser, v. tr.
intériorité, n. f.
interjectif, ive, adj.
interjection, n. f.
interjeter, v. tr.
1. interligne, n. m.
2. interligne, n. f.
interligner, v. tr.
interlinéaire, adj.
interlock, n. m.
interlocuteur, trice, n.
interlocutoire, adj. et n. m.
interlope, adj. et n. m.
interloqué, ée, adj.
interloquer, v. tr.
interlude, n. m.
intermède, n. m.
intermédiaire, adj. et n.
intermezzo, n. m.
interminable, adj.
interminablement, adv.
interministériel, elle, adj.
intermittence, n. f.
intermittent, ente, adj. et n. m.
intermoléculaire, adj.
internat, n. m.
international, ale, aux, adj. et n.
internationalisation, n. f.
internationaliser, v. tr.
internationalisme, n. m.
internationalité, n. f.
interne, adj et n.
interné, ée, adj. et n.
internement, n. m.
interner, v. tr.
internonce, n. m.
interocéanique, adj.
intéroceptif, ive, adj.
interpellateur, trice, n.
interpellation, n. f.
interpeller, v. tr., v. pron.
interpénétration, n. f.
interpénétrer (s'), v. pron.
interphase, n. f.
interphone, n. m.
interplanétaire, adj.
interpol, n. m.
interpolation, n. f.
interpoler, v. tr.
interposé, ée, adj.
interposer, v. tr., v. pron.
interposition, n. f.
interprétable, adj.
interprétariat, n. m.
interprétatif, ive, adj.
interprétation, n. f.
interprète, n.
interpréter, v. tr.
interprèteur, n. m.
interprofessionnel, elle, adj. et n. f.
interréaction, n. f.
interrègne, n. m.
interrelation, n. f.
interrogateur, trice, adj. et n.
interrogatif, ive, adj.
interrogation, n. f.
interrogativement, adv.
interrogatoire, n. m.
interroger, v. tr., v. pron.
interrompre, v. tr., v. pron.
interrupteur, trice, adj. et n. m.
interruption, n. f.
intersecté, ée, adj.
intersection, n. f.
intersession, n. f.
intersexué, ée, adj.
intersexuel, elle, adj.
intersidéral, ale, aux, adj.
intersigne, n. m.
interstellaire, adj.
interstice, n. m.
interstitiel, ielle, adj.
intersubjectif, ive, adj.
intersyndical, ale, aux, adj.
intertidal, ale, aux, adj.
intertrigo, n. m.
intertropical, ale, aux, adj.
1. interurbain, aine, adj.
2. interurbain ou inter, n. m.
intervalle, n. m.
intervenant, ante, adj. et n.
intervenir, v. intr.
intervention, n. f.
interventionnisme, n. m.
interventionniste, adj. et n.
interversion, n. f.
intervertir, v. tr.
interview, n. f.
interviewer, v. tr.
intervieweur, euse, n.
interzone, adj.
intestat, adj. et n.
1. intestin, ine, adj.
2. intestin, n. m.
intestinal, ale, aux, adj.
intimation, n. f.
intime, adj. et n.
intimé, ée, n. et adj.
intimement, adv.
intimer, v. tr.
intimidable, adj.
intimidant, ante, adj.
intimidateur, trice, adj.
intimidation, n. f.
intimider, v. tr.
intimiste, n. et adj.
intimité, n. f.
intitulé, n. m.
intituler, v. tr., v. pron.
intolérable, adj.
intolérance, n. f.
intolérant, ante, adj. et n.
intonation, n. f.
intouchable, adj. et n.
intoxicant, ante, adj.
intoxication, n. f.
intoxiqué, ée, adj. et n.
intoxiquer, v. tr., v. pron.
intra-, préf.
intra-atomique, adj.
intracardiaque, adj.
intracellulaire, adj.
intradermique, adj.
intradermoréaction, n. f.
intrados, n. m.
intraduisible, adj.
intraitable, adj.
intra-muros, loc. adv.
intramusculaire, adj. et n. f.
intransigeance, n. f.
intransigeant, ante, adj. et n.
intransitif, ive, adj. et n. m.
intransitivement, adv.
intransitivité, n. f.
intransmissibilité, n. f.
intransmissible, adj.
intransportable, adj.
intra-utérin, ine, adj.
intraveineux, euse, adj. et n. f.
intrépide, adj.
intrépidement, adv.
intrépidité, n. f.
intrication, n. f.
intrigant, ante, adj. et n.
intrigue, n. f.
intriguer, v. tr., v. intr.
intrinsèque, adj.
intrinsèquement, adv.
intriquer, v. tr.
intro-, préf.
introducteur, trice, n.
introductible, adj.
introductif, ive, adj.
introduction, n. f.
introduire, v. tr., v. pron.
introït, n. m.
introjection, n. f.
intromission, n. f.
intronisation, n. f.
introniser, v. tr.
introrse, adj.
introspectif, ive, adj.
introspection, n. f.
introuvable, adj.
introversion, n. f.
introverti, ie, adj. et n.
intrus, use, adj. et n.
intrusif, ive, adj.
intrusion, n. f.
intubation, n. f.
intuitif, ive, adj. et n.
intuition, n. f.
intuitionnisme, n. m.
intuitivement, adv.
intumescence, n. f.
intumescent, ent, adj.
intussusception, n. f.
inule, n. f.
inuline, n. f.
inusable, adj.
inusité, ée, adj.
inusuel, elle, adj.
inutile, adj.
inutilement, adj.
inutilisable, adj.
inutilisé, ée, adj.
inutilité, n. f.
invagination, n. f.
invaincu, ue, adj.
invalidation, n. f.
invalide, adj. et n.
invalider, v. tr.
invalidité, n. f.
invar, n. m.
invariabilité, n. f.
invariable, adj.
invariablement, adv.
invariance, n. f.
invariant, ante, adj et n. m.
invasion, n. f.
invective, n. f.
invectiver, v. tr, v. intr.
invendable, adj.
invendu, ue, adj. et n. m.
inventaire, n. m.
inventer, v. tr.
inventeur, trice, n.
inventif, ive, adj.
invention, n. f.
inventorier, v. tr.
invérifiable, adj.
inverse, adj. et n. m.
inversement, adv.
inverser, v. tr.
inverseur, n. m.
inversion, n. f.
invertase, n. f.
invertébré, ée, adj. et n. m. pl.
inverti, ie, n. et adj.
invertir, v. tr.
investigateur, trice, n. et adj.
investigation, n. f.
investir, v. tr., v. intr.
investissement, n. m.
investisseur, euse, n. et adj.
investiture, n. f.

invétéré, ée, adj.
invétérer (s'), v. pron.
invincibilité, n. f.
invincible, adj.
invinciblement, adv.
inviolabilité, n. f.
inviolable, adj.
inviolablement, adv.
inviolé, ée, adj.
invisibilité, n. f.
invisible, adj. et n. m.
invisiblement, adv.
invitation, n. f.
invite, n. f.
invité, ée, n.
inviter, v. tr.
in vitro, loc. adv. et adj.
invivable, adj.
in vivo, loc. adv. et adj.
invocation, n. f.
invocatoire, adj.
involontaire, adj.
involontairement, adv.
involucelle, n. m.
involucre, n. m.
involucré, ée, adj.
involuté, ée, adj.
involutif, ive, adj.
involution, n. f.
invoquer, v. tr.
invraisemblable, adj. et n. m.
invraisemblablement, adv.
invraisemblance, n. f.
invulnérabilité, n. f.
invulnérable, adj.
iodate, n. m.
iode, n. m.
iodé, ée, adj.
ioder, v. tr.
iodhydrique, adj. m.
iodique, adj.
iodisme, n. m.
iodler ou **jodler**, v. intr.
iodoforme, n. m.
iodure, n. m.
ioduré, ée, adj.
ion, n. m.
ionien, ienne, adj. et n.
ionique, adj.
ionisation, n. f.
ioniser, v. tr.
ionogramme, n. m.
ionosphère, n. f.
iota, n. m.
iotacisme, n. m.
iouler, v. intr.
iourte ou **yourte**, n. f.
ipéca, n. m.
ipomée, n. f.
ippon, n. m.
ipso facto, loc. adv.
-ique, suff.
ir-, préf.
Ir, symbole
irakien, ienne ou **iraqien, ienne**, adj. et n.
iranien, ienne, adj. et n.
irascibilité, n. f.
irascible, adj.
ire, n. f.
irénique, adj.
iridacées, n. f. pl.
iridescent, ente, adj.
iridié, ée, adj.
iridium, n. m.
iris, n. m.
irisation, n. f.
iriser, v. tr., v. pron.
iritis, n. f.
irlandais, aise, adj. et n.
ironie, n. f.
ironique, adj.
ironiquement, adv.
ironiser, v. intr.
ironiste, n.
iroquois, oise, adj. et n.
irradiateur, n. m.
irradiation, n. f.
irradier, v. tr., v. intr.
irraisonné, ée, adj.
irrationalisme, n. m.
irrationalité, n. f.
irrationnel, elle, adj. et n. m.
irréalisable, adj.
irréalisme, n. m.
irréaliste, adj.
irréalité, n. f.
irrecevabilité, n. f.
irrecevable, adj.
irréconciliable, adj.
irrécouvrable, adj.
irrécupérable, adj.
irrécusable, adj.
irrédentisme, n. m.
irrédentiste, adj. et n.
irréductibilité, n. f.
irréductible, adj. et n.
irréel, éelle, adj.
irréfléchi, ie, adj.
irréflexion, n. f.
irréformable, adj.
irréfragable, adj.
irréfutable, adj.
irrégularité, n. f.
irrégulier, ière, adj.
irrégulièrement, adv.
irréligieux, ieuse, adj.
irréligion, n. f.
irrémédiable, adj. et n. m.
irrémédiablement, adv.
irrémissible, adj.
irrémissiblement, adv.
irremplaçable, adj.
irréparable, adj. et n. m.
irréparablement, adv.
irrépréhensible, adj.
irrépressible, adj.
irréprochable, adj.
irrésistible, adj.
irrésistiblement, adv.
irrésolu, ue, adj.
irrésolution, n. f.
irrespect, n. m.
irrespectueusement, adv.
irrespectueux, euse, adj.
irrespirable, adj.
irresponsabilité, n. f.
irresponsable, adj. et n.
irrétrécissable, adj.
irrévérence, n. f.
irrévérencieusement, adv.
irrévérencieux, ieuse, adj.
irréversibilité, n. f.
irréversible, adj.
irrévocabilité, n. f.
irrévocable, adj.
irrévocablement, adv.
irrigable, adj.
irrigateur, n. m.
irrigation, n. f.
irriguer, v. tr.
irritabilité, n. f.
irritable, adj.
irritant, ante, adj. et n. m.
irritation, n. f.
irriter, v. tr., v. pron.
irruption, n. f.
isabelle, adj. inv. et n. m.
isallobare, n. f.
isard ou izard, n. m.
isatis, n. m.
isba, n. f.
ischémie, n. f.
ischiatique, adj.
ischion, n. m.
isiaque, adj.
islam, n. m.
islamique, adj.
islamisant, ante, n.
islamisation, n. f.
islamiser, v. tr.
islamisme, n. m.
islandais, aise, adj. et n.
ismaéliens ou **ismaïliens**, n. m. pl.
ismaélite, adj. et n.
-isme, -iste, suff.
iso-, préf.
iso-agglutinine, n. f.
iso-anticorps, n. m.
isobare, adj. et n.
isobathe, adj. et n. f.
isocarde, n. m.
isocèle, adj.
isochore, adj.
isochromatique, adj.
isochrone ou **isochronique**, adj.
isochronisme, n. m.
isoclinal, ale, aux, adj.
isocline, adj. et n. f.
isodyname, adj.
isodynamie, n. f.
isodynamique, adj.
isoélectrique, adj.
isoète, n. m.
isogame, adj.
isogamie, n. f.
isoglosse, adj. et n. f.
isogone, adj.
isohyète, adj et n. f.
isohypse, adj. et n. f.
iso-immunisation, n. f.
isoionique, adj.
isolable, adj.
isolant, ante, adj. et n. m.
isolat, n. m.
isolateur, n. m.
isolation, n. f.
isolationnisme, n. m.
isolationniste, adj. et n.
isolé, ée, adj. et n.
isolement, n. m.
isolément, adv.
isoler, v. tr., v. pron.
isoloir, n. m.
isomérase, n. f.
isomère, adj.
isomérie, n. f.
isomérique, adj.
isomérisation, n. f.
isométrie, n. f.
isométrique, adj.
isomorphe, adj.
isomorphisme, n. m.
isoniazide, n. m.
isopodes, n. m. pl.
isoprène, n. m.
isostasie, n. f.
isostatique, adj.
isotherme, adj.
isotonie, n. f.
isotope, adj. et n. m.
isotopique, adj.
isotrope, adj.
isotropie, n. f.
ispséité, n. f.
israélien, ienne, adj. et n.
israélite, n. et adj.
issu, ue, adj.

issue, n. f.
isthme, n. m.
isthmique, adj.
italianisant, ante, n.
italianiser, v. tr.
italianisme, n. m.
italien, ienne, adj. et n.
1. italique, adj. et n.
2. italique, adj. et n. m.
-ite, suff.
1. item, adv.
2. item, n. m.
itératif, ive, adj.
itération, n. f.
itérativement, adv.
ithyphallique, adj.
itinéraire, n. m. et adj.
itinérant, ante, adj.
itou, adv.
iule, n. m.
I.U.T, sigle, n. m.
ive, n. f.
ivette, n. f.
I.V.G., sigle, n. f.
ivoire, n. m.
ivoirien, ienne, adj. et n.
ivoirin, ine, adj.
ivraie, n. f.
ivre, adj.
ivresse, n. f.
ivrogne, adj. et n.
ivrognerie, n. f.
ivrognesse, n. f.
iwà, n. m.
ixia, n. f.
ixode, n. m.
izard ou isard, n. m.

J

j, n. m.
jabiru, n. m.
jable, n. m.
jablière, n. f.
jabloir, n. m. ou jabloire, n. f.
jaborandi, n. m.
jabot, n. m.
jaboter, v. intr.
jacana, n. m.
jacaranda, n. m.
jacasse, n. f.
jacassement, n. m.
jacasser, v. intr.
jacasserie, n. f.
jacasseur, euse, n.
jacée, n. f.
jachère, n. f.
jacinthe, n. f.
jack, n. m..
jaco ou jacot ou jacquot, n. m.
jacobée, n. f.
jacobin, ine, n. et adj.
jacobinisme, n. m.
1. jacobite, adj. et n.
2. jacobite, n.
jacot ou jaco ou jacquot, n. m.
jacquard, n. m.
jacquemart ou jaquemart, n. m.
jacquerie, n. f.
Jacques, n. m.
jacquet, n. m.
jacquier ou jaquier, n. m.
jacquot ou jaco ou jacot, n. m.
jactance, n. f.
jacter, v. intr.
jaculatoire, adj.
jade, n. m.
jadéite, n. f.
jadis, adv.
jaguar, n. m.
jaillir, v. intr.
jaillissement, n. m.
jaïn ou jaïna, n. et adj.
jaïnisme, n. m.
jais, n. m.
jalap, n. m.
jalon, n. m.
jalonnement, n. m.
jalonner, v. intr., v. tr.
jalonneur, n. m.
jalousement, adv.
jalouser, v. tr.
jalousie, n. f.
jaloux, ouse, adj. et n.
jamaïcain, aine, adj. et n.
jamais, adv.
jambage, n. m.
jambe, n. f.
jambette, n. f.
1. jambier, ière adj.
2. jambier, n. m.
jambière, n. f.
jambon, n. m.
jambonneau, n. m.
jamboree, n. m.
jambosier, n. m.
jam-session, n. f.
jan, n. m.
jangada, n. f.
janissaire, n. m.
janotisme ou jeannotisme, n. m.
jansénisme, n. m.
janséniste, adj. et n.
jante, n. f.
janvier, n. m.
japon, n. m.
japonais, aise, adj. et n.
japonaiserie ou japonerie, n. f.
japonisant, ante, n.
jappement, n. m.
japper, v. intr.
jaque, n. m.
jaquemart ou jacquemart, n. m.
jaquette, n. f.
jaquier ou jacquier, n. m.
jar ou jars, n. m.
jard ou jar, n. m.
jarde, n. f.
jardin, n. m.
jardinage, n. m.
jardiner, v. intr., v. tr.
jardinerie, n. f.
jardinet, n. m.
jardineux, euse, adj.
jardinier, ière, n. et adj.
jardinière, n. f.
jardiniste, n.
jardon, n. m.
jargon, n. m.
jargonner, v. intr.
jarnicoton !, interj.
jarosse ou jarousse, n. f.
jarovisation, n. f.
1. jarre, n. f.
2. jarre, jarres ou jars, n. m.
jarret, n. m.
jarreté, ée, adj.
jarretelle, n. f.
jarretière, n. f.
1. jars ou jar, n. m.
2. jars, n. m. pl.
jas, n. m.
jaser, v. intr.
jaseran ou jaseron, n. m.
jaseur, euse, adj. et n.
jasmin, n. m.
jaspe, n. m.
jaspé, ée, adj. et n. m.
jasper, v. tr.
jaspiner, v. intr.
jaspure, n. f.
jatte, n. f.
jattée, n. f.
jauge, n. f.
jaugeage, n. m.
jauger, v. tr., v. intr.
jaugeur, n. m.
jaumière, n. f.
jaunâtre, adj.
jaune, adj., n. et adv.
1. jaunet, ette, adj.
2. jaunet, n. m.
jaunir, v. tr., v. intr.
jaunissage, n. m.
jaunisse, n. f.
jaunissement, n. m.
java, n. f.
javanais, n. m.
javanais, aise, adj. et n.
javart, n. m.
javeau, n. m.
Javel (eau de), n. f.
javelage, n. m.
javelé, ée, adj.
javeler, v. tr.
javeleur, euse, n.
javeline, n. f.
javelle, n. f.
javellisation, n. f.
javelliser, v. tr.
javelot, n. m.
jayet, n. m.
jazz, n. m.
jazz-band, n. m.
jazzman, n. m.
je, j', pron. personnel
jean, jeans, n. m.
jean-foutre, n. m. inv.
jean-le-blanc, n. m. inv.
jeannette, n. f.
jeannotisme ou janotisme, n. m.
jectisse ou jetisse, adj. f.
jeep, n. f.
jéjuno-iléon, n. m.
jéjunum, n. m.
je-m'en-fichisme, n. m.
je-m'en-fichiste, adj. et n.
je-m'en-foutisme, n. m.
je-m'en-foutiste, adj. et n.
je ne sais quoi ou je-ne-sais-quoi, n. m. inv.
jenny, n. f.
jérémiade, n. f.
jerez ou xérès, n. m.
jerk, n. m.
jéroboam, n. m.
jerricane ou jerrycan, n. m.
jersey, n. m.
jersiais, iaise, adj. et n.
jésuite, n. m. et adj.
jésuitique, adj.
jésuitiquement, adv.
jésuitisme, n. m.
jésus, n. m.
1. jet, n. m.
2. jet, n. m.
jetable, adj.
jetage, n. m.
jeté, n. m.
jetée, n. f.
1. jeter, v. tr., v. pron.
2. jeter, n. m.
jeteur, euse, n.
jetisse ou jectisse, adj. f.
jeton, n. m.
jet-stream, n. m.
jeu, n. m.
jeudi, n. m.
jeun (à), loc. adv.
jeune, adj. et n.
jeûne, n. m.
jeunement, adv.
jeûner, v. intr.
jeunesse, n. f.
jeunet, ette, adj.
jeûneur, euse, n.
jeunot, adj. et n. m.
jiu-jitsu, n. m. inv.
joaillerie, n. f.
joaillier, ière, n. et adj.
joannite ou johannite, n. et adj.
job, n. m.
jobard, arde, adj. et n.
jobarder, v. tr.
jorbarderie, n. f.
jobardise, n. f.
jockey, n. m.
jocrisse, n. m.
jodhpurs, n. m. pl.
jodler ou iodler, v. intr.
jogging, n. m.
johannique, adj.
johannite ou joannite, n. et adj.

joie, n. f.
joindre, v. tr., v. intr., v. pron.
joint, n. m.
joint, jointe, adj. et n.
jointé, adj.
jointif, ive, adj.
jointoiement, n. m.
jointoyer, v. tr.
jointure, n. f.
jojo, n. m.
joker, n. m.
joli, ie, adj. et n. m.
joliesse, n.f .
joliment, adv.
jonc, n. m.
joncacées ou juncacées, n. f. pl.
jonchaie, n. f.
jonchée, n.f .
joncher, v. tr.
jonchère, n. f.
jonchet, n. m.
jonction, n. f.
jongler, v. intr.
jonglerie, n. f.
jongleur, euse, n.
jonque, n. f.
jonquille, n. et adj. inv.
jordanien, ienne, adj. et n.
joseph, adj. inv.
joséphisme, n. m.
jota, n. f.
jouable, adj.
joual, n. m.
joubarbe, n. f.
joue, n. f.
jouée, n. f.
jouer, v. intr., v. tr., v. pron.
jouet, n. m.
joueur, euse, n. et adj.
joufflu, ue, adj.
joug, n. m.
jouir, v. tr. indr., v. intr.
jouissance, n. f.
jouisseur, euse, n. et adj.
jouissif, ive, adj.
joujou, n. m.
joule, n. m.
jour, n. m.
journal, n. m.
journalier, ière, adj. et n.
journalisme, n. m.
journaliste, n.
journalistique, adj.
journée, n. f.
journellement, adv.
joute, n. f.
jouter, v. intr.
jouteur, euse, n.
jouvence, n. f.
jouvenceau, elle, n.
jouxter, v. tr.
jovial, iale, iaux ou ials, adj.
jovialement, adv.
jovialité, n. f.
jovien, ienne, adj. et n.
joyau, n. m.
joyeusement, adv.
joyeuseté, n. f.
joyeux, euse, adj. et n.
jubarte, n. f.
jubé, n. m.
jubilaire, adj.
jubilation, n. f.
jubilé, n. m.
jubiler, v. intr.
juchée, n. f.
jucher, v. tr., v. intr., v. pron.
juchoir, n. m.
judaïcité, n. f.
judaïque, adj.
judaïsant, ante, adj. et n.
judaïser, v. intr., v. tr.
judaïsme, n. m.
judaïté, n. f.
judas, n. m.
judéité, n. f.
judéo-, préf.
judéo-allemand, ande, adj. et n. m.
judéo-chrétien, ienne, adj.
judéo-christianisme, n. m.
judéo-espagnol, ole, adj. et n. m.
judicature, n. f.
judiciaire, adj.
judiciairement, adv.
judicieusement, adv.
judicieux, ieuse, adj.
judo, n. m.
judoka, n.
jugal, ale, aux, adj.
juge, n. m.
jugé ou juger, n. m.
jugeable, adj.
jugement, n. m.
jugeote, n. f.
1. juger, v. tr., v. tr. ind., v. pron.
2. juger ou jugé, n. m.
jugeur, euse, n. et adj.
juglandacées, n. f. pl.
jugulaire, adj. et n. f.
juguler, v. tr.
juif, juive, n. et adj.
juillet, n. m.
juin, n. m.
juiverie, n. f.
jujube, n. m.
jujubier, n. m.
juke-box, n. m.
julep, n. m.
jules, n. m.
julien, ienne, adj.
julienne, n. f.
jumbo, n. m.
jumbo-jet, n. m.
jumeau, jumelle, adj. et n.
jumelage, n. m.
jumelé, ée, adj.
jumeler, v. tr.
jumelle, n. f. et adj. f.
jument, n. f.
jumping, n. m.
juncacées ou joncacées, n. f. pl.
jungien, ienne, adj. et n.
jungle, n. f.
junior, adj. m. et n.
junker, n. m.
junte, n. f.
jupe, n. f.
jupe-culotte, n. f.
jupette, n. f.
jupon, n. m.
juponner, v. tr.
jurançon, n. m.
jurande, n. f.
jurassien, ienne, adj. et n.
jurassique, adj. et n. m.
jurat, n. m.
juratoire, adj.
juré, ée, adj. et n.
jurement, n. m.
jurer, v. tr., v. intr., v. pron.
jureur, adj.
juridiction, n. f.
juridictionnel, elle, adj.
juridique, adj.
juridiquement, adv.
jurisconsulte, n. m.
jurisprudence, n. f.
jurisprudentiel, ielle, adj.
juriste, n. m.
juron, n. m.
jury, n. m.
jus, n. m.
jusant, n. m.
jusqu'au-boutisme, n. m.
jusque, prép., loc. conj., loc. adv.
jusquiame, n. f.
jussion, n. f.
justaucorps, n. m.
juste, adj., n. et adv.
justement, adv.
justesse, n. f.
justice, n. f.
justiciable, adj. et n.
justicier, ière, n. et adj.
justifiable, adj.
justifiant, iante, adj.
justificateur, trice, adj. et n.
justificatif, ive, adj. et n. m.
justification, n. f.
justifier, v. tr., v. pron.
jute, n. m.
juter, v. intr.
1. juteux, euse, adj. et n.
2. juteux, n. m.
juvénat, n. m.
juvénile, adj.
juvénilité, n. f.
juxta-, préf.
juxtalinéaire, adj.
juxtaposé, ée, adj.
juxtaposition, n. f.

K

k, n. m.
k, symbole
K, symbole.
kabbale ou cabale, n. f.
kabuki, n. m.
kabyle, adj. et n.
kacha ou kache, n. f.
kachina, n. f.
kafkaïen, ïenne, adj.
kaïnite, n. f.
kaiser, n. m.
kakatoès ou cacatoès, n. m.
kakémono, n. m.
1. kaki, n. m.
2. kaki, adj. inv.
kala-azar, n. m.
kaléidoscope, n. m.
kali, n. m.
kaliémie, n. f.
kami, n. m.
kamichi, n. m.
kamikaze, n. m.
kamptozoaires, n. m. pl.
kandjar, n. m.
kangourou, n. m.
kantien, ienne, adj.
kantisme, n. m.
kaolin, n. m.
kapok ou capoc, n. m.
kapokier, n. m.
kappa, n. m.
karabau ou karbau ou kérabau, n. m.
karak ou krak, n. m.
karakul ou caracul, n. m.
karaté, n. m.
karatéka, n.
karbau ou karabau ou kérabau, n. m.
kariokinèse ou caryocinèse, n. f.
karité, n. m.
karma ou karman, n. m.
karst, n. m.
karstique, adj.
kart, n. m.
karting, n. m.
kasba ou casbah, n. f.
kasher, casher, cascher, cacher, cawcher, kascher ou kausher, adj. inv.
kava ou kawa, n. m.
kayac ou kayak, n. m.
kebab, n. m.
keepsake, n. m.
keffieh, n. m.
kéfir ou képhir ou képhyr, n. m.
kelvin, n. m.
ken, n. m.
kendo, n. m.
kentia, n. m.
kényan, kényane, adj. et n.
kényapithèque, n. m.
képhir ou képhyr ou kéfir, n. m.
képi, n. m.
képlérien, ienne, adj.
kérabau ou karbau ou karabau, n. m.
kérat(o)-, préf.
kératine, n. f.
kératiniser, v. pron., v. tr.
kératite, n. f.
kératoplastie, n. f.
kératose, n. f.
kermès, n. m.
kermesse, n. f.
kérosène, n. m.
kerria, n. m. ou kerrie, n. f.
ketch, n. m.
ketchup, n. m.
ketmie, n. f.
keynésien, ienne, adj. et n.
kg, symbole
K.G.B., sigle
kgf, symbole
khâgne ou cagne, n. f.
khâgneux ou cagneux, euse, n.
khalifat ou califat, n. m.
khalife ou calife, n. m.
khamsin ou chamsin, n. m.
khan, n. m.
khanat, n. m.
kharidjisme, n. m.
kharidjite, n. et adj.
khédival ou khédivial, ale, aux, adj.
khédivat ou khédiviat, n. m.
khédive, n. m.
khi, n. m.
khmer, khmère, adj. et n.
khoisan, adj.
khôl ou kôhl ou kohol, n. m.
kibboutz, n. m.
kichenotte, n. f.
kick, n. m.
kidnapper, v. tr.
kidnappeur, euse, n.
kidnapping, n. m.
kief ou kif ou kiff, n. m.
kieselguhr, n. m.
kiesérite, n. f.
kif ou kief ou kiff, n. m.
kif-kif, loc. adv.
kiki, n. m.
kilim, n. m.
kilo-, préf.
kilo, abrév., n. m.
kilocycle, n. m.
kilogramme, n. m.
kilogramme-force, n. m.
kilogramme-poids, n. m.
kilogrammètre, n. m.
kilohertz, n. m.
kilométrage, n. m.
kilomètre, n. m.
kilométrer, v. tr.
kilométrique, adj.
kilotonne, n. f.
kilowatt, n. m.
kilowatt-heure, n. m.
kilt, n. m.
kimono, n. m.
kinase, n. f.
kinescope, n. m.
kinési-, préf.
kinésique, adj.
kinésithérapeute, n.
kinésithérapie, n. f.
kinesthésie, n. f.
kinétoscope, n. m.
king-charles, n. m. inv.
kinkajou, n. m.
kiosque, n. m.
Kippour, n. m.
kippa, n. f.
kipper, n. m.
kir, n. m.
kirsch, n. m.
kit, n. m.
kitchenette, n. f.
kitsch, n. m. et adj. inv.
kiwi, n. m.
klaxon, n. m.
klaxonner, v. intr.
klebs ou clebs, n. m.
klephte ou clephte, n. m.
kleptomane ou cleptomane, n. et adj.
kleptomanie ou cleptomanie, n. f.
klystron, n. m.
km, abrév.
knicker(s) ou knickerbocker(s), n. m.
knock-down, n. m. inv.
knock-out, n. m. inv. et adj. inv.
knout, n. m.
know-how, n. m. inv.
k.-o., abrév., n. m. et adj. inv.
koala, n. m.
kob, n. m.
kobold, n. m.
kohol ou khôl ou kôhl, n. m.
koinê, n. f.
kola ou cola, n. f.
kolatier, n. m.
kolinski, n. m.
kolkhoz ou kolkhoze, n. m.
kolkhozien, ienne, adj. et n.
kommandantur, n. f.
kondo, n. m.
konzern, n. m.
kopeck, n. m.
korê ou coré, n. f.
koros ou kouros ou couros, n. m.
korrigan, ane, n.
koto, n. m.
koubba ou koubbeh, n. f.
kouglof ou kugelhof, n. m.
koulak, n. m.
koulibiac, n. m.
koumis ou kumys ou coumis ou coumys, n. m.
kourgane, n. m.
kouros ou koros ou couros, n. m.
kourtchatovium, n. m.
Kr, symbole
kraal, n. m.
krach, n. m.
kraft, n. m.
krak ou karak, n. m.
kraken, n. m.
kraps ou kreps ou crabs, n. m.
krill, n. m.
kriss, n. m.
kronprinz, n. m.
kroumir, n. m.
krypton, n. m.
ksar, ksour, n. m.
kshatriya, n. m.
ksi, n. m.
Ku, symbole
kugelhof ou kouglof, n. m.
kumys ou koumis ou coumis ou coumys, n. m.
kummel, n. m.
kumquat, n. m.
kung-fu, n. m.
kurde, adj. et n.
kvas ou kwas, n. m.
kwashiorkor, n. m.
kymrique ou cymrique, n. m.
kyrie ou kyrie eleison, n. m.
kyrielle, n. f.
kyste, n. m.
kystique, adj.

L

l, n. m. ou f.
l, symbole
1. la, pron. pers. fém. sing.
2. la, n. m. inv.
3. la, article f. défini.
là, adv. et interj.
La, symbole
labarum, n. m.
là-bas, adv.
labbe, n. m.
labdanum ou ladanum, n. m.
label, n. m.
labelle, n. m.
labeur, n. m.
labiacées ou labiées, n. f. pl.
labial, iale, aux, adj.
labialisation, n. f.
labialiser, v. tr.
labié, ée, adj.
labiées ou labiacées, n. f. pl.
labile, adj.
labiodental, ale, aux, adj. et n. f.
labiopalatal, ale, aux, adj. et n. f.
labium, n. m.
laborantin, ine, n.
laboratoire, n. m.
laborieusement, adv.
laborieux, ieuse, adj.
labour, n. m.
labourable, adj.
labourage, n. m.
labourer, v. tr.
laboureur, n. m.
labrador, n. m.
labre, n. m.
labri ou labrit, n. m.
labyrinthe, n. m.
labyrinthien, ienne, adj.
labyrinthique, adj.
labyrinthodonte, n. m.
lac, n. m.
laçage, n. m.
laccase, n. f.
laccolite ou laccolithe, n. f.
lacédémonien, ienne n. et adj.
lacement, n. m.
lacer, v. tr.
lacération, n. f.
lacérer, v. tr.
lacerie ou lasserie, n. f.
lacertiens ou lacertiliens, n. m. pl.
lacet, n. m.
laceur, euse, n.
lâchage, n. m.
1. lâche, adj.
2. lâche, adj. et n.
lâché, ée, adj.
lâchement, adv.
1. lâcher, v. tr., v. intr.
2. lâcher, n. m.
lâcheté, n. f.
lâcheur, euse, n.
lacier, n. m.
lacinié, ée, adj.
lacis, n. m.
laconique, adj.
laconiquement, adv.
laconisme, n. m.
lacryma-christi, n. m. inv.
lacrymal, ale, aux, adj.
lacrymogène, adj.
lacs, n. m.
lact-, lacti-, lacto-, préf.
1. lactaire, adj.
2. lactaire, n. m.
lactalbumine, n. f.
lactarium, n. m.
lactase, n. f.
lactate, n. m.
lactation, n. f.
lacté, ée, adj.
lactescence, n. f.
lactescent, ente, adj.
lacti-, préf.
lactifère, adj.
lactique, adj.
lacto-, préf.
lacto-densimètre, n. m.
lactomètre, n. m.
lactose, n. m.
lactosérum, n. m.
lacunaire, adj.
lacune, n. f.
lacuneux, euse, adj.
lacustre, adj.
lad, n. m.
ladanum ou labdanum, n. m.
ladin, n. m.
ladite, adj.
1. ladre, adj. et n.
2. ladre, n. m.
ladrerie, n. f.
lady, n. f.
lagomorphes, n. m. pl.
lagomys, n. m.
lagon, n. m.
lagopède, n. m.
lagothrix ou lagotriche, n. m.
laguis, n. m.
lagunaire, adj.
lagune, n. f.
1. lai, n. m.
2. lai, laie, adj.
laïc ou laïque, laïque, laïcs, n. et adj.
laïcat, n. m.
laiche ou laîche, n. f.
laïcisation, n. f.
laïciser, v. tr.
laïcisme, n. m.
laïcité, n. f.
laid, laide, adj. et n.
laidement, adv.
laideron, n. m.
laideur, n. f.
1. laie, n. f.
2. laie ou laye, n. f.
lainage, n. m.
laine, n. f.
lainer, v. tr.
laineur, euse, n.
laineux, euse, adj.
laineuse ou lainière, n. f.
lainier, ière, adj. et n.
laïque ou laïc, laïque, laïcs, n. et adj.
laird, n. m.
lais, n. m.
laise ou laize, n. f.
laisse, n. f.
laissé(e)-pour-compte ou laissé(e) pour compte, adj. et n.
laissées, n. f. pl.
laisser, v. tr., v. pron.
laisser-aller, n. m.
laissez-passer, n. m. inv.
lait, n. m.
laitage, n. m.
laitance, n. f.
lactarium, n. m.
laite, n. f.
laité, ée, adj.
laiterie, n. f.
laiteron, n. m.
laiteux, euse, adj.
1. laitier, ière, adj. et n.
2. laitier, n. m.
laiton, n. m.
laitonner, v. tr.
laitue, n. f.
laïus, n. m.
laïusser, v. intr.
laize ou laise, n. f.
lakiste, n. m. et adj.
lallation, n. f.
lama, n. m.
lamaïsme, n. m.
lamaïste, adj. et n.
lamanage, n. m.
lamaneur, n. m.
lamantin, n. m.
lamarckisme, n. m.
lamaserie, n. f.
lambda, n. m.
lambdacisme, n. m.
lambeau, n. m.
lambic ou lambick, n. m.
lambin, ine, n. et adj.
lambiner, v. intr.
lamblia, n. m.
lambliase, n. f.
lambourde, n. f.
lambrequin, n. m.
lambris, n. m.
lambrissage, n. m.
lambrisser, v. tr.
lambruche ou lambrusque, n. f.
lambswool, n. m.
lame, n. f.
lamé, ée, adj. et n. m.
lamellaire, adj.
lamelle, n. f.
lamellé, ée, adj. et n. m.
lamelleux, euse, adj.
lamellibranches, n. m. pl.
lamellicornes, n. m. pl.
lamelliforme, adj.
lamellirostres, n. m. pl.
lamentable, adj.
lamentablement, adv.
lamentation, n. f.
lamenter (se), v. pron.
lamentin, n. m.
lamento, n. m.
lamie, n. f.
lamier, n. m.
lamifié, n. m. et adj.
laminage, n. m.
1. laminaire, n. f.
2. laminaire, adj.
laminectomie, n. f.
laminer, v. tr.
lamineur, euse, n. m. et adj.
laminoir, n. m.
lampadaire, n. m.
lampant, ante, adj.
lamparo, n. m.
lampas, n. m.
lampassé, ée, adj.
lampe, n. f.
lampée, n. f.
lamper, v. tr.
lampion, n. m.
lampiste, n. m.
lampisterie, n. f.
lampourde, n. f.
lamprillon, n. m.

lamproie, n. f.
lampyre, n. m.
län, n. m. inv.
lance, n. f.
lancé, ée, adj.
lancée, n. f.
lance-flammes, n. m. inv.
lance-fusées, n. m. inv.
lance-grenades, n. m. inv.
lancement, n. m.
lance-missiles, n. m. inv.
lancéolé, ée, adj.
lance-pierres, n. m. inv.
1. lancer, v. tr., v. pron., v. intr.
2. lancer, n. m.
lance-roquettes, n. m. inv.
lance-torpilles, n. m. inv.
lancette, n. f.
lanceur, euse, n.
lancier, n. m.
lancinant, ante, adj.
lanciner, v. intr., v. tr.
lançon, n. m.
landais, aise, adj. et n.
landau, n. m.
lande, n. f.
landgrave, n. m.
landgraviat, n. m.
landier, n. m.
landolphia ou landolphie, n. f.
laneret, n. m.
langage, n. m.
langagier, ière, adj.
lange, n. m.
langer, v. tr.
langoureusement, adv.
langoureux, euse, adj.
langouste, n. f.
langoustier, n. m. ou langoustière, n. f.
langoustine, n. f.
langue, n. f.
langue-de-bœuf, n. f.
langue-de-chat, n. f.
languette, n. f.
langueur, n. f.
langueyage, n. m.
langueyer, v. tr.
languide, adj.
languir, v. intr., v. pron.
languissamment, adv.
languissant, ante, adj.
langur, n. m.
lanice, adj.
lanier, n. m.
lanière, n. f.
lanifère ou lanigère, adj.
laniste, n. m.
lanlaire, onomat. inv.
lanoline, n. f.
lansquenet, n. m.
lanterne, n. f.
lanterneau ou lanternon, n. m.
lanterner, v. intr.
lanthane, n. m.
lanthanides, n. m. pl.
lapalissade, n. f.
laparoscopie, n. f.
laparotomie, n. f.
lapement, n. m.
laper, v. tr.
lapereau, n. m.
lapiaz ou lapié ou lapiez, n. m.
1. lapidaire, n. m.
2. lapidaire, adj.
lapidation, n. f.
lapider, v. tr.
lapidification, n. f.
lapidifier, v. tr., v. pron.
lapié ou lapiaz ou lapiez, n. m.
lapilli, n. m. pl.
lapin, ine, n.
lapiner, v. intr.
lapinisme, n. m.
lapis ou lapis-lazuli, n. m. inv.
laplacien, ienne, adj.
lapon, one, adj. et n.
1. laps, n. m.
2. laps, lapse, adj.
lapsus, n. m.
laquage, n. m.
laquais, n. m.
1. laque, n. f.
2. laque, n. m.
laqué, ée, adj.
laquelle, pron. relat. et interrog. f.
laquer, v. tr.
laqueur, n. m.
laqueux, euse, adj.
laraire, n. m.
larbin, n. m.
larcin, n. m.
lard, n. m.
larder, v. tr.
lardoire, n. f.
lardon, n. m.
lare, n. m. et adj.
largable, adj.
largage, n. m.
large, adj., adv. et n. m.
largement, adv.
largesse, n. f.
larget, n. m.
largeur, n. f.
larghetto, adv. et n. m.
largo, adv. et n. m.
largue, n. m., adj. et adv.
larguer, v. tr.
lariformes, n. m. pl.
larigot, n. m.
lark, n. m.
larme, n. f.
larme-de-Job, n. f.
larmier, n. m.
larmille, n. f.
larmoiement, n. m.
larmoyant, ante, adj.
larmoyer, v. intr.
larron, n. m.
larvaire, adj.
larve, n. f.
larvé, ée, adj.
laryng(o)-, préf.
laryngal, ale, aux, adj. et n. f.
laryngé, ée, adj.
laryngectomie, n. f.
laryngien, ienne, adj.
laryngite, n. f.
laryngologie, n. f.
laryngologiste ou laryngologue, n.
laryngophone, n. m.
laryngoscope, n. m.
laryngoscopie, n. f.
laryngotomie, n. f.
larynx, n. m.
las !, interj.
las, lasse, adj.
lasagne, n. f.
lascar, n. m.
lascif, ive, adj.
lascivement, adv.
lasciveté ou lascivité, n. f.
laser, n. m.
lassant, ante, adj.
lasser, v. tr., v. pron.
lasserie ou lacerie, n. f.
lassitude, n. f.
lasso, n. m.
lastex, n. m.
latanier, n. m.
latence, n. f.
latent, ente, adj.
latér(o)-, préf.
latéral, ale, aux, adj.
latéralement, adv.
latéralisation, n. f.
latéralité, n. f.
latérisation ou latéritisation, n. f.
latérite, n. f.
latéritique, adj.
latéritisation ou latérisation, n. f.
latex, n. m. inv.
laticifère, adj. et n. m.
laticlave, n. m.
latifolié, ée, adj.
latifondiste ou latifundiste, n. m.
latifundia ou latifundium, n. m.
latin, ine, adj. et n.
latinisant, ante, adj. et n.
latinisation, n. f.
latiniser, v. tr., v. intr.
latinisme, n. m.
latiniste, n.
latinité, n. f.
latino-américain, aine, adj. et n.
latitude, n. f.
latitudinaire, adj. et n.
latomies, n. f. pl.
lato sensu, adv.
-lâtre, lâtrie, suff.
latrie, n. f.
latrines, n. f. pl.
lattage, n. m.
latte, n. f.
latté, n. m.
latter, v. tr.
lattis, n. m.
laudanum, n. m.
laudateur, trice, n.
laudatif,ive, adj.
laudes, n. f.
lauracées, n. f. pl.
laure, n. f.
lauré, ée, adj.
lauréat, ate, adj. et n.
laurier, n. m.
lauze, n. f.
lavable, adj.
lavabo, n. m.
lavage, n. m.
lavallière, n. f. et adj.
lavande, n. f.
lavandière, n. f.
lavandin, n. m.
lavaret, n. m.
lavasse, n. f.
lavatory, n. m.
lave, n. f.
lavé, ée, adj.
lave-glace, n. m.
lave-linge, n. m. inv.
lave-mains, n. m. inv.
lavement, n. m.
laver, v. tr., v. pron.
laverie, n. f.
lavette, n. f.
laveur, euse, n.
lave-vaisselle, n. m. inv.
lavis, n. m.
lavoir, n. m.

lavure, n. f.
lawn-tennis, n. m.
lawrencium, n. m.
laxatif, ive, adj. et n.
laxisme, n. m.
laxiste, adj. et n.
laxité, n. f.
laye ou laie, n. f.
layer, v. tr.
layetier, n. m.
layette, n. f.
layon, n. m.
lazaret, n. m.
lazariste, n. m.
lazulite, n. f.
lazzarone, n. m.
lazzi, n. m.
1. le, pron. pers.
2. le, la, les, article défini
lé, n. m.
leader, n. m.
leadership, n. m.
leasing, n. m.
lebel, n. m.
léchage, n. m.
lèche, n. f.
léché, ée, adj.
lèche-cul, n. m. inv.
lèchefrite, n. f.
lécher, v. tr.
lécheur, euse, n. et adj.
lèche-vitrines, n. m.
lécithine, n. f.
leçon, n. f.
lecteur, lectrice, n.
lectorat, n. m.
lecture, n. f.
lécythe, n. m.
ledit, adj.
légal, ale, aux, adj.
légalement, adv.
légalisation, n. f.
légaliser, v. tr.
légalisme, n. m.
légaliste, adj. et n.
légalité, n. f.
légat, n. m.
légataire, n.
légation, n. f.
legato, adv.
lège, adj.
légendaire, adj.
légende, n. f.
légender, v. tr.
léger, ère, adj.
légèrement, adv.
légèreté, n. f.
leggings ou leggins, n. m. pl. ou n. f. pl.
leghorn, n. f.
légiférer, v. intr.
légion, n. f.
légionnaire, n. m.
législateur, trice, n.
législatif, ive, adj. et n.
législation, n. f.
législativement, adv.
législature, n. f.
légiste, n. et adj.
légitimation, n. f.
légitime, adj. et n. f.
légitimement, adv.
légitimer, v. tr.
légitimisme, n. m.
légitimiste, n. et adj.
légitimité, n. f.
legs, n. m.
léguer, v. tr.
légume, n. m. et n. f.
légumier, ière, adj. et n.
légumineuses, n. f. pl.
légumineux, euse, adj. et n.
leishmania ou leishmanie, n. f.
leishmaniose, n. f.
leitmotiv, n. m.
lem, n. m.
lemme, n. m.
lemming, n. m.
lemnacées, n. f. pl.
lemniscate, n. f.
lémure, n. m.
lémuriens, n. m. pl.
lendemain, n. m.
lendit, n. m.
lénifiant, iante, adj.
lénifier, v. tr.
léninisme, n. m.
léniniste, adj. et n.
lénitif, ive, adj. et n. m.
lent, lente, adj.
lente, n. f.
lentement, adv.
lenteur, n. f.
lenticelle, n. f.
lenticulaire ou lenticulé, ée, adj.
lenticule, n. f.
lentiforme, ajd.
lentigo, n. m.
lentille, n. f.
lentillon, n. m.
lentisque, n. m.
lento, adv.
léonin, ine, adj.
léopard, n. m.
lépido-, préf.
lépidodendron, n. m.
lépidolithe, n. m.
lépidoptères, n. m. pl.
lépidosiren ou lépidosirène, n. m.
lépidosteus, n. m.
lépiote, n. f.
lépisme, n. f.
léporides ou léporidés, n. m. pl.
lèpre, n. f.
lépreux, euse, adj. et n.
léproserie, n. f.
lept(o)-, préf.
leptocéphale, n. m.
lepton, n. m.
leptospire, n. m.
leptospirose, n. f.
leptosporange, n. m.
lepture, n. m.
leptynite, n. f.
lequel, laquelle, lesquels lesquelles, duquel, desquels, desquelles, auquel, auxquels, auxquelles, pron. relat. et interrog.
lérot, n. m.
1. les, pron. pers.
2. les, article défini.
lés ou lez, prép.
lesbien, ienne, adj. et n.
lèse, adj. fém.
lèse-majesté, n. f. inv.
léser, v. tr.
lésine, n. f.
lésiner, v. intr.
lésion, n. f.
lésionnel, elle, adj.
lesquels, lesquelles, pron. relat. et interrog.
lessivage, n. m.
lessive, n. f.
lessiver, v. tr.
lessiveuse, n. f.
lest, n. m.
lestage, n. m.
leste, adj.
lestement, adv.
lester, v. tr., v. pron.
let, interj. et adj.
létal ou léthal, ale, aux, adj.
létalité, n. f.
letchi ou litchi ou li-tchi, n. m.
léthal ou létal, adj.
léthargie, n. f.
léthargique, adj.
lette, adj. et n.
lettique, n. m.
letton, onne ou one, adj. et n.
lettre, n. f.
lettré, ée, adj. et n.
lettrine, n. f.
lettrisme, n. m.
lettriste, adj. et n.
1. leu, n. m.
2. leu, lei, n. m.
leuc(o)-, préf.
leucanie, n. f.
leucémie, n. f.
leucémique, adj. et n.
leucine, n. f.
1. leucite, n. f.
2. leucite, n. m.
leucoagglutination, n. f.
leucoblaste, n. m.
leucocytaire, adj.
leucocyte, n. m.
leucocytose, n. f.
leucocyturie, n. f.
leucoderme, adj. et n.
leucoma ou leucome, n. m.
leucopénie, n. f.
leucoplasie, n. f.
leucoplaste, n. m.
leucopoïèse, n. f.
leucorrhée, n. f.
leucose, n. f.
leude, n. m.
1. leur, pron. pers. inv.
2. leur, leurs, adj. et pron. poss.
leurre, n. m.
leurrer, v. tr., v. pron.
levade, n. f.
levage, n. m.
levain, n. m.
levalloisien, ienne, adj. et n. m.
1. levant, ante, adj.
2. levant, n. m.
levantin, ine, adj. et n.
lève, n. f.
1. levé, ée, adj.
2. levé ou lever, n. m.
levée, n. f.
1. lever, v. tr, v. intr., v. pron.
2. lever, n. m.
léviathan, n. m.
levier, n. m.
lévigation, n. f.
léviger, v. tr.
lévirat, n. m.
lévitation, n. f.
1. lévite, n. m.
2. lévite, n. f.
lévogyre, adj.
levraut, n. m.
lèvre, n. f.
levrette, n. f.
levretté, ée, adj.
levretter, v. intr.

lévrier, n. m.
levron, onne, n.
lévulose, n. m.
levure, n. f.
lexème, n. m.
lexical, ale, aux, adj.
lexicalisation, n. f.
lexicaliser, v. tr., v. pron.
lexicographe, n.
lexicographie, n. f.
lexicographique, adj.
lexicologie, n. f.
lexicologique, adj.
lexicologue, n.
lexie, n. f.
lexique, n. m.
lez ou lès, prép.
lézard, n. m.
lézarde, n. f.
lézardé, ée, adj.
lézarder, v. tr., v. intr., v. pron.
L.H., sigle
Li, symbole
li, n. m.
liage, n. m.
liais, n. m.
liaison, n. f.
liaisonner, v. tr.
liane, n. f.
liant, ante, adj. et n. m.
liard, n. m.
lias, n. m.
liasse, n. f.
libage, n. m.
libanais, aise, adj. et n.
libation, n. f.
libelle, n. m.
libellé, n. m.
libeller, v. tr.
libelliste, n. m.
libellule, n. f.
liber, n. m.
libérable, adj. et n. m.
libéral, ale, aux, adj. et n.
libéralement, adv.
libéralisation, n. f.
libéraliser, v. tr.
libéralisme, n. m.
libéralité, n. f.
libérateur, trice, n. et adj.
libération, n. f.
libératoire, adj.
libéré, ée, adj. et n.
libérer, v. tr., v. pron.
libérien, ienne, adj. et n.
libériste, adj. et n.
libéro, n. m.
libéro-ligneux, ligneuse, adj.
libertaire, adj. et n.
liberté, n. f.
liberticide, adj. et n.
libertin, ine, adj. et n.
libertinage, n. m.
liberty, n. m. et adj. inv.
liberty-ship, n. m.
libidinal, ale, aux, adj.
libidineux, euse, adj. et n.
libido, n. f.
libitum, loc. adv.
libouret, n. m.
libraire, n.
librairie, n. f.
libration, n. f.
libre, adj.
libre arbitre, n. m.
libre-échange, n. m.
libre-échangiste, n. et adj.
librement, adv.
libre pensée, n. f.
libre penseur, n. m. et adj.
libre-service, n. m. inv.
librettiste, n.
libretto, n. m.
libyen, libyenne, adj. et n.
1. lice ou lisse, n. f.
2. lice, n. f.
licence, n. f.
licencié, ée, n. et adj.
licenciement, n. m.
licencier, v. tr.
licencieux, ieuse, adj.
lichen, n. m.
licher, v. tr.
lichette, n. f.
licier ou lissier, ière, n. m.
licitation, n. f.
licite, adj.
licitement, adv.
liciter, v. tr.
licol ou licou, n. m.
licorne, n. f.
licteur, n. m.
lido, n. m.
lie, n. f.
lied, lieder, n. m.
lie-de-vin, adj. inv.
liège, n. m.
liégeois, oise, adj. et n.
lien, n. m.
lier, v. tr., v. pron.
lierne, n. f.
lierre, n. m.
liesse, n. f.
lieu, n. m.
lieudit ou lieu-dit, n. m.
lieue, n. f.
lieur, lieuse, n.
lieutenance, n. f.
lieutenant, n. m.
lieutenant-colonel, n. m.
lieutenante, n. f.
lièvre, n. m.
lièvreteau, n. m.
lifter, v. tr.
liftier, n. m.
lifting, n. m.
ligament, n. m.
ligamenteux, euse, adj.
ligase, n. f.
ligature, n. f.
ligaturer, v. tr.
lige, adj.
ligie, n. f.
ligne, n. f.
lignée, n. f.
ligner, v. tr.
ligneul, n. m.
ligneux, euse, adj.
lignicole, adj.
lignification, n. f.
lignifier (se), v. pron.
lignine, n. f.
lignite, n. m.
lignomètre, n. m.
ligot, n. m.
ligoter, v. tr.
ligue, n. f.
liguer, v. tr, v. pron.
ligueur, euse, n.
ligule, n. f.
ligulé, ée, adj.
liguliflores, n. f. pl.
ligure, adj. et n.
ligurien, ienne, adj. et n.
lilas, n. m.
liliacées, n. f. pl.
lilial, ale, aux, adj.
lilium, n. m.
lilliputien,ienne, adj. et n.
limace, n. f.
limaçon, n. m.
limage, n. m.
limagne, n. f.
limaille, n. f.
liman, n. m.
limande, n. f.
limbaire, adj.
limbe, n. m.
limbes, n. m. pl.
lime, n. f.
limer, v. tr.
limes, n. m. inv.
limette, n. f.
limettier, n. m.
limeur, euse, adj. et n.
limicole, adj.
limier, n. m.
liminaire, adj.
liminal, ale, aux, adj.
limitatif, ive, adj.
limitation, n. f.
limite, n. f.
limité, ée, adj.
limiter, v. tr., v. pron.
limiteur, n. m.
limitrophe, adj.
limnée, n. f.
limnologie, n. f.
limogeage, n. m.
limoger, v. tr.
limon, n. m.
limonade, n. f.
limonadier, ière, n.
limonage, n. m.
limonaire, n. m.
limoneux, euse, adj.
limonier, n. m.
limonière, n. f.
limonite, n. f.
limousin, ine, adj. et n.
limousinage, n. f.
limousine, n. f.
limousiner, v. tr.
limpide, adj.
limpidité, n. f.
limule, n. m.
lin, n. m.
linacées, n. f. pl.
linaigrette, n. f.
linaire, n. f.
linceul, n. m.
linçoir ou linsoir, n. m.
linéaire, adj. et n. m.
linéairement, adv.
linéarité, n. f.
linéature, n. f.
linéique, adj.
liner, n. m.
linette, n. f.
linga ou lingam, n. m.
linge, n. m.
lingère, n. f.
lingerie, n. f.
lingot, n. m.
lingotière, n. f.
lingual, ale, aux, adj.
linguatule, n. f.
linguiforme, adj.
linguiste, n.
linguistique, n. f. et adj.
linier, ière, adj. et n.
linière, n. f.
liniment, n. m.
links, n. m. pl.
lino ou linoléum, n. m.
linogravure, n. f.
linoléine, n. f.
linoléique, adj.
linoléum ou lino, n. m.

linon, n. m.
linotte, n. f.
linotype, n. f.
linotypie, n. f.
linotypiste, n.
linsoir ou linçoir, n. m.
linteau, n. m.
lion, lionne, n.
lionceau, n. m.
lip(o)-, préf.
liparidés, n. m. pl.
lipase, n. f.
lipémie, n. f.
lipide, n. m.
lipidique, adj.
lipogenèse, n. f.
lipoïde, adj. et n.
lipolyse, n. f.
lipomatose, n. f.
lipome, n. m.
lipophile, adj.
lipoprotéine, n. f.
liposoluble, adj.
lipothymie, n. f.
lipotrope, adj.
lippe, n. f.
lippée, n. f.
lippu, ue, adj.
liquéfaction, n. f.
liquéfiable, adj.
liquéfiant, iante, adj.
liquéfier, v. tr., v. pron.
liquette, n. f.
liqueur, n. f.
liquidambar, n. m.
liquidateur, trice, n.
liquidatif, ive, adj.
liquidation, n. f.
1. liquide, adj. et n.
2. liquide, adj. et n. m.
liquider, v. tr.
liquidien, ienne, adj.
liquidité, n. f.
liquoreux, euse, adj.
liquoriste, n.
1. lire, v. tr, v. pron.
2. lire, n. f.
lis ou lys, n. m.
lisage, n. m.
lise, n. f.
lisérage, n. m.
liséré ou liseré, n. m.
liserer ou lisérer, v. tr.
liseron, n. m.
liseur, euse, n.
liseuse, n. f.
lisibilité, n. f.
lisible, adj.
lisiblement, adv.
lisier, n. m.
lisière, n. f.
lissage, n. m.
1. lisse, adj.
2. lisse ou lice, n. f.
lissé, ée, adj. et n. m.
lisser, v. tr.
lisseuse, n. f.
lissier ou licier, ière, n. m.
lissoir, n. m.
listage, n. m.
liste, n. f.
listeau ou listel, n. m.
lister, v. tr.
listing, n. m.
lit, n. m.
litage, n. m.
litanie, n. f.
litchi ou letchi ou li-tchi, n. m.
-lite, -lithe, -lithique, suff.
liteau, n. m.
litée, n. f.
liter, v. tr.
literie, n. f.
lith(o)-, préf.
litham ou litsam, n. m.
litharge, n. f.
lithiase, n. f.
lithine, n. f.
lithiné, ée, adj. et n. m.
lithique, adj.
lithium, n. m.
litho-, préf.
litho ou lithographie, n. f.
lithobie, n. f.
lithodome, n. m.
lithographe, n.
lithographie, n. f.
lithographier, v. tr.
lithographique, adj.
lithophage, adj. et n. m.
lithophanie, n. f.
lithopone, n. m.
lithosphère, n. f.
lithuanien ou lituanien,
ienne, adj. et n.
litière, n. f.
litige, n. m.
litigieux, ieuse, adj.
litorne, n. f.
litote, n. f.
1. litre, n. f.
2. litre, n. m.
litron, n. m.
litsam ou litham, n. m.
littéraire, adj. et n.
littérairement, adv.
littéral, ale, aux, adj.
littéralement, adv.
littérarité, n. f.
littérateur, n. m.
littérature, n. f.
littoral, ale, aux, adj. et n. m.
littorine, n. f.
lituanien ou lithuanien,
ienne, adj. et n.
liturgie, n. f.
liturgique, adj.
liturgiste, n. m.
liure, n. f.
livarot, n. m.
livèche, n. f.
livet, n. m.
livide, adj.
lividité, n. f.
living ou living-room, n. m.
livrable, adj.
livraison, n. f.
1. livre, n. m.
2. livre, n. f.
livrée, n. f.
livrer, v. tr., v. pron.
livresque, adj.
livret, n. m.
livreur, euse, n.
lixiviation, n. f.
llanos, n. m. pl.
lm, symbole
ln, symbole
loader, n. m.
lob, n. m.
lobaire, adj.
lobby, ies, n. m.
lobe, n. m.
lobé, ée, adj.
lobectomie, n. f.
lobelia ou lobélie, n. f.
lober, v. intr., v. tr.
lobotomie, n. f.
lobulaire ou lobulé, ée, adj.
lobule, n. m.
lobuleux, euse, adj.
1. local, ale, aux, adj. et n.
2. local, n. m.
localement, adv.
localisable, adj.
localisation, n. f.
localiser, v. tr., v. pron.
localité, n. f.
locataire, n.
1. locatif, ive, adj.
2. locatif, ive, adj. et n. m.
location, n. f.
loch, n. m.
loche, n. f.
lock-out, n. m. inv.
loco-, préf.
locomobile, adj. et n. f.
locomoteur, trice, adj. et n. f.
locomotif, ive, adj.
locomotion, n. f.
locomotive, n. f.
locomotrice, n. f.
locotracteur, n. m.
loculaire ou loculé, ée, adj.
locusta ou locuste, n. f.
locuteur, trice, n.
locution, n. f.
loden, n. m.
lœss, n. m.
lof, n. m.
lofer, v. intr.
loft, n. m.
log, abrév.
Log, abrév.
logarithme, n. m.
logarithmique, adj.
loge, n. f.
logeable, adj.
logement, n. m.
loger, v. intr., v. tr.
logeur, euse, n.
loggia, n. f.
logiciel, n. m.
logicien, ienne, n.
logicisme, n. m.
-logie, -logique, -logiste,
-logue, suff.
logique, n. f. et adj.
logiquement, adv.
logis, n. m.
logisticien, ienne, n.
logistique, n. f. et adj.
logo-, préf.
logo ou logotype, n. m.
logographe, n. m.
logogriphe, n. m.
logomachie, n. f.
logomachique, adj.
logorrhée, n. f.
logos, n. m.
logotype ou logo, n. m.
loi, n. f.
loi-cadre, n. f.
loin, adv.
lointain, aine, adj. et n. m.
loir, n. m.
loisible, adj.
loisir, n. m.
lokoum ou loukoum, n. m.
lollards, n. m. pl.
lombago ou lumbago, n. m.
lombaire, adj.
lombalgie, n. f.
lombard, arde, adj. et n.
lombarthrose, n. f.
lombes, n. f. pl.
lombo-sacré, ée, adj.
lombric, n. m.
londonien, ienne, adj. et n.
londrès, n. m.

long, longue, adj., n. et adv.
longanimité, n. f.
long-courrier, n. m. et adj.
longe, n. f.
longer, v. tr.
longeron, n. m.
longévité, n. f.
longi-, préf.
longicorne, adj. et n. m. pl.
longiligne, adj.
longimétrie, n. f.
longitude, n. f.
longitudinal, ale, aux, adj.
longitudinalement, adv.
long-jointé, ée, adj.
longrine, n. f.
longtemps, adv.
longue, adj. f. et n. f.
longuement, adv.
longuet, ette, adj. et n. m.
longueur, n. f.
longue-vue, n. f.
looch, n. m.
look, n. m.
looping, n. m.
lophobranches, n. m. pl.
lophophore, n. m.
lopin, n. m.
loquace, adj.
loquacité, n. f.
loque, n. f.
-loque, suff.
loquet, n. m.
loqueteau, n. m.
loqueteux, euse, adj. et n.
loran, n. m.
loranthacées, n. f. pl.
lord, n. m.
lord-maire, n. m.
lordose, n. f.
lorette, n. f.
lorgner, v. tr., v. intr.
lorgnette, n. f.
lorgnon, n. m.
lori, n. m.
loricaire, n. m.
loriot, n. m.
loriquet, n. m.
loris, n. m.
lorrain, aine, adj. et n.
lorry, n. m.
lors, adv.
lorsque, conj. de temps
losange, n. m.
losangé, ée, adj.
lot, n. m.
lote ou lotte, n. f.
loterie, n. f.
lotier, n. m.
lotion, n. f.
lotionner, v. tr.
lotir, v. tr.
lotissement, n. m.
lotisseur, euse, n.
loto, n. m.
lotte ou lote, n. f.
lotus, n. m.
louable, adj.
louage, n. m.
louange, n. f.
louanger, v. tr.
louangeur, euse, adj. et n.
loubar ou loubard, n. m.
1. louche, adj.
2. louche, n. f.
louchement, n. m.
loucher, v. intr.
loucherie, n. f.
louchet, n. m.
loucheur, euse, n.
louchon, n. m.
louer, v. tr., v. pron.
loueur, euse, n.
loufa, n. f. ou m.
loufiat, n. m.
loufoque, adj. et n.
loufoquerie, n. f.
lougre, n. m.
louis, n. m.
louise-bonne, n. f.
louis-philippard, arde, adj.
loukoum ou lokoum, n. m.
loulou, n. m.
loup, louve, n.
loup-cerve, n. f.
loup-cervier, n. m.
loupe, n. f.
loupé, ée, adj. et n. m.
louper, v. tr., v. intr.
loup-garou, n. m.
loupiot, iotte, n.
loupiote, n. f.
lourd, lourde, adj., n. et adv.
lourdaud, aude, adj. et n.
lourde, n. f.
lourdement, adv.
lourder, v. tr.
lourdeur, n. f.
lourdingue, adj.
loure, n. f.
lourer, v. tr.
loustic, n. m.
loutre, n. f.
louve, n. f.
louvet, ette, adj.
louveteau, n. m.
louveter, v. intr.
louveterie, n. f.
louvetier, n. m.
louvoiement, n. m.
louvoyage, n. m.
louvoyer, v. intr.
lovelace, n. m.
lover, v. tr., v. pron.
loxodromie, n. f.
loxodromique, adj.
loyal, yale, yaux, adj.
loyalement, adv.
loyalisme, n. m.
loyaliste, adj. et n.
loyauté, n. f.
loyer, n. m.
L.S.D, sigle, n. m.
Lu, symbole
lubie, n. f.
lubricité, n. f.
lubrifiant, iante, adj. et n. m.
lubrification, n. f.
lubrifier, v. tr.
lubrique, adj.
lubriquement, adv.
lucane, n. m.
lucarne, n. f.
1. lucernaire, n. m.
2. lucernaire, n. f.
lucide, adj.
lucidement, adv.
lucidité, n. f.
luciférien, ienne, adj. et n.
luciférine, n. f.
lucilie, n. f.
luciole, n. f.
lucratif, ive, adj.
lucre, n. m.
ludion, n. m.
ludique, adj.
ludisme, n. m.
ludothèque, n. f.
luette, n. f.
lueur, n. f.
luge, n. f.
luger, v. intr.
lugeur, euse, n.
lugubre, adj.
lugubrement, adv.
lui, pron. pers.
luire, v. intr.
luisance, n. f.
luisant, ante, adj.
lumachelle, n. f.
lumbago ou lombago, n. m.
lumen, n. m.
lumière, n. f.
lumignon, n. m.
luminaire, n. m.
luminance, n. f.
luminescence, n. f.
luminescent, ente, adj.
lumineusement, adv.
lumineux, euse, adj.
luminisme, n. m.
luministe, adj. et n.
luminosité, n. f.
lumitype, n. f.
lump, n. m.
lumpenproletariat, n. m.
1. lunaire, adj.
2. lunaire, n. f.
lunaison, n. f.
lunatique, adj. et n.
lunch, n. m.
luncher, v. intr.
lundi, n. m.
lune, n. f.
luné, ée, adj.
lunetier, ière, n. et adj.
lunette, n. f.
lunetterie, n. f.
luni-solaire, adj.
lunule, n. f.
lunure, n. f.
lupanar, n. m.
lupercales, n. f. pl.
lupin, n. m.
lupome, n. m.
lupulin, n. m.
lupuline, n. f.
lupus, n. m.
lurette, n. f.
luron, onne, n.
lusin ou luzin, n. m.
lusitanien, ienne, adj. et n.
lustrage, n. m.
lustral, ale, aux, adj.
lustration, n. f.
lustre, n. m.
lustré, ée, adj.
lustrer, v. tr.
lustrerie, n. f.
lustrine, n. f.
lut, n. m.
lutage, n. m.
lutécium, n. m.
lutéine, n. f.
lutéinisant, ante, adj.
lutéinisation, n. f.
luter, v. tr.
lutétium, n. m.
luth, n. m.
luthéranisme, n. m.
lutherie, n. f.
luthérien, ienne, adj. et n.
luthier, n. m.
luthiste, n.
1. lutin, n. m.
2. lutin, lutine, adj.
lutiner, v. tr.
lutrin, n. m.
lutte, n. f.
lutter, v. intr.

lutteur, euse, n.
lux, n. m.
luxation, n. f.
luxe, n. m.
luxembourgeois, oise, adj. et n.
luxer, v. tr., v. pron.
luxmètre, n. m.
luxueusement, adv.
luxueux, euse, adj.
luxure, n. f.
luxuriance, n. f.
luxuriant, ante, adj.
luxurieux, ieuse, adj.
luzerne, n. f.
luzernière, n. f.
luzin ou lusin, n. m.
luzule, n. f.
Lw, symbole
lx, symbole
lyc(o)-, préf.
lycanthrope, n.
lycanthropie, n. f.
lycaon, n. m.
lycée, n. m.
lycéen, éenne, n. et adj.
lychnis, n. m.
lycope, n. m.
lycoperdon, n. m.
lycopode, n. m.
lycopodiales, n. f. pl.
lycopodinées, n. f. pl.
lycose, n. f.
lyddite, n. f.
lydien, ienne, adj. et n.
lydienne, n. f.
lydite, n. f.
lymphadénie, n. f.
lymphadénite, n. f.
lymphadénome, n. m.
lymphangiome, n. m.
lymphangite, n. f.
lymphatique, adj. et n.
lymphatisme, n. m.
lymphe, n. f.
lymphoblaste, n. m.
lymphoblastique, adj.
lymphocytaire, n. m.
lymphocyte, n. m.
lymphocytopoïèse ou lymphopoïèse, n. f.
lymphocytose, n. f.
lymphogranulomatose, n. f.
lymphographie, n. f.
lymphoïde, adj.
lymphopathie, n. f.
lymphopénie, n. f.
lymphopoïèse ou lymphocytopoïèse, n. f.
lymphoréticulose, n. f.
lymphosarcome, n. m.
lynchage, n. m.
lyncher, v. tr.
lyncheur, euse, n.
lynx, n. m.
lyo-, préf.
lyodéssiccation, n. f.
lyonnais, aise, adj. et n.
lyophile, adj.
lyophilie, n. f.
lyophilisateur, n. m.
lyophilisation, n. f.
lyophiliser, v. tr.
lyophobe, adj.
lyre, n. f.
lyrique, adj. et n. m.
lyriquement, adv.
lyrisme, n. m.
lys ou lis, n. m.
lyse, n. f.
-lyse, suff.
lysergique, adj.
lysimaque, n. f.
lysine, n. f.
lys(o)-, préf.
lysosome, n. m.
lysozyme, n. m.
-lyte, -lytique, suff.
lytique, adj.

m, n. m.
m, symbole
m/s, abrév.
ma, adj. poss. fem. sing.
maboul, oule, adj. et n.
macabre, adj.
macach ou macache ou makach, interj., adv.
macadam, n. m.
macadamiser, v. tr.
macaque, n. m.
macareux, n. m.
macaron, n. m.
macaroni, n. m.
macaronique, adj.
macassar, n. m.
macchabée ou machabée, n. m.
macchiaioli, n. m. pl.
macédoine, n. f.
macédonien, ienne, adj. et n.
macérateur, adj. m. et n. m.
macération, n. f.
macérer, v. tr., v. intr.
macfarlane, n. m.
mach ou Mach, n. m.
machabée ou macchabée, n. m.
machairodus, n. m.
machaon, n. m.
mâche, n. f.
mâchefer, n. m.
mâcher, v. tr.
machette, n. f.
mâcheur, euse, n.
machiavel, n. m.
machiavélique, adj.
machiavélisme, n. m.
mâchicoulis, n. m.
-machie, suff.
machin, ine, n.
machinal, ale, aux, adj.
machinalement, adv.
machination, n. f.
machine, n. f.
machine-outil, n. f.
machiner, v. tr.
machinerie, n. f.
machine-transfert, n. f.
machinisme, n. m.
machiniste, n. m.
machisme, n. m.
machmètre, n. m.
macho, n. m. et adj.
mâchoire, n. f.
mâchonnement, n. m.
mâchonner, v. tr.
mâchouiller, v. tr.
mâchure, n. f.
mâchurer, v. tr.
macis, n. m.
mackintosh, n. m.
1. macle, n. f.
2. macle ou macre, n. f.
maclé, ée, adj.
mâcon, n. m.
maçon, onne, n. et adj.
maçonnage, n. m.
maçonner, v. tr.
maçonnerie, n. f.
maçonnique, adj.
macr(o)-, préf.
macramé, n. m.
macre ou macle, n. f.
macreuse, n. f.
macrobiotique, adj. et n. f.
macrocéphale, adj. et n.
macrocosme, n. m.
macrocystis, n. m.
macrocyte, n. m.
macroéconomie, n. f.
macroéconomique, adj.
macroélément, n. m.
macrographie, n. f.
macrographique, adj.
macromoléculaire, adj.
macromolécule, n. f.
macronucleus, n. m.
macrophage, n. m. et adj.
macrophotographie, n. f.
macropode, n. m. et adj.
macroscélide, n. m.
macroscopique, adj.
macrospore, n. f.
macrostructure, n. f.
macroure, n. m.
macula, n. f.
maculage, n. m.
maculature, n. f.
macule, n. f.
maculer, v. tr.
macumba, n. f.
madame, mesdames, n. f.
madapolam, n. m.
madécasse, adj. et n.
made in, expression inv.
madeleine, n. f.
Madeleine, n. f.
madelonnettes, n. f. pl.
mademoiselle, mesdemoiselles, n. f.
madère, n. m.
madériser, v. tr., v. pr.
madone, n. f.
madrague, n. f.
madras, n. m.
madrasa ou medersa ou médersa, n. f.
madré, ée, adj. et n.
madrépore, n. m.
madréporien, ienne ou madréporique, adj.
madrier, n. m.
madrigal, n. m.
madrilène, adj. et n.
maelstrom ou maelström ou malstrom, n. m.
maërl ou merl, n. m.
maestoso, adv.
maestria, n. f.
maestro, n. m.
maffia ou mafia, n. f.
mafflu, ue, adj.
mafia ou maffia, n. f.
magasin, n. m.
magasinage, n. m.
magasinier, n. m.
magazine, n. m.
magdalénien, ienne, n. m. et adj.
1. mage, n. m.
2. mage ou maje, adj. et n. m.
magenta, n. m. et adj. inv.
maghrébin, ine, adj.
maghzen ou makhzen, n. m.
magicien, ienne, n.
magie, n. f.
magique, adj.
magiquement, adv.
magister, n. m.
magistère, n. m.
magistral, ale, aux, adj.
magistralement, adv.
magistrat, n. m.
magistrature, n. f.
magma, n. m.
magmatique, adj.
magnan, n. m.
magnanarelle, n. f.
magnanerie, n. f.
magnanier, ière, n.
magnanime, adj.
magnanimement, adv.
magnanimité, n. f.
magnat, n. m.
magner (se), v. pron.
magnésie, n. f.
magnésien, ienne, adj.
magnésite, n. f.
magnésium, n. m.
magnétique, adj.
magnétisable, adj.
magnétisant, ante, adj.
magnétisation, n. f.
magnétiser, v. tr.
magnétiseur, euse, n.
magnétisme, n. m.
magnétite, n. f.
magnéto-, préf.
1. magnéto, n. f.
2. magnéto ou magnétophone, n. m.
magnéto-électrique, adj.
magnétohydrodynamique, n. f. et adj.
magnétomètre, n. m.
magnétométrie, n. f.
magnéton, n. m.
magnétophone, n. m.
magnétoscope, n. m.
magnétosphère, n. f.
magnétostriction, n. f.
magnétron, n. m.
magnificat, n. m. inv.
magnificence, n. f.
magnifier, v. tr.
magnifique, adj.
magnifiquement, adv.
magnitude, n. f.
magnolia, n. m.
magnoliacées, n. f. pl.
magnum, n. m.
magot, n. m.
magouillage, n. m.
magouille, n. f.
magouiller, v. intr.
magouilleur, euse, n. et adj.
magret, n. m.
magyar, are, adj. et n.
maharadjah ou maharajah, n. m.
maharani, n. f.
mahâtmâ, n. m.
mahdi, n. m.
mahdiste, adj. et n.
mah-jong, n. m.
mahométan, ane, n. et adj.
mahonia, n. m.
mahonne, n. f.
mahous ou maous, ousse, adj. et n.
mahratte ou marathe, adj. et n.
mai, n. m.
maïa, n. m.
maie, n. f.
maïeur ou mayeur, n. m.
maïeutique, n. f.
1. maigre, adj. et n.
2. maigre, n. m.
maigrelet, ette, adj. et n.
maigrement, adv.

maigreur, n. f.
maigrichon, onne, adj. et n.
maigriot, iotte, adj. et n.
maigrir, v. tr., v. intr.
mail, n. m.
mail-coach, n. m.
mailing, n. m.
maillage, n. m.
maille, n. f.
maillechort, n. m.
mailler, v. tr., v. intr.
maillet, n. m.
mailleton, n. m.
mailloche, n. f.
maillon, n. m.
maillot, n. m.
maillotin, n. m.
maillure, n. f.
main, n. f.
mainate, n. m.
main-d'œuvre, n. f.
main-forte, n. f.
mainlevée, n. f.
mainmise, n. f.
mainmortable, adj.
mainmorte, n. f.
maint, mainte, adj. et pron. indéf.
maintenance, n. f.
maintenant, adv.
mainteneur, n. m.
maintenir, v. tr., v. pron.
maintien, n. m.
maïolique ou majolique, n. f.
maire, n. m.
mairesse, n. f.
mairie, n. f.
mais, adv., conj., interj. et n. m.
maïs, n. m.
maison, n. f.
maisonnée, n. f.
maisonnette, n. f.
maistrance, n. f.
maître, maîtresse, n. et adj.
maître-à-danser, n. m.
maître-assistant, ante, n.
maître-autel, n. m.
maître chanteur, n. m.
maître-chien, n. m.
maîtresse, n. f.
maîtrisable, adj.
maîtrise, n. f.
maîtriser, v. tr., v. pron.
maje ou mage, adj. et n. m.
majesté, n. f.
majestueusement, adv.
majestueux, euse, adj.
majeur, eure, adj. et n.
majolique ou maïolique, n. f.
major, adj. et n. m.
majoral, aux, n. m.
majorant, n. m.
majorat, n. m.
majoration, n. f.
majordome, n. m.
majorer, v. tr.
majorette, n. f.
majoritaire, adj.
majorité, n. f.
majuscule, adj. et n. f.
makach ou maccach ou macache, interj. et adv.
makémono ou makimono, n. m.
makhzen ou maghzen, n. m.
maki, n. m.
makimono ou makémono, n. m.
1. mal, maux, n. m.
2. mal, adv.
3. mal, e, adj.
malabar, n. m. et adj.
malachite, n. f.
malaco-, préf.
malacologie, n. f.
malacoptérygiens, n. m. pl.
malacostracés, n. m. pl.
malade, adj. et n.
maladie, n. f.
maladif, ive, adj.
maladivement, adv.
maladrerie, n. f.
maladresse, n. f.
maladroit, oite, adj. et n.
maladroitement, adv.
malaga, n. m.
malaire, adj.
malais, aise, adj. et n.
malaise, n. m.
malaisé, ée, adj.
malaisément, adv.
malandre, n. f.
malandrin, n. m.
malappris, ise, adj. et n.
malard ou malart, n. m.
malaria, n. f.
malart ou malard, n. m.
malavisé, ée, adj. et n.
malaxage, n. m.
malaxer, v. tr.
malaxeur, n. m.
malayo-polynésien, ienne, adj.
malchance, n. f.
malchanceux, euse, adj. et n.
malcommode, adj.
maldonne, n. f.
mâle, n. m. et adj.
maléate, n. m.
malédiction, n. f.
maléfice, n. m.
maléfique, adj.
maléique, adj.
malékite ou malikite, adj.
malencontreusement, adv.
malencontreux, euse, adj.
mal-en-point ou mal en point, loc. adj. inv.
malentendant, ante, n.
malentendu, n. m.
malfaçon, n. f.
malfaisance, n. f.
malfaisant, ante, adj. et n.
malfaiteur, n. m.
malfamé ou mal famé, ée, adj.
malformation, n. f.
malfrat, n. m.
malgache, adj. et n.
malgracieux, ieuse, adj.
malgré, prép.
malhabile, adj.
malhabilement, adv.
malheur, n. m.
malheureusement, adv.
malheureux, euse, adj. et n.
malhonnête, adj. et n.
malhonnêtement, adv.
malhonnêteté, n. f.
malice, n. f.
malicieusement, adv.
malicieux, ieuse, adj. et n.
malien, ienne, adj. et n.
malignité, n. f.
malikite ou malékite, adj.
1. malin, maligne, adj. et n.
2. malin, n. m.
malingre, adj. et n.
malinois, n. m.
malintentionné, ée, adj.
malique, adj.
mal-jugé, n. m.
malle, n. f.
malléabilité, n. f.
malléable, adj.
malléole, n. f.
malle-poste, n. f.
mallette, n. f.
mallophages, n. m. pl.
malmener, v. tr.
malmignatte, n. f.
malnutrition, n. f.
malodorant, ante, adj.
malonique, adj.
malotru, ue, n.
malouin, ine, adj. et n.
malpighie, n. f.
malpropre, adj. et n.
malproprement, adv.
malpropreté, n. f.
malsain, aine, adj.
malséance, n. f.
malséant, ante, adj.
malsonnant, ante, adj.
malstrom ou maelstrom ou melström, n. m.
malt, n. m.
maltage, n. m.
maltais, aise, adj. et n.
maltaise, n. f.
maltase, n. f.
malté, ée, adj.
malter, v. tr.
malterie, n. f.
malthusianisme, n. m.
malthusien, ienne, adj. et n.
maltose, n. m.
maltôte, n. f.
maltraiter, v. tr.
malus, n. m.
malvacées, n. f. pl.
malveillance, n. f.
malveillant, ante, adj. et n.
malvenu, ue, adj.
malversation, n. f.
malvoisie, n. m.
maman, n. f.
mambo, n. m.
mamelle, n. f.
mamelon, n. m.
mamelonné, ée, adj.
mamelouk ou mameluk, n. m.
mamelu, ue, adj.
mameluk ou mamelouk, n. m.
m'amie ou mamie ou mammy, n. f.
1. mamillaire, adj.
2. mamillaire, n. f.
mammaire, adj.
mammalien, ienne, adj.
mammalogie, n. f.
mammalogiste, n.
mammectomie, n. f.
mammifère, adj. et n. m. pl.
mammite, n. f.
mammographie, n. f.
mammoplastie, n. f.
mammouth, n. m.
mammy ou mamie, n. f.
mamours, n. m. pl.
mam'selle ou mam'zelle, n. f.
man, n. m.
mana, n. m.
manade, n. f.
management, n. m.

1. manager, v. tr.
2. manager ou manageur, n. m.
manant, n. m.
manceau, elle, adj. et n.
mancelle, n. f.
mancenille, n. f.
mancenillier, n. m.
1. manche, n. m.
2. manche, n. f.
mancheron, n. m.
manchette, n. f.
manchon, n. m.
manchonnage, n. m.
manchonner, v. tr.
1. manchot, n. m.
2. manchot, ote, adj. et n.
mancie, n. f.
mandala, n. m.
mandant, ante, n.
mandarin, ine, n. m. et adj.
mandarinal, ale, aux, adj.
mandarinat, n. m.
mandarine, n. f.
mandarinier, n. m.
mandat, n. m.
mandataire, n.
mandatement, n. m.
mandater, v. tr.
mandchou, oue, adj. et n.
mandéen, éenne, adj. et n.
mandéisme, n. m.
mandement, n. m.
mander, v. tr.
mandibulaire, adj.
mandibule, n. f.
mandingue, n. m.
mandole ou mandore, n. f.
mandoline, n. f.
mandoliniste, n.
mandore ou mandole, n. f.
mandorle, n. f.
mandragore, n. f.
mandrill, n. m.
mandrin, n. m.
manducation, n. f.
-mane, suff.
manécanterie, n. f.
manège, n. m.
mânes, n. m. pl.
maneton, n. m.
manette, n. f.
manganate, n. m.
manganèse, n. m.
manganésien, ienne, adj.
manganeux, adj. et n. m.
manganimétrie, n. f.
manganin, n. m.
manganique, adj.
manganite, n. m.
mangeable, adj.
mangeaille, n. f.
mange-disque, n. m.
mangeoire, n. f.
mangeotter, v. tr.
1. manger, v. tr., v. intr., v. pron.
2. manger, n. m.
mange-tout, n. m. et adj. inv.
mangeur, euse, n.
mangeure, n. f.
mangle, n. f.
manglier, n. m.
magner (se) ou manier (se), v. pron.
mangoustan ou mangoustanier, n. m.
mangouste, n. f.
mangrove, n. f.
mangue, n. f.
manguier, n. m.
maniabilité, n. f.
maniable, adj.
maniaco-dépressif, ive, adj. et n.
maniaque, adj. et n.
maniaquerie, n. f.
manichéen, éenne, n. et adj.
manichéisme, n. m.
manichordion, n. m.
manicle ou manique, n. f.
manicorde, n. m.
manie, n. f.
-manie, suff.
maniement, n. m.
1. manier (se) ou magner (se), v. pron.
2. manier, v. tr.
manière, n. f.
maniéré, ée, adj.
maniérisme, n. m.
maniériste, adj. et n.
manieur, euse, n.
manifestant, ante, n.
manifestation, n. f.
1. manifeste, adj.
2. manifeste, n. m.
manifestement, adv.
manifester, v. tr., v. pron., v. intr.
manifold, n. m.
manigance, n. f.
manigancer, v. tr.
maniguette, n. f.
1. manille, n. f.
2. manille, n. m.
manilleur, euse, n.
manillon, n. m.
manioc, n. m.
manipulateur, trice, n.
manipulation, n. f.
manipule, n. m.
manipuler, v. tr.
manique ou manicle, n. f.
manitou, n. m.
manivelle, n. f.
manne, n. f.
mannequin, n. m.
mannite ou mannitol, n. m.
mannose, n. m.
manodétendeur, n. m.
manœuvrabilité, n. f.
manœuvrable, adj.
1. manœuvre, n. f.
2. manœuvre, n.
manœuvrer, v. intr., v. tr.
manœuvrier, ière, n. et adj.
manoir, n. m.
manomètre, n. m.
manométrie, n. f.
manométrique, adj.
manoque, n. f.
manostat, n. m.
manouche, n.
manouvrier, ière, n.
1. manque, adj.
2. manque, n. m.
1. manqué, ée, adj.
2. manqué, n. m.
manquement, n. m.
manquer, v. intr., v. tr. indr., v. tr., v. pron.
mansarde, n. f.
mansardé, ée, adj.
manse, n. f. ou m.
mansion, n. f.
mansuétude, n. f.
mante, n. f.
manteau, n. m.
mantelé, ée, adj.
mantelet, n. m.
mantidés, n. m. pl.
mantille, n. f.
mantisse, n. f.
mantra, n. m.
manucure, n.
1. manuel, elle, adj. et n.
2. manuel, n. m.
manuélin, ine, adj.
manuellement, adv.
manufacturable, adj.
manufacture, n. f.
manufacturer, v. tr.
manufacturier, ière, adj. et n.
manu militari, loc. adv.
manumission, n. f.
manuscrit, ite, adj. et n. m.
manutention, n. f.
manutentionnaire, n.
manutentionner, v. tr.
manuterge, n. m.
manzanilla, n. m.
maoïsme, n. m.
maoïste, adj. et n.
maori, ie, adj. et n.
maous ou mahous, ousse, adj. et n.
mappemonde, n. f.
maquer (se), v. pron.
1. maquereau, n. m.
2. maquereau, elle, n.
maquette, n. f.
maquettiste, n.
maquignon, n. m.
maquignonnage, n. m.
maquignonner, v. tr.
maquillage, n. m.
maquiller, v. tr., v. pron.
maquilleur, euse, n.
maquis, n. m.
maquisard, n. m.
marabout, n. m.
maracas, n. m. pl.
maraîchage, n. m.
maraîcher, ère, n. et adj.
maraîchin, ine, adj. et n.
marais, n. m.
maranta ou marante, n. f.
marasme, n. m.
marasque, n. f.
marasquin, n. m.
marathe ou mahratte, adj. et n.
marathon, n. m.
marathonien, n. m.
marâtre, n. f.
marattiales, n. f. pl.
maraud, aude, n.
maraudage, n. m.
maraude, n. f.
marauder, v. intr., v. tr.
maraudeur, euse, n.
maravédis, n. m.
marbre, n. m.
marbré, ée, adj.
marbrer, v. tr.
marbrerie, n. f.
marbreur, euse, n.
marbrier, ière, n. m. et adj.
marbrière, n. f.
marbrure, n. f.
marc, n. m.
marcassin, n. m.
marcassite, n. f.
marcation, n. f.
marcescence, n. f.
marcescent, ente, adj.
marcescible, adj.
marchand, ande, n. et adj.

marchandage, n. m.
marchander, v. tr.
marchandeur, euse, n.
marchandisage, n. m.
marchandise, n. f.
marchant, ante, adj.
marchantia ou marchantie, n. f.
marche, n. f.
marché, n. m.
marchepied, n. m.
marcher, v. intr.
marcheur, euse, n.
marconi, adj. inv.
marcottage, n. m.
marcotte, n. f.
marcotter, v. tr.
mardi, n. m.
mare, n. f.
marécage, n. m.
marécageux, euse, adj.
maréchal, aux, n. m.
maréchalat, n. m.
maréchale, n. f. et adj.
maréchalerie, n. f.
maréchal-ferrant, n. m.
maréchaussée, n. f.
marée, n. f.
marégraphe, n. m.
marelle, n. f.
maremme, n. f.
marémoteur, trice, adj.
marengo, n. inv.
marennes, n. f.
mareyage, n. m.
mareyeur, yeuse, n.
marfil ou morfil, n. m.
margarine, n. f.
margauder ou margoter ou margotter, v. intr.
margay, n. m.
marge, n. f.
margelle, n.f .
marger, v. tr.
margeur, n. m.
marginal, ale, aux, adj. et n.
marginalement, adv.
marginaliser, v. tr.
marginalisme, n. m.
marginalité, n. f.
margis, n. m.
margoter ou margotter ou margauder, v. intr.
margotin, n. m.
margouillis, n. m.
margoulette, n. f.
margoulin, n. m.
margrave, n. m.
margraviat, n. m.
marguerite, n. f.
marguillier, n. m.
mari, n. m.
mariable, adj.
mariage, n. m.
marial, ale, als ou aux, adj.
marianistes, n. m. pl.
marié, ée, adj. et n.
marie-couche-toi-là, n. f. inv.
marie-jeanne, n. f.
marier, v. tr., v. pron.
marie-salope, n. f.
marieur, ieuse, n.
marigot, n. m.
marihuana ou marijuana, n. f.
marin, ine, adj. et n. m.
marina, n. f.
marinade, n. f.
1. marine, n. f.
2. marine, n. m.
mariné, ée, adj.
mariner, v. tr., v. intr.
maringouin, n. m.
1. marinier, ière, adj.
2. marinier, ière, n.
marinière, n. f.
mariol ou mariolle, adj. et n.
mariologie, n. f.
marionnette, n. f.
marionnettiste, n.
marisque, n. f.
mariste, n. m.
marital, ale, aux, adj.
maritalement, adv.
maritime, adj.
maritorne, n. f.
marivaudage, n. m.
marivauder, v. intr.
marjolaine, n. f.
mark, n. m.
marketing, n. m.
marli, n. m.
marlou, n. m.
marmaille, n. f.
marmelade, n. f.
marmenteau, adj. m. et n. m.
marmite, n. f.
marmitée, n. f.
marmiton, n. m.
marmonnement, n. m.
marmonner, v. tr.
marmoréen, éenne, adj.
marmoriser, v. tr.
marmot, n. m.
marmotte, n. f.
marmottement, n. m.
marmotter, v. tr.
marmotteur, euse, adj. et n.
marmouset, n. m.
marnage, n. m.
marne, n. f.
marner, v. tr., v. intr.
marneur, n. m.
marneux, euse, adj.
marnière, n. f.
marocain, aine, adj. et n.
maroilles ou marolles, n. m.
maronite, n. et adj.
maronner, v. intr.
maroquin, n. m.
maroquinage, n. m.
maroquiner, v. tr.
maroquinerie, n. f.
maroquinier, n. m.
marotique, adj.
marotte, n. f.
marouette, n. f.
marouflage, n. m.
1. maroufle, n. m.
2. maroufle, n. f.
maroufler, v. tr.
maroute, n. f.
marquage, n. m.
marquant, ante, adj.
marque, n. f.
marqué, ée, adj.
marquer, v. tr., v. intr.
marqueter, v. tr.
marqueterie, n. f.
marqueteur, n. m.
marqueur, euse, n.
marquis, n. m.
marquisat, n. m.
marquise, n. f.
marquoir, n. m.
marraine, n. f.
marrane, n. m.
marrant, ante, adj. et n.
marre, adv.
marrer (se), v. pron.
marri, ie, adj.
1. marron, n. m. et adj. inv.
2. marron, onne, adj.
marronner, v. intr.
marronnier, n. m.
marrube, n. m.
mars, n. m.
marsala, n. m.
marsault ou marseau, n. m.
marseillais, aise, adj. et n.
marsouin, n. m.
marsupial, iale, iaux, adj. et n. m. pl.
marsupium, n. m.
martagon, n. m.
marte ou martre, n. f.
marteau, n. m. et adj. m. inv.
marteau-pilon, n. m.
martel, n. m.
martelage, n. m.
martelé, ée, adj.
martèlement, n. m.
marteler, v. tr.
marteleur, n. m.
martensite, n. f.
martial, ale, aux, adj.
martialement, adv.
martien, ienne, adj. et n.
martin-chasseur, n. m.
martinet, n. m.
martingale, n. f.
martiniquais, aise, adj. et n.
martin-pêcheur, n. m.
martre ou marte, n. f.
martyr, yre, n.
martyre, n. m.
martyriser, v. tr.
martyrium, n. m.
martyrologe, n. m.
marxien, ienne, adj.
marxisant, ante, adj. et n.
marxisme, n. m.
marxiste, adj. et n.
marxologue, n. m.
maryland, n. m.
mas, n. m. inv.
mascarade, n. f.
mascaret, n. m.
mascaron, n. m.
mascotte, n. f.
masculin, ine, adj. et n. m.
masculiniser, v. tr.
masculinité, n. f.
maser, n. m.
masochisme, n. m.
masochiste, adj. et n.
masque, n. m.
masqué, ée, adj.
masquer, v. tr., v. intr.
massacrant, ante, adj.
massacre, n. m.
massacrer, v. tr., v. pron.
massacreur, euse, n.
massage, n. m.
masse, n. f.
massé, n. m.
masselotte, n. f.
massepain, n. m.
masser, v. tr., v. pron.
masséter, n. m.
massette, n. f.
masseur, euse, n.
massicot, n. m.
massicoter, v. tr.
massier, n. m.
massier, ière, n.
1. massif, ive, adj.
2. massif, n. m.
massique, adj.

mass-média ou **media** ou **média** ou **médias**, n. m. pl.
massorah ou **massore**, n. f.
massorète, n. m.
massorétique, adj.
massue, n. f.
mastaba, n. m.
mastic, n. m.
masticage, n. m.
masticateur, trice, adj.
mastication, n. f.
masticatoire, n. m. et adj.
mastiff, n. m.
mastiquer, v. tr.
mastite, n. f.
mastoc, adj. inv. et n. m.
mastocyte, n. m.
mastodonte, n. m.
mastoïde, adj., n. f.
mastoïdien, ienne, adj.
mastoïdite, n. f.
mastroquet, n. m.
masturbation, n. f.
masturber, v. tr. et v. pron.
m'as-tu-vu, n. m. inv. et adj. inv.
masure, n. f.
1. **mat**, n. m. et adj. inv.
2. **mat, mate**, adj.
mât, n. m.
matador, n. m.
mataf, n. m.
matage, n. m.
matamore, n. m.
match, n. m.
maté, n. m.
matefaim, n. m. inv.
matelas, n. m.
matelassé, ée, adj.
matelasser, v. tr.
matelassier, ière, n.
matelassure, n. f.
matelot, n. m.
matelotage, n. m.
matelote, n. f.
1. **mater**, v. tr.
2. **mater** ou **matter** ou **matir**, v. tr.
mâter, v. tr.
matereau, n. m.
matérialisation, n. f.
matérialisé, ée, adj.
matérialiser, v. tr., v. pron.
matérialisme, n. m.
matérialiste, adj. et n.
matérialité, n. f.
matériau, n. m. sing.
matériaux, n. m. pl.
matériel, elle, adj. et n. m.
matériellement, adv.
maternage, n. m.
maternel, elle, adj.
maternelle, n. f.
maternellement, adv.
materner, v. tr.
maternité, n. f.
math ou **maths**, abrév., n. f. pl.
mathématicien, ienne, n.
mathématique, adj. et n. f.
mathématiquement, adv.
matheux, euse, n.
maths ou **math**, abrév., n. f. pl.
matière, n. f.
matin, n. m. et adv.
1. **mâtin**, n. m.
2. **mâtin !**, interj.
3. **mâtin, ine**, n.
matinal, ale, aux, adj. et n.
matinalement, adv.
mâtiné, ée, adj.
matinée, n. f.
mâtiner, v. tr.
matines, n. f. pl.
matir ou **mater** ou **matter**, v. tr.
matité, n. f.
matoir, n. m.
matois, oise, adj. et n.
maton, onne, n.
matou, n. m.
matraquage, n. m.
matraque, n. f.
matraquer, v. tr.
matraqueur, euse, adj. et n.
matras, n. m.
matriarcal, ale, aux, adj.
matriarcat, n. m.
matriçage, n. m.
matricaire, n. f.
matrice, n. f.
matricer, v. tr.
1. **matricide**, adj. et n.
2. **matricide**, n. m.
matriciel, ielle, adj.
matricule, n. et adj.
matriculer, v. tr.
matrilinéaire, adj.
matrilocal, ale, aux, adj.
matrimonial, iale, iaux, adj.
matrimonialement, adv.
matrone, n. f.
matronymat, n. m.
matronyme, n. m.
matronymique, adj.
matte, n. f.
matter ou **mater** ou **matir**, v. tr.
matthiole, n. f.
maturation, n. f.
mature, adj.
mâture, n. f.
maturité, n. f.
matutinal, ale, aux, adj.
maubèche, n. f.
maudire, v. tr.
maudit, ite, adj. et n.
maugréer, v. intr.
maul, n. m.
maurandie, n. f.
maure, aure ou **auresque** ou **more, oresque**, n. et adj.
maurelle, n. f.
mauresque ou **moresque**, ou **maure**, n. f. et adj.
mauser, n. m.
mausolée, n. m.
maussade, adj.
maussadement, adv.
maussaderie, n. f.
mauvais, aise, adj., n. m. et adv.
mauvaiseté, n. f.
mauve, n. et adj.
mauvéine, n. f.
mauviette, n. f.
mauvis, n. m.
maxi-, préf.
maxillaire, n. m. et adj.
maxille, n. m.
maxima, n. m. pl. ou adj. f.
maximal, ale, aux, adj. et n.
maximaliste, n.
maxime, n. f.
maximiser, v. tr.
maximum, maximums ou **maxima**, n. m. et adj.
maxwell, n. m.
maya, adj. et n.
mayeur ou **maïeur**, n. m.
mayonnaise, n. f.
mazagran, n. m.
mazarinade, n. f.
mazdéen, éenne, adj.
mazdéisme, n. m.
mazette, n. f. et interj.
mazout, n. m.
mazoutage, n. m.
mazouter, v. intr., v. tr.
mazurka, n. f.
Md, symbole.
me, pron. pers.
mé-, més-, préf.
mea-culpa, n. m. inv.
méandre, n. m.
méandreux, euse, adj.
méandrine, n. f.
méat, n. m.
mec, n. m.
mécanicien, ienne, n. et adj.
mécanique, adj. et n. f.
mécaniquement, adv.
mécanisation, n. f.
mécaniser, v. tr.
mécanisme, n. m.
mécaniste, adj. et n.
mécano, abrév. et n. m.
mécano-, préf.
mécanographe, n.
mécanographie, n. f.
mécanographique, adj.
mécanothérapie, n. f.
mécénat, n. m.
mécène, n. m.
méchage, n. m.
méchamment, adv.
méchanceté, n. f.
méchant, ante, adj. et n.
1. **mèche**, n. f.
2. **mèche**, n. f. inv.
mécher, v. tr.
mécheux, euse, adj.
méchoui, n. m.
mechta, n. f.
mécompte, n. m.
méconduire (se), v. pron.
méconium, n. m.
méconnaissable, adj.
méconnaissance, n. f.
méconnaître, v. tr.
méconnu, ue, adj. et n.
mécontent, ente, adj. et n.
mécontentement, n. m.
mécontenter, v. tr.
mécoptères, n. m. pl.
mécoptéroïdes, n. m. pl.
mécréant, ante, adj. et n.
mecton, n. m.
médaille, n. f.
médailler, v. tr.
médailleur, n. m.
médaillier, n. m.
médailliste, n.
médaillon, n. m.
mède, adj. et n.
médecin, n. m.
médecine, n. f.
medecine-ball, n. m.
medersa ou **médersa** ou **madrasa**, n. f.
media ou **média** ou **médias** ou **mass-média**, n. m. pl.
médial, iale, iaux, adj. et n. f.
médian, iane, adj. et n.
médianoche, n. m.
médiante, n. f.
médiastin, n. m.
médiat, iate, adj.
1. **médiateur, trice**, n. et adj.
2. **médiateur**, n. m.
médiation, n. f.

médiatisation, n. f.
médiatiser, v. tr.
médiator, n. m.
médiatrice, n. f.
médical, ale, aux, adj.
médicalement, adv.
médicalisation, n. f.
médicaliser, v. tr.
médicament, n. m.
médicamenteux, euse, adj.
médicastre, n. m.
médication, n. f.
médicinal, ale, aux, adj.
médico-, préf.
médico-légal, ale, aux, adj.
médico-social, iale, iaux, adj.
médiéval, ale, aux, adj.
médiéviste, n.
médina, n. f.
médio-, préf.
médiocre, adj. et n.
médiocrement, adv.
médiocrité, n. f.
médique, adj.
médire, v. intr.
médisance, n. f.
médisant, ante, adj. et n.
méditatif, ive, adj. et n.
méditation, n. f.
méditer, v. tr.
méditerrané, ée, adj. et n. f.
méditerranéen, éenne, adj. et n.
médium, n. m.
médiumnique, adj.
médiumnité, n. f.
médius, n. m.
médoc, n. m.
médullaire, adj.
médulloblastome, n. m.
médullosurrénale, n. f.
méduse, n. f.
méduser, v. tr.
meeting, n. m.
méfait, n. m.
méfiance, n. f.
méfiant, ante, adj. et n.
méfier (se), v. pron.
méforme, n. f.
meg-, méga-, préf.
mégacalorie, n. f.
mégacaryoblaste, n. m.
mégacaryocyte, n. m.
mégacéros, n. m.
mégacôlon, n. m.
mégacycle, n. m.
mégaélectronvolt, n. m.
mégahertz, n. m.
mégal(o)-, préf.
-mégalie, suff.
mégalithe, n. m.
mégalithique, adj.
mégaloblaste, n. m.
mégalomane, adj. et n.
mégalomanie, n. f.
mégalopole, n. f.
mégaparsec, n. m.
mégaphone, n. m.
mégapode, n. m.
mégapodiidés, n. m. pl.
mégaptère, n. m.
mégarde, n. f.
mégathérium, n. m.
mégatonne, n. f.
mégawatt, n. m.
mégawattheure, n. m.
mégère, n. f.
mégir ou mégisser, v. tr.
mégis, n. m. et adj.
mégisser ou mégir, v. tr.
mégisserie, n. f.
mégissier, n. m.
mégohm, n. m.
mégohmmètre, n. m.
mégot, n. m.
mégotage, n. m.
mégoter, v. intr.
méhari, n. m.
méhariste, n. m.
meïji, adj.
meilleur, eure, adj. n. et adv.
méiose, n. f.
méiospore, n. f.
meistre ou mestre, n. m.
méjanage, n. m .
méjuger, v. tr., v. pron.
melæna ou méléna, n. m.
méla-, mélan-, mélano-, préf.
mélamine, n. f.
mélampyre, n. m.
mélancolie, n. f.
mélancolique, adj. et n.
mélancoliquement, adv.
mélanésien, ienne, adj. et n.
mélange, n. m.
mélanger, v. tr.
mélangeur, euse, n.
mélanine, n. f.
mélanique, adj.
mélanisme, n. m.
mélano-, préf.
mélanocyte, n. m.
mélanoderme, adj. et n.
mélanodermie, n. f.
mélano-indien, ienne, adj. et n.
mélanome, n. m.
mélanose, n. f.
mélasse, n. f.
melba, adj. inv.
melchior, n. m.
melchite ou melkite, n.
méléagrine, n. f.
mêlé-cass(e) ou mêlé-cassis, n. m.
mêlée, n. f.
méléna ou melæna, n. m.
mêler, v. tr., v. pron.
mélèze, n. m.
mélia, n. m.
méliacées, n. f. pl.
mélilot, n. m.
méli-mélo, n. m.
mélinite, n. f.
mélioratif, ive, adj. et n. m.
1. mélique, adj.
2. mélique, n. f.
mélisse, n. f.
mélitte, n. f.
melkite ou melchite, n.
mellah, n. m.
mellifère, adj.
mellification, n. f.
mellifique, adj.
melliflue, adj.
mellite, n. m.
mélo, abrév., n. m.
mélodie, n. f.
mélodieusement, adv.
mélodieux, ieuse, adj.
mélodique, adj.
mélodiste, n.
mélodramatique, adj.
mélodrame, n. m.
méloé, n. m.
mélomane, n. et adj.
melon, n. m.
melonnière, n. f.
mélopée, n. f.
mélophage, n. m.
melting-pot, n. m.
mélusine, n. f.
membrane, n. f.
membraneux, euse, adj.
membranule, n. f.
membre, n. m.
membré, ée, adj.
membron, n. m.
membru, ue, adj.
membrure, n. f.
mémé, n. f.
même, adj. pron. et adv.
mêmement, adv.
mémento, n. m.
mémère, n. f.
1. mémoire, n. f.
2. mémoire, n. m.
mémorable, adj.
mémorandum, n. m.
mémorial, n. m.
mémorialiste, n.
mémorisation, n. f.
mémoriser, v. tr.
menaçant, ante, adj.
menace, n. f.
menacer, v. tr.
ménade, n. f.
ménage, n. m.
ménagement, n. m.
1. ménager, v. tr., v. pron.
2. ménager, ère, adj.
ménagère, n. f.
ménagerie, n. f.
menchevik, n. m.
mendélévium, n. m.
mendélien, ienne, adj.
mendiant, iante, n. et adj. m.
mendicité, n. f.
mendier, v. intr., v. tr.
mendigot, ote, n.
mendigoter, v. intr., v. tr.
meneau, n. m.
menées, n. f. pl.
mener, v. tr., v. intr.
ménestrel, n. m.
ménétrier, n. m.
meneur, euse, n.
menhir, n. m.
menin, ine, n.
méninge, n. f.
méningé, ée, adj.
méningiome, n. m.
méningite, n. f.
méningococcie, n. f.
méningocoque, n. m.
méniscal, ale, aux, adj.
ménisque, n. m.
mennonite, n.
ménologe, n. m.
ménopause, n. f.
ménopausée, adj. f.
ménopausique, adj.
ménorragie, n. f.
ménorrhée, n. f.
menotte, n. f.
mense, n. f.
mensonge, n. m.
mensonger, ère, adj.
mensongèrement, adv.
menstruation, n. f.
menstruel, elle, adj.
menstrues, n. f. pl.
mensualisation, n. f.
mensualiser, v. tr.
mensualité, n. f.
mensuel, elle, adj. et n.

mensuellement, adv.
mensuration, n. f.
-ment, suff.
mental, ale, aux, adj. et n. m.
mentalement, adv.
mentalité, n. f.
menterie, n. f.
menteur, euse, n. et adj.
menthe, n. f.
menthol, n. m.
mentholé, ée, adj.
menthyle, n. m.
mention, n. f.
mentionner, v. tr.
mentir, v. intr., v. tr.
mentisme, n. m.
menton, n. m.
mentonnet, n. m.
mentonnière, n. f.
mentor, n. m.
1. menu, ue, adj. et adv.
2. menu, n. m.
menuet, n. m.
menuise, n. f.
menuiser, v. tr.
menuiserie, n. f.
menuisier, n. m.
ménure, n. m.
menu-vair, n. m.
ményanthe, n. m.
méphistophélique, adj.
méphitique, adj.
méphitisme, n. m.
méplat, ate, adj. et n. m.
méprendre (se), v. pron.
mépris, n. m.
méprisable, adj.
méprise, n. f.
mépriser, v. tr., v. pron.
mer, n. f.
mer-air, adj. inv.
mercanti, n. m.
mercantile, adj.
mercantilisme, n. m.
mercantiliste, n. et adj.
mercaptan, n. m.
mercenaire, adj. et n.
mercerie, n. f.
mercerisage, n. m.
merceriser, v. tr.
merchandising, n. m.
1. merci, n. f.
2. merci, n. m.
mercier, ière, n.
mercredi, n. m.
mercure, n. m.
mercureux, adj. m.
mercurey, n. m.
mercuriale, n. f.
mercuriel, ielle, adj.
mercurien, ienne, adj.
mercurique, adj.
mercurochrome, n. m.
merde, n. f. et interj.
merder, v. intr.
merdeux, euse, adj. et n.
merdier, n. m.
merdique, adj.
merdoyer, v. intr.
1. mère, n. f.
2. mère, adj. f.
-mère, suff.
mère-grand, n. f.
merguez, n. f.
mergule, n. m.
méridien, ienne, adj. et n. m.
méridienne, n. f.
méridional, ale, aux, adj. et n.
-mérie, suff.
meringue, n. f.
meringuer, v. tr.
mérinos, n. m.
merise, n. f.
merisier, n. m.
méristème, n. m.
méritant, ante, adj.
mérite, n. m.
mériter, v. tr., v. tr. indir.
méritocratie, n. f.
méritoire, adj.
merl ou maërl, n. m.
merlan, n. m.
merle, n. m.
merlette, n. f.
merlin, n. m.
merlon, n. m.
merlu ou merlus, n. m.
merluche, n. f.
merlus ou merlu, n. m.
mer-mer, adj. inv.
méro-, préf.
mérostomes, n. m. pl.
mérou, n. m.
mérovingien, ienne, adj. et n.
merrain, n. m.
mer-sol, adj. inv.
mérule, n. m. ou f.
merveille, n. f.
merveilleusement, adv.
merveilleux, euse, adj. et n. m.
merveilleuse, n. f.
merycisme, n. m.
merzlota, n. f.
mes, adj. poss. pl.
més-, préf.
mesa, n. f.
mésalliance, n. f.
mésallier (se), v. pron.
mésange, n. f.
mésangette, n. f.
mésaventure, n. f.
mescaline, n. f.
mesdames, n. f. pl.
mesdemoiselles, n. f. pl.
mésencéphale, n. m.
mésenchyme, n. m.
mésentente, n. f.
mésentère, n. m.
mésentérique, adj.
mésestime, n. f.
mésestimer, v. tr.
mésintelligence, n. f.
méso-, préf.
mésoblaste, n. m.
mésocarpe, n. m.
mésoderme, n. m.
mésolithique, adj. et n. m.
mésomère, adj.
mésomérie, n. f.
mésomorphe, adj.
méson, n. m.
mésonique, adj.
mésopotamien, ienne, adj. et n.
mésosphère, n. f.
mésothérapie, n. f.
mésothorax, n. m.
mésothorium, n. m.
mésozoïque, adj. et n. m.
mesquin, ine, adj.
mesquinement, adv.
mesquinerie, n. f.
mess, n. m.
message, n. m.
messager, ère, n.
messagerie, n. f.
messaline, n. f.
messe, n. f.
messeigneurs, n. m. pl.
messeoir, v. intr.
messianique, adj.
messianisme, n. m.
messidor, n. m.
messie, n. m.
messieurs, n. m. pl.
messin, ine, adj. et n.
messire, n. m.
1. mestre ou meistre, n. m.
2. mestre, n. m.
mesurable, adj.
mesurage, n. m.
mesure, n. f.
mesuré, ée, adj.
mesurer, v. tr., v. intr., v. pron.
mesureur, n. m.
mésuser, v. tr. ind.
mét(a)-, préf.
méta, n. m.
métabole, adj.
métabolique, adj.
métabolisme, n. m.
métabolite, n. m.
métacarpe, n. m.
métacarpien, ienne, adj. et n. m.
métacentre, n. m.
métairie, n. f.
métal, aux, n. m.
métalangage, n. m.
métalangue, n. f.
métaldéhyde, n. m. ou f.
métalinguistique, adj.
métallescent, ente, adj.
métallifère, adj.
métallique, adj.
métallisation, n. f.
métallisé, ée, adj.
métalliser, v. tr.
métallo, abrév., n. m.
métallo-, préf.
métallographie, n. f.
métallographique, adj.
métalloïde, n. m.
métalloplastique, adj.
métallurgie, n. f.
métallurgique, adj.
métallurgiste, adj. et n. m.
métalogique, adj. et n. f.
métamathématique, n. f. et adj.
métamère, n. m.
métamérisé, ée, adj.
métamorphique, adj.
métamorphiser, v. tr.
métamorphisme, n. m.
métamorphosable, adj.
métamorphose, n. f.
métamorphoser, v. tr., v. pron.
métaphase, n. f.
métaphore, n. f.
métaphorique, adj.
métaphoriquement, adv.
métaphosphorique, adj.
métaphyse, n. f.
métaphysicien, ienne, n.
métaphysique, n. f. et adj.
métaplasie, n. f.
métapsychique, n. f. et adj.
métastable, adj.
métastase, n. f.
métatarse, n. m.
métatarsien, ienne, adj. et n. m.
métathériens, n. m. pl.
métathèse, n. f.
métathorax, n. m.

métayage, n. m.
métayer, yère, n.
métazoaire, n. m.
méteil, n. m.
métempsycose, n. f.
météo, abrév., n. f. et adj. inv.
météore, n. m.
météorique, adj.
météorisation, n. f.
météoriser, v. tr.
météorisme, n. m.
météorite, n. m. ou f.
météoritique, adj.
météorologie, n. f.
météorologique, adj.
météorologiste ou météorologue, n.
métèque, n. m.
méthacrylique, adj.
méthadone, n. f.
méthanal, n. m.
méthane, n. m.
méthanier, n. m.
méthanol, n. m.
méthémoglobine, n. f.
méthionine, n. f.
méthode, n. f.
méthodique, adj.
méthodiquement, adv.
méthodisme, n. m.
méthodiste, adj. et n.
méthodologie, n. f.
méthodologique, adj.
méthylacrylique, adj.
méthyle, n. m.
méthylène, n. m.
méthylique, adj.
méthylorange, n. m.
méticuleusement, adv.
méticuleux, euse, adj. et n.
méticulosité, n. f.
métier, n. m.
métis, isse, adj. et n.
métissage, n. m.
métisser, v. tr.
métonymie, n. f.
métonymique, adj.
métope, n. f.
métrage, n. m.
métré, n. m.
mètre, n. m.
-mètre, -métrie, -métrique, suff.
mètre-newton, n. m.
métrer, v. tr.
métreur, euse, n.
métricien, ienne, n.
1. métrique, adj.
2. métrique, n. f. et adj.
métrite, n. f.
métro, abrév., n. m.
métro-, préf.
métrologie, n. f.
métrologique, adj.
métronome, n. m.
métropole, n. f.
1. métropolitain ou métro, n. m.
2. métropolitain, adj. m. et n. m.
3. métropolitain, aine, adj. et n.
métropolite, n. m.
métrorragie ou métrorrhagie, n. f.
mets, n. m.
mettable, adj.
metteur, euse, n.
mettre, v. tr., v. pron.
meublant, ante, adj.
1. meuble, adj.
2. meuble, n. m.
meublé, ée, adj et n. m.
meubler, v. tr., v. pron.
meuglement, n. m.
meugler, v. intr.
meulage, n. m.
meule, n. f.
meuler, v. tr.
meulette, n. f.
1. meulier, n. m.
2. meulier, ière, adj. et n. f.
meulon, n. m.
meunerie, n. f.
1. meunier, ière, n.
2. meunier, n. m.
meunière, n. f.
meursault, n. m.
meurt-de-faim, n. inv.
meurtre, n. m.
meurtrier, ière, n. et adj.
meurtrière, n. f.
meurtrir, v. tr.
meurtrissure, n. f.
meute, n. f.
MeV, symbole
mévente, n. f.
mézigue, pron. pers.
mezzanine, n. f.
mezza-voce, loc. adv.
mezzo-soprano, n. m., n. f.
mezzo-tinto, n. m. inv.
mg, symbole
Mg, symbole
mgr, symbole
mi-, préf.
mi, n. m. inv.
miaou, n. m.
miasme, n. m.
miaulement, n. m.
miauler, v. intr.
miauleur, euse, adj. et n.
mi-bas, n. m. inv.
mi-bois (à), loc. adv.
mica, n. m.
micacé, ée, adj.
mi-carême, n. f.
micaschiste, n. m.
micellaire, adj.
micelle, n. f.
miche, n. f.
miché, n. m.
micheline, n. f.
mi-chemin (à), loc. adv.
micheton, n. m.
mi-clos, -close, adj.
micmac, n. m.
micocoulier, n. m.
mi-corps (à), loc. adv.
mi-côte (à), loc. adv.
micro-, préf.
micro, abrév. et n.
micro-ampère, n. m.
micro-ampèremètre, n. m.
micro-analyse, n. f.
microbalance, n. f.
microbande, n. f.
microbe, n. m.
microbien, ienne, adj.
microbiologie, n. f.
microbiologiste, n.
microcéphale, adj. et n.
microchimie, n. f.
microchirurgie, n. f.
microclimat, n. m.
microcline, n. f.
microcomposant, n. m.
microcoque, n. m.
microcosme, n. m.
micro-économie, n. f.
micro-électronique, n. f.
micro-élément, n. m.
microfiche, n. f.
microfilm, n. m.
microfilmer, v. tr.
micrographie, n. f.
micrographique, adj.
microgrenu, ue, adj.
microlite ou microlithe, n. m.
microlithique ou microlitique, adj.
micromanipulation, n. f.
micromécanique, n. f.
micromètre, n. m.
micrométrie, n. f.
micrométrique, adj.
microminiaturisation, n. f.
microminiaturiser, v. tr.
micromodule, n. m.
micron, n. m.
micronésien, ienne, adj. et n.
micronucleus, n. m.
micro-onde, n. f.
micro-ordinateur, n. m.
micro-organisme ou microorganisme, n. m.
microphone, n. m.
microphonique, adj.
microphotographie, n. f.
microphysique, n. f.
microprocesseur, n. m.
micropsie, n. f.
micropyle, n. m.
microradiomètre, n. m.
microscope, n. m.
microscopie, n. f.
microscopique, adj.
microseconde, n. f.
microsillon, n. m.
microsonde, n. f.
microsporange, n. m.
microspore, n. f.
microtome, n. m.
miction, n. f.
midi, n. m.
midinette, n. f.
midship ou midshipman, n. m.
mie, n. f.
miel, n. m.
miellat, n. m.
miellé, ée, adj.
miellée, n. f.
mielleusement, adv.
mielleux, euse, adj. et n.
mien, mienne, adj. pron. poss.
miens, n. m. pl.
miette, n. f.
mieux, adv. n. m. et adj.
mieux-être, n. m.
mièvre, adj.
mièvrement, adv.
mièvrerie, n. f.
migmatite, n. f.
mignard, arde, adj.
mignardise, n. f.
mignon, onne, adj. et n.
mignonne, n. f.
mignonnement, adv.
mignonnet, ette, adj. et n.
mignonnette, n. f.
mignoter, v. tr., v. pron.
migraine, n. f.
migraineux, euse, adj. et n.
migrant, ante, adj. et n.
migrateur, trice, adj. et n. m.
migration, n. f.
migratoire, adj.
migrer, v. intr.

mihrab, n. m.
mi-jambe (à), loc. adv.
mijaurée, n. f.
mijoter, v. tr., v. intr.
mikado, n. m.
1. mil, adj. et n. m. inv.
2. mil, n. m.
milan, n. m.
milanais, aise, adj. et n.
mildiou, n. m.
mildiousé, ée, adj.
mile, n. m.
miliaire, adj. et n. f.
milice, n. f.
milicien, ienne, n.
milieu, n. m.
militaire, adj. et n. m.
militairement, adv.
militant, ante, adj. et n.
militantisme, n. m.
militarisation, n. f.
militariser, v. tr.
militarisme, n. m.
militariste, adj. et n.
militer, v. intr.
milk-shake, n. m.
millas, n. m. ou millasse ou milliasse, n. f.
1. mille, adj. et n. m. inv.
2. mille, n. m.
1. millefeuille, n. f.
2. millefeuille, n. m.
millénaire, adj. et n. m.
millénarisme, n. m.
millénium, n. m.
mille-pattes, n. m. inv.
mille-pertuis ou millepertuis, n. m.
millépore, n. m.
mille-raies, n. m. inv.
millerandage, n. m.
millerandé, ée, adj.
millésime, n. m.
millésimé, ée, adj.
millet, n. m.
milli-, préf.
milliaire, adj. et n. m.
milliampère, n. m.
milliard, n. m.
milliardaire, adj. et n.
milliardième, adj. et n.
milliasse ou millasse, n. f. ou millas, n. m.
millibar, n. m.
millième, adj. et n. m.
milliéquivalent, n. m.
millier, n. m.
milligrade, n. m.
milligramme, n. m.
millilitre, n. m.
millimètre, n. m.
millimétré, ée, adj.
millimétrique, adj.
million, n. m.
millionième, adj. et n.
millionnaire, adj. et n.
millithermie, n. f.
millivolt, n. m.
millivoltmètre, n. m.
milord, n. m.
milouin, n. m.
mi-lourd, adj. et n. m.
mime, n. m.
mimer, v. tr.
mimétique, adj.
mimétisme, n. m.
mimi, n. m.
mimique, n. f. et adj.
mimodrame, n. m.
mimolette, n. f.
mimologie, n. f.
mimosa, n. m.
mimosacées ou mimosées, n. f. pl.
mi-moyen, adj. et n. m.
minable, adj. et n.
minage, n. m.
minaret, n. m.
minauder, v. intr.
minauderie, n. f.
minaudier, ière, adj. et n.
minbar, n. m.
mince, adj. et interj.
minceur, n. f.
mincir, v. intr.
mine, n. f.
miner, v. tr.
minerai, n. m.
minéral, ale, aux, n. m. et adj.
minéralier, n. m.
minéralisateur, trice, adj. et n. m.
minéralisation, n. f.
minéraliser, v. tr.
minéralogie, n. f.
minéralogique, adj.
minéralogiste, n.
minerve, n. f.
minervois, n. m.
minestrone, n. m.
1. minet, n. m.
2. minet, ette, n.
minette, n. f.
1. mineur, eure, adj. et n.
2. mineur, n. m.
mineure, n. f.
mini-, préf.
mini, abrév., adj. inv. et n. inv.
miniature, n. f.
miniaturisation, n. f.
miniaturiser, v. tr.
miniaturiste, n.
minibus, n. m.
mini(-)cassette, n. f.
minier, ière, adj.
minière, n. f.
mini-jupe, n. f.
minima, n. m. pl. et adj. f.
minima (a), loc. adv.
minimal, ale, aux, adj.
minimalisation, n. f.
minime, adj. et n.
minimisation, n. f.
minimiser, v. tr.
minimum, n. m. et adj.
ministère, n. m.
ministériel, ielle, adj.
ministrable, adj. et n.
ministre, n. m.
minium, n. m.
minnesinger, n. m.
minoen, enne, adj. et n.
minois, n. m.
minorant, n. m.
mini(-)ordinateur, n. m.
minorer, v. tr.
minoritaire, adj. et n.
minorité, n. f.
minoterie, n. f.
minotier, n. m.
minou, n. m.
minuit, n. m.
minus, n. inv.
minuscule, adj. et n. f.
minus habens, n. inv.
minutage, n. m.
minutaire, adj.
minute, n. f. et interj.
minuter, v. tr.
minuterie, n. f.
minutie, n. f.
minutier, n. m.
minutieusement, adv.
minutieux, ieuse, adj.
miocène, adj. et n. m.
mioche, n.
mi-parti, ie, adj.
mir, n. m.
mirabelle, n. f.
mirabellier, n. m.
mirabilis, n. m.
miracle, n. m.
miraculé, ée, adj. et n.
miraculeusement, adv.
miraculeux, euse, adj.
mirador, n. m.
mirage, n. m.
mirbane, n. f.
mire, n. f.
mire-œufs, n. m. inv.
mirepoix, n. f. et adj. inv.
mirer, v. tr., v. pron.
mirette, n. f.
mirifique, adj.
mirliflore, n. m.
mirliton, n. m.
mirmidon ou myrmidon, n. m.
mirmillon, n. m.
miro, adj.
mirobolant, ante, adj.
miroir, n. m.
miroité, ée, adj.
miroitement, n. m.
miroiter, v. intr.
miroiterie, n. f.
miroitier, ière, n.
mironton ou miroton, n. m.
mis(o)-, préf.
mis, mise, adj.
misaine, n. f.
misanthrope, n. et adj.
misanthropie, n. f.
misanthropique, adj.
miscellanées, n. f. pl.
miscibilité, n. f.
miscible, adj.
mise, n. f.
miser, v. tr., v. intr.
misérabilisme, n. m.
misérabiliste, adj. et n.
misérable, adj. et n.
misérablement, adv.
misère, n. f.
miserere ou miséréré, n. m. inv.
miséreux, euse, adj. et n.
miséricorde, n. f. et interj.
miséricordieux, ieuse, adj. et n.
misogyne, adj. et n.
misogynie, n. f.
mispickel, n. m.
miss, misses (ou miss), n. f.
missel, n. m.
missi dominici, n. m. pl.
missile, n. m.
mission, n. f.
missionnaire, n. et adj.
missive, n. f. et adj.
mistelle, n. f.
mistigri, n. m.
mistoufle, n. f.
mistral, n. m.
mitage, n. m.
mitaine, n. f.
mitan, n. m.
mitard, n. m.
mite, n. f.
mité, ée, adj.

mi-temps, n.
miter (se), v. pron.
miteusement, adv.
miteux, euse, adj. et n.
mithracisme ou mithriacisme, n. m.
mithriaque, adj.
mithridatisation, n. f.
mithridatiser, v. tr., v. pron.
mithridatisme, n. m.
mitigation, n. f.
mitigé, ée, adj.
mitiger, v. tr.
mitigeur, n. m.
mitochondrie, n. f.
mitogène, n. m. et adj.
mitogénèse, n. f.
miton, n. m.
mitonner, v. intr., v. tr., v. pron.
mitose, n. f.
mitotique, adj.
mitoyen, yenne, adj.
mitoyenneté, n. f.
mitraillade, n. f.
mitraillage, n. m.
mitraille, n. f.
mitrailler, v. intr., v. tr.
mitraillette, n. f.
mitrailleur, adj. m. et n. m.
mitrailleuse, n. f.
mitral, ale, aux, adj.
mitre, n. f.
mitré, ée, adj.
mitron, n. m.
mi-voix (à), loc. adv.
mixage, n. m.
mixer, v. tr.
mixer ou mixeur, n. m.
mixité, n. f.
mixte, adj.
mixtiligne, adj.
mixtion, n. f.
mixtionner, v. tr.
mixture, n. f.
ml, symbole
mm, symbole
mn, symbole
Mn, symbole
mnémonique, adj.
mnémotechnie, n. f.
mnémotechnique, adj. et n. f.
-mnèse, -mnésie, -mnésique, suff.
Mo, symbole.
moabite, adj. et n.
1. mobile, adj. et n. m.
2. mobile, n. m.
mobilier, ière, adj. et n. m.
mobilisable, adj. et n.
mobilisateur, trice, adj.
mobilisation, n. f.
mobilisé, ée, adj. et n. m.
mobiliser, v. tr., v. pron.
mobilité, n. f.
mobylette, n. f.
mocassin, n. m.
moche, adj.
mocheté, n. f.
modal, ale, aux, adj. et n. f.
modalité, n. f.
1. mode, n. f.
2. mode, n. m.
modelage, n. m.
modèle, n. m. et adj.
modelé, n. m.
modeler, v. tr., v. pron.
modeleur, euse, n. et adj.
modélisation, n. f.
modélisme, n. m.
modéliste, n. et adj.
modem, n. m.
modénature, n. f.
modérantisme, n. m.
modérantiste, n. et adj.
modérateur, trice, n. et adj.
modération, n. f.
moderato, adv.
modéré, ée, adj. et n.
modérément, adv.
modérer, v. tr., v. pron.
moderne, adj. et n.
modernisateur, trice, adj. et n.
modernisation, n. f.
moderniser, v. tr., v. pron.
modernisme, n. m.
moderniste, adj. et n.
modernité, n. f.
modern style, n. m. et adj.
modeste, adj. et n.
modestement, adv.
modestie, n. f.
modicité, n. f.
modifiable, adj.
modificateur, trice, adj. et n.
modification, n. f.
modifier, v. tr., v. pron.
modillon, n. m.
modique, adj.
modiquement, adv.
modiste, n.
modulaire, adj.
modulant, ante, adj.
modulateur, trice, adj. et n.
modulation, n. f.
module, n. m.
moduler, v. intr., v. tr.
modulo, n. m.
modus vivendi, n. m. inv.
moelle, n. f.
moelleusement, adv.
moelleux, euse, adj.
moellon, n. m.
moere, n. f.
mœurs, n. f. pl.
1. mofette, n. f.
2. mofette ou moufette ou mouffette, n. f.
mohair, n. m.
1. moi, pron. pers.
2. moi, n. m. inv.
moie ou moye, n. f.
moignon, n. m.
moindre, adj.
moindrement, adv.
moine, n. m.
moineau, n. m.
moinerie, n. f.
moinesse, n. f.
moinillon, n. m.
moins, adv., n. m., adj. et prop.
moins-perçu, n. m.
moins-value, n. f.
moirage, n. m.
moire, n. f.
moiré, ée, adj.
moirer, v. tr.
moirure, n. f.
mois, n. m.
moise, n. f.
moïse, n. m.
moisi, ie, adj. et n. m.
moisir, v. tr., v. intr.
moisissure, n. f.
moissine, n. f.
moisson, n. f.
moissonnage, n. m.
moissonner, v. tr.
moissonneur, euse, n.
moissonneuse, n. f.
moite, adj.
moiteur, n. f.
moitié, n. f.
moitir, v. tr.
moka, n. m.
mol, symbole.
mol ou mou, molle, adj.
1. molaire, n. f.
2. molaire, adj.
molard, n. m.
molarder, v. intr.
molarité, n. f.
molasse ou mollasse, n. f.
moldave, adj. et n.
mole, n. f.
1. môle, n. f.
2. môle, n. m.
moléculaire, adj.
molécule, n. f.
molène, n. f.
moleskine, n. f.
molester, v. tr.
moletage, n. m.
moleté, n. m.
moleter, v. tr.
molette, n. f.
moliéresque, adj.
molinisme, n. m.
moliniste, n. et adj.
mollah ou mullah ou mulla, n. m.
1. mollasse, adj. et n.
2. mollasse ou molasse, n. f.
mollasson, onne, n. et adj.
molle, adj. f. et n. f.
mollement, adv.
mollesse, n. f.
1. mollet, ette, adj.
2. mollet, n. m.
molletière, n. f. et adj.
molleton, n. m.
molletonné, ée, adj.
molletonner, v. tr.
molletonneux, euse, adj.
mollir, v. intr., v. tr.
mollisol, n. m.
mollo, adv.
molluscum, n. m.
mollusque, n. m. et n. m. pl.
moloch, n. m.
molosse, n. m.
molothre, n. m.
molto, adv.
moly, n. m.
molybdate, n. m.
molybdène, n. m.
molybdique, adj.
môme, n.
moment, n. m.
momentané, ée, adj.
momentanément, adv.
momerie, n. f.
momie, n. f.
momification, n. f.
momifier, v. tr., v. pron.
môn, adj.
mon(o)-, préf.
mon, ma, mes, adj. poss.
monacal, ale, aux, adj.
monachisme, n. m.
monade, n. f.
monadelphe, adj.
monadisme, n. m.
monadologie, n. f.
monarchie, n. f.
monarchique, adj.
monarchisme, n. m.
monarchiste, n. et adj.
monarque, n. m.

monastère, n. m.
monastique, adj.
monaural, ale, aux, adj.
monazite, n. f.
monceau, n. m.
mondain, aine, adj. et n.
mondanité, n. f.
monde, n. m.
monder, v. tr.
mondial, iale, iaux, adj.
mondialement, adv.
mondialiser, v. tr.
mondiovision ou mondovision, n. f.
monégasque, adj. et n.
monel, n. m.
monème, n. m.
monergol, n. m.
monétaire, adj.
monétarisme, n. m.
monétisation, n. f.
monétiser, v. tr.
mongol, ole, adj. et n.
mongolien, ienne, n. et adj.
mongolique, adj.
mongolisme, n. m.
mongoloïde, adj.
moniale, n. f.
monilia, n. f.
monisme, n. m.
moniste, adj. et n.
1. moniteur, trice, n.
2. moniteur, n. m.
monition, n. f.
monitoire, n. m.
monitor, n. m.
monitorat, n. m.
monitoring, n. m.
môn-khmer, ère, adj. et n. m.
monnaie, n. f.
monnaie-du-pape, n. f.
monnayable, adj.
monnayage, n. m.
monnayer, v. tr.
monnayeur, n. m.
mono, abrév., n. f. et adj. inv.
mono-, préf.
monoacide, adj.
monoamine-oxydase, n. f.
monoatomique, adj.
monoblaste, n. m.
monobloc, adj. inv. et n. m.
monocaméralisme ou monocamérisme, n. m.
monocarpique, adj.
monocellulaire, adj.
monochromateur, n. m.
monochromatique, adj.
monochrome, adj.
monochromie, n. f.
monocle, n. m.
monoclinal, ale, aux, adj.
monoclinique, adj.
monocoque, adj. et n. m.
monocorde, n. m. et adj.
monocotylédone, adj. et n.
monocristal, aux, n. m.
monoculaire, adj.
monoculture, n. f.
monocycle, adj. et n. m.
monocyclique, adj.
monocylindre ou monocylindrique, adj.
monocyte, n. m.
monodie, n. f.
monœcie, n. f.
monogame, adj.
monogamie, n. f.
monogamique, adj.
monogatari, n. m.
monogénisme, n. m.
monogramme, n. m.
monographie, n. f.
monographique, adj.
monoïdéisme, n. m.
monoïque, adj.
monokini, n. m.
monolingue, adj. et n. m.
monolithe, adj. et n. m.
monolithique, adj.
monolithisme, n. m.
monologue, n. m.
monologuer, v. intr.
monomane ou monomaniaque, adj.
monomanie, n. f.
monôme, n. m.
monomère, adj. et n. m.
monométallisme, n. m.
monométalliste, adj. et n.
monomètre, adj.
monomoteur, trice, adj. et n. m.
mononucléaire, adj. et n. m.
mononucléose, n. f.
monophasé, ée, adj. et n.
monophonie, n. f.
monophonique, adj.
monophysisme, n. m.
monophysite, adj. et n.
monoplace, adj. et n.
monoplan, n. m.
monoplégie, n. f.
monopole, n. m.
monopôle, n. m.
monopoleur, euse, n.
monopolisateur, trice, n. et adj.
monopolisation, n. f.
monopoliser, v. tr.
monopolistique, adj.
monoptère, adj. et n. m.
monorail, n. m. at adj. inv.
monorime, adj. et n. m.
monosaccharide, n. m.
monosémique, adj.
monosépale, adj.
monoski, n. m.
monosperme, adj.
monostyle, adj. et n. m.
monosubstitué, ée, adj.
monosyllabe, adj. et n. m.
monosyllabique, adj.
monosyllabisme, n. m.
monothéique, adj.
monothéisme, n. m.
monothéiste, adj. et n.
monothélisme, n. m.
monotone, adj.
monotonie, n. f.
monotrème, adj. et n. m. pl.
1. monotype, adj. et n. m.
2. monotype, n. f.
monovalent, ente, adj.
monoxène, adj. et n. m.
monoxyde, n. m.
monoxyle, adj.
monozygote, adj.
monseigneur, messeigneurs ou nosseigneurs, n. m.
monsieur, n. m.
monsignor, ors ou monsignore, ori ou ores, n. m.
monstre, n. m. et adj.
monstrueusement, adv.
monstrueux, euse, adj.
monstruosité, n. f.
mont, n. m.
montage, n. m.
montagnard, arde, adj. et n.
montagne, n. f.
montagnette, n. f.
montagneux, euse, adj.
montaison, n. f.
montanisme, n. m.
montaniste, n. et adj.
1. montant, ante, adj.
2. montant, n. m.
mont-blanc, n. m.
mont-de-piété, n. m.
monte, n. f.
monte-charge, n. m. inv.
montée, n. f.
monte-en-l'air, n. m. inv.
monténégrin, ine, adj. et n.
monte-pente, n. m.
monte-plats, n. m. inv.
monter, v. intr., v. tr., v. pron.
monteur, euse, n.
montgolfière, n. f.
monticule, n. m.
montjoie, n. f. ou m.
montmorency, n. f. inv.
montoir, n. m.
montrable, adj.
montre, n. f.
montrer, v. tr., v. pron.
montreur, euse, n.
montueux, ueuse, adj. f.
monture, n. f.
monument, n. m.
monumental, ale, aux, adj.
moque, n. f.
moquer, v. tr., v. pron.
moquerie, n. f.
moquette, n. f.
1. moqueur, euse, adj. et n.
2. moqueur, n. m.
mor, n. m.
moracées, n. f. pl.
moraille, n. f.
moraillon, n. m.
moraine, n. f.
morainique, adj.
1. moral, ale, aux, adj.
2. moral, n. m.
morale, n. f.
moralement, adv.
moralisateur, trice, adj. et n.
moralisation, n. f.
moraliser, v. tr., v. intr.
moralisme, n. m.
moraliste, n. et adj.
moralité, n. f.
morasse, n. f.
1. moratoire, adj.
2. moratoire ou moratorium, n. m.
morave, adj. et n.
morbide, adj.
morbidesse, n. f.
morbidité, n. f.
morbier, n. m.
morbilleux, euse, adj.
morbleu !, interj.
morceau, n. m.
morcelable, adj.
morceler, v. tr., v. pron.
morcellement, n. m.
mordache, n. f.
mordacité, n. f.
mordançage, n. m.
mordancer, v. tr.
1. mordant, ante, adj. et n.
2. mordant, n. m.
mordicant, ante, adj.
mordicus, adv.

mordillage, n. m.
mordillement, n. m.
mordiller, v. tr., v. intr.
mordoré, ée, adj. et n.
mordorer, v. tr., v. pron.
mordorure, n. f.
mordre, v. tr., v. intr.
mordu, ue, adj. et n.
more, oresque ou maure, auresque, n. et adj.
moreau, elle, adj. et n. m.
morelle, n. f.
moresque ou mauresque, ou maure, n. f. et adj.
morfal, ale, n. et adj.
morfaler, v. tr.
morfil, n. m.
morfondre, v. tr., v. pron.
morganatique, adj.
morganatiquement, adv.
morgeline, n. f.
morgue, n. f.
morguer, v. tr.
moribond, onde, adj. et n.
moricaud, aude, adj. et n.
morigéner, v. tr.
morille, n. f.
morillon, n. m.
morio, n. m.
morion, n. m.
morisque, n. et adj.
mormon, one, n. et adj.
mormonisme, n. m.
1. morne, adj.
2. morne, n. f.
3. morne, n. m.
morné, ée, adj.
mornifle, n. f.
morose, adj.
morosité, n. f.
-morphe, -morphique, -morphisme, suff.
morphème, n. m.
morphine, n. f.
morphinisme, n. m.
morphinomane, adj. et n.
morphinomanie, n. f.
morphisme, n. m.
morpho, n. m.
morpho-, préf.
morphogène, adj.
morphogénèse, n. f.
morphogénie, n. f.
morphologie, n. f.
morphologique, adj.
morphologiquement, adv.
morphopsychologie, n. f.
1. morpion, n. m.
2. morpion, ionne, n.
mors, n. m.
morse, n. m.
morsure, n. f.
1. mort, n. f.
2. mort, morte, adj. et n.
mortadelle, n. f.
mortaisage, n. m.
mortaise, n. f.
mortaiser, v. tr.
mortaiseuse, n. f.
mortalité, n. f.
mort-aux-rats, n. f. inv.
mort-bois, n. m.
morte-eau, n. f.
mortel, elle, adj. et n.
mortellement, adv.
morte-saison, n. f.
mortier, n. m.
mortifère, adj.
mortification, n. f.
mortifier, v. tr., v. pron.
mortinatalité, n. f.
mort-né, ée, adj. et n.
mortuaire, adj.
morue, n. f.
morula, n. f.
morutier, ière, adj. et n. m.
morvandeau, elle, eaux ou morvandiau, aux, n. et adj.
morve, n. f.
morveux, euse, adj. et n.
MOS, sigle, adj. et n. m.
1. mosaïque, n. f.
2. mosaïque, adj.
mosaïsme, n. m.
mosaïste, n.
mosan, ane, adj.
moscoutaire, adj. et n.
moscovite, adj. et n.
mosette ou mozette, n. f.
mosquée, n. f.
mot, n. m.
motard, n. m.
motel, n. m.
motet, n. m.
1. moteur, trice, n. et adj.
2. moteur, n. m.
motif, n. m.
motilité, n. f.
motion, n. f.
motivant, ante, adj.
motivation, n. f.
motivé, ée, adj.
motiver, v. tr.
moto-, préf.
1. moto, abrév. et n. f.
2. moto, n. m.
motociste, n. m.
moto-cross, n. m.
motoculteur, n. m.
motoculture, n. f.
motocycle, n. m.
motocyclette, n. f.
motocyclisme, n. m.
motocycliste, n. et adj.
motogodille, n. f.
motonautique, adj.
motonautisme, n. m.
motopompe, n. f.
motorisation, n. f.
motoriser, v. tr.
motoriste, n. m.
motorship, n. m.
mototracteur, n. m.
motrice, n. f.
motricité, n. f.
mots-croisiste, n.
motte, n. f.
motter (se), v. pron.
motteux, n. m.
motu proprio, loc. adv. et n. inv.
motus !, interj.
1. mou ou mol, molle, adj., n. et adv.
2. mou, n. m.
moucharabieh, n. m.
1. mouchard, arde, n.
2. mouchard, n. m.
mouchardage, n. m.
moucharder, v. intr., v. tr.
mouche, n. f.
moucher, v. tr., v. pron.
moucheron, n. m.
moucheronner, v. intr.
moucheté, ée, adj.
moucheter, v. tr.
mouchetis, n. m.
mouchette, n. f.
moucheture, n. f.
mouchoir, n. m.
mouchure, n. f.
moudjahid, hiddin, hiddins ou hids, n. m.
moudre, v. tr.
moue, n. f.
mouette, n. f.
moufeter ou moufter, v. intr.
moufette ou mouffette ou mofette, n. f.
1. moufle, n. f.
2. moufle, n. m. ou f.
3. moufle, n. m.
mouflet, ette, n.
mouflon, n. m.
moufter ou moufeter, v. intr.
mouillage, n. m.
mouillant, ante, adj. et n. m.
mouille, n. f.
mouillé, ée, adj. et n. m.
mouillement, n. m.
mouiller, v. tr., v. intr., v. pron.
mouillère, n. f.
mouillette, n. f.
mouilleur, n. m.
mouilloir, n. m.
mouillure, n. f.
mouise, n. f.
moujik, n. m.
moukère ou mouquère, n. f.
moulage, n. m.
1. moule, n. m.
2. moule, n. f.
moulé, ée, adj.
mouler, v. tr.
mouleur, n. m.
moulière, n. f.
moulin, n. m.
moulinage, n. m.
mouliner, v. tr.
moulinet, n. m.
moulinette, n. f.
moulineur, euse ou moulinier, ière, n.
moult, adv.
moulu, ue, adj.
moulure, n. f.
moulurer, v. tr.
moumoute, n. f.
mouquère ou moukère, n. f.
mourant, ante, adj. et n.
mourir, v. intr., v. pron.
mouroir, n. m.
mouron, n. m.
mourre, n. f.
mouscaille, n. f.
mousmé, n. f.
mousquet, n. m.
mousquetaire, n. m.
mousqueterie, n. f.
mousqueton, n. m.
moussaillon, n. m.
moussaka, n. f.
moussant, ante, adj.
1. mousse, n. m.
2. mousse, n. f.
3. mousse, adj.
mousseline, n.
mousser, v. intr.
mousseron, n. m.
mousseux, euse, adj. et n. m.
moussoir, n. m.
mousson, n. f.
moussu, ue, adj.
moustache, n. f.
moustachu, ue, adj. et n.
moustérien, ienne ou moustiérien, ienne, adj. et n. m.
moustiquaire, n. f.
moustique, n. m.

moût, n. m.
moutard, n. m.
moutarde, n. f.
moutardier, n. m.
moutazilites ou **mutazilites**, n. m. pl.
moutier, n. m.
mouton, n. m.
moutonné, ée, adj.
moutonnement, n. m.
moutonner, v. intr.
moutonnerie, n. f.
moutonneux, euse, adj.
moutonnier, ière, adj.
mouture, n. f.
mouvance, n. f.
mouvant, ante, adj. et n. m.
mouvement, n. m.
mouvementé, ée, adj.
mouvoir, v. tr., v. pron.
moviola, n. f.
moxa, n. m.
moye ou **moie**, n. f.
moyé, ée, adj.
1. **moyen, yenne**, adj.
2. **moyen**, n. m.
moyen-âge, ou **moyenâge**, n. m.
moyenâgeux, euse, adj.
moyen-courrier, n. m. et adj. m.
moyennant, prép.
moyenne, n. f.
moyennement, adv.
moyette, n. f.
moyeu, n. m.
mozabite ou **mzabite**, adj. et n.
mozarabe, n. et adj.
mozartien, adj. et n.
mozette ou **mosette**, n. f.
mozzarelle, n. f.
M.S.H., sigle
Mt, abrév.
M.T.S., abrév.
mu, n. m.
muable, adj.
muance, n. f.
mucilage, n. m.
mucilagineux, euse, adj. et n. m.
mucine, n. f.
mucor, n. m.
mucosité, n. f.
mucoviscidose, n. f.
mucron, n. m.
mucus, n. m.
mudéjar ou **mudéjare**, n. et adj.
mue, n. f.
muer, v. intr., v. tr., v. pron.
muet, ette, adj. et n. m.
muette, n. f.
muezzin, n. m.
muffin, n. m.
mufle, n. m. et adj.
muflerie, n. m.
muflier, n. m.
mufti ou **muphti**, n. m.
muge, n. m.
mugir, v. intr.
mugissement, n. m.
muguet, n. m.
muid, n. m.
mulard, arde, adj. et n. m.
mulassier, ière, adj. et n. f.
mulâtre, mulâtresse, n. et adj.
mule, n. f.
mule-jenny, n. f.
mulet, n. m.
muleta, n. f.
muletier, ière, n. et adj.
mulette, n. f.
mull, n. m.
mulla ou **mullah** ou **mollah**, n. m.
mulon, n. m.
mulot, n. m.
mulsion, n. f.
multi-, préf.
multicaule, adj.
multicellulaire, adj.
multicolore, adj.
multicoque, adj. et n. m.
multicouche, adj.
multifilaire, adj.
multiflore, adj.
multiforme, adj.
multigrade, adj.
multilatéral, ale, aux, adj.
multimédia, adj.
multimilliardaire, adj. et n.
multimillionnaire, adj. et n.
multinational, ale, aux, adj. et n. f.
multipare, adj. et n. f.
multiparité, n. f.
multiple, adj.
multiplet, n. m.
multiplex, adj. et n. m. inv.
multiplexage, n. m.
multiplexeur, n. m.
multipliable, adj.
multiplicande, n. m.
multiplicateur, trice, adj. et n. m.
multiplicatif, ive, adj.
multiplication, n. f.
multiplicité, n. f.
multiplier, v. tr., v. intr., v. pron.
multipolaire, adj. et n.
multiprogrammation, n. f.
multirisque, adj.
multistandard, adj. inv. et n. m.
multitâche, adj.
multitube, adj.
multitubulaire, adj.
multitude, n. f.
munichois, oise, adj. et n.
municipal, ale, aux, adj. et n.
municipalisation, n. f.
municipaliser, v. tr.
municipalité, n. f.
municipe, n. m.
munificence, n. f.
munificent, ente, adj.
munir, v. tr., v. pron.
munition, n. f.
munitionnaire, n. m.
munster, n. m.
muntjac, n. m.
muon, n. m.
muphti ou **mufti**, n. m.
muqueuse, n. f.
muqueux, euse, adj.
mur, n. m.
mûr, mûre, adj.
murage, n. m.
muraille, n. f.
mural, ale, aux, adj.
mûre, n. f.
mûrement, adv.
murène, n. f.
murer, v. tr., v. pron.
muret, n. m.
murette, n. f.
murex, n. m.
muriate, n. m.
muriatique, adj.
muridés, n. m. pl.
mûrier, n. m.
murin, ine, adj.
mûrir, v. intr., v. tr.
mûrissement, n. m.
mûrisserie, n. f.
murmel, n. m.
murmure, n. m.
murmurer, v. intr., v. tr.
mûron, n. m.
murrhin, ine, adj.
musacées, n. f. pl.
musagète, adj. m.
musaraigne, n. f.
musard, arde, adj. et n.
musarder, v. intr.
musarderie ou **musardise**, n. f.
musc, n. m.
muscade, n. f. et adj.
muscadet, n. m.
muscadier, n. m.
muscadin, n. m.
muscardin, n. m.
muscardine, n. f.
muscari, n. m.
muscarine, n. f.
muscat, n. m. et adj.
muscidés, n. m. pl.
muscinées, n. f. pl.
muscle, n. m.
musclé, ée, adj.
muscler, v. tr.
muscovite, n. f.
musculaire, adj.
musculation, n. f.
musculature, n. f.
musculeux, euse, adj.
muse, n. f.
museau, n. m.
musée, n. m.
museler, v. tr.
muselet, n. m.
muselière, n. f.
musellement, n. m.
muséographie, n. f.
muséologie, n. f.
muser, v. intr.
muserolle, n. f.
musette, n. f.
muséum, n. m.
musical, ale, aux, adj.
musicalement, adv.
musicalité, n. f.
music-hall, n. m.
musicien, ienne, n. et adj.
musicographe, n.
musicographie, n. f.
musicologie, n. f.
musicologue, n.
musicothérapie, n. f.
musique, n. f.
musiquette, n. f.
musoir, n. m.
musophage, n. m.
musqué, ée, adj.
mussif, adj. m.
mussitation, n. f.
must, n. m.
mustang, n. m.
mustélidés, n. m. pl.
musulman, ane, adj. et n.
mutabilité, n. f.
mutable, adj.
mutage, n. m.
mutagène, adj. et n. m.
mutagenèse, n. f.
mutant, ante, n. et adj.
mutarotation, n. f.

mutation, n. f.
mutationnisme, n. m.
mutationniste, adj. et n.
mutatis mutandis, loc. adv.
mutazilites ou mouta-zilites, n. m. pl.
muter, v. tr.
mutilateur, trice, adj. et n.
mutilation, n. f.
mutilé, ée, n. et adj.
mutiler, v. tr., v. pron.
1. mutin, n. m.
2. mutin, ine, adj.
mutiner (se), v. pron.
mutinerie, n. f.
mutisme, n. m.
mutique, adj. et n.
mutité, n. f.
mutualisme, n. m.
mutualiste, adj. et n.
mutualité, n. f.
mutuel, elle, adj. et n. f.
mutuellement, adv.
mutule, n. f.
Mv, symbole
MW, symbole
Mx, symbole
my(o)-, préf.
myalgie, n. f.
myasthénie, n. f.
-myce, suff.
mycélium, n. m.
mycénien, ienne, adj. et n. m.
-mycète, suff.
myciculture, n. f.
myco-, préf.
mycobactérie, n. f.
mycoderme, n. m.
mycologie, n. f.
mycologique, adj.
mycologue, n.
mycoplasme, n. m.
mycorhize, n. m.
mycose, n. f.
mycosis, n. m.
mydriase, n. f.
mydriatique, adj. et n. m.
mye, n. f.
myél(o)-, préf.
myéline, n. f.
myélinique, adj.
myélite, n. f.
-myélite, suff.
myéloblaste, n. m.
myélocyte, n. m.
myélogramme, n. m.
myélographie, n. f.
myéloïde, adj.
myélome, n. m.
myélopathie, n. f.
myélosarcome, n. m.
mygale, n. f.
myoblaste, n. m.
myocarde, n. m.
myocardie, n. f.
myocardite, n. f.
myofibrille, n. f.
myoglobine, n. f.
myogramme, n. m.
myographe, n. m.
myographie, n. f.
myologie, n. f.
myome, n. m.
myopathie, n. f.
myope, adj. et n.
myopie, n. f.
myopotame, n. m.
myosine, n. f.
myosis, n. m.
myosite, n. f.
myosotis, n. m.
myria-, myrio-, préf.
myriade, n. f.
myriapodes, n. m. pl.
myriophylle, n. m.
myrmidon ou mirmidon, n. m.
myrobolan, n. m.
myroxyle ou myroxylon, n. m.
myrrhe, n. f.
myrtacées, n. f. pl.
myrte, n. m.
myrtiforme, adj.
myrtille, n. f.
mystagogie, n. f.
mystagogue, n. m.
mystère, n. m.
mystérieusement, adv.
mystérieux, ieuse, adj.
mysticètes, n. m. pl.
mysticisme, n. m.
mysticité, n. f.
mystifiable, adj.
mystificateur, trice, n. et adj.
mystification, n. f.
mystifier, v. tr.
mystique, adj. et n.
mystiquement, adv.
mythe, n. m.
-mythie, suff.
mythification, n. f.
mythifier, v. tr.
mythique, adj.
mytho-, préf.
mythologie, n. f.
mythologique, adj.
mythologue, n.
mythomane, adj. et n.
mythomanie, n. f.
mytil(i)-, mytil(o)-, préf.
mytiliculteur, n. m.
mytiliculture, n. f.
mytilotoxine, n. f.
myxine, n. f.
myxœdémateux, euse, adj. et n.
myxœdème, n. m.
myxomatose, n. f.
myxomycètes, n. m. pl.
mzabite ou mozabite, adj. et n.

N

n, n. m.
N, symbole
na !, interj.
Na, symbole
nabab, n. m.
nabis, n. m. pl.
nabla, n. m.
nabot, ote, n. et adj.
nacelle, n. f.
nacre, n. f.
nacré, ée, adj.
nacrer, v. tr.
nadir, n. m.
nævus, nævi, n. m.
nage, n. f.
nageoire, n. f.
nager, v. intr.
nageur, euse, n.
naguère, adv.
1. naïade, n. f.
2. naïade, n. f. ou naias, n. m.
naïf, ïve, adj. et n.
nain, naine, n. et adj.
naissain, n. m.
naissance, n. f.
naissant, ante, adj.
naître, v. intr.
naïvement, adv.
naïveté, n. f.
naja, n. m.
namurien, adj. et n. m.
nana, n. f.
nanan, n. m.
nandou, n. m.
nanisme, n. m.
nankin, n. m.
nano-, préf.
nansouk ou nanzouk, n. m.
nanti, ie, adj. et n.
nantir, v. tr., v. pron.
nantissement, n. m.
nanzouk ou nansouk, n. m.
naos, n. m.
napalm, n. m.
napel, n. m.
naphta, n. m.
naphtalène, n. m.
naphtaline, n. f.
naphte, n. m.
naphtol, n. m.
napoléon, n. m.
napoléonien, ienne, adj.
napolitain, aine, adj. et n.
nappage, n. m.
nappe, n. f.
napper, v. tr.
napperon, n. m.
narcéine, n. f.
narcisse, n. m.
narcissique, adj.
narcissisme, n. m.
narco-, préf.
narco-analyse, n. f.
narcolepsie, n. f.
narcose, n. f.
narcotine, n. f.
narcotique, n. m. et adj.
nard, n. m.
narghilé ou narguilé, n. m.
narguer, v. tr.
narguilé ou narghilé, n. m.
narine, n. f.
nark, n. m.
narquois, oise, adj.
narquoisement, adv.
narrateur, trice, n.
narratif, ive, adj.
narration, n. f.
narrer, v. tr.
narthex, n. m.
narval, n. m.
nasal, ale, aux, adj. et n.
nasalisation, n. f.
nasaliser, v. tr., v. pron.
nasalité, n. f.
nasard, n. m.
nasarde, n. f.
nase ou naze, n. m.
naseau, n. m.
nasillard, arde, adj.
nasillement, n. m.
nasiller, v. intr., v. tr.
1. nasique, n. m.
2. nasique, n. f.
nasitort, n. m.
nasonnement, n. m.
nasse, n. f.
nastie, n. f.
natal, ale, als, adj.
nataliste, adj. et n.
natalité, n. f.
natation, n. f.
natatoire, adj.
natice, n. f.
natif, ive, adj. et n.
nation, n. f.
national, ale, aux, adj. et n.
nationalisation, n. f.
nationaliser, v. tr.
nationalisme, n. m.
nationaliste, adj. et n.
nationalité, n. f.
national-socialisme, n. m.
national-socialiste, adj. et n.
nativement, adv.
nativisme, n. m.
nativité, n. f.
natrémie, n. f.
natron ou natrum, n. m.
natte, n. f.
natter, v. tr.
nattier, adj. inv.
naturalisation, n. f.
naturaliser, v. tr.
naturalisme, n. m.
naturaliste, n. et adj.
nature, n. f. et adj. inv.
naturel, elle, adj.
naturellement, adv.
naturisme, n. m.
naturiste, n. et adj.
naucore, n. f.
naufrage, n. m.
naufragé, ée, adj. et n.
naufrager, v. intr.
naufrageur, euse, n.
naumachie, n. f.
nauplius, n. m.
nauséabond, onde, adj.
nausée, n. f.
nauséeux, éeuse, adj.
-naute, -nautique, suff.
nautile, n. m.
nautique, adj. et n. m.
nautisme, n. m.
nautonier, ière, n.
navaja, n. f.
naval, ale, als, adj. et n. f.
navarin, n. m.
navarque, n. m.
navet, n. m.
navette, n. f.
navicert, n. m.
naviculaire, adj.
navicule, n. f.
navigabilité, n. f.
navigable, adj.
navigant, ante, adj. et n.
navigateur, n. m.
navigation, n. f.
naviguer, v. intr.
naviplane, n. m.
navire, n. m.
navrant, ante, adj.
navrer, v. tr.
nazaréen, éenne, adj. et n.
nazaréens, n. m. pl.
naze ou nase, n. m.
nazi, ie, adj. et n.
nazisme, n. m.
Nb, symbole
N.B., abrév.
Nd, symbole
Ne, symbole
ne ou n', adv.
né, née, adj.
néandert(h)alien, ienne, adj. et n.
néanmoins, adv.
néant, n. m.
néanthropien, ienne, adj. et n.
néantiser, v. tr.
nébulaire, adj.
nébuleuse, n. f.
nébuleux, euse, adj.
nébulisation, n. f.
nébuliseur, n. m.
nébulosité, n. f.
nécessaire, adj. et n. m.
nécessairement, adv.
nécessitant, ante, adj.
nécessité, n. f.
nécessiter, v. tr.
nécessiteux, euse, adj. et n.
neck, n. m.
nec plus ultra, loc. lat., n. m. inv.
nécr(o)-, préf.
nécrobie, n. f.
nécrologe, n. m.
nécrologie, n. f.
nécrologique, adj.
nécrologue, n. m.
nécromancie, n. f.
nécromancien, ienne, n.
nécrophage, adj. et n.
nécrophilie, n. f.
nécrophore, n. m.
nécropole, n. f.
nécrose, n. f.
nécroser, v. tr., v. pron.
nécrosique ou nécrotique, adj.
nectaire, n. m.
nectar, n. m.
nectarine, n. f.
necton, n. m.
néerlandais, aise, adj. et n.
nef, n. f.
néfaste, adj.
nèfle, n. f.
néflier, n. m.
négateur, trice, adj. et n.
négatif, ive, adj. et n.
négation, n. f.
négativement, adv.
négativisme, n. m.
négativité, n. f.
négaton, n. m.
négatoscope, n. m.
1. négligé, n. m.
2. négligé, ée, adj.

négligeable, adj.
négligemment, adv.
négligence, n. f.
négligent, ente, adj. et n.
négliger, v. tr., v. pron.
négoce, n. m.
négociabilité, n. f.
négociable, adj.
négociant, iante, n.
négociateur, trice, n.
négociation, n. f.
négocier, v. intr., v. tr.
négondo ou négundo, n. m.
nègre, négresse, n. et adj.
négrier, ière, adj. et n. m.
négrille, n. et adj,
négrillon, onne, n.
négritude, n. f.
négro, n.
négro-africain, aine, adj.
négroïde, adj. et n.
negro spiritual, n. m.
néguentropie, n. f.
négundo ou négondo, n. m.
négus, n. m.
neige, n. f.
neiger, v. impers.
nélombo ou nélumbo, n. m.
némale ou némalion, n. m.
némat(o)-, préf.
némathelminthes, n. m. pl.
nématique, adj.
nématoblaste, n. m.
nématocères, n. m. pl.
nématocyste, n. m.
nématodes, n. m. pl.
némertiens, n. m. pl.
néné, n. m.
nénette, n. f.
nénies, n. f. pl.
nenni, adv.
nénuphar, n. m.
néo-, préf.
néoblaste, n. m.
néo-calédonien, ienne, adj. et n.
néo-celtique, adj.
néo-classicisme, n. m.
néo-colonialisme, n. m.
néo-colonialiste, adj. et n.
néo-criticisme, n. m.
néo-darwinisme, n. m.
néodyme, n. m.
néoformation, n. f.
néoformé, ée, adj.
néogène, n. m.
néoglucogenèse ou néo-glycogenèse, n. f.
néo-gothique, adj. et n. m.
néo-grec, -grecque, adj.
néo-hébridais, aise, adj. et n.
néo-impressionnisme, n. m.
néo-kantisme, n. m.
néo-lamarckisme, n. m.
néo-libéralisme, n. m.
néolithique, n. m. et adj.
néologie, n. f.
néologique, adj.
néologisme, n. m.
néoménie, n. f.
néomycine, n. f.
néon, n. m.
néo-natal, ale, als, adj.
néophyte, n. et adj.
néoplasie, n. f.
néoplasique, adj.
néoplasme, n. m.
néo-plasticisme, n. m.
néo-platonicien, ienne, adj. et n.
néo-platonisme, n. m.
néo-positivisme, n. m.
néo-positiviste, adj. et n.
néoprène, n. m.
néoptères, n. m. pl.
néo-réalisme, n. m.
néo-réaliste, adj. et n.
néoténie, n. f.
néo-thomisme, n. m.
néotrague, n. m.
néottie, n. f.
néo-zélandais, aise, adj. et n.
néozoïque, adj. et n. m.
népalais,aise, adj. et n.
nèpe, n. f.
népenthès, n. m.
néper, n. m.
népérien, adj. m.
népète, n. f.
néphélémétrie ou néphélométrie, n. f.
néphélion, n. m.
néphélométrie ou néphélémétrie, n. f.
néphr(o)-, préf.
néphrectomie, n. f.
néphrétique, adj. et n.
néphridie, n. f.
néphrite, n. f.
néphrologie, n. f.
néphrologue, n.
néphron, n. m.
néphropathie, n. f.
néphrose, n. f.
népotisme, n. m.
neptunium, n. m.
néréide, n. f.
nerf, n. m.
néritique, adj.
néroli, n. m.
néronien, ienne, adj.
nerprun, n. m.
nervation, n. f.
nerveusement, adv.
nerveux, euxe, adj. et n.
nervi, n. m.
nervin, adj. m. et n. m.
nervosité, n. f.
nervure, n. f.
nestorianisme, n. m.
nestorien, ienne, n. et adj.
1. net, nette, adj., n. et adv.
2. net !, interj.
netské ou netsuké, n. m.
nettement, adv.
netteté, n. f.
nettoiement, n. m.
nettoyage, n. m.
nettoyant, n. m.
nettoyer, v. tr.
nettoyeur, euse, n.
1. neuf, adj. et n. m. inv.
2. neuf, neuve, adj. et n. m.
neufchâtel, n. m.
neuf-huit (à), loc. adj.
1. neume, n. f.
2. neume, n. m.
neur(o)-, préf.
neural, ale, aux, adj.
neurasthénie, n. f.
neurasthénique, adj. et n.
neurobiologie, n. f.
neuroblaste, n. m.
neuroblastome, n. m.
neurochimie, n. f.
neurochirurgical, ale, aux, adj.
neurochirurgie, n. f.
neurochirurgien, ienne, n.
neuro-endocrinologie, n. f.
neurofibrille, n. f.
neurofibromatose, n. f.
neurohormone, n. f.
neuroleptique, adj. et n. m.
neurolinguistique, n. f.
neurologie, n. f.
neurologique, adj.
neurologiste ou neurologue, n.
neurone, n. m.
neuropeptide, n. m.
neurophysiologie, n. f.
neuroplégique, adj. et n. m.
neuropsychiatre, n.
neuropsychiatrie, n. f.
neuropsychologie, n. f.
neurotoxine, n. f.
neurotrope, adj.
neurovégétatif, ive, adj.
neurula, n. f.
neutralisant, ante, adj. et n. m.
neutralisation, n. f.
neutraliser, v. tr., v. intr., v. pron.
neutralisme, n. m.
neutraliste, adj. et n.
neutralité, n. f.
neutre, adj. et n. m.
neutrino, n. m.
neutron, n. m.
neutronique, adj. et n. f.
neutrophile, adj. et n. m.
neuvaine, n. f.
neuvième, adj. et n.
neuvièmement, adv.
ne varietur, loc. adv. et adj.
névé, n. m.
neveu, n. m.
névr(o)-, préf.
névralgie, n. f.
névralgique, adj.
névraxe, n. m.
névrite, n. f.
névritique, adj.
névroglie, n. f.
névropathe, adj. et n.
neurotoxine, n. f.
névroptères, n. m. pl.
névroptéroïdes, n. m. pl.
névrose, n. f.
névrosé, ée, adj. et n.
névrotique, adj.
new-look, n. m. et adj. inv.
newton, n. m.
newtonien, ienne, adj. et n.
newtonisme, n. m.
nez, n. m.
ni, conj.
Ni, symbole
niable, adj.
niais, niaise, adj. et n.
niaisement, adv.
niaiserie, n. f.
niaouli, n. m.
nib, adv.
niche, n. f.
nichée, n. f.
nicher, v. intr., v. tr., v. pron.
nichet, n. m.
nichoir, n. m.
nichon, n. m.
nichrome, n. m.
nickel, n. m. et adj.
nickelage, n. m.
nickeler, v. tr.
nickélifère, adj.
niçois, oise, adj. et n.
nicol, n. m.

nicolaïte, n.
nicotinamide, n. f.
nicotine, n. f.
nicotinisme, n. m.
nictation ou nictitation, n. f.
nictitant, ante, adj.
nictitation ou nictation, n. f.
nid, n. m.
nidation, n. f.
nid-de-poule, n. m.
nidicole, adj.
nidification, n. f.
nidifier, v. intr.
nidifuge, adj.
nièce, n. f.
niellage, n. m.
1. nielle, n. f.
2. nielle, n. m.
nieller, v. tr.
nielleur, n. m.
niellure, n. f.
nier, v. tr.
nietzschéen, éenne, adj. et n.
nifé ou nife, n. m.
nigaud, aude, adj. et n.
nigauderie, n. f.
nigelle, n. f.
nigérian, iane, adj. et n.
nigérien, ienne, adj. et n.
night-club, n. m.
nihilisme, n. m.
nihiliste, adj. et n.
nihil obstat, loc. lat.
nilgaut, n. m.
nille, n. f.
nilotique, adj.
nilpotent, e, adj.
nimbe, n. m.
nimber, v. tr.
nimbostratus, n. m.
nimbus, n. m.
ninas, n. m. inv.
niobium, n. m.
niôle, gnaule, gnôle ou gniole, n. f.
nipper, v. tr., v. pron.
nippes, n. f. pl.
nippon, onne ou one, adj. et n.
nique, n. f.
niquedouille, n. et adj.
nirvāna, n. m.
nit, n. m.
nitouche, n. f.
nitratation, n. f.
nitrate, n. m.
nitrater, v. tr.
nitration, n. f.
nitre, n. m.
nitré, ée, adj.
nitrer, v. tr.
nitreux, euse, adj.
nitrière, n. f.
nitrifiant, ante, adj.
nitrification, n. f.
nitrifier, v. tr, v. pron.
nitrile, n. m.
nitrique, adj.
nitrite, n. m.
nitrobacter, n. m.
nitrobenzène, n. m.
nitrocellulose, n. f.
nitrogène, n. m.
nitroglycérine, n. f.
nitromonas, n. m. pl.
nitrosation, n. f.
nitrosyle, n. m.
nitrotoluène, n. m
nitruration, n. f.
nitrure, n. m.
nitrurer, v. tr.
nitryle, n. m.
nival, ale, aux, adj.
niveau, n. m.
nivelage, n. m.
niveler, v. tr.
niveleuse, n. f.
nivellement, n. m.
nivéole, n. f.
nivernais, aise, adj. et n.
nivo-, préf.
nivo-glaciaire, adj.
nivo-pluvial, iale, iaux, adj.
nivôse, n. m.
nixe, n. f.
nô, n. m. inv.
No, symbole
nobélium, n. m.
nobiliaire, adj. et n. m.
noblaillon, onne, n.
noble, n. et adj.
noblement, adv.
noblesse, n. f.
nobliau, n. m.
noce, n. f.
noceur, euse, n. et adj.
nocher, n. m.
nocif, ive, adj.
nocivité, n. f.
noctambule, n. et adj.
noctambulisme, n. m.
noctiluque, n. f. et adj.
noctuelle, n. f.
noctule, n. f.
nocturne, adj. et n.
nocuité, n. f.
nodal, ale, aux, adj. et n. f.
nodosité, n. f.
nodulaire, adj.
nodule, n. m.
noduleux, euse, adj.
Noël, n. m.
noème, n. m.
noèse, n. f.
noétique, adj.
nœud, n. m.
noir, noire, adj. et n.
noirâtre, adj.
noiraud, aude, adj. et n.
noirceur, n. f.
noircir, v. tr., v. intr., v. pron.
noircissement, n. m.
noircissure, n. f.
noise, n. f.
noiseraie, n. f.
noisetier, n. m.
noisette, n. f.
noix, n. f.
nokau, n. m.
noli-me-tangere, n. m. inv.
nolis, n. m.
nolisement, n. m.
noliser, v. tr.
nom, n. m.
nomade, adj. et n.
nomadiser, v. intr.
nomadisme, n. m.
no man's land, n. m. inv.
nombrable, adj.
nombre, n. m.
nombrer, v. tr.
nombreux, euse, adj.
nombril, n. m.
nombrilisme, n. m.
nome, n. m.
-nome, -nomie, -nomique, suff.
nomenclature, n. f.
nomenklatura, n. f.
nominal, ale, aux, adj.
nominalement, adv.
nominalisme, n. m.
nominaliste, adj. et n.
1. nominatif, ive, adj.
2. nominatif, n. m.
nomination, n. f.
nominativement, adv.
nommé, ée, adj. et n.
nommément, adv.
nommer, v. tr., v. pron.
nomo-, préf.
nomogramme, n. m.
nomographie, n. f.
nomothète, n. m.
non, adv. et n. m. inv.
non-accompli, adj. et n. m.
non-activité, n. f.
nonagénaire, adj. et n.
non-agression, n. f.
non-aligné, ée, adj. et n.
non-alignement, n. m.
nonante, adj.
nonantième, adj. et n.
non-assistance, n. f.
non avenu, v. avenir 1
non-belligérance, n. f.
non-belligérant, ante, n. et adj.
nonce, n. m.
nonchalamment, adv.
nonchalance, n. f.
nonchalant, ante, adj.
nonchaloir, n. m.
nonciature, n. f.
non-combattant, ante, n. et adj.
non-comparant, ante, n. et adj.
non-comparution, n. f.
non-conciliation, n. f.
non-conducteur, n. m.
non-conformisme, n. m.
non-conformiste, n. et adj.
non-conformité, n. f.
non-contradiction, n. f.
non-croyant, ante, adj. et n.
non-directif, ive, adj.
non-directivité, n. f.
non-dissémination, n. f.
none, n. f.
non-engagé, ée, adj. et n. m.
nones, n. f. pl.
non-être, n. m.
non euclidien, ienne, adj.
non-exécution, n. f.
non-existence, n. f.
non-figuratif, ive, adj. et n.
non-fumeur, euse, n.
nonidi, n. m.
non-ingérence, n. f.
non-inscrit, ite, n. et adj.
non-intervention, n. f.
non-interventionniste, adj. et n.
non-lieu, n. m.
non-métal, aux, n. m.
non-moi, n. m.
nonne, n. f.
nonnette, n. f.
nonobstant, prép. et adv.
non-paiement ou non payement, n. m.
nonpareil, eille, adj. et n.
non payement ou non-paiement, n. m.
non possumus, loc. lat.
non-prolifération, n. f.
non-recevoir, n. m.
non-résident, ente, n. et adj.

non-retour, n. m.
non-sens, n. m.
non-stop, adj. et n. m. inv.
non-tissé, n. m.
non-usage, n. m.
non-valeur, n. f.
non-violence, n. f.
non-violent, ente, n. et adj.
noologique, adj.
nopal, als, n. m.
noradrénaline, n. f.
nord, n. m. et adj. inv.
nord-africain, aine, adj. et n.
nord-américain, aine, adj. et n.
nord-coréen, éenne, adj. et n.
nord-est, n. m. et adj. inv.
nordet, n. m.
nordique, adj. et n.
nordir, v. intr.
nordiste, n. et adj.
nord-ouest, n. m. et adj. inv.
nord-vietnamien, ienne, adj. et n.
noria, n. f.
normal, ale, aux, adj. et n.
normalement, adv.
normalien, ienne, n.
normalisation, n. f.
normaliser, v. tr.
normalité, n. f.
normand, ande, n. et adj.
normatif, ive, adj.
norme, n. f.
normé, ée, adj.
normographe, n. m.
1. norois ou noroît, n. m.
2. norois ou norrois, oise, n. m. et adj.
noroît ou norois, n. m.
norrois, oise, n. m. et adj.
norvégien, ienne, adj. et n.
nos, adj. poss. plur.
noso-, préf.
nosographie, n. f.
nosologie, n. f.
nostalgie, n. f.
nostalgique, adj.
nostoc, n. m.
nota ou nota bene, loc. lat. et n. m. inv.
notabilité, n. f.
notable, adj. et n.
notablement, adv.
notaire, n. m.
notairesse, n. f.
notamment, adv.
notarial, iale, iaux, adj.
notariat, n. m.
notarié, ée, adj.
notation, n. f.
note, n. f.
noter, v. tr.
notice, n. f.
notificatif, ive, adj.
notification, n. f.
notifier, v. tr.
notion, n. f.
notionnel, elle, adj.
notoire, adj.
notoirement, adv.
notonecte, n. m. ou f.
notoriété, n. f.
notre, nos, adj. poss.
nôtre, nôtres, adj., pron. poss. et n.
notule, n. f.
nouage, n. m.
nouaison, n. f.
nouba, n. f.
noue, n. f.
noué, ée, adj.
nouement, n. m.
nouer, v. tr., v. pron., v. intr.
noueux, euse, adj.
nougat, n. m.
nougatine, n. f.
nouille, n. f. et adj.
noulet, n. m.
nouménal, ale, aux, adj.
noumène, n. m.
nounou, n. f.
nourrain, n. m.
nourri, ie, adj.
nourrice, n. f.
nourricier, ière, adj. et n. m.
nourrir, v. tr., v. pron.
nourrissage, n. m.
nourrisant, ante, adj.
nourrisseur, n. m.
nourrisson, n. m.
nourriture, n. f.
nous, pron. pers.
nouure, n. f.
nouveau ou nouvel, elle, eaux, adj. et n.
nouveau-né, née, adj. et n. m.
nouveauté, n. f.
nouvelle, n. f.
nouvellement, adv.
nouvelliste, n.
nova, novæ, n. f.
novateur, trice, n. et adj.
novation, n. f.
novatoire, adj.
novembre, n. m.
nover, v. tr.
novice, n. et adj.
noviciat, n. m.
novocaïne, n. f.
noyade, n. f.
noyau, n. m.
noyautage, n. m.
noyauter, v. tr.
noyé, ée, adj. et n.
1. noyer, v. tr., v. pron.
2. noyer, n. m.
Np, symbole
nt, symbole
1. nu, n. m.
2. nu, nue, adj. et n. m.
nuage, n. m.
nuageux, euse, adj.
nuance, n. f.
nuancé, ée, adj.
nuancer, v. tr.
nuancier, n. m.
nubien, ienne, adj. et n.
nubile, adj.
nubilité, n. f.
nucelle, n. m.
nuclé(o)-, préf.
1. nucléaire, adj.
2. nucléaire, adj. et n. m.
nucléase, n. f.
nucléation, n. f.
nucléé, ée, adj.
nucléide, n. m.
nucléine, n. f.
nucléique, adj.
nucléole, n. m.
nucléon, n. m.
nucléophile, adj.
nucléoprotéine, n. f.
nucléoside, n. m.
nucléosome, n. m.
nucléosynthèse, n. f.
nucléotidase, n. f.
nucléotide, n. m.
nucléus, n. m.
nudisme, n. m.
nudiste, n. et adj.
nudité, n. f.
nue, n. f.
nuée, n. f.
nuement ou nûment, adv.
nue-propriété, n. f.
nuire, v. tr. ind., v. pron.
nuisance, n. f.
nuisible, adj.
nuisiblement, adv.
nuit, n. f.
nuitamment, adv.
nuitée, n. f.
nul, nulle, adj. et pron. indéf.
nullard, arde, adj. et n.
nullement, adv.
nullipare, n. f. et adj.
nullité, n. f.
nûment ou nuement, adv.
numéraire, n. m. et adj.
numéral, ale, aux, adj. et n. m.
numérateur, n. m.
numération, n. f.
numérique, adj.
numériquement, adv.
numéro, n. m.
numérotage, n. m.
numérotation, n. f.
numéroter, v. tr.
numéroteur, n. m. et adj.
numerus clausus, n. m. inv.
numide, adj. et n.
numismate, n.
numismatique, n. f. et adj.
nummulite, n. f.
nummulitique, adj. et n.
nunatak, n. m.
nunchaku, n. m.
nuncupatif, adj.
nuncupation, n. f.
nuoc-mâm, n. m.
nu-pieds, n. m. pl.
nu(e)-propriétaire, n.
nuptial, iale, iaux, adj.
nuptialité, n. f.
nuque, n. f.
nuraghe, nuraghi, n. m.
nurse, n. f.
nursery, ies, n. f.
nutation, n. f.
nutriment, n. m.
nutritif, ive, adj.
nutrition, n. f.
nutritionnel, elle, adj.
nutritionniste, n.
nyctaginacées, n. f. pl.
nyctalope, adj. et n.
nyctalopie, n. f.
nycthéméral, ale, aux, adj.
nycthémère, n. m.
nylon, n. m.
nymphal, ale, aux, adj.
nymphe, n. f.
nymphéa, n. m.
nymphéacées, n. f. pl.
nymphée, n. m.
nymphette, n. f.
nymphomane, adj. et n. f.
nymphomanie, n. f.
nymphose, n. f.
nystagmus, n. m.

O

o, n. m.
O, symbole
ô, interj.
oaristys, n. f.
oasien, ienne, adj. et n.
oasis, n. f.
ob-, préf.
obédience, n. f.
obédiencier, n. m.
obédientiel, elle, adj.
obéir, v. tr. indir.
obéissance, n. f.
obéissant, ante, adj.
obel ou obèle, n. m.
obélisque, n. m.
obéré, ée, adj.
obérer, v. tr.
obèse, adj. et n.
obésité, n. f.
obi, n. f.
obier, adj. et n. m.
obit, n. m.
obituaire, adj.
objectal, ale, aux, adj.
objecter, v. tr.
objecteur, n. m.
1. objectif, ive, adj.
2. objectif, n. m.
objection, n. f.
objectivation, n. f.
objectivement, adv.
objectiver, v. tr.
objectivisme, n. m.
objectivité, n. f.
objet, n. m.
objurgation, n. f.
oblat, ate, n.
oblatif, ive, adj.
oblation, n. f.
oblativité, n. f.
obligataire, n. et adj.
obligation, n. f.
obligatoire, adj.
obligatoirement, adv.
obligé, ée, adj. et n.
obligeamment, adv.
obligeance, n. f.
obligeant, ante, adj.
obliger, v. tr.
oblique, adj. et n.
obliquement, adv.
obliquer, v. intr.
obliquité, n. f.
oblitérateur, trice, adj. et n. m.
oblitération, n. f.
oblitérer, v. tr.
oblong, ongue, adj.
obnubilation, n. f.
obnubiler, v. tr.
obole, n. f.
obombrer, v. tr.
obscène, adj.
obscénité, n. f.
obscur, ure, adj.
obscurantisme, n. m.
obscurantiste, adj. et n.
obscurcir, v. tr., v. pron.
obscurcissement, n. m.
obscurément, adv.
obscurité, n. f.
obsécration, n. f.
obsédant, ante, adj.
obsédé, ée, n. et adj.
obséder, v. tr.
obsèques, n. f. pl.
obséquieusement, adv.
obséquieux, euse, adj.
obséquiosité, n. f.
observabilité, n. f.
observable, adj.
observance, n. f.
observateur, trice, n. et adj.
observation, n. f.
observatoire, n. m.
observer, v. tr., v. pron.
obsession, n. f.
obsessionnel, elle, adj.
obsidienne, n. f.
obsidional, ale, aux, adj.
obsolescence, n. f.
obsolète, adj.
obstacle, n. m.
obstétrical, ale, aux, adj.
obstétricien, ienne, n.
obstétrique, n. f. et adj.
obstination, n. f.
obstiné, ée, adj. et n.
obstinément, adv.
obstiner (s'), v. pron.
obstructif, ive, adj.
obstruction, n. f.
obstructionnisme, n. m.
obstructionniste, n. et adj.
obstruer, v. tr.
obtempérer, v. tr. indir.
obtenir, v. tr.
obtention, n. f.
obturateur, trice, adj. et n. m.
obturation, n. f.
obturer, v. tr.
obtus, use, adj.
obtusangle, adj.
obus, n. m.
obusier, n. m.
obvenir, v. intr.
obvers, n. m. ou obverse, n. f.
obvie, adj.
obvier, v. tr. indir.
oc, particule affirmative
ocarina, n. m.
occase, n. f.
occasion, n. f.
occasionnalisme, n. m.
occasionnel, elle, adj.
occasionnellement, adv.
occasionner, v. tr.
occident, n. m.
occidental, ale, aux, adj. et n.
occidentalisation, n. f.
occidentaliser, v. tr., v. pron.
occipital, ale, aux, adj.
occiput, n. m.
occire, v. tr.
occitan, ane, adj. et n.
occlure, v. tr.
occlusif, ive, adj. et n. f.
occlusion, n. f.
occultation, n. f.
occulte, adj.
occulter, v. tr.
occultisme, n. m.
occultiste, n. et adj.
occupant, ante, n. et adj.
occupation, n. f.
occupé, ée, adj.
occuper, v. tr., v. pron.
occurrence, n. f.
occurrent, ente, adj.
océan, n. m.
océane, adj. f.
océanien, ienne, adj. et n.
océanique, adj.
océanographe, n.
océanographie, n. f.
océanographique, adj.
océanologie, n. f.
océanologique, adj.
océanologue, n.
ocelle, n. m.
ocellé, ée, adj.
ocelot, n. m.
ocre, n. f. et adj. inv.
ocré, ée, adj.
ocreux, euse, adj.
oct-, octa-, octi-, octo-, préf.
octa, n. m.
octaèdre, n. m. et adj.
octaédrique, adj.
octal, ale, aux, adj.
octane, n. m.
octant, n. m.
octante, adj.
octastyle, adj.
octave, n. f.
octavier, v. intr., v. tr.
octavon, onne, n. et adj.
octet, n. m.
octidi, n. m.
octobre, n. m.
octocoralliaires, n. m. pl.
octogénaire, n. et adj.
octogonal, ale, aux, adj.
octogone, n. m. et adj.
octopode, adj. et n. m. pl.
octosyllabe, adj. et n. m.
octosyllabique, adj.
octroi, n. m.
octroyer, v. tr., v. pron.
octuor, n. m.
octuple, adj.
oculaire, adj. et n. m.
ocularisté, n.
oculiste, n. et adj.
oculus, n. m.
ocytocine, n. f.
ocytocique, adj.
od(o)-, préf.
odalisque, n. f.
ode, n. f.
-ode, suff.
odelette, n. f.
odéon, n. m.
odeur, n. f.
odieusement, adv.
odieux, ieuse, adj.
odographe ou hodographe, n. et adj.
odomètre, n. m.
odonates, n. m. pl.
odont(o)-, préf.
odontalgie, n. f.
odontocètes, n. m. pl.
odontoïde, adj.
odontologie, n. f.
odontostomatologie, n. f.
odorant, ante, adj.
odorat, n. m.
odoriférant, ante, adj.
odyssée, n. f.
œcoumène ou œkoumène ou écoumène, n. m.
œcuménicité, n. f.
œcuménique, adj.
œcuménisme, n. m.
œdémateux, euse, adj.
œdème, n. m.
œdicnème, n. m.
œdipe, n. m.
œdipien, ienne, adj.
œil, yeux, n. m.
œil-de-bœuf, n. m.
œil-de-chat, n. m.
œil-de-perdrix, n. m.

œil-de-tigre, n. m.
œillade, n. f.
œillère, n. f.
œillet, n. m.
œilleton, n. m.
œilletonnage, n. m.
œilletonner, v. tr.
œillette, n. f.
œkoumène ou œcoumène ou écoumène, n. m.
œn(o)-, préf.
œnanthe, n. f.
œnanthique, adj.
œnilisme ou œnolisme, n. m.
œnolique, adj.
œnolisme ou œnilisme, n. m.
œnologie, n. f.
œnologique, adj.
œnologue, n.
œnométrie, n. f.
œnométrique, adj.
œnothera ou œnothère, n. m.
œnothéracées, n. f. pl.
œnothère ou œnothera, n. m.
œrsted, n. m.
œrstite, n. f.
œsophage, n. m.
œsophagien, ienne, adj.
œsophagite, n. f.
œsophagoscope, n. m.
œstradiol, n. m.
œstral, ale, aux, adj.
œstre, n. m.
œstrogène, adj. et n. m.
œstrus, n. m.
œuf, œufs, n. m.
œuvé, ée, adj.
1. œuvre, n. f.
2. œuvre, n. m.
œuvrer, v. intr.
off, adj. inv. et adv.
offense, n. f.
offensé, ée, adj. et n.
offenser, v. tr., v. pron.
offenseur, n. m.
offensif, ive, adj.
offensive, n. f.
offertoire, n. m.
1. office, n. m.
2. office, n. f.
official, iaux, n. m.
officialisation, n. f.
officialiser, v. tr.
officialité, n. f.
officiant, iante, n.
officiel, ielle, adj. et n.
officiellement, adv.
1. officier, v. intr.
2. officier, n. m.
officieusement, adv.
officieux, ieuse, adj.
officinal, ale, aux, adj.
officine, n. f.
offrande, n. f.
offrant, n. m.
offre, n. f.
offrir, v. tr., v. pron.
offset, n. m. et adj. inv.
off shore, adj. inv. et n. m.
offusquer, v. tr., v. pron.
oflag, n. m.
ogam ou ogham ou ogamique ou oghamique, adj. et n. m.
ogival, ale, aux, adj.
ogive, n. f.
ogre, n. m.
ogresse, n. f.
oh !, interj.
ohé !, interj.
ohm, n. m.
ohmique, adj.
ohmmètre, n. m.
-oïde, -oïdal, suff.
oïdie, n. f.
oïdium, n. m.
oie, n. f.
oignon, n. m.
oignonade, n. f.
oignonière, n. f.
oïl, particule affirmative
oindre, v. tr.
oing ou oint, n. m.
oint, ointe, adj. et n.
oiseau, n. m.
oiseau-lyre, n. m.
oiseau-mouche, n. m.
oiseler, v. tr., v. intr.
oiselet, n. m.
oiseleur, n. m.
oiselier, ière, n.
oiselle, n. f.
oisellerie, n. f.
oiseux, euse, adj.
oisif, ive, adj. et n.
oisillon, n. m.
oisivement, adv.
oisiveté, n. f.
oison, n. m.
O.K., interj., adv. et adj. inv.
okapi, n. m.
okoumé, n. m.
-ol, suff.
olé !, interj.
olé-, olé(i)-, olé(o)-, préf.
oléacées, n. f. pl.
oléagineux, euse, adj. et n. m.
oléate, n. m.
olécrane ou olécrâne, n. m.
oléfiant, iante, adj.
oléfine, n. f.
oléicole, adj.
oléiculteur, trice, n.
oléiculture, n. f.
oléine, n. f.
oléique, adj.
oléoduc, n. m.
oléolat, n. m.
oléomètre, n. m.
oléopneumatique, adj.
oléum, n. m.
olfactif, ive, adj.
olfaction, n. f.
oliban, n. m.
olibrius, n. m.
olifant ou oliphant, n. m.
olig(o)-, préf.
oligarchie, n. f.
oligarchique, adj.
oligarque, n. m.
oligiste, adj. et n. m.
oligocène, n. m. et adj.
oligochètes, n. m. pl.
oligoclase, n. f.
oligo-élément ou oligoélément, n. m.
oligophrénie, n. f.
oligopole, n. m.
oligurie, n. f.
olim, n. m. inv.
oliphant ou olifant, n. m.
olivaie ou oliveraie, n. f.
olivaison, n. f.
olivâtre, adj.
olive, n. f.
oliveraie ou olivaie, n. f.
olivétain, aine, n.
olivette, n. f.
olivier, n. m.
olivine, n. f.
ollaire, adj.
ollé !, interj.
olographe, adj.
olympiade, n. f.
olympien, ienne, adj.
olympique, adj.
olympisme, n. m.
ombelle, n. f.
ombellé, ée, adj.
ombellifère, adj. et n. f. pl.
ombelliforme, adj.
ombellule, n. f.
ombilic, n. m.
ombilical, ale, aux, adj.
ombiliqué, ée, adj.
omble, n. m.
ombrage, n. m.
ombragé, ée, adj.
ombrager, v. tr.
ombrageux, euse, adj.
1. ombre, n. f.
2. ombre, n. m.
ombrelle, n. f.
ombrer, v. tr.
ombrette, n. f.
ombreux, euse, adj.
ombrine, n. f.
ombudsman, n. m.
-ome, suff.
oméga, n. m.
omelette, n. f.
omettre, v. tr.
omicron, n. m.
omis, ise, adj. et n. m.
omission, n. f.
omni-, préf.
omnibus, n. m. et adj. inv.
omnidirectionnel, elle, adj.
omnipotence, n. f.
omnipotent, ente, adj.
omnipraticien, ienne, n.
omniprésence, n. f.
omniprésent, ente, adj.
omniscience, n. f.
omniscient, iente, adj.
omnisports, adj. inv.
omnium, n. m.
omnivore, adj. et n.
omoplate, n. f.
on, pron. pers. indéf.
onagrariacées ou onagrariées, n. f. pl.
1. onagre, n. m.
2. onagre, n. f.
onanisme, n. m.
onc ou oncques ou onques, adv.
once, n. f.
onchocercose, n. f.
oncial, iale, iaux, adj. et n. f.
oncle, n. m.
oncogène, adj.
oncques ou onc ou onques, adv.
onction, n. f.
onctueusement, adv.
onctueux, euse, adj.
onctuosité, n. f.
ondatra, n. m.
onde, n. f.
ondée, n. f.
ondemètre, n. m.
ondin, ine, n.
on-dit, n. m. inv.
ondoiement, n. m.
ondoyer, v. intr., v. tr.

ondulation, n. f.
ondulatoire, adj.
ondulé, ée, adj.
onduler, v. intr., v. tr.
onduleur, n. m.
onduleux, euse, adj.
one-man-show, n. m. inv.
onéreux, euse, adj.
one-step, n. m. inv.
ongle, n. m.
onglée, n. f.
onglet, n. m.
onglette, n. f.
onglier, n. m.
onglon, n. m.
onguent, n. m.
onguiculé, ée, adj. et n. m.
ongulé, adj. et n. m. pl.
onguligrade, adj.
onirique, adj.
onirisme, n. m.
oniromancie, n. f.
onomasiologie, n. f.
onomastique, adj. et n. f.
onomatopée, n. f.
onomatopéique, adj.
onques ou onc
ou oncques, adv.
onto-, préf.
ontogenèse ou ontogénie, n. f.
ontogénique, adj.
ontologie, n. f.
ontologique, adj.
ontologisme, n. m.
O.N.U., sigle
onusien, ienne, adj. et n.
onych(o)-, préf.
onychophagie, n. f.
onyx, n. m.
onyxis, n. m.
onzain, n. m.
onze, adj. et n. m. inv.
onzième, adj. et n.
onzièmement, adv.
oo-, préf.
oocyte ou ovocyte, n. m.
oogone, n. f.
oolithe, n. f.
oolithique, adj.
oosphère, n. f.
oospore, n. f.
oothèque, n. f.
op., abrév.
opacification, n. f.
opacifier, v. tr.
opacimètre, n. m.
opacimétrie, n. f.
opacité, n. f.
opale, n. f. et adj.
opalescence, n. f.
opalescent, ente, adj.
opalin, ine, adj. et n.
opaline, n. f.
opalisation, n. f.
opaliser, v. tr.
opaque, adj.
op art, n. m.
ope, n. m. ou f.
-ope, -opie, suff.
open, adj. inv. et n. m.
openfield, n. m.
open market, n. m.
opéra, n. m.
opéra-ballet, n. m.
opérable, adj.
opéra-comique, n. m.
opérande, n. m.
opérant, ante, adj.
opérateur, trice, n.
opération, n. f.
opérationnel, elle, adj.
opératoire, adj.
operculaire, adj.
opercule, n. m.
operculé, ée, adj.
opérer, v. intr., v. tr., v. pron.
opérette, n. f.
opéron, n. m.
ophi(o)-, préf.
ophicléide, n. m.
ophidien, ienne, adj. et n. m. pl.
ophioglosse, n. m.
ophiolâtrie, n. f.
ophiologie, n. f.
ophite, n. m.
ophiure, n. f.
ophiurides ou ophiuridés, n. m. pl.
ophrys, n. m. ou f.
ophtalm(o)-, préf.
-ophtalmie, suff.
ophtalmie, n. f.
ophtalmique, adj.
ophtalmologie, n. f.
ophtalmologiste ou ophtalmologue, n.
ophtalmomètre, n. m.
ophtalmoscope, n. m.
ophtalmoscopie, n. f.
opiacé, ée, adj. et n. m.
opiacer, v. tr.
opiat, n. m.
opilions, n. m. pl.
opimes, adj. f. pl.
opiner, v. intr.
opiniâtre, adj.
opiniâtrement, adv.
opiniâtrer (s'), v. pron.
opiniâtreté, n. f.
opinion, n. f.
opiomane, n. et adj.
opiomanie, n. f.
opisth(o)-, préf.
opisthobranches, n. m. pl.
opisthodome, n. m.
opisthographe, adj.
opium, n. m.
opo-, préf.
oponce ou opuntia, n. m.
opopanax ou opoponax, n. m.
opossum, n. m.
opothérapie, n. f.
oppidum, n. m.
opportun, une, adj. et n.
opportunément, adv.
opportunisme, n. m.
opportuniste, adj. et n.
opportunité, n. f.
opposabilité, n. f.
opposable, adj.
opposant, ante, adj. et n.
opposé, ée, adj. et n. m.
opposer, v. tr., v. pron.
opposite, n. m.
opposition, n. f.
oppositionnel, elle, adj. et n.
oppressant, ante, adj.
oppresser, v. tr.
oppresseur, n. m. et adj. m.
oppressif, ive, adj.
oppression, n. f.
opprimé, ée, adj. et n.
opprimer, v. tr.
opprobre, n. m.
-opsie, suff.
opsonine, n. f.
optatif, ive, adj. et n. m.
opter, v. intr.
opticien, ienne, n. et adj.
optimal, ale, aux, adj.
optimisation, n. f.
optimiser, v. tr.
optimisme, n. m.
optimiste, adj. et n.
optimum, optima
ou optimums, n. m. et adj.
option, n. f.
optionnel, elle, adj.
optique, adj. et n. f.
opto-électronique, n. f.
optomètre, n. m.
optométrie, n. f.
optométriste, n.
opulence, n. f.
opulent, ente, adj.
opuntia ou oponce, n. m.
opus, n. m.
opuscule, n. m.
opus incertum, n. m.
1. or, n. m.
2. or, conj. et adv.
3. or ou ore, ores, adv.
oracle, n. m.
oraculaire, adj.
orage, n. m.
orageux, euse, adj.
oraison, n. f.
oral, ale, aux, adj. et n. m.
oralement, adv.
orange, n. et adj. inv.
orangé, ée, adj. et n. m.
orangeade, n. f.
oranger, n. m.
orangeraie, n. f.
orangerie, n. f.
orangette, n. f.
orangiste, n.
orang-outan ou orang-outang, n. m.
orant, ante, n. et adj.
orateur, trice, n.
1. oratoire, adj.
2. oratoire, n. m.
oratorien, n. m.
oratorio, n. m.
1. orbe, n. m.
2. orbe, adj.
orbicole, adj.
orbiculaire, adj.
orbitaire, adj.
orbital, ale, aux, adj.
orbitale, n. f.
orbite, n. f.
orcanète ou orcanette, n. f.
orcéine, n. f.
orchestral, ale, aux, adj.
orchestrateur, trice, n.
orchestration, n. f.
orchestre, n. m.
orchestrer, v. tr.
orchi-, orchido-, préf.
orchialgie, n. f.
orchidacées, n. f. pl.
orchidée, n. f.
orchis, n. m.
orchite, n. f.
ordalie, n. f.
ordinaire, adj. et n. m.
ordinairement, adv.
ordinal, ale, aux, adj. et n. m.
ordinand, n. m.
ordinant, n. m.
ordinateur, n. m.
ordination, n. f.
ordinogramme, n. m.
ordo, n. m. inv.
1. ordonnance, n. f.
2. ordonnance, n. f. ou m.

ordonnancement, n. m.
ordonnancer, v. tr.
ordonnateur, trice, n. et adj.
ordonné, ée, adj.
ordonnée, n. f.
ordonner, v. tr.
ordovicien, ienne, adj. et n. m.
ordre, n. m.
ordure, n. f.
ordurier, ière, adj.
ore ou or ou ores, adv.
oréade, n. f.
orée, n. f.
oreillard, arde, adj. et n. m.
oreille, n. f.
oreiller, n. m.
oreillette, n. f.
oreillon, n. m.
oreillons, n. m. pl.
orémus, n. m.
oréopithèque, n. m.
ores, adv.
orfèvre, n. m.
orfèvrerie, n. f.
orfraie, n. f.
orfroi, n. m.
organdi, n. m.
organe, n. m.
organeau, n. m.
organicien, ienne, adj. et n.
organicisme, n. m.
organigramme, n. m.
organique, adj.
organisateur, trice, adj. et n.
organisation, n. f.
organisé, ée, adj.
organiser, v. tr, v. pron.
organisme, n. m.
organiste, n.
organite, n. m.
organo-, préf.
organogenèse, n. f.
organomagnésien, n. m. et adj.
organométallique, adj. et n. m.
organsin, n. m.
organum, n. m.
orgasme, n. m.
orgastique, adj.
orge, n. m.
orgeat, n. m.
orgelet, n. m.
orgiaque, adj.
orgie, n. f.
orgue, n.
orgueil, n. m.
orgueilleusement, adv.
orgueilleux, euse, adj. et n.
orichalque, n. m.
oriel, n. m.
orient, n. m.
orientable, adj.
oriental, ale, aux, adj. et n.
orientalisme, n. m.
orientaliste, n. et adj.
orientation, n. f.
orienté, ée, adj.
orienter, v. tr., v. pron.
orienteur, euse, n.
orifice, n. m.
oriflamme, n. f.
origan, n. m.
originaire, adj.
1. original, ale, aux, adj. et n.
2. original, aux, n. m.
originalité, n. f.
origine, n. f.
originel, elle, adj.
originellement, adv.
orignac ou orignal, aux, n. m.
orillon, n. m.
orin, n. m.
oripeau, n. m.
orle, n. m.
orléanisme, n. m.
orléaniste, n. et adj.
orlon, n. m.
ormaie ou ormoie ou ormeraie, n. f.
orme, n. m.
1. ormeau, n. m.
2. ormeau ou ormet ou ormier, n. m.
ormeraie ou ormaie ou ormoie, n. f.
ormille, n. f.
ormoie ou ormaie ou ormeraie, n. f.
orne, n. m.
ornemaniste, n.
ornement, n. m.
ornemental, ale, aux, adj.
ornementation, n. f.
ornementer, v. tr.
orner, v. tr.
ornière, n. f.
ornith(o)-, préf.
ornithogale, n. m.
ornithologie, n. f.
ornithologique, adj.
ornithologiste ou ornithologue, n.
ornithomancie, n. f.
ornithopodes, n. m. pl.
ornithorynque, n. m.
ornithose, n. f.
oro-, préf.
orobanche, n. f.
orogenèse, n. f.
orogénie, n. f.
orogénique, adj.
orographie, n. f.
orographique, adj.
oronge, n. f.
orpaillage, n. m.
orpailleur, n. m.
orphelin, ine, n. et adj.
orphelinat, n. m.
orphéon, n. m.
orphéoniste, n.
orphie, n. f.
orphique, adj.
orphisme, n. m.
orpiment, n. m.
orpin, n. m.
orque, n. f. ou m.
orseille, n. f.
orteil, n. m.
orth(o)-, préf.
orthèse, n. f.
orthicon, n. m.
orthocentre, n. m.
orthochromatique, adj.
orthodontie, n. f.
orthodontiste, n.
orthodoxe, adj. et n.
orthodoxie, n. f.
orthodromie, n. f.
orthodromique, adj.
orthogenèse, n. f.
orthogénie, n. f.
orthogonal, ale, aux, adj.
orthogonalement, adv.
orthographe, n. f.
orthographier, v. tr., v. pron.
orthographique, adj.
orthonormé, ée, adj.
orthopédie, n. f.
orthopédique, adj.
orthopédiste, n. et adj.
orthophonie, n. f.
orthophoniste, n.
orthoptère, adj. et n. m. pl.
orthoptie, n. f.
orthoptiste, n.
orthorhombique, adj.
orthoscopique, adj.
orthose, n. m.
orthostatique, adj.
ortie, n. f.
ortolan, n. m.
orvale, n. f.
orvet, n. m.
orviétan, n. m.
oryctérope, n. m.
oryx, n. m.
os, n. m.
Os, symbole
O.S., sigle, n. m.
osamine, n. f.
oscabrion, n. m.
oscar, n. m.
oscillaire, n. f.
oscillant, ante, adj.
oscillateur, n. m.
oscillation, n. f.
oscillatoire, adj.
osciller, v. intr.
oscillogramme, n. m.
oscillographe, n. m.
oscillomètre, n. m.
oscilloscope, n. m.
osculateur, trice, adj.
osculation, n. f.
oscule, n. m.
ose, n. m.
-ose, suff.
osé, ée, adj.
oseille, n. f.
oser, v. tr.
oseraie, n. f.
osidase, n. f.
oside, n. m.
osidique, adj.
osier, n. m.
osiériculture, n. f.
osmie, n. f.
osmium, n. m.
osmole, n. f.
osmomètre, n. m.
osmonde, n. f.
osmose, n. f.
osmotique, adj.
osque, adj. et n.
ossature, n. f.
osséine, n. f.
osselet, n. m.
ossements, n. m. pl.
ossète, n. et adj.
osseux, euse, adj.
ossification, n. f.
ossifier, v. tr., v. pron.
osso buco, n. m. inv.
ossu, ue, adj.
ossuaire, n. m.
ost, n. m.
ostéo(o)-, préf.
ostéalgie, n. f.
ostéichtyens, n. m. pl.
ostéite, n. f.
ostensible, adj.
ostensiblement, adv.
ostensoir, n. m.
ostentation, n. f.
ostentatoire, adj.
ostéoblaste, n. m.
ostéochondrite, n. f.

ostéocyte, n. m.
ostéogenèse, n. f.
ostéologie, n. f.
ostéomalacie, n. f.
ostéomyélite, n. f.
ostéopathe, n.
ostéopathie, n. f.
ostéophyte, n. m.
ostéoplastie, n. f.
ostéoporose, n. f.
ostéosarcome, n. m.
ostéosynthèse, n. f.
ostéotomie, n. f.
ostiak, n. m.
ostinato, n. m.
ostiole, n. m.
ostracé, ée, adj.
ostracisme, n. m.
ostréi-, préf.
ostréicole, adj.
ostréiculteur, trice, n.
ostréiculture, n. f.
ostréidés, n. m. pl.
ostrogot ou ostrogoth, n. m.
ot(i)-, ot(o)-, préf.
otage, n. m.
otalgie, n. f.
otarie, n. f.
ôter, v. tr., v. pron.
otique, adj.
otite, n. f.
otocyon, n. m.
otocyste, n. m.
otolithe, n. m.
otologie, n. f.
oto-rhino, abrév. et n.
oto-rhino-laryngologie, n. f.
oto-rhino-laryngologiste, n.
otoscope, n. m.
otospongiose, n. f.
ottoman, ane, adj. et n.
ou, conj. de coordin.
où, pron., adv. relat., adv. interr.
ouaille, n. f.
ouailles, n. f. pl.
ouais !, interj.
ouate, n. f.
ouaté, ée, adj.
ouater, v. tr.
ouatine, n. f.
ouatiner, v. tr.
oubli, n. m.
oublie, n. f.
oublier, v. tr., v. pron.
oubliette, n. f.
oublieux, euse, adj.
oued, n. m.
ouest, n. m. et adj. inv.
ouest-allemand, ande, adj. et n.
ouf !, interj.
ougrien, ienne, adj.
oui, particule affirmative et n. m. inv.
ouï-dire, n. m. inv.
ouïe, n. f.
ouïes, n. f. pl.
ouïe ! ou ouille !, interj.
ouïg(h)our, n. m.
ouille ! ou ouïe !, interj.
ouiller, v. tr.
ouïr, v. tr.
ouistiti, n. m.
oukase ou ukase, n. m.
ouléma ou uléma, n. m.
ouolof, n. m.
ouragan, n. m.
ouralien, ienne, adj.
ouralo-altaïque, adj.
ourdir, v. tr.
ourdissage, n. m.
ourdisseur, euse, n.
ourdissoir, n. m.
ourdou ou urdu, n. m. et adj.
-oure, suff.
ourlé, adj.
ourler, v. tr.
ourlet, n. m.
ourlien, ienne, adj.
ours, n. m.
ourse, n. f.
oursin, n. m.
ourson, n. m.
oust ! ou ouste !, interj.
out, adv. et adj. inv.
outarde, n. f.
outil, n. m.
outillage, n. m.
outillé, ée, adj.
outiller, v. tr., v. pron.
outilleur, n. m.
outlaw, n. m.
output, n. m.
outrage, n. m.
outragé, ée, adj.
outrageant, ante, adj.
outrager, v. tr.
outrageusement, adv.
outrageux, euse, adj.
outrance, n. f.
outrancier, ière, adj.
1. outre, n. f.
2. outre, adv. et prép.
outré, ée, adj.
outrecuidance, n. f.
outrecuidant, ante, adj.
outremer, n. m. et adj. inv.
outre-mer, adv.
outrepassé, ée, adj.
outrepasser, v. tr.
outrer, v. tr.
outrigger, n. m.
outsider, n. m.
ouvert, erte, adj.
ouvertement, adv.
ouverture, n. f.
ouvrable, adj.
ouvrage, n. m.
ouvragé, ée, adj.
ouvrager, v. tr.
ouvraison, n. f.
ouvrant, ante, adj. et n. m.
ouvré, ée, adj.
ouvreau, n. m.
ouvre-boîte(s), n. m. inv.
ouvre-bouteille(s), n. m. inv.
ouvrer, v. intr., v. tr.
1. ouvreur, euse, n.
2. ouvreur, n. m.
ouvreuse, n. f.
ouvrier, ière, n. et adj.
ouvriérisme, n. m.
ouvriériste, adj. et n.
ouvrir, v. tr., v. intr., v. pron.
ouvroir, n. m.
ouzo, n. m.
ov(o)-, ovi-, préf.
ovaire, n. m.
ovalbumine, n. f.
ovale, adj. et n. m.
ovalisation, n. f.
ovaliser, v. tr.
ovariectomie, n. f.
ovarien, ienne, adj.
ovarite, n. f.
ovation, n. f.
ovationner, v. tr.
ove, n. m.
ové, ée, adj.
over arm stroke, n. m.
overdose, n. f.
overdrive, n. m.
ovibos, n. m.
ovidés, n. m. pl.
oviducte, n. m.
ovin, ine, adj. et n. m.
ovinés, n. m. pl.
ovipare, adj. et n.
oviparité, n. f.
ovipositeur, n. m.
oviscapte, n. m.
O.V.N.I. ou ovni, sigle, n. m.
ovocyte ou oocyte, n. m.
ovogenèse, n. f.
ovoïde, adj.
ovonique, n. f.
ovovivipare, adj.
ovulaire, adj.
ovulation, n. f.
ovule, n. m.
ovuler, v. tr.
ox(y)-, préf.
oxacide, n. m.
oxalate, n. m.
oxalide, n. f. ou oxalis, n. m.
oxalique, adj.
oxalis, n. m. ou oxalide, n. f.
oxford, n. m.
oxhydrile ou oxhydryle, n. m.
oxhydrique, adj.
oxhydryle ou oxhydrile, n. m.
oxonium, adj. et n. m.
oxyacétylénique, adj.
oxycarboné, ée, adj.
oxychlorure, n. m.
oxycoupage, n. m.
oxydable, adj.
oxydant, ante, adj. et n. m.
oxydase, n. f.
oxydation, n. f.
oxyde, n. m.
oxyder, v. tr., v. pron.
oxydoréduction, n. f.
oxygénation, n. f.
oxygène, n. m.
oxygéné, ée, adj.
oxygéner, v. tr., v.pron.
oxygénothérapie, n. f.
oxyhémoglobine, n. f.
oxylithe, n. m.
oxysulfure, n. m.
oxyton, n. m.
oxyure, n. m.
oyat, n. m.
oz, abrév.
ozalid, n. m.
ozène, n. m.
ozocérite ou ozokérite, n. f.
ozone, n. m.
ozonisateur ou ozoniseur, n. m.
ozonisation, n. f.
ozoniser, v. tr.
ozoniseur ou ozonisateur, n. m.

P

p, n. m.
P, symbole
Pa, symbole
pacage, n. m.
pacager, v. tr., v. intr.
pace (in), n. m. inv.
pacemaker, n. m.
pacfung ou packfung, n. m.
pacha, n. m.
pachalik, n.m.
pachto, n. m.
pachyderme, adj. et n. m.
pachydermie, n. f.
pachyure, n. f.
pacificateur, trice, n. et adj.
pacification, n. f.
pacifier, v. tr.
pacifique, adj.
pacifiquement, adv.
pacifisme, n. m.
pacifiste, n. et adj.
pack, n. m.
packfung ou pacfung, n. m.
pacotille, n.f.
pacquage ou paquage, n. m.
pacquer ou paquer, v. tr.
pacte, n. m.
pactiser, v. intr.
pactole, n.m.
padan, ane, adj.
paddock, n. m.
paddy, n. m.
paella, n. f.
pæan ou péan, n. m.
1. paf !, interj.
2. paf, adj. inv.
pagaie ou pagaye, n. f.
pagaïe ou pagaille
ou pagaye, n. f.
paganiser, v. tr.
paganisme, n. m.
1. pagaye ou pagaie, n. f.
2. pagaye ou pagaille
ou pagaïe, n. f.
pagayer, v. intr.
1. page, n. f.
2. page, n. m.
3. page ou pageot, n. m.
pagel, n. m. ou pagelle, n. f.
pageot ou page, n. m.
pagination, n. f.
paginer, v. tr.
pagne, n. m.
pagode, n. et adj. inv.
pagre, n. m.
pagure, n. m.
pagus, n. m.
paidologie ou pédologie,
n. f.
paidologue ou pédologue,
n.
paie ou paye, n. f.
paiement ou payement,
n. m.
païen, ïenne, adj. et n.
paierie, n. f.
paillage, n. m.
paillard, arde, adj. et n.
paillardise, n. f.
1. paillasse, n. f.
2. paillasse, n. m.
paillasson, n. m.
paillassonnage, n. m.
paillassonner, v. tr.
paille, n. et adj. inv.
1. paillé, n. m.
2. paillé, ée, adj.
paille-en-queue, n. m.
1. pailler, n. m.
2. pailler, v. tr.
1. paillet, n. m.
2. paillet, n. m. et adj.
pailleté, é, adj.
pailleter, v. tr.
pailleteur, n. m.
paillette, n. f.
pailleux, euse, adj.
paillis, n. m.
paillon, n. m.
paillote, n. f.
pain, n. m.
1. pair, n. m.
2. pair, e, adj.
paire, n. f.
pairement, adv.
pairesse, n. f.
pairie, n. f.
pairle, n. m.
paisible, adj.
paisiblement, adv.
paissance, n. f.
paître, v. tr., v. intr.
1. paix, n. f.
2. paix !, interj.
pakistanais, aise, adj. et n.
pal, n. m.
palabre, n. f. ou m.
palabrer, v. intr.
palace, n. m.
paladin, n. m.
palafitte, n. m.
palais, n. m.
palan, n. m.
palanche, n. f.
palancre ou palangre, n. f.
palangrotte, n. f.
palanque, n. f.
palanquée, n. f.
palanquer, v. intr., v. tr.
palanquin, n. m.
palastre ou palâtre, n. m.
palatal, ale, aux, adj. et n. f.
palatalisation, n. f.
palataliser, v. tr.
1. palatin, ine, adj.
2. palatin, ine, adj. et n. m.
palatinat, n. m.
palâtre ou palastre, n. m.
1. pale, n. f.
2. pale ou palle, n. f.
pâle, adj.
palé(o)-, préf.
pale-ale, n. f.
paléarctique, adj.
palefrenier, n. m.
palefroi, n. m.
palémon, n. m.
paléobotanique, n. f.
paléochrétien, ienne, adj.
et n.
paléochristianisme, n. m.
paléoclimat, n. m.
paléoclimatologie, n. f.
paléoethnologie
ou palethnologie, n. f.
paléogène, n. m. et adj.
paléogéographie, n. f.
paléogéographique, adj.
paléographe, n.
paléographie, n. f.
paléographique, adj.
paléolithique, adj. et n. m.
paléomagnétisme, n. m.
paléontologie, n. f.
paléontologique, adj.
paléontologiste ou palé-
ontologue, n.
paléosibérien, enne, adj.
paléosol, n. m.
paléothérium, n. m.
paléozoïque, adj. et n. m.
paleron, n. m.
palestinien, ienne, adj. et n.
palestre, n. f.
palet, n. m.
palethnologie
ou paléoethnologie, n. f.
paletot, n. m.
palette, n.f.
palettisation, n. f.
palettiser, v. tr.
palétuvier, n. m.
pâleur, n. f.
pâli, n. m.
pâlichon, onne, adj.
palier, n. m.
palière, adj.
palilalie, n. f.
palimpseste, n. m.
palin-, préf.
palindrome, adj. et n. m.
palingénésie, n. f.
palingénésique, adj.
palinodie, n. f.
pâlir, v. intr., v. tr.
palis, n. m.
palissade, n. f.
palissader, v. tr.
palissadique, adj.
palissage, n. m.
palissandre, n. m.
pâlissant, ante, adj.
palisser, v. tr.
palisson, n. m.
palissonner, v. tr.
paliure, n. m.
palladium, n. m.
palle ou pale, n. f.
palléal, ale, aux, adj.
palliatif, ive, adj. et n. m.
pallidum, n. m.
pallier, v. tr.
pallikare, n. m.
pallium, n. m.
palmaire, adj.
palmarès, n. m.
palmature, n. f.
1. palme, n. f.
2. palme, n. m.
palmé, ée, adj.
1. palmer, v. tr., v. intr.
2. palmer, n. m.
palmeraie, n. f.
palmette, n. f.
palmier, n. m.
palmipède, adj. et n. m. pl.
palmiste, n. m.
palmitate, n. m.
palmite, n. m.
palmitine, n. f.
palmitique, adj.
palmure, n. f.
palombe, n. f.
palonnier, n. m.
palot, n. m.
pâlot, otte, adj.
palourde, n. f.
palpable, adj.
palpation, n. f.
palpe, n. m.
palpébral, ale, aux, adj.
palper, v. tr.
palpeur, n. m.
1. palpitant, ante, adj.

2. palpitant, n. m.
palpitation, n. f.
palpiter, v. intr.
palplanche, n. f.
palsambleu !, interj.
paltoquet, n. m.
paluche, n. f.
palud ou palude ou palus, n. m.
paludéen, éenne, adj.
paludier, ière, n.
paludine, n. f.
paludisme, n. m.
palus ou palud ou palude, n. m.
palustre, adj.
palynologie, n. f.
pâmer (se), v. pron.
pâmoison, n. f.
pampa, n. f.
pampero, n. m.
pamphlet, n. m.
pamphlétaire, n. et adj.
pampille, n. f.
pamplemousse, n. m.
pamplemoussier, n. m.
pampre, n. m.
1. pan, n. m.
2. pan !, interj.
pan-, préf.
panacée, n. f.
panachage, n. m.
panache, n. m.
1. panaché, ée, adj.
2. panaché, n. m.
panacher, v. tr., v. pron.
panachure, n. f.
panade, n. f.
panafricain, aine, adj.
panafricanisme, n. m.
panais, n. m.
panama, n. m.
panaméen, éenne, adj. et n.
panaméricain, aine, adj. et n. f.
panaméricanisme, n. m.
panarabe, adj.
panarabisme, n. m.
1. panard, arde, adj.
2. panard, n. m.
panaris, n. m.
panatela ou panatella, n. m.
panathénées, n. f. pl.
panax, n. m.
pan-bagnat, n. m.
pancarte, n. f.
panchen-lama, n. m.
panchromatique, adj.
panclastite, n. f.
pancrace, n. m.
pancréas, n. m.
pancréatique, adj.
pancréatite, n. f.
panda, n. m.
pandanus, n. m.
pandectes, n. f. pl.
pandémie, n. f.
pandémonium, n. m.
pandiculation, n. f.
pandit, n. m.
1. pandore, n. f.
2. pandore, n. m.
pané, ée, adj.
panégyrique, n. m. et adj.
panégyriste, n.
panel, n. m.
paner, v. tr.
panerée, n. f.
paneterie, n. f.
panetier, n. m.
panetière, n. f.
paneton, n. m.
pangermanisme, n. m.
pangermaniste, adj. et n.
pangolin, n. m.
panhellénique, adj.
panhellénisme, n. m.
panicaut, n. m.
panicule, n. f.
paniculé, ée, adj.
panicum, n. m.
panier, n. m.
panière, n. f.
panifiable, adj.
panification, n. f.
panifier, v. tr.
paniquard, arde, adj. et n.
panique, adj. et n. f.
paniqué, ée, adj.
paniquer, v. tr., v. intr., v. pron.
panislamisme, n. m.
panka, n. m.
panne, n. f.
panné, ée, adj. et n.
panneau, n. m.
panneautage, n. m.
panneauter, v. intr.
panneresse, n. f.
panneton, n. m.
pannicule, n. m.
panonceau, n. m.
panoplie, n. f.
panorama, n. m.
panoramique, adj. et n. m.
panoramiquer, v. intr.
panorpe, n. f.
pansage, n. m.
panse, n. f.
pansement, n. m.
panser, v. tr.
panslavisme, n. m.
pansu, ue, adj.
pantagruélique, adj.
pantalon, n. m.
pantalonnade, n. f.
pante, n. m.
pantelant, ante, adj.
panteler, v. intr.
pantène ou pantenne, n. f.
panthéisme, n. m.
panthéiste, adj. et n.
panthéon, n. m.
panthère, n. f.
pantière, n. f.
pantin, n. m.
panto-, préf.
pantocrator, adj. et n. m.
pantographe, n.m.
pantoire, n. f.
pantois, oise, adj.
pantomètre, n.m.
pantomime, n. f. et n. m.
pantothénique, adj.
pantouflard, arde, adj. et n.
pantoufle, n. f.
pantoufler, v. intr.
pantoum, n. m.
panure, n. f.
panzer, n. m.
paon, paonne, n.
papa, n. m.
papable, adj. m.
papaïne, n. f.
papal, ale, aux, adj.
papauté, n. f.
papaver, n. m.
papavéracées, n. f. pl.
papavérine, n. f.
papaye, n. f.
papayer, n. m.
pape, n. m.
papegai ou papegeai, n. m.
1. papelard, arde, n. et adj.
2. papelard, n. m.
papelardise, n. f.
paperasse, n. f.
paperasserie, n. f.
paperassier, ière, n.
papesse, n. f.
papeterie, n. f.
papetier, ière, n. et adj.
papi ou papy, n. m.
papier, n. m.
papilionacé, ée, adj. et n. f. pl.
papillaire, adj.
papille, n. f.
papilleux, euse, adj.
papillome, n.m.
papillon, n. m.
papillonner, v. intr.
papillotage, n. m.
papillotant, ante, adj.
papillote, n. f.
papillotement, n. m.
papilloter, v. tr., v. intr.
papion, n. m.
papisme, n.
papiste, n. et adj.
papotage, n. m.
papoter, v. intr.
papou, e, adj. et n.
papouille, n. f.
paprika, n. m.
papule, n. f.
papuleux, euse, adj.
papy ou papi, n. m.
papyrologie, n. f.
papyrologue, n.
papyrus, n. m.
paquage ou pacquage, n. m.
paquer ou pacquer, v. tr.
pâque, n. f.
Pâques, n. f. pl. et n. m.
paquebot, n. m.
pâquerette, n. f.
paquet, n. m.
paquetage, n. m.
1. par, prép. et adv.
2. par, n. m.
para-, pare-, préf.
para, abrév., n. m.
parabase, n. f.
parabellum, n. m. inv.
parabole, n. f.
parabolique, adj.
paraboliquement, adv.
paraboloïde, n. m.
paracentèse, n. f.
paracétamol, n. m.
parachèvement, n. m.
parachever, v. tr.
parachronisme, n. m.
parachutage, n. m.
parachute, n. m.
parachuter, v. tr.
parachutisme, n. m.
parachutiste, n. et adj.
paracristallin, ine, adj.
parade, n.f.
parader, v. intr.
paradichlorobenzène, n. m.
paradigmatique, adj.
paradigme, n. m.
paradis, n. m.
paradisiaque, adj.
paradisier, n. m.
parados, n. m.
paradoxal, ale, aux, adj.
paradoxalement, adv.
paradoxe, n. m.

parafe ou paraphe, n. m.
parafer ou parapher, v. tr.
paraffinage, n. m.
paraffine, n. f.
paraffiné, ée, adj.
paraffiner, v. tr.
parafiscal, ale, aux, adj.
parafiscalité, n. f.
parafoudre, n. m.
parage, n. m.
parages, n. m. pl.
paragraphe, n. m.
paragrêle, n. m. et adj.
paraguayen, enne, adj. et n.
1. paraître, v. intr., v. impers.
2. paraître, n. m.
paralie, n. f.
paralittéraire, adj.
paralittérature, n. f.
parallactique, adj.
parallaxe, n. f.
parallèle, adj. et n.
parallèlement, adv.
parallélépipède ou parallélipipède, n. m.
parallélisme, n. m.
parallélogramme, n. m.
paralogisme, n. m.
paralysant, ante, adj.
paralysé, ée, adj. et n.
paralyser, v. tr.
paralysie, n. f.
paralytique, adj. et n.
paramagnétique, adj.
paramagnétisme, n. m.
paramécie, n. f.
paramédical, ale, aux, adj.
paramètre, n. m.
paramétrique, adj.
paramilitaire, adj.
paramnésie, n. f.
parangon, n. m.
parangonner, v. tr.
paranoïa, n. f.
paranoïaque, adj. et n.
paranoïde, adj.
paranormal, ale, aux, adj.
paranthrope, n. m.
parapet, n. m.
paraphasie, n. f.
paraphe ou parafe, n. m.
parapher ou parafer, v. tr.
paraphernal, ale, aux, adj.
paraphrase, n. f.
paraphraser, v. tr.
paraphraseur, euse, n.
paraphrastique, adj.
paraphrénie, n.f.
paraphyse, n. f.
paraplégie, n.f.
paraplégique, adj. et n.
parapluie, n. m.
parapsychique, adj.
parapsychologie, n.f.
pararthropodes, n. m. pl.
parascève, n. f.
parascolaire, adj.
parasitaire, adj.
parasite, n. m.
parasiter, v. tr.
parasiticide, adj. et n. m.
parasitisme, n. m.
parasitologie, n. f.
parasitose, n. f.
parasol, n. m.
parastatal, ale, aux, adj.
parasympathique, adj. et n. m.
parasympathomimétique, adj.
parasynthétique, adj.
parataxe, n. f.
parathormone, n. f.
parathyroïde, n. f.
paratonnerre, n. m.
parâtre, n. m.
paratyphique, adj. et n.
paratyphoïde, n. f. et adj.
paravalanche, adj.
paravent, n. m.
paravivipare, adj.
parbleu !, interj.
parc, n. m.
parcage, n. m.
parcellaire, adj.
parcelle, n. f.
parcellisation, n. f.
parcelliser, v. tr.
parce que, loc. conj.
parchemin, n. m.
parcheminé, ée, adj.
parcheminer, v. tr., v. pron.
parcimonie, n. f.
parcimonieusement, adv.
parcimonieux, ieuse, adj.
parclose, n. f.
parcmètre ou parcomètre, n. m.
parcourir, v. tr.
parcours, n. m.
pardessus, n. m.
pardi !, inter.
pardieu !, interj.
pardon, n. m.
pardonnable, adj.
pardonner, v. tr., v. intr., v.pron.
-pare, -parité, suff.
pare-, préf.
paré, ée, adj.
paréage ou pariage, n. m.
pare-balles, n. m. inv. et adj. inv.
pare-boue, n. m. inv.
pare-brise, n. m. inv.
pare-chocs, n. m. inv.
pare-éclats, n. m. inv.
pare-étincelles, n. m. inv.
pare-feu, n. et adj. inv.
parégorique, adj.
pareil, eille, adj., adv. et n.
pareillement, adv.
parélie ou parhélie, n. f.
parement, n. m.
parenchymateux, euse, adj.
parenchyme, n. m.
parent, ente, n. et adj.
parental, ale, aux, adj.
parentales ou parentalies, n. f. pl.
parenté, n. f.
parentèle, n. f.
parentéral, ale, aux, adj.
parenthèse, n. f.
paréo, n. m.
parer, v. tr. dir. et ind., v. pron., v. intr.
parésie, n. f.
pare-soleil, n. m. inv.
paresse, n. f.
paresser, v. intr.
paresseusement, adv.
1. paresseux, euse, adj. et n.
2. paresseux, n. m.
paresthésie, n. f.
parfaire, v. tr.
1. parfait, aite, adj. et n.
2. parfait, n. m.
parfaitement, adv.
parfilage, n. m.
parfiler, v. tr.
parfois, adv.
parfondre, v. tr.
parfum, n. m.
parfumé, ée, adj.
parfumer, v. tr., v. pron.
parfumerie, n. f.
parfumeur, euse, n.
parhélie ou parélie, n. f.
pari, n. m.
paria, n. m.
pariade, n. f.
pariage ou paréage, n. m.
parian, n. m.
paridés, n. m. pl.
paridigitidés, n. m. pl.
parier, v. tr.
pariétaire, n. f.
pariétal, ale, aux, adj. et n. m.
pariétales, n. f. pl.
parieur, ieuse, n.
parigot, ote, n. et adj.
paripenné, ée, adj.
parisette, n. f.
parisianisme, n. m.
parisien, ienne, adj. et n.
parisis, adj. inv.
parisyllabe ou parisyllabique, adj.
paritaire, adj.
parité, n. f.
parjure, adj. et n.
parjurer (se), v. pron.
park, n. m.
parka, n. f.
parkérisation, n. f.
parking, n. m.
parkinsonien, ienne, adj.
parlant, ante, adj.
parlé, ée, adj.
parlement, n. m.
parlementaire, adj. et n.
parlementairement, adv.
parlementarisme, n. m.
parlementer, v. intr.
1. parler, v. intr., v. tr. dir., v. tr. ind., v. pron.
2. parler, n. m.
parleur, euse, n.
parloir, n. m.
parlote ou parlotte, n. f.
parme, adj. inv. et n. m.
parmélie, n. f.
parmesan, n. m.
parmi, prép.
Parnasse (le), n. m.
parnassien, ienne, n. et adj.
parodie, n. f.
parodier, v. tr.
parodique, adj.
parodiste, n.
parodonte, n. m.
parodontologie, n. f.
parodontose, n. f.
paroi, n. f.
paroisse, n. f.
paroissial, iale, iaux, adj.
paroissien, ienne, n.
parole, n. f.
parolier, ière, n.
paronomase, n. f.
paronyme, adj. et n. m.
paronymie, n. f.
paronymique, adj.
parotide, n. f.
parotidien, ienne, adj.
parotidite, n. f.
parousie, n. f.
paroxysme, n. m.
paroxysmique, adj.
paroxystique, adj.

paroxyton, adj.
parpaillot, ote, n.
parpaing, n. m.
Parque, n. f.
parquer, v. tr., v. intr.
parquet, n. m.
parquetage, n. m.
parqueter, v. tr.
parqueterie, n. f.
parqueteur, n. m.
parqueur, euse ou parquier, ière, n.
parrain, n. m.
parrainage, n. m.
parrainer, v. tr.
1. parricide, n. m.
2. parricide, n. et adj.
parsec, n. m.
parsemer, v. tr.
parsi, ie, n. et adj.
parsisme, n. m.
1. part, n. m.
2. part, n. f. et loc adv.
partage, n. m.
partagé, ée, adj.
partageable, adj.
partageant, ante, n.
partager, v. tr, v. pron.
partageur, euse, adj.
partageux, euse, n. et adj.
partance, n. f.
1. partant, ante, n. m. et adj.
2. partant, conj.
partenaire, n.
parterre, n. m.
parthénocarpie, n. f.
parthénogenèse, n. f.
parthénogénétique, adj.
1. parti, n. m.
2. parti, ie ou ite, adj.
3. parti, ie, adj.
partiaire, adj.
partial, iale, iaux, adj.
partialement, adv.
partialité, n. f.
partibus (in), loc. adj.
participant, ante, n. et adj.
participation, n. f.
participe, n. m.
participer, v. tr. indir.
participial, iale, iaux, adj.
particularisation, n. f.
particulariser, v. tr.
particularisme, n. m.
particulariste, n. et adj.
particularité, n. f.
particule, n. f.
1. particulier, ière, adj. et n. m.
2. particulier, n.
particulièrement, adv.
partie, n. f. et loc. adv.
partiel, ielle, adj. et n. m.
partiellement, adv.
1. partir, v. tr.
2. partir, v. intr.
partisan, ane, n. et adj.
partita, n. f.
partiteur, n. m.
partitif, ive, adj.
partition, n. f.
partouse ou partouze, n. f.
partout, adv.
partouze ou partouse, n. f.
parturiente, n. f.
parturition, n. f.
parulie, n. f.
parure, n. f.
parurerie, n. f.
parurier, ière, n.
parution, n. f.
parvenir, v. tr. indir.
parvenu, ue, n. et adj.
parvis, n. m.
1. pas, n. m.
2. pas, adv. de nég.
1. pascal, ale, aux, adj.
2. pascal, als, n. m.
pascalien, ienne, adj.
pas-d'âne, n. m. inv.
pas-de-géant, n. m. inv.
paso doble, n. m. inv.
pasquinade, n. f.
passable, adj.
passablement, adv.
passacaille, n. f.
passade, n. f.
passage, n. m.
passager, ère, adj. et n.
passagèrement, adv.
passant, ante, adj. et n.
passation, n. f.
passavant, n. m.
1. passe, abrév., n. m.
2. passe, n. f.
1. passé, ée, adj.
2. passé, n. m.
3. passé, prép.
passe-boule(s), n. m.
passe-crassane, n. f. inv.
passe-droit, n. m.
passée, n. f.
passéisme, n. m.
passéiste, n. et adj.
passe-lacet, n. m.
passement, n. m.
passementer, v. tr.
passementerie, n. f.
passementier, ière, n. et adj.
passe-montagne, n. m.
passe-partout, n. m. inv. et adj. inv.
passe-passe, n. m. inv.
passe-pied, n. m.
passe-plat, n. m.
passe-plats, n. m.
passepoil, n. m.
passepoiler, v. tr.
passeport, n. m.
passer, v. intr., v. tr., v. pron.
passerage, n. f.
passereau, n. m.
passerelle, n. f.
passériformes, n. m. pl.
passerine, n. f.
passerinette, n. f.
passe-rose ou passerose, n. f.
passe-temps, n. m. inv.
passeur, euse, n.
passe-vues, n. m. inv.
passible, adj.
1. passif, ive, adj.
2. passif, n. m.
passiflore, n. f.
passim, adv.
passing-shot, n. m.
passion, n. f.
passionnaire, n. m.
passionnant, ante, adj.
passionné, ée, adj. et n.
passionnel, elle, adj.
passionnellement, adv.
passionnément, adv.
passionner, v. tr., v. pron.
passivation, n. f.
passivé, ée, adj.
passivement, adv.
passivité, n. f.
passoire, n. f.
pastel, n. m.
pastelliste, n.
pastenague, n. f.
pastèque, n. f.
pasteur, n. m.
pasteurien ou pastorien, ienne, adj.
pasteurisateur, n. m.
pasteurisation, n. f.
pasteuriser, v. tr.
pastiche, n. m.
pasticher, v. tr.
pasticheur, euse, n.
pastillage, n. m.
pastille, n. f.
pastilleur, euse, n.
pastis, n. m.
pastoral, ale, aux, adj.
pastorale, n. f.
pastorat, n. m.
pastorien ou pasteurien, ienne, adj.
pastoureau, elle, n.
pat, n. m. et adj. inv.
patache, n. f.
patachon, n. m.
patafioler, v. tr.
patapouf, interj. et n. m.
pataphysique, n. f.
pataquès, n. m.
pataras, n. m.
patate, n. f.
patati, patata, onomat.
patratras !, interj.
pataud, aude, n. et adj.
pataugeage ou pataugement, n. m.
patauger, v. intr.
patchouli, n. m.
patchwork, n. m.
pâte, n. f.
pâté, n. m.
pâtée, n. f.
1. patelin, n. m.
2. patelin, e, n. et adj.
patelle, n. f.
patène, n. f.
patenôtre, n. f.
patent, ente, adj.
patente, n. f.
patenté, ée, adj.
patenter, v. tr.
1. pater, n. m.
2. Pater, n. m. inv.
patère, n. f.
paternalisme, n. m.
paternaliste, adj.
paterne, adj.
paternel, elle, adj. et n.
paternellement, adv.
paternité, n. f.
pâteux, euse, adj.
pathétique, adj. et n. m.
pathétiquement, adv.
pathétisme, n. m.
-pathie, -pathique, -pathe, suff.
patho-, préf.
pathogène, adj.
pathogénie, n. f.
pathogénique, adj.
pathognomonique, adj.
pathologie, n. f.
pathologique, adj.
pathologiquement, adv.
pathologiste, n. et adj.
pathos, n. m.
patibulaire, adj.
patiemment, adv.
patience, n. f.

patient, iente, adj. et n.
patienter, v. intr.
patin, n. m.
patinage, n. m.
patine, n. f.
patiner, v. tr., v. intr.
patinette, n. f.
patineur, euse, n.
patinoire, n. f.
patio, n. m.
pâtir, v. intr.
pâtis, n. m.
pâtisserie, n. f.
pâtissier, ière, n. et adj.
pâtisson, n. m.
patoche, n. f.
patois, oise, n. m. et adj.
patoisant, ante, adj. et n.
patoiser, v. intr.
pâton, n. m.
patouille, n. f.
patouiller, v. intr., v. tr.
patraque, adj.
pâtre, n. m.
patres (ad), loc. adv.
patriarcal, ale, aux, adj.
patriarcat, n. m.
partriarche, n. m.
patrice, n. m.
patricial, iale, iaux, adj.
patriciat, n. m.
patricien, ienne, n. et adj.
patrie, n. f.
patrilinéaire, adj.
patrimoine, n. m.
patrimonial, iale, iaux, adj.
patriotard, arde, adj. et n.
patriote, n. et adj.
patriotique, adj.
patriotiquement, adv.
patriotisme, n. m.
patristique, n. f. et adj.
patrocline, adj.
patrologie, n. f.
1. patron, onne, n.
2. patron, n. m.
patronage, n. m.
patronal, ale, aux, adj.
patronat, n. m.
patronner, v. tr.
patronnesse, adj. f.
patronyme, n. m.
patronymique, adj.
patrouille, n. f.
patrouiller, v. intr.
patrouilleur, n. m.
patte, n. f.
patté, ée, adj.
patte-d'oie, n. f.
pattemouille, n. f.
pattern, n. m.
pattinsonage, n. m.
pattu, ue, adj.
pâturable, adj.
pâturage, n. m.
pâture, n. f.
pâturer, v. intr., v. tr.
pâturin, n. m.
paturon ou pâturon, n. m.
pauchouse ou pochouse, n. f.
paulette, n. f.
paulicien, n. m.
paulien, ienne, adj.
paulinisme, n. m.
pauliste, n. et adj.
paulownia, n. m.
paume, n. f.
paumé, ée, adj. et n.
paumelle, n. f.
paumer, v. tr., v. pron.
paupérisation, n. f.
paupériser, v. tr.
paupérisme, n. m.
paupière, n. f.
paupiette, n. f.
pause, n. f.
pause-café, n. f.
pauser, v. intr.
pauvre, adj. et n.
pauvrement, adv.
pauvresse, adj. et n. f.
pauvret, ette, n. et adj.
pauvreté, n. f.
pavage, n. m.
pavane, n. f.
pavaner (se), v. pron.
pavé, n. m.
pavement, n. m.
paver, v. tr.
paveton, n. m.
paveur, n. m.
pavillon, n. m.
pavillonnaire, adj.
pavimenteux, euse, adj.
pavlovien, ienne, adj.
pavois, n. m.
pavoisement, n. m.
pavoiser, v. tr., v. intr.
pavot, n. m.
pax romana, mots latins
payable, adj.
payant, ante, adj. et n.
paye ou paie, n. f.
payement ou paiement, n. m.
payer, v. tr., v. intr., v. pron.
payeur, euse, n. et adj.
1. pays, n. m.
2. pays, payse, n.
paysage, n. m.
paysager, ère, adj.
paysagiste, n.
paysan, anne, n. et adj.
paysannat, n. m.
paysannerie, n. f.
Pb, symbole
P.C., sigle, n. m.
P.c.c., abrév.
P.C.V., sigle, n. m.
Pd, symbole
P.-D.G. ou P.-d.g., sigle, n. m.
péage, n. m.
péagiste, n.
péan ou pæan, n. m.
peau, n. f.
peaucier, adj. et n. m.
peaufinage, n. m.
peaufiner, v. tr.
peau-rouge, adj. et n.
peausserie, n. f.
peaussier, ère, n. et adj.
pebble-culture, n. f.
pébroc ou pébroque, n. m.
pécaïre !, interj.
pécan, adj. et n. m.
pécari, n. m.
peccable, adj.
peccadille, n. f.
peccant, ante, adj.
pechblende, n. f.
pêche, n. f.
péché, n. m.
1. pêcher, v. tr.
2. pêcher, n. m.
pécher, v. intr.
pêcherie, n. f.
pêchette, n. f.
pêcheur, euse, n.
pécheur, pécheresse, n. et adj.
pecnot ou pecquenot, otte, ou pecquenaud ou péquenaud, aude, ou péquenot, otte, n.
pécoptéris, n. m.
1. pécore, n. f.
2. pécore, n.
pecquenaud ou péquenaud, aude ou pecquenot ou pecnot ou péquenot, otte, n.
pecten, n. m.
pectine, n. f.
pectiné, ée, n. m. et adj.
pectique, adj.
pectoral, ale, aux, n. et adj.
pectose, n. m.
péculat, n. m.
pécule, n. m.
pécuniaire, adj.
pécuniairement, adv.
-pède, -pédie, suff.
péd(i)-, péd(o)-, préf.
pédagogie, n. f.
pédagogique, adj.
pédagogiquement, adv.
pédagogue, n. et adj.
pédale, n. f.
pédaler, v. intr.
pédaleur, euse, n.
pédalier, n. m.
pédalo, n. m.
pédant, ante, n.
pédanterie, n. f.
pédantesque, adj.
pédantisme, n. m.
pédé, abrév., n. m.
pédéraste, n. m.
pédérastie, n. f.
pédérastique, adj.
pédesouille ou pédezouille ou pedzouille, n.
pédestre, adj.
pédestrement, adv.
pédezouille ou pédesouille ou pedzouille, n.
pédiatre, n.
pédiatrie, n. f.
pedibus ou pedibus cum jambis, loc. adv.
pédicellaire, n. m.
pédicelle, n. m.
pedicellé, ée, adj.
1. pédiculaire, n. f.
2. pédiculaire, adj.
pédicule, n. m.
pédiculé, ée, adj.
pédiculose, n. f.
pédicure, n.
pédicurie, n. f.
pédieux, ieuse, adj.
pedigree, n. m.
pédiluve, n. m.
pédiment, n. m.
pédogenèse, n. f.
1. pédologie ou paidologie, n. f.
2. pédologie, n. f.
pédologique, adj.
1. pédologue ou paidologue, n.
2. pédologue, n.
pédomètre ou podomètre, n. m.
pédoncule, n. m.
pédonculé, ée, adj.
pédophile, adj. et n.
pédophilie, n.f.
pedum, n. m.

pedzouille ou pédezouille ou pédesouille, n.
peeling, n. m.
pégase, n. m.
pegmatite, n. f.
pègre, n. f.
pehlevi ou pehlvi, n. m.
peignage, n. m.
peigne, n. m.
peigné, ée, adj. et n. m.
peignée, n. f.
peigner, v. tr., v.pron.
peigneur, euse, n. et adj.
peignier, n. m.
peignoir, n. m.
peignures, n. f. pl.
peille, n. f.
peinard, arde ou pénard, arde, adj. et n.
peinardement ou pénardement, adv.
peindre, v. tr., v. pron.
peine, n. f.
peiner, v. intr., v. tr.
peint, peinte, adj.
peintre, n. m.
peinture, n. f.
peinturer, v. tr.
peinturlurer, v. tr., v. pron.
péjoratif, ive, adj. et n. m.
péjoration, n. f.
péjorativement, adv.
pékan, n. m.
pékin ou péquin, n. m.
pékiné, ée, adj. et n. m.
1. pékinois, oise, adj.
2. pékinois, n. m.
pelade, n. f.
pelage, n. m.
pélagianisme, n. m.
pélagie, n. f.
1. pélagien, ienne, n. et adj.
2. pélagien, ienne ou pélagique, adj.
pélamide ou pélamyde, n. f.
pelard, n. m. et adj. m.
pélargonium, n. m.
pélasgien, ienne ou pélasgique, adj.
pelé, ée, adj. et n.
pélécaniformes, n. m. pl.
péléen, éenne, adj.
pêle-mêle, adv. et n. m. inv.
peler, v. tr., v. intr.
pèlerin, ine, n.
pèlerinage, n. m.
pèlerine, n. f.
péliade, n. f.
pélican, n. m.
pelisse, n. f.
pellagre, n. f.
pellagreux, euse, adj. et n.
pelle, n. f.
pellet, n. m.
pelletage, n. m.
pelletée, n. f.
pelleter, v. tr.
pelleterie, n. f.
pelleteur, n. m.
pelleteuse, n. f.
pelletier, ière, n.
pelliculage, n. m.
pelliculaire, adj.
pellicule, n. f.
pelliculeux, euse, adj.
pellucide, adj.
pélobate, n. m.
pélodyte, n. m.
pelotage, n. m.
pelotari, n. m.
pelote, n. f.
peloter, v. tr., v. intr.
peloteur, euse, n. et adj.
peloton, n. m.
pelotonnement, n. m.
pelotonner, v. tr., v.pron.
pelouse, n. f.
pelta ou pelte, n. m.
peltaste, n. m.
pelté, ée, adj.
pelte ou pelta, n. f.
peluche, n. f.
peluché ou pluché, ée, adj.
pelucher ou plucher, v. intr.
pelucheux ou plucheux, euse, adj.
pelure, n. f.
pelvien, ienne, adj.
pelvis, n. m.
pemmican, n. m.
pénal, ale, aux, adj.
pénalement, adv.
pénalisation, n. f.
pénaliser, v. tr.
pénalité, n. f.
penalty, n. m.
pénard, arde ou peinard, arde, adj. et n.
pénardement ou peinardement, adv.
pénates, n. m. pl.
penaud, aude, adj.
pence, n. m. pl.
penchant, n. m.
penché, ée, adj.
pencher, v. tr., v. intr., v. pron.
pendable, adj.
pendage, n. m.
pendaison, n. f.
1. pendant, ante, adj.
2. pendant, prép.
3. pendant, n. m.
pendard, arde, n.
pendeloque, n. f.
pendentif, n. m.
penderie, n. f.
pendiller, v. intr.
pendouiller, v. intr.
pendre, v. tr., v. intr., v. pron.
pendu, ue, adj. et n.
pendulaire, adj.
1. pendule, n. m.
2. pendule, n. f.
pendulette, n. f.
pêne, n. m.
pénéplaine, n. f.
pénétrabilité, n. f.
pénétrable, adj.
pénétrant, ante, adj. et n. f.
pénétration, n. f.
pénétré, ée, adj.
pénétrer, v. intr., v. tr., v. pron.
pénétromètre, n. m.
pénibilité, n. f.
pénible, adj.
péniblement, adv.
péniche, n. f.
pénicille ou penicillium, n. m.
pénicilline, n. f.
pénicillino-résistant, ante, adj.
penicillium ou pénicille, n. m.
pénien, ienne, adj.
pénil, n.m.
péninsulaire, adj.
péninsule, n. f.
pénis, n. m.
pénitence, n. f.
pénitencerie, n. f.
pénitencier, n. m.
pénitent, ente, adj. et n.
pénitentiaire, adj.
pénitential, ale, aux, adj.
pénitentiel, ielle, adj. et n.
pennage, n. m.
penne, n. f.
penné, ée, adj.
pennon, n. m.
penny ou pence, n. m.
pénombre, n. f.
penon, n. m.
pensable, adj.
pensant, ante, adj. et n.
pense-bête, n. m.
pensée, n. f.
1. penser, v. intr., v. tr.
2. penser, n. m.
penseur, euse, n. et adj.
pensif, ive, adj.
pension, n. f.
pensionnaire, n.
pensionnat, n. m.
pensionné, ée, n. et adj
pensionner, v. tr.
pensivement, adv.
pensum, n. m.
pent-, penta-, préf.
pentacle, n. m.
pentacorde, n. m.
pentacrine, n. m.
pentadactyle, adj.
pentadécagone ou pentédécagone, n. m. et adj.
pentaèdre, n. m. et adj.
pentagonal, ale, aux, adj.
pentagone, n. m. et adj.
pentamère, adj. et n. m.
pentamètre, n. m. et adj.
pentane, n. m.
pentapole, n. f.
pentastomides, n. m. pl.
pentathlon, n. m.
pentatonique, adj.
pente, n. f.
pentecôte, n. f.
pentecôtisme, n. m.
pentecôtiste, n.
pentédécagone ou pentadécagone, n. m. et adj.
penthiobarbital, n. m.
penthode ou pentode, n. f.
penthotal, n. m.
pentode ou penthode, n. f.
pentose, n. m.
pentu, ue, adj.
penture, n. f.
pénultième, adj. et n. f.
pénurie, n. f.
péon, n. m.
pépé, n. m.
pépée, n. f.
pépère, n. m. et adj.
péperin, n. m.
pépètes ou pépettes, n. f. pl.
pépie, n. f.
pépiement, n. m.
pépier, v. intr.
pépin, n. m.
pépinière, n. f.
pépiniériste, n. et adj.
pépite, n. f.
péplum, n. m.
peppermint, n. m.
-pepsie, suff.
pepsine, n. f.
peptide, n. m.
peptique, adj.
peptisant, ante, adj.
peptisation, n. f.

peptone, n. f.
peptonisation, n. f.
péquenaud ou pecquenaud, aude ou péquenot ou pecquenot ou pecnot, otte, n.
péquin ou pékin, n. m.
per-, préf.
péramèle, n. m.
perborate, n. m.
perçage, n. m.
percale, n. f.
percaline, n. f.
perçant, ante, adj.
perce, n. f.
percée, n. f.
percement, n. m.
perce-muraille, n. f.
perce-neige, n. m. inv.
perce-oreille, n. m.
perce-pierre, n. f.
percept, n. m.
percepteur, trice, adj. et n.
perceptible, adj.
perceptif, ive, adj.
perception, n. f.
perceptionnisme, n. m.
perceptuel, elle, adj.
percer, v. tr., v. intr.
percerette ou percette, n. f.
perceur, euse, n.
perceuse, n. f.
percevable, adj.
percevoir, v. tr.
perche, n. f.
perché, ée, adj. et n. m.
percher, v. tr., v. intr., v. pron.
percheron, onne, adj. et n.
perchette, n. f.
percheur, euse, adj.
perchis, n. m.
perchiste, n.
perchlorate, n. m.
perchlorique, adj.
perchlorure, n. m.
perchman, n.
perchoir, n. m.
perciformes, n. m. pl.
perclus, use, adj.
percnoptère, n. m.
perçoir, n. m.
percolateur, n. m.
percussion, n. f.
percussionniste, n.
percutané, ée, adj.
percutant, ante, adj.
percuter, v. tr., v. intr.
percuteur, n. m.
perdant, ante, adj. et n.
perdition, n. f.
perdre, v. tr., v. pron.
perdreau, n. m.
perdrigon, n. m.
perdrix, n. f.
perdu, ue, adj.
perdurable, adj.
perdurer, v. intr.
père, n. m.
pérégrination, n. f.
péremption, n. f.
péremptoire, adj.
péremptoirement, adv.
pérennant, ante, adj.
pérenne, adj.
pérenniser, v. tr.
pérennité, n. f.
péréquation, n. f.
perfectibilité, n. f.
perfectible, adj.
perfectif, adj. et n. m.
perfection, n. f.
perfectionné, ée, adj.
perfectionnement, n. m.
perfectionner, v. tr., v. pron.
perfectionnisme, n. m.
perfectionniste, n.
perfide, adj. et n.
perfidement, adv.
perfidie, n. f.
perforage, n. m.
perforant, ante, adj.
perforateur, trice, adj. et n.
perforation, n. f.
perforé, ée, adj.
perforer, v. tr.
perforeuse, n. f.
performance, n. f.
performant, ante, adj.
performatif, n. m. et adj.
perfusion, n. f.
pergélisol, n. m.
pergola, n. f.
péri-, préf.
périanthe, n. m.
périarthrite, n. f.
péribole, n. m.
péricarde, n. m.
péricardique, adj.
péricardite, n. f.
péricarpe, n. m.
périchondre, n. m.
péricliter, v. intr.
péricycle, n. m.
péridiniens, n. m. pl.
péridot, n. m.
péridural, ale, aux, adj.
périgée, n. m.
périglaciaire, adj.
périgordien, n. m.
périgourdin, ine, adj. et n.
périhélie, n. m.
péril, n. m.
périlleusement, adv.
périlleux, euse, adj.
périmé, ée, adj.
périmer (se), v. pron.
périmètre, n. m.
périmétrique, adj.
périnatal, ale, als, adj.
périnatalité, n. f.
périnatalogie, n. f.
périnéal, ale, aux, adj.
périnée, n. m.
1. période, n. f.
2. période, n. m.
périodicité, n. f.
périodique, adj. et n. m.
périodiquement, adv.
périoste, n. m.
périostique, adj.
périostite, n. f.
péripatéticien, ienne, adj. et n.
péripatéticienne, n. f.
péripatétique, adj.
péripatétisme, n. m.
péripétie, n. f.
périphérie, n. f.
périphérique, adj. et n. m.
périphlébite, n. f.
périphrase, n. f.
périphrastique, adj.
périple, n. m.
périptère, n. m. et adj.
périr, v. intr.
périscolaire, adj.
périscope, n. m.
périsperme, n. m.
périssable, adj.
périssodactyles, n. m. pl.
périssoire, n. f.
périssologie, n. f.
péristaltique, adj.
péristaltisme, n. m.
péristome, n. m.
péristyle, n. m.
périthèce, n. m.
péritoine, n. m.
péritonéal, ale, aux, adj.
péritonite, n. f.
perle, n. f.
perlé, ée, adj.
perlèche ou pourlèche, n. f.
perler, v. tr., v. intr.
perlier, ière, adj.
perlimpinpin, n. m.
perlingual, ale, aux, adj.
perlot, n. m.
permafrost, n. m.
permalloy, n. m.
permanence, n. f.
permanent, ente, adj. et n.
permanente, n. f.
permanganate, n. m.
perme, abrév., n. f.
perméabilité, n. f.
perméable, adj.
perméance, n.f.
permettre, v. tr., v. pron.
permien, ienne, adj. et n. m.
permis, n. m.
permissif, ive, adj.
permission, n. f.
permissionnaire, n. m.
permissivité, n. f.
permittivité, n. f.
permutabilité, n. f.
permutable, adj.
permutation, n. f.
permuter, v. tr., v. intr.
pernicieusement, adv.
pernicieux, ieuse, adj.
péroné, n. m.
péronier, ière, adj. et n. m.
péronisme, n. m.
péronnelle, n. f.
péronosporales, n. f. pl.
péroraison, n. f.
pérorer, v. intr.
péroreur, euse, n.
pérot, n. m.
peroxo-, préf.
peroxydase, n. f.
peroxyde, n. m.
peroxyder, v. tr.
perpendiculaire, adj. et n. f.
perpendiculairement, adv.
perpendicularité, n. f.
perpète ou perpette (à), loc. adv.
perpétration, n. f.
perpétrer, v. tr., v. pron.
perpette ou perpète (à), loc. adv.
perpétuation, n. f.
perpétuel, elle, adj.
perpétuellement, adv.
perpétuer, v. tr, v. pron.
perpétuité, n. f.
perplexe, adj.
perplexité, n. f.
perquisition, n. f.
perquisitionner, v. intr.
perré, n. m.
perron, n. m.
perroquet, n. m.
perruche, n. f.
perruque, n. f.
perruquier, n. m.
pers, e, adj.

persan, ane, adj. et n.
1. perse, adj. et n.
2. perse, n. f.
persécuté, ée, adj. et n.
persécuter, v. tr.
persécuteur, trice, n. et adj.
persécution, n. f.
persévérance, n. f.
persévération, n. f.
persévérer, v. intr.
persicaire, n. f.
persienne, n. f.
persiflage, n. m.
persifler, v. tr.
persifleur, euse, n. et adj.
persil, n. m.
persillade, n. f.
persillé, ée, adj.
persillère, n. f.
persique, adj.
persistance, n. f.
persistant, ante, adj.
persister, v. intr.
persona grata, mots latins
personnage, n. m.
personnalisation, n. f.
personnaliser, v. tr.
personnalisme, n. m.
personnaliste, adj. et n.
personnalité, n. f.
1. personne, n. f.
2. personne, pron. indéf. m.
1. personnel, elle, adj.
2. personnel, n. m.
personnellement, adv.
personnification, n. f.
personnifié, ée, adj.
personnifier, v. tr.
perspectif, ive, adj.
perspective, n. f.
perspectivisme, n. m.
perspicace, adj.
perspicacité, n. f.
perspiration, n. f.
persuader, v. tr., v. tr. indir, v. pron.
persuasif, ive, adj.
persuasion, n. f.
persuasivement, adv.
persulfate, n. m.
persulfure, n. m.
perte, n. f.
pertinemment, adv.
pertinence, n. f.
pertinent, ente, adj.
pertuis, n. m.
pertuisane, n. f.
perturbateur, trice, adj. et n.
perturbation, n. f.
perturber, v. tr.
péruvien, ienne, adj. et n.
pervenche, n. f. et adj. inv.
pervers, erse, adj. et n.
perversement, adv.
perversion, n. f.
perversité, n. f.
pervertir, v. tr., v. pron.
pervertissement, n. m.
pesade, n. f.
pesage, n. m.
pesamment, adv.
pesant, ante, adj. et n. m.
pesanteur, n. f.
pèse ou pèze, n. m.
pèse-acide, n. m.
pèse-alcool, n. m. inv.
pèse-bébé, n. m.
pesée, n. f.
pèse-lait, n. m. inv.
pèse-lettre, n. m.
pèse-personne, n. m.
peser, v. tr., v. intr.
pèse-sirop, n. m. inv.
peseta, n. f.
pesette, n. f.
peso, n. m.
peson, n. m.
pessaire, n. m.
pessimisme, n. m.
pessimiste, adj. et n.
peste, n. f.
pester, v. intr.
pesteux, euse, adj.
pesticide, n. m. et adj.
pestiféré, ée, adj. et n.
pestilence, n. f.
pestilentiel, ielle, adj.
pet, n. m.
pétale, n. m.
pétaloïde, adj.
pétanque, n. f.
pétant, ante, adj.
pétarade, n. f.
pétarader, v. intr.
pétard, n. m.
pétase, n. m.
pétaudière, n. f.
pétauriste, n. m.
pet-de-nonne, n. m.
pétéchie, n. f.
péter, v. intr., v. tr.
pète-sec, adj. inv. et n. inv.
péteux, euse, n.
pétillant, ante, adj.
pétillement, n. m.
pétiller, v. intr.
pétiole, n. m.
pétiolé, ée, adj.
petiot, iote, adj. et n.
petit, ite, adj., n. et adv.
petit-beurre, n. m.
petit-bois, n. m.
petit-bourgeois, oise, n. et adj.
petite-fille, n. f.
petite-maîtresse, n. f.
petitement, adv.
petite-nièce, n.f.
petitesse, n. f.
petit-fils, n. m.
petit-gris, n. m.
pétition, n.f.
pétitionnaire, n.
pétitionner, v. intr.
petit-lait, n. m.
petit-maître, n. m.
petit-nègre, n. m.
petit-neveu, n. m.
pétitoire, adj.
petits-enfants, n. m. pl.
petit-suisse, n. m.
peto (in), loc. adv.
pétochard, arde, n. et adj.
pétoche, n. f.
pétocher, v. intr.
pétoire, n. f.
peton, n. m.
pétoncle, n. m.
pétrarquiser, v. intr.
pétrarquisme, n. m.
pétrarquiste, n. et adj.
pétré, ée, adj.
pétrel, n. m.
pétreux, euse, adj.
pétrifiant, iante, adj.
pétrification, n. f.
pétrifier, v. tr., v. pron.
pétrin, n. m.
pétrir, v. tr.
pétrissable, adj.
pétrissage, n. m.
pétrisseur, euse, n. et adj.
pétro-, préf.
pétrochimie ou pétroléochimie, n. f.
pétrochimique ou pétroléochimique, adj.
pétrodollar, n. m.
pétrogale, n. m.
pétrogenèse, n. f.
pétroglyphe, n. m.
pétrographie, n. f.
pétrole, n. m.
pétroléochimie ou pétrochimie, n. f.
pétroléochimique ou pétrochimique, adj.
pétrolette, n. f.
pétroleuse, n.f.
pétrolier, ière, adj. et n. m.
pétrolifère, adj.
pétulance, n. f.
pétulant, ante, adj.
pétun, n. m.
pétuner, v. intr.
pétunia, n. m.
peu, adv.
peuchère !, interj.
peuh !, interj.
peuhl ou peul, adj. et n.
peuplade, n. f.
peuple, n. m.
peuplé, ée, adj.
peuplement, n. m.
peupler, v. tr., v. pron.
peupleraie, n. f.
peuplier, n. m.
peur, n. f.
peureusement, adv.
peureux, euse, adj. et n.
peut-être, adv.
-pexie, suff.
peyotl, n. m.
pèze ou pèse, n. m.
pézize, n. f.
pfennig, n. m.
p.g.c.d., abrév.
ph, symbole
pH, abrév., n. m.
phacochère, n. m.
phacomètre, n. m.
phaéton, n. m.
phag(o)-, préf.
phage, n. m.
-phage, suff.
phagédénique, adj.
-phagie, suff.
-phagique, suff.
phagocytaire, adj.
phagocyte, n. m.
phagocyter, v. tr.
phagocytose, n. f.
phalange, n. f.
phalanger, n. m.
phalangette, n. f.
phalangien, ienne, adj.
phalangine, n. f.
phalangiste, n.
phalanstère, n. m.
phalanstérien, ienne, adj. et n.
phalène, n. f. ou m.
phalère, n. f.
phalline, n. f.
phallique, adj.
phallocrate, n. m.
phallocratie, n. f.
phallocratique, adj.

phalloïde, adj.
phallus, n. m.
phanère, n. m.
phanérogame, adj. et n. f. pl.
phantasme ou fantasme, n. m.
pharamineux, euse ou farmineux, euse adj.
pharaon, n. m.
pharaonien, ienne ou pharaonique, adj.
phare, n. m.
pharillon, n. m.
pharisaïque, adj.
pharisaïsme, n. m.
pharisien, ienne, n.
pharmaceutique, adj. et n. f.
pharmacie, n. f.
pharmacien,ienne, n.
pharmacodynamie, n. f.
pharmacodynamique, adj.
pharmacologie, n. f.
pharmacologique, adj.
pharmacopée, n. f.
pharyngal, ale, aux, adj. et n. f.
pharyngé, ée ou pharyngien, ienne, adj.
pharyngite, n. f.
pharyngo-laryngite, n. f.
pharynx, n. m.
phase, n.f.
phasemètre, n. m.
phasianidés, n. m. pl.
phasme, n. m.
phasmidés, n. m. pl.
phatique, adj.
phelloderme, n. m.
phellogène, adj.
phénakisticope ou phénakistiscope, n. m.
phénanthrène, n. m.
phénate, n. m.
phénicien, ienne, adj. et n.
phénicoptéridés ou phœnicoptéridés, n. m. pl.
phénique, adj.
phéniqué, ée, adj.
phénix ou phœnix, n. m.
phénobarbital, n. m.
phénol, n. m.
phénolate, n. m.
phénologie, n. f.
phénoménal, ale, aux, adj.
phénoménalement, adv.
phénoménalisme, n. m.
phénoménalité, n. f.
phénomène, n. m.
phénoménisme, n. m.
phénoménologie, n. f.
phénoménologique, adj.
phénoménologue, n.
phénoplaste, n. m.
phénotype, n. m.
phénotypique, adj.
phényl-, préf.
phénylalanine, n. f.
phényle, n. m.
phéophycées, n. f. pl.
phéro-hormone ou phéromone ou phérormone, n. f.
phi, n. m.
phil(o)-, préf.
philante, n. m.
philanthrope, n.
philanthropie, n. f.
philanthropique, adj.
philatélie, n.f.
philatélique, adj.
philatéliste, n.
-phile, -philie, suff.
philharmonie, n. f.
philharmonique, adj.
phihellène, n. et adj.
philhellénisme, n. m.
philibeg ou filibeg, n. m.
philippin, ine, adj. et n.
philippine, n. f.
philippique, n. f.
philistin, ine, adj. et n.
philo, abrév., n. f.
philo-, préf.
philodendron, n. m.
philologie, n. f.
philologique, adj.
philologue, n.
philosophale, adj. f.
philosophe, n. et adj.
philosopher, v. intr.
philosophie, n. f.
philosophique, adj.
philosophiquement, adv.
philotechnique, adj.
philtre, n. m.
phimosis, n. m.
phléb(o)-, préf.
phlébite, n. f.
phlébologie, n. f.
phlébotome, n. m.
phlébotomie, n. f.
phlegmon, n. m.
phlegmoneux, euse, adj.
phléole ou fléole, n. f.
phlogistique, n. m.
phlox, n. m.
phlyctène, n. f.
pH-mètre, n. m.
-phobe, -phobie, suff.
phobie, n. f.
phobique, adj.
phocéen, éenne, adj. et n.
phocidien. ienne, n. et adj.
phocomèle, n. et adj.
phœnicoptéridés ou phénicoptéridés, n. m. pl.
phœnix ou phénix, n. m.
pholade, n. f.
pholidotes, n. m.
pholiote, n. m.
phon(o)-, préf.
phonateur, trice ou phonatoire, adj.
phonation, n. f.
phonatoire ou phonateur, trice, adj.
-phone, suff.
phone, n. m.
phonématique, n. f.
phonème, n. m.
phonémique, adj.
phonéticien, ienne, n.
phonétique, adj. et n. f.
phonétiquement, adv.
phoniatre, n.
phoniatrie, n. f.
phonie, n. f.
-phonie, suff.
phonique, adj.
phono, abrév., n. m.
phono-, préf.
phonogramme, n. m.
phonographe, n. m.
phonographique, adj.
phonolite ou phonolithe, n. m. ou f.
phonolithique ou phonolitique, adj.
phonologie, n. f.
phonologique, adj.
phonologue, n.
phonométrie, n. f.
phonon, n. m.
phonothèque, n. f.
phoque, n. m.
-phore, suff.
phormium, n. m.
phoromidiens, n. m. pl.
phosgène, n. m.
phosphatage, n. m.
phosphatase, n. f.
phosphate, n. m.
phosphaté, ée, adj.
phosphater, v. tr.
phosphaturie, n. f.
phosphène, n. m.
phosphine, n. f.
phosphite, n. m.
phospholipide, n. m.
phospholipidique, adj.
phosphore, n. m.
phosphoré, ée, adj.
phosphorer, v. intr.
phosphorescence, n. f.
phosphorescent, ente, adj.
phosphoreux, euse, adj.
phosphorique, adj.
phosphorisme, n. m.
phosphorite, n. f.
phosphure, n. m.
phot, n. m.
-phote, suff.
photo-, préf.
photo, abrév., n. f.
photochimie, n. f.
photochimique, adj.
photochrome ou photochromique, adj.
photochromisme, n. m.
photocomposeuse, n. f.
photocomposition, n. f.
photoconducteur, trice, adj.
photoconduction, n. f.
photocopie, n. f.
photocopier, v. tr.
photocopieur, n. m. ou photocopieuse, n. f.
photodégradable, adj.
photodégradation, n. f.
photodiode, n. f.
photoélasticimétrie, n. f.
photoélasticité, n. f.
photoélectricité, n. f.
photoélectrique, adj.
photoémetteur, trice ou photoémissif, ive, adj.
photoémission ou photoémissivité, n. f.
photo-finish, n. f.
photogène, adj.
photogénie, n. f.
photogénique, adj.
photogrammétrie, n. f.
photographe, n.
photographie, n. f.
photographier, v. tr.
photographique, adj.
photographiquement, adv.
photograveur, n. m.
photogravure, n. f.
photo-interprétation, n. f.
photolithographie, n. f.
photoluminescence, n. f.
photolyse, n. f.
photomécanique, adj.
photomètre, n. m.
photométrie, n. f.
photométrique, adj.
photomicrographie, n. f.
photomontage, n. m.

photomultiplicateur, n. m.
photon, n. m.
photonique, adj.
photopériodisme, n. m.
photophore, n. m.
photopile, n. f.
photorécepteur, n. m.
photorésistance, n. f.
photorésistant, ante, adj.
photosensible, adj.
photosphère, n. f.
photostat, n. m.
photostoppeur, euse, n.
photosynthèse, n. f.
photosynthétique, adj.
phototactisme, n. m.
photothécaire, n.
photothèque, n. f.
photothérapie, n. f.
phototropisme, n. m.
phototype, n. m.
pyototypie, n. f.
photovoltaïque, adj.
phragmite, n. m.
phrase, n. f.
phrasé, n. m.
phraséologie, n. m.
phraséologique, adj.
phraser, v. intr., v. tr.
phraseur, euse, n. et adj.
phrastique, adj.
phratrie, n. f.
phréatique, adj.
phrénique, adj.
phrénologie, n. f.
phrénologique, adj.
phrygane, n. f.
phrygien, ienne, adj. et n.
phtalate, n. m.
phtaléine, n. f.
phtalique, adj.
phtiriase, n. f. ou phtiriasis, n. m.
phtisie, n. f.
phtisiologie, n. f.
phtisiologue, n.
phtisique, adj. et n.
-phycées, suff.
phyco-, préf.
phycomycètes, n. m. pl.
phylactère, n. m.
phylarque, n. m.
phylétique, adj.
phyll-, phyllo-, préf.
phyllade, n. m.
-phylle, suff.
phyllie, n. f.
phyllotaxie, n. f.
phylloxéra ou phylloxera, n. m.
phylloxéré, ée, adj.
phylloxérien, ienne ou phylloxérique, adj.
phylogenèse ou phylogénie, n. f.
phylogénétique ou phylogénique, adj.
phylogénie ou phylogenèse, n. f.
phylogénique ou phylogénétique, adj.
phylum, n. m.
physalie, n. f.
physalis, n. m.
-physe, suff.
physe, n. f.
physicalisme, n. m.
physicien, ienne, n.
physico-, préf.
physico-chimique, adj.
physico-mathématique, adj. et n. f.
physio-, préf.
physiocrate, n. et adj.
physiocratie, n. f.
physiognomonie, n. f.
physiognomonique, adj.
physiognomoniste, n.
physiologie, n. f.
physiologique, adj.
physiologiquement, adv.
physiologiste, n. et adj.
physionomie, n. f.
physionomique, adj.
physionomiste, adj. et n.
physiopathologie, n. f.
physiothérapie, n. f.
1. physique, adj. et n. m.
2. physique, n. f.
physiquement, adv.
phyt(o)-, préf.
-phyte, suff.
phytéléphas, n. m.
phythormone ou phytohormone, n. f.
phytobiologie, n. f.
phytochrome, n. m.
phytogéographie, n. f.
phytohormone ou phythormone, n. f.
phytoparasite, n. m.
phytopathologie, n. f.
phytophage, adj.
phytophthora, n. m.
phytoplancton, n. m.
phytosanitaire, adj.
phytosociologie, n. f.
phytothérapie, n. f.
phytothérapeute, n. m.
phytotron, n. m.
phytozoaire, n. m.
pi, n. m.
piaf, n. m.
piaffer, v. intr.
piaffeur, euse, adj.
piaillard, arde, adj. et n.
piaillement, n. m.
piailler, v. intr.
piaillerie, n. f.
piailleur, euse, adj. et n.
pian, n. m.
pianissimo, adv. et n. m.
pianiste, n.
pianistique, adj.
1. piano, n. m.
2. piano, adv. et n. m.
piano-forte, n. m.
pianoter, v. tr., v. intr.
piassava, n. f.
piastre, n. f.
piaule, n. f.
piaulement, n. m.
piauler, v. intr.
pibale, n. f.
pible (à), loc. adv.
pic, n. m.
pic (à), loc. adv.
pica, n. m.
picador, n. m.
picage, n. m.
picaillons, n. m. pl.
picard, arde, adj. et n.
picardan(t), n. m.
picaresque, adj.
piccolo ou picolo, n. m.
pichenette, n. f.
pichet, n. m.
picholine, n. f.
piciformes, n. m.pl.
pickles, n. m. pl.
pickpocket, n. m.
pick-up, n. m. inv.
pico-, préf.
picoler, v. intr.
picolo ou piccolo, n. m.
picorer, v. intr., v. tr.
picot, n. m.
picotage, n. m.
picoté, ée, adj.
picotement, n. m.
picoter, v. tr.
picotin, n. m.
picr(o)-, préf.
picrate, n. m.
picrique, adj. m.
pictogramme, n. m.
pictographique, adj.
pictural, ale, aux, adj.
pic-vert ou pivert, n. m.
pidgin, n. m.
1. pie, n. f. et adj. inv.
2. pie, adj. f.
pièce, n. f.
piécette, n. f.
pied, n. m.
pied-à-terre, n. m. inv.
pied-bot, n. m.
pied-d'alouette, n. m.
pied-de-biche, n. m.
pied-de-loup, n. m.
pied-de-mouton, n. m.
pied-de-nez, n. m.
pied-de-poule, n. m.
pied-droit ou piédroit, n. m.
piédestal, aux, n. m.
pied-fort ou piéfort, n. m.
piedmont ou piémont, n. m.
pied-noir, n. m. et adj. m.
piédouche, n. m.
pied-plat, n. m.
piédroit ou pied-droit, n. m.
piéfort ou pied-fort, n. m.
piège, n. m.
piégeage, n. m.
piéger, v. tr.
piégeur, n. m.
pie-grièche, n. f.
pie-mère, n. f.
piémont ou piedmont, n. m.
piéride, n. f.
piérraille, n. f.
pierre, n. f.
pierré, n. m. ou pierrée, n. f.
pierreries, n. f.pl.
pierreux, euse, adj.
pierrier, n. m.
pierrot, n. m.
pietà, n. f. inv.
piétaille, n. f.
piété, n. f.
piètement, n. m.
piéter, v. intr., v. pron.
piéteur, euse, adj. et n.
piétin, n. m.
piétinement, n. m.
piétiner, v. intr., v. tr.
piétisme, n. m.
piétiste, n. et adj.
piéton, onne, n. et adj.
piétonnier, ière, adj.
piètre, adj.
piètrement, adv.
pieu, n. m.
pieusement, adv.
pieuter (se), v. pron.
pieuvre, n. f.
pieux, pieuse, adj.
pièze, n. f.
piézo-, préf.
piézoélectricité, n. f.

piézographe, n. m.
piézomètre, n. m.
piézométrie, n. f.
1. pif !, interj.
2. pif, n. m.
pifer ou piffer, v. tr.
pifomètre, n. m.
pige, n. f.
pigeon, n. m.
pigeonnage, n. m.
pigeonnant, ante, adj.
pigeonne, n. f.
pigeonneau, n. m.
pigeonner, v. tr.
pigeonnier, n. m.
piger, v. tr.
pigiste, n.
pigment, n. m.
pigmentaire, adj.
pigmentation, n. f.
pigmenter., v. tr.
pigne, n. f.
pignocher, v. intr., v. tr.
pignon, n. m.
pignoratif, ive, adj.
pignouf, n. m.
pilaf, n. m.
pilage, n. m.
pilaire, adj.
pilastre, n. m.
pilchard, n. m.
1. pile, n. f.
2. pile, n. f. et adv.
piler, v. tr., v. intr.
pilet, n. m.
pileur, euse, adj. et n.
pileux, euse, adj.
pilier, n. m.
pilifère, adj.
pillage, n. m.
pillard, arde, adj. et n.
piller, v. tr.
pilleur, euse, n.
pilocarpe, n. m.
pilocarpine, n. f.
pilon, n. m.
pilonnage, n. m.
pilonner, v. tr.
pilori, n. m.
pilo-sébacé, ée, adj.
piloselle, n. f.
pilosisme, n. m.
pilosité, n. f.
pilot, n. m.
pilotage, n. m.
pilote, n. m.
piloter, v. tr.
pilotin, n. m.
pilotis, n. m.
pilou, n. m.
pilulaire, adj. et n. m.
pilule, n. f.
pilulier, n. m.
pilum, n. m.
pimbêche, n. f. et adj.
piment, n. m.
pimenter, v. tr.
pimpant, ante, adj.
pimprenelle, n. f.
pin, n. m.
pinacle, n. m.
pinacothèque, n. f.
pinaillage, n. m.
pinailler, v. intr.
pinailleur, euse, n.
pinard, n. m.
pinardier, n. m.
pinasse, n. f.
pinastre, n. m.
pinçage, n. m.
pinçard, arde, adj.
pince, n. f.
pincé, ée, adj.
pinceau, n. m.
pincée, n. f.
pincelier, n. m.
pincement, n. m.
pince-monseigneur, n. f.
pince-nez, n. m. inv.
pince-oreille, n. m.
pincer, v. tr., v. intr.
pince-sans-rire, n. et adj. inv.
pincette, n. f. ou pincettes, n. f. pl.
pinçon, n. m.
pinchard, arde, adj.
pindarique, adj.
pinéal, ale, aux, adj.
pineau, n. m.
pinède, n. f.
pingouin, n. m.
ping-pong, n. m.
pingre, n. et adj.
pingrerie, n. f.
pinne, n. f.
pinnipèdes, n. m. pl.
pinnothère, n. m.
pinnule, n. f.
pinocytose, n. f.
pinot, n. m.
pinscher, n. m.
pinson, n. m.
pintade, n. f.
pintadeau, n. m.
pintadine, n. f.
pinte, n. f.
pinter, v. intr., v. pron., v. tr.
pin-up, n. f. inv.
pinyin, n. m.
piochage, n. m.
pioche, n. f.
piocher, v. tr.
piocheur, euse, n.
piolet, n. m.
1. pion, n. m.
2. pion, pionne, n.
pioncer, v. intr.
pionnier, n. m.
pioupiou, n. m.
pipa, n. m.
pipe, n. f.
pipeau, n. m.
pipée, n. f.
pipelet, ette, n.
pipeline, n. m.
piper, v. intr., v. tr.
pipéracées, n. f. pl.
piperade, n. f.
piper-cub, n. m.
piperie, n. f.
pipéronal, n. m.
pipette, n. f.
pipeur, euse, n.
pipi, n. m.
pipier, ière, n. et adj.
pipistrelle, n. f.
pipit, n. m.
pipo, n. m.
piquage, n. m.
piquant, ante, adj. et n. m.
1. pique, n. m.
2. pique, n. f.
piqué, ée, adj. et n. m.
pique-assiette, n. inv.
pique-bœuf, n. m.
pique-feu, n. m. inv.
pique-fleurs, n. m. inv.
pique-nique, n. m.
pique-niquer, v. intr.
pique-niqueur, euse, n.
pique-notes, n. m. inv.
piquer, v. tr., v. intr., v. pron.
piquet, n. m.
piquetage, n. m.
piqueter, v. tr.
piquette, n. f.
1. piqueur, euse, n. et adj.
2. piqueur ou piqueux, n. m.
piquier, n. m.
piqûre, n. f.
piranha, n. m.
pirate, n. m.
pirater, v. intr.
piraterie, n. f.
pire, adj. et n. m.
piriforme, adj.
pirogue, n. f.
piroguier, n. m.
pirojok, pirojki, n. m.
pirouette, n. f.
pirouetter, v. intr.
1. pis, n. m.
2. pis, adv., adj. et n. m.
pis-aller, n. m. inv.
pisci-, préf.
piscicole, adj.
pisciculteur, trice, n.
pisciculture, n. f.
pisciforme, adj.
piscine, n. f.
piscivore, adj. et n. m.
pisé, n. m.
pisiforme, adj. et n. m.
pisolite ou pisolithe, n. f.
pisolithique ou pisolitique, adj.
pissaladière, n. f.
pissat, n. m.
pisse, n. f.
pisse-froid, n. m. inv.
pissement, n. m.
pissenlit, n. m.
pisser, v. intr., v. tr.
pissette, n. f.
pisseur, euse, n.
pisseux, euse, adj.
pisse-vinaigre, n. m. inv.
pissoir, n. m.
pissotière, n. f.
pisseuse, n. f.
pistache, n. f. et adj. inv.
pistachier, n. m.
pistage, n. m.
pistard, n. m.
piste, n. f.
pister, v. tr.
pisteur, n. m.
pistil, n. m.
pistole, n. f.
pistolet, n. m.
piston, n. m.
pistonner, v. tr.
pistou, n. m.
pitance, n. f.
pitchoun, e, n.
pitchpin, n. m.
pite, n. f.
piteusement, adv.
piteux, euse, adj.
pithéc(o)-, préf.
pithécanthrope, n. m.
-pithèque, suff.
pithiatique, adj. n.
pithiatisme, n. m.
pithiviers, n. m.
pitié, n. f.
piton, n. m.
pitonnage, n. m.
pitonner, v. intr.
pitoyable, adj.

pitoyablement, adv.
pitre, n. m.
pitrerie, n. f.
pittoresque, adj. et n. m.
pittoresquement, adv.
pittosporum, n. m.
pituitaire, adj.
pituite, n. f.
pityriasis, n. m.
più, adv.
pivert ou pic-vert, n. m.
pivoine, n. f.
pivot, n. m.
pivotant, ante, adj.
pivotement, n. m.
pivoter, v. intr.
pixel, n. m.
pizza, n. f.
pizzeria, n. f.
pizzicato, n. m.
P.J., sigle, n. f.
pK, n. m.
Pl, symbole
PL/1, n.m.
placage, n. m.
placard, n. m.
placardage, n. m.
placarder, v. tr.
place, n. f.
placé, ée, adj.
placebo, n. m.
placement, n. m.
placenta, n. m.
placentaire, adj. et n. m. pl.
placentation, n. f.
1. placer, v. tr., v. pron.
2. placer, n. m.
placet, n. m.
placette, n. f.
placeur, euse, n.
placide, adj.
placidement, adv.
placidité, n. f.
placier, ière, n.
placodermes, n. m. pl.
plafond, n. m.
plafonnage, n. m.
plafonnement, n. m.
plafonner, v. tr., v. intr.
plafonneur, n. m.
plafonnier, n. m.
plagal, ale, aux, adj.
plage, n. f.
plagiaire, n.
plagiat, n. m.
plagier, v. tr.
plagioclase, n. m.
plagiste, n.
plaid, n. m.
plaidable, adj.
plaidant, ante, adj.
plaider, v. intr., v. tr.
plaideur, euse, n.
plaidoirie, n. f.
plaidoyer, n. m.
plaie, n. f.
plaignant, ante, n. et adj.
1. plain, plaine, adj. et n. m.
2. plain, n. m.
plain-chant, n. m.
plain-pied (de), loc. adv.
plaindre, v. tr., v. pron.
plaine, n. f.
plainte, n. f.
plaintif, ive, adj.
plaintivement, adv.
plaire, v. tr. indir., v. pron.
plaisamment, adv.
plaisance, n. f.
plaisancier, ière, n.
plaisant, ante, adj. et n. m.
plaisanter, v. intr., v. tr.
plaisanterie, n. f.
plaisantin, n. m. et adj. m.
plaisir, n. m.
1. plan, ane, adj.
2.plan, n. m.
planage, n. m.
planaire, n. f.
planant, ante, adj.
planche, n. f.
planchéiage, n. m.
planchéier, v. tr.
1. plancher, n. m.
2. plancher, v. intr.
planchette, n. f.
plançon, n. m.
plan-concave, adj.
plan-convexe, adj.
plancton, n. m.
planctonique, adj.
plane, n. f.
plané, ée, adj.
planéité, n. f.
planer, v. tr., v. intr.
planétaire, adj. et n. m.
planétarisation, n. f.
planétarium, n. m.
planète, n. f.
planétoïde, n. m.
1. planeur, euse, n.
2. planeur, n. m.
planèze, n. f.
planifiable, adj.
planificateur,trice, n. et adj.
planification, n. f.
planifier, v. tr.
planimètre, n. m.
planimétrie, n. f.
planimétrique, adj.
planisme, n. m.
planisphère, n. m.
planiste, n.
planning, n. m.
planoir, n. m.
planorbe, n. f.
plan-plan, adv. et adj. inv.
planque, n. f.
planqué, n. m.
planquer, v. tr., v.pron.
plansichter, n. m.
plant, n. m.
plantage, n. m.
plantaginacées, n. f. pl.
plantain, n. m.
plantaire, adj.
plantard, n. m.
plantation, n. f.
plante, n. f.
planté, ée, adj.
planter, v. tr., v. pron.
1. planteur, euse, n.
2. planteur, n. m.
plantigrade, adj. et n. m.
plantoir, n. m.
planton, n. m.
plantule, n. f.
plantureusement, adv.
plantureux, euse, adj.
plaquage, n. m.
plaqué, n. m.
plaque, n. f.
plaquemine, n. f.
plaqueminier, n. m.
plaquer, v. tr., v. pron.
plaquette, n. f.
plaqueur, euse, n.
plas-, préf.
-plasie, suff.
plasma, n. m.
plasmagène, adj. et n. m.
plasmalemme, n. m.
plasmatique, adj.
-plasme, suff.
plasmide, n. m.
plasmifier, v. tr.
plasmique, adj.
plasmo-, préf.
plasmochimie, n. f.
plasmocyte, n. m.
plasmocytose, n. f.
plasmode, n. m.
plasmodium, n. m.
plasmolyse, n. f.
plasmopara, n. m.
plaste, n. m.
-plaste, -plastie, suff.
plastic, n. m.
plasticage ou plastiquage, n. m.
plasticien, ienne, n.
plasticité, n. f.
plastie, n. f.
plastification, n. f.
plastifiant, iante, adj. et n. m.
plastifier, v. tr.
plastiquage ou plasticage, n. m.
1. plastique, adj. et n. f.
2. plastique, adj. et n. m.
plastiquement, adv.
plastiquer, v. tr.
plastiqueur, n. m.
plastron, n. m.
plastronner, v. tr.
plasturgie, n. f.
1. plat, n. m.
2. plat, plate, adj. et n. m.
platane, n. m.
plat-bord, n. m.
plate, n. f.
plateau, n. m.
plate-bande, n. f.
platée, n. f.
plate-forme, n. f.
platelage, n. m.
plate-longe, n. f.
platement, adv.
plateresque, adj.
plathelminthes, n. m. pl.
platinage, n. m.
1. platine, n. f.
2. platine, n. m. et adj. inv.
platiné, ée, adj.
platiner, v. tr.
platinifère, adj.
platinite, n. f.
platinoïde, n. m.
platitude, n. f.
platonicien, ienne, adj. et n.
platonique, adj.
platoniquement, adv.
platonisme, n.m.
plâtrage, n. m.
plâtras, n. m.
plâtre, n. m.
plâtrer, v. tr.
plâtrerie, n. f.
plâtreux, euse, adj.
plâtrier, n. m.
plâtrière, n. f.
platy-, préf.
platycerium, n. m.
platyrhiniens ou platyrrhiniens, n. m. pl.
plausibilité, n. f.
plausible, adj.
plausiblement, adv.
play-back, n. m. inv.
play-boy, n. m.

plèbe, n. f.
plébéien, ienne, n. et adj.
plébiscitaire, adj.
plébiscite, n. m.
plébisciter, v. tr.
plectre, n. m.
-plégie, suff.
pléiade, n. f.
1. plein, pleine, adj. et n. m.
2. plein, prép. et adv.
pleinement, adv.
plein-emploi, n. m.
plein-jeu, n. m.
plein-vent, n. m.
pléistocène, n. m. et adj.
plénier, ière, adj.
plénipotentiaire, n. m. et adj.
plénitude, n. f.
plenum ou plénum, n. m.
pléonasme, n. m.
pléonastique, adj.
plésiosaure, n. m.
pléthore, n. f.
pléthorique, adj.
pleur, n. m.
pleur(o)-, préf.
pleurage, n. m.
pleural, ale, aux, adj.
pleurant, ante, adj. et n. m.
pleurard, arde, adj. et n.
pleurer, v. intr., v. tr.
pleurésie, n. f.
pleurétique, adj. et n.
pleureur, euse, adj. et n.
pleureuse, n. f.
pleurite, n. f.
pleurnichard, arde, adj. et n.
pleurnichement, n. m.
pleurnicher, v. intr.
pleurnicherie, n. f.
pleurnicheur, euse, adj. et n.
pleurodynie, n. f.
pleuronectes ou pleuronectidés, n. m. pl.
pleuronectiformes, n. m. pl.
pleuropneumonie, n. f.
pleurote, n. m.
pleutre, n. m. et adj.
pleutrerie, n. f.
pleuvasser, v. impers.
pleuviner ou pluviner, v. impers.
pleuvoir, v.impers.
pleuvoter, v. impers.
plèvre, n. f.
plexiglas, n. m.
plexus, n. m.
pleyon ou plion, n. m.
pli, n. m.
pliable, adj.
pliage, n. m.
pliant, ante, adj. et n. m.
plié, n. m.
plie, n. f.
plier, v. tr., v.pron., v. intr.
plieur, euse, n.
plinthe, n. f.
pliocène, n. m. et adj.
plioir, n. m.
plion ou pleyon, n. m.
plissage, n. m.
plissé, ée, adj. et n. m.
plissement, n. m.
plisser, v. tr., v. intr., v. pron.
plisseur, euse, n.
plissure, n. f.
pliure, n. f.
ploc !, onomatopée
plocéidés, n. m. pl.
ploiement, n. m.
plomb, n.m.
plombage, n. m.
plombaginacées ou plumbaginacées, n. f. pl.
plombagine, n. f.
plombe, n. f.
plombé, ée, adj.
plombée, n. f.
plomber, v. tr., v. pron.
plomberie, n. f.
plombier, n. m.
plombières, n. f.
plombifère, adj.
plomb-tétraéthyle, n. m.
plombure, n. f.
plonge, n. f.
plongeant, ante, adj.
plongée, n. f.
plongement, n. m.
plongeoir, n. m.
plongeon, n. m.
plonger, v. tr., v. intr., v. pron.
plongeur, euse, n. et adj.
plongueur, n. m.
plot, n. m.
plouc, n. et adj.
plouf !, interj.
ploutocrate, n. m.
ploutocratie, n. f.
ploutocratique, adj.
ployable, adj.
ployage, n. m.
ployer, v. tr., v. intr.
pluché ou peluché, ée, adj.
plucher ou pelucher, v. intr.
pluches, n. f. pl.
plucheux ou pelucheux, euse, adj.
pluie, n. f.
plumage, n. m.
plumaison, n. f.
plumard, n. m.
plumasserie, n. f.
plumassier, ière, n.
plumbaginacées ou plombaginacées,
plumbicon, n. m.
plume, n. f.
plumeau, n. m.
plumer, v. tr.
plumet, n. m.
plumetis, n. m.
plumeux, euse, adj.
plumier, n. m.
plumitif, n. m.
plum-pudding, n. m.
plumule, n. f.
plupart (la), n. f.
plural, ale, aux, adj.
pluralisme, n. m.
pluraliste, adj. et n.
pluralité, n. f.
pluri-, préf.
pluriannuel, elle, adj.
pluricellulaire, adj. et n. m.
pluridisciplinaire, adj.
pluridisciplinarité, n. f.
pluriel, elle, n. m. et adj.
plurilingue, adj. et n.
pluripartisme, n. m.
plurivalence, n. f.
plurivalent, ente, adj.
plus, adv. m. n. m. et conj.
plusieurs, adj. et nominal pl.
plus-que-parfait, n. m.
plus-value, n. f.
plutonien, ienne, adj.
plutonigène, n. m. et adj.
plutonisme, n. m.
plutonium, n. m.
plutôt, adv.
pluvial, iale, iaux, adj.
pluvian, n. m.
pluvier, n. m.
pluvieux, euse, adj.
pluviner ou pleuviner, v. impers.
pluvio-, préf.
pluviomètre, n. m.
pluviométrie, n. f.
pluviométrique, adj.
pluvio-nival, ale, aux, adj.
pluviôse, n. m.
pluviosité, n. f.
Pm, symbole
p.m., abrév., n. m. et n. f.
P.M.E., sigle, n. f. pl.
P.M.U., sigle, n. m.
P.N.B., sigle, n. m.
pneu, abrév., n. m.
pneum(o)-, préf.
pneumat(o)-, préf.
pneumatique, adj. et n. m.
pneumatophore, n. m.
pneumectomie, n.f.
pneumoconiose, n. f.
pneumocoque, n. m.
pneumogastrique, adj. et n. m.
pneumographe, n. m.
pneumographie, n. f.
pneumologie, n. f.
pneumologue, n.
pneumonie, n. f.
pneumonique, adj. et n.
pneumopéritoine, n. m.
pneumothrorax, n. m.
p.o., abrév.
Po, symbole
pochade, n. f.
pochard, arde, n. et adj.
pocharder (se), v. pron.
poche, n. f.
poché, ée, adj.
pocher, v. tr., v. intr.
pochetée, n. f.
pochette, n. f.
pocheuse, n. f.
pochoir, n. m.
pochouse ou pauchouse, n. f.
poco, adv.
podagre, adj. et n.
podaire, n. f.
-pode, suff.
podestat, n. m.
podium, n. m.
podo-, préf.
podologie, n. f.
podomètre ou pédomètre, n. m.
podzol, n. m.
podzolique, adj.
podzolisation, n. f.
pœcile, n. m.
pœcilotherme ou poïkilotherme, adj. et n. m.
1. poêle, n. m.
2. poêle ou poële, n. m.
3. poêle, n. f.
poêlée, n. f.
poêler, v. tr.
poële ou poêle, n. m.
poêlon, n. m.
poème, n. m.
poésie, n. f.
poète, n. m. et adj.
poétesse, n. f.

poétique, adj. et n. f.
poétiquement, adv.
poétiser, v. tr.
pogne, n. f.
pognon, n. m.
pogonophores, n. m. pl.
pogrom ou pogrome, n. m.
poids, n. m.
poignant, ante, adj.
poignard, n. m.
poignarder, v. tr.
poigne, n. f.
poignée, n. f.
poignet, n. m.
poïkilotherme ou pœcilotherme, adj. et n. m.
poil, n. m.
poilant, ante, adj.
poil-de-carotte, adj. inv.
poiler (se), v. pron.
1. poilu, ue, adj.
2. poilu, n. m.
poinçon, n. m.
poinçonnage, n. m.
poinçonnement, n. m.
poinçonner, v. tr.
1. poinçonneur, euse, n.
2. poinçonneuse, n. f.
poindre, v. tr., v. intr.
poing, n. m.
1. point, n. m.
2. point, adv.
pointage, n. m.
point de vue, n. m.
pointe, n. f.
pointeau, n. m.
1. pointer, v. tr., v. pron., v. intr.
2. pointer, n. m.
pointeur, euse, n. et adj.
pointillage, n. m.
pointillé, n. m.
pointiller, v. tr., v. intr.
pointilleux, euse, adj.
pointillisme, n. m.
pointilliste, n. et adj.
pointu, ue, adj.
pointure, n. f.
poire, n. f.
poiré, n. m.
poireau, n. m.
poireauter, v. intr.
poirée, n. f.
poirier, n. m.
poiroter, v. intr.
pois, n. m.
poiscaille, n. f.
poise, n. f.
poiseuille, n. m.
poison, n. m.
poissard, arde, n. et adj.
poisse, n. f.
poisser, v. tr.
poisseux, euse, adj.
poisson, n. m.
poissonnerie, n. f.
poissonneux, euse, adj.
poissonnier, ière, n.
poissonnière, n. f.
poitevin, ine, adj. et n.
poitrail, n. m.
poitrinaire, adj. et n.
poitrine, n. f.
poivrade, n. f.
poivre, n. m.
poivré, ée, adj.
poivrer, v. tr., v. pron.
poivrier, n. m.
poivrière, n. f.
poivron, n. m.
poivrot, ote, n.
poix, n. f.
poker, n. m.
polack ou polak, n. m.
polacre, n. f.
polaire, adj. et n. f.
polak ou polack, n. m.
polaque, n. m.
polar, n. m.
polarimètre, n. m.
polarimétrie, n. f.
polarisant, ante, adj.
polarisateur, trice, adj.
polarisation, n. f.
polariscope, n. m.
polarisé, ée, adj.
polariser, v. tr., v. pron.
polariseur, adj. m. et n. m.
polarité, n. f.
polarographie, n. f.
polaroïd, n. m.
polatouche, n. m.
polder, n. m.
-pole, -polite, suff.
pôle, n. m.
polémarque, n. m. et adj.
polémique, adj. et n. f.
polémiquer, v. intr.
polémiste, n.
polémologie, n. f.
polenta, n. f.
1. poli, ie, adj.
2. poli, ie, adj. et n. m.
police, n. f.
policé, ée, adj.
policeman, policemen, n. m.
policer, v. tr.
polichinelle, n. m.
policier, ière, adj. et n.
policlinique, n. f.
poliment, adv.
polio, abrév., n.
poliomyélite, n. f.
poliomyélitique, adj. et n.
poliorcétique, adj. et n. f.
polir, v. tr., v. pron.
polissable, adj.
polissage, n. m.
polisseur, euse, n.
polissoir, n. m.
polissoire, n. f.
polisson, onne, n. et adj.
polissonner, v. intr.
polissonnerie, n. f.
poliste, n. f. ou m.
politesse, n. f.
politicaillerie, n. f.
politicard, arde, n. et adj.
politicien, ienne, n. et adj.
politique, adj. et n.
politiquement, adv.
politiquer, v. intr.
politisation, n. f.
politiser, v.tr.
politologie, n. f.
politologue, n. m.
poljé, n. m.
polka, n. f.
pollakiurie, n. f.
pollen, n. m.
pollicitation, n. f.
pollinie, n. f.
pollinique, adj.
pollinisation, n. f.
polluant, ante, adj. et n. m.
polluer, v. tr.
pollueur, euse, adj. et n.
pollution, n. f.
polo, n. m.
polochon, n. m.
polonais, aise, adj. et n.
polonaise, n. f.
polonium, n. m.
poltron, onne, adj. et n.
poltronnerie, n. f.
poly-, préf.
polyacétal, n. m.
polyacide, n. m. et adj.
polyacrylique, adj.
polyaddition, n. f.
polyalcool ou polyol, n. m.
polyamide, n. m.
polyamine, n. f.
polyandre, adj.
polyandrie, n. f.
polyarthrite, n. f.
polyatomique, adj.
polybutadiène, n. m.
polycarpique, adj. et n. m. pl.
polycentrisme, n. m.
polycéphale, adj.
polychètes, n. m. ou f. pl.
polychroïsme, n. m.
polychrome, adj.
polychromie, n. f.
polyclinique, n. f.
polycondensation, n. f.
polycopie, n. f.
polycopié, ée, adj. et n. m.
polycopier, v. tr.
polycristal, n. m.
polycristallin, ine, adj.
polyculture, n. f.
polycyclique, adj.
polydactyle, adj. et n.
polydactylie, n. f.
polyèdre, n. m. et adj.
polyembryonie, n. f.
polyester, n. m.
polyéthylène ou polythène, n. m.
polygala ou polygale, n.m.
polygame, adj. et n.
polygamie, n.f.
polygamique, adj.
polygénisme, n. m.
polygéniste, n. et adj.
polyglobulie, n. f.
polyglotte, adj. et n.
polygonacées, n. f. pl.
polygonal, ale, aux, adj.
polygonation, n. f.
polygone, n. m.
polygraphe, n.
polymère, adj. et n. m.
polymérie, n. f.
polymérisation, n. f.
polymériser, v. tr., v. pron.
polymétallique, adj.
polyméthacrylate, n. m.
polymorphe, adj.
polymorphie, n. f.
polymorphisme, n. m.
polynésien, ienne, adj. et n.
polynévrite, n. f.
polynôme, n. m.
polynucléaire, adj. et n. m.
polynucléotide, n. m.
polyol ou polyalcool, n. m.
polyoléfine, n. f.
polyoside, n. m.
polype, n. m.
polypeptide, n. m.
polypeptidique, adj.
polypétale, adj.
polypeux, euse, adj.
polyphasé, ée, adj.
polyphonie, n. f.
polyphonique, adj.
polypier, n. m.

polyplacophores, n. m. pl.
polyploïde, adj.
polyploïdie, n. f.
polypode, n. m.
polypore, n. m.
polyprène, n. m.
polypropylène, n. m.
polyptère, n. m.
polyptyque, n. m.
polysaccharide, n. m.
polysémie, n. f.
polysémique, adj.
polystyle, adj.
polystyrène, n. m.
polysulfure, n. m.
polysyllabe, adj. et n. m.
polysyllabique, adj.
polysynodie, n. f.
polysynthétique, adj.
polytechnicien, ienne, n.
polytechnique, adj. et n. f.
polythéisme, n. m.
polythéiste, adj. et n.
polythène ou polyéthylène, n. m.
polytonal, ale, als, adj.
polytonalité, n.f.
polytraumatisé, ée, adj. et n.
polytric, n. m.
polyuréthane, n. m.
polyurie, n. f.
polyurique, adj. et n.
polyvalence, n. f.
polyvalent, ente, adj. et n. m.
polyvinyle, n. m.
polyvinylique, n. m. et adj.
pomélo, n. m.
pomerium ou pomœrium, n. m.
pommade, n. f.
pommader, v. tr., v. pron.
pommard, n. m.
pomme, n. f.
pommé, ée, adj.
pommeau, n.m.
pomme de terre, n. f.
pommelé, ée, adj.
pommeler (se), v. pron.
pommelle, n. f.
pommer, v. intr.
pommeraie, n. f.
pommeté ou pommetté, ée, adj.
pommette, n. f.
pommetté ou pommeté, ée, adj.
pommier, n. m.
pomœrium oy pomérium, n. m.
pomologie, n. f.
pompadour, adj. inv. et n. m.
pompage, n. m.
pompe, n. f.
pompéien, ienne, adj. et n.
pomper, v. tr.
pompette, adj.
pompeusement, adv.
pompeux, euse, adj.
1. pompier, n. m.
2. pompier, ière, adj. et n.
3. pompier, ière, n.
pompiérisme, n. m.
pompile, n. m.
pompiste, n.
pompon, n. m.
pomponner, v. tr., v. pron.
ponant, n. m.
ponçage, n. m.
ponce, n. f.
1. ponceau, n. m. et adj. inv.
2. ponceau, n. m.
poncer, v. tr.
ponceur, euse, n.
ponceux, euse, adj.
poncho, n. m.
poncif, n. m.
ponction, n. f.
ponctionner, v. tr.
ponctualité, n. f.
ponctuation, n. f.
ponctuel, elle, adj.
ponctuellement, adv.
ponctuer, v. tr.
pondaison, n. f.
pondérable, adj.
pondéral, ale, aux, adj.
pondérateur, trice, adj.
pondération, n. f.
pondéré, ée, adj.
pondérer, v. tr.
pondéreux, euse, adj. et n. m.
pondeur, euse, n. et adj.
pondoir, n.m.
pondre, v. tr.
poney, n. m.
pongé ou pongée, n. m.
pongidés, n. m. pl.
pongiste, n.
pont, n. m.
pontage, n. m.
1. ponte, n. f.
2. ponte, n. m.
ponté, ée, adj.
pontée, n. f.
ponter, v. tr., v. intr.
pontet, n. m.
pontier, n. m.
pontife, n. m.
pontifiant, iante, adj.
pontifical, ale, aux, adj. et n. m.
pontificat, n. m.
pontifier, v. intr.
pontil, n. m.
pont-l'évêque, n. m. inv.
pont-levis, n. m.
ponton, n. m.
pontonnier, n. m.
pontuseau, n. m.
pool, n. m.
pop, abrév., adj. inv. et n.
pop'art, n. m.
pop-corn, n. m. inv.
pope, n. m.
popeline, n. f.
poplité, ée, adj.
pop music, n. f.
popote, n. f. et adj. inv.
popotin, n. m.
populace, n. f.
populacier, ière, adj.
populage, n. m.
populaire, adj.
populairement, adv.
populariser, v. tr.
popularité, n. f.
population, n. f.
populeux, euse, adj.
populisme, n. m.
populiste, adj.
populo, n. m.
poquer, v. intr.
poquet, n. m.
porc, n. m.
porcelaine, n. f.
porcelainier, ière, adj. et n.
porcelet, n. m.
porc-épic, n. m.
porchaison, n. f.
porche, n. m.
porcher, ère, n.
porcherie, n. f.
porcin, ine, adj. et n. m.
pore, n. m.
poreux, euse, adj.
porion, n. m.
porno, abrév., n. m. et adj.
pornographe, n. m.
pornographie, n. f.
pornographique, adj.
porosité, n. f.
porphyre, n. m.
porphyrie, n. f.
porphyrine, n. f.
porphyrique, adj.
porphyrogénète, adj.
porphyroïde, adj.
porrection, n. f.
porridge, n. m.
port, n. m.
portable, adj.
portage, n. m.
portail, n. m.
portal, ale, aux, adj.
portance, n. f.
portant, ante, adj. et n.
portatif, ive, adj.
1. porte, n. f.
2. porte, adj.
1. porté, ée, adj.
2. porté ou porter, n. m.
porte-aéronefs, n. m. inv.
porte-à-faux, n. m. inv.
porte-affiches, n. m. inv.
porte-aiguille, n. m.
porte-aiguilles, n. m. inv.
porte-aiguillon, n. m.
porte-amarre, n. m.
porte-à-porte, n. m.
porte-avions, n. m. inv.
porte-bagages, n. m. inv.
porte-balais, n. m. inv.
porte-bannière, n.
porte-barges, n. m. inv.
porte-bébé, n. m.
porte-billets, n. m. inv.
porte-bonheur, n. m. inv.
porte-bouquet, n. m.
porte-bouteilles, n. m. inv.
porte-carte(s), n. m. inv.
porte-cigares, n. m. inv.
porte-cigarettes, n. m. inv.
porte-clefs ou porte-clés, n. m. inv.
porte-conteneurs, n. m. inv.
porte-couteau, n. m.
porte-crayon, n. m.
porte-croix, n. m. inv.
porte-documents, n. m.
porte-drapeau, n. m.
portée, n. f.
porte-enseigne, n. m. inv.
porte-épée, n. m.
porte-étendard, n. m.
portefaix, n. m.
porte-fanion, n. m. inv.
porte-fenêtre, n. f.
portefeuille, n. m.
porte-fort, n. m. inv.
porte-greffe(s), n. m. inv.
porte-hélicoptères, n. m. inv.
porte-jarretelles, n. m. inv.
porte-lame, n. m.
porte-malheur, n. m. inv.
portemanteau, n. m.
portement, n. m.
porte-mine ou portemine, n. m.

porte-monnaie, n. m. inv.
porte-mors, n. m. inv.
porte-musc, n. m.
porte-objet, n. m.
porte-outil, n. m.
porte-parapluies, n. m. inv.
porte-parole, n. m. inv.
porte-plume, n. m. inv.
1. porter, v. tr., v. pron.
2. porter ou porté, n. m.
3. porter, n. m.
porterie, n. f.
porte-savon, n. m.
porte-serviettes, n. m. inv.
porteur, euse, n. et adj.
porte-vent, n. m. inv.
porte-voix, n. m. inv.
portfolio, n. m.
portier, ière, n.
1. portière, adj. f.
2. portière, n. f.
portillon, n. m.
portion, n. f.
portionnaire, n.
portique, n. m.
portland, n. m.
porto, n. m.
portor, n. m.
portrait, n. m.
portraitiste, n.
portraiturer, v. tr.
port-salut, n. m. inv.
portuaire, adj.
portugais, aise, adj. et n.
portulan, n. m.
posada, n. f.
pose, n. f.
posé, ée, adj.
posément, adv.
posemètre, n. m.
poser, v. tr., v. intr., v. pron.
poseur, euse, n. et adj.
posidonie, n. f.
1. positif, ive, adj.
2. positif, n. m.
positivité, n. f.
position, n. f.
positionnement, n. m.
positionner, v. tr.
positivement, adv.
positivisme, n. m.
positiviste, adj. et n.
positon ou positron, n. m.
posologie, n. f.
possédant, ante, n. et adj.
possédé, ée, adj. et n.
posséder, v. tr., v. pron.
possesseur, n. m.
possessif, ive, adj. et n. m.
possession, n. f.
possessionnel, elle, adj.
possessivité, n. f.
possessoire, adj.
possibilité, n. f.
possible, adj. et n. m.
post-, préf.
postage, n. m.
postal, ale, aux, adj.
postcombustion, n. f.
postcommunion, n. f.
postcure, n. f.
postdate, n. f.
postdater, v. tr.
1. poste, n. f.
2. poste, n. m.
1. poster, v. tr., v. pron.
2. poster, n. m.
postérieur, eure, adj. et n. m.
postérieurement, adv.
postériori (a), loc. adv.
postériorité, n. f.
postérité, n. f.
postface, n. f.
postglaciaire, adj.
posthume, adj.
posthypophyse, n. f.
postiche, adj. et n. m.
posticheur, n. m.
postier, ière, n.
postillon, n. m.
postillonner, v. intr.
postimpressionnisme, n. m.
postimpressionniste, adj. et n.
postindustriel, elle, adj.
postnatal, ale, als, aux, adj.
postopératoire, adj.
postposer, v. tr.
postposition, n. f.
post-scriptum, n. m. inv.
postsynchronisation, n. f.
postulant, ante, n.
postulat, n. m.
postuler, v. tr., v. intr.
postural, ale, aux, adj.
posture, n. f.
pot, n. m.
potable, adj.
potache, n. m.
potage, n. m.
potager, ère, adj. et n. m.
potamo-, préf.
potamochère, n. m.
potamot, n. m.
potard, n. m.
potasse, n. f.
potasser, v. tr.
potassique, adj.
potassium, n. m.
pot-au-feu, n. m. inv. et adj. inv.
pot-bouille, n. f.
pot-de-vin, n. m.
pote, n. m.
poteau, n. m.
potée, n. f.
potelé, ée, adj.
potence, n. f.
potencé, ée, adj.
potentat, n. m.
potentialisation, n. f.
potentialiser, v. tr.
potentialité, n. f.
1. potentiel, elle, adj. et n.
2. potentiel, n. m.
potentiellement, adv.
potentille, n. f.
potentiomètre, n. m.
poterie, n. f.
poterne, n. f.
potestatif, ive, adj.
potiche, n. f.
potier, n. m.
potin, n. m.
potiner, v. intr.
potinier, ière, adj. et n.
potion, n. f.
potiron, n. m.
potlatch, n. m.
potomètre, n. m.
pot-pourri, n. m.
potron-jaquet, n. m.
potron-minet, n. m.
pou, poux, n. m.
pouacre, n. m. et adj.
pouah !, interj.
poubelle, n. f.
pouce, n. m.
pouce-pied ou pousse-pied, n. m. inv.
poucettes, n. f. pl.
poucier, n. m.
pou-de-soie ou poult-de-soie ou pout-de-soie, n. m.
pouding ou pudding, n. m.
poudingue, n. m.
poudrage, n. m.
poudre, n. f.
poudrer, v. tr., v. pron.
poudrerie, n. f.
poudrette, n. f.
poudreuse, n. f.
poudreux, euse, adj. et n. f.
poudrier, n. m.
poudrière, n. f.
poudroiement, n. m.
poudroyer, v. intr.
1. pouf !, interj.
2. pouf, n. m.
pouffer, v. intr.
pouffiasse, n. f.
pouillard, n. m.
pouillé, n. m.
pouillerie, n. f.
pouilles, n. f. pl.
pouilleux, euse, adj. et n.
pouillot, n. m.
pouilly, n. m.
poujadisme, n. m.
poujadiste, adj. et n.
poulailler, n. m.
poulain, n. m.
poulaine, n. f.
poularde, n. f.
poulbot, n. m.
poule, n. f.
poulet, n. m.
poulette, n. f.
pouliche, n. f.
poulie, n. f.
pouliner, v. intr.
poulinière, adj. f. et n. f.
pouliot, n. m.
poulot, otte, n.
poulpe, n. m.
pouls, n. m.
poult-de-soie ou pou-de-soie ou pout-de-soie, n. m.
poumon, n. m.
poupard, arde, n. m. et adj.
poupe, n. f.
poupée, n. f.
poupin, ine, adj.
poupon, n. m.
pouponner, v. tr., v. intr.
pouponnière, n. f.
pour, prép. et n. m.
pour-, préf.
pourboire, n. m.
pourceau, n. m.
pourcentage, n. m.
pourchasser, v. tr., v. pron.
pour-compte ou pourcompte, n. m.
pourfendeur, n. m.
pourfendre, v. tr.
pourlèche ou perlèche, n. f.
pourlécher, v. tr.
pourparler, n. m.
pourpier, n. m.
pourpoint, n. m.
1. pourpre, n. m. et adj.
2. pourpre, n. f.
pourpré, ée, adj.
pourprin, ine, adj. et n. m.
pourquoi, adv., conj. et n. m. inv.
pourri, ie, adj. et n. m.
pourridié, n. m.
pourrir, v. tr., v. intr.
pourrissage, n. m.

pourrissant, ante, adj.
pourrissement, n. m.
pourrissoir, n. m.
pourriture, n. f.
pour-soi, n. m. inv.
poursuite, n. f.
poursuiteur, n. m.
poursuivant, ante, n. et adj.
poursuivre, v. tr., v. pron.
pourtant, adv.
pourtour, n. m.
pourvoi, n. m.
pourvoir, v. tr., v. pron.
pourvoyeur, euse, n.
pourvu que, loc. conj.
poussage, n. m.
poussah, n. m.
pousse, n. f.
pousse-au-crime, n. m. inv.
pousse-café, n. m. inv.
poussée, n. f.
pousse-pied ou pouce-pied, n. m. inv.
pousse-pousse, n. m. inv.
pousser, v. tr., v. pron., v. intr.
poussette, n. f.
pousseur, n. m.
poussier, n. m.
poussière, n. f.
poussiéreux, euse, adj.
poussif, ive, adj. et n.
poussin, n. m.
poussinière, n. f.
poussoir, n. m.
poutargue, n. f.
pout-de-soie ou pou-de-soie ou poult-de-soie, n. m.
poutrage, n. m.
poutraison, n. f.
poutre, n. f.
poutrelle, n. f.
pouture, n. f.
1. pouvoir, v. tr.
2. pouvoir, n. m.
pouzzolane, n. f.
p.p.c.m., abrév.
Pr, symbole
præsidium ou présidium, n. m.
pragmatique, adj. et n. f.
pragmatisme, n. m.
pragmatiste, adj. et n.
praire, n. f.
prairial, n. m.
prairie, n. f.
prâkrit, n. m.
pralin, n. m.
pralinage, n. m.
praline, n. f.
praliné, ée, adj. et n. m.
praliner, v. tr.
prame, n. f.
prandial, ale, iaux, adj.
prao, n. m.
prase, n. m.
praséodyme, n. m.
praticabilité, n. f.
1. praticable, adj.
2. praticable, n. m.
praticien, ienne, n.
pratiquant, ante, adj. et n.
1. pratique, n. f.
2. pratique, adj.
pratiquement, adv.
pratiquer, v. tr., v. pron.
praxie, n. f.
praxinoscope, n. m.
praxique, adj.
praxis, n. f.
pré-, préf.
pré, n. m.
préadamisme, n. m.
préadamite, adj. et n.
préalable, adj. et n. m.
préalablement, adv.
préalpin, ine, adj.
préambule, n. m.
préamplificateur, n. m.
préau, n. m.
préavis, n. m.
prébende, n. f.
prébendé, ée, adj. et n. m.
prébendier, n. m.
précaire, adj.
précambrien, ienne, adj. et n. m.
précarité, n. f.
précatif, ive, adj.
précaution, n. f.
précautionner, v. tr., v. pron.
précautionneusement, adv.
précautionneux, euse, adj.
précédemment, adv.
1. précédent, ente, adj. et n.
2. précédent, n. m.
précéder, v. tr.
préceinte, n. f.
précellence, n. f.
précepte, n. m.
précepteur, trice, n.
préceptorat, n. m.
précession, n. f.
préchambre, n. f.
préchauffage, n. m.
prêche, n. m.
prêcher, v. tr., v. intr.
prêcheur, euse, n. et adj.
prêchi-prêcha, n. m. inv.
précieusement, adv.
précieux, ieuse, adj. et n. f.
préciosité, n. f.
précipice, n. m.
précipitamment, adv.
précipitation, n. f.
1. précipité, ée, adj.
2. précipité, n. m.
précipiter, v. tr., v. intr., v. pron.
préciput, n. m.
préciputaire, adj.
1. précis, ise, adj.
2. précis, n. m.
précisément, adv.
préciser, v. tr., v. pron.
précision, n. f.
précité, ée, adj.
préclassique, adj.
précoce, adj.
précocement, adv.
précocité, n. f.
précolombien, ienne, adj.
précombustion, n. f.
précompte, n. m.
précompter, v. tr.
préconception, n. f.
préconçu, ue, adj.
préconisation, n. f.
préconiser, v. tr.
préconscient, ente, n. m. et adj.
précontraint, ainte, adj. et n.
précordial, iale, iaux, adj.
précuit, e, adj.
précurseur, n. m. et adj. m.
prédateur, trice, n. m.
prédation, n. f.
prédécesseur, n. m.
prédélinquant, n.
prédelle, n. f.
prédestination, n. f.
prédestiné, ée, adj. et n.
prédestiner, v. tr.
prédétermination, n. f.
prédéterminer, v. tr.
prédéterminisme, n. m.
prédicable, adj. et n.
prédicant, n. m. et adj.
prédicat, n. m.
prédicateur, trice, n.
prédicatif, ive, adj.
prédication, n. f.
prédiction, n. f.
prédigéré, ée, adj.
prédilection, n. f.
prédire, v. tr.
prédisposer, v. tr.
prédisposition, n. f.
prédominance, n. f.
prédominant, ante, adj.
prédominer, v. intr.
prééminence, n. f.
prééminent, ente, adj.
préemption, n. f.
préencollé, ée, adj.
préétablir, v. tr.
préexcellence, n. f.
préexistant, ante, adj.
préexistence, n.f.
préexister, v. intr.
préfabrication, n. f.
préfabriqué, ée, adj. et n. m.
préfabriquer, v. tr.
préface, n. f.
préfacer, v. tr.
préfacier, n. m.
préfectoral, ale, aux, adj.
préfecture, n. f.
préférable, adj.
préférablement, adv.
préféré, ée, adj. et n.
préférence, n. f.
préférentiel, ielle, adj.
préférentiellement, adv.
préférer, v. tr.
préfet, n. m.
préfète, n. f.
préfiguration, n. f.
préfigurer, v. tr.
préfinancement, n. m.
préfinancer, v. tr.
préfix, ixe, adj.
préfixal, ale, aux, adj.
préfixation, n. f.
préfixe, n. m.
préfixer, v. tr.
préfixion, n. f.
préfloraison, n. f.
préfoliation, n. f.
préformage, n. m.
préformation, n. f.
préformer, v. tr.
préglaciaire, adj.
prégnance, n. f.
prégnane, n. m. et adj.
prégnant, ante, adj.
préhellénique, adj.
préhenseur, adj. m.
préhensile, adj.
préhension, n. f.
préhistoire, n. f.
préhistorien, ienne, n.
préhistorique, adj.
préhominiens, n. m. pl.
préjudice, n. m.
préjudiciable, adj.
préjudiciaux, adj. m. pl.
préjudiciel, ielle, adj.
préjugé, n. m.
préjuger, v. tr.
prélart, n. m.
prélasser (se), v. pron.

prélat, n. m.
prélatin, ine, adj. et n. m.
prélature, n. f.
prélavage, n. m.
prèle ou prêle ou presle, n. f.
prélegs, n. m.
prélèvement, n. m.
prélever, v. tr.
préliminaire, adj. et n. m.
préliminairement, adv.
prélogique, adj.
prélude, n. m.
préluder, v. intr., v. tr. indir.
prématuré, ée, adj. et n.
prématurément, adv.
prématurité, n. f.
prémédication, n. f.
préméditation, n. f.
préméditer, v. tr.
prémenstruel, elle, adj.
prémices, n. f. pl.
premier, ière, adj. et n.
première, n. f.
premièrement, adv.
premier-né, première-née, adj. et n.
prémilitaire, adj.
prémisse, n. f.
prémolaire, n. f.
prémonition, n. f.
prémonitoire, adj.
prémontré, ée, n.
prémunir, v. tr., v. pron.
prémunition, n. f.
prenable, adj.
prenant, ante, adj.
prénatal, ale, als, adj.
prendre, v. tr., v. intr., v. pron.
preneur, euse, n. et adj.
prénom, n. m.
prénommé, ée, adj. et n.
prénommer, v. tr., v. pron.
prénotion, n. f.
prénuptial, iale, iaux, adj.
préoccupant, ante, adj.
préoccupation, n. f.
préoccuper, v. tr., v. pron.
préopératoire, adj.
prépalatal, ale, aux, adj.
préparateur, trice, n.
préparatif, n. m.
préparation, n. f.
préparatoire, adj.
préparer, v. tr., v. pron.
préphanérogames, n. f. pl.
prépondérance, n. f.
prépondérant, ante, adj.
préposé, ée, n.
préposer, v. tr.
prépositif, ive, adj.
préposition, n. f.
prépositionnel, elle, adj.
prépotence, n. f.
prépuce, n. m.
préraphaélisme, n. m.
préraphaélite, adj. et n. '
prérasage, n. m.
préréglage, n.m.
préréglé, ée, adj.
prérentrée, n. f.
préretraite, n. f.
prérogative, n. f.
préromantique, adj.
préromantisme, n. m.
près, adv.
présage, n. m.
présager, v. tr.
présalaire, n. m.
pré-salé, n. m.
présanctifié, ée, adj. et n.
presbyte, adj. et n.
presbytéral, ale, aux, adj.
presbytère, n. m.
presbytérianisme, n. m.
presbytérien, ienne, adj. et n.
presbytie, n. f.
prescience, n. f.
prescient, iente, adj.
prescriptible, adj.
prescription, n. f.
prescrire, v. tr., v. pron.
préséance, n. f.
présélecteur, n. m.
présélection, n. f.
présence, n. f.
présénescence, n. f.
1. présent, ente, adj. et n.
2. présent, n. m.
présentable, adj.
présentateur, trice, n.
présentation, n. f.
présentement, adv.
présenter, v. tr., v. intr., v. pron.
présentification, n. f.
présentoir, n. m.
présérie, n. f.
préservateur, trice, adj. et n. m.
préservatif, ive, adj. et n. m.
préservation, n. f.
préserver, v. tr., v. pron.
préside, n. m.
présidence, n. f.
président, n. m.
présidente, n. f.
présidentialisme, n. m.
présidentiel, elle, adj. et n. f.
présider, v. tr., v. tr. indir.
présidial, iale, iaux, n. m. et adj.
présidialité, n. f.
présidium ou præsidium, n. m.
présignalisation, n. f.
presle ou prèle ou prêle, n. f.
présomptif, ive, adj.
présomption, n. f.
présomptueusement, adv.
présomptueux, euse, adj. et n.
présonorisation, n. f.
presque, adv.
presqu'île, n. f.
pressage, n. m.
pressant, ante, adj.
press-book, n. m.
presse, n. f.
pressé, ée, adj. et n. m.
presse-bouton, adj. inv.
presse-citron, n. m. inv.
pressée, n. f.
presse-étoupe, n. m. inv.
presse-fruits, n. m. inv.
pressentiment, n. m.
pressentir, v. tr.
presse-papiers, n. m. inv.
presse-purée, n. m. inv.
presser, v. tr., v. intr., v. pron.
presseur, euse, adj. et n.
pressier, n. m.
pressing, n. m.
pression, n. f.
pressoir, n. m.
pressurage, n. m.
pressurer, v. tr.
pressureur, euse, n.
pressurisation, n. f.
pressuriser, v. tr.
prestance, n. f.
prestant, n. m.
prestataire, n.
prestation, n. f.
preste, adj.
prestement, adv.
prestesse, n. f.
prestidigitateur, trice, n.
prestidigitation, n. f.
prestige, n. m.
prestigieux, ieuse, adj.
prestissimo, adv.
presto, adv.
présumable, adj.
présumé, ée, adj.
présumer, v. tr., v. tr. ind.
présupposé, ée, adj. et n. m.
présupposer, v. tr.
présupposition, n. f.
présure, n. f.
présurer, v. tr.
1. prêt, n. m.
2. prêt, prête, adj.
pretantaine ou prétentaine, n. f.
prêt-à-porter, n. m.
prêt-bail, n. m. s.
prêté, ée, adj. et n.
prétendant, ante, n.
prétendre, v. tr., v. pron.
prétendu, ue, adj.
prétendument, adv.
prête-nom, n. m.
prétentaine ou pretantaine, n. f.
prétentieusement, adv.
prétentieux, ieuse, adj. et n.
prétention, n. f.
prêter, v. tr., v. intr., v. pron.
prétérit, n. m.
prétérition, n. f.
préteur, n. m.
prêteur, euse, n. et adj.
1. prétexte, n. m.
2. prétexte, adj. et n. f.
prétexter, v. tr.
pretintaille, n. f.
pretium doloris, loc. lat., n. m.
prétoire, n. m.
prétorial, iale, iaux, adj.
prétorien, ienne, adj. et n. m.
prêtre, n. m.
prêtresse, n. f.
prêtrise, n. f.
prêture, n. f.
preuve, n. f.
preux, n. m. et adj. m.
prévaloir, v. intr., v. pron.
prévaricateur, trice, adj. et n.
prévarication, n. f.
prévariquer, v. intr.
prévenance, n. f.
prévenant, ante, adj.
prévenir, v. tr.
préventif, ive, adj.
prévention, n. f.
préventivement, adv.
préventorium, n. m.
prévenu, ue, n. et adj.
prévisible, adj.
prévision, n. f.
prévisionnel, elle, adj.
prévoir, v. tr.
prévôt, n. m.
prévôté, n. f.
prévoyance, n. f.
prévoyant, ante, adj.
priapée, n. f.
priapisme, n. m.
prie-Dieu, n. m. inv.
prier, v. tr., v. intr.
prière, n. f.

prieur, eure, n.
prieuré, n. m.
prima donna, prime donne ou **prima donna**, n. f.
primage, n. m.
1. **primaire**, adj. et n.
2. **primaire**, n. m.
primarité, n. f.
primat, n. m.
primate, n. m.
primauté, n. f.
1. **prime**, adj. et n. f.
2. **prime**, n. f.
primer, v. tr.
primerose, n. f.
primesautier, ière, adj.
primeur, n. f.
primeuriste, n.
primeurs, n. f. pl.
primevère, n. f.
primipare, adj. et n. f.
primipilaire ou **primipile**, n. m.
primitif, ive, adj. et n.
primitivement, adv.
primo, adv.
primogéniture, n. f.
primo-infection, n. f.
primordial, iale, iaux, adj.
primulacées, n. f. pl.
prince, n. m.
prince-de-galles, n. m. inv. et adj. inv.
princeps, adj. inv.
princesse, n. f.
princier, ière, adj.
princièrement, adv.
1. **principal, ale, aux**, adj. et n.
2. **principal**, n. m.
principalement, adv.
principat, n. m.
principauté, n. f.
principe, n. m.
printanier, ière, adj.
printanisation, n. f.
printemps, n. m.
priori (a), loc. adv. et n. m. inv.
prioritaire, adj. et n.
priorité, n. f.
pris, prise, adj.
prise, n. f.
prisée, n. f.
priser, v. tr.
1. **priseur**, n. m.
2. **priseur, euse**, n.
prismatique, adj.
prisme, n. m.
prison, n. f.
prisonnier, ière, n. et adj.
privat-docent ou **privat-dozent**, n. m.
privatif, ive, adj.
privation, n. f.
privatisation, n. f.
privatiser, v. tr.
privauté, n. f.
1. **privé, ée**, adj. et n. m.
2. **privé**, n. m.
priver, v. tr., v. pron.
privilège, n. m.
privilégié, ée, adj. et n.
privilégier, v. tr.
prix, n. m.
pro-, préf.
pro, abrév., n. et adj.
proarthropodes, n. m. pl.
probabilisme, n. m.
probabiliste, n. et adj.
probabilité, n. f.
probable, adj. et n. m.
probablement, adv.
probant, ante, adj.
probation, n. f.
probatique, adj. f.
probatoire, adj.
probe, adj.
probité, n. f.
problématique, adj. et n. f.
problématiquement, adv.
problème, n. m.
proboscidiens, n. m. pl.
procaryote, adj. et n. m. pl.
procédé, n. m.
procéder, v. intr., v. tr. indir.
procédure, n. f.
procédurier, ière, adj. et n.
procellariiformes, n. m. pl.
procès, n. m.
processeur, n. m.
processif, ive, adj.
procession, n. f.
processionnaire, n. f. et adj.
processionnal, aux, n. m.
processionnel, elle, adj.
processionnellement, adv.
processus, n. m.
procès-verbal, aux, n. m.
1. **prochain, aine**, adj.
2. **prochain**, n. m.
prochainement, adv.
proche, adj., n. m. et adv.
prochordés ou **procordés**, n. m. pl.
proclamateur, trice, n.
proclamation, n. f.
proclamer, v. tr.
proclitique, adj.
proconsul, n. m.
proconsulaire, adj.
proconsulat, n. m.
procordés ou **prochordés**, n. m. pl.
procrastination, n. f.
procréateur, trice, adj. et n.
procréation, n. f.
procréer, v. tr.
proct(o)-, préf.
proctalgie, n. f.
proctologie, n. f.
proctologue, n.
proctorrhée, n. f.
procurateur, n. m.
procuratie, n. f.
procuration, n. f.
procuratrice, n. f.
procure, n. f.
procurer, v. tr., v. pron.
procureur, n. m.
procyonidés, n. m. pl.
prodigalité, n. f.
prodige, n. m.
prodigieusement, adv.
prodigieux, ieuse, adj.
prodigue, adj. et n.
prodiguer, v. tr., v. pron.
pro domo, loc. adv. et adj. inv.
prodrome, n. m.
prodromique, adj.
producteur, trice, n. et adj.
productible, adj.
productif, ive, adj.
production, n. f.
productivité, n. f.
produire, v. tr., v. pron.
produit, n. m.
proéminence, n. f.
proéminent, ente, adj.
prof, abrév., n.
profanateur, trice, n. et adj.
profanation, n. f.
profane, adj. et n.
profaner, v. tr.
profectif, ive, adj.
proférer, v. tr.
profès, esse, adj. et n.
professer, v. tr.
professeur, n. m.
profession, n. f.
professionnalisme, n. m.
professionnel, elle, adj. et n.
professionnellement, adv.
professoral, ale, aux, adj.
professorat, n. m.
profil, n. m.
profilage, n. m.
profilé, ée, adj. et n. m.
profiler, v. tr., v. pron.
profit, n. m.
profitable, adj.
profitablement, adv.
profiter, v. tr. indir., v. intr.
profiterole, n. f.
profiteur, euse, n.
profond, onde, adj., n. m. et adv.
profonde, n. f.
profondément, adv.
profondeur, n. f.
pro forma, loc. adj. inv.
profus, use, adj.
profusément, adv.
profusion, n. f.
progéniture, n. f.
progestatif, ive, adj. et n. m.
progestérone, n. f.
progiciel, n. m.
proglottis, n. m.
prognathe, adj.
prognathisme, n. m.
programmable, adj.
programmateur, trice, n. et adj.
programmation, n. f.
programme, n. m.
programmé, ée, adj.
programmer, v. tr., v. intr.
programmeur, euse, n.
progrès, n. m.
progresser, v. intr.
progressif, ive, adj.
progression, n. f.
progressisme, n. m.
progressiste, adj. et n.
progressivement, adv.
progressivité, n. f.
prohibé, ée, adj.
prohiber, v. tr.
prohibitif, ive, adj.
prohibition, n. f.
prohibitionnisme, n. m.
prohibitionniste, n. et adj.
proie, n. f.
projecteur, n. m.
projectif, ive, adj.
projectile, n. m.
projection, n. f.
projectionniste, n.
projet, n. m.
projeter, v. tr.
projeteur, n. m.
prolabé, ée, adj.
prolactine, n. f.
prolamine, n. f.
prolan, n. m.
prolapsus, n. m.
prolégomènes, n. m. pl.
prolepse, n. f.
prolétaire, n. m.
prolétariat, n. m.

prolétarien, ienne, adj.
prolétarisation, n. f.
prolétariser, v. tr.
prolifération, n. f.
prolifère, adj.
proliférer, v. intr.
prolificité, n. f.
prolifique, adj.
proligère, adj.
proline, n. f.
prolixe, adj.
prolixement, adv.
prolixité, n. f.
prolo, abrév., n. m.
prologue, n. m.
prolongateur, n. m.
prolongation, n. f.
prolonge, n. f.
prolongé, ée, adj.
prolongement, n. m.
prolonger, v. tr., v. pron.
promenade, n. f.
promener, v. tr., v. pron., v. intr.
promeneur, euse, n.
promenoir, n. m.
promesse, n. f.
prométhéen, enne, adj.
prométhium, n. m.
prometteur, euse, n. et adj.
promettre, v. tr., v. pron.
promis, ise, adj. et n.
promiscuité, n. f.
promontoire, n. m.
promoteur, trice, n.
promotion, n. f.
promotionnel, elle, adj. et n.
promouvoir, v. tr.
prompt, prompte, adj.
promptement, adv.
prompteur, n. m.
promptitude, n. f.
promu, ue, adj. et n.
promulgation, n. f.
promulguer, v. tr.
pronaos, n. m.
pronateur, trice, adj. et n.
pronation, n. f.
prône, n. m.
prôner, v. tr.
prôneur, euse, n.
pronom, n. m.
pronominal, ale, aux, adj.
pronominalement, adv.
pronominalisation, n. f.
prononçable, adj.
prononcé, ée, adj. et n. m.
prononcer, v. tr., v. intr., v. pron.
prononciation, n. f.
pronostic, n. m.
pronostique, adj.
pronostiquer, v. tr.
pronostiqueur, euse, n.
pronunciamiento, n. m.
prop-, préf.
propadiène, n. m.
propagande, n. f.
propagandisme, n. m.
propagandiste, n. et adj.
propagateur, trice, n.
propagation, n. f.
propager, v. tr., v. pron.
propagule, n. f.
propane, n. m.
propané, ée, adj.
propanier, n. m.
propanol, n. m.
proparoxyton, n. m.
propédeutique, n. f.
propène, n. m.
propension, n. f.
propergol, n. m.
propharmacien, ienne, n.
prophase, n. f.
prophète, prophétesse, n.
prophétie, n. f.
prophétique, adj.
prophétiser, v. tr.
prophylactique, adj.
prophylaxie, n. f.
propice, adj.
propionate, n. m.
propitiation, n. f.
propitiatoire, n. m. et adj.
propolis, n. f.
proportion, n. f.
proportionnalité, n. f.
proportionné, ée, adj.
proportionnel, elle, adj. et n. f.
proportionnellement, adv.
proportionner, v. tr., v. pron.
propos, n. m.
proposer, v. tr., v. intr., v. pron.
proposition, n. f.
1. propre, adj.
2. propre, adj. et n. m.
proprement, adv.
propret, ette, adj.
propreté, n. f.
propréteur, n. m.
propréture, n. f.
propriétaire, n.
propriété, n. f.
proprio, abrév., n.
proprioceptif, ive, adj.
proprio motu, loc. adv. et n.
propulser, v. tr., v. pron.
propulseur, n. m. et adj.
propulsif, ive, adj.
propulsion, n. f.
propyle, n. m.
propylée, n. m.
propylène, n. m.
propylique, adj.
prorata, n. m. inv.
prorogatif, ive, adj.
prorogation, n. f.
proroger, v. tr., v. pron.
prosaïque, adj.
prosaïquement, adv.
prosaïsme, n. m.
prosateur, n. m.
proscenium, n. m.
proscripteur, n. m.
proscription, n. f.
proscrire, v. tr.
proscrit, ite, adj. et n.
prose, n. f.
prosélyte, n.
prosélytisme, n. m.
prosimiens, n. m. pl.
prosobranches, n. m. pl.
prosodie, n. f.
prosodique, adj.
prosopopée, n. f.
prospect, n. m.
prospecter, v. tr.
prospecteur, trice, n.
prospectif, ive, adj. et n. f.
prospection, n. f.
prospectus, n. m.
prospère, adj.
prospérer, v. intr.
prospérité, n. f.
prostaglandine, n. f.
prostate, n. f.
prostatectomie, n. f.
prostatique, adj. et n. m.
prostatite, n. f.
prosternation, n. f.
prosternement, n. m.
prosterner, v. tr., v. pron.
prosthèse ou prothèse, n. f.
prosthétique ou prothétique, adj.
prostituée, n. f.
prostituer, v. tr., v. pron.
prostitution, n. f.
prostomium, n. m.
prostration, n. f.
prostré, ée, adj.
prostyle, adj. et n. m.
prot(o)-, préf.
protactinium, n. m.
protagoniste, n. m.
protamine, n. f.
protandrie ou protérandrie, n. f.
protase, n. f.
prote, n. m.
protecteur, trice, n. et adj.
protection, n. f.
protectionnisme, n. m.
protectionniste, n. et adj.
protectorat, n. m.
protée, n. m.
protégé, ée, adj. et n.
protège-cahier, n. m.
protège-dents, n. m. inv.
protéger, v. tr., v. pron.
protège-tibia, n. m.
protéide, n. m.
protéiforme, adj.
protéine, n. f.
protéinémie, n. f.
protéinurie, n. f.
protéique, adj.
protèle, n. m.
protéolyse, n. f.
protéolytique, adj.
protéosynthèse, n. f.
protérandrie ou protandrie, n. f.
protérogyne ou protogyne, adj.
protérogynie ou protogynie, n. f.
protestable, adj.
protestant, ante, n. et adj.
protestantisme, n. m.
protestataire, adj. et n.
protestation, n. f.
protester, v. tr., v. tr. indir., v. intr.
protêt, n. m.
proteus, n. m.
prothalle, n. m.
1. prothèse ou prosthèse, n. f.
2. prothèse, n. f.
prothésiste, n.
prothétique ou prosthétique, adj.
prothoracique, adj.
prothorax, n. m.
prothrombine, n. f.
protide, n. m.
protidique, adj.
protistes, n. m. pl.
protium, n. m.
protobranches, n. m. pl.
protococcales, n. f. pl.
protococcus, n. m.
protocolaire, adj.
protocole, n. m.
protoétoile, n. f.
protogalaxie, n. f.
protogine, n. m. ou f.
protogyne ou protérogyne, adj.
protogynie ou protérogynie, n. f.

protohistoire, n. f.
protohistorique, adj.
protolyse, n. f.
proton, n. m.
protonéma, n. m.
protonique, adj.
protonotaire, n. m.
protophyte, n. m.
protoplasma ou protoplasme, n. m.
protoplasmique, adj.
protoptère, n. m.
protothériens, n. m. pl.
prototype, n. m.
protoxyde, n. m.
protozoaire, n. m.
protractile, adj.
protubérance, n. f.
protubérant, ante, adj.
protuteur, trice, n.
prou, adv.
proudhonien, ienne, adj. et n.
proue, n. f.
prouesse, n. f.
proustien, ienne, adj.
prouvable, adj.
prouver, v. tr., v. pron.
provenance, n. f.
provençal, ale, aux, adj. et n.
provende, n. f.
provenir, v. intr.
proverbe, n. m.
proverbial, iale, iaux, adj.
proverbialement, adv.
providence, n. f.
providentialisme, n. m.
providentiel, ielle, adj.
providentiellement, adv.
provignage ou provignement, n. m.
provigner, v. tr., v. intr.
provin, n. m.
province, n. f.
1. provincial, iale, iaux, adj.
2. provincial, n. m.
provincialat, n. m.
provincialisme, n. m.
proviseur, n. m.
provision, n. f.
provisionnel, elle, adj.
provisoire, adj. et n. m.
provisoirement, adv.
provisorat, n. m.
provitamine, n. f.
provocant, ante, adj.
provocateur, trice, n. et adj.
provocation, n. f.
provoquer, v. tr.
proxène, n. m.
proxénète, n.
proxénétisme, n. m.
proximal, ale, aux, adj.
proximité, n. f.
proyer, n. m.
prude, adj. et n.
prudemment, adv.
prudence, n. f.
prudent, ente, adj.
pruderie, n. f.
prud'homie, n. f.
prud'homal, ale, aux, adj.
prud'homme, n. m.
prudhommesque, adj.
pruine, n. f.
prune, n. et adj. inv.
pruneau, n. m.
prunelaie, n. f.
prunelée, n. f.
prunelle, n. f.
prunellier, n. m.
prunier, n. m.
prunus, n. m.
prurigineux, euse, adj.
prurigo, n. m.
prurit, n. m.
prussiate, n. m.
prussien, ienne, adj. et n.
prussique, adj. m.
prytane, n. m.
prytanée, n. m.
psallette, n. f.
psalliote, n. m. ou f.
psalmiste, n. m.
psalmodie, n. f.
psalmodier, v. intr., v. tr.
psaltérion, n. m.
psaume, n. m.
psautier, n. m.
pschent, n. m.
pseud(o)-, préf.
pseudarthrose, n. f.
pseudocœlomates, n. m. pl.
pseudo-membrane, n. f.
pseudo-membraneux, euse, adj.
pseudonyme, n. m.
pseudopode, n. m.
pseudosuchiens, n. m. pl.
psi, n. m.
psilocybe, n. m.
psilophytales ou psilophytinées, n. f. pl.
psitt ! ou pst !, interj.
psittacidés, n. m. pl.
psittaciformes, n. m. pl.
psittacisme, n. m.
psittacose, n. f.
psoas, n. m. inv.
psoque, n. m.
psoriasis, n. m.
pst ! ou psitt !, interj.
psych(o)-,
psychanalyse, n. f.
psychanalyser, v. tr.
psychanalyste, n.
psychanalytique, adj.
psychasténie, n. f.
psychasténique, adj. et n.
1. psyché, n. f.
2. psyché ou psychè, n. f.
psychédélique, adj.
psychédélisme, n. m.
psychiatre, n.
psychiatrie, n. f.
psychiatrique, adj.
psychiatrisation, n. f.
psychique, adj.
psychisme, n. m.
psychoanaleptique, adj. et n. m.
psychochirurgie, n. f.
psychocritique, n. f. et adj.
psychodramatique, adj.
psychodrame, n. m.
psychodysleptique, adj. et n. m.
psychogène, adj.
psycholeptique, adj. et n. m.
psycholinguistique, n. f. et adj.
psychologie, n. f.
psychologique, adj.
psychologiquement, adv.
psychologisme, n. m.
psychologue, n. et adj.
psychométricien, ienne, n.
psychométrie, n. f.
psychométrique, adj.
psychomoteur, trice, adj.
psychonévrose, n. f.
psychopathe, n.
psychopathie, n. f.
psychopathique, adj.
psychopathologie, n. f.
psychopédagogie, n. f.
psychopédagogique, adj.
psychopédagogue, n.
psychopharmacologie, n. f.
psychophysiologie, n. f.
psychophysiologique, adj.
psychopompe, adj.
psychose, n. f.
psychosensoriel, ielle, adj.
psycho-sensori-moteur, adj.
psychosociologie, n. f.
psychosociologique, adj.
psychosociologue, n.
psychosomaticien, ienne, n.
psychosomatique, adj. et n. f.
psychotechnicien, ienne, n.
psychotechnique, n. f.
psychothérapeute, n.
psychothérapie, n. f.
psychothérapique, adj.
psychotique, adj. et n.
psychotonique, adj. et n. m.
psychotrope, adj. et n. m.
psychromètre, n. m.
psylle, n. m.
psyllium, n. m.
Pt, symbole
ptér(o)-, préf.
ptéranodon, n. m.
-ptère, suff.
ptéridophytes, n. m. pl.
ptéridospermales, n. f. pl.
ptérodactyle, adj. et n. m.
ptéropodes, n. m. pl.
ptérosauriens, n. m. pl.
ptérygoïde, adj.
ptérygoïdien, adj. et n. m.
ptérygotes, n. m. pl.
ptolémaïque, adj.
ptomaïne, n. f.
ptôse ou ptose, n. f.
ptosis, n. m.
ptyaline, n. f.
ptyalisme, n. m.
puant, ante, adj.
puanteur, n. f.
1. pub, n. m.
2. pub, abrév., n. f.
pubère, adj. et n.
pubertaire, adj.
puberté, n. f.
pubescence, n. f.
pubescent, ente, adj.
pubien, ienne, adj.
pubis, n. m.
publi-, préf.
publiable, adj.
public, ique, adj. et n. m.
publicain, n. m.
publication, n. f.
publiciste, n.
publicitaire, adj. et n.
publicité, n. f.
public-relations, n. f. pl.
publier, v. tr.
publipostage, n. m.
publiquement, adv.
puccinia ou puccinie, n. m.
puce, n. f.
puceau, n. m. et adj. m.
pucelage, n. m.
pucelle, n. f. et adj. f.
puceron, n. m.
pucier, n. m.

pudding ou pouding, n. m.
puddlage, n. m.
puddler, v. tr.
puddleur, n. m.
pudeur, n. f.
pudibond, onde, adj.
pudibonderie, n. f.
pudicité, n. f.
pudique, adj.
pudiquement, adv.
puer, v. tr., v. intr.
puéricultrice, n. f.
puériculture, n. f.
puéril, ile, adj.
puérilement, adv.
puérilisme, n. m.
puérilité, n. f.
puerpéral, ale, aux, adj.
puffin, n. m.
pugilat, n. m.
pugiliste, n. m.
pugilistique, adj.
pugnace, adj.
pugnacité, n. f.
puîné, ée, adj. et n.
puis, adv.
puisage, n. m.
puisard, n. m.
puisatier, n. m.
puiser, v. tr.
puisque, conj.
puissamment, adv.
puissance, n. f.
puissant, ante, adj. et n. m.
puits, n. m.
pulicaire, n. f.
pull, abrév., n. m.
pullman, n. m.
pullorose, n. f.
pull-over, n. m.
pullulation ou pullulement, n. m.
pulluler, v. intr.
1. pulmonaire, adj.
2. pulmonaire, n. f.
pulmonés, n. m. pl.
pulpaire, adj.
pulpe, n. f.
pulpeux, euse, adj.
pulpite, n. f.
pulque, n. m.
pulsar, n. m.
pulsatif, ive, adj.
pulsation, n. f.
pulsé, adj. m.
pulser, v. tr.
pulsion, n. f.
pulsionnel, elle, adj.
pulsoréacteur, n. m.
pultacé, ée, adj.
pulvérin, n. m.
pulvérisable, adj.
pulvérisateur, n. m.
pulvérisation, n. f.
pulvériser, v. tr.
pulvériseur, n. m.
pulvérulence, n. f.
pulvérulent, ente, adj.
puma, n. m.
puna, n. f.
punaise, n. f.
punaiser, v. tr.
punch, n. m.
puncheur, n. m.
punching-ball, n. m.
puni, ie, adj. et n.
punique, adj.
punir, v. tr.
punissable, adj.
punisseur, euse, adj. et n.
punitif, ive, adj.
punition, n. f.
punk, adj. inv. et n.
puntarelle, n. f.
puntillero, n. m.
pupazzo, pupazzi, n. m.
pupe, n. f.
pupillaire, adj.
pupillarité, n. f.
1. pupille, n. m.
2. pupille, n. f.
pupinisation, n. f.
pupipare, adj.
pupitre, n. m.
pupitreur, euse, n.
pur, pure, adj. et n.
pureau, n. m.
purée, n. f.
purement, adv.
pureté, n. f.
purgatif, ive, adj. et n. m.
purgation, n. f.
purgatoire, n. m.
purge, n. f.
purger, v. tr., v. pron.
purgeur, n. m.
purifiant, iante, adj.
purificateur, trice, adj. et n.
purification, n. f.
purificatoire, n. m. et adj.
purifier, v. tr.
purin, n. m.
purine, n. f.
purique, adj.
purisme, n. m.
puriste, n. et adj.
puritain, aine, n. et adj.
puritanisme, n. m.
purot, n. m.
purotin, n. m.
purpura, n. m.
purpurin, ine, adj.
purpurine, n. f.
pur-sang, n. m. inv.
purulence, n. f.
purulent, ente, adj.
pus, n. m.
puseyisme, n. m.
puseyiste, n. et adj.
push-pull, adj. inv. et n. m.
pusillanime, adj.
pusillanimité, n. f.
pustule, n. f.
pustulé, ée, adj.
pustuleux, euse, adj.
puszta, n. f.
putain, n. f.
putasser, v. intr.
putassier, ière, adj.
putatif, ive, adj.
pute, abrév., n. f.
putier ou putiet, n. m.
putois, n. m.
putréfaction, n. f.
putréfiable, adj.
putréfié, ée, adj.
putréfier, v. tr., v. pron.
putrescence, n. f.
putrescent, ente, adj.
putrescibilité, n. f.
putrescible, adj.
putrescine, n. f.
putride, adj.
putridité, n. f.
putsch, n. m. inv.
putschiste, n. et adj.
putt, n. m.
putter, n. m.
putto, putti, n. m.
puy, n. m.
puzzle, n. m.
p.-v, abrév., n. m.
P.V.C., sigle, n. m.
pycnogonides, n. m. pl.
pycnomètre, n. m.
pycnose, n. f.
pyél(o)-, préf.
pyélite, n. f.
pyélonéphrite, n. f.
pygargue, n. m.
-pyge, -pygie, suff.
pygmée, n. m.
pyjama, n. m.
pylône, n. m.
pylore, n. m.
pylorique, adj.
pyo-, préf.
pyodermite, n. f.
pyogène, adj.
pyorrhée, n. f.
pyr(o)-, préf.
pyrale, n. f.
pyramidal, ale, aux, adj.
pyramide, n. f.
pyramidion, n. m.
pyranne, n. m.
pyrannose, n. m.
pyrène, n. m.
pyrénéen, enne, adj. et n.
pyrénéite, n. f.
pyrénomycètes, n. m. pl.
pyrèthre, n. m.
pyrétique, adj.
pyrex, n. m.
pyridine, n. f.
pyridoxine, n. f.
pyrimidine, n. f.
pyrimidique, adj.
pyrite, n. f.
pyroélectricité, n. f.
pyroélectrique, adj.
pyrogallol, n. m.
pyrogénation, n. f.
pyrogène, adj.
pyrographe, n. m.
pyrograver, v. tr.
pyrograveur, euse, n.
pyrogravure, n. f.
pyroligneux, adj.
pyrolyse, n. f.
pyromane, n.
pyromanie, n. f.
pyromètre, n. m.
pyrométrie, n. f.
pyrométrique, adj.
pyrophosphorique, adj.
pyrosis, n. m.
pyrosulfurique, adj.
pyrotechnicien, ienne, n.
pyrotechnie, n. f.
pyrotechnique, adj.
pyroxène, n. m.
pyroxyle, n. m.
pyroxylé, ée, adj.
pyrrhique, n. f.
pyrrhocoris, n. m.
pyrrhonien, ienne, adj. et n.
pyrrhonisme, n. m.
pyrrol ou pyrrole, n. m.
pyruvique, adj.
pythagoricien, ienne, adj. et n.
pythagorique, adj.
pythagorisme, n. m.
pythie, n. f.
pythien, ienne, adj.
pythique, adj. et n. pl.
python, n. m.
pythonisse, n. f.
pyurie, n. f.
pyxide, n. f.
pz, symbole

Q

q, n. m.
qât, n. m.
Q.G., abrév., n. m.
Q.I., abrév., n. m.
quadr-, quadri-, quadru-, préf.
quadragénaire, adj. et n.
quadragésimal, ale, aux, adj.
quadragésime, n. f.
quadrangulaire, adj.
quadrant, n. m.
quadratique, adj.
quadrature, n. f.
quadrette, n. f.
quadriceps, n. m.
quadrichromie, n. f.
quadriennal, ale, aux, adj.
quadrifude, adj.
quadrige, n. m.
quadrijumeaux, adj. m. pl.
quadrilatère, n. m.
quadrillage, n. m.
1. quadrille, n. f.
2. quadrille, n. m.
quadriller, v. tr.
quadrillion ou quatrillion, n. m.
quadrimoteur, n. m. et adj. m.
quadripartite, adj.
quadriphonie, adj.
quadriphonique, adj.
quadripolaire, adj.
quadripôle, n. m.
quadrique, adj. et n. f.
quadriréacteur, n. m. et adj. m.
quadrirème, n. f.
quadrisyllabe, n. m.
quadrisyllabique, adj.
quadrivium, n. m.
quadrumane, adj. et n. m.
quadrupède, adj. et n. m.
quadruple, adj. et n. m.
quadrupler, v. tr., v. intr.
quadruplés, ées, adj. et n. pl.
quadruplex, n. m.
quai, n. m.
quaker, quakeresse, n.
quakerisme, n. m.
qualifiable, adj.
qualificatif, ive, adj. et n. m.
qualification, n. f.
qualifié, ée, adj.
qualifier, v. tr., v. pron.
qualitatif, ive, adj. et n. m.
qualitativement, adv.
qualité, n. f.
quand, conj. et adv.
quant à, loc. prép.
quanta, n. m. pl.
quant-à-soi, n. m. inv.
quantième, adj. et n. m.
quantifiable, adj.
quantificateur, n. m.
quantification, n. f.
quantifié, ée, adj.
quantifier, v. tr.
quantique, adj.
quantitatif, ive, adj. et n. m.
quantitativement, adv.
quantité, n. f.
quantum, quanta, n. m.
quarantaine, n. f.
quarante, adj. et n. m. inv.
quarante-huitard, arde, adj. et n.
quarantenaire, adj. et n. m.
quarantième, adj. et n.
quarderonner, v. tr.
quark, n. m.
1. quart, quarte, adj.
2. quart, n. m.
quartannier ou quartanier, n. m.
quartation, n. f.
quartaut, n. m.
quart-de-rond, n. m.
quarte, n. f.
quarté, n. m.
1. quarteron, n. m.
2. quarteron, onne, n.
quartet, n. m.
quartette, n. m.
quartidi, n. m.
quartier, n. m.
quartier-maître, n. m.
quartile, n. m.
quartique, n. f.
quarto, adv.
quartz, n. m.
quartzeux, euse, adj.
quartzifère, adj.
quartzique, adj.
quartzite, n. m.
quasar, n. m.
1. quasi, n. m.
2. quasi, adv.
quasi-contrat, n. m.
quasi-délit, n. m.
quasiment, adv.
quasi-particule ou quasiparticule, n. f.
quassia ou quassier, n. m.
quassine, n. f.
quater, adv.
quaternaire, adj. et n. m.
quaternariste, n.
quaterne, n. m.
quaternion, n. m.
quatorze, adj. et n. m. inv.
quatorzième, adj. et n.
quatorzièmement, adv.
quatrain, n. m.
quatre, adj. et n. m. inv.
quatre-cent-vingt-et-un, ou quatre-vingt-et-un, n. m. inv.
quatre-de-chiffre, n. m. inv.
quatre-épices, n. m. inv.
quatre-feuilles, n. m. inv.
quatre-huit, n. m. inv.
quatre-mâts, n. m. inv.
quatre-quarts, n. m. inv.
quatre-quatre, n. m. inv.
quatre-saisons, n. f. inv.
quatre-temps, n. m. pl.
quatre-vingt(s), adj. et n. m.
quatre-vingt-et-un ou quatre-cent-vingt-et-un, n. m. inv.
quatre-vingtième, adj. et n.
quatrième, adj. et n.
quatrièmement, adv.
quatrillion ou quadrillion, n. m.
quattrocento, n. m.
quatuor, n. m.
1. que, qu', pron.
2. que, qu', conj.
3. que, qu', adv.
québécisme, n. m.
québécois, oise, adj. et n.
quebracho, n. m.
quechua ou quichua, n. m.
quel, quelle, adj. et pron.
quelconque, adj.
quelque, adj. et adv.
quelque chose, pron. indéf.
quelquefois, adv.
quelque part, loc. adv.
quelqu'un, une, quelques-uns, unes, pron. indéf.
quémander, v. tr., v. intr.
quémandeur, euse, adj. et n.
qu'en-dira-t-on, n. m. inv.
quenelle, n. f.
quenotte, n. f.
quenouille, n. f.
quéquette, n. f.
quérable, adj.
quercitrin ou quercitrine, n. f.
quercitron, n. m.
querelle, n. f.
quereller, v. tr., v. pron.
querelleur, euse, adj. et n.
quérir, v. tr.
quérulence, n. f.
questeur, n. m.
question, n. f.
questionnaire, n. m.
questionnement, n. m.
questionner, v. tr., v. pron.
questionneur, euse, n. et adj.
questure, n. f.
quête, n. f.
quêter, v. tr.
quêteur, euse, n. et adj.
quetsche, n. f.
quetzal, n. m.
queue, n. f.
queue-d'aronde, n. f.
queue-de-cheval, n. f.
queue-de-cochon, n. f.
queue-de-morue, n. f.
queue-de-pie, n. f.
queue-de-poisson, n. f.
queue-de-rat, n. f.
queue-de-renard, n. f.
queusot, n. m.
queuter, v. intr.
1. queux, n. m.
2. queux, n. f.
qui, pron.
quia (à), loc. adv.
quiche, n. f.
quichenotte ou kichenotte, n. f.
quichua ou quechua, n. m.
quiconque, pron.
quidam, n. m.
quiddité, n. f.
quiet, quiète, adj.
quiétisme, n. m.
quiétiste, adj. et n.
quiétude, n. f.
quignon, n. m.
quillard, n. m.
quille, n. f.
quillon, n. m.
quinaire, adj. et n. m.
quinaud, aude, adj.
quincaille, n. f.
quincaillerie, n. f.
quincaillier, ière, n.
quinconce, n. m.
quindécemvir ou quindécimvir, n. m.
quine, n. m.
quinine, n. f.
quinoa, n. m.

quinoléine, n. f.
quinoléique, adj.
quinone, n. f.
quinqu(a)-, préf.
quinquagénaire, adj. et n.
quinquagésime, n. f.
quinquennal, ale, aux, adj.
quinquennat, n. m.
quinquet, n. m.
quinquina, n. m.
quint-, préf.
quintaine, n. f.
quintal, aux, n. m.
quinte, n. f.
quintefeuille, n.
quintessence, n. f.
quintessencié, ée, adj.
quintessencier, v. tr.
quintette, n. m.
quinteux, euse, adj.
quintillion, n. m.
quinto, adv.
quintoyer, v. intr.
quintuple, adj. et n. m.
quintuplés, ées, adj. et n. pl.
quintupler, v. tr., v. intr.
quinzaine, n. f.
quinze, adj. et n. m. inv.
quinzième, adj. et n.
quinzièmement, adv.
quipo ou quipu, n. m.
quiproquo, n. m.
quipu ou quipo, n. m.
quirite, n. m.
quiscale, n. m.
quittance, n. f.
quittancer, v. tr.
quitte, adj.
quitter, v. tr., v. pron.
quitus, n. m.
qui vive ?, loc. interj. et n. m. inv.
quoc-ngu, n. m.
quoi, pron.
quoique, conj.
quolibet, n. m.
quorum, n. m.
quota, n. m.
quote-part, n. f.
1. quotidien, ienne, adj. et n. m.
2. quotidien, n. m.
quotidiennement, adv.
quotidienneté, n. f.
quotient, n. m.
quotité, n. f.

R

r, n. m. et symbole
ra ou rra, n. m. inv.
Ra, symbole.
rab, abrév., n. m.
rabâchage, n. m.
rabâcher, v. tr., v. intr.
rabâcheur, euse, n. et adj.
rabais, n. m.
rabaissement, n. m.
rabaisser, v. tr., v. pron.
raban, n. m.
rabane, n. f.
rabat, n. m.
rabat-joie, n. m. inv. et adj. inv.
rabattage, n. m.
rabattement, n. m.
rabatteur, euse, n.
rabattre, v. tr., v. pron.
rabbin, n. m.
rabbinat, n. m.
rabbinique, adj.
rabbinisme, n. m.
rabbiniste, n.
rabdomancie ou rhabdomancie, n. f.
rabdomancien ou rhabdomancien, ienne, n.
rabelaisien, ienne, adj.
rabibochage, n. m.
rabibocher, v. tr., v. pron.
rabiot, n. m.
rabioter, v. intr., v. tr.
rabique, adj.
râble, n. m.
râblé, ée, adj.
râblure, n. f.
rabot, n. m.
rabotage, n. m.
raboter, v. tr.
raboteur, n. m.
raboteuse, n. f.
raboteux, euse, adj.
rabougri, ie, adj.
rabougrir, v. tr., v. pron.
rabougrissement, n. m.
rabouillère, n. f.
rabouilleur, euse, n.
rabouter, v. tr.
rabrouer, v. tr.
racage, n. m.
racaille, n. f.
raccommodable, adj.
raccommodage, n. m.
raccommodement, n. m.
raccommoder, v. tr., v. pron.
raccommodeur, euse, n.
raccompagner, v. tr.
raccord, n. m.
raccordement, n. m.
raccorder, v. tr., v. pron.
1. raccourci, ie, adj.
2. raccourci, n. m.
raccourcir, v. tr., v. intr.
raccourcissement, n. m.
raccoutumer ou réaccoutumer, v. tr., v. pron.
raccroc, n. m.
raccrochage, n. m.
raccrochement, n. m.
raccrocher, v. tr., v. pron.
race, n. f.
racé, ée, adj.
racemeux, euse, adj.
racémique, adj.
racer, n. m.
rachat, n. m.
rachetable, adj.
racheter, v. tr., v. pron.
rachianesthésie, n. f.
rachidien, ienne, adj.
rachis, n. m.
rachitique, adj. et n.
rachitisme, n. m.
racial, iale, iaux, adj.
racinage, n. m.
racinal, aux, n. m.
racine, n. f.
raciner, v. intr., v. tr.
racinien, ienne, adj.
racisme, n. m.
raciste, n. et adj.
rack, n. m.
racket, n. m.
racketter, v. tr.
racketteur, n. m.
raclage, n. m.
raclée, n. f.
raclement, n. m.
racler, v. tr.
raclette, n. f.
racleur, euse, n.
racloir, n. m.
raclure, n. f.
racolage, n. m.
racoler, v. tr.
racoleur, euse, n.
racontable, adj.
racontar, n. m.
raconter, v. tr., v. pron.
raconteur, euse, n.
racornir, v. tr., v. pron.
racornissement, n. m.
1. rad, n. m.
2. rad., symbole
radar, n. m.
radarastronomie, n. f.
radariste, n.
rade, n. f.
radeau, n. m.
rader, v. tr.
1. radial, iale, iaux, adj.
2. radial, iale, iaux, adj. et n. f.
radian, n. m.
radiance, n. f.
radiant, iante, adj. et n. m.
radiateur, n. m.
radiation, n. f.
1. radical, ale, aux, adj. et n.
2. radical, n. m.
radicalement, adv.
radicalisation, n. f.
radicaliser, v. tr., v. pron.
radicalisme, n. m.
radical-socialisme, n. m.
radical-socialiste, adj. et n.
radicant, ante, adj.
radicelle, n. f.
radiculaire, adj.
radicule, n. f.
radié, ée, adj. et n.
radiées, n. f. pl.
1. radier, n. m.
2. radier, v. tr.
radiesthésie, n. f.
radiesthésiste, n.
radieusement, adv.
radieux, ieuse, adj.
radin, ine, adj. et n.
radiner, v. intr., v. pron.
radinerie, n. f.
radio, abrév., n.
radioactif, ive, adj.
radioactivité, n. f.
radioalignement, n. m.
radioaltimètre, n. m.
radioamateur, n. m.
radioastronomie, n. f.
radiobalisage, n. m.
radiobalise, n. f.
radiobiologie, n. f.
radiocarbone, n. m.
radiocassette, n. f.
radiochimie, n. f.
radiocobalt, n. m.
radiocommunication, n. f.
radiocompas, n. m.
radioconducteur, n. m.
radioconductivité, n. f.
radiocristallographie, n. f.
radiodermite, n. f.
radiodiagnostic, n. m.
radiodiffuser, v. tr.
radiodiffusion, n. f.
radiodistribution, n. f.
radioélectricien, ienne, n.
radioélectricité, n. f.
radioélectrique, adj.
radioélément, n. m.
radiofréquence, n. f.
radiogalaxie, n. f.
radiogoniomètre, n. m.
radiogoniométrie, n. f.
radiogramme, n. m.
radiographie, n. f.
radiographier, v. tr.
radioguidage, n. m.
radioguider, v. tr.
radio-immunologie, n. f.
radio-indicateur, n. m.
radio-isotope, n. m.
radiolaires, n. m. pl.
radiolarite, n. f.
radiologie, n. f.
radiologiste ou radiologue, n.
radiométallographie, n. f.
radiomètre, n. m.
radiométrie, n. f.
radionavigant, n. m.
radionavigation, n. f.
radionécrose, n. f.
radionucléide ou radionuclide, n. m.
radiophare, n. m.
radiophonie, n. f.
radiophonique, adj.
radio-pirate, n. f.
radioprotection, n. f.
radiorécepteur, n. m.
radioreportage, n. m.
radioreporter, n. m.
radiorésistance, n. f.
radioréveil, n. m.
radioscopie, n. f.
radioscopique, adj.
radiosondage, n. m.
radiosonde, n. f.
radiosource, n. f.
radio-taxi, n. m.
radiotechnique, n. f. et adj.
radiotélégramme, n. m.
radiotélégraphie, n. f.
radiotélégraphique, adj.
radiotélégraphiste, n.
radiotéléphone, n. m.
radiotéléphonie, n. f.
radiotéléphoniste, n.
radiotélescope, n. m.
radiotélévisé, ée, adj.
radiotélévision, n. f.
radiothérapeute, n.

radiothérapie, n. f.
radiothérapique, adj.
radis, n. m.
radium, n. m.
radiumthérapie, n. f.
radius, n. m.
radjah ou **rajah** ou **raja**, n. m. inv.
radôme, n. m.
radon, n. m.
radotage, n. m.
radoter, v. intr., v. tr.
radoteur, euse, n. et adj.
radoub, n. m.
radouber, v. tr.
radoucir, v. tr., v. pron.
radoucissement, n. m.
radula, n. f.
rafale, n. f.
raffermir, v. tr., v. pron.
raffermissement, n. m.
raffinage, n. m.
raffiné, ée, adj. et n.
raffinement, n. m.
raffiner, v. tr., v. pron., v. intr.
raffinerie, n. f.
raffineur, euse, n.
rafflésiacées, n. f. pl.
raffoler, v. tr. indir.
raffut, n. m.
raffûter, v. tr.
rafiot, n. m.
rafistolage, n. m.
rafistoler, v. tr.
rafle, n. f.
rafler, v. tr.
rafraîchir, v. tr., v. pron., v. intr.
rafraîchissant, ante, adj.
rafraîchissement, n. m.
rāga, n. m. inv.
ragaillardir, v. tr.
rage, n. f.
rageant, eante, adj.
rager, v. intr.
rageur, euse, adj.
rageusement, adv.
raglan, n. m. et adj.
ragondin, n. m.
1. **ragot, ote**, adj. et n.
2. **ragot**, n. m.
ragougnasse, n. f.
ragoût, n. m.
ragoûtant, ante, adj.
ragréer, v. tr.
ragtime, n. m.
raguer, v. intr., v. tr., v. pron.
rahat-lokoum ou **rahat-loukoum**, n. m.
rai ou **rais**, n. m.
raid, n. m.
raide ou **roide**, adj. et adv.
raideur, n. f.
raidillon, n. m.
raidir, v. tr., v. intr., v. pron.
raidissement, n. m.
raidisseur, n. m.
raie, n. f.
raifort, n. m.
rail, n. m.
railler, v. tr., v. intr., v. pron.
raillerie, n. f.
railleur, euse, adj. et n.
rainer, v. tr.
1. **rainette**, n. f.
2. **rainette** ou **reinette**, n. f.
rainurage, n. m.
rainure, n. f.
rainurer, v. tr.
raiponce, n. f.
raire, v. intr.
rais ou **rai**, n. m.
raïs, n. m.
raisin, n. m.
raisiné, n. m.
raison, n. f.
raisonnable, adj.
raisonnablement, adv.
raisonné, ée, adj.
raisonnement, n. m.
raisonner, v. intr., v. tr., v. pron.
raisonneur, euse, n. et adj.
raja ou **rajah** ou **radjah**, n. m. inv.
rajeunir, v. tr., v. pron., v. intr.
rajeunissant, ante, adj.
rajeunissement, n. m.
rajiformes, n. m. pl.
rajout, n. m.
rajouter, v. tr.
rajustement ou **réajustement**, n. m.
rajuster ou **réajuster**, v. tr., v. pron.
raki, n. m.
râlant, ante, adj.
râle, n. m.
ralenti, ie, adj. et n. m.
ralentir, v. tr., v. intr., v. pron.
ralentissement, n. m.
ralentisseur, n. m.
râler, v. intr.
râleur, euse, n. et adj.
ralingue, n. f.
ralinguer, v. tr., v. intr.
rallidés, n. m. pl.
ralliement, n. m.
rallier, v. tr., v. pron.
ralliformes, n. m. pl.
rallonge, n. f.
rallongement, n. m.
rallonger, v. tr., v. intr.
rallumer, v. tr., v. pron.
rallye, n. m.
-rama, suff.
ramadan, n. m.
ramage, n. m.
ramager, v. intr., v. tr.
ramassage, n. m.
ramassé, ée, adj.
ramasse-miettes, n. m. inv.
ramasser, v. tr., v. pron.
ramasseur, euse, adj. et n.
ramassis, n. m.
rambarde, n. f.
ramdam, n. m.
rame, n. f.
ramé, ée, adj.
rameau, n. m.
ramée, n. f.
ramender, v. tr.
ramener, v. tr., v. pron.
ramequin, n. m.
ramer, v. intr., v. tr.
ramette, n. f.
rameur, euse, n.
rameuter, v. tr.
rameux, euse, adj.
rami, n. m.
ramie, n. f.
ramier, n. m. et adj. m.
ramification, n. f.
ramifié, ée, adj.
ramifier (se), v. pron.
ramille, n. f.
ramingue, adj.
ramolli, ie, adj. et n.
ramollir, v. tr., v. pron.
ramollissant, ante, adj.
ramollissement, n. m.
ramollo, adj. et n.
ramonage, n. m.
ramoner, v. tr.
ramoneur, n. m.
1. **rampant, ante**, adj.
2. **rampant**, n. m.
rampe, n. f.
rampeau, n. m.
rampement, n. m.
ramper, v. intr.
ramponneau, n. m.
ramure, n. f.
ranales, n. f. pl.
ranatre, n. f.
rancard ou **rencard**, n. m.
rancarder ou **rencarder**, v. tr., v. pron.
rancart, n. m.
rance, adj. et n. m.
ranch, n. m.
ranci, ie, adj. et n. m.
rancio, n. m.
rancir, v. intr., v. pron.
rancissement, n. m.
rancissure, n. f.
rancœur, n. f.
rançon, n. f.
rançonnement, n. m.
rançonner, v. tr.
rançonneur, euse, n.
rancune, n. f.
rancuneux, euse, adj.
rancunier, ière, adj. et n.
rand, n. m.
randomisation, n. f.
randomiser, v. tr.
randonnée, n. f.
randonneur, euse, n.
rang, n. m.
rangé, ée, adj.
rangée, n. f.
rangement, n. m.
ranger, n. m.
ranger, v. tr., v. pron.
rani, n. f. inv.
ranidés, n. m. pl.
ranimation ou **réanimation**, n. f.
ranimer ou **réanimer**, v. tr., v. pron.
rantanplan ou **rataplan**, onomat.
ranz, n. m.
raout, n. m.
rapace, adj., n. et n. m. pl.
rapacité, n. f.
râpage, n. m.
rapatrié, ée, adj. et n.
rapatriement, n. m.
rapatrier, v. tr.
râpe, n. f.
1. **râpé**, n. m.
2. **râpé, ée**, adj. et n.
râper, v. tr.
râperie, n. f.
rapetassage, n. m.
rapetasser, v. tr.
rapetissement, n. m.
rapetisser, v. tr., v. intr.
râpeux, euse, adj.
raphaélique, adj.
raphé, n. m.
raphia, n. m.
rapiat, ate, adj. et n.
1. **rapide**, adj. et n.
2. **rapide**, n. m.
rapidement, adv.
rapidité, n. f.
rapiéçage, n. m.
rapiècement, n. m.
rapiécer, v. tr.
rapière, n. f.

rapin, n. m.
rapine, n. f.
rapiner, v. tr. et intr.
rapinerie, n. f.
raplapla, adj. inv.
raplatir, v. tr.
rappareiller, v. tr.
rappariement, n. m.
rapparier, v. tr.
rappel, n. m.
rappeler, v. tr., v. pron.
rappliquer, v. tr., v. intr.
rappointis, n. m.
rapport, n. m.
rapportable, adj.
rapportage, n. m.
rapporté, ée, adj.
rapporter, v. tr., v. pron.
rapporteur, euse, n. et adj.
rapprendre ou **réapprendre**, v. tr.
rapprêter, v. tr.
rapproché, ée, adj.
rapprochement, n. m.
rapprocher, v. tr., v. pron.
rapprovisionnement ou **réapprovisionnement**, n. m.
rapprovisionner ou **réapprovisionner**, v. tr., v. pron.
rapsode ou **rhapsode**, n. m.
rapsodie ou **rhapsodie**, n. f.
rapsodique ou **rhapsodique**, adj.
rapt, n. m.
raptus, n. m.
râpure, n. f.
raquer, v. tr.
raquette, n. f.
raquetteur, euse, n.
rare, adj.
raréfaction, n. f.
raréfiable, adj.
raréfier, v. tr., v. pron.
rarement, adv.
rarescent, ente, adj.
rareté, n. f.
rarissime, adj.
1. **ras** ou **raz**, n. m.
2. **ras**, n. m.
3. **ras, rase**, adj. et adv.
rasade, n. f.
rasage, n. m.
rasance, n. f.
rasant, ante, adj.
rascasse, n. f.
rase-mottes, n. m. inv.
raser, v. tr., v. pron.
rasette, n. f.
raseur, euse, n. et adj.
rash, n. m.
rasibus, adv.
raskol, n. m.
ras-le-bol, n. m. inv.
rasoir, n. m.
raspoutitsa, n. f.
rassasiement, n. m.
rassasier, v. tr., v. pron.
rassemblement, n. m.
rassembler, v. tr., v. pron.
rasseoir, v. tr., v. pron.
rasséréner, v. tr., v. pron.
rassir, v. intr., v. pron.
rassis, ise, adj.
rassortiment ou **réassortiment**, n. m.
rassortir ou **réassortir**, v. tr.
rassurant, ante, adj.
rassurer, v. tr., v. pron.
rasta ou **rastafari**, adj. inv. et n.
rastaquouère, n. m.
rat, n. m.
rata, n. m.
ratafia, n. m.
ratage, n. m.
rataplan ou **rantanplan**, onomat.
ratatiné, ée, adj.
ratatiner, v. tr., v. pron.
ratatouille, n. f.
rate, n. f.
raté, ée, n. et adj.
râteau, n. m.
ratel, n. m.
râtelage, n. m.
râtelée, n. f.
râteler, v. tr.
râteleur, euse, n.
râtelier, n. m.
rater, v. intr., v. tr.
ratiboiser, v. tr.
ratichon, n. m.
raticide, n. m.
ratier, n. et adj.
ratière, n. f.
ratification, n. f.
ratifier, v. tr.
ratinage, n. m.
ratine, n. f.
ratiner, v. tr.
rating, n. m.
ratio, n. m.
ratiocination, n. f.
ratiociner, v. intr.
ratiocineur, n. m.
ration, n. f.
rationalisation, n. f.
rationaliser, v. tr.
rationalisme, n. m.
rationaliste, adj. et n.
rationalité, n. f.
rationnaire, n.
rationnel, elle, adj. et n. m.
rationnellement, adv.
rationnement, n. m.
rationner, v. tr., v. pron.
ratissage, n. m.
ratisser, v. tr.
ratites, n. m. pl.
raton, n. m.
ratonade ou **ratonnade**, n. f.
rattachement, n. m.
rattacher, v. tr., v. pron.
rattrapage, n. m.
rattraper, v. tr., v. pron.
rature, n. f.
raturer, v. tr.
raucheur, n. m.
raucité, n. f.
rauque, adj.
rauwolfia, n. f.
ravage, n. m.
ravagé, ée, adj.
ravager, v. tr.
ravageur, euse, adj. et n.
ravalement, n. m.
ravaler, v. tr., v. pron.
ravaleur, n. m.
ravaudage, n. m.
ravauder, v. tr.
ravaudeur, euse, n.
rave, n. f.
ravenala, n. m.
ravenelle, n. f.
ravi, ie, adj.
ravier, n. m.
ravière, n. f.
ravigote, n. f.
ravigoter, v. tr.
ravilir, v. tr.
ravin, n. m.
ravine, n. f.
ravinement, n. m.
raviner, v. tr.
ravioli, n. m. pl.
ravir, v. tr.
raviser (se), v. pron.
ravissant, ante, adj.
ravissement, n. m.
ravisseur, euse, n. et adj.
ravitaillement, n. m.
ravitailler, v. tr., v. pron.
ravitailleur, euse, n. et adj.
ravivage, n. m.
raviver, v. tr.
ravoir, v. tr.
rayage, n. m.
rayé, ée, adj.
rayement, n. m.
rayer, v. tr.
rayère, n. f.
ray-grass, n. m.
rayon, n. m.
rayonnage, n. m.
rayonnant, ante, adj.
rayonne, n. f.
rayonné, ée, adj.
rayonnés, n. m. pl.
rayonnement, n. m.
rayonner, v. intr.
rayure, n. f.
raz ou **ras**, n. m.
razzia, n. f.
razzier, v. tr.
Rb, symbole
rd, symbole
Re, symbole
ré, n. m. inv.
re-, ré-, préf.
réa, n. m.
réabonnement, n. m.
réabonner, v. tr., v. pron.
réabsorber, v. tr.
réabsorption, n. f.
réac, abrév., adj. et n.
réaccoutumer ou **raccoutumer**, v. tr., v. pron.
réactance, n. f.
1. **réacteur, trice**, n.
2. **réacteur**, n. m.
réactif, ive, adj. et n. m.
réaction, n. f.
réactionnaire, adj. et n.
réactionnel, elle, adj.
réactivation, n. f.
réactiver, v. tr.
réactivité, n. f.
réadaptation, n. f.
réadapter, v. tr., v. pron.
réadmettre, v. tr.
réadmission, n. f.
réaffirmer, v. tr.
réagir, v. tr.
réajustement ou **rajustement**, n. m.
réajuster ou **rajuster**, v. tr., v. pron.
1. **réal, aux**, n. m. ou **réale**, n. f.
2. **réal, ale, aux**, adj. et n. f.
réale, n. f.
réalésage, n. m.
réaléser, v. tr.
réalgar, n. m.
réalisable, adj.
réalisateur, trice, adj. et n.
réalisation, n. f.
réaliser, v. tr., v. pron.
réalisme, n. m.
réaliste, adj. et n.

réalité, n. f.
réaménagement, n. m.
réaménager, v. tr.
réanimateur, trice, n. et adj.
réanimation ou **ranimation**, n. f.
réanimer ou **ranimer**, v. tr.
réapparaître, v. intr.
réapparition, n. f.
réapprendre ou **rapprendre**, v. tr.
réapprovisionnement ou **rapprovisionnement**, n. m.
réapprovisionner ou **rapprovisionner**, v. tr., v. pron.
réargenter, v. tr.
réarmement, n. m.
réarmer, v. tr., v. intr.
réarrangement, n. m.
réarranger, v. tr.
réassignation, n. f.
réassigner, v. tr.
réassort, abrév., n. m.
réassortiment ou **rassortiment**, n. m.
réassortir ou **rassortir**, v. tr.
réassurance, n. f.
réassurer, v. tr., v. pron.
rebab, n. m.
rebaptiser, v. tr.
rébarbatif, ive, adj.
rebâtir, v. tr.
rebattement, n. m.
rebattre, v. tr.
rebattu, ue, adj.
rebec, n. m.
rebelle, adj. et n.
rebeller (se), v. pron.
rébellion, n. f.
rebiffer (se), v. pron.
rebiquer, v. intr.
reblochon, n. m.
reboisement, n. m.
reboiser, v. tr.
rebond, n. m.
rebondi, ie, adj.
rebondir, v. intr.
rebondissement, n. m.
rebord, n. m.
reborder, v. tr.
rebot, n. m.
reboucher, v. tr.
rebours, n. m.
rebouter, v. tr.
rebouteur ou **rebouteux, euse**, n.
reboutonner, v. tr., v. pron.
rebroussement, n. m.
rebrousse-poil (à), loc. adv.
rebrousser, v. tr., v. intr.
rebuffade, n. f.
rébus, n. m.
rebut, n. m.
rebutant, ante, adj.
rebuter, v. tr., v. pron.
recacheter, v. tr.
recalcification, n. f.
récalcitrant, ante, adj. et n.
recaler, v. tr.
récapitulatif, ive, adj. et n. m.
récapitulation, n. f.
récapituler, v. tr.
recarder, v. tr.
recaser, v. tr.
recauser, v. intr.
recaver (se), v. pron.
recéder, v. tr.
recel, n. m.
receler ou **recéler**, v. tr.
receleur, euse, n.
récemment, adv.
recensement, n. m.
recenser, v. tr.
recenseur, euse, n. et adj.
recension, n. f.
récent, ente, adj.
recentrage, n. m.
recentrer, v. tr.
recepage ou **recépage**, n. m.
receper ou **recéper**, v. tr.
récépissé, n. m.
réceptacle, n. m.
récepteur, trice, adj. et n. m.
réceptif, ive, adj.
réception, n. f.
réceptionnaire, adj. et n.
réceptionner, v. tr.
réceptionniste, n.
réceptivité, n. f.
récessif, ive, adj.
récession, n. f.
récessivité, n. f.
recette, n. f.
recevabilité, n. f.
recevable, adj.
receveur, euse, n.
recevoir, v. tr., v. pron.
rechampir ou **réchampir**, v. tr.
rechampissage ou **réchampissage**, n. m.
rechange, n. m.
rechanger, v. tr.
rechanter, v. tr.
rechapage, n. m.
rechaper, v. tr.
réchappé, ée, n.
réchapper, v. intr.
recharge, n. f.
rechargeable, adj.
rechargement, n. m.
recharger, v. tr.
rechasser, v. tr., v. intr.
réchaud, n. m.
réchauffage, n. m.
réchauffé, ée, adj. et n. m.
réchauffement, n. m.
réchauffer, v. tr., v. pron.
réchauffeur, n. m.
rechaussement, n. m.
rechausser, v. tr., v. pron.
rêche, adj.
recherche, n. f.
recherché, ée, adj.
rechercher, v. tr.
rechigner, v. intr., v. tr. indir.
rechute, n. f.
rechuter, v. intr.
récidive, n. f.
récidiver, v. intr.
récidiviste, adj. et n.
récif, n. m.
récipiendaire, n.
récipient, n. m.
réciprocité, n. f.
réciproque, adj. et n. f.
réciproquement, adv.
récit, n. m.
récital, als, n. m.
récitant, ante, adj. et n.
récitatif, n. m.
récitation, n. f.
réciter, v. tr.
réclamant, ante, n.
réclamation, n. f.
1. réclame, n. m.
2. réclame, n. f.
réclamer, v. tr., v. intr., v. pron.
reclassement, n. m.
reclasser, v. tr.
reclus, use, adj. et n.
réclusion, n. f.
réclusionnaire, n.
récognitif, adj. m.
récognition, n. f.
recoiffer, v. tr., v. pron.
recoin, n. m.
récolement, n. m.
récoler, v. tr.
recollage, n. m.
récollection, n. f.
recollement, n. m.
recoller, v. tr., v. intr.
récollet, n. m.
récoltable, adj.
récoltant, ante, adj. et n.
récolte, n. f.
récolter, v. tr.
recombinaison, n. f.
recommandable, adj.
recommandation, n. f.
recommandé, ée, adj. et n. m.
recommander, v. tr., v. pron.
recommencement, n. m.
recommencer, v. tr., v. intr.
récompense, n. f.
récompenser, v. tr.
recomposer, v. tr.
recomposition, n. f.
recompter, v. tr.
réconciliateur, trice, n.
réconciliation, n. f.
réconcilier, v. tr., v. pron.
reconductible, adj.
reconduction, n. f.
reconduire, v. tr.
réconfort, n. m.
réconfortant, ante, adj.
réconforter, v. tr., v. pron.
reconnaissable, adj.
reconnaissance, n. f.
reconnaissant, ante, adj.
reconnaître, v. tr., v. pron.
reconquérir, v. tr.
reconquête, n. f.
reconsidérer, v. tr.
reconstituant, ante, adj. et n. m.
reconstituer, v. tr.
reconstitution, n. f.
reconstruction, n. f.
reconstruire, v. tr.
reconvention, n. f.
reconventionnel, elle, adj.
reconventionnellement, adv.
reconversion, n. f.
reconvertir, v. tr.
recopier, v. tr.
record, n. m.
recordage, n. m.
recorder, v. tr.
recordman, recordmen, n. m.
recordwoman, recordwomen, n. f.
recors, n. m.
recoucher, v. tr., v. pron.
recoudre, v. tr.
recoupage, n. m.
recoupe, n. f.
recoupement, n. m.
recouper, v. tr., v. pron.
recourbement, n. m.
recourber, v. tr., v. pron.
recourbure, n. f.
recourir, v. intr., v. tr., v. tr. indir.
recours, n. m.

recouvrable, adj.
recouvrage, n. m.
recouvrement, n. m.
recouvrer, v. tr.
recouvrir, v. tr., v. pron.
recracher, v. tr., v. intr.
récréance, n. f.
récréatif, ive, adj.
recréation, n. f.
récréation, n. f.
recréer, v. tr.
récréer, v. tr., v. pron.
recrépir, v. tr.
recrépissage, n. m.
récrier (se), v. pron.
récriminateur, trice, adj. et n.
récrimination, n. f.
récriminatoire, adj.
récriminer, v. intr.
récrire ou réécrire, v. tr.
recroquevillé, ée, adj.
recroqueviller, v. tr., v. pron.
recrû, n. m.
recru, ue, adj.
recrudescence, n. f.
recrudescent, ente, adj.
recrue, n. f.
recrutement, n. m.
recruter, v. tr., v. pron.
recruteur, n. m.
rect(i)-, préf.
recta, adv.
rectal, ale, aux, adj.
rectangle, adj. et n. m.
rectangulaire, adj.
1. recteur, n. m.
2. recteur, trice, adj.
rectifiable, adj.
rectificateur, trice, n. et adj.
rectificatif, ive, adj. et n. m.
rectification, n. f.
rectifier, v. tr.
rectifieuse, n. f.
rectiligne, adj.
rectilinéaire, adj.
rection, n. f.
rectite, n. f.
rectitude, n. f.
recto, n. m.
recto-colite, n. f.
rectoral, ale, aux, adj.
rectorat, n. m.
rectoscope, n. m.
rectoscopie, n. f.
rectrice, adj. et n. f.
rectum, n. m.
reçu, n. m.
recueil, n. m.
recueillement, n. m.
recueilli, ie, adj.
recueillir, v. tr., v. pron.
recuire, v. tr., v. intr.
recuit, n. m.
recul, n. m.
reculade, n. f.
reculé, ée, adj.
reculée, n. f.
reculement, n. m.
reculer, v. intr., v. tr., v. pron.
reculons (à), loc. adv.
récupérable, adj.
récupérateur, trice, n. m.
récupération, n. f.
récupérer, v. tr., v. intr.
récurage, n. m.
récurer, v. tr.
récurrence, n. f.
récurrent, ente, adj.
récursif, ive, adj.
récursivité, n. f.
récursoire, adj.
récusable, adj.
récusation, n. f.
récuser, v. tr., v. pron.
recyclage, n. m.
recycler, v. tr., v. pron.
rédacteur, trice, n.
rédaction, n. f.
rédactionnel, elle, adj.
redan ou redent, n. m.
reddition, n. f.
redécoupage, n. m.
redécouvrir, v. tr.
redéfinir, v. tr.
redemander, v. tr.
rédempteur, trice, adj. et n.
rédemption, n. f.
rédemptoriste, istine, n.
redent ou redan, n. m.
redéploiement, n. m.
redescendre, v. intr., v. tr.
redevable, adj.
redevance, n. f.
redevenir, v. intr.
redevoir, v. tr.
rédhibition, n. f.
rédhibitoire, adj.
rediffuser, v. tr.
rediffusion, n. f.
rédiger, v. tr.
rédimer, v. tr., v. pron.
redingote, n. f.
rédintégration, n. f.
redire, v. tr., v. tr. indir.
redistribuer, v. tr.
redistribution, n. f.
redite, n. f.
redondance, n. f.
redondant, ante, adj.
redonner, v. tr., v. intr.
redorer, v. tr.
redoublant, ante, n.
redoublé, ée, adj.
redoublement, n. m.
redoubler, v. tr., v. tr. indir., v. intr.
redoutable, adj.
redoute, n. f.
redouter, v. tr.
redoux, n. m.
redox, adj. inv.
redresse (à la), loc. adj.
redressement, n. m.
redresser, v. tr., v. pron.
redresseur, n. m. et adj. m.
réducteur, trice, adj. et n. m.
réductibilité, n. f.
réductible, adj.
réduction, n. f.
réduire, v. tr., v. intr., v. pron.
1. réduit, ite, adj.
2. réduit, n. m.
réduplicatif, ive, adj. et n. m.
réduplication, n. f.
réduve, n. m.
réécouter, v. tr.
réécrire ou récrire, v. tr.
réécriture, n. f.
réédification, n. f.
réédifier, v. tr.
rééditer, v. tr.
réédition, n. f.
rééducation, n. f.
rééduquer, v. tr.
réel, elle, adj. et n. m.
réélection, n. f.
rééligibilité, n. f.
rééligible, adj.
réélire, v. tr.
réellement, adv.
réembarquer ou rembarquer, v. tr., v. intr., v. pron.
réembaucher, v. tr.
réémetteur, n. m.
réemploi ou remploi, n. m.
réemployer ou remployer, v. tr.
réemprunter ou remprunter, v. tr.
réengagement ou rengagement, n. m.
réengager ou rengager, v. tr., v. pron.
réensemencement, n. m.
réensemencer, v. tr.
réentendre, v. tr.
rééquilibrage, n. m.
rééquilibrer, v. tr.
réer, v. intr.
réescompte, n. m.
réescompter, v. tr.
réessayer ou ressayer, v. tr.
réétudier, v. tr.
réévaluation, n. f.
réévaluer, v. tr.
réexamen, n. m.
réexaminer, v. tr.
réexpédier, v. tr.
réexpédition, n. f.
réexportation, n. f.
réexporter, v. tr.
réfaction, n. f.
refaire, v. tr., v. pron.
réfection, n. f.
réfectoire, n. m.
refend (de), loc. adj.
refendre, v. tr.
référé, n. m.
référence, n. f.
référencer, v. tr.
référendaire, adj. et n. m.
référendum, n. m.
référent, n. m.
référentiel, elle, adj. et n. m.
référer, v. tr. indir., v. pron.
refermer, v. tr., v. pron.
refiler, v. tr.
réfléchi, ie, adj.
réfléchir, v. tr., v. pron., v. intr.
réfléchissant, ante, adj.
réflecteur, adj. et n. m.
réflectif, ive, adj.
réflectivité, n. f.
réflectorisé, ée, adj.
reflet, n. m.
refléter, v. tr., v. pron.
refleurir, v. intr., v. tr.
refleurissement, n. m.
reflex, adj. inv. et n. m.
réflexe, adj. et n. m.
réflexibilité, n. f.
réflexible, adj.
réflexif, ive, adj.
réflexion, n. f.
réflexivement, adv.
réflexivisation, n. f.
réflexivité, n. f.
réflexologie, n. f.
refluer, v. intr.
reflux, n. m.
refondre, v. tr., v. intr.
refonte, n. f.
réformable, adj.
reformage, n. m.
réformateur, trice, n. et adj.
réformation, n. f.
réforme, n. f.
réformé, ée, adj. et n.
reformer, v. tr., v. pron.
réformer, v. tr., v. pron.
reformette, n. f.

reforming, n. m.
réformisme, n. m.
réformiste, n. et adj.
refouillement, n. m.
refouiller, v. tr.
refoulé, ée, adj. et n.
refoulement, n. m.
refouler, v. tr.
réfractaire, adj. et n. m.
réfracter, v. tr.
réfraction, n. f.
réfractomètre, n. m.
réfractométrie, n. f.
refrain, n. m.
réfrangibilité, n. f.
réfrangible, adj.
refrènement ou réfrènement, n. m.
refréner ou réfréner, v. tr.
réfrigérant, ante, adj.
réfrigérateur, n. m.
réfrigération, n. f.
réfrigérer, v. tr.
réfringence, n. f.
réfringent, ente, adj.
refroidir, v. tr., v. intr., v. pron.
refroidissement, n. m.
refroidisseur, n. m. et adj.
refuge, n. m.
réfugié, ée, adj. et n.
réfugier (se), v. pron.
refus, n. m.
refuser, v. tr., v. pron., v. intr.
réfutable, adj.
réfutation, n. f.
réfuter, v. tr.
reg, n. m.
regagner, v. tr.
regain, n. m.
régal, n. m.
régalade, n. f.
régalage, n. m.
1. régale, n. f.
2. régale, n. m.
3. régale, adj.
régalement, n. m.
régaler, v. tr., v. pron.
régalien, ienne, adj.
regard, n. m.
regardant, ante, adj.
regarder, v. tr., v. tr. indir., v. pron.
regarnir, v. tr.
régate, n. f.
régatier, n. m.
regel, n. m.
regeler, v. tr., v. impers.
régence, n. f.
régénérateur, trice, adj. et n.
régénération, n. f.
régénérer, v. tr., v. pron.
régent, ente, n. et adj.
régenter, v. tr.
reggae, n. m.
régicide, adj. et n.
régie, n. f.
regimbement, n. m.
regimber, v. intr., v. pron.
regimbeur, euse, n. et adj.
régime, n. m.
régiment, n. m.
régimentaire, adj.
région, n. f.
régional, ale, aux, adj. et n.
régionalisation, n. f.
régionaliser, v. tr.
régionalisme, n. m.
régionaliste, adj. et n.
régir, v. tr.
régisseur, n. m.
registre, n. m.
réglable, adj.
réglage, n. m.
règle, n. f.
réglé, ée, adj.
règlement, n. m.
réglementaire, adj.
réglementairement, adv.
réglementation, n. f.
réglementer, v. tr.
régler, v. tr., v. pron.
réglet, n. m.
réglette, n. f.
régleur, euse, n.
réglisse, n.
réglo, adj.
réglure, n. f.
régnant, ante, adj.
règne, n. m.
régner, v. intr.
regonfler, v. tr., v. intr.
regorgement, n. m.
regorger, v. intr.
regrattage, n. m.
regratter, v. tr., v. intr.
regrattier, ère, n.
régresser, v. intr.
régressif, ive, adj.
régression, n. f.
regret, n. m.
regrettable, adj.
regrettablement, adv.
regretter, v. tr.
regroupement, n. m.
regrouper, v. tr., v. pron.
régularisation, n. f.
régulariser, v. tr.
régularité, n. f.
régulateur, trice, adj. et n.
régulation, n. f.
régule, n. m.
réguler, v. tr.
1. régulier, ière, adj.
2. régulier, adj. et n. m.
régulière, n. f.
régulièrement, adv.
régurgitation, n. f.
régurgiter, v. tr.
réhabilitation, n. f.
réhabiliter, v. tr., v. pron.
réhabituer, v. tr.
réhaussement, n. m.
rehausser, v. tr.
rehaut, n. m.
réhydratation, n. f.
réification, n. f.
réifier, v. tr.
réimplanter, v. tr.
réimpression, n. f.
réimprimer, v. tr.
rein, n. m.
réincarnation, n. f.
réincarner (se), v. pron.
reine, n. f.
reine-claude, n. f.
reine-des-prés, n. f.
reine-marguerite, n. f.
reinette ou rainette, n. f.
réinsérer, v. tr.
réinsertion, n. f.
réintégration, n. f.
réintégrer, v. tr.
réinvestir, v. tr., v. intr.
reis, n. m.
réitération, n. f.
réitérer, v. tr.
reître, n. m.
rejaillir, v. intr.
rejaillissement, n. m.
rejet, n. m.
rejeter, v. tr., v. pron.
rejeton, n. m.
rejoindre, v. tr., v. pron.
rejointoiement, n. m.
rejointoyer, v. tr.
rejouer, v. tr., v. intr.
réjouir, v. tr., v. pron.
réjouissance, n. f.
réjouissant, ante, adj.
1. relâche, n. m. ou f.
2. relâche, n. f.
relâché, ée, adj.
relâchement, n. m.
relâcher, v. tr., v. intr., v. pron.
relais, n. m.
relance, n. f.
relancer, v. tr., v. intr.
relaps, apse, adj. et n.
relater, v. tr.
relatif, ive, adj.
relation, n. f.
relationnel, elle, adj.
relativement, adv.
relativisme, n. m.
relativiste, adj. et n.
relativité, n. f.
relax ou relaxe, adj.
relaxant, ante, adj.
relaxation, n. f.
relaxe ou relax, adj.
relaxe, n. f.
relaxer, v. tr., v. pron.
relayer, v. tr., v. intr., v. pron.
releasing factor, n. m.
relecture, n. f.
relégation, n. f.
reléguer, v. tr.
relent, n. m.
relevable, adj.
relevage, n. m.
relevailles, n. f. pl.
relève, n. f.
1. relevé, ée, adj. et n. m.
2. relevé, n. m.
relèvement, n. m.
relever, v. tr., v. intr., v. pron.
releveur, euse, adj. et n.
reliage, n. m.
relief, n. m.
relier, v. tr.
relieur, euse, n.
religieusement, adv.
religieux, ieuse, adj. et n.
religieuse, n. f.
religion, n. f.
religiosité, n. f.
reliquaire, n. m.
reliquat, n. m.
relique, n. f.
relire, v. tr., v. pron.
reliure, n. f.
relogement, n. m.
reloger, v. tr.
relouer, v. tr.
réluctance, n. f.
reluire, v. intr.
reluisant, ante, adj.
reluquer, v. tr.
rem, n. m.
remâcher, v. tr.
remaillage ou remmaillage, n. m.
remailler ou remmailler, v. tr.
remake, n. m.
rémanence, n. f.
rémanent, ente, adj.
remaniement, n. m.
remanier, v. tr.
remaquiller, v. tr., v. pron.
remarcher, v. intr.

remariage, n. m.
remarier, v. tr., v. pron.
remarquable, adj.
remarquablement, adv.
remarque, n. f.
remarqué, ée, adj.
remarquer, v. tr., v. pron.
remballage, n. m.
remballer, v. tr.
rembarquement, n. m.
rembarquer ou **réembarquer**, v. tr., v. intr., v. pron.
rembarrer, v. tr.
remblai, n. m.
remblaiement, n. m.
remblaver, v. tr.
remblayage, n. m.
remblayer, v. tr.
remblayeuse, n. f.
remboîtage, n. m.
remboîtement, n. m.
remboîter, v. tr.
rembourrage, n. m.
rembourrer, v. tr.
rembourrure, n. f.
remboursable, adj.
remboursement, n. m.
rembourser, v. tr., v. pron.
rembrunir (se), v. pron.
rembrunissement, n. m.
rembuchement ou **rembucher**, n. m.
rembucher, v. tr., v. pron.
remède, n. m.
remédiable, adj.
remédier, v. tr. indir.
remembrement, n. m.
remembrer, v. tr.
remémoration, n. f.
remémorer, v. tr., v. pron.
remerciement, n. m.
remercier, v. tr.
réméré, n. m.
remettre, v. tr., v. pron.
remeubler, v. tr., v. pron.
rémige, n. f.
remilitarisation, n. f.
remilitariser, v. tr.
réminiscence, n. f.
remisage, n. m.
remise, n. f.
remiser, v. tr., v. intr., v. pron.
remisier, n. m.
rémissible, adj.
rémission, n. f.
rémittence, n. f.
rémittent, ente, adj.
rémiz, n. m.
remmaillage ou **remaillage**, n. m.
remmailler ou **remailler**, v. tr.
remmancher, v. tr.
remmener, v. tr.
remodelage, n. m.
remodeler, v. tr.
remontage, n. m.
remontant, ante, adj. et n. m.
remonte, n. f.
remontée, n. f.
remonte-pente, n. m.
remonter, v. intr., v. tr., v. pron.
remonteur, euse, n.
remontoir, n. m.
remontrance, n. f.
remontrer, v. tr., v. pron.
rémora, n. m.
remords, n. m.
remorquage, n. m.
remorque, n. f.
remorquer, v. tr.
remorqueur, n. m.
rémoulade, n. f.
rémouleur, n. m.
remous, n. m.
rempaillage, n. m.
rempailler, v. tr.
rempailleur, euse, n.
rempart, n. m.
rempiétement, n. m.
rempiéter, v. tr.
rempilé, ée, adj. et n. m.
rempiler, v. tr., v. intr.
remplaçable, adj.
remplaçant, ante, n.
remplacement, n. m.
remplacer, v. tr.
remplage, n. m.
rempli, n. m.
remplir, v. tr., v. pron.
remplissage, n. m.
remploi ou **réemploi**, n. m.
remployer ou **réemployer**, v. tr.
remplumer (se), v. pron.
rempocher, v. tr.
remporter, v. tr.
rempoter, v. tr.
remprunter ou **réemprunter**, v. tr.
remuage, n. m.
remuant, ante, adj.
remue-ménage, n. m. inv.
remuement, n. m.
remuer, v. tr., v. intr., v. pron.
remugle, n. m.
rémunérateur, trice, adj. et n.
rémunération, n. f.
rémunératoire, adj.
rémunérer, v. tr.
renâcler, v. intr.
renaissance, n. f.
renaissant, ante, adj.
renaître, v. intr.
rénal, ale, aux, adj.
renard, n. m.
renarde, n. f.
renardeau, n. m.
renardière, n. f.
renauder, v. intr.
rencaissage, n. m.
rencaissement, n. m.
rencaisser, v. tr.
rencard ou **rancard**, n. m.
rencarder ou **rancarder**, v. tr., v. pron.
renchérir, v. tr., v. intr.
renchérissement, n. m.
rencogner, v. tr., v. pron.
1. rencontre, n. f.
2. rencontre, n. m.
rencontrer, v. tr., v. pron.
rendement, n. m.
rendez-vous, n. m. inv.
rendormir, v. tr., v. pron.
rendosser, v. tr.
rendre, v. tr., v. pron.
rendu, ue, adj. et n. m.
rendzine, n. f.
rêne, n. f.
renégat, ate, n.
renégociation, n. f.
renégocier, v. tr.
rénette, n. f.
1. renfermé, ée, adj.
2. renfermé, n. m.
renfermer, v. tr., v. pron.
renfiler, v. tr.
renflé, ée, adj.
renflement, n. m.
renfler, v. intr., v. tr., v. pron.
renflouage ou **renflouement**, n. m.
renflouer, v. tr.
renfoncé, ée, adj.
renfoncement, n. m.
renfoncer, v. tr.
renformir, v. tr.
renforçateur, n. m.
renforcement, n. m.
renforcer, v. tr.
renfort, n. m.
renfrogné, ée, adj.
renfrogner (se), v. pron.
rengagé, adj. et n. m.
rengagement ou **réengagement**, n. m.
rengager ou **réengager**, v. tr., v. pron.
rengaine, n. f.
rengainer, v. tr.
rengorger (se), v. pron.
rengraisser, v. intr.
rengrènement, n. m.
rengréner ou **rengrener**, v. tr.
reni, n. m.
reniement, n. m.
renier, v. tr., v. pron.
reniflard, n. m.
reniflement, n. m.
renifler, v. intr., v. tr.
réniforme, adj.
rénine, n. f.
rénitence, n. f.
rénitent, ente, adj.
renne, n. m.
renom, n. m.
renommé, ée, adj.
renommée, n. f.
renommer, v. tr.
renonce, n. f.
renoncement, n. m.
renoncer, v. tr. indir.
renonciataire, n.
renonciateur, trice, n.
renonciation, n. f.
renonculacées, n. f. pl.
renoncule, n. f.
renouée, n. f.
renouement, n. m.
renouer, v. tr., v. tr. indir.
renouveau, n. m.
renouvelable, adj.
renouvelant, ante, n.
renouveler, v. tr., v. pron.
renouvellement, n. m.
rénovateur, trice, n. et adj.
rénovation, n. f.
rénover, v. tr.
renseignement, n. m.
renseigner, v. tr., v. pron.
rentabilisation, n. f.
rentabiliser, v. tr.
rentabilité, n. f.
rentable, adj.
rentamer, v. tr.
rente, n. f.
rentier, ière, n.
rentoilage, n. m.
rentoiler, v. tr.
rentoileur, euse, n.
rentrage, n. m.
rentrant, ante, adj.
rentré, ée, adj. et n. m.
rentrée, n. f.
rentrer, v. intr., v. tr.
renversant, ante, adj.
renverse, n. f.
renversé, ée, adj.

renversement, n. m.
renverser, v. tr.
renvider, v. tr.
renvoi, n. m.
renvoyer, v. tr.
réoccupation, n. f.
réoccuper, v. tr.
réorchestrer, v. tr.
réorganisation, n. f.
réorganiser, v. tr.
réorientation, n. f.
réorienter, v. tr.
réouverture, n. f.
repaire, n. m.
repairer, v. intr.
repaître, v. tr., v. pron.
répandre, v. tr., v. pron.
répandu, ue, adj.
réparable, adj.
reparaître, v. intr.
réparateur, trice, n. et adj.
réparation, n. f.
réparer, v. tr.
reparler, v. intr.
répartement, n. m.
repartie, n. f.
repartir, v. tr., v. intr.
répartir, v. tr., v. pron.
répartiteur, n. m. et adj.
répartition, n. f.
repas, n. m.
repassage, n. m.
repasser, v. intr., v. tr.
repasseur, n. m.
repasseuse, n. f.
repavage ou repavement, n. m.
repaver, v. tr.
repêchage, n. m.
repêcher, v. tr.
repeindre, v. tr.
repeint, n. m.
repenser, v. intr., v. tr.
repentance, n. f.
repentant, ante, adj. et n.
repenti, ie, adj.
1. repentir (se), v. pron.
2. repentir, n. m.
repérable, adj.
repérage, n. m.
répercussion, n. f.
répercuter, v. tr., v. pron.
reperdre, v. tr.
repère, n. m.
repérer, v. tr., v. pron.
répertoire, n. m.
répertorier, v. tr.
répéter, v. tr., v. pron.
répéteur, n. m.
répétiteur, trice, n.
répétitif, ive, adj.
répétition, n. f.
repeuplement, n. m.
repeupler, v. tr., v. pron.
repiquage, n. m.
repiquer, v. tr., v. intr.
répit, n. m.
replacement, n. m.
replacer, v. tr., v. pron.
replanter, v. tr., v. pron.
replat, n. m.
replâtrage, n. m.
replâtrer, v. tr.
replet, ète, adj.
réplétif, ive, adj.
réplétion, n. f.
repli, n. m.
replication, n. f.
repliement, n. m.
replier, v. tr., v. pron.
réplique, n. f.
répliquer, v. tr.
reploiement, n. m.
replonger, v. tr., v. intr., v. pron.
reployer, v. tr.
repolir, v. tr.
repolissage, n. m.
répondant, ante, n.
répondeur, euse, adj. et n. m.
répondre, v. tr. dir. et indir.
répons, n. m.
réponse, n. f.
repopulation, n. f.
report, n. m.
reportage, n. m.
1. reporter, v. tr., v. pron.
2. reporter, n. m.
reporteur, n. m.
repos, n. m.
reposant, ante, adj.
repose, n. f.
reposé, ée, adj.
reposée, n. f.
repose-pied, n. m. inv.
reposer, v. tr., v. intr., v. pron.
repose-tête, n. m. inv.
reposoir, n. m.
repoudrer, v. tr., v. pron.
repoussage, n. m.
repoussant, ante, adj.
repousse, n. f.
repoussé, ée, adj. et n. m.
repousser, v. intr., v. tr.
repoussoir, n. m.
répréhensible, adj.
reprendre, v. intr., v. tr., v. pron.
représailles, n. f. pl.
représentable, adj.
représentant, ante, n.
représentatif, ive, adj.
représentation, n. f.
représentativité, n. f.
représenter, v. tr., v. intr., v. pron.
répresseur, n. m. et adj.
répressible, adj.
répressif, ive, adj.
répression, n. f.
réprimande, n. f.
réprimander, v. tr.
réprimer, v. tr.
reprint, n. m.
reprisage, n. m.
repris de justice, n. m. inv.
reprise, n. f.
repriser, v. tr.
reprobateur, trice, adj.
réprobation, n. f.
reprochable, adj.
reproche, n. m.
reprocher, v. tr., v. pron.
reproducteur, trice, adj. et n.
reproductibilité, n. f.
reproductible, adj.
reproductif, ive, adj.
reproduction, n. f.
reproducteur, trice, adj. et n.
reproduire, v. tr., v. pron.
reprographie, n. f.
réprouvé, ée, n.
réprouver, v. tr.
reps, n. m.
reptation, n. f.
reptile, n. m.
reptilien, ienne, adj.
repu, ue, adj.
1. républicain, aine, adj. et n.
2. républicain, n. m.
républicanisme, n. m.
république, n. f.
répudiation, n. f.
répudier, v. tr.
répugnance, n. f.
répugnant, ante, adj.
répugner, v. tr., v. tr. indir.
répulsif, ive, adj.
répulsion, n. f.
réputation, n. f.
réputé, ée, adj.
réputer, v. tr.
requérable, adj.
requérant, ante, adj. et n.
requérir, v. tr.
requête, n. f.
requiem, n. m. inv.
requin, n. m.
requinquer, v. tr., v. pron.
requis, ise, adj. et n. m.
réquisition, n. f.
réquisitionner, v. tr.
réquisitoire, n. m.
réquisitorial, iale, aux, adj.
rescapé, ée, adj. et n.
rescindable, adj.
rescindant, ante, adj. et n. m.
rescinder, v. tr.
rescision, n. f.
rescisoire, adj. et n. m.
rescousse, n. f.
rescrit, n. m.
réseau, n. m.
résection, n. f.
réséda, n. m.
réséquer, v. tr.
réserpine, n. f.
réservataire, adj. et n. m.
réservation, n. f.
réserve, n. f.
réservé, ée, adj.
réserver, v. tr., v. pron.
réserviste, n. m.
réservoir, n. m.
résidant, ante, adj. et n.
résidence, n. f.
résident, ente, n.
résidentiel, elle, adj.
résider, v. intr.
résidu, n. m.
résiduaire, adj.
résiduel, elle, adj.
résignataire, n. m.
résignation, n. f.
résigné, ée, adj. et n.
résigner, v. tr., v. pron.
résiliable, adj.
résiliation, n. f.
résilience, n. f.
résilient, ente, adj.
résilier, v. tr.
résille, n. f.
résine, n. f.
résiné, ée, adj. et n. m.
résiner, v. tr.
résineux, euse, adj. et n. m. pl.
résingle, n. f.
résinier, ière, n. et adj.
résinifère, adj.
résipiscence, n. f.
résistance, n. f.
résistant, ante, adj. et n.
résister, v. tr. indir.
résistivité, n. f.
résistor, n. m.
résolu, ue, adj.
résoluble, adj.
résolument, adv.
résolutif, ive, adj. et n. m.
résolution, n. f.
résolutoire, adj.
résolvante, n. f.
résonance ou résonnance, n. f.

résonant ou résonnant, ante, adj.
résonateur, n. m.
résonnance ou résonance, n. f.
résonnant ou résonant, ante, adj.
résonner, v. intr.
résorber, v. tr., v. pron.
résorcine ou résorcinol, n. m.
résorption, n. f.
résoudre, v. tr., v. pron.
respect, n. m.
respectabilité, n. f.
respectable, adj.
respecter, v. tr., v. pron.
respectif, ive, adj.
respectivement, adv.
respectueusement, adv.
respectueux, euse, adj.
respectueuse, n. f.
respirable, adj.
respirateur, n. m.
respiration, n. f.
respiratoire, adj.
respirer, v. intr., v. tr.
resplendir, v. intr.
resplendissant, ante, adj.
resplendissement, n. m.
responsabiliser, v. tr.
responsabilité, n. f.
responsable, adj. et n.
resquillage ou resquille, n. f.
resquiller, v. tr., v. intr.
resquilleur, euse, n. et adj.
ressac, n. m.
ressaigner, v. tr., v. intr.
ressaisir, v. tr., v. pron.
ressasser, v. tr.
ressasseur, euse, n.
ressaut, n. m.
1. ressauter, v. intr.
2. ressauter, v. tr., v. intr.
ressayer ou réessayer, v. tr.
ressemblance, n. f.
ressemblant, ante, adj.
ressembler, v. tr. indir., v. pron.
ressemelage, n. m.
ressemeler, v. tr.
ressemer, v. tr., v. pron.
ressentiment, n. m.
ressentir, v. tr., v. pron.
resserre, n. f.
resserrement, n. m.
resserrer, v. tr., v. pron.
resservir, v. intr., v. tr., v. pron.
ressort, n. m.
1. ressortir, v. intr., v. impers.
2. ressortir, v. tr. indir.
ressortissant, ante, adj. et n.
ressouder, v. tr.
ressource, n. f.
ressouvenir (se), v. pron.
ressuage, n. m.
ressuer, v. intr.
ressui, n. m.
ressurgir ou resurgir, v. intr.
ressusciter, v. intr., v. tr.
ressuyage, n. m.
ressuyer, v. tr.
restant, ante, adj. et n. m.
restaurant, n. m.
1. restaurateur, trice, n. et adj.
2. restaurateur, trice, n.
restauration, n. f.
restaurer, v. tr., v. pron.
reste, n. m.
rester, v. intr.
restituable, adj.
restituer, v. tr.
restitution, n. f.
restitutoire, adj.
restoroute, n. m.
restreindre, v. tr., v. pron.
restrictif, ive, adj.
restriction, n. f.
restructuration, n. f.
restructurer, v. tr.
resucée, n. f.
résultant, ante, adj. et n. f.
résultat, n. m.
résulter, v. intr., v. impers.
résumé, ée, adj. et n. m.
résumer, v. tr., v. pron.
résurgence, n. f.
résurgent, ente, adj.
resurgir ou ressurgir, v. intr.
résurrection, n. f.
retable, n. m.
rétablir, v. tr., v. pron.
rétablissement, n. m.
retaille, n. f.
retailler, v. tr.
rétamage, n. m.
rétamer, v. tr.
rétameur, n. m.
retapage, n. m.
retape, n. f.
retaper, v. tr., v. pron.
retard, n. m.
retardataire, adj. et n.
retardateur, trice, adj. et n. m.
retardé, ée, adj. et n.
retardement, n. m.
retarder, v. tr., v. pron., v. intr.
reteindre, v. tr.
retendoir, n. m.
retendre, v. tr.
retenir, v. tr., v. pron.
rétention, n. f.
retentir, v. intr.
retentissant, ante, adj.
retentissement, n. m.
retenue, n. f.
retercer ou reterser, v. tr.
rétiaire, n. m.
réticence, n. f.
réticent, ente, adj.
réticulaire, adj.
réticulation, n. f.
réticule, n. m.
réticulé, ée, adj.
réticuline, n. f.
réticulocyte, n. m.
réticulo-endothélial, iale, iaux, adj.
réticulosarcome, n. m.
réticulum, n. m.
rétif, ive, adj.
rétine, n. f.
rétinien, ienne, adj.
rétinite, n. f.
rétique ou rhétique, adj.
retirage, n. m.
retiration, n. f.
retiré, ée, adj.
retirement, n. m.
retirer, v. tr., v. pron.
rétiveté ou rétivité, n. f.
retombe, n. f.
retombée, n. f.
retomber, v. intr.
retondre, v. tr.
retordage ou retordement, n. m.
retordeur, euse, n.
retordre, v. tr.
rétorquer, v. tr.
1. retors, orse, adj.
2. retors, n. m.
rétorsion, n. f.
retouche, n. f.
retoucher, v. tr., v. tr. indir.
retoucheur, euse, n.
retour, n. m.
retournage, n. m.
retourne, n. f.
retournement, n. m.
retourner, v. tr., v. intr., v. pron.
retracer, v. tr.
rétractable, adj.
rétractation, n. f.
rétracter, v. tr., v. pron.
rétractif, ive, adj.
rétractile, adj.
rétractilité, n. f.
rétraction, n. f.
retraduire, v. tr.
1. retrait, aite, adj. et n.
2. retrait, n. m.
retraitant, ante, n.
retraite, n. f.
retraité, ée, adj. et n.
retraitement, n. m.
retranchement, n. m.
retrancher, v. tr., v. pron.
retranscription, n. f.
retranscrire, v. tr.
retransmettre, v. tr.
retransmission, n. f.
retravailler, v. intr., v. tr., v. tr. indir.
retraverser, v. tr.
rétréci, ie, adj.
rétrécir, v. tr., v. intr., v. pron.
rétrécissement, n. m.
rétreindre, v. tr.
rétreint, n. m. ou rétreinte, n. f.
retrempe, n. f.
retremper, v. tr., v. pron.
rétribuer, v. tr.
rétribution, n. f.
retriever, n. m.
rétro-, préf.
1. rétro, n. m. et adj. inv.
2. rétro, abrév., n. m.
rétroactif, ive, adj.
rétroaction, n. f.
rétroactivement, adv.
rétroactivité, n. f.
rétroagir, v. intr.
rétrocéder, v. tr., v. intr.
rétrocession, n. f.
rétrofléchi, ie, adj.
rétroflexe, adj.
rétroflexion, n. f.
rétrofusée, n. f.
rétrogradation, n. f.
rétrograde, adj. et n.
rétrograder, v. tr., v. intr.
rétrogression, n. f.
rétropédalage, n. m.
rétroprojecteur, n. m.
rétropropulsion, n. f.
rétrospectif, ive, adj. et n. f.
rétrospection, n. f.
rétrospectivement, adv.
retroussé, ée, adj.
retroussement, n. m.
retrousser, v. tr., v. pron.
retroussis, n. m.
retrouvailles, n. f. pl.
retrouver, v. tr., v. pron.
rétroversion, n. f.
rétroviseur, n. m.
rets, n. m.
réunification, n. f.
réunifier, v. tr.
réunion, n. f.

réunionnite, n. f.
réunir, v. tr., v. pron.
réunissage, n. m.
réussi, ie, adj.
réussir, v. intr., v. tr.
réussite, n. f.
réutilisable, adj.
réutiliser, v. tr.
revaloir, v. tr.
revalorisation, n. f.
revaloriser, v. tr.
revanchard, arde, adj. et n.
revanche, n. f.
rêvasser, v. intr.
rêvasserie, n. f.
rêvasseur, euse, adj. et n.
rêve, n. m.
rêvé, ée, adj.
revêche, adj.
réveil, n. m.
réveille-matin, n. m. inv.
réveiller, v. tr., v. pron.
réveillon, n. m.
réveillonner, v. intr.
1. révélateur, trice, adj. et n.
2. révélateur, n. m.
révélation, n. f.
révélé, ée, adj.
révéler, v. tr., v. pron.
revenant, n. m.
revendeur, euse, n.
revendicateur, trice, adj. et n.
revendicatif, ive, adj.
revendication, n. f.
renvendiquer, v. tr.
revendre, v. tr.
revenez-y, n. m. inv.
revenir, v. intr.
revente, n. f.
revenu, n. m.
revenue, n. f.
rêver, v. intr., v. tr., v. tr. indir., v. pron.
réverbération, n. f.
réverbère, n. m.
réverbérer, v. tr., v. pron.
reverdir, v. tr., v. intr.
reverdissage, n. m.
reverdissement, n. m.
reverdoir, n. m.
révérence, n. f.
révérenciel, ielle, adj.
révérencieusement, adv.
révérencieux, ieuse, adj.
révérend, ende, adj. et n. m.
révérendissime, adj.
révérer, v. tr.
rêverie, n. f.
revers, n. m.
réversal, ale, aux, adj. et n. f. pl.
reversement, n. m.
reverser, v. tr.
reversi ou reversis, n. m.
réversibilité, n. f.
réversible, adj.
réversion, n. f.
reversis ou reversi, n. m.
reversoir, n. m.
revêtement, n. m.
revêtir, v. tr., v. pron.
rêveur, euse, adj. et n.
rêveusement, adv.
revient, n. m.
revif, n. m.
revigorer, v. tr.
revirement, n. m.
révisable, adj.
réviser, v. tr.
réviseur, n. m.
révision, n. f.
révisionnel, elle, adj.
révisionnisme, n. m.
révisionniste, n. et adj.
revitalisant, ante, adj.
revitalisation, n. f.
revitaliser, v. tr.
revivification, n. f.
revivifier, v. tr.
reviviscence ou réviviscence, n. f.
reviviscent, ente, adj.
revivre, v. intr., v. tr.
révocabilité, n. f.
révocable, adj.
révocation, n. f.
révocatoire, adj.
revoici, prép.
revoilà, prép.
1. revoir, n. m.
2. revoir, v. tr., v. pron. et n. m.
revoler, v. tr., v. intr.
révoltant, ante, adj.
révolte, n. f.
révolté, ée, adj. et n.
révolter, v. tr., v. pron.
révolu, ue, adj.
révolution, n. f.
révolutionnaire, adj. et n.
révolutionnairement, adv.
révolutionner, v. tr.
revolver, n. m.
révolvériser, v. tr.
révoquer, v. tr.
revoyure, n. f.
revue, n. f.
revuiste, n. m.
révulsé, ée, adj.
révulser, v. tr., v. pron.
révulsif, ive, adj. et n. m.
révulsion, n. f.
rewriter, v. tr.
rewriter, n. m.
rewriting, n. m.
rexisme, n. m.
rez-de-chaussée, n. m. inv.
rez-de-jardin, n. m. inv.
R.F., sigle
Rh, abrév.
rH, symbole, n. m.
Rh, symbole.
rhabdomancie ou rabdomancie, n. f.
rhabdomancien ou rabdomancien, ienne, n.
rhabillage, n. m.
rhabiller, v. tr., v. pron.
rhamnacées, n. f. pl.
rhapsode ou rapsode, n. m.
rhapsodie ou rapsodie, n. f.
rhapsodique ou rapsodique, adj.
rhème, n. m.
rhénan, ane, adj.
rhénium, n. m.
rhéo-, préf.
rhéobase, n. f.
rhéologie, n. f.
rhéomètre, n. m.
rhéostat, n. m.
rhéostatique, adj.
rhésus, n. m.
rhéteur, n. m.
rhétique ou rétique, adj.
rhétoricien, ienne, n.
rhétorique, n. f.
rhétoriqueur, n. m.
rhéto-roman, ane, adj. et n. m.
rhexistasie, n. f.
rhin(o)-, préf.
rhinanthe, n. f.
rhinencéphale, n. m.
1. rhingrave, n. m.
2. rhingrave, n. f.
rhinite, n. f.
rhinocéros, n. m.
rhinolophe, n. m.
rhinopharyngite, n. f.
rhinopharynx, n. m.
rhinoplastie, n. f.
rhinoscopie, n. f.
rhipidistiens, n. m. pl.
-rhize, suff.
rhizo-, préf.
rhizobium, n. m.
rhizocarpée, ée, n. f. pl.
rhizoctone, n. m. ou rhizoctonie, n. f.
rhizoflagellés, n. m. pl.
rhizome, n. m.
rhizophage, adj.
rhizophore, n. m.
rhizopodes, n. m. pl.
rhizostome, n. m.
rhô, n. m.
rhod(o)-, préf.
rhodamine, n. f.
rhodanien, ienne, adj.
rhodite, n. m.
rhodium, n. m.
rhododendron, n. m.
rhodoïd, n. m.
rhodonite, n. f.
rhodophycées, n. f. pl.
rhomb(o)-, préf.
rhombe, n. m.
rhombencéphale, n. m.
rhombique, adj.
rhomboèdre, n. m.
rhomboédrique, adj.
rhomboïdal, ale, aux, adj.
rhomboïde, n. m. et adj.
rhotacisme, n. m.
rhubarbe, n. f.
rhum, n. m.
rhumatisant, ante, adj. et n.
rhumatismal, ale, aux, adj.
rhumatisme, n. m.
rhumatoïde, adj.
rhumatologie, n. f.
rhumatologue, n. m.
rhumb ou rumb, n. m.
rhume, n. m.
rhumerie, n. f.
r(h)ynch(o)- ou r(h)ynqu(o)-, préf.
-r(h)ynque, suff.
rhynchite ou rynchite, n. m.
rhynchocéphales, n. m. pl.
rhynchonelle, n. f.
r(h)ynqu(o)- ou r(h)ynch(o)-, préf.
rhynchotes, n. m. pl.
rhyolite, n. f.
rhytidome, n. m.
rhytine, n. f.
rhyton, n. m.
ria, n. f.
rial, n. m.
riant, riante, adj.
ribambelle, n. f.
ribaud, aude, adj. et n.
ribaudequin, n. m.
ribésiacées, n. f. pl.
riblon, n. m.
ribo-, préf.
riboflavine, n. f.
ribonucléase, n. f.
ribonucléique, adj.

ribose, n. f.
ribosome, n. m.
ribote, n. f.
ribouis, n. m.
ribouldingue, n. f.
ricanement, n. m.
ricaner, v. intr.
ricaneur, euse, n. et adj.
riccie, n. f.
ricercare, ricercari, n. m.
richard, arde, n.
riche, adj. et n.
richelieu, n. m.
richement, adv.
richesse, n. f.
richi ou rishi, n. m. inv.
richissime, adj.
ricin, n. m.
rickettsie, n. f.
rickettsiose, n. f.
ricocher, v. intr.
ricochet, n. m.
ric-rac, loc. adv.
rictus, n. m.
ride, n. f.
ridé, ée, adj.
rideau, n. m.
ridée, n. f.
ridelle, n. f.
rider, v. tr., v. pron.
ridicule, adj. et n. m.
ridiculement, adv.
ridiculiser, v. tr., v. pron.
ridoir, n. m.
ridule, n. f.
rien, pron. indéf., n. m. et adv.
riesling, n. m.
rieur, rieuse, n. et adj.
rife ou riffe ou riffle, n. m.
rifain, aine, adj. et n.
riffe ou rif ou riffle, n. m.
rififi, n. m.
riflard, n. m.
rifle, n. m.
rifler, v. tr.
rifloir, n. m.
rift, n. m.
rigaudon ou rigodon, n. m.
rigide, adj.
rigidement, adv.
rigidifier, v. tr.
rigidité, n. f.
rigodon ou rigaudon, n. m.
rigolade, n. f.
rigolage, n. m.
rigolard, arde, adj.
rigole, n. f.
rigoler, v. intr.
rigolo, ote, adj. et n.
rigorisme, n. m.
rigoriste, n. et adj.
rigoureusement, adv.
rigoureux, euse, adj.
rigueur, n. f.
rikiki ou riquiqui, adj. inv.
rillettes, n. f. pl.
rillons, n. m. pl.
rilsan, n. m.
rimailler, v. intr.
rimailleur, euse, n.
rimaye, n. f.
rimbaldien, ienne, adj. et n.
rime, n. f.
rimer, v. intr., v. tr.
rimeur, euse, n.
rimmel, n. m.
rinçage, n. m.
rinceau, n. m.
rince-bouche, n. m. inv.
rince-bouteilles, n. m. inv.
rince-doigts, n. m. inv.
rincée, n. f.
rincer, v. tr.
rincette, n. f.
rinceur, euse, n.
rinçure, n. f.
rinforzando, adv.
ring, n. m.
1. ringard, n. m.
2. ringard, arde, adj. et n.
ringarder, v. tr.
ripage, n. m.
ripaille, n. f.
ripailler, v. intr.
ripaton, n. m.
ripe, n. f.
riper, v. tr., v. intr.
ripolin, n. m.
ripoliner, v. tr.
riposte, n. f.
riposter, v. intr.
ripper, n. m.
ripple-mark, n. f.
ripuaire, adj.
riquiqui ou rikiki, adj. inv.
1. rire, v. intr., v. pron.
2. rire, n. m.
ris, n. m.
risberme, n. f.
risée, n. f.
risette, n. f.
rishi ou richi, n. m. inv.
risible, adj.
risiblement, adv.
risorius, n. m.
risotto, n. m.
risque, n. m.
risqué, ée, adj.
risquer, v. tr., v. pron.
risque-tout, n. inv.
riss, n. m.
rissole, n. f.
rissoler, v. tr., v. intr.
ristourne, n. f.
ristourner, v. tr.
rital, n. et adj.
rïtardando, adv.
rite, n. m.
ritournelle, n. f.
ritualiser, v. tr.
ritualisme, n. m.
ritualiste, adj. et n.
rituel, elle, adj. et n. m.
rituellement, adv.
rivage, n. m.
rival, ale, aux, n. et adj.
rivaliser, v. intr.
rivalité, n. f.
rive, n. f.
rivelaine, n. f.
river, v. tr.
riverain, aine, n. et adj.
riveraineté, n. f.
rivesaltes, n. m.
rivet, n. m.
rivetage, n. m.
riveter, v. tr.
riveteuse, n. f.
riveur, euse, n.
rivière, n. f.
rivoir, n. m.
rivulaire, n. f.
rivure, n. f.
rixdale, n. f.
rixe, n. f.
riz, n. m.
rizerie, n. f.
rizicole, adj.
riziculteur, trice, n.
riziculture, n. f.
rizière, n. f.
riz-pain-sel, n. m. inv.
Rn, symbole
R.N.A., sigle anglais
roast-beef ou rosbif, n. m.
1. rob, n. m.
2. rob ou robre, n. m.
robage ou robelage, n. m.
robe, n. f.
robelage ou robage, n. m.
rober, v. tr.
robert, n. m.
robin, n. m.
robinet, n. m.
robinetier, n. m.
robinetterie, n. f.
robinier, n. m.
roboratif, ive, adj.
robot, n. m.
robotique, n. f.
robotisation, n. f.
robotiser, v. tr.
robre ou rob, n. m.
robuste, adj.
robustement, adv.
robustesse, n. f.
roc, n. m.
roc ou rock, n. m.
rocade, n. f.
rocaillage, n. m.
1. rocaille, n. f.
2. rocaille, n. m. et adj.
rocailleux, euse, adj.
rocambole, n. f.
rocambolesque, adj.
rochage, n. m.
rochassier, ière, n.
roche, n. f.
1. rocher, n. m.
2. rocher, v. tr., v. intr.
rochet, n. m.
rocheux, euse, adj.
rochier, n. m.
rock ou roc, n. m.
rock ou rock and roll, n. m.
rocker, n. m.
rocking-chair, n. m.
rococo, adj. inv. et n. m.
rocou, n. m.
rocouer, v. tr.
rocouyer, n. m.
rocquer ou roquer, v. intr.
rodage, n. m.
rôdailler, v. intr.
rodéo, n. m.
roder, v. tr., v. pron.
rôder, v. intr.
rôdeur, euse, n. et adj.
rodoir, n. m.
rodomont, n. m. et adj.
rodomontade, n. f.
roentgen ou röntgen, n. m.
roentgenthérapie ou rönt-
genthérapie, n. f.
rogations, n. f. pl.
rogatoire, adj.
rogatoirement, adv.
rogaton, n. m.
rognage, n. m.
rogne, n. f.
1. rogner, v. tr.
2. rogner, v. intr.
rogneur, euse, n.
rognon, n. m.
rognonnade, n. f.
rognonner, v. intr.
rognure, n. f.
rogomme, n. m.
1. rogue, adj.
2. rogue, n. f.

rogué, ée, adj.
rohart, n. m.
roi, n. m.
roide ou raide, adj. et adv.
roie, n. f.
roitelet, n. m.
rôle, n. m.
rôle-titre, n. m.
rollier, n. m.
rollmops, n. m.
roll on, roll off, n. m.
romain, aine, adj. et n.
romaine, n. f.
1. roman, ane, n. et adj.
2. roman, n. m.
romance, n.
romancer, v. tr.
romancero, n. m.
romanche, n. m.
romancier, ière, n.
romand, ande, adj. et n.
romanée, n. m.
romanesque, adj. et n. m.
roman-feuilleton, n. m.
roman-fleuve, n. m.
romani ou romanichel, elle, n.
romanisant, ante, adj.
romanisation, n. f.
romaniser, v. intr., v. tr.
romaniste, n.
romano, abrév., n.
roman-photo, n. m.
romantique, adj. et n.
romantisme, n. m.
romarin, n. m.
rombière, n. f.
rompre, v. tr., v. pron., v. intr.
1. rompu, ue, adj.
2. rompu, n. m.
romsteck ou rumsteack ou rumsteck, n. m.
ronce, n. f.
ronceraie, n. f.
ronceux, euse, adj.
ronchon, onne, adj. et n.
ronchonnement, n. m.
ronchonner, v. intr.
ronchonneur, euse, adj. et n.
roncier, n. m. ou roncière, n. f.
rond, ronde, adj. et n.
rondache, n. f.
rond-de-cuir, n. m.
ronde, n. f.
1. rondeau, n. m.
2. rondeau ou rondo, n. m.
ronde-bosse, n. f.
rondel, n. m.
rondelet, ette, adj.
rondelle, n. f.
rondement, adv.
rondeur, n. f.
rondier ou ronier ou rônier, n. m.
rondin, n. m.
rondo ou rondeau, n. m.
rondouillard, arde, adj. et n.
rond-point, n. m.
ronéo, n. f.
ronéoter ou ronéotyper, v. tr.
ronflant, ante, adj.
ronflement, n. m.
ronfler, v. intr.
ronfleur, euse, n.
rongement, n. m.
ronger, v. tr.
rongeur, euse, adj. et n.
ronier ou rônier ou rondier, n. m.
ronron, n. m.
ronronnement, n. m.
ronronner, v. intr.
röntgen ou roentgen, n. m.
röntgenthérapie ou roentgenthérapie, n. f.
roof ou rouf, n. m.
rookerie ou roquerie, n. f.
roque, n. m.
roquefort, n. m.
roquer ou rocquer, v. intr.
roquerie ou rookerie, n. f.
roquet, n. m.
roquette, n. f.
rorqual, n. m.
rosace, n. f.
rosacé, ée, adj. et n. f. pl.
rosage, n. m.
rosaire, n. m.
rosalbin, n. m.
rosales, n. f. pl.
rosaniline, n. f.
rosat, adj. inv.
rosâtre, adj.
rosbif ou roast-beef, n. m.
1. rose, n. f.
2. rose, adj. et n. m.
1. rosé, ée, adj. et n. m.
2. rosé, n. m.
roseau, n. m.
rose-croix, n. inv.
rosée, n. f.
roselet, n. m.
roselier, ière, adj. et n. f.
roséole, n. f.
roser, v. tr.
roseraie, n. f.
rosette, n. f.
roseur, n. f.
rosicrucien, ienne, adj. et n. m.
rosier, n. m.
rosière, n. f.
rosiériste, n.
rosir, v. intr., v. tr.
rossard, arde, n. et adj.
rosse, n. f. et adj.
rossée, n. f.
rosser, v. tr.
rosserie, n. f.
rossignol, n. m.
rossinante, n. f.
rossolis, n. m.
rostral, ale, aux, adj.
-rostre, suff.
rostre, n. m.
rot, n. m.
rôt, n. m.
rotacé, ée, adj.
rotang, n. m.
rotangle ou rotengle, n. m.
rotary, n. m.
rotateur, trice, adj.
rotatif, ive, adj.
rotation, n. f.
rotationnel, n. m.
rotative, n. f.
rotativiste, n. m.
rotatoire, adj.
rote, n. f.
rotengle ou rotangle, n. m.
roténone, n. f.
roter, v. intr.
rôti, ie, adj. et n.
rotifère, adj. et n. m. pl.
rotin, n. m.
rôtir, v. tr., v. intr., v. pron.
rôtissage, n. m.
rôtisserie, n. f.
rôtisseur, euse, n.
rôtissoire, n. f.
rotonde, n. f.
rotondité, n. f.
rotor, n. m.
rotrouenge ou rotruenge, n. f.
rotule, n. f.
rotulien, ienne, adj.
roture, n. f.
roturier, ière, adj. et n.
rouable, n. m.
rouage, n. m.
rouan, anne, adj. et n.
rouanne, n. f.
roubignoles, n. f. pl.
roublard, arde, adj. et n.
roublardise, n. f.
rouble, n. m.
rouchi, n. m.
roucoulade, n. f.
roucoulement, n. m.
roucouler, v. intr., v. tr.
roudoudou, n. m.
roue, n. f.
roué, ée, adj. et n.
rouelle, n. f.
rouer, v. tr.
rouerie, n. f.
rouet, n. m.
rouf ou roof, n. m.
rouflaquette, n. f.
rouge, adj., adv. et n.
rougeâtre, adj.
rougeaud, aude, adj. et n.
rouge-gorge, n. m.
rougeoiement, n. m.
rougeole, n. f.
rougeoleux, euse, adj. et n.
rougeoyant, ante, adj.
rougeoyer, v. intr.
rouge-queue, n. m.
rouget, n. m.
rougeur, n. f.
rougi, ie, adj.
rougir, v. tr., v. intr.
rougissant, ante, adj.
rougissement, n. m.
rouille, n. f. et adj. inv.
rouillé, ée, adj.
rouiller, v. tr., v. intr., v. pron.
rouillure, n. f.
rouir, v. tr., v. intr.
rouissage, n. m.
rouissoir, n. m.
roulade, n. f.
roulage, n. m.
roulant, ante, adj. et n. m.
roule, n. m.
roulé, ée, adj. et n.
rouleau, n. m.
roulé-boulé, n. m.
roulement, n. m.
rouler, v. tr., v. intr., v. pron.
roulette, n. f.
rouleur, euse, n.
roulier, n. m.
roulis, n. m.
roulotte, n. f.
roulotter, v. tr.
roulure, n. f.
roumain, aine, adj. et n.
roumi, n. m.
round, n. m.
roupettes, n. f. pl.
roupie, n. f.
roupiller, v. intr.
roupillon, n. m.
rouquin, ine, adj. et n.
rouscailler, v. intr.
rouspétance, n. f.
rouspéter, v. intr.

rouspéteur, euse, n. et adj.
roussâtre, adj.
rousse, n. f.
rousseau, eaute ou roussot, ote, adj. et n.
rousserolle, n. f.
roussette, n. f.
rousseur, n. f.
roussi, n. m.
roussin, n. m.
roussir, v. tr., v. intr.
roussissement, n. m.
roussissure, n. f.
roussot, ote ou rousseau, eaute, adj. et n.
rouste, n. f.
routage, n. m.
routard, arde, n.
route, n. f.
router, v. tr.
1. routier, n. m.
2. routier, ière, adj. et n.
routine, n. f.
routinier, ière, adj. et n.
rouverain ou rouverin, adj. m.
rouvieux, n. m. et adj. m.
rouvraie, n. f.
rouvre, n. m.
rouvrir, v. tr.
roux, rousse, adj. et n.
rowing, n. m.
royal, ale, aux, adj.
royale, n. f.
royalement, adv.
royalisme, n. m.
royaliste, adj. et n.
royalty, royalties, n. f.
royaume, n. m.
royauté, n. f.
-rr(h)agie, suff.
-rr(h)ée, suff.
rra ou ra, n. m. inv.
ru, n. m.
Ru, symbole
ruade, n. f.
ruban, n. m.
rubanerie, n. f.
rubanier, ière, n. et adj.
rubato, adj., adv. et n. m.
rubéfaction, n. f.
rubéfiant, iante, adj. et n. m.
rubéfier, v. tr.
rubellite, n. f.
rubéole, n. f.
rubescent, ente, adj.
rubiacées, n. f. pl.
rubican, adj. m.
rubicond, onde, adj.
rubidium, n. m.
rubiette, n. f.
rubigineux, euse, adj.
rubis, n. m.
rubrique, n. f.
ruche, n. f.
ruché, n. m.
ruchée, n. f.
1. rucher, v. tr.
2. rucher, n. m.
rudbeckie, n. f.
rude, adj.
rudement, adv.
rudenté, ée, adj.
rudenture, n. f.
rudéral, ale, aux, adj.
rudération, n. f.
rudesse, n. f.
rudiment, n. m.
rudimentaire, adj.
rudistes, n. m. pl.
rudoiement, n. m.
rudoyer, v. tr.
rue, n. f.
ruée, n. f.
ruelle, n. f.
ruer, v. intr., v. pron.
ruffian ou rufian, n. m.
rugby, n. m.
rugbyman, men, n. m.
rugine, n. f.
ruginer, v. tr.
rugir, v. intr., v. tr.
rugissant, ante, adj.
rugissement, n. m.
rugosité, n. f.
rugueux, euse, adj. et n. m.
ruiler, v. tr.
ruine, n. f.
ruine-de-Rome, n. f.
ruiner, v. tr., v. pron.
ruineusement, adv.
ruineux, euse, adj.
ruiniforme, adj.
ruiniste, n.
ruinure, n. f.
ruisseau, n. m.
ruisselant, ante, adj.
ruisseler, v. intr.
ruisselet, n. m.
ruissellement, n. m.
rumb ou rhumb, n. m.
rumba, n. f.
rumen, n. m.
rumeur, n. f.
ruminant, ante, adj. et n. pl.
rumination, n. f.
ruminer, v. tr.
rumsteak ou rumsteck ou romsteck, n. m.
runabout, n. m.
rune, n. f.
runique, adj.
ruolz, n. m.
rupestre, adj.
rupicole, n. m.
rupin, ine, adj. et n.
rupiner, v. intr., v. tr.
rupteur, n. m.
rupture, n. f.
rural, ale, aux, adj. et n.
ruse, n. f.
rusé, ée, adj. et n.
ruser, v. intr.
rush, n. m.
russe, adj. et n.
russien, ienne, adj. et n.
russification, n. f.
russifier, v. tr.
russophile, adj. et n.
russule, n. f.
rustaud, aude, adj. et n.
rustauderie, n. f.
rusticage, n. m.
rusticité, n. f.
rustine, n. f.
1. rustique, adj. et n. m.
2. rustique, n. m.
rustiquer, v. tr.
rustre, n. m. et adj.
rut, n. m.
rutabaga, n. m.
rutacées, n. f. pl.
ruthénium, n. m.
rutilance, n. f.
rutilant, ante, adj.
rutile, n. m.
rutilement, n. m.
rutiler, v. intr.
rydberg, n. m.
r(h)ynch(o)- ou r(h)ynqu(o)-, préf.
rynchite ou rhynchite, n. m.
r(h)ynqu(o)- ou r(h)ynch(o)-, préf.
rythme, n. m.
rythm and blues, n. m. inv.
rythmé, ée, adj.
rythmer, v. tr.
rythmicien, ienne, n. m.
rythmique, adj. et n. f.
rythmiquement, adv.

S

s, n. m.
S, symbole
S.A., sigle
sa, adj. poss.
sabayon, n. m.
sabbat, n. m.
sabbathien, ienne, n.
sabbatique, adj.
sabéen, éenne, n. et adj.
sabéisme, n. m.
sabelle, n. f.
sabellique, n. m.
sabine, n. f.
sabir, n. m.
sablage, n. m.
1. sable, adj. inv. et n. m.
2. sable, n. m.
1. sablé, n. m.
2. sablé, ée, adj.
sabler, v. tr.
sablerie, n. f.
sableur, euse, n.
sableux, euse, adj.
sablier, n. m.
sablière, n. f.
sablon, n. m.
sablonner, v. tr.
sablonneux, euse, adj.
sablonnière, n. f.
sabord, n. m.
sabordage ou sabor-
dement, n. m.
saborder, v. tr., v. pron.
sabot, n. m.
sabotage, n. m.
saboter, v. tr.
saboterie, n. f.
saboteur, euse, n.
sabotier, ière, n.
sabra, n. et adj.
sabrage, n. m.
sabre, n. m.
sabrer, v. tr.
sabretache, n. f.
sabreur, n. m.
sabreuse, n. f.
saburral, ale, aux, adj.
sac, n. m.
saccade, n. f.
saccadé, ée, adj.
saccader, v. tr.
saccage, n. m.
saccager, v. tr.
saccageur, euse, n. et adj.
sacchar(i)-, sacchar(o)-,
préf.
saccharase, n. f.
saccharate, n. m.
saccharifère, adj.
saccharification, n. f.
saccharifier, v. tr.
saccharimètre, n. m.
saccharimétrie, n. f.
saccharimétrique, adj.
saccharin, ine, adj.
saccharine, n. f.
saccharique, adj.
saccharoïde, adj.
saccharolé, n. m.
saccharomyces, n. m.
saccharomycétales, n. m. pl.
saccharose, n. m.
saccharure, n. m.
saccule, n. m.
sacculine, n. f.
sacerdoce, n. m.
sacerdotal, ale, aux, adj.
sachée, n. f.
sachem, n. m.
sachet, n. m.
sacoche, n. f.
sacoléva, n. f. ou sacolève,
n. m.
sacome, n. m.
sacquer ou saquer, v. tr.
sacral, ale, aux, adj.
sacralisation, n. f.
sacraliser, v. tr.
sacramentaire, n. et adj.
sacramental, aux, n. m.
sacramentel, elle, adj.
sacre, n. m.
1. sacré, ée, adj. et n. m.
2. sacré, ée, adj.
sacrebleu !, interj.
sacredieu !, interj.
sacrement, n. m.
sacrément, adv.
sacrer, v. tr., v. intr.
sacret, n. m.
sacrificateur, trice, n.
sacrificatoire, adj.
sacrifice, n. m.
sacrificiel, ielle, adj.
sacrifier, v. tr., v. tr. indir.,
v. pron.
sacrilège, n. et adj.
sacripant, n. m.
sacristain, n.
sacristaine ou sacristine,
n. f.
sacristi !, interj.
sacristie, n. f.
sacro-, préf.
sacristine ou sacristaine,
n. f.
sacro-saint, -sainte, adj.
sacrum, n. m.
sadducéen ou saducéen,
éenne, n. et adj.
sadique, adj. et n.
sadique-anal, ale, aux, adj.
sadiquement, adj.
sadisme, n. m.
sadomasochisme, n. m.
sadomasochiste, adj. et n.
saducéen ou sadducéen,
éenne, n. et adj.
safari, n. m.
1. safran, n. m. et adj. inv.
2. safran, n. m.
safrané, ée, adj.
safranière, n. f.
safre, n. m.
saga, n. f.
sagace, adj.
sagacité, n. f.
sagaie, n. f.
sagard, n. m.
sage, adj. et n.
sage-femme, n. f.
sagesse, n. f.
1. sagittaire, n. m.
2. sagittaire, n. f.
sagittal, ale, aux, adj.
sagitté, ée, adj.
sagou, n. m.
sagouin, n. m.
sagoutier, n. m.
saharien, ienne, adj. et n.
sahel, n. m.
sahib, n. m.
sahraoui, ie, n. et adj.
saï, n. m.
saie, n. f.
saïga, n. m.
saignant, ante, adj.
saignée, n. f.
saignement, n. m.
saigner, v. intr., v. tr., v. pron.
saigneur, euse, n. et adj.
saillant, ante, adj.
saillie, n. f.
saillir, v. tr., v. intr.
saïmiri, n. m.
sain, saine, adj.
sainbois, n. m.
saindoux, n. m.
sainement, adv.
sainfoin, n. m.
saint, sainte, n. et adj.
saint-bernard, n. m. inv.
saint-cyrien, n. m.
sainte-barbe, n. f.
saint-émilion, n. m.
sainte nitouche, n. f.
Saint-Esprit, n. m.
sainteté, n. f.
saint-frusquin, n. m.
saint-germain, n. m. inv.
saint-glinglin (à la), loc. adv.
saint-honoré, n. m.
saint-marcellin, n. m.
saint-nectaire, n. m.
Saint-Office, n. m.
saint-paulin, n. m.
saint-pierre, n. m. inv.
Saint-Sépulcre, n. m.
Saint-Siège, n. m.
saint-simonien, ienne, n.
et adj.
saint-simonisme, n. m.
Saint-Synode, n. m.
saisie, n. f.
saisine, n. f.
saisir, v. tr., v. pron.
saisissant, ante, adj.
saisissement, n. m.
saison, n. f.
saisonnier, ière, adj. et n. m.
sajou ou sapajou, n. m.
saké, n. m.
saki, n. m.
sakièh, n. f.
salace, adj.
salacité, n. f.
salade, n. f.
saladier, n. m.
salage, n. m.
salaire, n. m.
salaison, n. f.
salamalecs, n. m. pl.
salamandre, n. f.
salami, n. m.
salangane, n. f.
salant, adj. m. et n. m.
salarial, iale, iaux, adj.
salariat, n. m.
salarié, ée, adj. et n.
salarier, v. tr.
salaud, n. m. et adj. m.
sale, adj.
1. salé, n. m.
2. salé, ée, adj.
salement, adv.
saler, v. tr.
saleron, n. m.
salésien, ienne, adj. et n.
saleté, n. f.
saleur, euse, n.
salicacées, n. f. pl.
salicaire, n. f.
salicole, adj.
salicoque, n. f.

salicorne, n. f.
salicylate, n. m.
salicylique, adj.
salien, ienne, adj.
salière, n. f.
salifère, adj.
salifiable, adj.
salification, n. f.
salifier, v. tr.
saligaud, n. m.
salin, ine, adj. et n. m.
saline, n. f.
salinité, n. f.
salique, adj.
salir, v. tr., v. pron.
salissant, ante, adj.
salissure, n. f.
salivaire, adj.
salivation, n. f.
salive, n. f.
saliver, v. intr.
salle, n. f.
salmigondis, n. m.
salmis, n. m.
salmonella, n. f. inv. ou salmonelle, n. f.
salmonellose, n. f.
salmoniculteur, n. m.
salmoniculture, n. f.
salmonidés, n. m. pl.
saloir, n. m.
salol, n. m.
salon, n. m.
salonnard, arde, n.
salonnier, ière, adj. et n.
saloon n. m.
salop, n. m.
salopard, n. m.
1. salope, n. f. et adj.
2. salope, adj. et n. m.
saloper, v. tr.
saloperie, n. f.
salopette, n. f.
salpêtrage, n. m.
salpêtre, n. m.
salpêtrer, v. tr.
salpêtreux, euse, adj.
salpêtrière, n. f.
salpicon, n. m.
salping(o)-, préf.
salpingite, n. f.
salsa, n. f.
salsepareille, n. f.
salsifis, n. m.
salsolacées, n. f. pl.
saltation, n. f.
saltatoire, adj.
saltimbanque, n.
salubre, adj.
salubrité, n. f.
saluer, v. tr.
salure, n. f.
salut, n. m.
salutaire, adj.
salutation, n. f.
salutiste, n. et adj.
salvateur, trice, adj. et n.
salve, n. f.
samare, n. f.
samaritain, aine, adj. et n.
samarium, n. m.
samba, n. f.
samedi, n. m.
samit, n. m.
samizdat, n. m.
samouraï ou samuraï, n. m.
samovar, n. m.
samoyède, n. m.
sampan ou sampang, n. m.
sampi, n. m.
sampot, n. m.
S.A.M.U., sigle, n. m.
samuraï ou samouraï, n. m.
sana, abrév., n. m.
sanatorium, n. m.
san-benito, n. m. inv.
sancerre, n. m.
sanctifiant, ante, adj.
sanctificateur, trice, n. et adj.
sanctification, n. f.
sanctifier, v. tr.
sanction, n. f.
sanctionner, v. tr.
sanctuaire, n. m.
sanctus, n. m.
sandale, n. f.
sandalette, n. f.
sandaraque, n. f.
sanderling, n. m.
sandjak, n. m.
sandow, n. m.
sandre, n. m. ou f.
sandwich, n. m.
sang, n. m.
sang-de-dragon ou sang-dragon, n. m. inv.
sang-froid, n. m. inv.
sanglant, ante, adj.
sangle, n. f.
sangler, v. tr., v. pron.
sanglier, n. m.
sanglot, n. m.
sangloter, v. intr.
sang-mêlé, n. inv.
sangria, n. f.
sangsue, n. f.
sanguin, ine, adj. et n.
1. sanguinaire, adj. et n.
2. sanguinaire, n. f.
sanguine, n. f.
sanguinolent, ente, adj.
sanhédrin, n. m.
sanicle ou sanicule, n. f.
sanie, n. f.
sanieux, ieuse, adj.
sanitaire, adj. et n. m.
sans, prép.
sans-abri, n. inv.
sans-cœur, adj. inv. et n. inv.
sanscrit ou sanskrit, ite, n. m. et adj.
sanscritisme ou sanskritisme, n. m.
sanscritiste ou sanskritiste, n.
sans-culotte, n. m.
sansevière ou sansevieria, n. f.
sans-façon, n. m. inv.
sans-fil, n. f. et n. m. inv.
sans-filiste, n.
sans-gêne, n. m. inv. et adj. inv.
sanskrit ou sanscrit, ite, n. et adj.
sanskritisme ou sanscritisme, n. m.
sanskritiste ou sanscritiste, n.
sans-le-sou, n. inv.
sans-logis, n. inv.
sansonnet, n. m.
sans-souci, adj. inv. et n. inv.
santal, n. m.
santé, n. f.
santiag, n. f.
santoline, n. f.
santon, n. m.
santonine, n. f.
sanve, n. f.
saoudien ou séoudien, ienne, adj. et n.
saoul, saoule ou soûl, soûle, adj.
saouler ou soûler, v. tr., v. pron.
sapajou ou sajou, n. m.
sape, n. f.
sapèque, n. f.
saper, v. tr., v. pron.
saperde, n. f.
saperlipopette !, interj.
saperlotte !, interj.
sapeur, n. m.
sapeur-pompier, n. m.
saphène, n. f.
saphique, adj.
saphir, n. m. et adj. inv.
saphisme, n. m.
sapide, adj.
sapidité, n. f.
sapience, n. f.
sapiential, iale, iaux, adj. et n. m. pl.
sapin, n. m.
sapindacées, n. f. pl.
sapine, n. f.
sapinette, n. f.
sapinière, n. f.
sapon-, préf.
saponacé, ée, adj.
saponaire, n. f.
saponifiable, adj.
saponification, n. f.
saponifier, v. tr.
saponine, n. f.
sapotacées, n. f. pl.
sapote ou sapotille, n. f.
sapotier ou sapotillier, n. m.
sapristi !, interj.
sapro-, préf.
saprophage, adj. et n. m.
saprophyte, adj. et n. m.
saquer ou sacquer, v. tr.
sarabande, n. f.
sarbacane, n. f.
sarcasme, n. m.
sarcastique, adj.
sarcelle, n. f.
sarcine, n. f.
sarclage, n. m.
sarcler, v. tr.
sarcloir, n. m.
sarco-, préf.
sarcoïde, n. f.
sarcomateux, euse, adj.
sarcome, n. m.
sarcophage, n. m.
sarcophile, n. m.
sarcoplasma ou sarcoplasme, n. m.
sarcopte, n. m.
sardane, n. f.
sarde, adj. et n.
sardine, n. f.
sardinerie, n. f.
sardinier, ière, adj. et n.
sardoine, n. f.
sardonique, adj.
sargasse, n. f.
sari, n. m.
sarigue, n. f.
sarisse, n. f.
S.A.R.L., sigle, n. f.
sarment, n. m.
sarmenteux, euse, adj.
sarong, n. m.
saros, n. m.
saroual ou séroual, n. m.
sarracenia, n. m. ou sarracénie, n. f.

sarrancolin ou sérancolin, n. m.
1. sarrasin, ine, adj. et n.
2. sarrasin, n. m.
sarrasine, n. f.
sarrau, n. m.
sarrette, n. f.
sarriette, n. f.
sarrois, oise, adj. et n.
sarrussophone, n. m.
sas, n. m.
sassafras, n. m.
sassement, n. m.
sasser, v. tr.
sasseur, euse, n.
satané, ée, adj.
satanique, adj.
satanisme, n. m.
satellisation, n. f.
satelliser, v. tr.
satellite, n. m.
satī, n. m. et adj. et n. f.
satiété, n. f.
satin, n. m.
satinage, n. m.
satiné, ée, adj. et n. m.
satiner, v. tr.
satinette, n. f.
satire, n. f.
satirique, adj.
satiriser, v. tr.
satiriste, n.
satisfaction, n. f.
satisfaire, v. tr., v. tr. indir., v. pron.
satisfaisant, ante, adj.
satisfait, aite, adj.
satisfecit, n. m. inv.
satrape, n. m.
satrapie, n. f.
saturabilité, n. f.
saturable, adj.
saturant, ante, adj.
saturateur, n. m.
saturation, n. f.
saturé, ée, adj.
saturer, v. tr.
saturnales, n. f. pl.
saturne, n. m.
saturnie, n. f.
saturnien, ienne, adj.
saturnin, ine, adj.
saturnisme, n. m.
satyre, n. m.
satyriasis, n. m.
satyrique, adj.
sauce, n. f.
saucé, ée, adj.
saucée, n. f.
saucer, v. tr.
saucier, n. m.
saucière, n. f.
sauciflard, n. m.
saucisse, n. f.
saucisson, n. m.
saucissonné, ée, adj.
saucissonner, v. intr.
1. sauf, sauve, adj.
2. sauf, prép.
sauf-conduit, n. m.
sauge, n. f.
saugrenu, ue, adj.
saulaie ou saussaie, n. f.
saule, n. m.
saulée, n. f.
saumâtre, adj.
saumon, n. m.
saumoné, ée, adj.
saumoneau, n. m.
saumurage, n. m.
saumure, n. f.
saumuré, ée, adj.
saumurer, v. tr.
sauna, n. m. ou f.
saunage, n. m. ou saunaison, n. f.
sauner, v. intr.
saunier, n. m.
saupiquet, n. m.
saupoudrage, n. m.
saupoudrer, v. tr.
saupoudreur, euse, adj. et n. f.
saur, adj. m.
-saure, -saurien, suff.
saurer, v. tr.
saurien, ienne, adj. et n. m. pl.
saurin, n. m.
sauripelviens, n. m. pl.
saurir, v. tr.
sauris, n. m.
saurissage, n. m.
saurisserie, n. f.
saurisseur, n. m.
saussaie ou saulaie, n. f.
saut, n. m.
saut-de-lit, n. m.
saut-de-loup, n. m.
saut-de-mouton, n. m.
saute, n. f.
sauté, ée, adj. et n. m.
saute-mouton, n. m. inv.
sauter, v. intr., v. tr.
sautereau, n. m.
sauterelle, n. f.
sauterie, n. f.
sauternes, n. m.
saute-ruisseau, n. m. inv.
sauteur, euse, n. et adj.
sauteuse, n. f.
sautillant, ante, adj.
sautillement, n. m.
sautiller, v. intr.
sautoir, n. m.
sauvage, adj. et n.
sauvagement, adv.
sauvageon, onne, n.
sauvagerie, n. f.
sauvagesse, n. f.
sauvagin, ine, adj. et n. m.
sauvagine, n. f.
sauvegarde, n. f.
sauvegarder, v. tr.
sauve-qui-peut, n. m. inv.
sauver, v. tr., v. pron.
sauvetage, n. m.
sauveté, n. f.
sauveteur, n. m.
sauvette (à la), loc. adv.
sauveur, n. m. et adj. m.
sauvignon, n. m.
savamment, adv.
savane, n. f.
savant, ante, adj. et n.
savarin, n. m.
savart, n. m.
savate, n. f.
savetier, n. m.
saveur, n. f.
1. savoir, v. tr., v. pron.
2. savoir, n. m.
savoir-faire, n. m. inv.
savoir-vivre, n. m. inv.
savoisien, ienne ou savoyard, arde, adj. et n.
savon, n. m.
savonnage, n. m.
savonner, v. tr.
savonnerie, n. f.
savonnette, n. f.
savonneux, euse, adj.
1. savonnier, ière, adj. et n.
2. savonnier, n. m.
savourer, v. tr.
savoureux, euse, adj.
savoyard, arde ou savoisien, ienne, adj. et n.
saxatile, adj.
saxe, n. m.
saxhorn, n. m.
saxi-, préf.
saxicole, adj.
saxifragacées, n. f. pl.
saxifrage, n. f.
saxo, abrév., n. m.
saxon, onne, adj. et n.
saxophone, n. m.
saxophoniste, n.
saynète, n. f.
sayon, n. m.
Sb, symbole
sbire, n. m.
Sc, symbole
scabieuse, n. f.
scabieux, ieuse, adj.
scabreux, euse, adj.
scaferlati, n. m.
1. scalaire, n. m.
2. scalaire, adj.
scalde, n. m.
scalène, adj. et n. m.
scalp, n. m.
scalpel, n. m.
scalper, v. tr.
scandale, n. m.
scandaleusement, adv.
scandaleux, euse, adj.
scandaliser, v. tr., v. pron.
scander, v. tr.
scandinave, adj. et n.
scandium, n. m.
scanner, n. m.
scan(n)ographe, n. m.
scan(n)ographie, n. f.
scansion, n. f.
scaphandre, n. m.
scaphandrier, n. m.
scaphite, n. m.
scaphoïde, adj. et n. m.
scapulaire, n. m. et adj.
scapulo-huméral, ale, aux, adj.
scarabée, n. m.
scarabéidés, n. m. pl.
scare, n. m.
scarieux, ieuse, adj.
scarifiage, n. m.
scarificateur, n. m.
scarification, n. f.
scarifier, v. tr.
scarlatine, n. f. et adj. f.
scarole ou escarole, n. f.
scat, n. m.
scato-, préf.
scatologie, n. f.
scatologique, adj.
scatophile, adj.
sceau, n. m.
sceau-de-salomon, n. m.
scélérat, ate, adj. et n.
scélératesse, n. f.
scellage, n. m.
scellé, n. m.
scellement, n. m.
sceller, v. tr.
scénario, n. m.
scénariste, n.
scène, n. f.
scénique, adj.
scénographie, n. f.
scénologie, n. f.

scepticisme, n. m.
sceptique, adj. et n.
sceptre, n. m.
schāh ou shāh, n. m.
schako ou shako, n. m.
schappe, n. m. ou f.
scheidage, n. m.
scheikh ou cheikh ou cheik, n. m.
schelem ou chelem, n. m.
schéma, n. m.
schématique, adj.
schématiquement, adv.
schématisation, n. f.
schématiser, v. tr.
schématisme, n. m.
schème, n. m.
schéol, n. m.
scherzando, adv.
scherzo, n. m. et adv.
schibboleth, n. m.
schiedam, n. m.
schilling, n. m.
schismatique, adj. et n.
schisme, n. m.
schiste, n. m.
schisteux, euse, adj.
schistoïde, adj.
schizo-, préf.
schizoïde, adj. et n.
schizoïdie, n. f.
schizophrène, n. et adj.
schizophrénie, n. f.
schlague, n. f.
schlamm, n. m.
schlass ou schlasse, adj. inv.
schlittage, n. m.
schlitte, n. f.
schlitter, v. tr.
schlitteur, n. m.
schnaps, n. m.
schnauzer, n. m.
schnock ou schnoque, adj. inv. et n.
schnorchel ou schnorkel, n. m.
scholiaste ou scoliaste, n. m.
scholie ou scolie, n. f.
schooner, n. m.
schorre, n. m.
schrapnel ou shrapnel(l), n. m.
schupo, n. m.
schuss, n. m. et adv.
sciage, n. m.
scialytique, adj. et n. m.
sciatique, adj. et n. f.
scie, n. f.
sciemment, adv.
science, n. f.
science-fiction, n. f.
sciène, n. f.
scientificité, n. f.
scientifique, adj. et n.
scientifiquement, adv.
scientisme, n. m.
scier, v. tr., v. intr.
scierie, n. f.
scieur, n. m.
scille, n. f.
scincidés, n. m. pl.
scinder, v. tr., v. pron.
scinque, n. m.
scintigramme ou scintillogramme, n. m.
scintigraphe ou scintillographe, n. m.
scintigraphie ou scintillographie, n. f.
scintillant, ante, adj.
scintillation, n. f.
scintillement, n. m.
scintiller, v. intr.
scintillogramme ou scintigramme, n. m.
scintillographe ou scintigraphe, n. m.
scintillographie ou scintigraphie, n. f.
scion, n. m.
sciotte, n. f.
scirpe, n. m.
scissile, adj.
scission, n. f.
scissionnisme, n. m.
scissionniste, adj. et n.
scissipare, adj.
scissiparité, n. f.
scissure, n. f.
sciure, n. f.
sciuridés, n. m. pl.
sclér(o)-, préf.
scléral, ale, aux, adj.
sclérenchyme, n. m.
scléreux, euse, adj.
sclérification, n. f.
sclérifié, ée, adj.
sclérodermie, n. f.
scléroprotéine, n. f.
sclérose, n. f.
sclérosé, ée, adj.
scléroser (se), v. pron.
sclérotique, n. f.
scolaire, adj. et n. m.
scolarisation, n. f.
scolariser, v. tr.
scolarité, n. f.
scolasticat, n. m.
scolastique, adj. et n.
scolex, n. m.
scoliaste ou scholiaste, n m.
scolie ou scholie, n.m. n. f.
scoliose, n. f.
scoliotique, adj. et n.
scolopendre, n. f.
scolyte, n. m.
scombridés, n. m. pl.
sconce ou scons ou sconse ou skons ou skunks ou skuns, n. m.
scoop, n. m.
scooter, n. m.
scootériste, n.
-scope, -scopie, -scopique, suff.
scopolamine, n. f.
scorbut, n. m.
scorbutique, adj. et n.
score, n. m.
scoriacé, ée, adj.
scorie, n. f.
scorpène, n. f.
scorpénidés, n. m. pl.
scorpion, n. m.
scorsonère, n. f.
scotch, n. m.
scotcher, v. tr.
scotch-terrier ou scottish-terrier, n. m.
scotie, n. f.
scotome, n. m.
scotomisation, n. f.
scotomiser, v. tr.
scottish, n. f.
scottish-terrier ou scotch-terrier, n. m.
scoured, adj. et n. m.
scout, e, n. et adj.
scoutisme, n. m.
scrabble, n. m.
scramasaxe, n. m.
scraper, n. m.
scratch, n. m. et adj. inv.
scribain ou scriban, n. m.
scribe, n. m.
scribouillard, arde, n.
script, n. m.
scripte, n. f. ou n. m.
scriptes, n. f. pl.
scripteur, n. m.
script-girl, n. f.
scripturaire, adj.
scriptural, ale, aux, adj.
scrofulaire, n. f.
scrofulariacées, n. f. pl.
scrofule, n. f.
scrofuleux, euse, adj. et n.
scrogneugneu !, interj. et n. m.
scrotal, ale, aux, adj.
scrotum, n. m.
scrub, n. m.
scrubber, n. m.
scrupule, n. m.
scrupuleusement, adv.
scrupuleux, euse, adj.
scrutateur, trice, adj. et n.
scruter, v. tr.
scrutin, n. m.
scull, n. m.
sculpter, v. tr.
sculpteur, n. m.
sculptural, ale, aux, adj.
sculpture, n. f.
scutellaire, n. f.
scutum, n. m.
scyllare, n. m.
scyphoméduses, n. f. pl.
scythe, adj. et n.
S.D.N., sigle
se, pron. pers.
Se, symbole
sea-line, n. m.
séance, n. f.
1. séant, n. m.
2. séant, ante, adj.
seau, n. m.
sébacé, ée, adj.
sébaste, n. m.
sébile, n. f.
sebk(h)a, n. f.
séborrhée, n. f.
séborrhéique, adj.
sébum, n. m.
sec, sèche, adj., n. et adv.
sécable, adj.
sécant, ante, adj. et n. f.
sécateur, n. m.
sécession, n. f.
sécessionniste, adj. et n.
séchage, n. m.
sèche, n. f.
sèche-cheveux, n. m. inv.
sèche-linge, n. m. inv.
sèchement, adv.
sécher, v. tr., v. intr., v. pron.
sécheresse, n. f.
sécherie, n. f.
sécheur, n. m. ou sécheuse, n. f.
séchoir, n. m.
second, onde, adj. et n.
1. secondaire, adj. et n.
2. secondaire, n. m.
seconde, n. f.
seconder, v. tr.
secouement, n. m.
secouer, v. tr., v. pron.
secoueur, n. m.

secourable, adj.
secourir, v. tr.
secourisme, n. m.
secouriste, n.
secours, n. m.
secousse, n. f.
1. secret, ète, adj.
2. secret, n. m.
secrétaire, n.
secrétairerie, n. f.
secrétariat, n. m.
secrète, n. f.
secrètement, adv.
secréter, v. tr.
sécréter, v. tr.
sécréteur, euse ou trice, adj.
sécrétine, n. f.
sécrétion, n. f.
sécrétoire, adj.
sectaire, n. et adj.
sectarisme, n. m.
sectateur, trice, n.
secte, n. f.
secteur, n. m.
section, n. f.
sectionnement, n. m.
sectionner, v. tr., v. pron.
sectionneur, n. m.
sectoriel, ielle, adj.
sectorisation, n. f.
séculaire, adj.
sécularisation, n. f.
séculariser, v. tr.
sécularité, n. f.
séculier, ière, adj. et n. m.
secundo, adv.
sécurisant, ante, adj.
sécuriser, v. tr.
sécurité, n. f.
sedan, n. m.
sédatif, ive, adj. et n. m.
sédation, n. f.
sédentaire, adj. et n.
sédentarisation, n. f.
sédentariser, v. tr., v. pron.
sédentarité, n. f.
sedia gestatoria, n. f.
sédiment, n. m.
sédimentaire, adj.
sédimentation, n. f.
sédimentologie, n. f.
sédimentométrie, n. f.
séditieux, ieuse, adj. et n.
sédition, n. f.
séducteur, trice, n. et adj.
séduction, n. f.
séduire, v. tr.
séduisant, ante, adj.
sedum, n. m.
sefaraddi ou sefardi, is ou im ou séfarade, n. m. et adj.
ségala, n. m.
segment, n. m.
segmentaire, adj.
segmentation, n. f.
segmenter, v. tr., v. pron.
ségrais, n. m.
ségrégatif, ive, adj.
ségrégation, n. f.
ségrégationnisme, n. m.
ségrégationniste, n. et adj.
séguedille, n. f.
seguia, n. f.
seiche, n. f.
séide, n. m.
seigle, n. m.
seigneur, n. m.
seigneuriage, n. m.
seigneurial, iale, iaux, adj.
seigneurie, n. f.
seille, n. f.
seillon, n. m.
seime, n. f.
sein, n. m.
seine ou senne, n. f.
seing, n. m.
séismal, ale, aux, adj.
séisme, n. m.
séismicité ou sismicité, n. f.
séismique ou sismique, adj.
séismographe ou sismographe, n. m.
séismologie ou sismologie, n. f.
seize, adj. et n. m. inv.
seizième, adj. et n.
seizièmement, adv.
séjour, n. m.
séjourner, v. intr.
sel, n. m.
sélacien, ienne, adj. et n. m. pl.
sélaginelle, n. f.
select, adj. inv. ou sélect, ecte, adj.
sélecter, v. tr.
sélecteur, trice, adj. et n. m.
sélectif, ive, adj.
sélection, n. f.
sélectionné, ée, adj. et n.
sélectionner, v. tr.
sélectionneur, euse, n.
sélectivement, adv.
sélectivité, n. f.
séléniate, n. m.
sélénieux, adj. m.
sélénique, adj. m.
1. sélénite, n. et adj.
2. sélénite, n. m.
séléniteux, euse, adj.
sélénium, n. m.
séléniure, n. m.
séléno-, préf.
sélénodonte, adj.
sélénographie, n. f.
sélénographique, adj.
sélénologie, n. f.
sélénologue, n.
self, abrév., n.
self-control, n. m.
self-government, n. m.
self-inductance, n. f.
self-induction, n. f.
self-made man, men, n. m.
self-service, n. m.
selle, n. f.
seller, v. tr.
sellerie, n. f.
sellette, n. f.
sellier, n. m.
selon, prép.
selva ou selve, n. f.
semailles, n. f. pl.
semaine, n. f.
semainier, ière, n.
sémantème, n. m.
sémanticien, ienne, n.
sémantique, n. f. et adj.
sémaphore, n. m.
sémasiologie, n. f.
semblable, adj. et n.
semblant, n. m.
sembler, v. intr., v. impers.
sème, n. m.
séméio- ou sémio-, préf.
séméiologie ou sémiologie, n. f.
séméiotique ou sémiotique, n. et adj.
semelle, n. f.
semence, n. f.
semen-contra, n. m. inv.
semer, v. tr.
semestre, n. m.
semestriel, ielle, adj.
semestriellement, adv.
semeur, euse, n.
semi-, préf.
semi-argenté, ée, adj.
semi-aride, adj.
semi-automatique, adj.
semi-chenillé, ée, adj. et n. m.
semi-circulaire, adj.
semi(-)conducteur, trice, adj. et n. m.
semi-consonne, n. f.
semi-fini, ie, adj.
semi-liberté, n. f.
sémillant, ante, adj.
sémillon, n. m.
semi-lunaire, adj. et n. m.
semi-métal, n. m.
séminaire, n. m.
séminal, ale, aux, adj.
séminariste, n. m.
séminifère, adj.
semi-nomade, adj. et n.
semi-nomadisme, n. m.
sémio- ou séméio-, préf.
semi-occlusif, ive, adj. et n. f.
sémiologie ou séméiologie, n. f.
sémiologique ou séméiologique, adj.
sémioticien, ienne, n.
sémiotique ou séméiotique, n. f. et adj.
semi-ouvré, ée, adj.
semi-perméable, adj.
semi-produit, n. m.
sémique, adj.
semi-remorque, n. f. et n. m.
semis, n. m.
sémite, adj. et n.
sémitique, adj.
semi-voyelle, n. f.
semnopithèque, n. m.
semoir, n. m.
semonce, n. f.
semoncer, v. tr.
semoule, n. f.
semper virens, n. m. et adj. inv.
sempiternel, elle, adj.
sempiternellement, adv.
sen, n. m.
sénat, n. m.
sénateur, n. m.
sénatorerie, n. f.
sénatus-consulte, n. m.
séné, n. m.
sénéchal, aux, n. m.
sénéchaussée, n. f.
séneçon, n. m.
sénégalais, aise, adj. et n.
sénescence, n. f.
sénescent, ente, adj.
senestre ou sénestre, adj.
sénestrochère, n. m.
sénevé, n. m.
sénile, adj.
sénilité, n. f.
senior, n. et adj.
senne ou seine, n. f.
senorita, n. m.
sens, n. m.
sensation, n. f.
sensationnel, elle, adj. et n. m.
sensé, ée, adj.
sensément, adv.
sensibilisateur, trice, adj. et n.
sensibilisation, n. f.

sensibiliser, v. tr.
sensibilité, n. f.
sensible, adj.
sensiblement, adv.
sensiblerie, n. f.
sensitif, ive, adj. et n.
sensitive, n. f.
sensitivo-moteur, trice, adj.
sensitomètre, n. m.
sensitométrie, n. f.
sensitométrique, adj.
sensoriel, ielle, adj.
sensorimoteur ou senso-rimoteur, trice, adj.
sensualisme, n. m.
sensualiste, n. et adj.
sensualité, n. f.
sensuel, elle, adj. et n.
sente, n. f.
sentence, n. f.
sentencieusement, adv.
sentencieux, ieuse, adj.
senteur, n. f.
senti, ie, adj.
sentier, n. m.
sentiment, n. m.
sentimental, ale, aux, adj. et n.
sentimentalement, adv.
sentimentalisme, n. m.
sentimentalité, n. f.
sentine, n. f.
sentinelle, n. f.
sentir, v. tr., v. pron.
seoir, v. intr., v. impers.
séoudien ou saoudien, ienne, adj. et n.
sep ou cep, n. m.
sépale, n. m.
sépaloïde, adj.
séparable, adj.
séparateur, trice, adj. et n. m.
séparation, n. f.
séparatisme, n. m.
séparatiste, n. et adj.
séparé, ée, adj.
séparément, adv.
séparer, v. tr., v. pron.
sépia, n. f.
sépiolite, n. f.
seps, n. m.
sept, adj. et n. m. inv.
septain, n. m.
septante, adj. et n. m. pl.
septantième, adj.
septembral, ale, aux, adj.
septembre, n. m.
septembriseur, n. m.
septemvir, n. m.
septennal, ale, aux, adj.
septennalité, n. f.
septennat, n. m.
septentrion, n. m.
septentrional, ale, aux, adj.
septicémie, n. f.
septicémique, adj.
septicité, n. f.
septidi, n. m.
septième, adj. et n.
septièmement, adv.
septime, n. f.
septimo, adv.
septique, adj.
septmoncel, n. m.
septuagénaire, adj. et n.
septuagésime, n. f.
septum, n. m.
septuor, n. m.
septuple, adj. et n. m.
septupler, v. tr., v. intr.
sépulcral, ale, aux, adj.
sépulcre, n. m.
sépulture, n. f.
séquelle, n. f.
séquence, n. f.
séquenceur, n. m.
séquentiel, ielle, adj.
séquestration, n. f.
séquestre, n. m.
séquestré, ée, adj.
séquestrer, v. tr.
sequin, n. m.
séquoia, n. m.
sérac, n. m.
sérail, n. m.
sérancer, v. tr.
sérancolin ou sarrancolin, n. m.
serapeum, n. m.
séraphin, n. m.
séraphique, adj.
serbe, adj. et n.
serbo-croate, adj. et n.
serdāb, n. m.
1. serein, eine, adj.
2. serein, n. m.
sereinement, adv.
sérénade, n. f.
sérénissime, adj.
sérénité, n. f.
séreux, euse, adj. et n. f.
serf, serve, n. et adj.
serfouette, n. f.
serfouir, v. tr.
serfouissage, n. m.
serge, n. f.
sergé, n. m.
sergent, n. m.
sergent-chef, n. m.
sergent-major, n. m.
sergette, n. f.
sérialisme, n. m.
sérici-, préf.
séricicole, adj.
sériciculteur, n. m.
sériciculture, n. f.
séricigène, adj.
séricite, n. f.
série, n. f.
sériel, elle, adj.
sérier, v. tr.
sérieusement, adv.
sérieux, ieuse, adj. et n. m.
sérigraphie, n. f.
serin, n. m. et adj.
serine, n. f.
sérine, n. f
seriner, v. tr.
serinette, n. f.
seringa ou seringat, n. m.
seringage, n. m.
seringue, n. f.
seringuer, v. tr.
seringuero, n. m.
sérique, adj.
serment, n. m.
sermon, n. m.
sermonnaire, n. m.
sermonner, v. tr.
sermonneur, euse, n.
séro-, préf.
sérodiagnostic, n. m.
sérologie, n. f.
sérologique, adj.
sérosité, n. f.
sérothérapie, n. f.
sérothérapique, adj.
sérotonine, n. f.
séroual ou saroual, n. m.
sérovaccination, n. f.
serpe, n. f.
serpent, n. m.
1. serpentaire, n. f.
2. serpentaire, n. m.
serpenteau, n. m.
serpenter, v. intr.
1. serpentin, ine, adj.
2. serpentin, n. m.
serpentine, n. f.
serpette, n. f.
serpigineux, euse, adj.
serpillière, n. f.
serpolet, n. m.
serpule, n. f.
serrage, n. m.
serran, n. m.
serrate, adj.
serratule, n. f.
serre, n. f.
serré, ée, adj. et adv.
serre-câbles, n. m. inv.
serre-file, n. m.
serre-fils, n. m. inv.
serre-frein(s), n. m. inv.
serre-joint(s), n. m. inv.
serre-livres, n. m. inv.
serrement, n. m.
serrer, v. tr., v. intr., v. pron.
serre-tête, n. m. inv.
serriste, n.
serrure, n. f.
serrurerie, n. f.
serrurier, n. m.
sertão, n. m.
serte, n. f.
sertir, v. tr.
sertissage, n. m.
sertisseur, euse, n.
sertissure, n. f.
sérum, n. m.
sérum-albumine, n. f.
sérum-globuline, n. f.
servage, n. m.
serval, n. m.
servant, adj. m. et n. m.
servante, n. f.
serve, n. et adj.
serveur, euse, n.
serviabilité, n. f.
serviable, adj.
service, n. m.
serviette, n. f.
serviette-éponge, n. f.
servile, adj.
servilement, adv.
servilité, n. f.
servir, v. tr., v. tr. indir., v. pron.
serviteur, n. m.
servitude, n. f.
servo-, préf.
servocommande, n. f.
servodirection, n. f.
servofrein, n. m.
servomécanisme, n. m.
servomoteur, n. m.
servovalve, n. f.
ses, adj. poss. pl.
sésame, n. m.
sésamoïde, adj.
sesbania ou sesbanie, n. f.
sesquioxyde, n. m.
sessile, adj.
session, n. f.
sesterce, n. m.
set, n. m.
sétacé, ée, adj.
setier, n. m.
séton, n. m.

setter, n. m.
seuil, n. m.
seul, seule, adj. et n.
seulement, adv.
seulet, ette, adj.
sève, n. f.
sévère, adj.
sévèrement, adv.
sévérité, n. f.
sévices, n. m. pl.
sévir, v. intr.
sevrage, n. m.
sevrer, v. tr.
sèvres, n. m.
sévrienne, n. f.
sexagénaire, adj. et n.
sexagésimal, ale, aux, adj.
sexagésime, n. f.
sex-appeal, n. m.
sexe, n. m.
sexisme, n. m.
sexiste, adj. et n.
sexologie, n. f.
sexologue, n.
sex-shop, n. m. ou n. f.
sextant, n. m.
sexte, n. f.
sextidi, n. m.
sextine, n. f.
sexto, adv.
sextolet, n. m.
sextuor, n. m.
sextuple, adj. et n. m.
sextupler, v. tr., v. intr.
sexualité, n. f.
sexué, ée, adj.
sexuel, elle, adj.
sexuellement, adv.
sexy, adj. inv.
seyant, ante, adj.
sézigue, pron. pers.
sforzando, adv.
sfumato, n. m.
sgraffite, n. m.
shāh ou schāh ou chāh, n. m.
shake-hand, n. m. inv.
shaker, n. m.
shakespearien, ienne, adj.
shako ou schako, n. m.
shamp(o)oing, n. m.
shampooiner ou shampouiner, v. tr.
shampooineur ou shampouineur, euse, n.
shampouiner ou shampooiner, v. tr.
shampouineur ou shampooineur, euse, n.
shantung ou chantoung, n. m.
shed, n. m.
shekel, n. m.
shérif, n. m.
sherpa, n. m.
sherry, n. m.
shetland, n. m.
shilling, n. m.
shimmy, n. m.
shintō, n. m.
shintoïsme, n. m.
shintoïste, adj. et n.
shipchandler, n. m.
shirting, n. m.
shog(o)un, n. m.
shog(o)unal, ale, aux, adj.
shog(o)unat, n. m.
shoot, n. m.
shooter, v. intr., v. tr., v. pron.
shopping, n. m.
short, n. m.
show, n. m.
showbiz, abrév., n. m.
show-business, n. m.
shrapnel(l) ou schrapnel, n. m.
shunt, n. m.
shuntage, n. m.
shunter, v. tr.
Si, symbole
1. si, conj. et n. m. inv.
2. si, n. m. inv.
3. si, adv.
sial, n. m.
sialorrhée, n. f.
siamois, oise, adj. et n.
sibérien, ienne, adj. et n.
sibilant, ante, adj.
sibylle, n. f.
sibyllin, ine, adj.
sic, adv.
sicaire, n. m.
sicav, n. f. inv.
siccatif, ive, adj. et n. m.
siccité, n. f.
sicilien, ienne, adj. et n.
sicle, n. m.
SIDA, n. m.
side-car, n. m.
sidér(o)-, préf.
sidéral, ale, aux, adj.
sidérant, ante, adj.
sidération, n. f.
sidérer, v. tr.
sidérite, n. f.
sidérolithique ou sidérolitique, adj.
sidérose, n. f.
sidérostat, n. m.
sidéroxylon, n. m.
sidérurgie, n. f.
sidérurgique, adj.
sidérurgiste, n.
siècle, n. m.
siège, n. m.
siéger, v. intr.
siemens, n. m.
sien, sienne, adj. poss., pron. poss. et n.
sierra, n. f.
sieste, n. f.
sieur, n. m.
sievert, n. m.
sifflant, ante, adj.
sifflement, n. m.
siffler, v. intr., v. tr.
sifflet, n. m.
siffleur, euse, adj. et n.
sifflotement, n. m.
siffloter, v. intr., v. tr.
sifilet, n. m.
1. sigillaire, adj.
2. sigillaire, n. f.
sigillé, ée, adj.
sigillographie, n. f.
sigillographique, adj.
sigisbée, n. m.
siglaison, n. f.
sigle, n. m.
sigma, n. m.
sigmoïde, adj.
signal, aux, n. m.
signalé, ée, adj.
signalement, n. m.
signaler, v. tr., v. pron.
signalétique, adj.
signalisation, n. f.
signaliser, v. tr.
signataire, n.
signature, n. f.
signe, n. m.
signer, v. tr., v. pron.
signet, n. m.
signifiant, iante, adj. et n. m.
significatif, ive, adj.
signification, n. f.
signifié, n. m.
signifier, v. tr.
sikh, n. et adj.
sil, n. m.
silence, n. m.
silencieusement, adv.
1. silencieux, ieuse, adj.
2. silencieux, n. m.
silène, n. m.
silentbloc, n. m.
silex, n. m.
silhouette, n. f.
silhouetter, v. tr., v. pron.
silicate, n. m.
silice, n. f.
siliceux, euse, adj.
silicico- ou silico-, préf.
silicicole, adj.
silicique, adj.
silicium, n. m.
siliciure, n. m.
silico- ou silicico-, préf.
silicone, n. f.
silicose, n. f.
silicotique, adj.
silicule, n. f.
silique, n. f.
sillage, n. m.
sillet, n. m.
sillon, n. m.
sillonner, v. tr.
silo, n. m.
silotage, n. m.
silphe, n. m.
silure, n. m.
silurien, ienne, adj. et n. m.
silvaner, n. m.
silves, n. f. pl.
sima, n. m.
simagrées, n. f. pl.
simarre, n. f.
simaruba, n. m.
simarubacées, n. f. pl.
simien, ienne, adj. et n. m. pl.
simiesque, adj.
simil(i)-, préf.
similaire, adj.
similarité, n. f.
simili, abrév., n. m. ou n. f.
similigravure, n. f.
similitude, n. f.
simoniaque, adj. et n.
simonie, n. f.
simoun, n. m.
1. simple, adj.
2. simple, n. m.
simplement, adv.
simples, n. m. pl.
simplet, ette, adj. et n.
simplexe, n. m.
simplicité, n. f.
simplifiable, adj.
simplificateur, trice, adj.
simplification, n. f.
simplifier, v. tr.
simplisme, n. m.
simpliste, adj. et n.
simulacre, n. m.
simulateur, trice, n.
simulation, n. f.
simulé, ée, adj.
simuler, v. tr.
simulie, n. f.
simultané, ée, adj.
simultanéisme, n. m.

simultanéité, n. f.
simultanément, adv.
sin, abrév.
sin(o)-, préf.
sinanthrope, n. m.
sinapisé, ée, adj.
sinapisme, n. m.
sincère, adj.
sincèrement, adv.
sincérité, n. f.
sincipital, ale, aux, adj.
sinciput, n. m.
sinécure, n. f.
sine die, loc. adv.
sine qua non, loc. adj.
singalette, n. f.
singe, n. m.
singer, v. tr.
singerie, n. f.
single, n. m. et adj.
singleton, n. m.
singulariser, v. tr., v. pron.
singularité, n. f.
singulet, n. m.
1. singulier, ière, adj.
2. singulier, n. m.
sinigroside, n. m.
sinisation, n. f.
siniser, v. tr., v. pron.
1. sinistre, adj.
2. sinistre, n. m.
sinistré, ée, adj. et n.
sinistrose, n. f.
sino-, préf.
sinologie, n. f.
sinologue, n.
sinon, conj.
sinople, n. m.
sinoque, adj. et n.
sinueux, euse, adj.
sinuosité, n. f.
sinus, n. m.
sinusite, n. f.
sinusoïdal, ale, aux, adj.
sinusoïde, n. f.
sionisme, n. m.
sioniste, adj. et n.
sioux, n. et adj. inv.
siphoïde, adj.
siphomycètes, n. m. pl.
siphon, n. m.
siphonaptères, n. m. pl.
siphonné, ée, adj.
siphonner, v. tr.
siphonophores, n. m. pl.
sirdar, n. m.
sire, n. m.
sirène, n. f.
siréniens, n. m. pl.
sirex, n. m.
sirli, n. m.
sirocco, n. m.
sirop, n. m.
siroter, v. tr.
sirupeux, euse, adj.
sirvente ou sirventès, n. m.
sis, sise, adj.
sisal, n. m.
sismicité ou séismicité, n. f.
sismique ou séismique, adj.
sismogramme, n. m.
sismographe ou séismographe, n. m.
sismologie ou séismologie, n. f.
sister-ship, n. m.
sistre, n. m.
sisymbre, n. m.
sitar, n. m.
site, n. m.
sit-in, n. m. inv.
sitôt, adv.
sittelle, n. f.
situation, n. f.
situationnisme, n. m.
situer, v. tr.
sivaïsme, n. m.
six, adj. et n. m.
sixain ou sizain, n. m.
six-huit, n. m. inv.
sixième, adj. et n.
six-quatre-deux (à la), loc. adv.
sixte, n. f.
sizain ou sixain, n. m.
sizerin, n. m.
ska, n. m.
skaï, n. m.
skate-board, n. m.
sketch, n. m.
ski, n. m.
skiable, adj.
skiascopie, n. f.
skier, v. intr.
skieur, euse, n.
skiff, n. m.
skinhead, n. m.
skipper, n. m.
skons ou skunks ou skuns ou sconse ou scons, ou sconce, n. m.
skye-terrier, n. m.
slalom, n. m.
slalomer, v. intr.
slalomeur, euse, n.
slang, n. m.
slave, adj. et n.
slavisant, ante, n. et adj.
slaviser, v. tr.
slavistique, n. f.
slavon, n. m.
sleeping, n. m.
slikke, n. f.
slip, n. m.
slogan, n. m.
sloop, n. m.
sloughi, n. m.
slovaque, adj. et n.
slovène, adj. et n.
slow, n. m.
Sm, symbole
smala ou smalah, n. f.
smalt, n. m.
smaltine, n. f.
smaragdin, ine, adj.
smaragdite, n. f.
smart, adj. inv.
smash, n. m.
smasher, v. intr.
smectique, adj.
S.M.I.C., sigle et n. m..
smicard, arde, n.
smille, n. f.
smiller, v. tr.
smithsonite, n. f.
smocks, n. m. pl.
smog, n. m.
smoking, n. m.
snack ou snack-bar, n. m.
snob, n. et adj.
snober, v. tr.
snobinard, arde, n. et adj.
snobisme, n. m.
snow-boot, n. m.
sobre, adj.
sobrement, adv.
sobriété, n. f.
sobriquet, n. m.
soc, n. m.
sociabilité, n. f.
sociable, adj.
social, iale, iaux, adj. et n. m.
social-démocrate, adj. et n.
social-démocratie, n. f.
socialement, adv.
socialisant, ante, adj. et n.
socialisation, n. f.
socialiser, v. tr.
socialisme, n. m.
socialiste, adj. et n.
sociétaire, adj. et n.
sociétariat, n. m.
société, n. f.
socinianisme, n. m.
socio-, préf.
socioculturel, elle, adj.
sociodrame, n. m.
socio-économique, adj.
socio-éducatif, ive, adj.
sociogramme, n. m.
sociolinguiste, n.
sociolinguistique, n. f. et adj.
sociologie, n. f.
sociologique, adj.
sociologue, n.
sociométrie, n. f.
socioprofessionnel, elle, adj. et n.
socle, n. m.
socque, n. m.
socquette, n. f.
socratique, adj.
soda, n. m.
sodé, ée, adj.
sodique, adj.
sodium, n. m.
sodoku, n. m.
sodomie, n. f.
sodomiser, v. tr.
sodomite, n. m.
sœur, n. f.
sœurette, n. f.
sofa, n. m.
soffioni, n. m. pl.
soffite, n. m.
software, n. m.
soi, pron. pers. et n. m.
soi-disant, adj. inv.
soie, n. f.
soierie, n. f.
soif, n. f.
soiffard, arde, adj. et n.
soignant, ante, adj. et n.
soigné, ée, adj.
soigner, v. tr., v. intr., v. pron.
soigneur, n. m.
soigneusement, adv.
soigneux, euse, adj.
soin, n. m.
soir, n. m.
soirée, n. f.
soit, conj. et adv.
soit-communiqué, n. m.
soixantaine, n. f.
soixante, adj. et n. m. inv.
soixante-dix, adj. et n. m. inv.
soixante-dixième, adj. et n.
soixante-huitard, arde, adj. et n.
soixantième, adj. et n.
soja ou soya, n. m.
sol, n. m.
solaire, adj.
solanacées ou solanées, n. f. pl.
solarigraphe, n. m.
solarisation, n. f.
solariser, v. tr.
solarium, n. m.

soldanelle, n. f.
soldat, n. m.
soldate, n. f.
soldatesque, adj. et n. f.
1. solde, n. f.
2. solde, n. m.
solder, v. tr., v. pron.
soldeur, euse, n.
sole, n. f.
soléaire, adj. et n. m.
solécisme, n. m.
soleil, n. m.
solen, n. m.
solennel, elle, adj.
solennellement, adv.
solenniser, v. tr.
solennité, n. f.
solénodonte, n. m.
solénoïde, n. m.
soleret, n. m.
solfatare, n. f.
solfège, n. m.
solfier, v. tr.
solidage, n. f.
solidaire, adj.
solidairement, adv.
solidariser (se), v. pron.
solidarité, n. f.
solide, adj. et n. m.
solidement, adv.
solidification, n. f.
solidifier, v. tr., v. pron.
solidité, n. f.
solifluxion, n. f.
soliloque, n. m.
soliloquer, v. intr.
solin, n. m.
solipède, adj. et n. m. pl.
solipsisme, n. m.
soliste, n.
1. solitaire, adj. et n.
2. solitaire, n. m.
solitude, n. f.
solive, n. f.
soliveau, n. m.
sollicitation, n. f.
solliciter, v. tr.
solliciteur, euse, n.
sollicitude, n. f.
solo, n. m.
solstice, n. m.
solsticial, iale, iaux, adj.
solubilisation, n. f.
solubiliser, v. tr.
solubilité, n. f.
soluble, adj.
soluté, n. m.
solution, n. f.
solutionner, v. tr.
solutréen, éenne, adj. et n. m.
solvabilité, n. f.
solvable, adj.
solvant, n. m.
solvatation, n. f.
solvolyse, n. f.
soma, n. m.
somali, e, adj. et n.
somalien, ienne, adj. et n.
somation, n. f.
somatique, adj.
somatisation, n. f.
somatiser, v. tr.
somato-, préf.
somatostatine, n. f.
somatotrope, adj.
somatotrophine, n. f.
sombre, adj.
sombrer, v. intr.
sombrero, n. m.
-some, suff.
somesthésie, n. f.
sommable, adj.
sommaire, adj. et n. m.
sommairement, adv.
sommation, n. f.
1. somme, n. f.
2. somme, n. m.
sommeil, n. m.
sommeiller, v. intr.
sommeilleux, euse, adj. et n.
sommelier, ière, n.
sommellerie, n. f.
sommer, v. tr.
sommet, n. m.
sommier, n. m.
sommité, n. f.
somnambule, n. et adj.
somnambulique, adj.
somnambulisme, n. m.
somnifère, adj. et n. m.
somnolence, n. f.
somnolent, ente, adj.
somnoler, v. intr.
somptuaire, adj.
somptueusement, adv.
somptueux, euse, adj.
somptuosité, n. f.
1. son, sa, ses, adj. poss.
2. son, n. m.
sonar, n. m.
sonate, n. f.
sonatine, n. f.
sondage, n. m.
sonde, n. f.
sonder, v. tr.
sondeur, euse, adj. et n.
songe, n. m.
songe-creux, n. m. inv.
songer, v. tr. indir.
songerie, n. f.
songeur, euse, n. et adj.
sonique, adj.
sonnaille, n. f.
1. sonnailler, n. m.
2. sonnailler, v. intr.
sonnant, ante, adj.
sonné, ée, adj.
sonner, v. intr., v. tr. indir., v. tr.
sonnerie, n. f.
sonnet, n. m.
sonnette, n. f.
sonneur, n. m.
sono-, préf.
sono, abrév., n. f.
sonomètre, n. m.
sonore, adj.
sonorisation, n. f.
sonoriser, v. tr., v. pron.
sonorité, n. f.
sonothèque, n. f.
sophisme, n. m.
sophiste, n. m.
sophistication, n. f.
sophistique, adj. et n. f.
sophistiqué, ée, adj.
sophistiquer, v. tr.
sophora, n. m.
sophrologie, n. f.
soporifique, adj. et n. m.
sopraniste, n. m.
soprano, n.
sorbe, n. f.
sorbet, n. m.
sorbetière, n. f.
sorbier, n. m.
sorbitol, n. m.
sorbonnard, arde, n. et adj.
sorcellerie, n. f.
sorcier, ière, n.
sordide, adj.
sordidité, n. f.
sore, n. m.
sorgho ou sorgo, n. m.
soricidés, n. m. pl.
sorite, n. m.
sornette, n. f.
sororal, ale, aux, adj.
sororat, n. m.
sort, n. m.
sortable, adj.
sortant, ante, adj. et n. m.
sorte, n. f.
sortie, n. f.
sortilège, n. m.
1. sortir, v. intr., v. tr., v. pron.
2. sortir, n. m.
S.O.S., n. m.
sosie, n. m.
sostenuto, adv.
sot, sotte, adj. et n.
sotch, n. m.
sotériologie, n. f.
sotie, n. f.
sot-l'y-laisse, n. m. inv.
sottement, adv.
sottise, n. f.
sottisier, n. m.
sou, n. m.
souahéli, ie ou swahili, ie, adj. et n. m.
soubassement, n. m.
soubresaut, n. m.
soubrette, n. f.
soubreveste, n. f.
souche, n. f.
souchet, n. m.
souchette, n. f.
sou-chong, n. m.
souci, n. m.
soucier, v. tr., v. pron.
soucieusement, adv.
soucieux, ieuse, adj.
soucoupe, n. f.
soudable, adj.
soudage, n. m.
soudain, aine, adj. et adv.
soudainement, adv.
soudaineté, n. f.
soudan, n. m.
soudanais, aise, adj. et n.
soudant, ante, adj.
soudard, n. m.
soude, n. f.
souder, v. tr., v. pron.
soudeur, euse, n.
soudier, ière, adj. et n.
soudoyer, v. tr.
soudure, n. f.
soue, n. f.
soufflage, n. m.
soufflant, ante, adj. et n.
soufflard, n. m.
souffle, n. m.
1. soufflé, n. m.
2. soufflé, ée, adj.
soufflement, n. m.
souffler, v. intr., v. tr. indir., v. tr. dir.
soufflerie, n. f.
soufflet, n. m.
souffleter, v. tr.
souffleur, euse, n.
soufflure, n. f.
souffrance, n. f.
souffrant, ante, adj.
souffre-douleur(s), n. m. inv.
souffreteux, euse, adj.
souffrir, v. intr., v. tr., v. pron.
soufisme, n. m.

soufrage, n. m.
soufre, n. m.
soufré, ée, adj.
soufrer, v. tr.
soufreur, euse, n.
soufrière, n. f.
souhait, n. m.
souhaitable, adj.
souhaiter, v. tr.
souillard, n. m.
souillarde, n. f.
souille, n. f.
souiller, v. tr., v. pron.
souillon, n.
souillure, n. f.
souï-manga ou
souïmanga, n. m.
souk, n. m.
soûl, soûle ou saoul,
saoule, adj.
soulagement, n. m.
soulager, v. tr., v. pron.
soûlant, ante, adj.
soûlard, arde, n.
soûlaud, aude ou soûlot,
ote, n.
soûler ou saouler, v. tr.,
v. pron.
soûlerie, n. f.
soulèvement, n. m.
soulever, v. tr., v. pron.
soulier, n. m.
soulignage ou souli-
gnement, n. m.
souligner, v. tr.
soûlographie, n. f.
soûlot, ote ou soûlaud,
aude, n.
soulte, n. f.
soumettre, v. tr., v. pron.
soumis, ise, adj.
soumission, n. f.
soumissionnaire, n.
soumissionner, v. tr.
soupape, n. f.
soupçon, n. m.
soupçonnable, adj.
soupçonner, v. tr.
soupçonneux, euse, adj.
soupe, n. f.
soupente, n. f.
1. souper, n. m.
2. souper, v. intr.
soupeser, v. tr.
soupière, n. f.
soupir, n. m.
soupirail, aux, n. m.
soupirant, ante, adj. et n. m.
soupirer, v. intr., v. tr.
souple, adj.
souplesse, n. f.
souquenille, n. f.
souquer, v. tr., v. pron., v. intr.
sourate ou surate, n. f.
source, n. f.
sourcier, ière, n.
sourcil, n. m.
sourcilier, ière, adj.
sourciller, v. intr.
sourcilleux, euse, adj.
sourd, sourde, adj. et n.
sourdement, adv.
sourdine, n. f.
sourd-muet, sourde-
muette, n. et adj.
sourdre, v. intr.
souriant, iante, adj.
souriceau, n. m.
souricière, n. f.
1. sourire, v. intr.
2. sourire, n. m.
souris, n. f.
sournois, oise, adj. et n.
sournoisement, adv.
sournoiserie, n. f.
sous, prép.
sous-alimentation, n. f.
sous-alimenté, ée, adj.
sous-arbrisseau, n. m.
sous-arrondissement, n. m.
sous-barbe, n. f.
sous-bois, n. m. inv.
sous-brigadier, n. m.
sous-chef, n. m.
sous-classe, n. f.
sous-clavier, ière, adj.
sous-commission, n. f.
sous-comptoir, n. m.
sous-consommation, n. f.
sous-continent, n. m.
souscripteur, trice, n.
souscription, n. f.
souscrire, v. tr. dir, v. tr. indir.
sous-cutané, ée, adj.
sous-développé, ée, adj. et n.
sous-développement, n. m.
sous-diaconat, n. m.
sous-diacre, n. m.
sous-directeur, trice, n.
sous-dominante, n. f.
sous-embranchement, n. m.
sous-emploi, n. m.
sous-ensemble, n. m.
sous-entendre, v. tr.
sous-entendu, n. m.
sous-entrepreneur, n. m.
sous-équipé, ée, adj.
sous-espèce, n. f.
sous-estimation, n. f.
sous-estimer, v. tr.
sous-évaluer, v. tr.
sous-exposer, v. tr.
sous-exposition, n. f.
sous-famille, n. f.
sous-fifre, n. m.
sous-garde, n. f.
sous-gorge, n. f. inv.
sous-gouverneur, n. m.
sous-groupe, n. m.
sous-homme, n. m.
sous-ingénieur, n. m.
sous-intendant, ante, n.
sous-jacent, ente, adj.
sous-lieutenant, n. m.
sous-locataire, n.
sous-location, n. f.
sous-louer, v. tr.
sous-main, n. m. inv.
sous-maître, esse, n.
sous-marin, ine, adj. et n. m.
sous-marinier, n. m.
sous-maxillaire, adj.
sous-multiple, adj. et n. m.
sous-nappe, n. f.
sous-normale, n. f.
sous-occipital, ale, aux,
adj.
sous-œuvre, n. m.
sous-off, abrév., n. m.
sous-officier, n. m.
sous-orbitaire, adj.
sous-ordre, n. m.
sous-palan (en), loc. adj.
sous-payer, v. tr.
sous-peuplé, ée, adj.
sous-peuplement, n. m.
sous-pied, n. m.
sous-préfectoral, ale,
aux, adj.
sous-préfecture, n. f.
sous-préfet, n. m.
sous-préfète, n. f.
sous-production, n. f.
sous-produit, n. m.
sous-prolétaire, adj. et n.
sous-prolétariat, n. m.
sous-race, n. f.
sous-secrétaire, n. m.
sous-secrétariat, n. m.
sous-seing, n. m. inv.
soussigné, ée, adj.
sous-sol, n. m.
sous-station, n. f.
sous-tangente, n. f.
sous-tasse, n. f.
sous-tendre, v. tr.
sous-tension, n. f.
sous-titre, n. m.
sous-titrer, v. tr.
soustractif, ive, adj.
soustraction, n. f.
soustraire, v. tr., v. pron.
sous-traitance, n. f.
sous-traitant, ante, adj. et
n. m.
sous-traiter, v. intr., v. tr.
sous-ventrière, n. f.
sous-verge, n. m. inv.
sous-verre, n. m. inv.
sous-vêtement, n. m.
sous-virer, v. intr.
sous-vireur, euse, adj.
soutache, n. f.
soutacher, v. tr.
soutane, n. f.
soutanelle, n. f.
soute, n. f.
soutenance, n. f.
soutenant, n. m.
soutènement, n. m.
souteneur, n. m.
soutenir, v. tr., v. pron.
soutenu, ue, adj.
souterrain, aine, adj. et n. m.
soutien, n. m.
soutien-gorge, n. m.
soutier, n. m.
soutirage, n. m.
soutirer, v. tr.
soûtra ou sûtra ou sutra,
n. m.
souvenance, n. f.
1. souvenir, v. intr., v. pron.
2. souvenir, n. m.
souvent, adv.
1. souverain, aine, adj.
2. souverain, n. m.
souveraineté, n. f.
soviet, n. m.
soviétique, adj. et n.
soviétisation, n. f.
soviétiser, v. tr.
sovkhoze, n. m.
soya ou soja, n. m.
soyeux, euse, adj. et n. m.
spacieux, ieuse, adj.
spadassin, n. m.
spadice, n. m.
spaghetti, n. m. pl.
spahi, n. m.
spalax, n. m.
spallation, n. f.
spalter, n. m.
sparadrap, n. m.
spardeck, n. m.
sparganier, n. m.
sparring-partner, n. m.
spart ou sparte, n. m.
spartakisme, n. m.
spartakiste, n.

spartéine, n. f.
sparterie, n. f.
spartiate, adj. et n.
spartiates, n. f. pl.
spasme, n. m.
spasmodique, adj.
spatangue, n. m.
spath, n. m.
spathe, n. f.
spathique, adj.
spatial, iale, iaux, adj.
spatialisation, n. f.
spatialiser, v. tr.
spatialité, n. f.
spationaute, n.
spationautique, n. f.
spationef, n. m.
spatio-temporel, elle, adj.
spatule, n. f.
spatulé, ée, adj.
speaker, n. m.
spécial, iale, iaux, adj.
spécialement, adv.
spécialisation, n. f.
spécialisé, ée, adj.
spécialiser, v. tr., v. pron.
spécialiste, n. et adj.
spécialité, n. f.
spéciation, n. f.
spécieux, ieuse, adj.
spécification, n. f.
spécificité, n. f.
spécifier, v. tr.
spécifique, adj.
spécifiquement, adv.
spécimen, n. m.
spéciosité, n. f.
spectacle, n. m.
spectaculaire, adj.
spectateur, trice, n.
spectral, ale, aux, adj.
spectre, n. m.
spectrochimique, adj.
spectrogramme, n. m.
spectrographe, n. m.
spectrographie, n. f.
spectrohéliographe, n. m.
spectromètre, n. m.
spectrométrie, n. f.
spectrométrique, adj.
spectrophotomètre, n. m.
spectroscope, n. m.
spectroscopie, n. f.
spectroscopique, adj.
spéculaire, adj. et n. f.
spéculateur, trice, n.
spéculatif, ive, adj.
spéculation, n. f.
spéculer, v. intr.
spéculum, n. m.
speech, n. m.
speiss, n. m.
spéléologie, n. f.
spéléologique, adj.
spéléologue, n.
spencer, n. m.
spéos, n. m.
spergule, n. f.
spermaceti, n. m.
spermaphytes ou spermatophytes, n. f. pl.
spermat(o)-, préf.
spermatie, n. f.
spermatique, adj.
spermatogenèse, n. f.
spermatophytes ou spermaphytes, n. f. pl.
spermatozoïde, n. m.
sperme, n. m.
-sperme, suff.
spermicide, adj. et n. m.
spermidine, n. f.
spermine, n. f.
spermo-, préf.
spermogramme, n. m.
spermophile, n. m.
sphacèle, n. m.
sphagnales, n. f. pl.
sphaigne, n. f.
sphénisciformes, n. m. pl.
sphénodon, n. m.
sphénoïdal, ale, aux, adj.
sphénoïde, n. m.
sphère, n. f.
sphéricité, n. f.
sphérique, adj.
sphéroïdal, ale, aux, adj.
sphéroïde, n. m.
sphéromètre, n. m.
sphérule, n. f.
sphex, n. m.
sphincter, n. m.
sphinctérien, ienne, adj.
sphinge, n. f.
sphingidés, n. m. pl.
sphingolipide, n. m.
sphinx, n. m.
sphygmogramme, n. m.
sphygmographe, n. m.
sphygmomanomètre ou sphygmotensiomètre, n. m.
sphyrène, n. f.
spi, abrév., n. m.
spic, n. m.
spica, n. m.
spiccato, adv.
spicilège, n. m.
spicule, n. m.
spider, n. m.
spiegel, n. m.
spin, n. m.
spina-bifida, n. m.
spinal, ale, aux, adj.
spina-ventosa, n. m.
spinelle, n. m.
spinnaker, n. m.
spinozisme, n. m.
spinoziste, adj. et n.
spiracle, n. m.
spiral, ale, aux, adj. et n.
spiralé, ée, adj.
spirant, ante, adj. et n. f.
spire, n. f.
spirée, n. f.
spirifer, n. m.
spirille, n. m.
spirillose, n. f.
spirite, n. et adj.
spiritisme, n. m.
spiritualisation, n. f.
spiritualiser, v. tr.
spiritualisme, n. m.
spiritualiste, adj. et n.
spiritualité, n. f.
spirituel, elle, adj. et n. m.
spirituellement, adv.
spiritueux, euse, adj. et n. m.
spirochète, n. m.
spirochétose, n. f.
spirographe, n. m.
spiroïdal, ale, aux, adj.
spiromètre, n. m.
spirorbe, n. m.
splanchnique, adj.
splanchnologie, n. f.
spleen, n. m.
splendeur, n. f.
splendide, adj.
splénectomie, n. f.
splénique, adj.
splénite, n. f.
splénomégalie, n. f.
spoliateur, trice, adj. et n.
spoliation, n. f.
spolier, v. tr.
spondaïque, adj.
spondée, n. m.
spondias, n. m.
spondylarthrite, n. f.
spondyle, n. m.
spongiaires, n. m. pl.
spongieux, ieuse, adj.
spongille, n. f.
spongiosité, n. f.
sponsor, n. m.
sponsoring, n. m.
sponsoriser, v. tr.
spontané, ée, adj.
spontanéisme, n. m.
spontanéité, n. f.
spontanément, adv.
sporadicité, n. f.
sporadique, adj.
sporadiquement, adv.
sporange, n. m.
spore, n. f.
sporifère, adj.
sporocyste, n. m.
sporogone, n. m.
sporophyte, n. m.
sporotriche, n. m.
sporozoaires, n. m. pl.
sport, n. m. et adj. inv.
sportif, ive, adj. et n.
sportivement, adv.
sportivité, n. f.
sportule, n. f.
sporulation, n. f.
sporule, n. f.
sporuler, v. intr.
spot, n. m.
sprat, n. m.
spray, n. m.
springbok, n. m.
sprinkler, n. m.
sprint, n. m.
sprinter, n. m.
sprinter, v. intr.
sprue, n. f.
spumescent, ente, adj.
spumeux, euse, adj.
spumosité, n. f.
squale, n. m.
squaliformes, n. m. pl.
squame, n. f.
squameux, euse, adj.
squamule, n. f.
square, n. m.
squash, n. m.
squat, n. m.
squatter, n. m.
squaw, n. f.
squeeze, n. m.
squeezer, v. intr., v. tr.
squelette, n. m.
squelettique, adj.
squille, n. f.
squire, n. m.
squirre ou squirrhe, n. m.
squirreux ou squirrheux, euse, adj.
sr, symbole
Sr, symbole
1. S.S., sigle, n. f.
2. S.S., sigle, n. f. et n. m.
3. S.S., initiales
stabilisant, ante, adj.
stabilisateur, trice, adj. et n. m.
stabilisation, n. f.

stabiliser, v. tr.
stabilité, n. f.
stable, adj.
stabulation, n. f.
staccato, adv. et n. m.
stade, n. m.
stadhouder ou stathouder, n. m.
stadia, n. m.
staff, n. m.
staffer, v. tr.
staffeur, n. m.
stage, n. m.
stagflation, n. f.
stagiaire, adj. et n.
stagnant, ante, adj.
stagnation, n. f.
stagner, v. intr.
stakhanovisme, n. m.
stakhanoviste, adj. et n.
stakning, n. m.
stalactite, n. f.
stalag, n. m.
stalagmite, n. f.
stalagmomètre, n. m.
stalagmométrie, n. f.
stalinien, ienne, adj. et n.
stalinisme, n. m.
stalle, n. f.
staminal, ale, aux, adj.
staminé, ée, adj.
staminifère, adj.
stance, n. f.
stand, n. m.
1. standard, n. m. et adj. inv.
2. standard, n. m.
standardisation, n. f.
standardiser, v. tr.
standardiste, n.
stand-by, adj. et n.
standing, n. m.
stanneux, euse, adj.
stannifère, adj.
stannique, adj.
staphisaigre, n. f.
staphylier, n. m.
1. staphylin, n. m.
2. staphylin, ine, adj.
staphylinidés, n. m. pl.
staphylococcie, n. f.
staphylocoque, n. m.
staphylome, n. m.
star, n. f.
starets ou stariets, n. m.
starlette, n. f.
staroste, n. m.
star-system, n. m.
starter, n. m.
starting-block, n. m.
starting-gate, n. m.
stase, n. f.
-stat, suff.
statère, n. m.
stathouder ou stadhouder, n. m.
stathoudérat, n. m.
statice, n. m.
station, n. f.
1. stationnaire, adj.
2. stationnaire, n. m.
stationnement, n. m.
stationner, v. intr.
station-service, n. f.
statique, n. f. et adj.
statisticien, ienne, n.
statistique, n. f. et adj.
statocyste, n. m.
stator, n. m.
statoréacteur, n. m.
statuaire, adj. et n.
statue, n. f.
statuer, v. tr., v. intr.
statuette, n. f.
statufier, v. tr.
statu quo, n. m. inv.
stature, n. f.
statut, n. m.
statutaire, adj.
statutairement, adv.
staurothèque, n. f.
stavug ou stawug, n. m.
stayer, n. m.
steak, n. m.
steamer, n. m.
stéar(o)-, stéat(o)-, préf.
stéarate, n. m.
stéarine, n. f.
stéarinerie, n. f.
stéarinier, n. m.
stéarique, adj.
stéat(o)-, préf.
stéatite, n. f.
stéatome, n. m.
stéatopyge, adj.
stéatopygie, n. f.
stéatose, n. f.
steenbock ou steinbock, n. m.
steeple ou steeple-chase, n. m.
stéganopodes, n. m. pl.
stégo-, préf.
stégocéphales, n. m. pl.
stegomyia ou stegomyie, n. f.
stégosaure ou stegosorus, n. m.
S.T.H., sigle, n. f.
steinbock ou steenbock, n. m.
stèle, n. f.
stellage, n. m.
1. stellaire, adj.
2. stellaire, n. f.
stellérides, n. m. pl.
stellionat, n. m.
stellionataire, n. et adj.
stellite, n. m.
stem ou stemm, n. m.
stemmate, n. m.
stén(o)-, préf.
stencil, n. m.
stenciliste, n.
stendhalien, ienne, adj.
sténo, abrév., n. m. et f.
sténodactylo, abrév., n.
sténodactylographie, n. f.
sténographe, n.
sténographie, n. f.
sténographier, v. tr.
sténographique, adj.
sténohalin, ine, adj.
sténopé, n. m.
sténose, n. f.
sténosé, ée, adj.
sténotype, n. f.
sténotypie, n. f.
sténotypiste, n.
stentor, n. m.
steppage, n. m.
steppe, n. f.
steppique, adj.
stéradian, n. m.
1. stercoraire, n. m.
2. stercoraire, adj.
stercoral, ale, aux, adj.
sterculiacées, n. f. pl.
stère, n. m.
stéréo-, préf.
stéréo, abrév., n. f. et adj. inv.
stéréobate, n. m.
stéréochimie, n. f.
stéréocomparateur, n. m.
stéréognosie, n. f.
stéréographie, n. f.
stéréographique, adj.
stéréo-isomérie, n. f.
stéréométrie, n. f.
stéréométrique, adj.
stéréophonie, n. f.
stéréophonique, adj.
stéréoscope, n. m.
stéréoscopie, n. f.
stéréoscopique, adj.
stéréospondyliens, n. m. pl.
stéréotaxie, n. f.
stéréotomie, n. f.
stéréotype, adj. et n. m.
stéréotypé, ée, adj.
stéréotypie, n. f.
stérer, v. tr.
stéride, n. m.
stérile, adj.
stérilet, n. m.
stérilisation, n. f.
stériliser, v. tr.
stérilité, n. f.
stérique, adj.
sterlet, n. m.
sterling, adj. inv.
stern(o)-, préf.
sternal, ale, aux, adj.
sterne, n. f.
sterno-claviculaire, adj.
sterno-cléido-mastoïdien, n. m.
sternum, n. m.
sternutation, n. f.
sternutatoire, adj.
stéroïde, adj. et n. m.
stérol, n. m.
stertor, n. m.
stertoreux, euse, adj.
stéthoscope, n. m.
steward, n. m.
sthène, n. m.
sthénie, n. f.
-sthénie, suff.
stibié, ée, adj.
stibine, n. f.
stichomythie, n. f.
stick, n. m.
stigmate, n. m.
stigmatique, adj.
stigmatisation, n. f.
stigmatiser, v. tr.
stigmatisme, n. m.
stilb, n. m.
stil-de-grain, n. m. inv.
stillation, n. f.
stillatoire, adj.
stilligoutte, n. m.
stimulant, ante, adj. et n. m.
stimulateur, n. m.
stimulation, n. f.
stimuler, v. tr.
stimuline, n. f.
stimulus, ulus ou uli, n. m.
stipe, n. m.
stipendier, v. tr.
stipité, ée, adj.
stipulaire, adj.
stipulation, n. f.
stipule, n. f.
stipulé, ée, adj.
stipuler, v. tr.
stochastique, adj. et n. f.
stock, n. m.
stockage, n. m.
stock-car, n. m.
stocker, v. tr.

stockfisch, n. m.
stockiste, n. m.
stœchiométrie, n. f.
stœchiométrique, adj.
stoïcien, ienne, n. et adj.
stoïcisme, n. m.
stoïque, adj. et n.
stoïquement, adv.
stoker, n. m.
stokes, n. m.
stol, adj. et n. m.
stolon, n. m.
stomacal, ale, aux, adj.
stomachique, adj. et n. m.
stomat(o)-, préf.
stomate, n. m.
stomatite, n. f.
stomatologie, n. f.
stomatologiste ou stomatologue, n.
stomatoplastie, n. f.
stomocordés, n. m. pl.
stomoxe ou stomoxys, n. m.
stop, interj. et n. m.
stoppage, n. m.
stopper, v. tr., v. intr.
stoppeur, euse, n.
storax ou styrax, n. m.
store, n. m.
stoupa ou stupa, n. m.
stout, n. m. ou f.
strabique, adj. et n.
strabisme, n. m.
stradiot ou stradiote ou estradiot, n. m.
stradivarius, n. m. inv.
stramoine, n. f.
strangulation, n. f.
strapontin, n. m.
strass, n. m.
stratagème, n. m.
strate, n. f.
stratège, n. m.
stratégie, n. f.
stratégique, adj.
stratification, n. f.
stratifié, ée, adj. et n. m.
stratifier, v. tr.
stratigraphie, n. f.
stratigraphique, adj.
strato-cumulus, n. m. inv.
stratopause, n. f.
stratosphère, n. f.
stratosphérique, adj.
stratus, n. m.
strélitzia, n. m.
streltsy, n. m. pl.
streptococcémie, n. f.
streptococcie, n. f.
streptococcique, adj.
streptocoque, n. m.
streptomyces, n. m.
streptomycine, n. f.
stress, n. m. inv.
stressant, ante, adj.
stresser, v. tr.
strette, n. f.
striation, n. f.
strict, icte, adj.
strictement, adv.
striction, n. f.
stricto sensu, adv.
stridence, n. f.
strident, ente, adj.
stridor, n. m.
stridulant, ante, adj.
stridulation, n. f.
striduler, v. intr.
striduleux, euse, adj.
strie, n. f.
strié, ée, adj.
strier, v. tr.
strige ou stryge, n. f.
strigidés, n. m. pl.
strigiformes, n. m. pl.
strigile, n. m.
strioscopie, n. f.
strioscopique, adj.
stripage, n. m.
stripping, n. m.
strip-tease, n. m.
strip-teaseuse, n. f.
striure, n. f.
strobile, n. m.
strobo-, préf.
stroboscope, n. m.
stroboscopie, n. f.
stroboscopique, adj.
stroma, n. m.
strombe, n. m.
strombolien, ienne, adj.
strongle ou strongyle, n. m.
strongylose, n. f.
strontiane, n. f.
strontium, n. m.
strophantine, n. f.
strophantus, n. m.
strophe, n. f.
strophoïde, n. f.
structural, ale, aux, adj.
structuralisme, n. m.
structuraliste, adj. et n.
structurant, ante, adj.
structuration, n. f.
structure, n. f.
structuré, ée, adj.
structurel, elle, adj.
structurer, v. tr., v. pron.
strume, n. f.
struthionidés, n. m. pl.
struthioniformes, n. m. pl.
strychnine, n. f.
strychnos, n. m.
stryge ou strige, n. f.
stuc, n. m.
stucage, n. m.
stucateur, n. m.
stud-book, n. m.
studieusement, adv.
studieux, euse, adj.
studio, n. m.
stuka, n. m.
stupa ou stoupa, n. f.
stupéfaction, n. f.
stépufaire, v. tr.
stupéfait, aite, adj.
stupéfiant, ante, adj. et n. m.
stupéfier, v. tr.
stupeur, n. f.
stupide, adj.
stupidement, adv.
stupidité, n. f.
stupre, n. m.
stuquer, v. tr.
style, n. m.
stylé, ée, adj.
stylet, n. m.
stylisation, n. f.
styliser, v. tr.
stylisme, n. m.
styliste, n.
stylisticien, ienne, n.
stylistique, adj. et n. f.
stylite, n. m.
stylo, abrév., n. m.
stylobate, n. m.
stylographe, n. m.
styloïde, adj.
stylommatophores, n. m. pl.
styrax ou storax, n. m.
styrène ou styrol ou styrolène, n. m.
su, sue, adj. et n. m.
suage, n. m.
suaire, n. m.
suant, ante, adj.
suave, adj.
suavement, adv.
suavité, n. f.
sub-, préf.
subaigu, uë, adj.
subalterne, adj. et n.
subcarpatique, adj.
subconscient, iente, adj. et n. m.
subcontinent, n. m.
subdélégué, n. m.
subdéléguer, v. tr.
subdiviser, v. tr.
subdivision, n. f.
subduction, n. f.
subéquatorial, ale, aux, adj.
suber, n. m.
subéreux, euse, adj.
subérifié, ée, adj.
subérine, n. f.
subintrant, ante, adj.
subir, v. tr.
subit, ite, adj.
subitement, adv.
subito, adv.
subjectif, ive, adj.
subjectile, n. m.
subjectivement, adv.
subjectivisme, n. m.
subjectiviste, adj.
subjectivité, n. f.
subjonctif, ive, adj. et n. m.
subjuguer, v. tr.
sublimation, n. f.
sublimé, n. m.
sublime, adj. et n. m.
sublimer, v. tr., v. intr.
subliminal, ale, aux, adj.
sublimité, n. f.
sublingual, ale, aux, adj.
sublunaire, adj.
submerger, v. tr.
submersible, adj. et n. m.
submersion, n. f.
subodorer, v. tr.
subordination, n. f.
subordonné, ée, adj. et n.
subordonnée, n. f.
subordonner, v. tr.
subornation, n. f.
suborner, v. tr.
suborneur, euse, n. m.
subrécargue, n. m.
subreptice, adj.
subrepticement, adv.
subrogatif, ive, adj.
subrogation, n. f.
subrogatoire, adj.
subrogé, ée, adj.
subroger, v. tr.
subséquemment, adv.
subséquent, ente, adj.
subside, n. m.
subsidence, n. f.
subsidiaire, adj.
subsidiairement, adv.
subsistance, n. f.
subsistant, ante , adj. et n. m.
subsister, v. intr., v. impers.
subsonique, adj.
substance, n. f.
substantialisme, n. m.

substantialiste, adj. et n.
substantialité, n. f.
substantiel, ielle, adj.
substantiellement, adv.
substantif, ive, adj. et n. m.
substantifier, v. tr.
substantifique, adj.
substantivation, n. f.
substantivement, adv.
substantiver, v. tr.
substituabilité, n. f.
substituable, adj.
substituer, v. tr., v. pron.
substitut, n. m.
substitutif, ive, adj.
substitution, n. f.
substrat ou substratum, n. m.
subsumer, v. tr.
subterfuge, n. m.
subtil, ile, adj.
subtilement, adv.
subtilisation, n. f.
subtiliser, v. intr., v. tr.
subtilité, n. f.
subtropical, ale, aux, adj.
subulé, ée, adj.
suburbain, aine, adj.
suburbicaire, adj.
subvenir, v. tr. indir.
subvention, n. f.
suventionné, ée, adj.
subventionnel, elle, adj.
subventionner, v. tr.
subversif, ive, adj.
subversion, n. f.
subvertir, v. tr.
suc, n. m.
succédané, adj. et n. m.
succéder, v. tr. indir., v. pron.
succenturié, adj. m.
succès, n. m.
successeur, n. m.
successibilité, n. f.
successible, adj. et n.
successif, ive, adj.
succession, n. f.
successivement, adv.
successoral, ale, aux, adj.
succin, n. m.
succinct, incte, adj.
succinctement, adv.
succinique, adj.
succion, n. f.
succomber, v. intr.
succube, n. m.
succulence, n. f.
succulent, ente, adj.
succursale, n. f. et adj.
succursalisme, n. m.
sucement, n. m.
sucer, v. tr., v. pron.
sucette, n. f.
suceur, euse, adj. et n.
suçoir, n. m.
suçon, n. m.
suçoter, v. tr.
sucrage, n. m.
sucrant, ante, adj.
sucrase, n. f.
sucrate, n. m.
sucre, n. m.
sucré, ée, adj.
sucrer, v. tr., v. pron.
sucrerie, n. f.
sucrier, ière, adj. et n. m.
sucrin, n. m.
sud, n. m. et adj. inv.
sud-africain, aine, adj. et n.
sud-américain, aine, adj. et n.
sudation, n. f.
sudatoire, adj.
sud-coréen, enne, adj. et n.
sud-est, n. m. et adj. inv.
sudiste, n. et adj.
sudoral, ale, aux, adj.
sudorifère, adj.
sudorifique, adj. et n. m.
sudoripare, adj.
sud-ouest, n. m. et adj. inv.
suède, n. m.
suédé, ée, adj. et n. m.
suédine, n. f.
suédois, oise, adj. et n.
suée, n. f.
suer, v. intr., v. tr.
suette, n. f.
sueur, n. f.
suffète, n. m.
suffire, v. tr. indir., v. impers., v. pron.
suffisamment, adv.
suffisance, n. f.
suffisant, ante, adj.
suffixal, ale, aux, adj.
suffixation, n. f.
suffixe, n. m.
suffixé, ée, adj.
suffocant, ante, adj.
suffocation, n. f.
suffoquer, v. tr., v. intr.
suffragant, ante, n. m. et adj.
suffrage, n. m.
suffragette, n. f.
suffusion, n. f.
suggérer, v. tr.
suggestibilité, n. f.
suggestible, adj.
suggestif, ive, adj.
suggestion, n. f.
suggestionner, v. tr.
suggestivité, n. f.
suiboku, n. m.
suicidaire, adj. et n.
suicide, n. m.
suicidé, ée, adj. et n.
suicider (se), v. pron.
suidés, n. m. pl.
suie, n. f.
suif, n. m.
suiffer, v. tr.
suiffeux, euse, adj.
sui generis, loc. adj.
suint, n. m.
suintant, ante, adj.
suintement, n. m.
suinter, v. tr., v. intr.
suisse, adj. et n.
suite, n. f.
suitée, adj. f.
suivant, ante, adj., n. et prép.
suiveur, n. m.
suivez-moi-jeune-homme, n. m. inv.
suivi, ie, adj. et n. m.
suivisme, n. m.
suivre, v. tr., v. impers., v. pron.
1. sujet, n. m.
2. sujet, ette, adj. et n.
sujétion, n. f.
sulciforme, adj.
sulf(o)-, préf.
sulfamide, n. m.
sulfatage, n. m.
sulfate, n. m.
sulfaté, ée, adj.
sulfater, v. tr.
sulfateur, euse, n.
sulfhydrique, adj. m.
sulfinisation, n. f.
sulfitage, n. m.
sulfite, n. m.
sulfobactéries ou sulfobactériales, n. m. pl.
sulfocarbonique, adj.
sulfochromique, adj.
sulfonation, n. f.
sulfone, n. m.
sulfonique, adj.
sulforinique, adj.
sulfurage, n. m.
sulfuration, n. f.
sulfure, n. m.
sulfuré, ée, adj.
sulfureux, euse, adj.
sulfurique, adj.
sulfurisé, ée, adj.
sulidés, n. m. pl.
sulky, n. m.
sulpicien, ienne, adj. et n.
sultan, n. m.
sultanat, n. m.
sultane, n. f.
sumac, n. m.
sumérien, ienne, adj. et n.
sumiye, n. m.
summum, n. m.
sumo, n. m.
sunlight, n. m.
sunna, n. f.
sunnite, adj. et n.
sunnisme, n. m.
1. super-, préf.
2. super, abrév., n. m.
3. super, adj. inv.
1. superbe, n. f.
2. superbe, adj.
superbement, adv.
supercarburant, n. m.
supercarré, adj. m.
supercherie, n. f.
superciment, n. m.
supercritique, adj.
supère, adj.
supérette ou superette, n. f.
superfétation, n. f.
superfétatoire, adj.
superficialité, n. f.
superficie, n. f.
superficiel, elle, adj.
superficiellement, adv.
superfinition, n. f.
superflu, ue, adj. et n. m.
superfluide, adj.
superfluité, n. f.
supergéante, adj. et n. f.
super-grand, n. m.
superhétérodyne, adj. et n. m.
super-huit, adj. inv. et n. m.
supérieur, eure, adj. et n.
supérieurement, adv.
supériorité, n. f.
superlatif, ive, adj. et n. m.
superlativement, adv.
superman, men, n. m.
supermarché, n. m.
supermolécule, n. f.
supernova, novae, n. f.
superordre, n. m.
supérovarié ou superovarié, ée, adj.
superphosphate, n. m.
superposable, adj.
superposer, v. tr., v. pron.
superposition, n. f.
superpréfet, n. m.
superproduction, n. f.
superpuissance, n. f.
supersonique, adj. et n. m.

superstar, n. f.
superstitieusement, adv.
superstitieux, euse, adj. et n.
superstition, n. f.
superstrat, n. m.
superstructure, n. f.
supertanker, n. m.
superviser, v. tr.
superviseur, n. m.
supervision, n. f.
supin, n. m.
supinateur, adj. et n. m.
supination, n. f.
supplanter, v. tr.
suppléance, n. f.
suppléant, ante, n. et adj.
suppléer, v. tr. dir., v. tr. indir.
supplément, n. m.
supplémentaire, adj.
supplétif, ive, adj. et n. m.
supplétoire, adj.
suppliant, iante, adj. et n.
supplication, n. f.
supplice, n. m.
supplicié, ée, n.
supplicier, v. tr.
supplier, v. tr.
supplique, n. f.
support, n. m.
supportable, adj.
1. supporter, v. tr., v. pron.
2. supporter, n. m.
supposable, adj.
supposé, ée, adj.
supposer, v. tr.
supposition, n. f.
suppositoire, n. m.
suppôt, n. m.
suppression, n. f.
supprimer, v. tr., v. pron.
suppurant, ante, adj.
suppuration, n. f.
suppurer, v. intr.
supputation, n. f.
supputer, v. tr.
supra, adv.
supra-, préf.
supraconducteur, trice, adj. et n. m.
supraconductibilité, n. f.
supraconduction, n. f.
supraconductivité, n. f.
supranational, ale, aux, adj.
supranationalisme, n. m.
supranationalité, n. f.
suprasegmental, ale, aux, adj.
suprasensible, adj.
·supraterrestre, adj.
suprématie, n. f.
suprématisme, n. m.
1. suprême, adj.
2. suprême, n. m.
1. sur, prép.
2. sur, sure, adj.
3. sur-, préf.
sûr, sûre, adj.
surabondance, n. f.
surabondant, ante, adj.
surabonder, v. intr.
suractivé, ée, adj.
surah, n. m.
suraigu, uë, adj.
surajouter, v. tr.
suralimentation, n. f.
suralimenter, v. tr.
suranné, ée, adj.
surarmement, n. m.
surate ou sourate, n. f.
surbaissé, ée, adj.
surboum, n. f.
surcapitalisation, n. f.
surcharge, n. f.
surcharger, v. tr.
surchauffe, n. f.
surchauffer, v. tr.
surchauffeur, n. m.
surchoix, n. m. et adj. inv.
surclasser, v. tr.
surcomposé, ée, adj.
surcompression, n. f.
surcomprimé, ée, adj.
surcomprimer, v. tr.
surconsommation, n. f.
surcontre, n. m.
surcontrer, v. tr.
surconvertisseur, n. m.
surcot, n. m.
surcouper, v. tr.
surcreusement, n. m.
surcroît, n. m.
surdétermination, n. f.
surdi-mutité, n. f.
surdité, n. f.
surdos, n. m.
surdose, n. f.
surdoué, ée, adj. et n.
sureau, n. m.
surélévation, n. f.
surélever, v. tr.
sûrement, adv.
surémission, n. f.
suremploi, n. m.
surenchère, n. f.
surenchérir, v. intr.
surenchérissement, n. m.
surentraînement, n. m.
surentraîner, v. tr.
suréquipement, n. m.
suréquiper, v. tr.
surérogatoire, adj.
surestarie, n. f.
surestimation, n. f.
surestimer, v. tr., v. pron.
suret, ette, adj.
sûreté, n. f.
surévaluation, n. f.
surévaluer, v. tr.
surexcitation, n. f.
surexcité, ée, adj.
surexciter, v. tr.
surexploiter, v. tr.
surexposer, v. tr.
surexposition, n. f.
surf, n. m.
surfaçage, n. m.
surface, n. f.
surfacer, v. tr., v. intr.
surfaceuse, n. f.
surfactant, n. m.
surfaire, v. tr.
surfait, aite, adj.
surfaix, n. m.
surfer, v. intr.
surfiler, v. tr.
surfin, ine, adj.
surfondu, ue, adj.
surfusion, n. f.
surgélation, n. f.
surgelé, ée, adj. et n. m.
surgeler, v. tr.
surgénérateur ou surrégénérateur, n. m.
surgeon, n. m.
surgir, v. intr.
surgissement, n. m.
surhaussement, n. m.
surhausser, v. tr.
surhomme, n. m.
surhumain, aine, adj.
surimposer, v. tr.
surimposition, n. f.
surimpression, n. f.
surin, n. m.
suriner, v. tr.
surineur, n. m.
surinfection, n. f.
surintendance, n. .f.
surintendant, n. m.
surintendante, n. f.
surintensité, n. f.
surir, v. intr.
surjalé, ée, adj.
surjection, n. f.
surjective, adj. f.
surjet, n. m.
surjeter, v. tr.
sur-le-champ, loc. adv.
surlendemain, n. m.
surlier, v. tr.
surliure, n. f.
surloyer, n. m.
surmenage, n. m.
surmener, v. tr., v. pron.
surmodelé, ée, adj.
surmoi ou sur-moi, n. m.
surmoïque, adj.
surmonter, v. tr., v. pron.
surmortalité, n. f.
surmulet, n. m.
surmulot, n. m.
surmultiplicateur, n. m.
surmultipliée, n. f.
surmultiplier, v. tr.
surnager, v. intr.
surnatalité, n. f.
surnaturel, elle, adj. et n. m.
surnom, n. m.
surnombre, n. m.
surnommer, v. tr.
surnuméraire, adj. et n.
suroffre, n. f.
suroît, n. m.
surpassement, n. m.
surpasser, v. tr., v. pron.
surpayer, v. tr.
surpeuplé, ée, adj.
surpeuplement, n. m.
surplace, n. m.
surplis, n. m.
surplomb, n. m.
surplomber, v. intr., v. tr.
surplus, n. m.
surpopulation, n. f.
surprenant, ante, adj.
surprendre, v. tr., v. pron.
surpression, n. f.
surprise, n. f.
surprise-partie ou surprise-party, n. f.
surproducteur, trice, adj.
surproduction, n. f.
surréalisme, n. m.
surréaliste, adj. et n.
surrection, n. f.
surréel, elle, adj. et n. m.
surrégénérateur ou surgénérateur, n. m.
surrégénaration, n. f.
surremise, n. f.
surrénal, ale, aux, adj. ou n. f. pl.
surréservation, n. f.
sursalaire, n. m.
sursaturant, ante, adj.
sursaturation, n. f.
sursaturer, v. tr.
sursaut, n. m.
sursauter, v. intr.

sursemer, v. tr.
surseoir, v. tr. indir.
sursis, n. m.
sursitaire, adj. et n. m.
sursoufflage, n. m.
surtaxe, n. f.
surtaxer, v. tr.
surtension, n. f.
1. surtout, adv.
2. surtout, n. m.
surveillance, n. f.
surveillant, ante, n.
surveiller, v. tr., v. pron.
survenir, v. intr., v. impers.
survenue, n. f.
survêtement, n. m.
survie, n. f.
survirage, n. m.
survirer, v. intr.
survireur, euse, adj.
survivance, n. f.
survivant, ante, adj. et n.
survivre, v. tr. indir., v. intr., v. pron.
survol, n. m.
survoler, v. tr.
survoltage, n. m.
survolté, ée, adj.
survolter, v. tr.
survolteur, n. m.
sus, adv.
sus-, préf.
susceptance, n. f.
susceptibilité, n. f.
susceptible, adj.
susciter, v. tr.
suscription, n. f.
suscrire, v. tr.
susdit, ite, adj. et n.
sus-dominante, n. f.
susmentionné, ée, adj.
susnommé, ée, adj. et n.
suspect, ecte, adj. et n.
suspecter, v. tr.
suspendre, v. tr., v. pron.
suspendu, ue, adj.
suspens, adj. m. et n. m.
1. suspense, n. f.
2. suspense, n. m.
suspenseur, adj. m. et n. m.
suspensif, ive, adj.
suspension, n. f.
suspensoir, n. m.
suspente, n. f.
suspicieux, ieuse, adj.
suspicion, n. f.
sustentateur, trice, adj.
sustentation, n. f.
sustenter, v. tr., v. pron.
sus-tonique, n. f.
susurration, n. f.
susurrement, n. m.
susurrer, v. intr., v. tr.
susvisé, ée, adj.
sutra ou sûtra ou soutra, n. m.
sutural, ale, aux, adj.
suture, n. f.
suturé, ée, adj.
suturer, v. tr.
suzerain, aine, n.
suzeraineté, n. f.
svastika ou swastika, n. m.
svelte, adj.
sveltesse, n. f.
S.V.P., sigle
swahili, ie, ou souahéli, ie, n. et adj.
swap, n. m.
swastika ou svastika, n. m.
sweater, n. m.
sweat-shirt, n. m.
sweepstake, n. m.
swing, n. m. et adj.
swinguer, v. intr.
sybarite, adj. et n.
sybaritique, adj.
sybaritisme, n. m.
sycomore, n. m.
sycophante, n. m.
sycosis, n. m.
syénite, n. f.
syl-, préf.
syllabaire, n. m.
syllabation, n. f.
syllabe, n. f.
syllabique, adj.
syllabisme, n. m.
syllabus, n. m.
syllepse, n. f.
sylleptique, adj.
syllogisme, n. m.
syllogistique, adj. et n. f.
sylphe, n. m.
sylphide, n. f.
sylvain, n. m.
sylv(i)-, préf.
sylvaner, n. m.
sylve, n. f.
sylvestre, adj.
sylvicole, adj.
sylviculteur, n. m.
sylviculture, n. f.
sylviidés, n. m. pl.
sylvine ou sylvite, n. f.
sylvinite, n. f.
sylvite ou sylvine, n. f.
sym-, préf.
symbiose, n. f.
symbiote, adj. et n. m.
symbiotique, adj.
symbole, n. m.
symbolique, adj. et n.
symbolisation, n. f.
symboliser, v. tr.
symbolisme, n. m.
symboliste, adj. et n.
symétrie, n. f.
symétrique, adj. et n.
symétrisable, adj.
sympa, abrév., adj. inv.
sympathectomie, n. f.
sympathie, n. f.
1. sympathique, adj.
2. sympathique, adj. et n. m.
sympathisant, ante, adj. et n.
sympathiser, v. intr.
sympatholytique, adj. et n. m.
sympathomimétique, adj. et n. m.
symphonie, n. f.
symphonique, adj.
symphoniste, n.
symphorine, n. f.
symphyse, n. f.
symposium, n. m.
symptomatique, adj.
symptomatologie, n. f.
symptôme, n. m.
syn-, préf.
synagogue, n. f.
synalèphe, n. f.
synallagmatique, adj.
synanthéré, ée, adj. et n. f. pl.
synapse, n. f.
synarchie, n. f.
synarthrose, n. f.
synchrocyclotron, n. m.
synchromisme, n. m.
synchrone, adj.
synchronie, n. f.
synchronique, adj.
synchronisation, n. f.
synchronisé, ée, adj.
synchroniser, v. tr.
synchronisme, n. m.
synchrotron, n. m.
synclinal, ale, aux, adj. et n. m.
syncopal, ale, aux, adj.
syncope, n. f.
syncopé, ée, adj.
syncrétique, adj.
syncrétisme, n. m.
syndactyle, adj.
syndactylie, n. f.
synderme, n. m.
syndic, n. m.
syndical, ale, aux, adj.
syndicalisme, n. m.
syndicaliste, n. et adj.
syndicat, n. m.
syndicataire, adj. et n.
syndiqué, ée, adj. et n.
syndiquer, v. tr., v. pron.
syndrome, n. m.
synecdoque, n. f.
synérèse, n. f.
synergie, n. f.
synergique, adj.
synesthésie, n. f.
syngnathe, n. m.
synodal, ale, aux, adj.
synode, n. m.
synodique, adj.
synonyme, adj. et n. m.
synonymie, n. f.
synopsis, n. f. ou m.
synoptique, adj.
synovial, iale, iaux, adj. et n. f.
synovie, n. f.
synovite, n. f.
syntacticien, ienne, n.
1. syntactique ou syntaxique, adj.
2. syntactique, n. f.
syntagmatique, adj. et n. f.
syntagme, n. m.
syntaxe, n. f.
syntaxique ou syntactique, adj.
synthèse, n. f.
synthétique, adj.
synthétiser, v. tr.
synthétiseur, n. m.
syntone, adj.
syntonie, n. f.
syntonisation, n. f.
syphiligraphie, n. f.
syphilis, n. f.
syphilitique, adj. et n.
syriaque, n. m. et adj.
syrien, ienne, adj. et n.
syring(o)-, préf.
syringomyélie, n. f.
syrinx, n. f.
syrphe, n. m.
systématicien, ienne, n.
systématique, adj. et n. f.
systématisation, n. f.
systématisé, ée, adj.
systématiser, v. tr.
système, n. m.
systémique, adj.
systole, n. f.
systolique, adj.
systyle, n. m. et adj.
syzygie, n. f.

T

t, n. m.
Ta, symbole
ta, adj. poss. f.
tabac, n. m.
tabacomanie, n. f.
tabagie, n. f.
tabagique, adj.
tabagisme, n. m.
tabar ou tabard, n. m.
tabassage, n. m.
tabassée, n. f.
tabasser, v. tr.
tabatière, n. f.
tabbouleh ou taboulé, n. m.
tabellaire, adj.
tabellion, n. m.
tabernacle, n. m.
tabes ou tabès, n. m.
tabétique, adj. et n.
tabla, n. m.
tablature, n. f.
table, n. f.
tableau, n. m.
tableautin, n. m.
tablée, n. f.
tabler, v. intr.
table ronde, n. f.
tabletier, ière, n.
tablette, n. f.
tabletterie, n. f.
tableur, n. m.
tablier, n. m.
tabloïd ou tabloïde, adj. et n. m.
tabor, n. m.
tabou, e, n. m. et adj.
taboulé ou tabbouleh, n. m.
tabouret, n. m.
tabulaire, adj.
tabulateur, n. m.
tabulatrice, n. f.
tac, interj. et n. m.
tacaud, n. m.
tacca, n. m.
tacet, n. m.
tache, n. f.
tâche, n. f.
taché, ée, adj.
tachéo-, préf.
tachéographe, n. m.
tachéomètre, n. m.
tachéométrie, n. f.
tâcher, v. tr. indir., v. tr. dir., v. intr.
tacher, v. tr., v. pron.
tâcheron, n. m.
tacheté, ée, adj.
tacheter, v. tr.
tacheture, n. f.
tachine, n. m.
tachisme, n. m.
tachiste, adj. et n.
tachistoscope, n. m.
tachy-, préf.
tachyarythmie, n. f.
tachycardie, n. f.
tachygenèse, n. f.
tachygraphe, n. m.
tachymètre, n. m.
tachyon, n. m.
tachyphémie, n. f.
tachyphylaxie, n. f.
tacite, adj.
tacitement, adv.
taciturne, adj.
taciturnité, n. f.
tacle, n. m.
tacon ou taquon ou tocan, n. m.
tacot, n. m.
tact, n. m.
tacticien, ienne, n. et adj.
tactile, adj.
tactique, n. f. et adj.
tactisme, n. m.
tadorne, n. m.
tael, n. m.
tænia ou ténia, n. m.
taffetas, n. m.
tafia, n. m.
tagal ou tagalog, n. m.
tagète ou tagette, n. m.
tagliatelle, n. f.
tahitien, ienne, adj. et n.
taïaut ! ou tayaut !, interj.
taie, n. f.
taïga, n. f.
taillable, adj.
taillade, n. f.
taillader, v. tr.
taillage, n. m.
taillanderie, n. f.
taillandier, n. m.
taillant, n. m.
taille, n. f.
taillé, ée, adj.
taille-crayon(s), n. m.
taille-douce, n. f.
tailler, v. tr., v. intr., v. pron.
taillerie, n. f.
tailleur, n. m.
tailleuse, n. f.
taillis, n. m.
tailloir, n. m.
tain, n. m.
taire, v. tr., v. pron.
tajine, n. m.
take(-)off, n. m.
talc, n. m.
taled ou taleth ou talleth ou tallit, n. m.
talent, n. m.
talentueux, euse, adj.
taler, v. tr., v. pron.
taleth ou talleth ou taled ou tallit, n. m.
talion, n. m.
talipot ou tallipot, n. m.
talisman, n. m.
talismanique, adj.
talitre, n. m.
talkie-walkie, n. m.
tallage, n. m.
talle, n. f.
taller, v. intr.
talleth ou taleth ou taled ou tallit, n. m.
tallipot ou talipot, n. m.
tallit ou talleth ou taleth ou taled, n. m.
Talmud (le), n. m.
talmudique, adj.
talmudiste, n. m.
taloche, n. f.
talocher, v. tr.
talon, n. m.
talonnage, n. m.
talonnement, n. m.
talonner, v. tr., v. intr.
talonnette, n. f.
talonneur, n. m.
talonnière, n. f.
talquer, v. tr.
talqueux, euse, adj.
talure, n. f.
1. talus, n. m.
2. talus, adj. m.
talweg ou thalweg, n. m.
tamandua, n. m.
tamanoir, n. m.
tamarin, n. m.
tamarinier, n. m.
tamaris ou tamarix, n. m.
tambouille, n. f.
tambour, n. m.
tambourin, n. m.
tambourinage, n. m.
tambourinaire, n. m.
tambourinement, n. m.
tambouriner, v. intr., v. tr.
tambourineur, euse, n.
tambour-major, n. m.
tamier, n. m.
tamil ou tamoul, adj. et n. m.
tamis, n. m.
tamisage, n. m.
tamiser, v. tr., v. intr.
tamiserie, n. f.
tamiseur, euse, n.
tamisier, ière, n.
tamoul ou tamil, adj. et n.
tampico, n. m.
tampon, n. m.
tamponnage, n. m.
tamponnement, n. m.
tamponner, v. tr., v. pron.
tamponneur, euse, adj.
tamponnier ou tamponnoir, n. m.
tam-tam, n. m.
tan, n. m.
tanagra, n. m. ou f.
tanaisie, n. f.
tancer, v. tr.
tanche, n. f.
tandem, n. m.
tandis que, loc. conj.
tangage, n. m.
tangara, n. m.
tangence, n. f.
tangent, ente, adj. et n. f.
tangentiel, ielle, adj.
tangentiellement, adv.
tangibilité, n. f.
tangible, adj. et n. m.
1. tango, n. m.
2. tango, n. m. et adj. inv.
tangon, n. m.
tangue, n. f.
tanguer, v. intr.
tanguière, n. f.
tanière, n. f.
tanin ou tannin, n. m.
tanisage ou tannisage, n. m.
taniser ou tanniser, v. tr.
tank, n. m.
1. tanka, n. m. inv.
2. tanka, n. m.
tanker, n. m.
tankiste, n. m.
tannage, n. m.
tannant, ante, adj.
tanne, n. f.
tanné, ée, adj. et n. f.
tanner, v. tr.
tannerie, n. f.
tanneur, n. m.
tannin ou tanin, n. m.
tannique, adj.
tannisage ou tanisage, n. m.
tanniser ou taniser, v. tr.
tanrec ou tenrec, n. m.
tan-sad ou tansad, n. m.
tant, adv.
tantale, n. m.

tante, n. f.
tantième, adj. et n. m.
tantine, n. f.
tantinet, n. m.
tantôt, adv. et n. m.
tantouse ou tantouze, n. f.
tāntra, n. m.
tantrique, adj.
tantrisme, n. m.
tanzanien, ienne, adj. et n.
tao, n. m.
taôisme ou taoïsme, n. m.
taôiste ou taoïste, n. et adj.
taon, n. m.
tapa, n. m.
tapage, n. m.
tapageur, euse, adj.
tapageusement, adv.
tapant, ante, adj.
tape, n. f.
tapé, ée, adj.
tape-à-l'œil, adj. inv. et n. m. inv.
tapecul ou tape-cul, n. m.
tapée, n. f.
tapement, n. m.
tapenade, n. f.
taper, v. tr., v. intr., v. pron.
tapette, n. f.
tapeur, euse, n.
tapin, n. m.
tapiner, v. intr.
tapineuse, n. f.
tapinois (en), loc. adv.
tapioca, n. m.
1. tapir, n. m.
2. tapir (se), v. pron.
tapis, n. m.
tapisser, v. tr.
tapisserie, n. f.
tapissier, ière, n.
tapon, n. m.
tapotement, n. m.
tapoter, v. tr.
taquer, v. tr.
taquet, n. m.
1. taquin, ine, adj. et n.
2. taquin, n. m.
taquiner, v. tr., v. pron.
taquinerie, n. f.
taquoir, n. m.
taquon ou tacon ou tocan, n. m.
tarabiscot, n. m.
tarabiscoté, ée, adj.
tarabiscoter, v. tr.
tarabuster, v. tr.
tarage, n. m.
tarama, n. m.
tarare, n. m.
tarasque, n. f.
taratata !, interj.
taraud, n. m.
taraudage, n. m.
tarauder, v. tr.
taraudeuse, n. f.
taravelle, n. f.
tarbouch ou tarbouche, n. m.
tard, adv. et n. m.
tarder, v. intr., v. impers.
tardif, ive, adj.
tardigrades, n. m. pl.
tardillon, onne, n.
tardivement, adv.
tare, n. f.
taré, ée, adj. et n.
tarentelle, n. f.
tarentin, ine, adj. et n.
tarentule, n. f.
tarer, v. tr.
taret, n. m.
targe, n. f.
targette, n. f.
targuer (se), v. pron.
targui, ie, touareg, adj. et n.
tarière, n. f.
tarif, n. m.
tarifaire, adj.
tarifer ou tarifier, v. tr.
tarification, n. f.
tarifier ou tarifer, v. tr.
tarin, n. m.
tarir, v. tr., v intr., v. pron.
tarissement, n. m.
tarlatane, n. f.
tarmac ou tarmacadam, n. m.
taro, n. m.
tarot, n. m.
taroté, ée, adj.
tarpan, n. m.
tarpon, n. m.
tarse, n. m.
tarsien, ienne, adj. et n. m. pl.
tarsier, n. m.
tarsoptôse, n. f.
tartan, n. m.
tartane, n. f.
tartare, n. et adj.
tartarin, n. m.
tarte, n. f. et adj.
tartelette, n. f.
tartempion, n. m.
tartine, n. f.
tartiner, v. tr.
tartrate, n. m.
tartre, n. m.
tartré, ée, adj.
tartreux, euse, adj.
tartrique, adj.
tartuf(f)e, n. m.
tartuf(f)erie, n. f.
tas, n. m.
tasmanien, ienne, adj. et n.
tassage, n. m.
tasse, n. f.
tasseau, n. m.
tassement, n. m.
tasser, v. tr., v. pron., v. intr.
tassette, n. f.
tassili, n. m.
taste-vin ou tâte-vin, n. m. inv.
tata, n. f.
tatami, n. m.
tatane, n. f.
tatar, e, adj. et n.
tâter, v. tr., v. intr., v. pron.
tâteur, n. m.
tâte-vin ou taste-vin, n. m. inv.
tatillon, onne, adj. et n.
tâtonnement, n. m.
tâtonner, v. tr.
tâtons (à), loc. adv.
tatou, n. m.
tatouage, n. m.
tatouer, v. tr.
tatoueur, n. m. et adj.
tau, n. m.
taud, n. m.
taudis, n. m.
taulard, arde, adj.
taule ou tôle, n. f.
taulier ou tôlier, ière, n.
tauon, n. m.
taupe, n. f.
taupé, ée, n. m. et adj.
taupe-grillon, n. m.
taupier, n. m.
taupière, n. f.
taupin, n. m.
taupinière, n. f.
taure, n. f.
taureau, n. m.
taurides, n. f. pl.
taurillon, n. m.
taurin, ine, adj.
taurobole, n. m.
tauromachie, n. f.
tauromachique, adj.
tauto-, préf.
tautochrone, adj.
tautologie, n. f.
tautologique, adj.
tautomère, adj. et n. m.
tautomérie, n. f.
taux, n. m.
tavelé, ée, adj.
taveler, v. tr., v. pron.
tavelure, n. f.
taverne, n. f.
tavernier, n. m.
taxable, adj.
taxacées, n. f. pl.
taxateur, n. m. et adj.
taxatif, ive, adj.
taxation, n. f.
taxaudier ou taxodier ou taxodium, n. m.
taxe, n. f.
taxer, v. tr.
taxi, n. m.
taxi-, taxo-, préf.
taxiarque, n. m.
taxidermie, n. f.
taxidermiste, n.
taxie, n. f.
-taxie, suff.
taxi-girl, n. f.
taximètre, n. m.
taxinomie ou taxonomie, n. f.
taxinomique ou taxonomique, adj.
taxiphone, n. m.
taxiway, n. m.
taxodier ou taxaudier ou taxodium, n. m.
taxon ou taxum, n. m.
taxonomie ou taxinomie, n. f.
taxonomique ou taxinomique, adj.
taxum ou taxon, n. m.
tayaut ! ou taïaut !, interj.
taylorisation, n. f.
tayloriser, v. tr.
taylorisme, n. m.
Tb, symbole
Tc, symbole
tchadien, ienne, adj. et n.
tchador, n. m.
tch'an, n. m.
tchécoslovaque, adj. et n.
tchèque, adj. et n.
tchernoziom ou chernoziom ou chernozem, n. m.
tchin-tchin !, interj.
te, t', pron. pers.
1. té, n. m.
2. té !, interj.
Te, symbole
tea-room, n. m.
technétium, n. m.
technicien, ienne, n.
technicité, n. f.
technico-commercial, ale, aux, adj.
-technie, -technique, suff.
technique, adj. et n.

techniquement, adv.
techno-, préf.
technocrate, n.
technocratie, n. f.
technologie, n. f.
technologique, adj.
teck ou tek, n. m.
teckel, n. m.
tectonique, n. f. et adj.
tectrice, adj. et n. f.
teddy-bear, n. m.
Te Deum, n. m. inv
T.E.E., abrév.
tee, n. m.
teenager, n.
tee(-)shirt ou t-shirt, n. m.
téfillim ou tephillim
ou tephillin, n. m. pl.
téflon, n. m.
tégénaire, n. f.
tégument, n. m.
tégumentaire, adj.
teigne, n. f.
teigneux, euse, adj. et n.
teillage ou tillage, n. m.
teille ou tille, n. f.
teiller ou tiller, v. tr.
teindre, v. tr., v. pron.
1. teint, n. m.
2. teint, e, adj.
teinte, n. f.
teinter, v. tr., v. pron.
teinture, n. f.
teinturerie, n. f.
teinturier, ière, n.
tek ou teck, n. m.
tél(o)-, télé(o)-, préf.
tel, telle, adj. et pron.
télamon, n. m.
1. télé-, préf.
2. télé, abrév., n. f, n. m.
télé(o)-, tél(o)-, préf.
télébenne, n. f.
télécabine, n. f.
télécinéma, n. m.
télécommande, n. f.
télécommander, v. tr.
télécommunication, n. f.
télécopie, n. f.
télédétection, n. f.
télédistribution, n. f.
téléenseignement, n. m.
téléférique ou télé-
phérique, adj. et n. m.
téléfilm, n. m.
téléga ou télègue, n. f.
télégénique, adj.
télégramme, n. m.
télégraphe, n. m.
télégraphie, n. f.
télégraphier, v. tr.
télégraphique, adj.
télégraphiquement, adv.
télégraphiste, n.
télègue ou téléga, n. f.
téléguidage, n. m.
téléguider, v. tr.
téléimprimeur, n. m.
téléinformatique, n. f. et adj.
télékinèse ou télékinésie,
n. f.
télémanipulateur, n. m.
télématique, n. f. et adj.
télémesure, n. f.
télémètre, n. m.
télencéphale, n. m.
téléobjectif, n. m.
téléologie, n. f.
téléologique, adj.
téléostéens, n. m. pl.
télépathe, n. et adj.
télépathie, n. f.
téléphérage, n. m.
téléphérique ou télé-
férique, adj. et n. m.
téléphone, n. m.
téléphoner, v. tr., v. tr. indir.,
v. intr.
téléphonie, n. f.
téléphonique, adj.
téléphoniste, n.
télescopage, n. m.
télescope, n. m.
télescoper, v. tr., v. pron.
télescopique, adj.
téléscripteur, n. m.
télésiège, n. m.
téléspectateur, trice, n.
télésurveillance, n. f.
téléski, n. m.
télétex, n. m.
télétexte, n. m.
téléthèque, n. f.
télétoxique, adj.
télétraitement, n. m.
télétransmission, n. f.
télétype, n. m.
télévisé, ée, adj.
téléviseur, n. m.
télévision, n. f.
télévisuel, elle, adj.
télex, n. m.
télexer, v. tr.
télexiste, n.
tell, n. m.
tellement, adv.
tellière, n. m.
tellure, n. m.
tellurien, ienne
ou tellurique, adj.
tellurisme, n. m.
tellurure, n. m.
télo-, télé(o)-, préf.
télolécithe ou télolé-
cithique, adj.
télophase, n. f.
telson, n. m.
téméraire, adj. et n.
témérairement, adv.
témérité, n. f.
témoignage, n. m.
témoigner, v. tr. dir., v. tr. indir.
témoin, n. m.
tempe, n. f.
tempera (a), loc. adj. et adv.
tempérament, n. m.
tempérance, n. f.
tempérant, ante, adj.
température, n. f.
tempéré, ée, adj.
tempérer, v. tr., v. pron.
tempête, n. f.
tempêter, v. intr.
tempétueusement, adv.
tempétueux, euse, adj.
temple, n. m.
templier, n. m.
tempo, n. m.
temporaire, adj.
temporairement, adv.
temporal, ale, aux, adj.
et n. m.
temporalité, n. f.
temporel, elle, adj. et n. m.
temporellement, adv.
temporisateur, trice, n.
et adj.
temporisation, n. f.
temporiser, v. intr.
temps, n. m.
tenable, adj.
tenace, adj.
ténacité, n. f.
tenaille, n. f.
tenaillement, n. m.
tenailler, v. tr.
tenancier, ière, n.
tenant, ante, adj. et n. m.
tendance, n. f.
tendancieusement, adv.
tendancieux, ieuse, adj.
tendelle, n. f.
tender, n. m.
tenderie, n. f.
tendeur, euse, n.
tendineux, euse, adj.
tendinite, n. f.
tendon, n. m.
1. tendre, adj. et n.
2. tendre, v. tr., v. tr. indir.,
v. pron.
Tendre, n. m.
tendrement, adv.
tendresse, n. f.
tendreté, n. f.
tendron, n. m.
tendu, ue, adj.
ténèbres, n. f. pl.
ténébreux, euse, adj. et n. m.
ténébrion, n. m.
ténesme, n. m.
1. teneur, n. f.
2. teneur, euse, n.
ténia ou tænia, n. m.
ténifuge, adj. et n. m.
tenir, v. tr., v. intr., v. tr. indir.,
v. impers., v. pron.
tennis, n. m.
tennisman, men, n. m.
tenon, n. m.
ténor, n. m. et adj.
ténorino, n. m.
ténorisant, ante, adj.
ténoriser, v. intr.
ténotomie, n. f.
tenrec ou tanrec, n. m.
1. tenseur, adj. et n. m.
2. tenseur, n. m.
tensio-actif, ive, adj. et n. m.
tensiomètre, n. m.
tension, n. f.
tenson, n. f.
tensoriel, ielle, adj.
tentaculaire, adj.
tentacule, n. m.
tentant, ante, adj.
tentateur, trice, n. et adj.
tentation, n. f.
tentative, n. f.
tente, n. f.
tente-abri, n. f.
tenter, v. tr.
tenthrède, n. f.
tenture, n. f.
tenu, ue, adj. et n. m.
ténu, ue, adj.
tenue, n. f.
ténuirostre, adj. et n. m. pl.
ténuité, n. f.
tenure, n. f.
tenuto, adv.
téocalli, n. m.
téorbe ou théorbe, n. m.
tep, abrév., n. f.
tephillim ou téfillim
ou tephillin, n. m. pl.
tepidarium ou tépidarium,
n. m.
tequila, n. f.

ter, adv. et adj.
téra-, préf.
téraspic, n. m.
térato-, préf.
tératogène, adj.
tératogenèse, n. f.
tératologie, n. f.
tératologique, adj.
tératologiste ou tératologue, n.
terbium, n. m.
tercer ou terser ou tiercer, v. tr.
tercet, n. m.
térébelle, n. f.
térébellum, n. m.
térébenthène, n. m.
térébenthine, n. f.
térébinthacées, n. f. pl.
térébinthales, n. f. pl.
térébinthe, n. m.
térébrant, ante, adj.
térébratule, n. f.
téréphtalique, adj.
1. tergal, ale, aux, adj.
2. tergal, n. m.
tergiversation, n. f.
tergiverser, v. intr.
termaillage, n. m.
terme, n. m.
terminaison, n. f.
terminal, ale, aux, adj. et n.
terminer, v. tr., v. pron.
terminologie, n. f.
terminologique, adj.
terminologue, n.
terminographe, n.
terminus, n. m.
termite, n. m.
termitière, n. f.
ternaire, adj.
1. terne, n. m.
2. terne, adj.
ternir, v. tr., v. pron.
ternissement, n. m.
ternissure, n. f.
terpène, n. m.
terpénique, adj.
terpine, n. f.
terpinéol ou terpinol, n. m.
terrage, n. m.
terrain, n. m.
terramare, n. f.
terraplane, n. m.
terraqué, ée, adj.
terrarium, n. m.
terrasse, n. f.
terrassement, n. m.
terrasser, v. tr.
terrassier, n. m.
terre, n. f.
terreau, n. m.
terreautage, n. m.
terreauter, v. tr.
terrefort, n. m.
terre-neuvas, n. m. inv. et adj. inv.
terre-neuve, n. m. inv.
terre-neuvien, ienne, adj. et n.
terre-plein, n. m.
terrer, v. tr., v. pron.
terrestre, adj.
terreur, n. f.
terreux, euse, adj.
terri ou terril, n. m.
terrible, adj. et n.
terriblement, adv.
terricole, adj.
terrien, ienne, adj. et n.
terrier, n. m.
terrifiant, iante, adj.
terrifier, v. tr.
terrigène, adj.
terril ou terri, n. m.
terrine, n. f.
terrir, v. intr.
territoire, n. m.
territorial, ale, aux, adj. et n.
territorialité, n. f.
terroir, n. m.
terroriser, v. tr.
terrorisme, n. m.
terroriste, n. et adj.
terser ou tercer ou tiercer, v. tr.
tertiaire, adj. et n.
tertio, adv.
tertre, n. m.
térylène, n. m.
terza rima, n. f.
terzetto, n. m.
tes, adj. poss. pl.
tesla, n. m.
tessère, n. f.
tessiture, n. f.
tesson, n. m.
test, n. m.
testable, adj.
testacé, ée, adj. et n. m. pl.
testacelle, n. f.
testament, n. m.
testamentaire, adj.
testateur, trice, n.
tester, v. tr., v. intr.
testeur, n. m.
testiculaire, adj.
testicule, n. m.
testimonial, ale, aux, adj.
teston, n. m.
testostérone, n. f.
têt, n. m.
tétanie, n. f.
tétanique, adj. et n.
tétanisation, n. f.
tétaniser, v. tr., v. pron.
tétanos, n. m.
têtard, n. m.
tête, n. f.
tête-à-queue, n. m. inv.
tête-à-tête, loc. adv. et n. m. inv.
têteau, n. m.
tête-bêche, loc. adv.
tête-de-clou, n. f.
tête-de-loup, n. f.
tête-de-Maure, n. f.
tête-de-nègre, adj. inv. et n. m. inv.
tétée, n. f.
téter, v. tr.
téterelle, n. f.
têtière, n. f.
tétin, n. m.
tétine, n. f.
téton, n. m.
tétr(a)-, préf.
tétrachlorure, n. m.
tétracorde, n. m.
tétracycline, n. f.
tétradactyle, adj.
tétrade, n. f.
tétraèdre, n. m.
tétraédrique, adj.
tétraéthyle, adj.
tétrafluorure, n. m.
tétragone, n. f.
tétragramme, n. m.
tétralogie, n. f.
tétramère, adj. et n.
tétraphonie, n. f.
tétraplégie, n. f.
tétraploïde, adj.
tétrapode, adj. et n. m. pl.
tétraptère, adj. et n.
tétrarchat, n. m.
tétrarchie, n. f.
tétrarque, n. m.
tétras, n. m.
tétrastyle, adj. et n. m.
tétrasyllabe ou tétrasyllabique, adj. et n.
tétravalence, n. f.
tétravalent, ente, adj.
tétrodon, n. m.
tétrose, n. m.
tette, n. f.
têtu, ue, adj. et n.
teuf-teuf, n. m.
teuton, onne, adj. et n.
teutonique, adj.
tex, n. m.
texan, ane, adj. et n.
texte, n. m.
textile, adj. et n. m.
textuel, elle, adj.
textuellement, adv.
texturation ou texturisation, n. f.
texture, n. f.
texturer ou texturiser, v. tr.
tézigue, pron.
T.G.V., sigle, n. m.
th, symbole
Th, symbole
thaï, ïe, adj. et n.
thaïlandais, aise, adj. et n.
thalamique, adj.
thalamus, n. m.
thalassémie, n. f.
thalassi-, thalasso-, préf.
thalassocratie, n. f.
thalassothérapie, n. f.
thalossotoque, adj.
thaler, n. m.
thalidomide, n. f.
thalle, n. m.
thallium, n. m.
thallophytes, n. f. pl.
thalweg ou talweg, n. m.
thanato-, préf.
thanatologie, n. f.
thanatopraxie, n. f.
thaumaturge, n. m. et adj.
thaumaturgie, n. f.
thé, n. m.
théatin, n. m.
théâtral, ale, aux, adj.
théâtralement, adv.
théâtraliser, v. tr.
théâtralité, n. f.
théâtre, n. m.
théâtreuse, n. f.
thébaïde, n. f.
thébaïne, n. f.
thébaïque, adj.
thébaïsme, n. m.
thécal, ale, aux, adj.
-thée, suff.
1. théier, ière, adj.
2. théier, n. m.
3. théière, n. f.
théine, n. f.
théisme, n. m.
théiste, n. et adj.
thélytoque, adj.
thématique, adj. et n. f.
thème, n. m.
thénar, n. m.
théo-, préf.
théobromine, n. f.

théocratie, n. f.
théocratique, adj.
théodicée, n. f.
théodolite, n. m.
théogonie, n. f.
théogonique, adj.
théologal, ale, aux, adj. et n. m.
théologie, n. f.
théologien, ienne, n.
théologique, adj.
théologiquement, adv.
théophanie, n. f.
théophilanthrope, n.
théophilanthropie, n. f.
théophilanthropique, adj.
théophylline, n. f.
théorbe ou téorbe, n. m.
théorématique, adj.
théorème, n. m.
théorétique, adj. et n. f.
théoricien, ienne, n.
théorie, n. f.
théorique, adj.
théoriquement, adv.
théorisation, n. f.
théoriser, v. intr., v. tr.
théosophe, n.
théosophie, n. f.
-thèque, suff.
thèque, n. f.
thérapeute, n.
thérapeutique, adj. et n. f.
thérapie, n. f.
-thérapie, suff.
thérapsidés ou théropsidés, n. m. pl.
thériaque, n. f.
théridion, n. m.
therm(o)-, préf.
thermal, ale, aux, adj.
thermalisme, n. m.
thermalité, n. f.
-therme, -thermie, -thermique, suff.
thermes, n. m. pl.
thermicien, ienne, n. et adj.
thermicité, n. f.
thermidor, n. m.
thermidorien, ienne, adj. et n.
thermie, n. f.
thermique, adj. et n. f.
thermisation, n. f.
thermistance ou thermistor, n. m.
thermite, n. f.
thermo-, préf.
thermocautère, n. m.
thermochimie, n. f.
thermochimique, adj.
thermocinétique, n. f.
thermoconduction, n. f.
thermocouple, n. m.
thermodurcissable, adj. et n. m.
thermodynamicien, ienne, n.
thermodynamique, n. f. et adj.
thermoélectricité, n. f.
thermoélectrique, adj.
thermoélectronique, adj.
thermoformage, n. m.
thermogène, adj.
thermogenèse, n. f.
thermogramme, n. m.
thermographe, n. m.
thermographie, n. f.
thermogravimétrie, n. f.
thermoionique ou thermo-ionique, adj.
thermolabile, adj.
thermoluminescence, n. f.
thermoluminescent, ente, adj.
thermolyse, n. f.
thermomagnétique, adj.
thermomagnétisme, n. m.
thermomécanique, adj.
thermomètre, n. m.
thermométrie, n. f.
thermométrique, adj.
thermonucléaire, adj.
thermopériodisme, n. m.
thermopile, n. f.
thermoplastique, adj.
thermopompe, n. f.
thermopropulsion, n. f.
thermorégulateur, trice, adj. et n. m.
thermorégulation, n. f.
thermorémanence, n. f.
thermorémanent, ente, adj.
thermorésistant, ante, adj.
thermos, n. m. ou f.
thermoscope, n. m.
thermosiphon, n. m.
thermosphère, n. f.
thermostabile ou thermostable, adj.
thermostat, n. m.
thermostatique, adj.
thermotropisme, n. m.
théropsidés ou thérapsidés, n. m. pl.
thésard, arde, n.
thésaurisation, n. f.
thésauriser, v. intr., v. tr.
thésauriseur, euse, n.
thesaurus ou thésaurus, n. m. inv.
thèse, n. f.
thesmophories, n. f. pl.
thesmothète, n. m.
thessalien, ienne, adj. et n.
thêta, n. m.
thétique, adj.
théurgie, n. f.
théurgique, adj.
thiamine, n. f.
thiazine, n. f.
thiazole, n. m.
thibaude, n. f.
thio(n)-, préf.
thioacide, n. m.
thioalcool ou thiol, n. m.
thiobactériales, n. m. pl.
thiofène ou thiophène, n. m.
thiol ou thioalcool, n. m.
thionine, n. f.
thionique, adj.
thiophène ou thiofène, n. m.
thiosulfate, n. m.
thiosulfurique, adj.
thio-urée, n. f.
thixotrope, adj.
thixotropie, n. f.
thixotropique, adj.
thlaspi, n. m.
tholos, n. f.
thomise, n. m.
thomisidés, n. m. pl.
thomisme, n. m.
thomiste, adj. et n.
thon, n. m.
thonaire, n. m.
thonier, n. m.
thonine, n. f.
Thora ou Torah, n. f.
thora(co)centèse, n. f.
thoracique, adj.
thoracoplastie, n. f.
thoracotomie, n. f.
thorax, n. m.
thorine, n. f.
thorite, n. f.
thorium, n. m.
thoron, n. m.
thrace, adj.
thrène, n. m.
thréonine, n. f.
thridace, n. f.
thriller, n. m.
thrips, n. m.
thromb(o)-, préf.
thrombase ou thrombine, n. f.
thrombocyte, n. m.
thrombocytopénie ou thrombopénie, n. f.
thrombocytose, n. f.
thrombo-élastogramme, n. m.
thrombopénie ou thrombocytopénie, n. f.
thromboplastine, n. f.
thrombose, n. f.
thug, n. m.
thulium, n. m.
thune, n. f.
thuriféraire, n. m.
thurne ou turne, n. f.
thuya, n. m.
thyade, n. f.
thylacine, n. m.
thym, n. m.
thymidine, n. f.
thymie, n. f.
-thymie, -thymique, suff.
thymine, n. f.
thymique, adj.
thymol, n. m.
thymus, n. m.
thyratron, n. m.
thyr(é)ostimuline, n. f.
thyréotrope, adj.
thyristor, n. m.
thyrocalcitonine, n. f.
thyroglobuline, n. f.
thyroïde, adj. et n. f.
thyroïdectomie, n. f.
thyroïdien, ienne, adj.
thyronine, n. f.
thyroxine, n. f.
thyrse, n. m.
thysanoures, n. m. pl.
Ti, symbole
tiare, n. f.
tibétain, aine, adj. et n.
tibia, n. m.
tibial, iale, iaux, adj.
tic, n. m.
tichodrome, n. m.
ticket, n. m.
tic-tac ou tictac, n. m. inv.
tictaquer, v. intr.
tie-break, n. m.
tiédasse, adj.
tiède, adj., n. et adv.
tièdement, adv.
tiédeur, n. f.
tiédir, v. intr., v. tr.
tiédissement, n. m.
tien, tienne, adj. poss. et pron. poss.
tierce, n. f.
tiercé, ée, adj. et n. m.
tiercefeuille, n. f.

tiercelet, n. m.
tiercer ou tercer ou terser, v. tr.
tierceron, n. m.
tiers, tierce, adj. et n. m.
tiers-point, n. m.
tif ou tiffe, n. m.
tifinagh, n. m.
tige, n. f.
tigelle, n. f.
tigette, n. f.
tiglon ou tigron, n. m.
tignasse, n. f.
tigre, n. m.
tigré, ée, adj.
tigresse, n. f.
tigridie, n. f.
tigron ou tiglon, n. m.
tilbury, n. m.
tilde, n. m.
tiliacées, n. f. pl.
tillac, n. m.
tillage ou teillage, n. m.
tillandsie, n. f.
tille ou teille, n. f.
tiller ou teiller, v. tr.
tilleul, n. m.
tilt, n. m.
timbale, n. f.
timbalier, n. m.
timbrage, n. m.
timbre, n. m.
timbré, ée, adj.
timbrer, v. tr.
timide, adj. et n.
timidement, adv.
timidité, n. f.
timing, n. m.
timon, n. m.
timonerie, n. f.
timonier, n. m.
timoré, ée, adj. et n.
tin, n. m.
tinamou, n. m.
tincal, n. m.
tinctorial, iale, iaux, adj.
tinéidés, n. m. pl.
tinette, n. f.
tintamarre, n. m.
tintement, n. m.
tinter, v. intr., v. tr.
tintinnabuler, v. intr.
tintouin, n. m.
tipule, n. f.
tique, n. f.
tiquer, v. intr.
tiqueté, ée, adj.
tiqueture, n. f.
tiqueur, euse, adj. et n.
tir, n. m.
tirade, n. f.
tirage, n. m.
tiraillement, n. m.
tirailler, v. tr., v. intr., v. pron.
tiraillerie, n. f.
tirailleur, n. m.
tirant, n. m.
tirasse, n. f.
tire, n. f.
tiré, ée, adj. et n. m.
tire-au-flanc, n. m. inv.
tire-bonde, n. m.
tire-botte, n. m.
tire-bouchon, n. m.
tire-bouchonner, v. tr.
tire-bouton, n. m.
tire-clou, n. m.
tire-d'aile(s) (à), loc. adv.
tire-fesses, n. m. inv.
tire-filet, n. m.
tire-fond, n. m. inv.
tire-jus, n. m. inv.
tire-laine, n. m. inv.
tire-lait, n. m. inv.
tire-larigot (à), loc. adv.
tire-ligne, n. m.
tirelire, n. f.
tire-l'œil, n. m. inv.
tire-pied, n. m.
1. tirer, v. tr., v. intr., v. pron.
2. tirer (se), v. pron.
tire-sou, n. m.
tiret, n. m.
tiretaine, n. f.
tirette, n. f.
tireur, euse, n.
tire-veille(s), n. m.
tiroir, n. m.
tiroir-caisse, n. m.
tisane, n. f.
tisanière, n. f.
tison, n. m.
tisonné, ée, adj.
tisonner, v. tr.
tisonnier, n. m.
tissage, n. m.
tisser, v. tr.
tisserand, ande, n.
tisserin, n. m.
tisseur, euse, n.
tissu, n. m.
tissulaire, adj.
titan, n. m.
titane, n. m.
titanesque ou titanique, adj.
titi, n. m.
titillation, n. f.
titiller, v. tr.
titisme, n. m.
titiste, adj. et n.
titrage, n. m.
titre, n. m.
titré, ée, adj.
titrer, v. tr.
titreuse, n. f.
titrimétrie, n. f.
titubant, ante, adj.
titubation, n. f.
tibuber, v. intr.
titulaire, adj. et n.
titularisation, n. f.
titulariser, v. tr.
titulature, n. f.
tjäle, n. m.
Tl, symbole
Tm, symbole
tmèse, n. f.
T.N.T. ou TNT, abrév., n. m.
toast, n. m.
toboggan, n. m.
toc, n. m. et adj
tocade ou toquade, n. f.
tocan ou tacon ou taquon, n. m.
tocante ou toquante, n. f.
tocard, arde ou toquard, arde, adj. et n.
toccata, n. f.
tocographie, n. f.
tocophérol, n. m.
tocsin, n. m.
toge, n. f.
togolais, aise, adj. et n.
tohu-bohu, n. m.
toi, pron. pers.
toile, n. f.
toilerie, n. f.
toilettage, n. m.
toilette, n. f.
toiletter, v. tr.
toise, n. f.
toiser, v. tr., v. pron.
toison, n. f.
toit, n. m.
toiture, n. f.
tokaï ou tokai ou tokay, n. m.
tokamak, n. m.
tokharien, ienne, n. m. et adj.
1. tôle, n. f.
2. tôle ou taule, n. f.
tôlée, adj. f.
tolérable, adj.
tolérance, n. f.
tolérant, ante, adj. et n.
tolérer, v. tr.
tôlerie, n. f.
tolet, n. m.
1. tôlier, n. m.
2. tôlier ou taulier, ière, n.
tolite, n. f.
tollé, n. m.
tolu, n. m.
toluène, n. m.
toluidine, n. f.
toluol, n. m.
tom(o)-, préf.
tomahawk, n. m.
tomaison, n. f.
tomate, n. f.
tombac, n. m.
tombal, ale, als, adj.
tombant, ante, adj.
tombe, n. f.
tombé, n. m.
tombeau, n. m.
tombée, n. f.
tombelle, n. f.
1. tomber, v. intr., v. tr.
2. tomber, n. m.
tombereau, n. m.
tombeur, n. m.
tombola, n. f.
tombolo, n. m.
tome, n. m.
-tome, -tomie, suff.
tomenteux, euse, adj.
tomer, v. tr.
tomette ou tommette, n. f.
tomme, n. f.
tommette ou tomette, n. f.
tomodensitométrie, n. f.
tomographie, n. f.
1. ton, ta, tes, adj. poss.
2. ton, n. m.
tonal, ale, als, adj.
tonalité, n. f.
tonca ou tonka, n. m.
tondage, n. m.
tondeuse, n. f.
tondo, n. m.
tondre, v. tr.
tondu, ue, adj. et n. m.
tonicardiaque, adj. et n. m.
tonicité, n. f.
-tonie, suff.
tonie, n. f.
tonifiant, iante, adj.
tonifier, v. tr.
-tonine, suff.
1. tonique, adj. et n. m.
2. tonique, n. f.
3. tonique, adj.
tonitruant, ante, adj.
tonitruer, v. intr.
tonka ou tonca, n. m.
tonlieu, n. m.
tonnage, n. m.
tonnant, ante, adj.
tonne, n. f.

tonneau, n. m.
tonnelet, n. m.
tonnelier, n. m.
tonnelle, n. f.
tonnellerie, n. f.
tonner, v. impers., v. intr.
tonnerre, n. m.
tonométrie, n. f.
tonsillaire, adj.
tonsure, n. f.
tonsurer, v. tr.
tonte, n. f.
tontine, n. f.
tontiner, v. tr.
tontisse, adj.
tonton, n. m.
tonture, n. f.
tonus, n. m.
top, n. m.
top(o)-, préf.
topaze, n. f.
-tope, suff.
toper, v. intr.
topette, n. f.
tophus, n. m. inv.
topicalisation, n. f.
topinambour, n. m.
1. topique, adj. et n. m.
2. topique, n. m.
3. topique, n. f.
topo, n. m.
topographe, n. m.
topographie, n. f.
topographique, adj.
topologie, n. f.
topologique, adj.
topométrie, n. f.
toponyme, n. m.
toponymie, n. f.
toponymique, adj.
toponymiste, n. m.
toquade ou tocade, n. f.
toquante ou tocante, n. f.
toquard, arde ou tocard, arde, adj. et n.
toque, n. f.
toqué, ée, adj. et n.
1. toquer, v. intr.
2. toquer (se), v. pron.
Torah ou Thora, n. f.
torche, n. f.
torché, ée, adj.
torche-cul, n.m.
torchée, n. f.
torcher, v. tr.
torchère, n. f.
torchis, n. m.
torchon, n. m.
torchonner, v. tr.
torcol, n. m.
tordage, n. m.
tordant, ante, adj.
tord-boyaux, n. m. inv.
tordeur, euse, n.
tord-nez, n. m. inv.
tordoir, n. m.
tordre, v. tr., v. pron.
tordu, ue, adj. et n.
tore, n. m.
toréador, n. m.
toréer, v. intr.
toréro, n. m.
toreutique, n. f.
torgnole, n. f.
torii, n. m. inv.
toril, n. m.
torique, adj.
tormentille, n. f.
tornade, n. f.
toron, n. m.
toronneuse, n. f.
torpédo, n. f.
torpeur, n. f.
torpide, adj.
torpillage, n. m.
torpille, n. f.
torpiller, v. tr.
torpilleur, n. m.
1. torque, n. m.
2. torque, n. f.
torr, n. m.
torréfacteur, n. m.
torréfaction, n. f.
torréfier, v. tr.
torrent, n. m.
torrentiel, ielle, adj.
torrentueux, euse, adj.
torride, adj.
tors, torse, adj. et n. m.
torsade, n. f.
torsader, v. tr.
torse, n. m.
torseur, n. m.
torsion, n. f.
tort, n. m.
torticolis, n. m.
tortil, n. m.
tortillard, adj. m. et n. m.
tortillement, n. m.
tortiller, v. tr., v. intr., v. pron.
tortillon, n. m.
tortionnaire, n. et adj.
tortis, n. m.
tortorer, v. tr.
tortricidés, n. m. pl.
tortu, ue, adj.
tortue, n. f.
tortueusement, adv.
tortueux, euse, adj.
torturant, ante, adj.
torture, n. f.
torturer, v. tr., v. pron.
torve, adj.
tory, ies, n. m.
toscan, ane, adj. et n.
tosser, v. intr.
tôt, adv. et adj.
total, ale, aux, adj. et n.
totalement, adv.
totalisant, ante, adj.
totalisateur, trice, adj. et n. m.
totalisation, n. f.
totaliser, v. tr.
totaliseur ou totalisateur, n. m.
totalitaire, adj.
totalitarisme, n. m.
totalité, n. f.
totem, n. m.
totémique, adj.
totémisme, n. m.
toto, n. m.
toton, n. m.
touage, n. m.
touareg, adj. pl. et n. pl.
toubib, n. m.
toucan, n. m.
1. touchant, prép.
2. touchant, ante, adj. et n. m.
touchau, n. m.
touche, n. f.
touche-à-tout, n. m. inv.
1. toucher, v. tr., v. pron.
2. toucher, n. m.
touche-touche (à), loc. adv.
touchette, n. f.
toucheur, n. m.
toue, n. f.
touée, n. f.
touer, v. tr.
toueur, n. m.
touffe, n. f.
touffeur, n. f.
touffu, ue, adj.
touillage, n. m.
touille, n. f.
touiller, v. tr.
toujours, adv.
toulonnais, aise, adj. et n.
touloupe, n. f.
toulousain, aine, adj. et n.
toundra, n. f.
toungouse ou toungouze, adj. et n.
toupaïe ou toupaye, n. m.
toupet, n. m.
toupie, n. f.
toupiller, v. tr.
toupilleur, n. m.
toupilleuse, n. f.
touque, n. f.
1. tour, n. m.
2. tour, n. f.
touraco, n. m.
touraillage, n. m.
touraille, n. f.
touraillon, n. m.
tourangeau, gelle, adj. et n.
tourbe, n. f.
tourber, v. intr.
tourbeux, euse, adj.
tourbier, ière, adj. et n.
tourbière, n. f.
tourbillon, n. m.
tourbillonnaire, adj.
tourbillonnant, ante, adj.
tourbillonnement, n. m.
tourbillonner, v. intr.
tourd, n. m. ou tourdelle, n. f.
tourdille, adj. m.
tourelle, n. f.
touret, n. m.
tourie, n. f.
tourier, ière, adj. et n.
tourillon, n. m.
tourisme, n. m.
touriste, n.
touristique, adj.
tourlourou, n. m.
tourmaline, n. f.
tourment, n. m.
tourmente, n. f.
tourmenté, ée, adj. et n.
tourmenter, v. tr., v. pron.
tourmenteur, euse, n. et adj.
tourmentin, n. m.
tournage, n. m.
tournailler, v. intr.
1. tournant, n. m.
2. tournant, ante, adj.
tourne, n. f.
tourné, ée, adj.
tourne-à-gauche, n. m. inv.
tournebouler, v. tr.
tournebride, n. m.
tournebroche, n. m.
tourne-disque, n. m.
tournedos, n. m.
tournée, n. f.
tournemain (en un), loc. adv.
tournepierre ou tourne-pierre, n. m.
tourner, v. tr., v. intr., v. pron.
tournesol, n. m.
tourneur, euse, n. et adj.
tournevis, n. m.
tournicoter, v. intr.
tourniole, n. f.

tourniquer, v. intr.
tourniquet, n. m.
tournis, n. m.
tournisse, n. f.
tournoi, n. m.
tournoiement, n. m.
tournois, adj. inv.
tournoyer, v. intr.
tournure, n. f.
touron ou tourron, n. m.
tour-opérateur, n. m.
tourron ou touron, n. m.
tourte, n. f.
tourteau, n. m.
tourtereau, n. m.
tourterelle, n. f.
tourtière, n. f.
tous, adj., pron.
touselle, n. f.
Toussaint, n. f.
tousser, v. intr.
tousserie, n. f.
tousseur, euse, n.
toussotement, n. m.
toussoter, v. intr.
tous-terrains ou tout-terrain, loc. adj. et n.
tout, toute, tous, toutes, adj., pron., n. et adv.
tout-à-l'égout, n. m. inv.
toute, adj., pron.
toutefois, adv.
toute-épice, n. f.
toute-puissance, n. f.
toutes, adj., pron.
toutim(e), n. m.
toutou, n. m.
tout-petit, n. m.
tout-puissant, toute-puissante, adj. et n. m.
tout-terrain ou tous-terrains, loc. adj. et n.
tout-venant, n. m.
toux, n. f.
tox(o)-, tox(i)-, préf.
toxémie, n. f.
toxicité, n. f.
toxico-, préf.
toxicodermie ou toxidermie, n. f.
toxicologie, n. f.
toxicologique, adj.
toxicologue, n.
toxicomane, adj. et n.
toxicomanie, n. f.
toxicose, n. f.
toxidermie ou toxicodermie, n. f.
toxi-infection, n. f.
toxine, n. f.
toxique, adj. et n. m.
toxoplasme, n. m.
toxoplasmose, n. f.
traban, n. m.
trabe, n. f.
trabécule, n. f.
trabée, n. f.
traboule, n. f.
trac, n. m.
trac (tout à), loc. adv.
traçage, n. m.
traçant, ante, adj.
tracas, n. m.
tracasser, v. tr., v. pron.
tracasserie, n. f.
tracassier, ière, adj. et n.
tracassin, n. m.
trace, n. f.
tracé, n. m.
tracer, v. tr., v. intr.
traceret, n. m.
traceur, euse, n. et adj.
trachéal, ale, aux, adj.
trachéates, n. m. pl.
trachée ou trachée-artère, n. f.
trachéen, éenne, adj.
trachéide, n. f.
trachéite, n. f.
trachéo-bronchite, n. f.
trachéoscopie, n.f.
trachéotomie, n. f.
trachome, n. m.
trachyte, n. m.
traçoir, n. m.
tract, n. m.
tractation, n. f.
tracté, ée, adj.
tracter, v. tr.
tracteur, trice, adj. et n. m.
tractif, ive, adj.
traction, n. f.
tractrice, n. f.
tractus, n. m.
tradescantia, n. m.
trade-union, n. f.
trade-unionisme, n. m.
trade-unioniste, n.
tradition, n. f.
traditionalisme, n. m.
traditionaliste, adj. et n.
traditionnaire, adj. et n.
traditionnel, elle, adj.
traditionnellement, adv.
traducteur, trice, n.
traduction, n. f.
traduire, v. tr., v. pron.
traduisible, adj.
trafic, n. m.
traficoter, v. intr., v. tr.
trafiquant, ante, n.
trafiquer, v. tr. indir., v. tr. dir.
tragacanthe, n. m.
tragédie, n. f.
tragédien, ienne, n.
tragi-comédie, n.f.
tragi-comique, adj.
tragique, adj. et n. m.
tragiquement, adv.
tragus, n. m.
trahir, v. tr., v. pron.
trahison, n. f.
traille, n. f.
train, n. m.
traînage, n. m.
traînailler, v. tr., v. intr.
traînant,ante, adj.
traînard, arde, n.
traînasse, n. f.
traînasser, v. tr., v. intr.
traîne, n. f.
traîneau, n. m.
traîne-bûches, n. m. inv.
traînée, n. f.
traînement, n. m.
traîne-misère, n. m. inv.
traîner, v. tr., v. intr., v. pron.
traîne-savates, n. m. inv.
traîne-semelles, n. m. inv.
traîneur, euse, n.
trainglot ou tringlot, n. m.
training, n. m.
train-train ou traintrain, n. m.
traire, v. tr.
trait, n. m.
traitable, adj.
traitant, ante, adj. et n. m.
traite, n. f.
traité, n. m.
traitement, n. m.
traiter, v. tr., v. tr. indir., v. intr.
traiteur, n. m.
traître, traîtresse, n. et adj.
traîtreusement, adv.
traîtrise, n. f.
trajectographie, n. f.
trajectoire, n. f.
trajet, n. m.
tralala, n. m.
tram, abrév., n. m.
tramail ou trémail, n. m.
trame, n. f.
tramer, v. tr., v. pron.
trameur, euse, n.
traminot, n. m.
tramontane, n. f.
tramp, n. m.
trampolin ou trampoline, n. m.
tramway, n. m.
tranchage, n. m.
tranchant, ante, adj. et n. m.
tranche, n. f.
tranché, ée, adj.
tranchée, n. f.
tranchée-abri, n. f.
tranchefile, n. f.
tranchefiler, v. tr.
tranchelard, n. m.
tranche-montagne, n. m.
trancher, v. tr., v. intr.
tranchet, n. m.
trancheur, euse, n.
tranchoir, n. m.
tranquille, adj.
tranquillement, adv.
tranquillisant, ante, adj. et n. m.
tranquilliser, v. tr., v. pron.
tranquillité, n. f.
trans-, préf.
transactinide, n. m.
transaction, n. f.
transactionnel, elle, adj.
transafricain, aine, adj.
transalpin, ine, adj.
transaméricain, aine, adj.
transaminase, n. f.
transandin, ine, adj.
transat, abrév., n. m.
1. transatlantique, adj. et n.
2. transatlantique, n. m.
transbahuter, v. tr.
transbordement, n. m.
transborder, v. tr.
transbordeur, n. m. et adj. m.
transcanadien, ienne, adj. et n. f.
transcaspien, ienne, adj
transcendance, n. f.
transcendant, ante, adj.
transcendantal, ale, aux, adj.
transcendantalisme, n. m.
transcender, v. tr., v. pron.
transcodage, n. m.
transcodeur, n. m.
transcontainer ou transconteneur, n. m.
transcontinental, ale, aux, adj.
transcriptase-inverse, n. f.
transcripteur, n. m.
transcription, n. f.
transcrire, v. tr.
transducteur, n. m.
transduction, n. f.
transe, n. f.
transept, n. m.

transférable, adj.
transférase, n. f.
transfèrement, n. m.
transférer, v. tr.
transfert, n. m.
transfiguration, n. f.
tranfigurer, v. tr.
transfiler, v. tr.
transfini, ie, adj.
transfixion, n. f.
transfo, abrév., n. m.
transformable, adj.
transformateur, trice, adj. et n. m.
transformation, n. f.
transformationnel, elle, adj.
transformer, v. tr., v. pron.
transformisme, n. m.
transformiste, n. et adj.
transfuge, n.
transfuser, v. tr.
transfusion, n. f.
transgresser, v. tr.
transgresseur, n. m.
transgression, n. f.
transhumance, n. f.
transhumant, ante, adj. et n.
transhumer, v. tr., v. intr.
transi, ie, adj. et n. m.
transiger, v. intr.
transillumination, n. f.
transir, v. tr., v. intr.
transistor, n.m.
transistorisation, n. f.
transistoriser, v. tr.
transit, n. m.
transitaire, adj. et n.
transiter, v. tr., v. intr.
transitif, ive, adj.
transition, n. f.
transitionnel, elle, adj.
transitivement, adv.
transitivité, n.f.
transitoire, adj. et n. m.
translater, v. tr.
translatif, ive, adj.
translation, n.f.
translitération ou translittération, n. f.
translocation, n. f.
translucide, adj.
translucidité, n. f.
transmetteur, trice, adj. et n. m.
transmettre, v. tr., v. pron.
transmigration, n. f.
transmigrer, v. intr.
transmissibilité, n. f.
transmissible, adj.
transmission, n. f.
transmuable ou transmutable, adj.
transmuer ou transmuter, v. tr., v. pron.
transmutabilité, n. f.
transmutable ou transmuable, adj.
transmutation, n. f.
transmuter ou transmuer, v. tr., v. pron.
transnational, ale, aux, adj.
transocéanien, ienne ou transocéanique, adj.
transpalette, n. f.
transparaître, v. intr. v. tr.
transparence, n. f.
transparent, ente, adj. et n. m.
transpercer, v. tr.
transpiration, n. f.
transpirer, v. intr.
transplant, n. m.
transplantation, n. f.
transplanter, v. tr., v. pron.
transplantoir, n. m.
transport, n. m.
transportable, adj.
transportation, n. f.
transporté, ée, adj. et n. m.
transporter, v. tr., v. pron.
transporteur, n. m.
transposable, adj.
transposée, n. f.
transposer, v. tr.
transposition, n.f.
transpositeur, trice, adj. et n.
transposon, n. m.
transpyrénéen, éenne, adj.
transsaharien, ienne, adj. et n.
transsexualisme, n. m.
transsexuel, elle, adj. et n.
transsibérien, ienne, adj. et n. m.
transsonique, adj.
transsubstantiation, n. f.
transsudat, n. m.
transsudation, n. f.
transsuder, v. intr., v. tr.
transuranien, ienne, adj. et n. m.
transvasement, n. m.
transvaser, v. tr.
transversal, ale, aux, adj. et n. f.
transversalement, adv.
transverse, adj.
transvider, v. tr.
transylvain, aine ou transylvanien, ienne, adj. et n.
trantran ou tran-tran, n. m.
trapèze, n. m. et adj.
trapéziste, n.
trapézoèdre, n. m.
trapézoïdal, ale, aux, adj.
trapézoïde, adj. et n. m.
trapillon ou trappillon, n. m.
trappe, n. f.
trappeur, n. m.
trappillon ou trapillon, n. m.
trappiste, n. m.
trappistine, n. f.
trapu, ue, adj.
traque, n. f.
traquenard, n. m.
traquer, v. tr.
traquet, n. m.
traqueur, n. m.
trattoria, n. f.
trauma, n. m.
traumatique, adj.
traumatisant, ante, adj.
traumatiser, v. tr.
traumatisme, n. m.
traumatologie, n. f.
traumatologique, adj.
traumatologiste ou traumatologue, n.
1. travail, aux, n. m.
2. travail, ails, n. m.
travaillé, ée, adj.
travailler, v. intr., v. tr., v. tr. indir.
travailleur, euse, n. et adj.
travaillisme, n. m.
travailliste, n. et adj.
travailloter, v. intr.
travée, n. f.
travelage, n. m.
traveller's cheque, n. m.
travelling, n. m.
travelo, n. m.
travers, n. m.
traversable, adj.
traverse, n. f.
traversée, n. f.
traverser, v.tr.
1. traversier, ière, adj.
2. traversier, n. m.
traversière, n. f.
traversin, n. m.
traversine, n. f.
travertin, n. m.
travesti, ie, adj. et n. m.
travestir, v. tr., v. pron.
travestisme, n. m.
travestissement, n. m.
traviole(de), loc. adv.
trayeur, euse, n.
trayon, n. m.
trébuchant, ante, adj.
trébuchement, n. m.
trébucher, v. intr., v. tr.
trébuchet, n. m.
trécheur ou trescheur, n. m.
tréfilage, n. m.
tréfiler, v. tr.
tréfilerie, n. f.
tréfileur, n. m.
tréfileuse, n. f.
trèfle, n. m.
tréflé, ée, adj.
tréflerie ou tréflière, n. f.
tréfonds, n. m.
treillage, n. m.
treillager, v. tr.
treillageur, n. m.
treille, n. f.
treillis, n. m.
treillisser, v. tr.
treize, adj. et n. m. inv.
treizième, adj. et n.
treizièmement, adv.
trekking, n. m.
tréma, n. m.
trémail ou tramail, n. m.
trématage, n. m.
trémater, v. tr.
trématodes, n. m. pl.
tremblaie, n. f.
tremblant, ante, adj. et n. f.
tremble, n. m.
tremblé, ée, adj. et n. m.
tremblement, n. m.
trembler, v. intr.
trembleur, euse, adj. et n.
tremblote, n. f.
tremblotement, n. m.
trembloter, v. intr.
trémelle, n. f.
trémie, n. f.
trémière, adj. f.
trémolo, n. m.
trémoussement, n. m.
trémousser(se), v. pron.
trempage, n. m.
trempe, n. f.
trempé, ée, adj.
trempée, n. f.
tremper, v. tr., v. pron., v. intr.
trempette, n. f.
trempeur, n. m.
tremplin, n. m.
trémulation, n. f.
trenail, n. m.
trench-coat, n. m.
trend, n. m.
trentain, n. m.
trentaine, n. f.

trente, adj. et n. m. inv.
trente-et-quarante, n. m. inv.
trentenaire, adj.
trentième, adj. et n.
trépan, n. m.
trépanation, n. f.
trépaner, v. tr.
trépang ou tripang, n. m.
trépas, n. m.
trépassé, ée, adj. et n.
trépasser, v. intr.
trépidant,ante, adj.
trépidation, n. f.
trépider, v. intr.
trépied, n. m.
trépignement, n. m.
trépigner, v. intr.
trépointe, n. f.
tréponématose, n. f.
tréponème, n. m.
très, adv.
trésaille, n. f.
trescheur ou trécheur, n. m.
trésor, n. m.
trésorerie, n. f.
trésorier, ière, n.
tressage, n. m.
tressaillement, n. m.
tressaillir, v. intr.
tressautement, n. m.
tressauter, v. intr.
tresse, n. f.
tresser, v. tr.
tréteau, n. m.
treuil, n. m.
trêve, n. f.
trévire, n. f.
trévirer, v. tr.
tri, n. m.
tri-, préf.
triacétate, n. m.
triacide, n. m.
triade, n. f.
triage, n. m.
triaire, n. m.
trial, n. f. ou m.
trialcool ou triol, n. m.
triangle, n. m.
triangulaire, adj.
triangulation, n. f.
trianguler, v. tr.
trias, n. m.
triasique, adj.
triathlon, n. m.
triatomique, adj.
triazine, n. f.
tribade, n. f.
tribal, ale, aux, adj.
tribalisme, n. m.
triballe, n. m.
triballer, v. tr.
tribart, n. m.
tribasique, adj.
triblastique, adj.
tribo-, préf.
tribo-électricité, n. f.
tribo-électrique, adj.
triboluminescence, n. f.
tribomètre, n. m.
tribométrie, n. f.
tribord, n. m.
tribordais, n. m.
triboulet, n. m.
tribraque, n. m.
tribu, n. f.
tribulation, n. f.
tribun, n. m.
tribunal, aux, n. m.
tribunat, n. m.
tribune, n. f.
tribunitien, ienne, adj.
tribut, n. m.
tributaire, adj. et n.
tric ou trick, n. m.
tricalcique, adj.
tricennal, ale, aux, adj.
tricentenaire, n. m. et adj.
tricéphale, adj. et n.
triceps, adj. et n. m.
tricératops, n. m.
trich(o)-, préf.
triche, n. f.
tricher, v. intr.
tricherie, n. f.
tricheur, euse, n.
trichinal, ale, aux ou trichineux, adj.
trichine, n. f.
trichiné, ée, adj.
trichineux, euse ou trichinal, ale, aux, adj.
trichinose, n. f.
trichite, n. f.
trichloréthylène, n. m.
trichlorefluorométhane, n. m.
trichlorure, n. m.
trichocéphale, n. m.
trichocéphalose, n. f.
trichologie, n. f.
tricholome, n. m.
trichoma ou trichome, n. m.
trichomonas, n. m.
trichophyton, n. m.
trichoptères, n. m. pl.
trichrome, adj.
trichromie, n. f.
trick ou tric, n. m.
triclinique, adj.
triclinium, n. m.
tricoises, n. f. pl.
tricolore, adj. et n. m.
tricorne, adj. et n. m.
tricot, n. m.
tricotage, n. m.
tricoter, v. tr., v. intr.
tricotets, n.m.pl.
tricoteur, euse, n.
trictrac, n. m.
tricuspide, adj.
tricycle, n. m.
tridacne, n. m.
tridactyle, adj.
trident, n. m.
tridenté, ée, adj.
tridentin, ine, adj.
tridi, n. m.
tridimensionnel, elle, adj.
trièdre, adj. et n. m.
triennal, ale, aux, adj.
trier, v. tr.
triérarque, n. m.
trière, n. f.
triergol, n. m.
trieur, euse, n.
trifide, adj.
trifoliolé, ée, adj.
triforium, n. m.
trifouiller, v. tr., v.intr.
trige, n. m.
trigémellaire, adj.
trigéminé, ée, adj.
trigle, n. m.
triglycéride, n. f.
triglyphe, n. m.
trigone, n. m. et adj.
trigonelle, n. f.
trigonocéphale, n. m.
trigonométrie, n. f.
trigonométrique, adj.
trijumeau, adj. et n. m.
trilatéral, ale, aux, adj.
trilingue, adj. et n.
trilit(t)ère, adj.
trille, n. m.
triller, v. tr., v. intr.
trillion, n. m.
trilobé, ée, adj.
trilobites, n. m. pl.
triloculaire, adj.
trilogie, n. f.
trimaran, n. m.
trimard, n. m.
trimarder, v. intr., v. tr.
trimardeur, n. m.
trimbal(l)age ou trimbal(l)ement, n. m.
trimbal(l)er, v. tr., v. pron.
trimer, v. intr.
trimère, adj.
trimestre, n. m.
trimestriel, elle, adj.
trimestriellement, adv.
trimètre, n. m.
trimmer, n. m.
trimoteur, n. m.
trinervé, ée, adj.
tringle, n. f.
tringler, v. tr.
tringlot ou trainglot, n. m.
trinitaire, adj. et n.
trinité, n. f.
trinitré, ée, adj.
trinitrine, n. f.
trinitrotoluène, n. m.
trinôme, n. m.
trinquer, v. intr.
trinquette, n. f.
trinqueur, euse, n.
trio, n. m.
triode, n. f.
triol ou trialcool, n. m.
triolet, n. m.
triomphal, ale, aux, adj.
triomphalement, adv.
triomphalisme, n. m.
triomphaliste, adj.
triomphant, ante, adj.
triomphateur, trice, n. et adj.
triomphe, n. m.
triompher, v. tr. indir., v. intr.
trionix, n. m.
triose, n. m.
trip, n. m.
tripang ou trépang, n. m.
triparti, ie, ou tripartite adj.
tripartisme, n. m.
tripartite ou triparti, ie, adj.
tripartition, n. f.
tripatouillage, n. m.
tripatouiller, v. tr., v. intr.
tripe, n. f.
triperie, n. f.
tripette, n. f.
triphasé, ée, adj. et n. m.
triphosphaté, adj.
triphtongue, n. f.
tripier, ière, n.
triplan, n. m.
triple, adj. et n. m.
triplé, ée, adj. et n. m.
1. triplement, n. m.
2. triplement, adv.
tripler, v. tr., v. intr.
triplés, ées, n. pl.
triplet, n. m.
triplette, n. f.
triplicata, n. m.
triploblastique, adj. et n. m.

triploïde, adj.
triplure, n. f.
tripode, adj.
tripolaire, adj.
tripoli, n. m.
triporteur, n. m.
tripot, n. m.
tripotage, n. m.
tripotée, n. f.
tripoter, v. tr., v. intr.
tripoteur, euse, n.
tripous ou tripoux, n. m. pl.
triptyque, n. m.
trique, n. f.
triqueballe, n. m.
trique-madame, n. f. inv.
triquer, v. tr.
triquet, n. m.
trirectangle, adj.
trirème, n. f.
trisaïeul, ïeule, n.
trisannuel, elle, adj.
trisecteur, trice, adj.
trisection, n. f.
trismégiste, adj. m.
trismus, n. m.
trisoc, n. m.
trisomie, n. f.
1. trisser, v. tr.
2. trisser, v. intr.
3. trisser, v. intr., v. pron.
tris(s)yllabe, adj. et n. m.
tris(s)yllabique, adj.
triste, adj.
tristement, adv.
tristesse, n. f.
tristounet, ette, adj.
triticale, n. m.
tritium, n. m.
triton, n. m.
trituration, n. f.
triturer, v. tr., v. pron.
tritureuse, n. f.
triumvir, n. m.
triumvirat, n. m.
trivalent, ente, adj.
trivalve, adj.
trivial, iale, iaux, adj.
trivialement, adv.
trivialité, n. f.
trivium, n. m.
tr/min ou tr/mn, abrév.
troc, n. m.
trocart, n. m.
trochaïque, adj. et n. m.
trochanter, n. m.
trochantérien, ienne, adj.
troche ou troque, n. f.
1. trochée, n. f.
2. trochée, n. m.
trochilidés, n. m. pl.
trochin, n. m.
trochiter, n. m.
trochlée, n. f.
trochure, n. f.
troène, n. m.
troglodyte, n. m.
troglodytique, adj.
trogne, n. f.
trognon, n. m.
trogoniformes, n. m. pl.
troïka, n. f.
trois, adj. et n. m.
trois-deux, n. m.
trois étoiles ou trois-étoiles, loc. nominale et adj. inv.
trois-huit, n. m. inv.
troisième, adj. et n.
troisièmement, adv.
trois-mâts, n. m. inv.
trois-quarts, n. m. inv.
trois-quatre, n. m. inv.
trois-six, n. m.
troll, n. m.
trolley, n. m.
trolleybus, n. m.
trombe, n. f.
trombidion, n. m.
trombine, n. f.
trombinoscope, n. m.
tromblon, n. m.
trombone, n. m.
trommel, n. m.
trompe, n. f.
trompe-la-mort, n. inv.
trompe-l'œil, n. m. inv.
tromper, v. tr. v. pron.
tromperie, n. f.
trompette, n. f. et m.
trompettiste, n.
trompeur, euse, adj. et n.
trompeusement, adv.
trompillon, n. m.
tronc, n. m.
troncature, n. f.
tronche, n. f.
tronchet, n. m.
tronçon, n. m.
tronconique, adj.
tronçonnage, n. m.
tronçonner, v. tr.
tronçonneuse, n. f.
trône, n. m.
trôner, v. intr.
tronquer, v. tr.
trop, adv.
trope, n. m.
-trope,-tropie,-tropisme, suff.
troph(o)-, préf.
trophée, n. m.
trophicité, n. f.
-trophie, suff.
trophine, n. f.
trophique, adj.
trophoblaste, n. m.
trophonévrose, n. f.
tropical, ale, aux, adj.
tropicalisation, n. f.
tropicaliser, v. tr.
tropique, n. m. et adj.
tropisme, n. m.
tropo-, pref.
tropopause, n. f.
troposphère, n. f.
trop-perçu, n. m.
trop-plein, n. m.
troque ou troche, n. f.
troquer, v. tr.
troquet, n. m.
troqueur, euse, n.
trot, n. m.
trotskisme ou trotskysme, n. m.
trotskiste ou trotskyste, n. et adj.
trotte, n. f.
trotte-menu, adj. inv.
trotter, v. intr., v. pron.
trotteur, euse, n.
trotteuse, n. f.
trottin, n. m.
trottinement, n. m.
trottiner, v. intr.
trottinette, n. f.
trottoir, n. m.
trou, n. m.
troubadour, n. m.
troublant, ante, adj.
1. trouble, adj.
2. trouble, n. m.
3. trouble ou truble, n. f. ou troubleau, n. m.
trouble-fête, n. inv.
troubler, v. tr., v. pron.
troué, ée, adj.
trouée, n. f.
trouer, v. tr.
troufignard ou troufignon, n. m.
troufion, n. m.
trouillard, arde, adj. et n.
trouille, n. f.
troupe, n. f.
troupeau, n. m.
troupiale, n. m.
troupier, n. m. et adj. m.
troussage, n. m.
trousse, n. f.
trousseau, n. m.
trousse-pied, n. m.
trousse-queue, n. m.
troussequin ou trusquin, n. m.
trousser, v. tr., v. pron.
trousseur, n. m.
trou-trou, n. m.
trouvable, adj.
trouvaille, n. f.
trouvé, ée, adj.
trouver, v. tr., v. pron.
trouvère, n. m.
trouveur, euse, n.
troyen, yenne, n. et adj.
tr/s, abrév.
truand, ande, n.
truander, v. intr., v. tr.
truanderie, n. f.
truble ou trouble, n. f. ou troubleau, n. m.
trublion, n. m.
1. truc, n. m.
2. truc ou truck, n. m.
trucage ou truquage, n. m.
truchement, n. m.
trucider, v. tr.
truck ou truc, n. m.
truculence, n. f.
truculent, ente, adj.
trudgeon, n. m.
truelle, n. f.
truellée, n. f.
truffe, n. f.
truffer, v. tr.
trufficulture, n. f.
truffier, ière, adj. et n.
truffière, n. f.
truie, n. f.
truisme, n. m.
truite, n. f.
truité, ée, adj.
truiticulture, n. f.
trullo, trulli, n. m.
trumeau, n. m.
truquage ou trucage, n. m.
truquer, v. intr., v. tr.
truqueur, euse, n.
truquiste, n.
trusquin ou troussequin, n. m.
trusquiner, v. tr.
trust, n. m.
truste ou trustis, n. f.
truster, v. tr.
trusteur, n. m.
trustis ou truste, n. f.
trypanosome, n. m.
trypanosomiase, n. f.
trypsine, n. f.
tryptophane, n. m.
tsar ou tzar ou csar ou czar, n. m.

tsarévitch ou **tzarévitch**, n. m.
tsarine ou **tzarine**, n. f.
tsarisme ou **tzarisme**, n. m.
tsariste ou **tzariste**, adj.
tsé-tsé, n. f. inv.
T.S.F., abrév., n. f.
t-shirt ou **tee-shirt**, n, m.
tsigane ou **tzigane**, adj. et n.
tsoin-tsoin !, interj.
tsunami, n. m.
T.U., abrév.
1. tu, tue, pp. du v. taire
2. tu, pron. pers.
tuable, adj.
tuant, ante, adj.
tub, n. m.
tuba, n. m.
tubage, n. m.
tubaire, adj.
tubard, arde, adj. et n.
tube, n. m.
tuber, v. tr.
tubercule, n. m.
tuberculeux, euse, adj. et n.
tuberculine, n. f.
tuberculinique, adj.
tuberculinisation, n. f.
tuberculisation, n. f.
tuberculiser (se), v. pron.
tuberculose, n. f.
tubéreuse, n. f.
tubéreux, euse, adj.
tubérisation, n. f.
tubérisé, adj.
tubérosité, n. f.
tubi-, préf.
tubicole, adj.
tubifère, adj.
tubifex, n. m.
tubiflorales, n. f. pl.
tubipore, n. m.
tubiste, n. m.
tubitèle, adj. et n. m.
1. tubulaire, adj.
2. tubulaire, n. f.
tubule, n. m.
tubulé, ée, adj.
tubuleux, euse, adj.
tubulidentés, n. m. pl.
tubuliflore, adj. et n. f.
tubulonéphrite, n. f.
tubulure, n. f.
tudesque, adj.
tudieu !, interj.
tue-chien, n. m. inv.
tue-diable, n. m. inv.
tue-mouche, n. m. inv. et adj.
tuer, v. tr., v. pron.
tuerie, n. f.
tue-tête(à), loc. adv.
tueur, euse, n.
tuf, n. m.
tufeau ou **tuffeau**, n. m.
tuile, n. f.
tuileau, n. m.
tuilerie, n. f.
tuilier, ière, adj. et n.
tularémie, n. f.
tulipe, n. f.
tulipier, n. m.
tulle, n. m.
tullerie, n. f.
tulliste, n.
tuméfaction, n. f.
tuméfié, ée, adj.
tuméfier, v. tr., v. pron.
tumescence, n. f.
tumescent, ente, adj.
tumeur, n. f.
tumoral, ale, aux, adj.
tumulte, n. m.
tumultueusement, adv.
tumultueux, euse, adj.
tumulus, n. m.
tuner, n. m.
tungstate, n. m.
tungstène, n. m.
tungstique, adj.
tunicelle, n. f.
tuniciers, n. m. pl.
tunique, n. f.
tuniqué, ée, adj.
tunisien, ienne, adj. et n.
tunnel, n. m.
tupaïa ou **tupaja**, n. m.
tupi, adj. inv. et n. m. inv.
tupinambis, n. m.
turban, n. m.
turbe, n. f.
turbé ou **turbeh**, n. m.
turbellariés, n. m. pl.
turbidité, n. f.
turbin, n. m.
turbinage, n. m.
turbine, n. f.
turbiné, ée, adj.
turbiner, v. tr., v. intr.
turbo-, préf.
1. turbo, n. m. inv.
2. turbo, abrév., n. m.
turbo-alternateur, n. m.
turbocompresseur, n. m.
turboforage, n. m.
turbomachine, n. f.
turbomoteur, n. m.
turbopompe, n. f.
turbopropulseur, n. m.
turboréacteur, n. m.
turbosoufflante, n. f.
turbostatoréacteur, n. m.
turbot, n. m.
turbotière, n. f.
turbotin, n. m.
turbotrain, n. m.
turbulence, n. f.
turbulent, ente, adj.
1. turc, turque, adj. et n.
2. turc ou **turk**, n. m.
turcique, adj.
turco, n. m.
turco-mongol, ole, adj. et n. m.
turdidés, n. m. pl.
turf, n. m.
turfiste, n.
turgescence, n. f.
turgescent, ente, adj.
turgide, adj.
turion, n. m.
turk ou **turc**, n. m.
turkmène, adj. et n.
turlupinade, n. f.
turlupiner, v. intr., v. tr.
turlutaine, n. f.
turlutte, n. f.
turlututu !, interj.
turne ou **thurne**, n. f.
turnep ou **turneps**, n. m.
turpide, adj.
turpitude, n. f.
turquerie, n. f.
turquin, adj. m.
turquoise, n. f. et adj. inv.
turriculé, ée, adj.
turritelle, n. f.
tussilage, n. m.
tussor ou **tussore**, n. m.
tutélaire, adj.
tutelle, n. f.
1. tuteur, tutrice, n.
2. tuteur, n. m.
tuteurer, v. tr.
tutie ou **tuthie**, n. f.
tutoiement, n. m.
tutoyer, v. tr., v. pron.
tutti, adv. et n. m. inv.
tutti frutti, loc. adj. inv.
tutti quanti, loc. nom. inv.
tutu, n. m.
tuyau, n. m.
tuyautage, n. m.
tuyauter, v. tr., v. intr.
tuyauterie, n. f.
tuyère, n. f.
t.v.a., sigle, n. f.
tweed, n. m.
tweeter, n. m.
twin-set, n. m.
twist, n. m.
twister, v. intr.
twisteur, euse, n.
tylenchus, n. m.
tympan, n. m.
tympanal, ale, aux, adj. et n. m.
tympanique, adj.
tympanon, n. m.
tympanoplastie, n. f.
tyndallisation, n. f.
type, n. m.
typé, ée, adj.
typer, v. tr.
typesse, n. f.
typh(o)-, préf.
typha, n. m.
typhacées, n. f. pl.
typhique, adj. et n.
typhlite, n. f.
typhobacillose, n. f.
typhoïde, adj. et n. f.
typhoïdique, adj.
typhon, n. m.
typhose, n. f.
typhus, n. m.
1. typique, adj.
2. typique, adj. et n. m.
3. typique, n. f.
typiquement, adv.
typo-, préf.
typo, abrév., n.
typographe, n.
typographie, n. f.
typographique, adj.
typologie, n. f.
typologique, adj.
typomètre, n. m.
typon, n. m.
typtologie, n. f.
tyr(o)-, préf.
tyran, n. m.
tyranneau, n. m.
tyrannicide, n.
tyrannie, n. f.
tyrannique, adj.
tyranniser, v. tr.
tyrannosaure, n. m.
tyrolien, ienne, adj. et n.
tyrolienne, n. f.
tyrosine, n. f.
tyrothricine, n. f.
tyrrhénien, n. m.
tzar ou **tsar** ou **csar** ou **czar**, n. m.
tzarévitch ou **tsarévitch**, n. m.
tzarine ou **tsarine**, n. f.
tzarisme ou **tsarisme**, n. m.
tzigane ou **tsigane**, adj. et n.

U

u, n. m.
U, symbole
ubac, n. m.
ubiquiste, adj. et n.
ubiquité, n. f.
ubuesque, adj.
U.E.R., sigle
U.H.F., abrév.
uhlan, n. m.
ukase ou oukase, n. m.
ukiyo-e, n. m.
ukrainien, ienne, adj. et n.
ukulele, n. m.
ulcération, n. f.
ulcère, n. m.
ulcéré, ée, adj.
ulcérer, v. tr.
ulcéreux, euse, adj. et n.
uléma ou ouléma, n. m.
uliginaire ou uligineux, euse, adj.
ulluque, n. m.
U.L.M., sigle, n. m.
ulmacées, n. f. pl.
ulmaire, n. f.
ulmus, n. m.
ulnaire, adj.
ultérieur, ieure, adj.
ultérieurement, adv.
ultimatum, n. m.
ultime, adj.
ultra-, préf.
ultra, n. et adj.
ultracentrifugation, n. f.
ultracentrifugeuse, n. f.
ultracourt, courte, adj.
ultra-haute fréquence, n. f.
ultramicroscope, n. m.
ultramicroscopie, n. f.
ultramicroscopique, adj.
ultramoderne, adj.
ultramontain, aine, adj. et n.
ultramontanisme, n. m.
ultra-petita, adv. et n. m.
ultra-sensible, adj.
ultra-son ou ultrason, n. m.
ultraviolet ou ultra-violet, ette, adj. et n. m.
ululement ou hululement, n. m.
ululer ou hululer, v. intr.
ulve, n. f.
umlaut, n. m.
un, une, adj., art. et pron.
un-, préf.
unanime, adj.
unanimement, adv.
unanimisme, n. m.
unanimiste, n. et adj.
unanimité, n. f.
unau, n. m.
unci-, préf.
unciforme, adj.
unciné, ée, adj.
underground, adj. inv. et n. m.
une, n. f.
unetelle, n. f.
ungu(i)-, préf.
unguéal, ale, aux, adj.
unguifère, adj.
unguis, n. m.
uni-, préf.
1. uni, ie, adj.
2. uni, n. m.
uniate, n. et adj.
uniaxe, adj.
unicaule, adj.
unicellulaire, adj. et n. m. pl.
unicité, n. f.
unicolore, adj.
unicorne, adj. et n. m.
unidirectionnel, elle, adj.
unième, adj.
unièmement, adv.
unificateur, trice, adj. et n.
unification, n. f.
unifier, v. tr., v. pron.
uniflore, adj.
unifolié, ée, adj.
1. uniforme, adj.
2. uniforme, n. m.
uniformément, adv.
uniformisation, n. f.
uniformiser, v. tr.
uniformité, n. f.
unijambiste, adj. et n.
unilatéral, ale, aux, adj.
unilatéralement, adv.
unilinéaire, adj.
unilingue, adj.
unilobé, ée, adj.
uniloculaire, adj.
uniment, adv.
uninominal, ale, aux, adj.
union, n. f.
unionisme, n. m.
unioniste, adj. et n.
unipare, adj.
unipolaire, adj.
unique, adj.
uniquement, adv.
unir, v. tr., v. pron.
unisexe, adj.
unisexualité, n. f.
unisexué, ée, adj.
unisson, n. m.
unitaire, adj. et n.
unitarien, ienne, n.
unitarisme, n. m.
unité, n. f.
unitif, ive, adj.
univalent, ente, adj.
univalve, adj.
univers, n. m.
universalisation, n. f.
universaliser, v. tr.
universalisme, n. m.
universaliste, n. et adj.
universalité, n. f.
universaux, n. m. pl.
universel, elle, adj. et n. m.
universellement, adv.
universitaire, adj. et n.
université, n. f.
univitellin, ine, adj.
univocité, n. f.
univoque, adj.
untel, unetelle, n.
upas, n. m.
uppercut, n. m.
upsilon, n. m.
ur(o)-, préf.
uracile, n. m.
uraète, n. m.
uræus, n. m. inv.
uranate, n. m.
urane, n. m.
uraneux, adj. m.
uranie, n. f.
uranifère, adj.
uranique, adj.
uranisme, n. m.
uranium, n. m.
urano-, préf.
uranoplastie, n. f.
uranoscope, n. m.
uranyle, n. m.
urate, n. m.
urbain, aine, adj.
urbanisation, n. f.
urbaniser, v. tr.
urbanisme, n. m.
urbaniste, n. et adj.
urbanistique, adj.
urbanité, n. f.
urbi et orbi, loc. adv.
urcéolé, ée, adj.
urdu ou ourdou, n. m.
ure ou urus, n. m.
-ure, suff.
uréase, n. f.
urédinales ou urédinées, n. f. pl.
urédospore, n. f.
urée, n. f.
uréide, n. m.
uréique, adj.
urémie, n. f.
urémique, adj. et n.
uréogenèse, n. f.
-urèse, -urie, suff.
urétéral, ale, aux, adj.
uretère, n. m.
urétérite, n. f.
uréthane ou uréthanne, n. m.
urétral, ale, aux, adj.
urètre, n. m.
urétrite, n. f.
urgence, n. f.
urgent, ente, adj. et n. m.
urger, v. intr.
uric(o)-, préf.
uricémie, n. f.
uridine, n. f.
urinaire, adj.
urinal, aux, n. m.
urine, n. f.
uriner, v. intr.
urineux, euse, adj.
urinoir, n. m.
urique, adj.
urne, n. f.
uro-, préf.
urobiline, n. f.
urochrome, n. m.
urocordés, n. m. pl.
urodèles, n. m. pl.
urogénital, ale, aux, adj.
urographie, n. f.
urolagnie, n. f.
urologie, n. f.
urologue, n.
uromastix, n. m.
uropode, n. m.
uropyge, n. m.
uropygial, iale, iaux, adj.
uropygien, ienne, adj.
ursidés, n. m. pl.
ursuline, n. f.
urticacées, n. f. pl.
urticaire, n. f.
urticant, ante, adj.
urtication, n. f.
urubu, n. m.
uruguayen, enne, adj. et n.
urus ou ure, n. m.
us, n. m. pl.
usage, n. m.
usagé, ée, adj.
usager, n. m.
usant, ante, adj.
usé,ée, adj.
user, v. tr. indir., v. tr. dir., v. pron.
usinage, n. m.

usine, n. f.
usiner, v. tr., v. intr.
usinier, ière, adj.
usité, ée, adj.
usnée, n. f.
ustensile, n. m.
ustilaginales, n. f. pl.
usucapion, n. f.
1. usuel, elle, adj.
2. usuel, n. m.
usuellement, adv.
usufructuaire, adj.
usufruit, n. m.
usufruitier, ière, n. et adj.
usuraire, adj.
usure, n. f.
usurier, ière, n.
usurpateur, trice, n.
usurpation, n. f.
usurper, v. tr., v. intr.
ut, n. m.
utérin, ine, adj.
utérus, n. m.
utile, adj. et n. m.
utilement, adv.
utilisable, adj.
utilisateur, trice, n.
utilisation, n. f.
utiliser, v. tr.
utilitaire, adj. et n.
utilitarisme, n. m.
utilitariste, adj. et n.
utilité, n. f.
utopie, n. f.
utopique, adj.
utopiste, n. et adj.
utriculaire, adj. et n. f.
utricule, n. m.
1. U.V., abrév., n. f.
2. U.V., abrév.
uval, ale, aux, adj.
uva-ursi, n. m.
uvéal, ale, aux, adj.
uvée, n. f.
uvéite, n. f.
uvulaire, adj.
uvule, n. f.

V

v, n. m.
V, symbole
va !, interj.
VA, symbole
vacance, n. f.
vacancier, ière, n.
vacant, ante, adj.
vacarme, n. m.
vacataire, n. m. et adj.
vacation, n. f.
vaccin, n. m.
vaccinal, ale, aux, adj.
vaccination, n. f.
vaccine, n. f.
vacciner, v. tr.
vaccinier, n. m.
vaccinostyle, n. m.
vaccinothérapie, n. f.
vachard, arde, adj.
1. vache, n. f.
2. vache, n. f. et adj.
vachement, adv.
vacher, ère, n.
vacherie, n. f.
vacherin, n. m.
vachette, n. f.
vacillant, ante, adj.
vacillation, n. f.
vacillement, n. m.
vaciller, v. intr.
vacive ou vassive, n. f.
vacuité, n. f.
vacuolaire, adj.
vacuole, n. f.
vacuome, n. m.
vacuomètre, n. m.
vade-mecum, n. m. inv.
vadrouille, n. f.
vadrouiller, v. intr.
vadrouilleur, euse, n. et adj.
va-et-vient, n. m. inv.
vagabond, onde, adj. et n.
vagabondage, n. m.
vagabonder, v. intr.
vagal, ale, aux, adj.
vagin, n. m.
vaginal, ale, aux, adj.
vaginalite, n. f.
vaginé, ée, adj.
vaginisme, n. m.
vaginite, n. f.
vagir, v. intr.
vagissement, n. m.
vagolytique, adj.
vagotomie, n. f.
vagotonie, n. f.
1. vague, n. f.
2. vague, adj. et n. m.
vaguelette, n. f.
vaguement, adv.
vaguemestre, n. m.
vaguer, v. intr.
vahiné, n. f.
vaiçya, n. m. inv.
vaigrage, n. m.
vaillamment, adj.
vaillance, n. f.
vaillant, ante, adj.
vaillantie, n. f.
vain, vaine, adj.
vaincre, v. tr.
vaincu, ue, adj. et n.
vainement, adv.
vainqueur, n. m. et adj.
vair, n. m.
1. vairon, adj. m.
2. vairon ou véron, n. m.
vaisseau, n. m.
vaisselier, n. m.
vaiselle, n. f.
val, vals ou vaux, n. m.
valable, adj.
valablement, adv.
valaque, adj. et n.
valdinguer, v. intr.
valdotain, aine, adj. et n.
1. valence, n. f.
2. valence, n. f. inv.
valence-gramme, n. f.
valenciennes, n. f. inv.
-valent, suff.
valentinite, n. f.
valérianacées, n. f. pl.
valériane, n. f.
valérianelle, n. f.
valérianique ou valérique, adj.
valet, n. m.
valetaille, n. f.
valétudinaire, adj. et n.
valeur, n. f.
valeureusement, adv.
valeureux, euse, adj.
valgus, adj. et n. m. inv.
validation, n. f.
valide, adj.
validement, adv.
valider, v. tr.
validité, n. f.
valine, n. f.
valise, n. f.
valkyrie ou walkyrie, n. f.
vallée, n. f.
valleuse, n. f.
vallisnérie, n. f.
vallon, n. m.
vallonné, ée, adj.
vallonnement, n. m.
valoche, n. f.
valoir, v. intr., v. tr., v. impers., v. pron.
valorem(ad), loc. adj.
valorisation, n. f.
valoriser, v. tr.
valpolicella, n. m. inv.
valse, n. f.
valser, v. intr.
valseur, euse, n.
valvaire, adj.
valve, n. f.
valvé, ée, adj.
valvulaire, adj.
valvule, n. f.
vamp, n. f.
vamper, v. tr.
vampire, n. m.
vampirique, adj.
vampirisme, n. m.
van, n. m.
vanadate, n. m.
vanadinite, n. f.
vanadique, adj.
vanadium, n. m.
vanda, n. f.
vandale, adj. et n.
vandalisme, n. m.
vandoise, n. f.
vanesse, n. f.
vanille, n. f.
vanillé, ée, adj.
vanillier, n. m.
vanilline, n. f.
vanillisme, n. m.
vanillon, n. m.
vanité, n. f.
vaniteusement, adv.
vaniteux, euse, adj. et n.
vannage, n. m.
1. vanne, n. f.
2. vanne, n. f. ou n. m.
vanneau, eaux, n. m.
vanneaux, n. m. pl. ou vannes, n. f. pl.
vannelle ou vantelle, n. f.
vanner, v. tr.
vannerie, n. f.
vannes, n. f. pl. ou vanneaux, n. m. pl.
vanneur, euse, n.
vannier, ière, n.
vannure, n. f.
vantail, aux, n. m.
vantard, arde, adj. et n.
vantardise, n. f.
vantelle ou vannelle, n. f.
vanter, v. tr., v. pron.
va-nu-pieds, n. inv.
vape, n. f.
vapeur, n.
vapocraquage, n. m.
vapocraqueur, n. m.
vaporeusement, adv.
vaporeux, euse, adj.
vaporisateur, n. m.
vaporisation, n. f.
vaporiser, v. tr., v. pron.
vaquer, v. intr., v. tr. ind.
var, n. m.
varaigne, n. f.
varan, n. m.
varangue, n. f.
varappe, n. f.
varapper, v. intr.
varappeur, euse, n.
varech, n. m.
varenne, n. f.
vareuse, n. f.
varheure, n. m.
varheuremètre, n. m.
varia, n. m. pl.
variabilité, n. f.
variable, adj. et n.
variablement, adv.
variance, n. f.
variante, n. f.
variateur, n. m.
variation, n. f.
varice, n. f.
varicelle, n. f.
varicocèle, n. f.
varié, ée, adj..
varier, v. tr., v. intr.
variété, n. f.
varietur (ne), loc. adv. et adj.
variole, n. f.
variolé, ée, adj.
varioleux, euse, adj. et n.
variolique, adj.
variomètre, n. m.
variqueux, euse, adj.
varistance, n.f.
varlet, n. m.
varlope, n. f.
varloper, v. tr.
varron, n. m.
varronné, ée, adj.
varus, vara, adj. et n. m.
varve, n. f.
vas(o)-, préf.
vasard, arde, adj. et n. m.
vasculaire, adj.
vascularisation, n. f.
vascularisé, ée, adj.
1. vase, n. f.
2. vase, n. m.
vasectomie ou vasotomie,n. f.

vaseline, n. f.
vaseliner, v. tr.
vaseux, euse, adj.
vasière, n. f.
vasistas, n. m.
vasoconstricteur, trice ou vaso-constricteur, trice, adj. et n. m.
vasoconstriction ou vaso-constriction, n. f.
vasodilatateur, trice ou vaso-dilatateur, trice, adj. et n. m.
vasodilatation ou vaso-dilatation, n. f.
vasomoteur, trice ou vaso-moteur, trice, adj. et n. m.
vasomotricité, n. f.
vasopresseur, n. m.
vasopressine, n. f.
vasotomie ou vasectomie, n. f.
vasouillard, arde, adj.
vasouiller, v. intr.
vasque, n. f.
vassal, ale, aux, n. et adj.
vassaliser, v. tr.
vassalité, n. f.
vassive ou vacive, n. f.
vassiveau, n. m.
vaste, adj.
vastement, adv.
vaticane, adj. f.
vaticinateur, trice, n.
vaticination, n. f.
vaticiner, v. intr.
va-tout, n. m. inv.
vau, vaux, n. m.
vauchérie, n. f.
vauclusien, ienne, adj. et n.
vaudeville, n. m.
vaudevillesque, adj.
vaudevilliste, n. m.
vaudois, oise, n. et adj.
vaudou, n. m. et adj. inv.
vau-l'eau(à), loc. adv.
vaurien, ienne, n.
vautour, n. m.
vautrait, n. m.
vautrer(se), v. pron.
vavasseur, n. m.
va-vite(à la), loc. adv.
veau, n. m.
vecteur, n. m. et adj. m.
vectoriel, ielle, adj.
vécu, ue, adj. et n. m.
véda, n. m.
vedettariat, n. m.
vedette, n. f.
védique, adj.
védisme, n. m.
vedutiste, n. m.
végétal, ale, aux, n. m. et adj.
végétalisme, n. m.
végétarien, ienne, adj. et n.
végétarisme, n. m.
végétatif, ive, adj.
végétation, n. f.
végéter, v. intr.
véhémence, n. f.
véhément, ente, adj.
véhémentement, adv.
véhiculaire, adj.
véhicule, n. m.
véhiculer, v. tr.
veille, n. f.
veillée, n. f.
veiller, v. intr., v.tr.
veilleur, n. m.
veilleuse, n. f.
veinard, arde, n. et adj.
veine, n. f.
veiné, ée, adj.
veiner, v. tr.
veinette, n. f.
veineux, euse, adj.
veinule, n. f.
veinure, n. f.
vêlage, n. m.
vélaire, adj. et n. f.
vélani, n. m.
vélar, n. m.
vélarisation, n. f.
velarium ou vélarium, n. m.
velche ou welche ou welsch,, n.
veld ou veldt ou weldt, n. m.
vêlement, n. m.
vêler, v. intr.
vélie, n. f.
véligère, adj.
vélin, n. m.
véliplanchiste, n.
vélique, adj.
vélite, n. m.
vélivole, adj. et n.
velléitaire, adj. et n.
velléité, n. f.
vélo, n. m.
véloce, adj.
vélocipède, n. m.
vélocipédique, adj.
vélocité, n. f.
vélodrome, n. m.
vélomoteur, n. m.
vélomotoriste, n. m.
velot, n. m.
velours, n. m.
velouté, ée, n. m. et adj.
veloutement, n. m.
velouter, v. tr.
velouteux, euse, adj.
veloutier, n. m.
veloutine, n. f.
velte, n. f.
velu, ue, adj.
velum ou vélum, n. m.
velvet, n. m.
velvote, n. f.
venaison, n. f.
vénal, ale, aux, adj.
vénalement, adv.
vénalité, n. f.
venant, ante, adj. et n. m.
vendable, adj.
vendange, n. f.
vendangeoir, n. m.
vendanger, v. tr., v. intr.
vendangerot, n. m.
vendangette, n. f.
vendangeur, euse, n.
vendangeuse, n. f.
vendéen, enne, adj. et n.
vendémiaire, n. m.
venderesse, n. f.
vendetta, n. f.
1. vendeur, euse, n.
2. vendeur, venderesse, n.
vendre, v. tr., v. pron.
vendredi, n. m.
vendu, ue, adj.
venelle, n. f.
vénéneux, euse, adj.
vénérable, adj. et n.
vénération, n. f.
vénéréologie ou vénérologie, n. f.
vénérer, v. tr.
vénéricarde, n. f.
vénéridés, n. m. pl.
vénerie, n. f.
vénérien, ienne, adj. et n.
vénérologie ou vénéréologie, n. f.
venette, n. f.
veneur, n. m.
vénézuélien, ienne, adj. et n.
vengeance, n. f.
venger, v. tr., v. pron.
vengeur, vengeresse, n. et adj.
véniel, ielle, adj.
venimeux, euse, adj.
venimosité, n. f.
venin, n. m.
venir, v. intr.
vénitien, ienne, adj. et n.
vent, n. m.
ventage, n. m.
ventail, aux, n. m.
vente, n. f.
venté, ée, adj.
venter, v. impers.
venteux, euse, adj.
ventilateur, n. m.
ventilation, n. f.
ventiler, v. tr.
ventileuse, n. f.
ventis, n. m. pl.
ventôse, n. m.
ventouse, n. f.
ventral, ale, aux, adj. et n. m.
ventre, n. m.
ventrée, n. f.
ventre-saint-gris !, interj.
ventriculaire, adj.
ventricule, n. m.
ventrière, n. f.
ventriloque, n. et adj.
ventroloquie, n. f.
ventripotent, ente, adj.
ventru, ue, adj. et n.
venturi, n. m.
venu, ue, adj. et n.
venue, n. f.
vénus, n. f.
vénusien, ienne, adj. et n.
vénusté, n. f.
vêpres, n. f. pl.
ver, n. m.
véracité, n. f.
véraison, n. f.
véranda, n f
vératre, n. m.
vératrine, n. f.
verbal, ale, aux, adj.
verbalement, adv.
verbalisation, n. f.
verbaliser, v. intr.
verbalisme, n. m.
verbe, n. m.
verbénacées, n. f. pl.
verbeux, euse, adj.
verbiage, n. m.
verbigération, n. f.
verboquet, n. m.
verbosité, n. f.
ver-coquin, n. m.
verdage, n. m.
verdâtre, adj.
verdelet, ette, adj.
verdet, n. m.
verdeur, n. f.
verdict, n. m.
verdier, n. m.
verdir, v. tr., v. intr.
verdissage, n. m.
verdissant, ante, adj.
verdissement, n. m.
verdoiement, n. m.

verdoyant, ante, adj.
verdoyer, v. intr.
verdunisation, n. f.
verdure, n. f.
verduniser, v. tr.
vérétille, n. f. ou m.
véreux, euse, adj.
verge, n. f.
vergé, ée, adj.
vergence, n. f.
vergeoise, n. f.
verger, n. m.
vergerette, n. f.
vergeté, ée, adj.
vergette, n. f.
vergeture, n. f.
vergeure, n. f.
verglacé, ée, adj.
verglas, n. m.
vergne, n. m.
vergobret, n. m.
vergogne, n. f.
vergue, n. f.
véridicité, n. f.
véridique, adj.
véridiquement, adv.
vérifiable, adj.
vérificateur, trice, n.
vérificatif, ive, adj.
vérification, n. f.
vérifier, v. tr., v. pron.
vérin, n. m.
vérisme, n. m.
vériste, adj. et n.
véritable, adj.
véritablement, adv.
vérité, n. f.
verjus, n. m.
verjuter, v. tr.
verm(i)-, préf.
1. vermeil, eille, adj.
2. vermeil, n. m.
vermet, n. m.
vermicelle, n. m.
vermiculaire, adj.
vermiculé, ée, adj.
vermiculure, n. f.
vermidiens, n. m. pl.
vermiforme, adj.
vermifuge, adj. et n. m.
vermille, n. f.
vermiller, v. intr.
vermillon, n. m.
vermillonner, v. tr., v. intr.
vermine, n. f.
vermineux, euse, adj.
vermis, n. m.
vermisseau, n. m.
vermouler(se), v. pron.
vermoulu, ue, adj.
vermoulure, n. f.
vermout ou vermouth, n. m.
vernaculaire, adj.
vernal, ale, aux, adj.
vernalisation, n. f.
verni, ie, adj. et n.
vernier, n. m.
vernir, v. tr.
vernis, n. m.
vernissage, n. m.
vernissé, ée, adj.
vernisser, v. tr.
vernisseur, euse, n.
vernix caseosa, n. m.
vérole, n. f.
vérolé, ée, adj.
véron ou vairon, n. m.
véronal, n. m.
véronique, n. f.
verrat, n. m.
verre, n. m.
verré, ée, adj.
verrerie, n. f.
verrier, n. m.
verrière, n. f.
verrine, n. f.
verroterie, n. f.
verrou, n. m.
verrouillage, n. m.
verrouiller, v. tr., v. pron.
verrucosité, n. f.
verrucaire, n. f.
verrue, n. f.
verruqueux, euse, adj.
1. vers, prép.
2. vers, n. m.
versaillais, aise, adj. et n.
versant, n. m.
versatile, adj.
versatilité, n. f.
verse, n. f.
versé, ée, adj.
verseau, n. m.
versement, n. m.
verser, v. tr., v. intr.
verset, n. m.
verseur, euse, adj.
verseuse, n. f.
versicolore, adj.
versificateur, n. m.
versification, n. f.
versifier, v. intr., v. tr.
version, n. f.
vers-librisme, n. m.
vers-libriste, n.
verso, n. m.
versoir, n. m.
verste, n. f.
versus ou vs, prép.
vert, verte, adj. et n. m.
vert-de-gris, n. m. inv. et adj. inv.
vert-de-grisé, ée, adj.
vertébral, ale, aux, adj.
vertèbre, n. f.
vertébré, ée, adj. et n. m. pl.
vertébrothérapie, n. f.
vertement, adv.
vertex, n. m.
vertical, ale, aux, adj. et n.
verticalement, adv.
verticalité, n. f.
verticille, n. m.
verticillé, ée, adj.
vertige, n. m.
vertigineusement, adv.
vertigineux, euse, adj.
vertigo, n. m.
vertisol, n. m.
vertu, n. f.
vertubleu !, interj.
vertuchou !, interj.
vertueusement, adv.
vertueux, euse, adj.
vertugadin, n. m.
verve, n. f.
verveine, n. f.
1. verveux, n. m.
2. verveux, euse, adj.
vésanie, n. f.
vesce, n. f.
vésical, ale, aux, adj.
vésicant, ante, adj. et n. m.
vésication, n. f.
vésicatoire, adj. et n. m.
vésiculaire, adj.
vésicule, n. f.
vésiculeux, euse, adj.
vesou, n. m.
vespasienne, n. f.
vespéral, ale, aux, adj. et n. m.
vespertilion, n. m.
vespidés, n. m. pl.
vesse, n. f.
vesse-de-loup, n. f.
vesser, v. intr.
vessie, n. f.
vessigon, n. m.
vestale, n. f.
vestalies, n. f. pl.
veste, n. f.
vestiaire, n. m.
vestibulaire, adj.
vestibule, n. m.
vestige, n. m.
vestigial, iale, iaux, adj.
vestimentaire, adj.
veston, n. m.
vêtement, n. m.
vétéran, n. m.
vétérinaire, adj. et n.
vétille, n. f.
vétiller, v. intr.
vétilleux, euse, adj.
vêtir, v. tr., v. pron.
vétiver ou vétyver, n. m.
veto, n. m.
vêtu, ue, adj.
vêture, n. f.
vétuste, adj.
vétusté, n. f.
vétyver ou vétiver, n. m.
veuf, veuve, adj. et n.
veuglaire, n. m. ou f.
veule, adj.
veulerie, n. f.
veuvage, n. m.
veuve, n. f.
vexant, ante, adj.
vexateur, trice, adj. et n.
vexation, n. f.
vexatoire, adj.
vexer, v. tr., v. pron.
vexillaire, n. m.
vexille, n. m.
V.H.F., adj. inv.
via, prép.
viabiliser, v. tr.
viabilité, n. f.
viable, adj.
viaduc, n. m.
viager, ère, adj. et n. m.
viande, n. f.
viander, v. intr., v. pron.
viatique, n. m.
vibices, n. f. pl.
vibrage, n. m.
vibrant, ante, adj. et n. f.
vibraphone, n. m.
vibraphoniste, n.
vibrateur, n. m.
vibratile, adj.
vibration, n. f.
vibrato, n. m.
vibratoire, adj.
vibrer, v. intr., v. tr.
vibreur, n. m.
vibrion, n. m.
vibrionner, v. intr.
vibrisse, n. f.
vibromasseur, n. m.
vicaire, n. m.
vicarial, iale, iaux, adj.
vicariance, n. f.
vicariant, ante, adj.
vicariat, n. m.
1. vice, n. m.
2. vice-, particule inv.

vice-amiral, aux, n. m.
vice-consul, n. m.
vice-consulat, n. m.
vice-légat, n. m.
vice-légation, n. f.
vicennal, ale, aux, adj.
vice-présidence, n. f.
vice-président, ente, n.
vice-recteur, n. m.
vice-reine, n. f.
vice-roi, n. m.
vice-royauté, n. f.
vicésimal, ale, aux, adj.
vice versa, loc. adv.
vichy, n. m.
vichyssois, oise, adj. et n.
viciation, n. f.
vicier, v. tr.
vicieusement, adv.
vicieux, ieuse, adj. et n.
vicinal, ale, aux, adj.
vicinalité, n. f.
vicinité, n. f.
vicissitude, n. f.
vicomtal, ale, aux, adj.
vicomte, esse, n.
vicomté, n. f.
victimaire, n. m.
victime, n. f.
victoire, n. f.
victoria, n. f.
victorien, ienne, adj.
victorieusement, adv.
victorieux, ieuse, adj.
victuailles, n. f. pl.
vidage, n. m.
vidame, n. m.
vidamé, n. m. ou vidamie, n. f.
vidange, n. f.
vidanger, v. tr.
vidangeur, n. m.
vide, adj. et n. m.
vide-bouteille, n. m.
vide-gousset, n. m.
vidéo-, préf.
vidéo, abrév., n. f. et adj. inv.
vidéocassette, n. f.
vidéocomposite, adj.
vidéodisque, n. m.
vidéogramme, n. m.
vidéographie, n. f.
vidéonie, n. f.
vidéophone, n. m.
vide-ordures, n. m. inv.
vidéotex, n. m.
vide-poches, n. m. inv.
vide-pomme, n. m.
vider, v. tr., v. pron.
vide-tourie, n. m. inv.
videur, euse, n.
vide-vite, n. m. inv.
vidicon, n. m.
vidimer, v. tr.
vidimus, n. m.
vidoir, n. m.
viduité, n. f.
vidure, n. f.
vie, n. f.
vieil ou vieux, vieille, adj.
vieillard, n. m.
vieillerie, n. f.
vieillesse, n. f.
vieilli, ie, adj.
vieillir, v. intr., v. tr., v. pron.
vieillissant, ante, adj.
vieillissement, n. m.
vieillot, ote, adj.
vielle, n. f.
vieller, v. intr.
vielleur ou vielleux, euse, n.
1. vierge, adj. et n. f.
2. Vierge, n. f.
viêt(-)namien, ienne, adj. et n.
vieux ou vieil, vieille, adj.
vieux-catholique, vieille-catholique, adj. et n.
vieux-croyant, n. m.
1. vif, vive, adj.
2. vif, n. m.
vif-argent, n. m.
vigie, n. f.
vigilance, n. f.
vigilant, ante, adj.
1. vigile, n. f.
2. vigile, n. m.
vigne, n. f.
vigneau ou vignot, n. m.
vigneron, onne, n. et adj.
vignette, n. f.
vignettiste, n.
vigneture, n. f.
vignoble, n. m.
vignot ou vigneau, n. m.
vigogne, n. f.
vigoureusement, adv.
vigoureux, euse, adj.
vigueur, n. f.
viguier, n. m.
vihāra, n. m. inv.
viking, adj. et n.
vil, vile, adj.
1. vilain, aine, adj. et n.
2. vilain, n. m.
vilainement, adv.
vilebrequin, n. m.
vilenie, n. f.
vilipender, v. tr.
villa, n. f.
villafranchien, ienne, adj. et n.m.
village, n. m.
villageois, oise, adj. et n.
villanelle, n. f.
ville, n. f.
villégiature, n. f.
villégiaturer, v. intr.
villeux, euse, adj.
villosité, n. f.
vin, n. m.
vinage, n. m.
vinaigre, n. m.
vinaigrer, v. tr.
vinaigrerie, n. f.
vinaigrette, n. f.
vinaigrier, n. m.
vinaire, adj.
vinasse, n. f.
vindas ou vindau, n. m.
vindicatif, ive, adj.
vindicativement, adv.
vindicte, n. f.
vinée, n. f.
viner, v. tr.
vineux, euse, adj.
vingt, adj. et n. m.
vingtaine, n. f.
vingtième, adj. et n.
vingtièmement, adv.
vinicole, adj.
vinifère, adj.
vinification, n. f.
vinifier, v. tr.
vinosité, n. f.
vinyle, n. m.
vinylique, adj.
vinylite, n. f.
vioc ou vioque, adj. et n.
viol, n. m.
violacé, ée, adj.
violacées, n. f. pl.
violacer, v. tr., v. pron.
violat, adj. m.
violateur, trice, n. et adj.
violation, n. f.
violâtre, adj.
viole, n. f.
violemment, adv.
violence, n. f.
violent, ente, adj. et n.
violenter, v. tr.
violer, v. tr.
violet, ette, adj. et n. m.
violette, n. f.
violeur, euse, n.
violier, n. m.
violine, adj.
violiste, n.
violon, n. m.
violoncelle, n. m.
violoncelliste, n.
violoné, ée, adj.
violoner, v. intr., v. tr.
violoneux, n. m.
violoniste, n.
vioque ou vioc, adj. et n.
viorne, n. f.
vipère, n. f.
vipereau, n. m.
vipéridés, n. m. pl.
vipérin, ine, adj.
vipérine, n. f.
virage, n. m.
virago, n. f.
viral, ale, aux, adj.
vire, n. f.
virée, n. f.
virelai, n. m.
virement, n. m.
virer, v. tr., v. tr. indir., v.intr.
vireton, n. m.
vireur, n. m.
vireux, euse, adj.
virevolte, n. f.
virevolter, v. intr.
1. virginal, ale aux, adj.
2. virginal, n. m.
virginipare, adj. et n. f.
virginité, n. f.
virgule, n. f.
virguler, v. tr.
viril, ile, adj.
virilement, adv.
virilisation, n. f.
viriliser, v. tr.
virilisme, n. m.
virilité, n. f.
virion, n. m.
virolage, n. m.
virole, n. f.
viroler, v. tr.
virologie, n. f.
virologiste ou virologue, n.
virose, n. f.
virtualité, n. f.
virtuel, elle, adj. et n. m.
virtuellement, adv.
virtuose, n. et adj.
virtuosité, n. f.
virulence, n. f.
virulent, ente, adj.
virure, n. f.
virus, n. m.
vis, n. f.
visa, n. m.
visage, n. m.
visagiste, n.
vis-à-vis, loc.prép., adv. et n. m.
viscache, n. f.

viscéral, ale, aux, adj.
viscère, n. m.
viscose, n. f.
viscosimètre, n. m.
viscosité, n. f.
visé, n. m.
visée, n. f.
viser, v. tr. dir., v. tr. indir, v. tr.
viseur, n. m.
visibilité, n. f.
visible, adj. et n. m.
visiblement, adv.
visière, n. f.
visigoth ou wisigoth, othe, adj. et n.
vision, n. f.
visionnaire, adj. et n.
visionner, v. tr.
visionneuse, n. f.
visiophone, n. m.
visitandine, n. f.
visitation, n. f.
visitatrice, n. f.
visite, n. f.
visiter, v. tr.
visiteur, euse, n.
vison, n. m.
visqueux, euse, adj.
vissage, n. m.
visser, v. tr.
visserie, n. f.
visu (de), loc. adv.
visualisation, n. f.
visualiser, v. tr.
visuel, elle, adj. et n.
visuellement, adv.
vit, n. m.
vitacées, n. f. pl.
vital, ale, aux, adj.
vitalisme, n. m.
vitaliste, n. et adj.
vitalité, n. f.
vitamine, n. f.
vitaminé, ée, adj.
vitaminique, adj.
vitaminothérapie, n. f.
vite, adv. et adj.
vitellin, ine, adj.
vitellus, n. m.
vitelotte, n. f.
vitesse, n. f.
viti-, préf.
viticole, adj.
viticulteur, trice, n.
viticulture, n. f.
vitiligo, n. m.
vitrage, n. m.
vitrail, aux, n. m.
vitre, n. f.
vitré, ée, adj.
vitrer, v. tr.
vitrerie, n. f.
vitreux, euse, adj.
vitrier, n. m.
vitrifiable, adj.
vitrification, n. f.
vitrifier, v. tr., v. pron.
vitrine, n. f.
vitriol, n. m.
vitriolage, n. m.
vitrioler, v. tr.
vitrioleur, euse, n.
vitro (in), loc. adv.
vitrocérame, n. m.
vitulaire, adj.
vitupération, n. f.
vitupérer, v. tr. indir., v. tr., v. intr.
vivable, adj.
1. vivace, adj.
2. vivace, adv.
vivacité, n. f.
vivandier, ière, n.
vivant, ante, adj. et n. m.
vivarium, n. m.
vivat, interj., n. m.
1. vive !, vivent !, interj.
2. vive, n. f.
vive-eau ou vive eau, n. f.
vivement, adv. et interj.
vivent ! ou vive !, interj.
viverridés, n. m. pl.
viveur, euse, n.
vivier, n. m.
vivifiant, iante, adj.
vivification, n. f.
vivifier, v. tr.
vivipare, adj. et n.
viviparité, n. f.
vivisection, n. f.
vivo (in), loc. adv.
vivoter, v. intr.
vivre, v. intr., v. tr.
vivres, n. m. pl.
vivrier, ière, adj.
vizir, n. m.
vizirat, n. m.
vlan ! ou v'lan !, interj.
vocable, n. m.
vocabulaire, n. m.
vocal, ale, aux, adj.
vocalement, adv.
vocalique, adj.
vocalisation, n. f.
vocalise, n. f.
vocaliser, v. intr., v. tr., v. pron.
vocalisme, n. m.
vocatif, n. m.
vocation, n. f.
voceratrice ou vocératrice, n. f.
vocero, n. m.
vociférateur, trice, n.
vocifération, n. f.
vociférer, v. intr., v. tr.
vocoder, n. m.
vodka, n. f.
vœu, n. m.
vogoule, adj. et n.
vogue, n. f.
voguer, v. intr.
voici, prép.
voie, n. f.
voiévode ou voïevode ou voïvode, n. m.
voiévodie ou voïevodie ou voïvodie, n. f.
voilà, prép.
voilage, n. m.
1. voile, n. m.
2. voile, n. f.
voilé, ée, adj.
voilement, n. m.
voiler, v. tr., v. pron.
voilerie, n. f.
voilette, n. f.
voilier, n. m.
voilure, n. f.
voir, v. tr, v. tr. dir., v. tr. indir., v. pron.
voire, adv.
voirie, n. f.
voisé, ée, adj.
voisin, ine, adj. et n.
voisinage, n. m.
voisiner, v. intr.
voiturage, n. m.
voiture, n. f.
voiturée, n. f.
voiturer, v. tr.
voiturette, n. f.
voiturier, n. m.
voïvode ou voiévode ou voïevode, n. m.
voïvodie ou voiévodie ou voïevodie, n. f.
voix, n. f.
vol, n. m.
volable, adj.
volage, adj.
volaille, n. f.
volailler, ère, n.
volailleur, euse, n.
1. volant, ante, adj. et n. m.
2. volant, n. m.
volapük, n. m.
volatil, ile, adj.
volatile, n. m. et adj.
volatilisable, adj.
volatilisation, n. f.
volatiliser, v. tr., v. pron.
volatilité, n. f.
vol-au-vent, n. m.
volcan, n. m.
volcanique, adj.
volcanisme, n. m.
volcanologie ou vulcanologie, n. f.
volcanologique ou vulcanologique , adj.
volcanologue ou vulcanologue, n.
vole, n. f.
volé, ée, adj. et n.
volée, n. f.
voler, v. tr., v. intr.
volerie, n. f.
volet, n. m.
voleter, v. intr.
volettement, n. m.
voleur, euse, n. et adj.
volière, n. f.
volige, n. f.
voligeage, n. m.
voliger, v. tr.
volis, n. m.
volitif, ive, adj.
volition, n. f.
volley-ball, n. m.
volleyeur, euse, n.
volontaire, adj. et n.
volontairement, adv.
volontariat, n. m.
volontarisme, n. m.
volontariste, adj. et n.
volonté, n. f.
volontiers, adv.
volt, n. m.
voltage, n. m.
1. voltaïque, adj.
2. voltaïque, n. et adj.
voltaire, n. m.
voltairianisme, n. m.
voltairien, ienne, adj. et n.
voltamètre, n. m.
voltampère, n. m.
volte, n. f.
volte-face, n. f. inv.
volter, v. intr.
voltige, n. f.
voltiger, v. intr.
voltigeur, n. m.
voltmètre, n. m.
volubile, adj.
volubilis, n. m.
volubilité, n. f.
volucelle, n. f.
volume, n. m.
volumétrie, n. f.
volumétrique, adj.
volumineux, euse, adj.

volumique, adj.
volupté, n. f.
voluptueusement, adv.
voluptueux, euse, adj. et n.
volute, n. f.
volvaire, n. f.
volve, n. f.
volvox, n. m.
volvulus, n. m.
vombat ou wombat, n. m.
vomer, n. m.
vomérien, ienne, adj.
vomi, n. m.
1. vomique, adj.
2. vomique, n. f.
vomiquier, n. m.
vomir, v. tr.
vomissement, n. m.
vomissure, n. f.
vomitif, ive, adj. et n. m.
vomitoire, n. m.
vomito negro, n. m.
vorace, adj.
voracement, adv.
voracité, n. f.
-vor, suff.
vortex, n. m.
vorticelle, n. f.
vos, adj. poss. pl.
vosgien, ienne, adj. et n.
votant, ante, n.
vote, n. m.
voter, v. intr., v. tr.
votif, ive, adj.
votre, vos, adj. poss.
vôtre, adj., n. et pron. poss.
vouer, v. tr., v. pron.
vouge, n. m. ou f.
vouivre, n. f.
1. vouloir, v. tr., v. pron.
2. vouloir, n. m.
voulu, ue, adj.
vous, pron. et n.
vousseau ou voussoir, n. m.
voussoiement
ou vouvoiement, n. m.
voussoir ou vousseau, n. m.
voussoyer ou vouvoyer,
v. tr.,v. pron.
voussure, n. f.
voûte, n. f.
voûté, ée, adj.
voûter, v. tr., v. pron.
vouvoiement
ou voussoiement, n. m.
vouvoyer ou voussoyer,
v. tr., v. pron.
vouvray, n. m.
vox populi, n. f.
voyage, n. m.
voyager, v. intr.
voyageur, euse, n. et adj.
voyagiste, n. m.
voyance, n. f.
1. voyant, ante, adj. et n.
2. voyant, ante, n.
3. voyant, n. m.
voyelle, n. f.
voyer, n. m.
voyeur, euse, n.
voyeurisme, n. m.
voyou, n. m. et adj.
vrac, n. m.
vrai, vraie, adj., n. m. et adv.
vraiment, adv.
vraisemblable, adj.
vraisemblablement, adv.
vraisemblance, n. f.
vraquier, n. m.
vrillage, n. m.
vrille, n. f.
vrillé, ée, adj.
vrillée, n. f.
vriller, v. tr., v. intr.
vrillette, n. f.
vrombir, v. intr.
vrombissant, ante, adj.
vrombissement, n. m.
V.R.P., sigle, n. m.
vs ou versus, n. m.
1. vu, vue, adj.
2. vu, n. m. et prép.
vue, n. f.
vulcain, n. m.
vulcanien, ienne, adj.
vulcanisation, n. f.
vulcaniser, v. tr.
vulcanologie ou volca-
nologie, n. f.
vulcanologique ou volca-
nologique, adj.
vulcanologue ou volca-
nologue, n.
vulgaire, adj. et n. m.
vulgairement, adv.
vulgarisateur, trice, adj. et n.
vulgarisation, n. f.
vulgariser, v. tr.
vulgarisme, n. m.
vulgarité, n. f.
vulgate, n. f.
vulgo, adv.
vulgum pecus, n. m.
vulnérabilité, n. f.
vulnérable, adj.
1. vulnéraire, adj. et n. m.
2. vulnéraire, n. f.
vulnérant, ante, adj.
vulpin, n. m.
vultueux, euse, adj.
vultuosité, n. f.
vulturidés, n. m. pl.
1. vulvaire, n. f.
2. vulvaire, adj.
vulve, n. f.
vulvite, n. f.
vultuosité, n. f.

W

w, n. m.
W, symbole
wading, n. m.
wagage, n. m.
wagnérien, ienne, adj. et n.
wagon, n. m.
wagonnage, n. m.
wagonnée, n. f.
wagonnet, n. m.
wagonnier, n. m.
wahhabisme, n. m.
wahhabite, adj. et n.
walkman, n. m.
walk-over, n. m.
walkyrie ou valkyrie, n. f.
wallaby, ies, n. m.
wallingant, ante, adj. et n.
wallon, onne, adj. et n.
wallonisme, n. m.
walloniste, n.
wapiti, n. m.
warrant, n. m.
warrantage, n. m.
warranter, v. tr.
washingtonia, n. m.
wassingue, n. f.
water-ballast, n. m.
water-closet(s) ou waters, n. m. pl.
watergang, n. m.
wateringue, n. m. ou f.
water-polo, n. m.
waterproof, adj. inv. et n. m.
waters ou water-closet(s), n. m. pl.
watt, n. m.
wattheure, n. m.
wattman, n. m.
wattmètre, n. m.
Wb, symbole
w-c, abrév., n. m. pl.
weber, n. m.
week-end, n. m.
welche ou welsch ou velche, n.
weldt ou veld ou veldt, n. m.
wellingtonia, n. m.
welsch ou welche ou velche, n. m.
weltanschauung, n. f.
welter, n. m. et adj.
wergeld, n. m.
western, n. m.
Wh, symbole
wharf, n. m.
whig, n. m. et adj.
whipcord, n. m.
whippet, n. m.
whisker, n. m.
whisky, ies, n. m.
whist, n. m.
white spirit, n. m.
wigwan, n. m.
william(s), n. f.
williamine, n. f.
willow, n. m.
winch, n. m.
winchester, n. f.
windsurf, n. m.
wisigoth ou visigoth, othe, adj. et n.
wisigothique ou visigothique, adj.
witloof, n. f.
wolfram, n. m.
wombat ou vombat, n. m.
wormien, adj. m.
wulfénite, n. f.
würm, n. m.
würmien, ienne, adj.
wyandotte, n. et adj.

X

x, n. m.
xanth(o)-, préf.
xanthélasma, n. m.
xanthie, n. f.
xanthine, n. f.
xanthique ou xanthogénique, adj.
xanthoderme, adj. et n.
xanthogénique ou xanthique, adj.
xanthome, n. m.
xanthophycées, n. f. pl.
xanthophylle, n. f.
Xe, symbole
xén(o)-, préf.
xénarthres, n. m. pl.
xénon, n. m.
xénophile, adj. et n.
xénophilie, n. f.
xénophobe, adj. et n.
xénophobie, n. f.
xér(o)-, préf.
xéranthème, n. m.
xérès ou jerez, n. m.
xérodermie, n. f.
xérographie, n. f.
xérographique, adj.
xérophile, adj.
xérophtalmie, n. f.
xérophyte, n. f.
xhosa, n. m.
xi, n. m. et adj.
xiphoïde, adj.
xiphoïdien, ienne, adj.
xiphophore, n. m.
xoanon, n. m.
xyl(o)-, préf.
xylème, n. m.
xylène, n. m.
xylidine, n. f.
xylocope, n. m.
xylographe, n.
xylographie, n. f.
xylographique, adj.
xylophage, n. m.
xylophone, n. m.
xylose, n. m.
xyste, n. m.

Y

1. y, n. m.
2. y, adv. et pron.
Y, symbole
yacht, n. m.
yacht(s)man, men, n. m.
yacht-club, n. m.
yachting, n. m.
yack ou yak, n. m.
yamato-e, n. m.
yang, n. m.
yankee, n. et adj.
yaourt ou yog(h)ourt, n. m.
yaourtière, n. f.
yard, n. m.
yatagan, n. m.
yawl, n. m.
Yb, symbole
yddish ou yiddish, n. m. et adj. inv.
yearling, n. m.
yèble ou hièble, n. m.
yéménite, adj. et n.
yen, n. m.
yeoman, men, n. m.
yéti, n. m.
yeuse, n. f.
yeux, n. m. pl.
yé-yé, adj. et n.
yiddish ou yddish, adj. et n. m.
yin, n. m.
ylang-ylang ou ilang-ilang, n. m.
yod, n. m.
yog(h)ourt ou yaourt, n. m.
yoga, n. m.
yogi, n. m.
yohimbehe, n. m.
yole, n. f.
yom kippour, n. m.
yougoslave, adj. et n.
youpin, ine, adj. et n.
yourte ou iourte, n. f.
youtre, adj. et n.
youyou, n. m.
yo-yo, n. m. inv.
ypérite, n. f.
ysopet ou isopet, n. m.
ytterbine, n. f.
ytterbium, n. m.
yttria, n. m.
yttrialite, n. f.
yttrique, adj.
yttrium, n. m.
yuan, n. m.
yucca, n. m.

Z

z, n. m.
zabre, n. m.
Z.A.C., sigle, n. f.
Z.A.D., sigle, n. f.
zain, adj. m.
zaïrois, oise, adj. et n.
zakouski, n. m. pl.
zambien, ienne, adj. et n.
zamier, n. m.
zancle, n. m.
zan(n)i, n. m.
zanzibar, n. m.
zaouïa, n. f.
zapatéado, n. m.
zarzuela, n. f.
zazou, n. et adj.
zèbre, n. m.
zébrer, v. tr.
zébrure, n. f.
zébu, n. m.
zée, n. m.
zef, n. m.
zéine, n. f.
zélateur, trice, n.
zèle, n. m.
zélé, ée, adj.
zélote, n. m.
zemstvo, n. m.
zen, n. m. et adj. inv.
zenana, n. m.
zend, e, n. m. et adj.
zénith, n. m.
zénithal, ale, aux, adj.
zéolite ou zéolithe, n. f.
zéphyr, n. m.
zéphyrien, ienne, adj.
zeppelin, n. m.
zéro, n. m.
zest, n. m.
zeste, n. m.
zester, v. tr.
zêta, n. m.
zétacisme, n. m.
zététique, adj. et n.
zeugma, n. m.
zézaiement, n. m.
zézayer, v. intr.
Z.I., abrév.
zibeline, n. f.
zieuter ou zyeuter, v. intr., v. tr.
zig ou zigue, n. m.
ziggourat, n. f.
zigoteau ou zigoto, n. m.
zigouiller, v. tr.
zigue ou zig, n. m.
zigzag, n. m.
zigzaguer, v. intr.
zinc, n. m.
zincage ou zingage, n. m.
zincate, n. m.
zincifère, adj.
zincographie, n. f.
zingage ou zincage, n. m.
zingaro, ri, n. m.
zingibéracées, n. f. pl.
zinguer, v. tr.
zingueur, n. m.
zinjanthrope, n. m.
zinnia, n. m.
zinzin, adj. et n. m.
zinzinuler, v. intr.
zinzolin, ine, n. m. et adj.
zircon, n. m.
zircone, n. f.
zirconium, n. m.
zist, n. m.
zizanie, n. f.
zizi, n. m.
zloty, n. m.
Zn, symbole
zo(o)-, préf.
-zoaire, suff.
zoanthaires, n. m. pl.
zoanthropie, n. f.
zodiacal, ale, aux, adj.
zodiaque, n. m.
zoé, n. f.
zoécie, n. f.
zoïde, n. m.
-zoïque, suff.
zombi ou zombie, n. m.
zona, n. m.
zonage, n. m.
zonal, ale, aux, adj.
zonard, n. m.
zone, n. f.
zoné, ée, adj.
zonier, ière, n.
zonure, n. m.
zoo, n. m.
zooflagellés, n. m. pl.
zoogamète, n. m.
zoogène, adj.
zoogéographie, n. f.
zooglée, n. f.
zooïde, adj.
zoolâtre, adj. et n.
zoolâtrie, n. f.
zoolite ou zoolithe, n. m.
zoologie, n. f.
zoologique, adj.
zoologiquement, adv.
zoologiste ou zoologue, n. m.

zoom, n. m.
zoomorphe, adj.
zoomorphisme, n. m.
zoonose, n. f.
zoophilie, n. f.
zoophobie, n. f.
zoophyte, n. m.
zooplancton, n. m.
zoopsie, n. f.
zoopsychologie, n. f.
zoosporange, n. m.
zoospore, n. f.
zoostère ou zostère, n. f.
zootaxie, n. f.
zootechnicien, ienne, n.
zootechnie, n. f.
zootechnique, adj.
zorille, n. m.
zoroastrien, ienne, adj. et n.
zoroastrisme, n. m.
zostère ou zoostère, n. f.
zostérien, ienne, adj.
zouave, n. m.
zozo, n. m.
zozoter, v. intr.
Zr, symbole
Z.U.P., abrév., n. f.
zut !, interj.
zutiste, n.
zwinglianisme, n. m.
zwinglien, ienne, adj. et n.
zyeuter ou zieuter, v. intr., v. tr.
zygène, n. f.
zygo-, préf.
zygoma, n. m.
zygomatique, adj.
zygomorphe, adj.
zygomycètes, n. m. pl.
zygopétale, n. m.
zygophyllacées, n. f. pl.
zygospore, n. m.
zygote, n. m.
zym(o)-, préf.
-zyme, suff.
zymase, n. f.
zymogène, n. m.
zymotique, adj.
zython ou zythum, n. m.
zyzomys, n. m.

Éléments d'orthographe d'usage

par Odette et Édouard Bled,
lauréats de l'Académie française

ORTHOGRAPHE D'USAGE

CHAPITRE 1

DIFFICULTÉS DES SYLLABES INITIALES

I. Les préfixes in-, dés-, en-, re-...

• Pour bien écrire un **mot composé** dans lequel entre un **préfixe** comme *in, dés, en, re,* **il faut penser au mot simple ou au radical :**

> ▶ Les branches croisées des chênes formaient un ciel **inaccessible**.
> (A. DAUDET.)

• *inaccessible,* formé du mot simple *accessible* et du préfixe *in,* s'écrit avec **une n**.

> ▶ L'amour du passé est **inné** chez l'homme. (A. FRANCE.)

• *inné,* formé du mot simple *né* et du préfixe *in,* s'écrit avec **deux n.**

> ▶ Il régnait là, durant l'été, une fraîcheur qui m'**enivrait**. (F. CARCO.)

• *s'enivrer,* formé du mot simple *ivre* et du préfixe *en,* s'écrit avec **une n**.

> ▶ Les peupliers semblaient **s'ennuager** de jeunes feuilles. (M. GENEVOIX.)

• *s'ennuager,* formé du mot simple *nuage* et du préfixe *en,* s'écrit avec **deux n**.

> ▶ Depuis deux ans qu'elle **déshabillait** sa poupée et la **rhabillait**, la tête s'était écorchée. (E. ZOLA.)

• *déshabiller* et *rhabiller,* formés du mot simple *habiller* et du préfixe *dés* et *r (re),* s'écrivent avec **une h**.

• Pour le redoublement des consonnes dans les préfixes, cf. p. 150.
• Pour le son « **s** » après le préfixe **re**, cf. p. 147.

II. Mots commençant par une « h » muette

• L'**h muette** veut l'apostrophe de l'article **le, la** (**l'**) au singulier : la liaison avec une consonne finale qui précède lorsque cette liaison est usuelle et se ferait s'il y avait une voyelle à la place de l'**h** :

▶ L'habit, les (-s-)habits ; l'hémorragie, une (u-n-é) hémorragie ; trois (-s-) hélicoptères ; un grand (-t-è) hexagone.

Les mots suivants ont une **h** muette :

▶ habitat	hélianthe	héréditaire	histrion	hostilité	harmonica
haleine	hélicon	hérétique	hiverner	humanité	harmonium
hallali	héliotrope	hermétique	holocauste	humble	hebdomadaire
haltère	hélium	héroïne	hommage	humecter	héliogravure
hameçon	helléniste	hétérogène	honneur	humidité	hétéroclite
héberger	hémicycle	hibernant	horoscope	humilier	hiéroglyphe
hébétude	hémiplégie	hiérarchie	horreur	humus	hippopotame
hécatombe	hémisphère	hiératique	horripiler	hymne	hippocampe
hégémonie	hémistiche	hilarité	hortensia	hagiographe	hippodrome
hégire	heptagone	hirsute	hospice	hallucination	horticulteur

• On trouve aussi l'h muette à la fin de certains mots comme dans :

▶ auroch, feldspath, fellah, mammouth, surah, poussah, varech, almanach, krach, loch, Zurich, St-Roch.

• L'**h aspirée** exige l'emploi de **le** ou de **la** au singulier et empêche toute **liaison** :

▶ le-hanneton, les-hannetons ; un-hangar, des-hangars.

▶ la-harpie, les-harpies ; une-hache, des-haches.

CHAPITRE 2

ORTHOGRAPHE DES SYLLABES FINALES

I. Noms en -eur

▶ Le dompt**eur**, l'ascens**eur**, la liqu**eur**, la splend**eur**.

Les noms dont la syllabe finale se prononce **eur** s'écrivent **e.u.r.** sauf le **beurre**, la **demeure**, l'**heure**, un **leurre**, un **heurt** *(heurter)*.

▶ frayeur	candeur	vigueur	ampleur	noirceur	rancœur
hideur	odeur	rigueur	horreur	sœur	chœur
ardeur	langueur	humeur	minceur	cœur	mœurs

II. Noms en -eau, -au, -aud, -aut, -aux

▶ Le faisc**eau**, le land**au**, le crap**aud**, le gerf**aut**, la f**aux**.

La plupart des noms terminés par le son **o** s'écrivent **e.a.u.**
Quelques-uns se terminent par **a.u., a.u.d., a.u.t., a.u.x.**
Lorsque **a.u.** final est suivi d'une **consonne, il ne prend jamais de e :**

▶ crap**aud**, levr**aut**, t**aux**.

▶ lambeau	meneau	jouvenceau	fabliau	gruau	artichaut
ormeau	oripeau	rinceau	sarrau	joyau	héraut
cerneau	appeau	vermisseau	fléau	levraut	chaux

III. Noms en -ot, -oc, -op, -os, -o

▶ Le cah**ot**, le br**oc**, le gal**op**, le hér**os**, l'éch**o**.

Un certain nombre de noms dont la syllabe finale se prononce **o** se terminent par **o.t, o.c, o.p, o.s**. Il est **souvent** facile de trouver la **terminaison** convenable à l'aide d'un mot de la **même famille** :
cahot *(cahoter)*.

Quelques noms terminés par le son **o** s'écrivent **o** : **halo**.

▶ chariot	ergot	hublot	clos	caraco	brasero
calicot	javelot	pavot	cacao	indigo	lasso
manchot	cachalot	loriot	siroco	cargo	mémento

IV. Noms en -ail, -eil, -euil, et en -aille, -eille, -euille

▶ Le berc**ail**, le mét**eil**, le bouvr**euil**, l'acc**ueil**.
La ferr**aille**, la corn**eille**, la fe**uille**, l'org**ueil**.

Les noms **masculins** en **ail, eil, euil,** se terminent par une **l** et les noms **féminins** par **ll.e**.

Remarque
Chèvrefeuille, portefeuille, millefeuille, mots masculins formés de **feuille,** s'écrivent **ll.e**, mais il faut écrire **cerfeuil**.
On écrit **ueil** pour **euil** derrière un **g** ou un **c**.

▶ émail	appareil	seuil	œil	volaille	corbeille
éventail	orteil	treuil	écueil	broussaille	oseille
épouvantail	éveil	chevreuil	recueil	sonnaille	treille

V. Noms en -et, -ai, -aie

▶ Le cabriol**et**, le pamphl**et**, l'ét**ai**, la m**aie**, l'orfr**aie**.

Les noms dont la finale se prononce **è** se terminent généralement, s'ils sont **masculins**, par **e.t** et s'ils sont **féminins** par **a.i.e** sauf la **paix** et la **forêt**.

▶ beignet	archet	bracelet	sansonnet	laie
alphabet	muguet	corselet	ticket	plaie
guichet	budget	gantelet	jarret	raie
hochet	bourrelet	flageolet	filet	taie

Remarques
1. Les noms masculins en **è** qui appartiennent à la famille d'un verbe en **a.y.e.r** s'écrivent **a.i** :

▶ étai *(étayer)*.

2. Certains noms féminins en **a.i.e** désignent un lieu planté d'arbres d'une même espèce :

▶ une olivaie.

3. On notera les **exceptions** pour les noms **masculins** :

▶ mets	abcès	portrait	dais	quai
legs	aspect	relais	faix	jockey
cyprès	souhait	marais	geai	poney

VI. Noms en -oir et en -oire

▶ Le compt**oir**, l'abreuv**oir**, la balanç**oire**, la bouill**oire**.

Les noms **masculins** en **oir** se terminent généralement par **o.i.r.** Les noms **féminins** s'écrivent **toujours o.i.r.e.**

▶ peignoir	loir	dressoir	encensoir	mâchoire	périssoire
boudoir	manoir	ostensoir	boutoir	moire	écritoire
bougeoir	terroir	reposoir	ébauchoir	mémoire	trajectoire

Exceptions : noms masculins en **oire**.

▶ ciboire	grimoire	prétoire	conservatoire	réquisitoire	répertoire
déboire	infusoire	oratoire	accessoire	promontoire	laboratoire
ivoire	auditoire	réfectoire	observatoire	interrogatoire	territoire

VII. Noms masculins en -er, -é, -ée

▶ Le couch**er**, le quart**ier**, le prieur**é**, l'invit**é**, le scarab**ée**.

Les noms **masculins** dont la finale se prononce **é** s'écrivent le plus souvent **e.r.**
Certains, notamment ceux qui sont des **participes passés substantifs,** s'écrivent **-é** : un **blessé**.

▶ maraîcher	palefrenier	marguillier	goûter	cliché	canapé
créancier	scaphandrier	groseillier	dîner	scellé	fourré
hallebardier	perruquier	cognassier	baudrier	défilé	beaupré
taillandier	luthier	bûcher	hallier	gué	liséré
geôlier	joaillier	rucher	guêpier	autodafé	fossé
cellier	quincaillier	déjeuner	sanglier	henné	chimpanzé

Quelques-uns s'écrivent **-ée.**

▶ scarabée	lycée	hypogée	pygmée	athénée	empyrée
gynécée	périgée	mausolée	hyménée	trophée	musée
caducée	apogée	camée	prytanée	coryphée	athée

VIII. Noms féminins en -ée et -é

▶ Une azal**ée**, une orchid**ée**, une paner**ée**, une simagr**ée**.

Les noms **féminins** dont la finale se prononce **é** et qui ne se terminent pas par la syllabe **té** ou **tié** s'écrivent **-é.e** :

▶ saignée	flambée	embardée	équipée	pharmacopée	fricassée
huée	tombée	randonnée	lampée	onomatopée	pincée
ruée	chevauchée	traînée	centaurée	denrée	odyssée
enjambée	jonchée	mosquée	échauffourée	orée	chaussée

Exceptions :

▶ psyché, acné, clé.

- **Clé** s'écrit aussi **clef.** En **vieux français**, on écrivait **une clef, des clés.**

IX. Noms féminins en -té ou en -tié

▶ La ci**té**, l'anfractuosi**té**, la diaphanéi**té**, la pi**tié**.

Les noms **féminins** en **-té** ou en **-tié** s'écrivent plutôt **é** sauf :

1. les noms exprimant le **contenu** d'une chose :

▶ La charre**tée** *(contenu de la charrette).*

2. les noms **usuels suivants** :

▶ La bu**tée**, la dic**tée**, la je**tée**, la mon**tée**, la pâ**tée**, la por**tée**.

▶ étanchéité	promiscuité	velléité	magnanimité	célérité	hérédité
instantanéité	acuité	fatuité	proximité	aspérité	humilité
spontanéité	ébriété	partialité	pusillanimité	dextérité	inimitié
simultanéité	satiété	aménité	longanimité	sagacité	amitié
homogénéité	anxiété	solennité	indemnité	primauté	moitié

X. Noms en -i

▶ La bonhom**ie**, la prophét**ie**, l'ort**ie**, la zizan**ie**.

Parmi les noms dont la finale se prononce **i** :

1. Les noms **féminins** en **i** s'écrivent **-i.e** :

▶ encyclopédie	tyrannie	intempérie	théorie	calvitie	autopsie
stratégie	hégémonie	sorcellerie	phtisie	argutie	hypocrisie
effigie	parcimonie	bizarrerie	facétie	éclaircie	sympathie
léthargie	insomnie	orfèvrerie	péripétie	apoplexie	antipathie
physionomie	myopie	forfanterie	suprématie	asphyxie	dynastie

Exceptions : souri**s**, brebi**s**, perdri**x**, fourm**i**, nui**t**.

- **Merci,** masculin ou féminin s'écrit **i** :

▶ Merci, un grand merci — à merci, à la merci, aucune merci *(grâce).*

- On écrira **à l'envi** (en rivalisant). Cette expression n'a rien à voir avec *envie.*

2. Les noms **masculins** s'écrivent :

a/ **i,** assez rarement :

▶ abr**i**, favor**i**, ennu**i**.

Il s'agit souvent de mots empruntés à l'italien (cf. p. 23) :

▶ macaroni.

b/ **y**, dans des mots empruntés à l'anglais :

▶ baby, tilbury.

c/ parfois **ie** ;

▶ gén**ie**, cool**ie**, sos**ie**, incend**ie**, paraplu**ie**, amphib**ie**.

d/ ou **is** :

▶ croqu**is**, parv**is**, maqu**is**, *etc.* ; **ix** : pr**ix**, crucif**ix** ;

e/ **it** :

▶ prof**it**, espr**it**.

f/ **il** :

▶ fus**il**, pers**il**.

XI. Noms en -u

Parmi les noms dont la finale se prononce **u** :

1. Les noms **féminins** s'écrivent **-u.e** :

▶ mue	verrue	issue	sangsue	ciguë
cornue	grue	bévue	cohue	battue

Exceptions :

▶ br**u**, gl**u**, trib**u** et vert**u**.

2. Les noms **masculins** s'écrivent parfois **u**, mais, souvent, le **u** est suivi d'une **lettre consonne non prononcée**.

▶ tissu talus flux fichu jus bahut

XII. Noms en -ure et en -ule

▶ la ray**ure**, le merc**ure**, la mandib**ule**, le véhic**ule**.

1. Les noms en **ure** s'écrivent **-u.r.e,** sauf :

▶ mur, fémur, azur, futur.

2. Les noms en **ule** s'écrivent **u.l.e,** sauf :

▶ calcul, recul, consul ;

▶ hure envergure miniature pédicure campanule tentacule piqûre gageure sculpture augure renoncule opuscule

• *bulle* et *tulle* s'écrivent avec **deux l.**

XIII. Noms en -ou

Parmi les noms dont la syllabe finale se prononce **ou** :

1. Les noms **féminins** s'écrivent **-o.u.e** :

▶ la h**oue**, la pr**oue**, la b**oue**, la m**oue**.

Exception

▶ la t**oux**.

2. Les noms **masculins** se terminent parfois par **-o.u**, mais souvent **-ou** est suivi d'une lettre consonne non prononcée :

▶ le sapaj**ou**, le bini**ou**, l'ég**out**, le g**oût**.

▶ acajou courroux caoutchouc ragoût loup bambou remous moût joug pouls

XIV. Noms en -oi

Parmi les noms dont la syllabe finale se prononce **oi** (wa) :

1. Beaucoup de noms **féminins** s'écrivent **-o.i.e :**

▶ courr**oie**, j**oie**, lampr**oie**, **oie**, pr**oie**, s**oie**, *etc.*

• Mais on écrit :

▶ la f**oi**, la par**oi**, la l**oi**.

• Certains noms **féminins** s'écrivent **oi** suivi d'une **lettre consonne non prononcée** :

▶ la poi**x**, la noi**x**.

2. Les noms **masculins** s'écrivent souvent **o.i**, mais, parfois, suivent une ou deux **lettres consonnes non prononcées** :

▶ émoi désarroi effroi anchois putois bois tournoi beffroi charroi poids foie doigt

• Attention, on écrit le **foie** avec un **e**.

CHAPITRE 3

LES CONSONNES FINALES

I. Lettres finales non prononcées

1. Beaucoup de **lettres consonnes finales** ne se prononcent pas. Elles correspondent à une consonne qui ne se prononce plus alors qu'on la prononçait jadis, ou ont été ajoutées par souci d'étymologie.
Quand on hésite sur cette lettre, on peut la découvrir en formant le **féminin,** si c'est possible, ou en cherchant un **dérivé du nom.**
On écrira ainsi :

- **badaud**, *à cause de* **badauder**, *ou de* **badaude** ;
- **coing**, *d'après* **cognassier** ;
- **seing**, *d'après* **signer** ;
- **saint**, *d'après* **sainteté** ;
- **tribut**, *d'après* **tributaire**, *etc.*

En appliquant cette méthode, on justifiera la lettre finale des mots suivants :

flux	bahut	fût	affût	chalut	substitut
bout	ragoût	crédit	coût	dégoût	égout
bruit	sourcil	délit	esprit	vernis	apprenti
persil	baril	dépit	profit	lambris	fusil

2. **Noms singuliers terminés par « s » ou « x »**

- Un rubi**s**, un met**s**, un talu**s**, du velour**s**, un portefai**x**.

brebis	croquis	coutelas	canevas	puits	parcours
glacis	panaris	chasselas	dais	héros	concours
taudis	châssis	cervelas	jais	chaos	discours
paradis	cailloutis	lilas	palais	remords	crucifix
salsifis	pâtis	verglas	relais	pois	perdrix
torticolis	pilotis	glas	harnais	poids	faix
mâchicoulis	chènevis	frimas	laquais	putois	faux
treillis	parvis	fatras	marais	remous	taux
torchis	surplis	plâtras	cyprès	jus	croix
anis	cambouis	taffetas	décès	tiers	poix
maquis	cabas	galetas	legs	cours	houx

II. Lettres finales prononcées

Quand la consonne finale est prononcée, il n'y a aucune difficulté. On écrit facilement :

▶ sec, net, nul, *etc.*

1. Le **s** final se prononce dans certains mots, par exemple :

▶ ibis	maïs	omnibus	hiatus
lis	tamaris	humus	lapsus
volubilis	oasis	typhus	cactus
amaryllis	cassis	angélus	rictus
tennis	myosotis	chorus	lotus
iris	vis	virus	prospectus
	tournevis	papyrus	eucalyptus

2. Le **r** final, lorsqu'il se prononce, donne au **e** qui le précède le son **è** ouvert.
Mais cet **e** ne prend pas d'accent. On ne confondra pas la finale **e.r** prononcée « **è.r** » avec la finale **è.r.e** qui a la même prononciation.
Si on peut écrire :

▶ la cuill**er** *ou* la cuill**ère**,

on ne confondra pas :

▶ la m**er** *et* la m**ère** ; le magist**er** *et* le magist**ère**.

3. Les nasales **m** et **n** se prononcent parfois à la finale.
C'est le cas notamment :

a/ pour **n** précédé de **e** dans certains mots savants : on entend alors les sons **è.n,** mais on écrit **e.n** et non **è.n.e**.

▶ abdomen	gluten	lichen	dolmen
cyclamen	hymen	pollen	spécimen

b/ pour **m** précédé de **u** dans certains mots venant souvent du latin. On entend alors le son **om** (comme si l'on entendait « **homme** »). Mais on écrit **u.m** et non **o.m.e**.

▶ album	radium	maximum	rhum	critérium
muséum	podium	capharnaüm	arum	sanatorium
vade-mecum	linoléum	harmonium	aérium	sérum
référendum	vélum	géranium	forum	erratum
mémorandum	hélium	aluminium	décorum	factotum
palladium	minimum	opium	aquarium	post-scriptum

CHAPITRE 4

UNE ORTHOGRAPHE DIFFÉRENTE POUR LES MÊMES SONS

Nous avons déjà vu, à propos des finales dans lesquelles on entend un son vocalique, que **le même son** se note, par écrit, grâce à des **lettres différentes** et n'a pas toujours la même orthographe (cf. chap. 2).
Cela se produit pour beaucoup d'autres sons de notre langue. Avant donc d'écrire un mot qui vous paraît difficile, prononcez-le mentalement et pensez aux orthographes différentes qui peuvent rendre le même son. Voici quelques cas difficiles.

I. Orthographe des voyelles nasalisées

Si l'on veut orthographier les voyelles nasales se prononçant **in, an, on** et **un,** on constate qu'il faut plusieurs lettres pour les noter : une **lettre consonne** nasale **n** ou **m,** une ou plusieurs **lettres voyelles.**

1. Choix de la lettre consonne : n ou m ?

a/ devant **m, b, p,** il faut écrire **m** au lieu de **n** :

► E**m**mêler, déa**m**buler, ga**m**bade, pa**m**pre, o**m**bre, i**m**possible.

► emmailloter	déambuler	ombre	camphre	nymphe	symphonie
emmancher	ambulance	gambade	humble	pamphlet	symptôme
emmitoufler	embarras	ingambe	crampon	pompon	triomphe
emmêler	embryon	symbole	hampe	sympathie	impossible

Exceptions

► bonbon, bonbonne, bonbonnière, embonpoint, néanmoins.

b/ dans tous les autres cas on écrit **n** :

► brin, indocile, an, hanter, enfant, on, onde, brun ;

c/ toutefois, à la finale, **m** remplace **n**, pour des raisons étymologiques, dans quelques mots comme :

► thy**m**, essai**m**, parfu**m**.

2. Choix des lettres voyelles devant n (ou m)

a/ pour orthographier le son **in,** on écrit, selon les cas :

- **i**, que remplace parfois **y** dans des mots savants :

  ▶ **i**mbécile, **i**ndécent ; s**y**mpathie, s**y**ncope ;

- **ai :** ▶ **ai**nsi, m**ai**n, s**ai**n, s**ai**nt ;

- **ei :** ▶ pl**ei**n, dess**ei**n, s**ei**n, s**ei**ng (= *signature*) ;

- **e,** après **i :** ▶ bi**e**n, chi**e**n, si**e**n ;

ou dans des mots étrangers comme : vendetta.

b/ pour orthographier le son **an**, on écrit selon les cas :

- **a :** ▶ **a**nge, **a**mbidextre, const**a**nt ;

- **e :** ▶ décl**e**ncher, **e**mpire, prud**e**nt ;

cela permet de distinguer, par l'orthographe, **le participe présent,** toujours en **-ant,** de certains adjectifs verbaux écrits en **-ent** :

▶ Du lierre adhé**rant** au mur. Les membres adhé**rents** d'un parti.

c/ pour orthographier le son **on,** on écrit **o :**

▶ **o**ncle, pl**o**mb.

- On notera l'exception :

  ▶ lumbago (*prononcé* **lon**).

d/ pour orthographier le son **un**, on écrit **u** :

▶ br**u**n.

- On notera l'orthographe :

  ▶ à je**un**.

- **jungle** s'écrit toujours ainsi, bien qu'on prononce *un* ou *on*.

e/ on ne double jamais la consonne qui s'appuie sur une voyelle nasale :

▶ an**s**e, min**c**e, gon**f**le (voir p. 101).

II. Orthographe du son « yeu » entre voyelles : « ill » ou « y » ?

Le son **yeu,** qu'on appelle *yod,* et qu'on entend dans *yeux,* s'orthographie, entre voyelles, tantôt **ill,** tantôt **y**.

1. On écrit **(i)ll**, lorsque le son de la voyelle qui précède n'est pas modifié et que celle-ci continue à se prononcer comme elle est écrite :

▶ **railler** *(ra-iller)* ; **mouiller** *(mou-iller)* ; **égailler** *(éga-iller).*

▶ bâillon saillant crémaillère maillon paillette écailler
haillon paillasson brailler paillon poulailler piailler

2. On écrit **y**, lorsque le son de la voyelle qui précède ne garde plus le son correspondant à sa graphie, mais prend **un son correspondant à cette graphie + i**, c'est-à-dire que l'**y** se partage en deux **i** :

▶ rayer *(rai-ier),* rayure *(rai-iure),* égayer *(égai-ier),* envoyer *(envoi-ier).*

▶ clayon plaidoyer layette frayeur
balayure mitoyen noyade métayer
écuyer moyen voyelle mareyeur

Remarques

1. On notera quelques exceptions, pour des mots d'origine étrangère, comme : *bayadère, cacaoyer,* orthographiés avec **y**, mais prononcés sans modification du son de la voyelle précédente, prononcée **a** (et non **ai**), **o** (et non **oi**).

2. Pratiquement, il n'y a jamais de **i** après **y** sauf dans *essayiste,* et dans les verbes (cf. 3e), à l'imparfait de l'indicatif et au présent du subjonctif, dans les désinences **-ions, -iez.**

3. i est aussi très rare après **ill.** Il ne faut pas toutefois l'oublier :
a/ dans des mots où **ll** se prononce « **l** » (et non « **yeu** ») :

▶ mill**i**er, mill**i**on, mill**i**ard, bill**i**on, trill**i**on, quadrill**i**on, quintill**i**on.

b/ dans le suffixe **-ier,** après **ill** prononcée « **yeu** » :

▶ aiguill**i**er, éventaill**i**er, groseill**i**er, joaill**i**er, marguill**i**er, médaill**i**er, quincaill**i**er.

c/ dans les désinences **-ions, -iez,** à l'imparfait de l'indicatif et au présent du subjonctif des verbes en **-ill** et en **-y** :

▶ Je cueillais, nous cueillions,
que je cueille, que nous cueillions, que vous cueilliez ;

▶ J'essuyais, nous essuyions,
que j'essuie, que nous essuyions, que vous essuyiez.

III. Le son « k »

Ce son, qu'on entend deux fois dans *coq,* a des orthographes différentes.

1. En finale prononcée, on l'écrit selon les cas :

a/ **c :** ▶ blo**c** ;

b/ **q :** ▶ co**q** ;

c/ **que :** ▶ co**que** ;

d/ **ck** ou **ch** dans des mots d'origine étrangère :

▶ five o'clo**ck**, lo**ch**, sto**ck** ;

2. On l'écrit **qu** devant une voyelle :

a/ conformément à l'étymologie :

▶ qualité, quatre, querelle, quiétude, quotidien, piqûre.

b/ ou pour maintenir le son « **k** », devant **e** ou **i**, alors qu'un **c** se prononcerait « **s** » :

▶ **qu**eue, trafi**qu**er.

3. On l'écrit aussi **c** devant **a, ai, o, oi, u, l, r** :

▶ carte, caisse, code, coiffé, curé, cloche, craindre.

4. Dans des mots savants ou d'origine étrangère, on peut l'écrire selon les cas :

a/ **k :** ▶ kaléidoscope, kermesse, kilomètre, kyste, klaxon, krach.

b/ **ck :** ▶ ti**ck**et, ni**ck**el ;

c/ **ch :** ▶ **ch**aos, bac**ch**ante (*avec deux* c, *selon l'étymologie*), ar**ch**éologue, **ch**iromancie, psy**ch**ose, **ch**lore, **ch**rétien, fu**ch**sia.

5. On notera l'orthographe des mots suivants :

▶ Le reli**qu**aire, le **ch**rysanthème, auto**ch**tone, le jo**ck**ey.

▶

quadrille	carquois	quiproquo	chronologie	fuchsia	kimono
quantième	coloquinte	chaos	chronomètre	orchestre	kiosque
quémandeur	éloquence	choléra	chrysalide	orchidée	kirsch
quinquet	équarrir	chœur	archaïque	kabyle	klaxon
quinte	laquais	chorale	archange	kangourou	ankylose
aqueux	maroquin	chorus	archéologue	kaolin	nickel
antiquaire	narquois	chlore	ecchymose	kermesse	ticket

IV. Le son « g »

1. Ce son, qu'on entend deux fois dans *gag,* s'écrit normalement **g** :

▶ gargouille, gai, gorille, goitre, gourde, augure, grand, glauque, *etc.*

2. Mais, devant **e, eu, i,** il faut écrire **gu** pour maintenir le son dur « **g** », et éviter la prononciation normale de la lettre **g** dans cette position (qui est « **j** » comme dans *agile, âgé, chargeur*). On écrira donc :

▶ guerre, orgueil, gueule, guignon.

• On notera que dans *gageure* (prononcer « gajur »), *geai* (prononcer « j'ai »), *geôlier, geôle* (prononcer « jo ») le **e** intercalé après **g** répond à une intention contraire, celle de maintenir le son « **j** » devant **ai, u** et **o,** position dans laquelle la lettre **g** correspond normalement au son « **g** ».

3. Devant **e** ou **i,** dans certains mots étrangers, au lieu de **gu,** on écrit **gh,** dans la même intention qu'en 2 :

▶ ghetto, Borghese, Enghien, etc.

V. Faut-il écrire « c » ou « qu » ? « g » ou « gu » ?

▶ Le fabri**cant**, la fabri**que**, la ru**go**sité, l'écorce ru**gueuse**.

D'après ce que nous avons dit en IV - 2, il ne devrait pas y avoir d'hésitation entre **g** ou **gu.** Mais nous avons vu en III - 2 et 3 qu'il peut y en avoir entre **c** ou **qu** dans certains cas.

Pratiquement on notera bien ceci :

1. Les verbes en **-guer** et en **-quer** conservent l'**u** dans toute leur conjugaison, pour avoir toujours le même radical :

▶ Nous vo**gu**ons, il vo**gu**ait, nous fabri**qu**ons, il fabri**qu**a.

2. Dans les autres mots :

a/ Devant **e** et **i,** on écrit seulement **u** si le **g** doit être dur :

▶ guenon, guitare.

b/ Devant **a** et **o,** on écrit plutôt **g** ou **c** que **gu** ou **qu**.
Le participe présent forme verbale a donc un **u**, alors que le même mot nom ou adjectif n'en a pas.

▶ intri**gu**ant *(participe présent),* un intri**g**ant *(nom),* un homme intri**g**ant *(adjectif)* ;
fati**gu**ant *(participe présent),* une marche fati**g**ante *(adjectif).*

▶ débarcadère, convocation, dislocation, indication, praticable
éducation, embarcation, suffocation, embuscade, démarcation
langage, cargaison, divagation, prodigalité, infatigable
flocon, pacotille, picoter, dragon, gondole, ligoter

Quelques exceptions

▶ quartier	piquant	attaquable	quotidien
clinquant	trafiquant	remarquable	liquoreux
choquant	croquant	critiquable	reliquaire

3. On remarquera :

• A côté de l'orthographe **-caire,** la plus fréquente, biblioth**é**caire, apothi**caire**, etc., la graphie **qu**, maintenue dans :

▶ anti**qu**aire, anti**qu**aille, dis**qu**aire, mousti**qu**aire, reli**qu**aire.

• *Praticable,* à côté de nombreux adjectifs en **-quable** :

▶ criti**qu**able, remar**qu**able, *etc.*

VI. Le son « f »

Il s'écrit en général **f.**

• Mais attention : dans des mots savants venus du grec, il s'écrit **ph.**

▶ asphalte	nénuphar	phlox	triomphe
asphyxie	œsophage	phonétique	typhon
atrophie	orphelin	phosphore	autographe
bibliophile	pamphlet	physionomie	épitaphe
blasphème	périphérie	porphyre	ethnographe
camphre	phalange	prophète	typographe
dauphin	phalène	raphia	emphase
diaphane	pharaon	saphir	aphone
diaphragme	pharynx	sarcophage	microphone
diphtérie	phénix	scaphandre	atmosphère
éphémère	phénomène	sémaphore	hémisphère
euphonie	philanthrope	amphore	strophe
graphite	philatéliste	symphonie	catastrophe
			apostrophe
			philosophe

VII. Le son « s »

C'est le son que l'on entend trois fois dans *saucisse.*

1. On écrit normalement

a/ **s** à l'initiale ou devant ou après consonne :

▶ **s**avoir, **s**erre, **s**ire, **s**ot, **s**ur, e**s**poir, e**s**calier, **s**clérose, catalep**s**ie.

b/ **ss** entre voyelles :

► bra**ss**e, fe**ss**e, hi**ss**e, bo**ss**e, eu**ss**e, *etc.*

• On notera l'orthographe de *soixante* (prononcé **-ssan-**) et de *vraisemblable, vraisemblance* (prononcés **-ssan-**), avec un seul **s** (= *semblable au vrai*); de *dysenterie* (**-ssan-**), formé du préfixe **dys-** *(mauvais)* + **enteria** (en grec, *entrailles*), de *asymétrie, parasol, tournesol,* etc.

• Après le préfixe **re**, on met, devant la voyelle, **tantôt deux s** pour préserver la prononciation **s** (et ne pas prononcer « **z** »), **tantôt un seul** pour rester fidèle à l'étymologie (la prononciation est toujours **s**).

► re**ss**aisir, re**ss**auter, re**ss**entir, re**ss**embler, re**ss**errer, re**ss**ervir, re**s**écher, re**s**urgir, ré**s**ipiscence, re**s**onner *(sonner à nouveau).*

2. Mais attention !

a/ Dans certains mots savants, à l'initiale ou entre voyelles, devant **e** (même non prononcé) et **i**, on a conservé, pour le son « **s** », l'orthographe latine **sc :**

► Phosphore**sc**ent, ressu**sc**iter, **sc**iemment, su**sc**eptible

► sceau	science	ascension	fascicule	acquiescer	incandescent
scélérat	scier	crescendo	fasciner	adolescent	inflorescence
sceller	scission	desceller	irascible	condescendre	recrudescence
scénario	scion	discerner	osciller	convalescent	dégénérescence
sceptique	s'immiscer	disciple	piscine	effervescent	réminiscence
sciatique	susciter	faisceau	plébiscite	imputrescible	transcendant

b/ On orthographie le son « **s** » dans certains cas :

• par **c** devant **e** (même non prononcé) et **i**, parce que le **c** latin prononcé **k** a fini par se prononcer **s** dans cette position :

► **c**e, **c**édille, pour**c**eau, rin**c**eau, **c**ire, sou**c**i, **c**ensé *(estimé), à distinguer de* sensé *(raisonnable)*;

• par **ç** (avec cédille, pour éviter la prononciation **k**) par souci d'étymologie, devant **a, o, u :**

► fa**ç**ade, le**ç**on, re**ç**u

► placer : je pla**ç**ais, il pla**ç**a, nous pla**ç**ons.

3. Une difficulté spéciale

Les sons **si** à l'intérieur des mots.

a/ Dans cette position :

• Les sons notés par **si** ou **ssi** en latin se sont toujours prononcés **si**.
• Les sons notés en latin par **ti** (prononcé d'abord **ti**) ont fini par se prononcer **si**.

• Les sons notés en latin par **ci** (prononcés d'abord **tsi**) ont fini par se prononcer **si**.
• Les sons notés en latin par **xi** se prononcent **k** + **si**.

b/ Quand vous voulez orthographier les sons entendus **s.i**, il y a donc plusieurs orthographes possibles, selon l'étymologie :
si, ssi, ti, ci, xi (ksi), et même **xti** (= **ksi**) dans *immixtion*.

▶ appré**ci**er, balbu**ti**er, peau**ss**ier *(ouvrier qui travaille les peaux)*, peau**ci**er *(muscle)*, superfi**cie**, calvi**tie**, catalep**sie**, Ru**ss**ie, asphy**xie**, so**ci**été, sa**ti**été, a**ss**iéger, pou**ssi**éreux, an**xi**été, so**ci**able, fa**ci**al, insa**ti**able, abba**ti**al.

• On écrira notamment avec **ti** :

▶ le pé**ti**ole, le plénipoten**ti**aire, la suprématie, l'érup**ti**on.

▶ abbatial	gentiane	initiale	lilliputien	partiel	pénitentiaire
balbutier	impartial	initiative	martial	partial	rationnel
facétie	inertie	insatiable	nuptial	péripétie	torrentiel
calvitie	impéritie	initier	minutie	patience	satiété

c/ Plusieurs centaines de noms d'origine savante s'écrivent en **-tion :**

▶ abstention, exploitation, exécution, exhortation, incantation, fascination, damnation, imprécation, vexation, ostentation.

Mais on prendra garde à l'orthographe, plus rare, de certains mots :

• en **-sion :** ▶ dissension, version, diversion, torsion, distorsion, contorsion, préhension, appréhension, compréhension, ascension, *etc.*

• en **-ssion :** ▶ récession, session, discussion, concussion, concession ;

• en **-xion :** ▶ fluxion, inflexion, réflexion (*à côté de :* infection, réfection).

d/ Pour les adjectifs :

• Il y a toujours un **c** dans la terminaison **-iciel** :

▶ officiel, préjudiciel, cicatriciel, artificiel.

• La terminaison **-entiel** est la plus fréquente :

▶ confidentiel, substantiel, présidentiel.

Exceptions

▶ révéren**c**iel, circonstan**c**iel.

• La terminaison **-ieux** est toujours précédée de la lettre qui figure dans le substantif correspondant :

▶ artifi**ce** : artifi**c**ieux ; silen**ce** : silen**c**ieux ; auda**ce** : auda**c**ieux ; astu**ce** : astu**c**ieux ; facé**t**ie : facé**t**ieux ; ambi**t**ion : ambi**t**ieux ; préten**t**ion : préten**t**ieux ; minu**t**ie : minu**t**ieux.

CHAPITRE 5

LES LETTRES NON PRONONCÉES A L'INTÉRIEUR DES MOTS

Il faut, pour respecter l'orthographe, écrire beaucoup de lettres qui ne se prononcent pas. Elles se prononçaient jadis, ou ont été ajoutées par souci d'étymologie ; ou parfois elles se confondent avec une autre lettre pour noter un seul son, ou épargnent un hiatus, etc.

I. Les consonnes redoublées

On prononçait, souvent, les deux consonnes. Ce n'est presque jamais l'usage de nos jours. Mais tantôt on a conservé l'orthographe ancienne, tantôt on l'a simplifiée, et cela, joint à quelques additions étymologiques, est souvent une source d'erreurs. On se reportera pour les mots difficiles au tableau p. 158 ; si on hésite, on cherchera dans un dictionnaire.
D'une façon générale :

1. On se défiera des analogies.

Par exemple :

	On redouble la consonne	On ne redouble pas la consonne
► **f**	siffler, souffler	persifler, boursoufler
l	imbécillité	imbécile
m	mammifère	mamelle
n	monnaie	monétaire
	traditionnel	traditionalisme, traditionaliste
p	trappe	attraper
r	charrette	chariot
t	combattu	combatif

2. On fera attention aux préfixes.

Par exemple, l'ancien préfixe latin **ad,** devant consonne :

► **g**	donne	**agg** dans	agglomérer	**ag** dans	agréger
l		**all**	allonger	**al**	alourdir
p		**app**	apparaître	**ap**	apercevoir
r		**arr**	arriver	**ar**	araser
t		**att**	atterrir	**at**	atermoyer

3. On fera attention aux terminaisons :

a/ Des noms et adjectifs terminés par **t** ou **n** au masculin. Certains au féminin doublent la consonne finale devant **e**, d'autres gardent une consonne simple.

Consonne redoublée dans :	Consonne non redoublée dans :
▶ cadette, muette, sujette, *etc.*	préfète, inquiète, désuète, *etc.*
sotte, pâlotte, vieillotte	dévote, manchote, falote
chatte	candidate
paysanne	persane, sultane

b/ Des verbes :

- En **-onner,** orthographe la plus fréquente :

▶ tamponner, *etc.*

Mais on écrit **-oner** dans :

▶ détoner *(faire explosion),* dissoner, s'époumoner, ramoner, téléphoner, *etc.*

A noter aussi :

▶ **erroné** *à côté de* **étonné.**

- En **-opper,** le plus souvent :

▶ envelopper, stopper, développer, achopper, *etc.*

Mais on écrit **-oper** dans :

▶ galoper, écloper, écoper, syncoper, toper.

- En **-oter,** dans la plupart des verbes du type :

▶ emmailloter, chuchoter, cahoter, clignoter, gigoter, grignoter, ravigoter, sangloter.

Mais une vingtaine de verbes prennent **-otter,** parmi lesquels :

▶ ballotter, garrotter, grelotter, magotter, flotter.

et ceux qui sont formés sur un substantif en **-otte,** comme :

▶ botter, culotter.

c/ Des substantifs en **-otte** voisinent avec une cinquantaine de noms en **-ote,** souvent pour des raisons étymologiques :

▶ bouillotte, carotte, *etc. ;*

▶ azote, despote, litote, pilote, *etc.*

II. Les lettres muettes intercalées

1. La lettre « h »

Il faut souvent écrire, à l'intérieur d'un mot, une « **h** » qui n'apparaît pas dans la prononciation, mais qui s'explique par diverses raisons :

a/ L'orthographe étymologique :

▶ exhiber, exhausser, dahlia (du nom d'un botaniste), *etc.*

b/ Le souci de marquer un hiatus ou **d'empêcher** la fusion en un seul son de deux voyelles contiguës (ce que fait, dans d'autres cas, le tréma) :

▶ trahir, envahir, cohue, bahut, cahute, cohorte, prohiber.

c/ Le souci, dans des mots savants venus du grec, après **c, r,** ou **t,** de rappeler graphiquement certaines consonnes grecques aspirées, ou, devant **y**, un **u** grec aspiré :

▶ chiromancie, psychose.

Mais écrivez :

▶ métempsycose.

▶ rhume, rhétorique.

Mais écrivez :

▶ rythme.

▶ **h**ypothèse, philan**th**rope.

Mais écrivez ▶ hypoténuse, car le radical grec d'où vient **-ténuse,** n'avait qu'un **t** qui n'était pas aspiré.

d/ A la suite de la lettre **p, h** note à la grecque, par la graphie **ph,** le son **f** (cf. p. 147).

e/ Dans des noms italiens comme *Chianti, Borghese* et *spaghetti* (cf. p. 146), **h** sert à maintenir les sons durs « **k** » et « **g** ».

- Vous écrirez :

▶ abhorrer, adhérent, adhérer, adhésion, ahaner, annihiler, appréhender, préhension, compréhensif, brouhaha, bohémien, bonhomme, bonhomie, cahot, cohérent, cohésion, incohérent, dahlia, exhaler, inhaler, inhalation, inhérent, exhiber, exhorter, méhariste, menhir, myrrhe, rhabiller, rhétorique, rhinite, rhinocéros, rhododendron, rhubarbe, rhum, rhume, rhumatisme, silhouette, souhait, véhément, véhicule

▶ absinthe	athlète	éther	panthère
acanthe	authentique	gothique	pathétique
améthyste	hypothèse	jacinthe	plinthe
anthracite	philanthrope	labyrinthe	posthume
antipathie	misanthrope	léthargie	térébinthe
apathie	anthropophage	lithographie	théière
sympathie	anthologie	aérolithe	thème
apothéose	bibliothèque	luthier	théorie
apothicaire	enthousiasme	méthode	thuya
amphithéâtre	esthétique	panthéon	thym

2. La lettre « e » subsiste :

a/ Devant le suffixe de certains noms dérivant des verbes en **-ier, -ouer, -uer,** et **-ver.**

▶ balbutiement	enrouement	flamboiement	zézaiement
pépiement	dénouement	larmoiement	paiement
maniement	échouement	aboiement	gaieté
remerciement	éternuement	tournoiement	scierie
reniement	dénuement	bégaiement	rouerie
dévouement	remuement	déblaiement	tuerie
enjouement			

On écrit aussi :

▶ dévoûment, gaîté, payement, gréement ou grément.

Attention à l'orthographe de :

▶ châtiment, agrément.

b/ Dans *soierie,* formé sur *soie,* mais non dans *voirie,* pourtant formé sur *voie.*

3. La lettre « p » subsiste souvent pour des raisons étymologiques comme dans :

▶ sculpteur	indompté	acompte	exempt	baptême
sculpture	indomptable	décompte	exempter	baptiser
sculpter	compter	comptoir	prompt	baptismal
dompter	compte	comptable	promptement	sept
dompteur	mécompte	escompte	promptitude	

4. La lettre « m » s'explique aussi par l'étymologie dans :

▶ condamner	condamné	damné	damnation
condamnation	condamnatoire	damnable	automne
condamnable	damner		

CHAPITRE 6

L'EMPLOI DE QUELQUES LETTRES DIFFICILES

I. La lettre « Y »

Sauf dans le cas étudié p. 143, II, où entre voyelles « **y** » sert à la fois à noter le son « **yeu** » (yod) et la modification du son normal de la voyelle qui précède, **y** s'emploie pour noter le son « **i** » dans des mots grecs ou étrangers, ou pour donner plus de consistance à un i : (ex. *il y a*...).
Lorsque, à l'initiale, il rappelle un **u** grec qui était aspiré, il est toujours précédé de **h**. **Y** remplace aussi la lettre **i**, dans des mots étrangers ou des graphies anciennes, en combinaison avec **e** ou **a** pour noter par « ey » ou « ay » le son « **è** » ouvert :

► bey, jockey, Aulnay-sous-Bois.

Vous écrirez :

► Le chrysanthème, l'encyclopédie, l'hiéroglyphe, la lyre.

►

alcyon	cygne	eucalyptus	martyr	phylloxéra	symétrie
amphitryon	cymbale	geyser	myosotis	polygone	symphonie
anonyme	cynique	glycine	myriade	porphyre	symptôme
apocryphe	cyprès	gymnase	myrte	presbytère	syncope
baryton	cytise	gypse	myrtille	prosélyte	système
cacochyme	dynamo	hémicycle	mystère	psychologue	tympan
cataclysme	dynastie	hydre	mythologie	pyjama	type
chrysalide	dithyrambe	hyène	nymphe	pylône	typhon
collyre	dysenterie	hymne	olympiade	pyramide	tyran
crypte	élytre	hyperbole	odyssée	rythme	yacht
cyclamen	étymologie	hypocrisie	paralysie	sycomore	yole
cyclone	embryon	labyrinthe	péristyle	symbole	zéphyr

Remarques
1. Ne mettez pas automatiquement **y** à tout préfixe qui vient du grec. Le préfixe **hypo-** vient du grec **hupo-** (sous) :

► hypothèse, hypogée, *etc.*

Mais le préfixe **hippo-**, vient du grec **hippos** (*cheval :* avec un **i** et non un **u**) :

► hippogriffe, hippopotame, Hippolyte, *etc.*

2. Quand, dans un mot, il y a plusieurs sons « **i** », dont l'un s'écrit **y** mettez cet **y** au bon endroit, celui que justifie l'étymologie :

► dithyrambique, amphitryon, Libye, kyrielle, *etc.*

II. La lettre « Z »

a/ **En fin de mot,** par survivance de graphies d'ancien français ou pour des raisons étymologiques :

- elle donne à un **e** non accentué qui précède, le son **é** (sans se prononcer elle-même) :

  ▶ vous chantez, que vous chantiez, nez, assez ;

- elle équivaut à une **s** finale prononcée ou non :

  ▶ riz, raz, quartz.

b/ Elle sert à noter le son « **z** », celui qu'on entend deux fois dans **Z***an***z***ibar.* Il n'y a pas de faute possible quand on entend ce son à l'initiale du mot ou à l'intérieur après consonne ou nasale, car si dans ce cas on mettait **s** ou **c** cela ne pourrait correspondre qu'au son « **s** » (comme dans *silen***c***e, dan***s***e*) et non au son « **z** ».

Écrivez donc sans hésiter :

▶ zébu, bonze.

Mais entre voyelles le son « **z** » est le plus souvent noté par **s** simple :

▶ base, bise.

On ne trouve **z** (et parfois **zz** : *blizzard, muezzin, razzia*) que dans certains mots savants ou étrangers, dont on retiendra l'orthographe.

Vous écrirez :

▶ Le ba**z**ar, la ri**z**ière.

▶ alcarazas	byzantin	gazelle	topaze	zèle	zinc
alizé	bonze	gazette	trapèze	zeste	zinguer
amazone	bronze	gazouillis	assez	zézayer	zodiaque
azote	colza	horizon	chez	zibeline	zone
benzine	eczéma	lézard	quartz	zigzag	zoologie
bizarre	gaz	lézarde	chimpanzé	zircon	zoophyte
blizzard	gaze	muezzin	zébrure	zizanie	zouave

Remarques

On écrit *dizaine,* conformément à la prononciation. Mais *sixième, deuxième, sixain, dixième,* avec un **x** bien qu'on entende un « **z** ».
L'orthographe étymologique l'emporte.

Si vous devez écrire *bazar,* il faut écrire *hasard.*

III. La lettre « X »

La difficulté de cette lettre vient de ce qu'à elle seule, elle sert à noter dans certains cas deux sons.

1. De nos jours, x sert à écrire :

a/ les sons **ks**

- En tête de mots savants :

▶ xénophobe, xylophone, *etc.*

- Entre voyelles ou devant consonne dans des mots qui ont souvent conservé l'orthographe latine :

▶ rixe, sexe, excuse.

- **Exceptions**

▶ deuxième, dixième, sixième, sixain ; ***x** note le son « **z** », cf. p. 155.*

▶ Bruxelles, Auxerre, soixante ; ***x** note le son « **s** », cf. p. 147.*

- En finale prononcée de mots savants :

▶ index, phénix.

Exceptions

▶ dix, six, coccyx, *où **x** note la finale prononcée « **s** ».*

b/ Dans le préfixe **ex** actuel, devant une voyelle ou un **h** non prononcé **x** sert à écrire les sons « **gz** » :

▶ examen, exemple, exister, exhaler, exhiber.

La difficulté vient lorsque, dans certains mots commençant par **ex** devant **e** ou **i** on entend « **ks** ». Pour transcrire ces sons, il faut ajouter alors à **x** un **c** qui maintient le son sourd « **ks** » et empêche la prononciation « **gz** ».

Aussi écrit-on :

▶ excès, excéder, excellent, excentrique.

Seules exceptions :
exécrable, exécrer, exécration où il n'y a pas de **c**, bien qu'on prononce, en principe, « **ks** ».

Vous noterez l'orthographe des mots suivants :

▶ L'examen, l'index, l'excès, le thorax, la prophylaxie.

▶ syntaxe	apoplexie	phénix	exemption	exubérant
saxophone	réflexe	bombyx	exhausser	exulter
luxuriant	connexe	anxiété	exhorter	excéder
flux	convexe	sphinx	exhumer	excellence
juxtaposer	dextérité	larynx	exigeant	excentricité
équinoxe	inflexion	lynx	exigence	exception
proximité	inexorable	exacerber	exiguïté	excessif
paradoxe	perplexité	exactitude	exode	exciter
orthodoxe	paroxysme	exagérer	exorbitant	exclamation
hétérodoxe	immixtion	exalter	exotique	excursion
hexagone	prolixe	exaspérer	expansif	exsangue
annexer	onyx	exaucer	expulsion	xénophobe

2. **Comme lettre finale,** en ancien français **x**, lettre simple, notait aussi deux sons **us** après voyelle. Puis **x** est devenu un simple équivalent de « **s** » non prononcé, mais toujours écrit **x** en français moderne.

• Comme marque du pluriel de certains mots en **-eau, -au, -ou, -eu** cf. p. 20.

• A la finale (et sans qu'on le prononce) de mots singuliers où on l'a conservé ou rétabli tantôt parce qu'on gardait une orthographe ancienne, tantôt pour des raisons étymologiques. On trouvera une liste de ces mots p. 140.

IV. Cas où il est impossible de doubler la consonne

▶ ronflement - insecte - artiste - entente - aversion

▶ information	diversité	intérieur	insecticide	entamer
confirmation	inversion	enfilade	adversité	dimension
infirmité	tension	antilope	artisan	immensité

Après une consonne, on ne double pas la consonne qui suit sauf à l'imparfait du subjonctif des verbes *tenir, venir* et de leurs composés *(maintenir... revenir...).*

▶ Que je tinsse, que tu tinsses, (qu'il tînt)
Que nous tinssions, que vous tinssiez, qu'ils tinssent.

▶ Que je vinsse, que tu vinsses, (qu'il vînt)
Que nous vinssions, que vous vinssiez, qu'ils vinssent.

Par contre, la consonne qui suit une voyelle peut être simple ou double selon l'usage et la prononciation.

▶ attente	alléger	pillule	troupe	aggraver
atome	alourdir	pilote	houppe	agrandir

TABLE DES MATIÈRES

Aubin Imprimeur
LIGUGÉ, POITIERS

Achevé d'imprimer en juin 1987
N° d'édition 02 / N° de collection 09 / N° d'impression L 24629
Dépôt légal, 4383-06-1987
Imprimé en France

16/5499/5